LA CHINE
ANCIENNE

LA CHINE ANCIENNE

L'histoire et la culture de l'Empire du Milieu

Roger Goepper

Avec la participation de
Helmut Brinker, Klaus A. Dietsch, Jorinde Ebert,
Klaus Flessel, Rainer Holzer, Dieter Kuhn,
Erling von Mende, Norbert Pautner,
Hans-Hermann Schmidt, Helwig Schmidt-Glintzer,
Peter Thiele, Hartmut Walravens et Shun-Chi Wu

Edition française sous la direction de
Marthe Engelborghs-Bertels

Bordas

Civilisations

Edition originale :
Das Alte China

ISBN 3-570-06749-1
Conception et rédaction : topic GmbH (Munich/Karlsfeld)
Maquette : Hubert K. Hepfinger (Freising)
Dessins, plans et cartes : Hubert K. Hepfinger, Annegrete Vogrin et Manfred Derler
Photogravure : Brennerstudio (Munich)

Edition française :

ISBN 2-04-012972-3
Dépôt légal : septembre 1988

L'édition française de cet ouvrage a été réalisée avec la collaboration de :

Alain de Gueldre
pour la coordination générale

Roland Baumann, Christian Cannuyer, Christine Charlier, Gérard Colson, Jerry Cornelius, Joëlle Faye et Claudia Wiegand
pour la traduction française

Bernard Fasbender et Sylvie Bayer
pour la coordination technique

Impression et reliure : Mohndruck Graphische Betriebe GmbH (Gütersloh)
Photocomposition : Massoz s.a. (Liège)
Imprimé en République fédérale d'Allemagne
Achevé d'imprimer en août 1988

Frontispice : *tête d'un guerrier de l'armée du Premier Empereur.*

Gardes : *brocard de soie d'or avec rangs de pivoines, 15e-16e siècles, Musée national de Tokyo.*

Préface

Déjà dans les tout premiers livres classiques du confucianisme chinois l'Etat fondé par l'empereur légendaire Yu est décrit comme l'«Empire du Milieu» ou *Zhongguo*. Cette dénomination a été maintenue jusqu'à l'heure actuelle en tant que nom autochtone de la Chine et est restée dans l'usage courant. Elle exprime la représentation consciente d'un monisme culturel qui voit sa propre civilisation comme centrale et suprême, souvent même comme la seule existante. En effet, au cours de leur histoire longue de plus de 4000 ans, les Chinois ne sont jamais entrés en contact immédiat avec d'autres cultures avancées du continent eurasien ou avec de grands empires comme l'Inde, la Perse ou même Rome et Byzance. Il y eut certes, le long du parcours historique chinois, des liens et influences extérieurs. Néanmoins, ceux-ci ne se sont pas créés de façon directe mais sont, la plupart du temps, passés par des stades et transferts intermédiaires le long des routes de caravanes à travers l'Asie centrale ou encore par les voies maritimes, plus longues encore. Cependant, la vision occidentale que l'on a encore aujourd'hui d'une Chine formant un bloc culturel relativement peu mobile et monolithique est partielle, voire fausse. Elle repose principalement sur une connaissance insuffisante des détails historiques. L'étude de l'incroyable masse que constituent les sources écrites chinoises est encore loin d'arriver à terme, quand bien même, dans les dernières décennies, certains domaines clés de la science historique, pour la période Song par exemple, se sont cristallisés et ont conduit à des résultats qui clarifient notre vision des choses. Il s'avère de plus en plus évident que la culture chinoise ne fut jamais un bloc statique et fermé sur lui-même, mais qu'elle a bien au contraire subi une évolution tout à fait dynamique au cours de son histoire.

Jusqu'à la fin des années 1930 encore dominait en Europe une image de la Chine remontant à Leibniz et à l'époque des Lumières, fondée sur les rapports de jésuites du 18e siècle, image qui fut ensuite déterminée par la sublimation romantique. Le débat «ésotérique» à propos du livre classique des Mutations, le *Yijing*, en est un symptôme encore actuel.

Depuis la parution des nombreux tomes de l'ouvrage décisif de Joseph Needham, *Science and Civilization in China*, les faits de la science naturelle de la culture chinoise — qui dans maint domaine ont dépassé ceux de l'Occident ou les ont précédés dans le temps — commencent également à se préciser pour un cercle scientifique plus large. Ce n'est en effet pas uniquement dans les inventions connues depuis longtemps, telles la poudre à canon, le compas, le papier et la soie, que la pensée scientifique de la Chine traditionnelle culmina. La découverte de nouvelles sources historiques concernant son histoire économique et sociale également commence à combler les lacunes de notre savoir.

Au cours des dernières décennies, la transformation de l'image de la Chine s'est principalement concrétisée dans les résultats souvent étonnants que livre l'activité archéologique menée dans le pays même. Depuis les années 1970, plusieurs expositions importantes ont dévoilé de façon décisive à un plus large public occidental ces nouveaux aspects de la civilisation et de l'art chinois.

Les auteurs et éditeurs désirent, par le présent ouvrage, offrir une présentation globale de la culture chinoise qui se fonde sur l'état actuel de la science. Vu le caractère limité d'un tel livre, le fait que cette image ne soit qu'une esquisse pouvant être complétée par de nouvelles découvertes ne leur échappe nullement. Les méthodes et points de vue individuels, à l'origine de résultats différents, ne pouvant être oblitérés, les articles des divers auteurs pourraient présenter d'éventuelles divergences. Auteurs et éditeurs se sont également efforcés de donner une illustration de leurs contributions qui tienne compte autant que possible du nouveau matériel disponible. Ils remercient les institutions et photographes qui ont mis ce matériel à leur disposition et qui leur ont donné la faculté de le reproduire.

Janvier 1988 *Roger Goepper*

Table des matières

Gorges de Xiling sur le Yangzi

Récipient en fonte de type Gui (3e mill. av. J.-C.)

Archer de l'armée du Premier Empereur

Portrait de famille (Dynastie Ming)

L'Etat et la société 113

Traduit par Roland Baumann

Laboureur, relief tombal (Dynastie Han)

L'économie 149

Traduit par Christian Cannuyer

Guanyin, bronze doré (10e siècle)

Les conceptions du monde et la religion 187

Traduit par Joëlle Faye

Sphère armillaire de 1744 (Pékin)

Les sciences et la technique 247

DIETER KUHN

Traduit par Christian Cannuyer

Poème de l'empereur Hui Zong

La littérature 281

HELWIG SCHMIDT-GLINTZER

Traduit par Jerry Cornelius

Comédien, terre cuite (Dynastie Yuan)

Le théâtre et la musique 315

SHUN-CHI WU

Traduit par Roland Baumann

Vase rituel en bronze (Dynastie Shang)

Le monde de l'art 331

ROGER GOEPPER

Traduit par Gérard Colson

Chinoiserie imprimée sur coton (1765)

La Chine et l'Occident 431

HARTMUT WALRAVENS

Traduit par Christian Cannuyer

Alcyon et fleur de lotus brodés sur soie

Les grandes dates de l'histoire chinoise 445

KLAUS A. DIETSCH

NORBERT PAUTNER

Traduit par Joëlle Faye

Le milieu naturel

Tant dans sa géomorphologie que dans ses zones de climats et de végétations, la Chine se caractérise par une extraordinaire diversité. Ce n'est pas étonnant quand on considère la gigantesque étendue du pays dont la superficie égale celle de l'Europe. Quand le soleil se lève sur Kharbine, la nuit la plus profonde règne encore sur Kashgar. Plus de 5 000 kilomètres séparent les limites occidentale et orientale, qui englobent des paysages s'échelonnant du niveau de la mer à plus de 8 000 mètres d'altitude. L'axe nord-sud, du fleuve Amour jusqu'à l'île de Hainan, en mer de Chine, est encore plus long : 5 500 kilomètres.

La géomorphologie

Suivant sa déclivité de l'ouest vers l'est et le sud-est de la Chine, le cadre naturel peut être divisé en trois grandes régions. Celles-ci se distinguent aussi, aujourd'hui encore, par les densités de population.

L'Ouest est déterminé par les paysages inhospitaliers du Tibet, qui s'élèvent à une altitude moyenne qui va de 3 500 à 4 500 mètres. Dans cette région — le « toit du monde » — s'étendent les hauts-plateaux les plus pauvres et les plus vastes de la planète. C'est pourquoi leur population a toujours été extrêmement clairsemée. Elle a développé sa propre culture et n'a reçu qu'une influence tardive et très limitée de la culture chinoise.

Vers le Nord et vers l'Est, le plateau tibétain retombe, par les chaînes des Kunlun et des Hengduan, dans la deuxième grande région chinoise. Celle-ci s'articule en plateaux et en bassins, étagés entre 500 et 2 000 mètres d'altitude. Cette région inclut les hauts-plateaux du Xinjiang, le plateau de Mongolie, celui du Yunnan et du Guizhou ainsi que le Bassin Rouge.

La troisième région principale est constituée, par-delà le glacis des monts Wutai et Taineng, par les plaines de Chine du Nord et les paysages de collines et de montagnes de la Chine méridionale. Elles s'étalent entre 0 et 500 mètres d'altitude jusqu'aux franges côtières des mers de Chine méridionale et orientale et de la mer Jaune. Les plaines résultent essentiellement de l'accumulation des limons apportés par les grands fleuves, surtout par le Huanghe.

L'étagement décrit ci-dessus a pour conséquence l'orientation Ouest-Est de tous les grands fleuves de la Chine, ainsi les deux «fleuves du destin», le Huanghe ou fleuve Jaune (4 848 kilomètres de long) et le Yangzi ou, comme les Chinois l'appellent, Changjiang ou Long Fleuve (5 983 kilomètres). Là où ils passent d'une des grandes régions à la suivante, située en contrebas, ces fleuves ont creusé des gorges célèbres. Pour la navigation intérieure — le moyen de communication le plus important dans l'ancienne Chine — l'orientation générale Ouest-Est des grandes voies d'eau représentait un handicap, car les liaisons Nord-Sud faisaient défaut. Celles-ci durent être créées artificiellement — comme par exemple le Canal Impérial, aujourd'hui appelé Grand Canal.

La Chine du Nord est séparée de la Chine du Sud par les monts Qinling (*Qinlingshan*) et leur prolongement oriental, les Huaiyangshan. Ces reliefs montagneux forment la crête de partage entre le Huanghe et le Yangzi. Grâce à sa morphologie de bassins et de dépôts de lœss, la Chine du Nord est une région favorable à l'agriculture — les Chinois sont un vieux peuple de cultivateurs. Au sud de la crête qui sépare les deux bassins fluviaux dominent des paysages de montagnes et de collines.

Les hauts-plateaux du Tibet, le désert du Tarim, les régions sans exutoire du bassin du Tsaidam, les hautes plaines de Mongolie et les montagnes du Tibet oriental n'ont joué qu'un rôle insignifiant dans le développement des Chinois. Par contre, les vastes étendues du Tongbei, les zones de lœss du nord et

Rizières en terrasse près de Rongjiang, dans le sud-est de la province de Guizhou. Tandis que s'étendent dans le nord de vastes plaines, le sud est un paysage de montagne. Le sol, le climat et la végétation diffèrent. Dans le nord lœssique et froid en hiver poussent des plantes tempérées; autrepart prospère une flore tropicale et subtropicale.

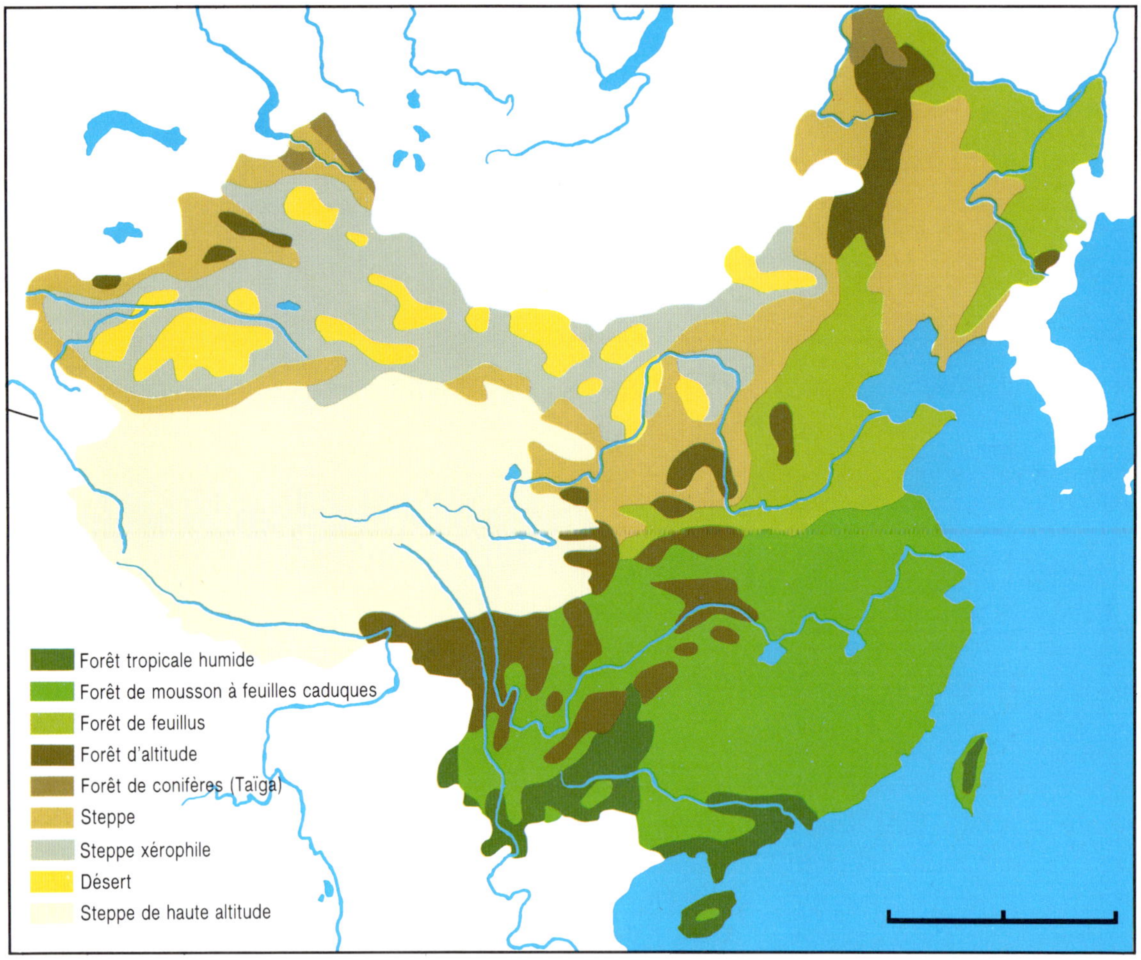

A gauche : *la végétation naturelle en Chine. En raison des conditions naturelles, seul un huitième du pays est cultivable. La majeure partie des régions favorisées se trouve dans le nord-est, l'est et le sud-est. Dans l'ouest semi-aride ou désertique, avec ses steppes sèches, ses déserts et ses steppes d'altitude, seules des cultures des oasis et des pâtures de type extensif sont possibles. Il n'existe plus que de rares exemples isolés de forêts d'un seul tenant.*

Page de droite : *avec ses pentes abruptes et rocailleuses, où seuls de rares pins de montagne parviennent à s'agripper, le massif des Huangshan s'élève dans le sud-est de la province de l'Anhui. Ses trois sommets principaux dépassent 1 800 mètres. Peintres et poètes ont célébré la beauté de la « Montagne Jaune », au pied de laquelle jaillissent des sources chaudes.*

Pages 14 et 15 : *cannes à sucre et rizières dans les environs de Ruijin (bordure occidentale des monts Wuyi).*

les plaines alluviales des grands fleuves ont fourni le cadre décisif pour l'élaboration de l'espace vital des Chinois, principalement des Han.

Les contraintes climatiques

La Chine s'étend sur plus de 49 degrés de latitude et 61 degrés de longitude ; elle présente en outre de grandes différences d'altitude entre l'Est et l'Ouest. On peut donc s'attendre à des zones climatiques très variées.

Dans les trois grandes régions de la Chine, on peut en fait distinguer plusieurs subdivisions climatiques :
— un climat de haute montagne sur la face nord de l'Himalaya, les monts Kunlun, les Tianshan (ou Montagnes du Ciel), dans le Xinjiang et l'Altaï ;
— un climat sec et marqué par des températures extrêmes sur le haut-plateau tibétain ;
— un climat désertique dans le bassin du Tarim (Taklamakan), le Junggar-Pendi oriental (ancienne Dzoungarie) ;
— un climat steppique dans le Junggar-Pendi oriental, la région du Dsabshan, le bassin de la Selenga et la région des Ordos jusqu'aux monts Chingan ;
— un climat de type sibérien dans le nord du Tongbei et la plaine de Chine du Nord jusqu'au fleuve Huai ;
— un climat de mousson à hivers doux dans le bassin d'alimentation du Yangzi jusqu'aux régions montagneuses de Chine du Sud ;
— un climat d'altitude subtropical des monts Qinling jusqu'à la province du Guizhou, en passant par le Bassin Rouge (Sichuan) ;
— enfin, un climat tropical de mousson dans les régions côtières de Chine méridionale, y compris les grandes îles de Taiwan et de Hainan.

Le climat de la Chine est influencé de manière déterminante par l'alternance de la mousson d'été et de la mousson d'hiver. D'avril à septembre règne la mousson d'été. Elle joue un rôle considérable pour la fertilité du pays, parce qu'elle apporte la pluie. Celle-ci se condense quand les masses d'air chaud et humide en provenance du Pacifique se heurtent aux reliefs montagneux et aux systèmes cyclonaux liés à la ceinture des vents d'ouest, qui circulent toute l'année sur la Chine. La mousson du sud-est débute en Chine méridionale environ deux à trois mois avant d'atteindre le nord du pays.

Si les pluies tardent ou sont trop maigres, de longues périodes de sécheresse peuvent s'abattre sur la Chine, avec des conséquences fatales pour la nourriture des hommes. Si les précipitations sont trop abondantes, de terribles inondations peuvent résulter des crues, avec des conséquences tout aussi funestes. C'est pourquoi les hommes ont toujours prié pour l'arrivée régulière, en leur saison, des vents et des pluies.

Pendant les mois d'été, la mousson du sud-est atteint le haut-plateau du Tibet et les hautes plaines de Mongolie. Quand les vents ont conservé assez d'humidité et rencontrent des courants d'air plus froid, ils déclenchent des orages caractéristiques, dont

les précipitations à allure d'ouragan peuvent provoquer des inondations dévastatrices.

Des cyclones éprouvent fréquemment les marges côtières de la Chine de l'Est et du Sud. Ils ont pour origine le fait que, au début et à la fin de la saison des pluies (mai / juin et août / septembre), les vents «tournent», c'est-à-dire que des courants d'air différents se heurtent. Leur grande vitesse, ajoutée aux masses de pluie venant du Pacifique, provoquent l'inondation et la ruine des champs et des habitations. Les Chinois ont forgé pour ce phénomène le concept de «typhon» (*Tai* = grand; *Feng* = vent).

La mousson d'hiver dure de septembre à avril. Elle souffle du continent vers la mer. Ces vents du nord, du nord-ouest et de l'ouest déplacent en général de l'air froid et sec. Ils prennent souvent la forme de tempêtes de poussière. C'est ainsi que s'est formé le «le pays du lœss».

Comme pour la morphologie, les monts Qingling et Huaiyang séparent la Chine du Nord de la Chine du Sud. Ces chaînes orientées d'est en ouest protègent la Chine du Sud des vagues de froid en hiver. Pendant que le nord subit des frimas intenses, le sud jouit d'hivers doux. Les montagnes constituent donc une barrière climatique.

La végétation naturelle et les plantes cultivées

La combinaison des climats, des altitudes et des sols se traduit en Chine par une végétation à la palette très riche. Dans le nord et le nord-est, on rencontre une couverture végétale semblable à celle de la Sibérie. Dans le sud-ouest, elle se rapproche de celle de l'Inde. Dans l'ouest on trouve, à côté de la flore de haute montagne, une végétation de steppe et de désert. Dans les provinces méridionales s'étale la forêt tropicale dense.

A l'origine, une grande partie de la Chine était couverte de forêts. Mais la civilisation chinoise, en se développant et en élargissant son territoire, a abattu ces forêts partiellement transformées en terrains agricoles. Le résultat fut, de notre point de vue, un gigantesque pillage de la nature, qui a largement contribué à la transformation en steppe et en désert de vastes régions. On ne trouve aujourd'hui de forêts d'un seul tenant, à essences feuillues et résineuses, que dans les piémonts mandchous, dans les Montagnes du Ciel (Tianshan), dans quelques zones de l'Himalaya chinois, dans les monts Altaï et Changaï. Dans des régions isolées de Chine du sud et du sud-est subsistent encore des forêts de chênes, de lauriers, de camphriers, de gommiers-laque et de bambous. Pour contenir la progression de la steppe et de l'érosion dans le Nord et le Nord-Est, les Chinois plantent depuis longtemps des saules et des peupliers, arbres à la croissance rapide.

Sur un total de plus de trente mille essences végétales répertoriées en Chine, deux mille environ correspondent à des plantes cultivées. Dans la région du Tongbei poussent le soya, le *Gaoliang* (mil chinois) et le blé d'été. Les régions à lœss du nord sont le domaine du millet et du blé d'hiver. La plaine alluviale du nord de la Chine est célèbre pour son *Gaoliang*, qui constitue un aliment de base pour la population. On plante aussi ici le blé d'hiver, le maïs, le colza, le soya, l'arachide et le coton.

Dans le «Bassin Rouge» du Sichuan et dans l'aire de drainage du Yangzi, on cultive depuis des temps immémoriaux le blé d'hiver et presque toutes les variétés de légumes connues, à côté du bambou et du riz. En outre, des plantations de thé apparaissent déjà dans ces régions. Dans les hautes terres de Chine méridionale et occidentale poussent le riz, le maïs et le thé, tandis que le sud-est est connu, à côté des mêmes produits, pour ses cultures de tubercules comme l'igname, le taro et la patate douce. Dans les provinces côtières du sud et dans les îles voisines, on effectue deux à trois récoltes de riz par an. A côté de presque tous les fruits tropicaux (ananas, oranges, citrons, mandarines, litchis, mangues, bananes) poussent encore le palmier à huile, la canne à sucre, le café, le tabac, le sisal et les épices, en particulier le poivre et la cannelle.

En Chine orientale prédomine la culture intensive du riz et des légumes. La lointaine Chine occidentale possède des oasis avec des plantations de melons, de pommiers, de poiriers, de pêchers et de pruniers. La culture irriguée du coton y a été introduite récemment. Les conditions orographiques de la Chine ne laissent que 12 à 15 pourcent de territoires propres à l'agriculture. La plus grande partie de cette surface utile s'étend dans le nord-est, l'est et le sud-est du pays.

La faune et les animaux domestiques

A la suite de la croissance démographique, des étendues de plus en plus grandes de forêts ont été défrichées et mises en culture. La faune sauvage a connu un déclin correspondant. Alors que des éléphants paissaient il y a encore 3 000 ans dans les plaines du nord, on n'en trouve plus que dans la région-frontière avec la Birmanie, dans la province du Yunnan. Le tapir et le rhinocéros étaient à l'époque eux aussi largement répandus, et aujourd'hui ils ont disparu de Chine. L'extinction menace les pandas, autrefois beaucoup mieux représentés et dont il

Page de gauche : *les champs inondés, avec leurs digues et leurs canaux d'irrigation, témoignent d'une culture intensive. La plupart sont occupés par du riz à maturation rapide (environs de Dali, province du Yunnan).*

En haut à droite : *déjà les cultures néolithiques du Weishui et du cours moyen du Huanghe plantaient le mil comme céréale principale. Dans le nord de la Chine, le* Gaoliang (Sorgum nervosum), *une espèce à petits grains et riche en amidon, est aujourd'hui encore cultivé, moulu en farine et consommé en bouillie.*

Au milieu à droite : *le riz* (Oryza sativa) *figure déjà au néolithique comme céréale cultivée dans le bassin inférieur du Yangzi. Comme pendant sa période de croissance maximale il exige une température de 20 °C au moins, on ne le trouve que dans le sud de la Chine.*

En bas à droite : *le bambou est depuis toujours en Chine une plante d'usage universel. Il fournit du matériel de construction, est tressé de manières très diverses et sert de matière première pour l'élaboration du papier. Parmi les premiers supports de l'écriture figurent des bandes de bambou. Les pousses de nombreuses espèces sont appréciées comme légume.*

subsiste aujourd'hui à peine huit cents exemplaires en liberté dans les bosquets de bambous des provinces du Sichuan et du Shaanxi. Le tigre, naguère redouté et révéré dans de vastes territoires, n'apparaît plus qu'isolément dans des régions retirées du Yunnan, dans les montagnes du sud et dans des zones-refuges du nord-est.

Dans les plaines orientales vivent des outardes, des cailles, des faisans, des perdrix, et dans les zones humides en bordure des fleuves, des canards, des oies sauvages et de nombreuses espèces aquatiques comme les poules d'eau, les grèbes huppés, les grèbes castagneux, les foulques, etc. Les steppes du nord étaient autrefois peuplées de chevaux sauvages, d'ânes sauvages et de chameaux de Bactriane. On ne rencontre plus que rarement ces animaux. Les gerboises et les marmottes restent par contre largement répandues. La mise en culture du pays a aussi lourdement contribué à la réduction des effectifs du gros gibier, autrefois abondant : loups, renards, ours et cervidés.

Les reptiles ont pu se maintenir en Chine. En particulier, les serpents sont aujourd'hui encore comptés parmi les délices de la cuisine chinoise. Dans le sud-ouest survit aussi le cobra royal. Parmi les 1 500 espèces de poissons représentées en Chine, citons un esturgeon endémique au Yangzi, un animal exceptionnel qui peut atteindre sept mètres de long. Dans le même fleuve vivent aussi plusieurs espèces endémiques de crocodiles. Comme particularité parmi les batraciens, il faut y mentionner aussi la salamandre géante qui a, entre autres, peut-être servi de modèle au dragon, symbole de l'empereur de Chine. Dans les forêts subtropicales du sud et du sud-ouest vivent des singes, des civettes, des mangoustes, des escargots d'eau, des tupaïa et divers cervidés.

Les animaux domestiques les plus importants sont pour les Chinois les poules, les porcs et les canards. S'y ajoute, particulièrement en Chine orientale avec ses nombreux fleuves et lacs, une richesse naturelle en poissons. On a commencé tout récemment à les élever de manière systématique. Dans le sud du pays, le buffle d'eau, surtout utilisé comme animal de trait pour la culture en terrasses, joue un rôle important. Dans les régions montagneuses de l'ouest, on rencontre, à partir de l'altitude de 2500 mètres, le yak, un bovin de haute montagne utilisé pour sa laine, sa viande et comme animal de bât. En revanche, les bovins n'ont joué dans le nord de la Chine qu'un rôle secondaire. C'est ainsi que, par exemple, dans la Chine traditionnelle la transformation du lait en beurre et en produits fromagers n'est guère connue. Ici, on élève surtout les moutons et les chèvres pour leur viande, les chameaux pour leur laine, les ânes et les chevaux pour leur traction.

L'élevage d'oiseaux et de poissons d'ornement est un passe-temps favori des Chinois. C'est ainsi que des oiseaux chanteurs font traditionnellement partie de presque chaque intérieur chinois ; ils sont élevés et gardés dans des cages construites avec art. Parmi les poissons, les Chinois apprécient particulièrement les formes bizarres, obtenues par mutation.

Le lœss

De tous les processus géomorphologiques, c'est la formation du lœss qui a possédé l'impact le plus durable sur l'espace vital des Chinois. C'est pourquoi nous insisterons ici sur ce phénomène. Nulle part ailleurs qu'en Chine du Nord, on ne trouve de plus grandes accumulations de lœss. Alors qu'elles atteignent une épaisseur de dix à quarante mètres dans nos régions et en Amérique du Nord, on rencontre en Chine septentrionale des couches de trente à soixante-quinze mètres en règle générale, mais pouvant aller jusqu'à quatre cents mètres dans le Shaanxi.

Ce sédiment meuble, de couleur gris-jaune, contient environ 60 à 70 pourcent de quartz, 10 à 20 pourcent de silicates d'alumine et 10 à 30 pourcent de calcaire. Il s'est formé en Chine du Nord au cours de millions d'années, par le déplacement éolien de très fines poussières venant d'Asie centrale. Ce qu'on appelle « la région du lœss » comprend les provinces du Gansu, du Shanxi et du Shaanxi.

Nous devons l'essentiel de nos connaissances modernes sur le lœss au géologue et géographe allemand Ferdinand von Richthofen qui a poursuivi pendant la seconde moitié du 19e siècle des recherches intensives en Chine. Voici ce qu'il écrit dans son ouvrage classique, *Chine*, sur la composition et la texture du lœss :

« *Même sur les plus petits fragments de lœss, on peut reconnaître une texture bien particulière. Elle consiste en ce que la terre est sillonnée par un lacis de petits canaux allongés, les uns extraordinairement fins, les autres plus grossiers, qui se subdivisent à la manière du chevelu fibreux des racines ; la plupart sont recouverts intérieurement d'une mince pellicule blanche de carbonate de calcium. Quand on examine le lœss dans ses conditions de gisement naturelles, on s'aperçoit que la plupart de ces petits canaux se dressent presque à la verticale, mais que les diverticules s'imbriquent selon des angles aigus et toujours dirigés vers le bas, ce qui produit l'impression d'une structure parallèle imparfaite. Une des conséquences de l'orientation verticale de cette texture*

Page de gauche : *les habitants du plateau de lœss de Chine centrale ont depuis toujours creusé leurs habitations* (Yaofeng) *dans les épaisses couches du sol d'origine éolienne. Grâce au pouvoir isolant de ce matériau, l'habitat est chaud en hiver et frais en été.*

Ci-dessus : *paysage de lœss près de Qian Xian (province du Shaanxi). La structure poreuse du lœss permet à l'eau de s'infiltrer facilement, mais des masses d'eau plus considérables creusent de profondes ravines. Grâce à la construction de terrasses, les pentes résultant de l'érosion peuvent être exploitées par l'agriculture.*

capillaire est que le lœss absorbe l'eau comme une éponge. Les averses les plus violentes ne laissent que peu de traces à sa surface. Ainsi, il n'y a pas de formation d'étangs et, pour la même raison, il n'y a pas de lacs sur les vrais sols de lœss. »

Au microscope, on voit clairement les capillaires. Grâce à ceux-ci, le lœss est bien aéré et peut accumuler eau et chaleur, ce qui, joint à sa richesse en sels minéraux, en fait un des sols les plus fertiles de la planète. C'est en particulier dans le bassin d'alimentation du fleuve Jaune — qui doit d'ailleurs son nom au lœss — que se trouvent les plus grandes accumulations de ce sédiment non stratifié.

Comme on le sait généralement, les formes d'économie primitive de l'espèce humaine consistaient en activités de chasse, de pêche et de cueillette, qui obligeaient à la constante mobilité du groupe. Le nomadisme correspond également à un système économique ancien, conditionné par un élevage bien organisé. Quand ils ont pris conscience de la fertilité du sol et de la présence de l'eau, les hommes — comme en bien d'autres endroits, par exemple les régions de l'Indus, du Tigre, de l'Euphrate et du Nil — ont modifié leur mode de vie. C'est de la même manière que s'est déroulé le processus de sédentarisation en Chine. C'est par l'intégration continuelle de groupes nomades originaires d'Asie centrale que s'est constitué le peuple que nous appelons chinois.

La formation du lœss se poursuit activement aujourd'hui encore, grâce aux terribles tempêtes de poussière qui reviennent chaque année, de janvier à mars. Cela implique une conséquence importante : le sol se renouvelle, car les hommes utilisent le même sol génération après génération. Dans cette optique, le lœss présente des caractéristiques tellement remarquables qu'il peut être cultivé de manière ininterrompue.

Ici encore, Richthofen a rassemblé des connaissances absolument nouvelles pour l'époque. Il écrit dans le même ouvrage : « *La grande majorité des champs n'était pas fumée, et les habitants m'ont assuré que ce n'est pas nécessaire et que la condition essentielle pour une récolte abondante réside ici dans une quantité de pluie suffisante. La raison de ce miracle, du fait qu'une exploitation plusieurs fois millénaire du sol ne l'a pas épuisé, doit donc résider en lui-même : le lœss doit posséder une certaine capacité d'auto-fertilisation, que ne présentent pas le sol gras de la Chine du Sud ni les alluvions des provinces septentrionales. En outre, le degré élevé de porosité devrait expliquer que le lœss absorbe mieux que*

d'autres types de sol les gaz nécessaires à la croissance de la végétation, en particulier l'ammoniac et le dioxyde de carbone. Le remplacement continuel des minéraux dérobés au sol par les récoltes annuelles, remplacement indispensable pour l'épanouissement durable des plantes cultivées, devrait trouver son explication dans la structure capillaire du sol. »

Si les précipitations — ou l'irrigation — se révèlent satisfaisantes, ces sols assurent donc un rendement optimal. Le sud connaît des températures plus douces et des pluies plus nourries. Pourtant, la région du lœss est favorisée. Car, pour que dans le sud le sol puisse être exploité de manière intensive, une fumure régulière s'impose. Le lœss n'offre pas seulement un sol fertile, il fournit aussi des possibilités d'abri. Depuis des temps immémoriaux, les hommes ont creusé de vastes cavités dans l'épaisseur du lœss. Ces habitations réunissent plusieurs avantages considérables : en particulier, elles isolent de manière remarquable. Pendant l'été torride, elles offrent des abris frais et, pendant la froidure de l'hiver, elles assurent une température relativement constante. D'un autre côté, leur situation à flanc de coteau évite le gaspillage de terres cultivables à des fins de construction. Et dans les périodes de crise, lors d'épisodes guerriers avec les « Barbares » du Nord ou de luttes à l'intérieur du pays, les cavernes du lœss et les profondes ravines ont toujours servi de refuge aux hommes. La visite d'un village de lœss produit une impression bizarre, parce que l'occupation n'est pas organisée de manière horizontale, côte à côte dans le même plan, mais à la verticale dans des couches épaisses. C'est ainsi que le lœss forme à bien des points de vue la base de l'économie humaine dans cette région.

Mais même plus loin le lœss représente une bénédiction — et aussi une malédiction. Comme signalé plus haut, de vastes secteurs du bassin d'alimentation du fleuve Jaune s'étendent sur la région du lœss. Or la densité de la couverture végétale y varie selon les saisons. Comme c'est aussi le cas dans les régions désertiques, le Huanghe absorbe une énorme quantité d'alluvions. Pendant l'été, les masses d'eau suffisent pour entraîner la charge en suspension jusqu'à l'embouchure. Par contre, en hiver, cette charge est déposée avant de l'atteindre. C'est pourquoi le fleuve Jaune élève continuellement son lit. Si les digues ne sont pas suffisamment hautes et solides, elles sont entraînées. Ainsi se produisent fréquemment des inondations terriblement destructrices pour les hommes et les villages, souvent accompagnées de modifications du cours du fleuve. Sous cet aspect, le Huanghe apparaît aux Chinois comme un fleuve dangereux, un fleuve fatal. Au cours des temps, il a déplacé son lit à d'innombrables reprises, à tel point que la distance entre

Page de gauche : *les cônes karstiques de Guilin (« Forêt de Cannelliers »), qui jaillissent de manière abrupte de la plaine du Lijiang (nord-ouest de la Région autonome du Guanxi), font partie des paysages les plus extraordinaires de la Chine. Les précipitations abondantes de cette région ont sculpté en formes bizarres le calcaire coquiller tendre et creusé de nombreuses grottes.*

Ci-dessus : *le Yangzi ou Yang Tse Kiang (5 983 km), que les Chinois appellent* Changjiang *(Long Fleuve), est en importance le quatrième fleuve du monde. A la frontière des provinces du Sichuan et du Hubei, il doit se creuser un chemin à travers le Dabashan. La gorge de Xiling, longue de 78 km, relie Zigui à Yichang.*

ses diverses embouchures a pu atteindre cinq cents kilomètres. Par ailleurs, ce fleuve très chargé transporte annuellement un milliard de m^3 d'alluvions. Dès lors, il représente aussi une bénédiction pour la région de son embouchure : c'est lui qui, au long des millénaires, a déposé des quantités de limon venant des provinces du nord-ouest et créé la plaine fertile.

La province actuelle du Shaanxi, arrosée par la rivière Wei, un affluent du fleuve Jaune, est considérée depuis toujours comme le grenier de la Chine. C'est ici, où poussent le blé l'orge et le mil chinois (*Gaoliang*), que les premiers Etats purent se former sur la base de la population faite d'agriculteurs sédentarisés. Et c'est à partir des provinces du Shaanxi et du Gansu qu'il y a environ 4500 ans la culture chinoise a commencé à rayonner.

Le développement des populations

Grâce aux trouvailles ethnologiques de Pierre Teilhard de Chardin à Zhoukoudian en 1929, nous savons que la plaine de la Chine du Nord était déjà occupée voici environ 500 000 ans. L'« Homme de Pékin » (*Sinanthropus pekinensis*) appartient aux formes archaïques de l'évolution humaine. On peut estimer qu'il correspond approximativement à l'« Homme de Java ». Il s'agit toujours d'*Homo erectus*. Entre temps, les chercheurs chinois ont étudié les traces du *Sinanthropus lantianensis*, encore plus ancien.

Il y a quelque 50 000 ans, l'Asie centrale connaissait un climat plus chaud et une autre végétation qu'aujourd'hui. Le milieu naturel des groupes de chasseurs était boisé et parsemé de fleuves et de lacs. Des changements climatiques ont, dès cette époque, contribué à l'assèchement de la région et finalement à sa transformation en steppe. Les hommes du paléolithique

cherchèrent d'autres lieux d'existence et les trouvèrent dans les plaines de Chine du Nord.

Une occupation plus dense de la Chine septentrionale par des groupes originaires d'Asie centrale et la modification corollaire du type d'économie, passant de la chasse itinérante à la prédominance de l'agriculture, doit s'être produite il y a 10 à 12 000 ans.

La période que nous pouvons appréhender par l'histoire et ce que nous appelons la culture chinoise remontent, nous l'avons vu, à environ 4 500 ans. A l'époque coexistaient plusieurs cultures locales dans l'espace de la Chine du Nord. Elles ont connu chacune, dans l'environnement qui lui était propre, une évolution singulière. C'est ainsi que, d'après Wolfram Eberhard, nous pouvons parler de cinq cultures qui toutes présentaient des traits fondamentaux de la culture « chinoise ».

La « Culture du Dongbei » ou « Culture du Nord-Est » correspondait géographiquement au sud de l'ancienne Mandchourie, à la région de Pékin et à la province du Shandong. Là vivaient principalement des bandes de chasseurs apparentés à des peuplades sibériennes, comme par exemple les Toungouzes. Mais elles présentaient aussi des rudiments d'agriculture et d'élevage (surtout des porcs). Des formes archaïques de céramique à parois épaisses, non décorée, leur étaient propres. C'est à eux aussi que remonte le récipient tripode, qui s'est développé à l'origine à partir de trois simples bâtonnets plantés au-dessus du foyer et croisés de telle sorte qu'ils formaient une fourche à l'extrémité supérieure. Sur cet échafaudage, on pouvait déposer des récipients pour réchauffer des aliments ou des boissons. L'environnement de ces hommes était caractérisé par des espaces boisés, des collines et des zones alluvionnaires.

A l'ouest de cette région s'est développée localement la « Culture du Nord », qui était particulière à ce qui deviendrait plus tard la province du Shanxi et la « Mongolie intérieure », c'est-à-dire l'actuelle « Région autonome de Mongolie intérieure ». Au point de vue ethnique, les porteurs de cette culture étaient des Protomongols, avec comme caractéristique un mode de vie nomade, basé sur l'élevage — surtout des bœufs, des moutons, des chameaux, des chèvres et des chevaux. Leur cadre était la steppe, le désert et d'austères régions montagneuses.

Le troisième groupe, que nous pouvons appeler la « Culture du Nord-Ouest », s'est développé dans les provinces actuelles du Shaanxi et du Gansu. De chasseurs au départ, les membres de cette peuplade sont devenus des bergers, puis des agriculteurs qui s'installèrent dans les régions de lœss et plantèrent surtout du blé et du *Gaoliang*. Ce groupe ne fait pas partie des tribus protomongoles mais forme une ethnie à part, qui jouera plus tard, lors de la formation des Etats chinois, un rôle important, peut-être même déterminant. Les habitants de ces régions de lœss ont sans aucun doute apporté l'essentiel lors de la fusion

Un désert caillouteux entoure les grottes bouddhiques de Qyzil, près de Kucha, dans le nord du bassin du Tarim. Là s'étend le désert le plus grand de Chine, le Taklamakan. L'eau de fonte des neiges des monts Tianshan, Pamir et Kunlun qui encerclent le bassin du Tarim, a permis les cultures d'oasis dans les zones périphériques. Ces oasis ont joué un rôle très important comme relais le long de la Route de la Soie, entre la Chine et l'Asie occidentale.

progressive des diverses cultures. Cette fusion conduisit à la formation de sociétés fortement stratifiées et contribua de manière essentielle à la formation plus tardive d'Etats. Ce sont les ancêtres des Han qui forment aujourd'hui encore 94 pourcent de la population chinoise. Comme le montrent l'histoire et l'archéologie de la Chine, ce groupe n'est pas homogène non plus, mais composé de diverses ethnies qui ont connu au cours de l'histoire un long processus d'influences réciproques. C'est seulement à partir du 3e siècle av. J.-C., avec la fondation de l'Etat central de l'époque Qin, qu'apparaît une culture chinoise relativement unifiée. Le groupe le plus important ne recevra son nom que sous la dynastie suivante, celle des Han.

Dans la province actuelle du Sichuan, dans les régions montagneuses de l'ouest du Shaanxi et dans le sud du Gansu vivaient des pasteurs nomades, qui plus tard donneraient naissance aux habitants du Tibet. Cette ethnie, indépendante elle aussi, n'a — comme indiqué au début — guère été influencée par la culture Han. Elle a émigré déjà très tôt vers l'ouest et le sud-ouest, pour mener sur les hauts-plateaux une vie nomade. Ce domaine correspond aujourd'hui à la Région autonome de Xizang.

Dans le sud et le sud-ouest de la Chine se sont répandues des cultures tribales qui se distancient nettement des Han, tant au point de vue de l'expression matérielle que de la stratification sociale et des langues. Les peuples Liao, Yao et Tai font partie de ces groupes tribaux. Comme chasseurs, cueilleurs et agriculteurs itinérants sur brûlis, ils habitaient un milieu naturel totalement différent de celui des Chinois du Nord. Ce sont des cultivateurs de riz et des éleveurs (buffle d'eau, zébu). Ces ethnies ont soit été refoulées vers le sud par l'avancée des Han, soit, comme nous avons pu l'observer pour la culture Dian dans la province actuelle du Yunnan, été absorbées par les Han durant le 2e et le 1er siècle av. J.-C.

Résumons-nous. Nous pouvons dire que l'espace où s'est développée la vieille culture se limitait à l'origine au nord du pays. L'embryon de ce que nous appelons la culture chinoise s'est développé d'abord dans les régions de lœss de l'actuelle province du Shaanxi, mais à cette croissance a participé un conglomérat de cultures locales septentrionales très différentes les unes des autres. Finalement, avec l'extension de l'empire chinois à partir du 3e siècle avant notre ère, toutes les régions qui aujourd'hui sont incluses dans les frontières de la Chine y ont été absorbées peu à peu.

La préhistoire

TRÈS TÔT DÉJÀ, les archéologues et les historiens de l'Empire du Milieu ont cherché les sources autochtones de leur culture et les traces de leurs ancêtres. On peut aujourd'hui cerner de manière relativement précise la part relative qu'ont assumée les différentes cultures et leurs porteurs dans l'évolution de la civilisation chinoise, même si maints aspects particuliers n'ont pas encore trouvé leur éclairage définitif. A partir des cultures polymorphes du néolithique, il est possible d'établir dans les grandes lignes quelques ponts d'ordre anthropologique (dans certains cas, il s'agit déjà de liens matériels concrets) avec les trouvailles du paléolithique et l'image que nous avons élaborée de cette lointaine époque.

Depuis la fondation de la République populaire de Chine en 1949, les fouilles et les recherches ont sans aucun doute apporté une contribution remarquable à notre compréhension de l'évolution globale de l'humanité, en particulier en ce qui concerne les stades anciens et les formes archaïques du paléolithique.

Elles ont en même temps montré à quel point, au sein des diverses cultures du néolithique, certaines particularités et certains modes de vie, structures sociales, formes d'organisation économique, acquis techniques, modes de construction et de décoration de bâtiments, d'outils et de récipients, ont posé un fondement sur lequel les hommes du début de l'âge du Bronze, de la dynastie des Xia et de l'aube de la dynastie Shang ont réussi, dans cette phase formative de la civilisation chinoise, à construire tout un monde avec intelligence et esprit d'innovation.

Cette cruche à anses sur trois pieds, du type Gui, *en argile blanche, fut exhumée en 1960 à Yaoguanzhuang, près de Weifang, dans la province du Shandong. On peut penser que la céramique étonnamment mince et dure de cette culture fut fabriquée par des potiers professionnels et qu'elle était réservée, vu ses formes excentriques et très peu pratiques, à un usage rituel. Des récipients néolithiques en céramique de ce genre ont pu servir de prototypes à leurs correspondants fabriqués en bronze. Culture Longshan, vers 3000 av. J.-C. Hauteur: 29,7 cm.*

Le paléolithique ancien

Des trouvailles surprenantes ont, dans le sens le plus exact du terme, donné vie à la préhistoire de la Chine. Entre 1972 et 1980, des géologues et des paléontologues ont étudié à Dashanpu, à 18 km à l'est de Zigong (province du Sichuan), les fossiles de reptiles gigantesques (dinosaures). Le 1er décembre 1980, on découvrait à Shihuiba, dans le département de Lufeng (province du Yunnan), des traces fossiles de *Ramapithecus*. Celui-ci présente dans la structure de ses mâchoires et de sa dentition certains parallèles avec des caractères hominidés. Il est inclus pour cette raison dans une phase d'hominisation qui remonte à plus de 8 millions d'années, la « nappe de transition Animal/Homme » (selon Christine Charlier).

Dans l'extrême sud-ouest de la province du Shanxi, près du petit village de Xihoudu (district de Ruicheng, bordure sud-ouest des monts Zhongtiao), des préhistoriens chinois ont dégagé entre 1959 et 1962 les fossiles de vingt espèces animales distinctes, associés à des ossements carbonisés et à des outils de pierre primitifs, sans toutefois parvenir à mettre en évidence leurs utilisateurs hominidés. L'âge de cette culture, nommée Xihoudu d'après le site du gisement, a été prudemment estimé à un à deux millions d'années. Il est permis de se demander s'il s'agit vraiment d'un hasard, si cette culture existait juste au centre de la région qui — comme l'archéologie l'a démontré — sera ultérieurement d'une importance capitale pour la préhistoire de la Chine et qui deviendra le berceau de la culture chinoise. Celle-ci a connu son plus bel épanouissement dans le bassin fluvial du Huanghe et c'est ici qu'elle a traversé les étapes les plus importantes de son histoire.

Dans le sud du pays, des trouvailles isolées sont alignables sur celles du nord de la Chine. Au cours de travaux de prospection préalables à la pose de la ligne ferroviaire Chengdu-Kunming, dans le bassin du Yuanmou (nord de la province du Yunnan), des membres de l'Institut de recherches géomécaniques sont tombés le 1er mai 1965 sur deux puissantes incisives et quelques outils de pierre. Ces objets furent attribués au plus ancien *Homo erectus* connu du continent asiatique, l'« Homme de Yuanmou ». D'après des mesures paléomagnétiques, il vivait voici 1,7 million d'années. Des recherches plus récentes ont toutefois ramené son antiquité à environ 900 000 ans.

A 130 km à l'ouest de Xihoudu, près de Lantian (au sud-est de Xi'an, capitale de la province du Shaanxi), des fouilles menées à partir de premiers sondages en 1963 ont apporté dès l'année suivante des résultats sensationnels. Ici aussi, dans la vallée de la rivière Ba, près des villages de Chenjiawo et de Gongwangling, on a dégagé des fragments du crâne et de la mâchoire d'un *Homo erectus* ainsi que des traces de son activité. Son existence remonte à 650 à 800 000 ans. Sous le nom de *Sinanthropus lantianensis*, il a trouvé sa place déterminée dans le paléolithique inférieur. Des témoignages de la vie d'un de ses proches parents ont été mis au jour en 1979 à Nanzhao, à 300 km à l'est de Lantian (province du Henan).

L'« Homme de Pékin » (*Sinanthropus pekinensis*), découvert à Zhoukoudian près de Pékin en 1929, est mondialement connu. De ses restes et de ses traces d'activité ont été retrouvés en 1966 dans une grotte calcaire. Longue de 175 mètres et large de 50, elle s'ouvrait à l'origine au nord-est. L'étude stratigraphique et paléomagnétique des 40 mètres de dépôts répartis en 13 couches distinctes a démontré que cet endroit fut habité voici déjà près de 690 000 ans et était toujours utilisé il y a quelque 220 000 ans par les descendants des premiers Hommes de Pékin. Cela représente une période exceptionnellement longue du paléolithique ancien. Les ossements fossilisés de leurs proies — parmi lesquelles des cerfs à la puissante ramure, des léopards, des ours des cavernes, des tigres à dents en lame de sabre, des hyènes, des éléphants, des rhinocéros, des chameaux et des buffles d'eau — indiquent que les hommes de Zhoukoudian vivaient principalement de la chasse. Les objets de pierre exhumés au cours de nombreuses campagnes de fouilles présentent des formes variables, à l'évidence adaptées à leur usage. Ils permettent de reconnaître un progrès technique dans leur réalisation, que suit de bas en haut la stratigraphie. Une quantité de cendres, de fragments d'os noircis et de foyers démontre la connaissance et la maîtrise du feu. L'ensemble du matériel, soigneusement étudié et conservé pendant les deux décennies qui suivirent la découverte de Zhoukoudian, a disparu en 1941.

La recherche chinoise récente considère les sites suivants comme plus ou moins contemporains de l'échelon évolutif de l'*Homo erectus pekinensis* : Kehe, près de Ruisheng dans la plaine du fleuve Jaune (extrême sud-ouest de la province du Shanxi ; site connu depuis 1936, fouillé de 1957 à 1960) ; la « Grotte des Colombes », dans le département de Kezuo, province nordique de Liaoning (découverte en 1956, fouillée en 1973) ; la « Grotte du Dragon Blanc », dans le district de Yunxi, province du Hubei (découverte et fouillée en 1976) ; la « Grotte des Os de Dragon », près de Meipu dans le district de Yun, province du Hubei (découverte et fouillée en 1975) ; la grotte de Shilongtou, près du lac Daye, dans la province du Hubei (découverte et fouillée en 1971) ; une grotte de la commune populaire de Jiuba, district de Tongzi Xian, province du Guizhou (découverte et fouillée en 1971) ; la grotte de Guanyin, dans le district de Qianxi, province du Guizhou (découverte en 1964, fouillée jusqu'en 1973).

Epoque	Années av. J.-C.	Chine du Nord		Chine du Sud
Méso-lithique	10000	Culture d'Emaokou Culture de Lingjing Culture de Shayuan	Culture d'Hutouliang Culture Xiaonanhai	
Paléo-lithique supérieur	50000	Culture de Xiashuan	Zhoukoudian : grotte supérieure Culture de Shiyu	Homme de Liujiang
Paléo-lithique moyen	100000	Homme de Dingcun	Culture de Xujiayao	Homme de Changyang Homme de Maba
Paléolithique inférieur	500000	Grotte des Colombes Culture de Kehe	Zhoukoudian : Homme de Pékin	Grotte du Dragon Blanc Grotte des Os de Dragon Grotte de Shilongtou Grotte de Guanyin Grotte de Jiuba
	1000000	Homme de Lantian		
	2000000	Culture de Xihoudu		Homme de Yuanmou
	10000000			Ramapithèque de Shihuiba
Avant l'homme	100000000			Dinosaures de Dashanpu
	200000000			

Le paléolithique moyen et supérieur

Il y a environ 100 000 ans, l'*Homo sapiens* fit son apparition. Il dominera la scène pendant le paléolithique moyen et final. Son représentant classique en Europe est l'« Homme de Néanderthal ». En Chine, ses contemporains les plus importants ont laissé leurs traces entre autres près du village de Xujiayao (district de Yanggao, à 60 km au nord-est de Datong, dans le nord de la province du Shanxi). Après des découvertes fortuites, une fouille de grande envergure menée en 1964 y a mis au jour des restes humains et plus de 10 000 artefacts de pierre, d'os et de corne. L'« Homme de Maba », découvert en 1956 à Maba près de Shaoguan (province côtière méridionale du Guangdong), figure comme autre cousin éloigné de l'« Homme de Néanderthal ». Il en est de même de l'« Homme de Changyang », dont on a trouvé la trace en 1956-1957 dans la grotte de Longdong ou « Grotte du Dragon », à 45 km au sud-ouest de Changyang (province du Hubei). L'« Homme de Dingcun », mis en évidence en 1953-1954 et à nouveau en 1976, s'était installé dans la vallée du Fenhe (district de Xiangfen, sud-ouest de la province de Shanxi) et a laissé une quantité d'outils de pierre à la technique élaborée. Pas moins de 94 pourcent de ces outils étaient taillés dans la cornéenne, un quartz microcristallin fort difficile à travailler.

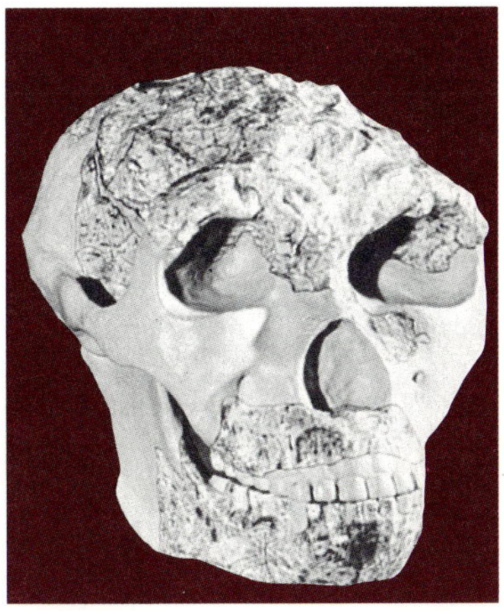

A droite: *devant la Yuanrendong, près de Zhoukoudian, le site du* Sinanthropus pekinensis, *à 42 km au sud-ouest de Pékin.*

A gauche: *crâne restauré du* Sinanthropus lantianensis *ou «Homme de Lantian», découvert en 1964 à Gongwangling, près de Lantian.*

En bas à gauche: *crâne de l'«Homme de Pékin», restauré à partir de fragments d'os trouvés près de Zhoukoudian en 1959 et en 1966.*

Page de gauche: *tableau chronologique et répartition géographique des sites paléolithiques et mésolithiques les plus importants de Chine.*

Parmi les ancêtres directs des Chinois actuels, un des plus anciens serait l'«Homme de Linjiang». On a retrouvé son crâne et d'autres ossements avec le squelette presque complet d'un panda géant et des restes d'autres animaux en septembre 1958, dans une petite grotte près de la station de chemin de fer de Linjiang (région autonome de Guangxi). D'après les anthropologues chinois, l'«Homme de Linjiang» présentait des traits mongoloïdes. Son âge est estimé à 40000 ans. On reconnaît aussi un caractère nettement mongoloïde aux hommes de la grotte supérieure de Zhoukoudian — sans doute inhumés, car on ne retrouve pas de trace d'habitat mais seulement des ossements dans cette cavité, contrairement aux chambres voisines. Des artefacts de pierre, d'os, de dents, de bois et de coquillage, parfois munis de perforations soignées, témoignent d'un niveau technique remarquable. Le résultat des analyses au C_{14}, publié en 1976, confirme pour l'essentiel les estimations d'âge antérieures, soit 18340 (± 410) ans avant aujourd'hui.

D'autres trouvailles du paléolithique supérieur se démarquent par une différenciation régionale croissante et un développement impressionnant des industries lithiques. En témoignent plus de 15000 armes et outils, parmi lesquels des bifaces, des grattoirs (en particulier ceux qu'on appelle «grattoirs en ongle de pouce»), des galets aménagés, des poinçons, des scies, de longues lames à double tranchant et un extraordinaire couteau en cristal de roche, dégagé en 1963 aux environs du village de Shiyu (à 15 km au nord-ouest de Shuo, dans le nord de la province du Shanxi). Shiyu est localisé sur le flanc oriental du Heituoshan, à peu de distance de la source de la rivière Sanggan. Cette riche couche archéologique se trouvait à 17 m sous la surface du sol. Une datation au radiocarbone fut réalisée sur un fragment d'os animal; elle indiqua un âge absolu de 28135 (± 1330) ans.

Les objets de pierre taillés et utilisés voici 20000 ans dans le sud de la province actuelle du Shanxi présentent une richesse et une variété comparables. Au cours de quatre campagnes, entre 1972 et 1975, des scientifiques du Musée provincial du Shanxi examinèrent une quantité de matériel microlithique. Celui-ci fut récolté sur seize sites paléolithiques répartis sur une surface approximative de 20 × 30 kilomètres dans le triangle formé par les chefs-lieux des districts de Yuanqu, Qinshui et Yangcheng. Il reçut le nom de Xiachuan, d'après la localité située au centre du triangle, et fut attribué au même stade paléolithique récent que les découvertes de la grotte supérieure de Zhoukoudian. La culture de Xiachuan constitue un maillon important dans la chaîne évolutive qui va de la culture paléolithique de Shiyu aux cultures à microlithes du néolithique de Chine septentrionale.

En mars 1960, des ouvriers carriers découvrirent près de Xiaonanhai, à 30 km environ au sud-ouest d'Anyang (nord de la province du Henan), une grotte calcaire sur le versant oriental du mont Beilou. Ils y trouvèrent des fossiles d'animaux qui avaient dû vivre dans un climat de montagne sec et froid. Parmi eux, citons l'ours des cavernes, le loup, le blaireau, le léopard, le sanglier, le buffle, la gazelle du Tibet, l'hyène, le rat et quelques espèces aujourd'hui éteintes. Plus de 7000 artefacts de pierre furent récoltés, taillés par cette population qui vivait principalement de la chasse. De récentes datations au radiocarbone ont corrigé des estimations précédentes, attribuant aux trouvailles de Xiaonanhai un âge de 13075 (± 220) ans.

Le mésolithique

Au cours du paléolithique final et du mésolithique se développèrent des cultures bien individualisées par leurs industries microlithiques. A partir de la Chine du Nord, elles se répandirent largement sur le continent asiatique. Un matériel typique, remontant à 9000 ans, a été collationné près de Hutouliang dans le district de Yangyuan (ouest de Pékin, province du Hebei). Un des sites mésolithiques les plus importants est celui de Shayuan (Xian de Dali), où des outils lithiques représentatifs ont été récoltés en 1955-1956 à quinze endroits différents dans les dunes de sable de la frontière orientale du Shaanxi. Les artefacts présentent des similitudes avec les microlithes de Mongolie Intérieure, de Mandchourie et de Sibérie. Ils nous renseignent sur l'étendue du rayonnement culturel des substrats du nord de la Chine. Enfin, la découverte d'un complexe d'ateliers à Emaokou, près de Huairen (nord du Shanxi), et de pas moins de 1353 pièces récoltées en 1965 près de Lingjing (nord-ouest de Xuchang, au centre de la province du Henan) et étudiées jusqu'en 1974, renforce la thèse selon laquelle les fondements du développement de l'industrie des microlithes furent posés dans cette région pendant le mésolithique. D'une importance capitale pour toute l'histoire de la Chine, la même région devait devenir plus tard le berceau de sa civilisation.

Le néolithique

Un seul regard porté sur l'évolution globale de l'humanité nous apprend que plus de 99 pourcent du trajet qu'elle a parcouru l'ont été au cours du paléolithique. Pendant des millions d'années de lent progrès, l'homme mena un dur combat d'existence en pratiquant la chasse, la pêche et la cueillette de ce que la nature, dans son déroulement cyclique, la terre, l'eau, l'air et leurs ressources voulurent bien lui offrir. Lorsque les techniques de cueillette à la fois plus supportables et plus économiques furent maîtrisées, il ne manqua plus qu'un pas pour en arriver à l'exploitation contrôlée de plantes sauvages, et c'est de façon aussi décisive que l'intensification de la chasse put mener à des relations plus familières avec les animaux ainsi qu'à leur domestication. Ce profond changement s'accomplit en Chine, très vraisemblablement, il y a 10 à 12000 ans. La base d'un mode de vie sédentaire était posée et les colonies du néolithique peuvent à raison être considérées comme la cellule reproductrice qui donna naissance aux lotissements et villages orientés vers l'agriculture. Tout aussi importants ont été les changements climatiques et géographiques qui, dans cette phase postglaciaire, ont favorisé un tel processus révolutionnaire de transformation.

Le polissage des ustensiles de pierre et la fabrication de la céramique sont à considérer comme deux autres éléments constitutifs du néolithique. La céramique était dans bien des cultures néolithiques le matériau qui offrait le plus de possibilités d'expression et qui à présent permet de déceler avec le plus de netteté les caractéristiques locales, les interactions régionales, les habitudes et les besoins quotidiens de ses artisans et de ses utilisateurs, ainsi que les évolutions des styles et des formes.

L'image des cultures néolithiques de la Chine est récemment devenue de plus en plus complexe et diversifiée. Plus de 6000 sites datant du néolithique ont été répertoriés en République populaire de Chine: on en a jusqu'à présent étudié de façon systématique et vidé partiellement bien plus de cent. Beaucoup ont même été transformés en aires de musées. La plupart se trouvent dans les fertiles plaines d'alluvions enrichies de lœss et dans les vallées de cours d'eau du nord de la Chine, plus précisément dans la vallée du Huanghe ainsi qu'au nord et au sud du Yangzi.

Les plus anciens témoignages néolithiques de la Chine méridionale

Toutefois, les traces les plus anciennes découvertes à ce jour semblent provenir de colonies néolithiques du sud de la Chine où, près des cours d'eau des régions côtières à l'est ou dans des grottes calcaires montagneuses, on a retrouvé, près d'inhumations humaines, des outils en pierre et en os, des restes de nourriture sous la forme de coquillages ou d'os d'animaux (entre autres ceux de porcs domestiqués) et de la céramique cordée. Le décor imprimé de ces anciens objets en céramique témoigne de la familiarité de l'artisan avec les fibres végétales qu'il tournait et tressait pour en faire des cordes. Une série de tests au radiocarbone situe la colonisation des divers sites probablement entre 10000 et 5000 av. J.-C. Les deux colonies néolithiques anciennes les plus importantes, surtout en raison de leurs objets en céramique comparables, sont d'une part la grotte de Xianrendong (près de Wannian, province du Jiangxi, dans le bassin central du Yangzi, à l'est du lac de Poyang), appelée «Grotte des Immortels», connue depuis 1962 mais dont la découverte a été rendue publique en 1976 seulement, et d'autre part la grotte calcaire de Zengpiyan qui fut étudiée de façon plus approfondie en 1973 et qui se situe dans les monts karstiques au sud de Guilin, dans la région autonome de Guangxi.

La culture de Peiligang

Nous ne connaissons aucun degré de développement comparable dans le nord de la Chine à cette culture néolithique ancienne de la Chine méridionale, dont les sites retrouvés furent souvent attribués à tort au mésolithique. Les découvertes originaires des provinces du Hebei et du Henan, dans le haut plateau fertile du nord et dans la vallée du fleuve Jaune, que l'on peut, grâce à plusieurs datations au C_{14}, situer entre 6500 et 5000 av. J.-C., représentent déjà un stade avancé d'une civilisation sédentaire agraire. Elles sont caractéristiques de la culture de Peiligang, dont la découverte en 1977 marqua un tournant dans l'étude scientifique du néolithique. Depuis lors, on a exhumé, à plus de vingt endroits, les reliques de cette civilisation néolithique ancienne qui cultivait la terre et pratiquait l'élevage.

Le site, qui donna son nom à cette culture, se trouve à 40 km environ au sud de Zhengzhou, la capitale de la province du Henan dans le district de Xinzheng. Les Chinois de Peiligang, organisés en petites communautés villageoises, vivaient dans des habitations rondes ou carrées à moitié creusées dans le sol. Ils enterraient leurs morts dans un cimetière à proximité du village et dans des tombes individuelles. Sur les 114 tombes étudiées à Peiligang, les archéologues n'ont rencontré que de rares cas d'inhumation double. Une partie des tombes contenaient des objets que le mort avait utilisés au cours de sa vie : on trouva des récipients en céramique et des ustensiles de grès travaillés avec soin et servant à l'agriculture, tels par exemple des haches, bêches, faucilles (certaines avec une lame en dents de scie minutieusement affûtée), ou bien des meules plates en forme de semelles finement polies et montées sur quatre pieds bas, ainsi que les pilons cylindriques complémentaires qui servaient à moudre le grain.

Ce sont justement ces meules typiques de la culture de Peiligang (on en a exhumé plus de 40), ainsi que les faucilles acérées, qui prouvent avec certitude la bonne organisation de la production et de la transformation des grains, en particulier des épis de millet (*Setaria italica*, une espèce particulièrement bien appropriée aux sols de lœss, dont des restes de semences furent découverts). Parallèlement, les habitants de Peiligang poursuivirent leurs habitudes de chasse et de cueillette, comme le montrent les nombreux ossements de proies sauvages abattues et les fruits retrouvés dans des fosses à provisions. Toutefois, les nombreux squelettes de moutons et de porcs, mais également les fragments de figurines primitives en glaise, qui rendent de façon étonnante les caractéristiques essentielles de ces animaux, sont la preuve de ce que la domestication animale jouait déjà un rôle. Les miniatures de porcs et de moutons modelées à Peiligang il y a 7 à 8000 ans sont les témoignages les plus anciens connus à ce jour d'un art plastique chinois. Elles marquent ainsi les débuts timides de cet art au début du néolithique primitif.

La céramique utilitaire modelée à la main était cuite à des températures relativement basses de 700 à 930 °C dans un four rond lié aux habitations. Une quantité importante de déchets brisés a été mise au jour près du four. Des récipients bombés du type *Hu*, des pots à provisions du type *Guan*, des vasques du type *Bo* ainsi que des marmites profondes et des coupes évasées à trois pieds du type *Ding* ont été modelés à partir d'une terre cuite grossière de couleur rouge ou brune, très rarement grise. Les vases en argile montrent dans la solidité de leurs parois de considérables irrégularités. En général, ils étaient dépourvus de décor ; très peu d'entre eux sont légèrement polis à l'extérieur, bosselés à intervalles réguliers, décorés au peigne — principalement juste en dessous du bord de l'embouchure — ou ornés d'autres motifs simples imprimés dans la matière ou ciselés. Dans les deux sites comparables de Fengzhuang (district de Zhongmou) et de Wangzui, dans le district de Mi, furent exhumées trois pièces en terre cuite peinte.

Une colonie du néolithique primitif étroitement liée à Peiligang d'un point de vue culturel et historique fut découverte en 1976-1977 à Cishan, au sud-ouest de Wu'an, dans l'extrême sud de la province du Hebei. Dans leur forme et leur décor,

Ci-dessus : *très ancien flacon à goulot court et double anse, du type* Hu, *en argile brun clair. Hauteur : 19,6 cm.*
Ci-dessous : *faucille en grès dont le tranchant est en dents de scie. Longueur : 11 cm.*

Ces objets proviennent des fouilles de Peiligang (vers 6500-5000 av. J.-C.) et furent mis au jour en 1977.

En bas : *meule sur quatre pieds, avec broyeur en forme de bâton de grès. Longueur : 68,5 cm.*

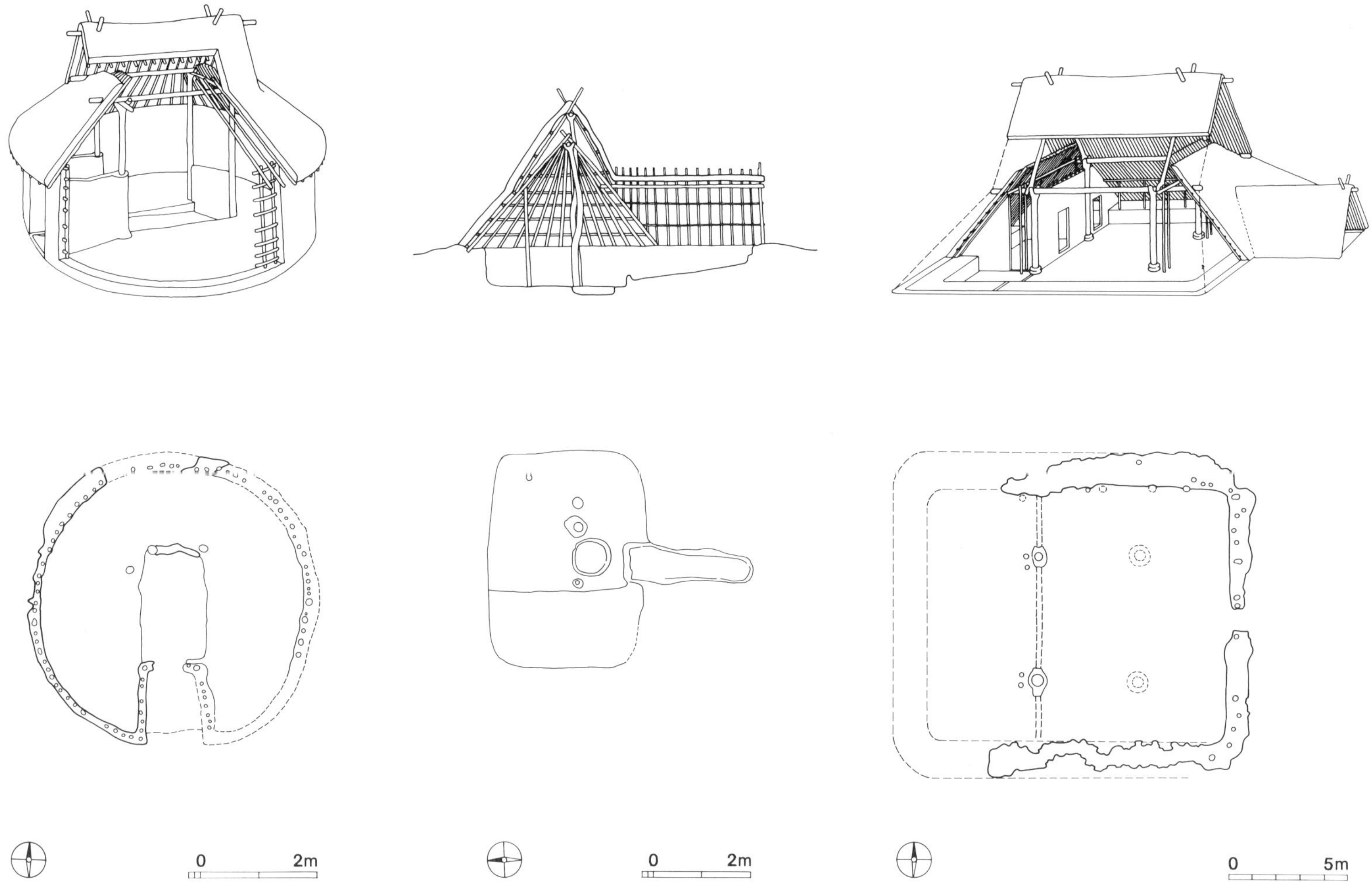

les récipients en céramique témoignent d'une grande concordance. Les ustensiles en grès poli, sans oublier les meules en forme de semelles, caractéristiques de cette culture, sont également fort comparables. En plus des squelettes de moutons et de porcs domestiqués ont également été exhumés à Cishou des ossements de chiens. De plus, des indices d'une économie agraire primitive basée sur la culture des céréales ont été mis en évidence. Au contraire, on ne put localiser aucune tombe. Afin de pouvoir mieux documenter et comprendre la diffusion, le caractère et l'étonnante ancienneté de la culture de Peiligang, des fouilles et recherches furent entreprises en 1978, d'abord dans douze endroits sélectionnés dans cinq districts différents et plus tard dans d'autres sites, dont Tanghu, Nangang, Xiguan, Egou, Ganghe, Tieshenggou et Suiquan, pour ne citer que certains des plus importants, situés au cœur de la province du Henan. Des fouilles plus récentes ont également montré que la culture de Peiligang exerça une influence sensible vers l'ouest, dans le bassin du Huanghe, ainsi qu'en remontant la vallée de la Wei à travers le Shaanxi central, jusqu'à Gansu.

La culture Yangshao

La culture Yangshao, ainsi nommée d'après le premier site de fouilles, eut un rayonnement semblable dans le même espace géographique. Elle partage maintes caractéristiques avec la culture de Peiligang, mais elle est sans aucun doute plus récente. La situation stratigraphique d'une série de sites où l'on rencontra des témoignages des deux cultures de même qu'une abondance de datations au C_{14} le prouvent. Ces dernières situent l'existence de la culture Yangshao dans la période qui s'étend entre 5000 et 3000 av. J.-C. environ. C'est la culture néolithique chinoise connue depuis le plus longtemps: en 1921 déjà, le géologue suédois Johan Gunnar Andersson découvrit en effet, à proximité du village de Yangshao, dans l'actuel district de Mianchi et à mi-chemin entre Luoyang et Sanmenxia (dans l'ouest de la province du Henan), les traces d'une colonie néolithique tardive et pour la première fois de la céramique peinte faite d'argile rouge épaisse.

Le centre de cette culture caractérisée par une grande continuité et une large diffusion se trouvait manifestement dans la région du fleuve Jaune, là où ce cours d'eau originaire du nord tourne vers l'est, et où s'y déversent les masses d'eau et de boues de lœss de la Fen, originaire du Shaanxi, et de la Wei en provenance de l'ouest. Ce terrain fertile était particulièrement bien adapté pour accueillir des colonies d'établissement de populations d'agriculteurs et d'éleveurs. Des traces de pareils établissements existent à l'est, dans les provinces du Henan et du Hebei jusqu'au Shandong; au sud, sur les rives du Hanshui moyen et supérieur; au nord, dans la région autonome du Ningxia et la partie méridionale de la Mongolie intérieure; à l'ouest, par-delà le Shaanxi, depuis le Hubei occidental ainsi que dans les vallées de la Wei et du Tao jusque dans la

Page de gauche : *plan et reconstitution de trois maisons typiques de l'époque néolithique, à Banpo. Le village néolithique dégagé entre 1954-1957 près de Banpo, à 6 km à l'est de Xi'an, dans la province du Shaanxi, fait partie de la culture Yangshao et date du 5ᵉ millénaire av. J.-C.*

Ci-dessus : *vue partielle des fouilles abritées du site de Banpo.*

province de Gansu et l'extrême est de la province du Qinghai.

Au Gansu, Andersson avait dès 1923-1924 rencontré les vestiges d'une variante tardive et locale de la culture Yangshao, notamment dans plusieurs cimetières, disposés sur les collines en terrasses du Banshan, au sud de Lanzhou. Nous connaissons aujourd'hui plus de mille sites Yangshao. L'intérêt archéologique s'est tout récemment concentré sur plus de trente d'entre eux. Grâce à des recherches systématiques doublées d'analyses stratigraphiques minutieuses et de tests au radiocarbone, les rapports complexes, les ramifications étendues et les perpétuations dans le temps des formes particulières et des influences de la culture Yangshao sont établis de façon très nette. Dans la région du Huanghe et de la Wei au Shaanxi, dans le Shanxi méridional et dans le nord-ouest du Henan, on peut distinguer par exemple quatre complexes bien marqués : Beishouling près de Baoji, Banpo et Jiangzhai près de Xi'an, Miaodigou près de Sanmenxia et Xiwangcun près de Ruicheng.

Quatre autres types de la culture Yangshao se rencontrèrent à divers stades de développement dans le nord de la province du Henan, au sud du fleuve Jaune, avec le site de Shuangmiaogou (district de Dengfeng) et ensuite au pied oriental du mont Taihang, avec les sites de Hougang et Dasikongcun, près d'Anyang, ainsi que Dahecun, près de Zhengzhou. Dans le nord-ouest de la Chine, plus précisément au Gansu, nous connaissons au moins six groupes qui représentent également une suite chronologique de différentes phases de développement, allant du néolithique primitif jusqu'au milieu du 2ᵉ millénaire av. J.-C. : Dadiwan, Shilingxia, Majiayao, Banshan, Machang et Qijia. Enfin des influences non négligeables de la culture Yangshao sont perceptibles si l'on considère la situation archéologique et le matériel exhumé, en particulier la céramique de quelques sites néolithiques, certains éloignés les uns des autres, tels par exemple Hongshan près de Chifeng, dans la vallée du Laoha, en Mongolie Intérieure, ou sur le cours moyen du Yangzi, à Daxi près de Wushan, dans la partie est de la province du Sichuan et à Qujialung, dans la plaine du Hansui près de Jingshan, au centre de la province du Hubei. Ces quelques indications doivent suffire pour prouver de façon ponctuelle le rayonnement extrêmement large, puissant et soutenu de la culture Yangshao.

Les récipients en céramique décorés de motifs peints ondoyants et zoomorphes constituent sans doute les témoignages les plus impressionnants de cette culture. La terre cuite de ces objets se compose en général d'une argile épaisse dans les tons rouges ou brun clair, qui était cuite à des températures allant de 800 à 1050 °C environ. Les généreux récipients ne sont pas modelés sur un tour de potier, mais bien à la main, à partir de gabarits en forme d'anneaux ou à l'aide de moules dans lesquels l'argile pouvait être pressée pour prendre la forme désirée. Ils étaient travaillés avec tant de soin que, si on les considère de façon superficielle, ils donnent l'impression d'être tournés.

Leur décor est appliqué sur la paroi lissée avec la main humide ou avec une spatule et finalement polie après la cuisson à l'aide d'un outil élastique ressemblant à un pinceau. Comme pigments pour les peintures noires, brunes et rouges étaient utilisés de préférence la poudre d'hématite et l'oxyde de magnésium. Parfois, on appliquait une coulée blanche à base d'argile ou d'une autre matière fort diluée comme couche de fond pour la peinture à froid. Selon la forme et la fonction du récipient, le décor est limité soit au côté intérieur, soit, comme dans la plupart des cas, à la partie supérieure du côté externe. Il ne faut cependant pas négliger le fait que la céramique de Yangshao se compose en majeure partie de récipients utilitaires relativement grossiers faits en argile grise, rouge ou brune, mélangée parfois à du sable en gros grains. Nombre d'entre eux sont ornés de simples motifs incisés dans l'argile encore humide. D'autres sont cordés ou bien ornés d'appliques en argile.

La population paysanne de la culture Yangshao vivait souvent dans de grands villages. Deux des plus importants furent dégagés aux environs de Xi'an, dans la province du Shaanxi. De 1954 à 1957, cinq campagnes de fouilles ont débouché sur la découverte d'une colonie large de plus de 70000 m² dans le nord du village de Banpo, 6 km à l'est de Xi'an. Le centre bien conservé de cet héritage se situe à une distance de 800 m du lit de la rivière, sur une terrasse de lœss (rive est du Chansui). On a déblayé à peu près un cinquième de la zone d'habitation, dont au centre une grande construction communautaire de rassemblement, apparemment utilisée par tous les habitants du village et étendue sur presque 160 m², un cimetière dans la partie nord du village avec 250 tombes et 6 fours à céramique dans le secteur est. Ces trois complexes étaient séparés les uns des autres.

Le secteur habité, disposé en forme d'ovale irrégulier, était entouré d'un fossé large de 6 à 8 m en bordure supérieure et jusqu'à 3 m sur 5 à 6 m de profondeur dans la partie inférieure. Les maisons, fréquemment enfoncées dans la terre un peu au-dessous du niveau du sol, ont en général une fondation carrée ou ronde. On y accédait au sud par une rampe légèrement en pente, parfois aussi en franchissant quelques marches d'un escalier. Au milieu se trouvait un foyer creusé. Plancher et murs étaient tapissés d'un mélange de glaise et de paille. Les trous des pieux et les fondations des étables, les restes de céréales trouvées dans les fosses à provisions, les nombreuses et diverses armes, instruments et outils (principalement travaillés dans la pierre et l'os), les traces de tissus et de nattes tressées ainsi que les squelettes d'animaux indiquent que la population établie en ce lieu vivait d'agriculture, de chasse, de pêche et d'élevage.

Comme à Peiligang, la culture du millet était prépondérante et les animaux domestiqués les plus importants semblent avoir été le porc et le chien. L'établissement du village, qui d'après les estimations des archéologues chinois a pu être habité par 500 à 600 personnes, fait apparaître dans son aménagement une zone d'ateliers séparée servant à la fabrication de la céramique, ce qui témoigne d'un degré avancé de spécialisation et d'une division rationnelle du travail ; plus tard ces mêmes caractéristiques se retrouveront dans les villes plus grandes de l'âge du Bronze. De toute apparence, Banpo ne fut pas colonisé de façon continue mais à plusieurs intervalles, ce qui correspond tout à fait à la mobilité, à la structure et aux habitudes de vie de la civilisation néolithique tardive dans cette région.

En avril 1972, on découvrit un autre grand village de la culture Yangshao à Jiangzhai, au pied du Lishan, à 1 km au nord de l'actuel chef-lieu du district de Lintong. Il se trouve sur

Ci-dessous : *tableaux chronologiques et répartitions géographiques des cultures néolithiques les plus importantes : du Nord au Sud (partie supérieure) et d'Ouest en Est (partie inférieure), basés sur les fouilles les plus récentes et des datations au Carbone 14.*

Avant J.-C.	Mongolie intér. Mandchourie Sud	Chine du Nord		Territoire infér. rives du Yangzi	Territoire central rives du Yangzi	Chine du Sud
1000		Shang		Shang	Hushu	Tanshishan
	Xiajiadian					Fengbitou Shixia Shanbie
2000	Shangmashi	Erlitou		Longshan	Liangzhu	
		Longshan			Majiabang	
3000		Yangshao	Dawenkou	Qujialing, Daxi	Qingliangang	
4000	Hongshan					
	Xinie				Hemudu	Dapenkeng Fuguodun
5000		Cishan, Peiligang				
6000						
7000						
8000						Zengpiyan Xianrendong

Avant J.-C.	Gansu-Qinghai	Shaanxi		Henan occid. septentr.	orient.	Shandong
1000						Shang
	Qijia			Shang		
2000	Machang			Erlitou	Shang prédynastiques	Longshan
	Banshan	Longshan		Longshan		
3000	Majilayao					
	Shilingxia	Beishouling Shijla		Miaodigou	Dahecun	Dawenkou
4000	Weishui Yangshao	Banpo	Jiang-zhai	Shuangmiao-gou	Dasikongcun Hougang	
5000						Belxin
	Dadiwan			Peilligang	Cishan	
6000						

Ci-dessus à gauche : *vasque du type* Pen *en argile rouge-brun, décorée de dessins. Diamètre : 44,5 cm. Mise au jour entre 1954 et 1957 à Banpo, près de Xi'an, dans la province du Shaanxi. Culture Yangshao, vers le 5e millénaire av. J.-C.*

Ci-dessus : *flacon en forme de bateau du type* Hu *en argile rougeâtre, décoré de dessins. Hauteur : 15,6 cm. Longueur : 25,2 cm. Mis au jour en 1958 à Beishouling, près de Baoji, dans la province du Shaanxi. Culture Yangshao, vers le 5e millénaire av. J.-C.*

Double page suivante : *amphores tombales peintes de l'époque néolithique inférieure (culture Yangshao), 3e millénaire av. J.-C.* [Berlin, Museum für Völkerkunde]

la terrasse est des rives du Lin, qui coule au nord-ouest vers la Wei, à proximité immédiate du Banpo (15 km au nord-est du village). Lors des six campagnes de fouilles menées jusqu'en 1974, ont été dégagés 8000 m^2 environ des 50000 que devait compter l'ensemble de la colonie. Sur base des restes retrouvés de 90 maisons, 3 étables, 292 fosses à provisions, 221 foyers, 246 tombes, 4 fours à céramique et d'innombrables artefacts, on comprit très vite qu'à Jiangzhai s'était non seulement établie une communauté villageoise organisée de façon semblable à celle de Banpo, mais qu'en outre elle existait vraisemblablement à la même époque et au même stade culturel. Les dépôts testés au C_{14} renvoient à un âge variant de 4770 (± 135) à 4290 (± 200) av. J.-C. Jiangzhai donne jusqu'à présent la meilleure idée d'une colonie typique établie au cœur géographique de la culture Yangshao. Ici également, une tranchée entourant la zone habitée sépare le royaume des vivants et des morts. Le cimetière fut découvert dans la partie est du village. Les plus grandes maisons ont une base carrée similaire. Groupées autour d'elles se trouvent des habitations plus petites, rondes et carrées. Contrairement à Banpo, leurs entrées ne sont pas exclusivement orientées vers le sud, mais sont — il est intéressant de le remarquer — toutes dirigées vers le centre du village.

La céramique fait également apparaître d'étroits parallèles entre Jiangzhai et Banpo. Nous trouvons des formes de récipients pratiquement identiques, l'utilisation des mêmes sortes d'argile ainsi que des motifs décoratifs et dessins similaires : sur la poterie rouge peinte, la prédilection pour les masques à apparence humaine représentés de face et de manière abstraite, ainsi que pour la représentation de poissons, réclame une attention particulière. D'après l'avis des archéologues chinois, un culte primitif du totem, lié peut-être aux rites de fertilité, trouva justement son expression dans ces motifs. Vasques, cruches et flacons peints ne pouvaient en aucune façon faire partie de la vaisselle quotidienne, mais constituaient certainement des récipients réservés exclusivement à un usage rituel ou cérémonial. Un phénomène étonnant — autre lien entre Banpo et Jiangzhai — est l'occurrence de marques simples gravées sur un nombre de poteries et de fragments en céramique peinte. Les dessins apparaissent normalement sur le bord du récipient et sont, les uns pressés avant la cuisson dans l'argile encore malléable, les autres gravés dans la terre déjà cuite ou après un certain temps d'utilisation. Les marques n'apparaissent qu'isolées, certaines se répètent sur divers fragments.

A l'aide du matériel étudié à Banpo, 22 types différents peuvent être distingués sur 112 cas. Leur signification reste à ce jour encore incertaine, mais une certaine unité de taille et d'application, une régularité apparemment délibérée ainsi qu'une structure simple et claire laissent penser qu'il s'agirait là d'une tentative de fixer des idées élémentaires ou des événements par des emblèmes standardisés. Nous avons peut-être aussi affaire, comme Kwangchih Chang le suggère, à des marques d'ateliers ou de potiers ou encore à des signes de propriété. Il ne nous reste qu'à attendre pour savoir si les recherches entamées en Chine sur cette question pourront un jour interpréter ces signes gravés dans la céramique de Yangshao comme la source ou même les timides débuts de l'écriture chinoise. Néanmoins, Guo Moruo et Li Xiaoding ont réussi à démontrer de manière convaincante le lien étroit existant entre ces signes et différents chiffres et emblèmes de clans.

La plus ancienne strate de Miaodigou, que l'on situe vers 3910 (± 125) av. J.-C. selon les datations au C_{14}, représente une phase un peu plus tardive de la culture Yangshao. Elle fut

exhumée en 1956-1957 devant les portes méridionales de la ville de Sanmenxia, à l'ouest de la province du Henan. Yangshao ne se trouve qu'à 50 km à l'est de Miaodigou. La colonie néolithique tardive, estimée à 240 000 m^2 et dont 4 480 m^2 seulement furent dégagés, était localisée sur une terrasse de lœss, sur la rive méridionale du Qinglongjian qui, remontant vers le nord-ouest, se jette dans le Huanghe près de Sanmenxia. Grâce aux trous de pieux disposés de façon symétrique et régulière, ainsi qu'aux fondations relativement bien conservées, on peut reconstituer deux maisons à base carrée de 6 × 7 mètres. Elles correspondent à celles de Banpo par leur type et leur disposition. Une rampe étroite permet l'accès par le sud à la pièce habitée, située en profondeur, dont le sol et les murs larges de 86 cm se composent d'un mélange compact et finement poli d'argile et de paille. Le foyer se trouve juste derrière l'entrée. Le toit de ces habitations, sans doute couvert de paille, avait vraisemblablement une forme pyramidale. On put reconstituer plus de 690 récipients grâce aux fragments de céramique gardés en lieu sûr à Miaodigou. Quatorze pourcent d'entre eux sont peints en rouge ou en brun clair. Les motifs peints du décor étaient presque exclusivement géométriques et réalisés surtout en noir, plus rarement en rouge. Leur forme principale, combinaison élégante de dessins en arcs, courbes et pointillés, fait penser à des motifs floraux stylisés. Dans quelques cas isolés, on a utilisé une fine coulée blanche ou rouge foncé comme couche de fond pour le décor peint. Des zones de croix et de parallèles hachurées complètent le répertoire des peintres sur céramique de Miaodigou, peintres qui ne connaissaient pas les motifs zoomorphes, presque anthropomorphes, des potiers de Banpo et de Jiangzhai.

Toutefois, un artiste potier travaillant à la même époque (au 4e millénaire av. J.-C.) dans la vallée de la Wei, à l'ouest de Miaodigou, exploita avec adresse et de façon intensive les possibilités plastiques de l'argile. Il créa une œuvre tout à fait inhabituelle : un récipient profond sur trois pieds du type *Ding*, réalisé dans une fine argile noire et qui reproduit sur l'un de ses flancs la silhouette d'un oiseau (peut-être un hibou) aux formes délicatement modelées, dont se détachent avec précision certaines accentuations linéaires. Cette poterie haute de 38 cm appartenait à l'inventaire d'une tombe Yangshao richement aménagée de la strate tardive de Miaodigou, qui fut ouverte en 1958 près de Taipingzhuang, dans le district de Hua (province du Shaanxi). Elle témoigne d'une grande part d'imagination artistique et d'un goût expérimental prononcé, d'une volonté créatrice et d'une sensibilité tactile pour les propriétés plastiques du matériau auquel ce potier peu conventionnel donna une forme tout expressive. Celui-ci créa ainsi le prototype du vase rituel en forme de hibou caractéristique de l'âge du Bronze.

Les progrès et transformations de la culture Yangshao, vers la fin du 4e et pendant la première moitié du 3e millénaire av. J.-C., apparaissent aussi bien dans l'architecture que dans la céramique de Dahecun. Le site étudié en novembre 1972 se situe à 12 km au nord de Zhengzhou, capitale de la province du Henan. Lors de l'exhumation d'une aire couvrant 300 m^2, on découvrit à côté de récipients en argile (peints ou non), d'artefacts en os ou en pierre, les murs portants d'une grande maison qui se distingue nettement des anciennes constructions de Banpo ou de Jiangzhai par la disposition et la technique de construction.

Longue de presque 11 m et large de 6, elle est divisée en 4 pièces. Ses fondations sont irrégulières. A l'extrémité est du côté sud, le mur extérieur se sépare en deux phases dégradées, de telle sorte que les deux pièces F3 (3,70 m sur 2,10 m) et F4 (2,57 m sur 0,87 m) donnent l'impression d'annexes plus petites. Elles ont des accès séparés au nord et ne communiquent pas entre elles par une porte. La partie supérieure du bâtiment se compose de deux grandes pièces carrées, dont la pièce centrale F1 (5,20 m sur 4 m) laisse voir une compartimentation supplémentaire par une cloison de direction nord-sud cassée à angle droit. Un couloir relie cette pièce à la chambre F3. L'entrée se trouve sur le côté nord ; par contre, on ne pouvait pénétrer dans la pièce ouest F2 (5,39 m sur 2,64 m) qu'au sud, par une porte extérieure.

Les toits du complexe de Dahecun font plus de 45 m^2. Contrairement aux édifices néolithiques plus anciens, le toit reposait ici non pas sur une simple charpente de montants mais sur de solides murs épais de 25 à 35 cm en moyenne, faits de pieux en bois fichés l'un contre l'autre dans le sol, au sommet desquels était posée une charpente de lattes horizontales et de nattes de jonc ainsi qu'une couche finale de glaise et de paille agglomérées. Des reconstitutions de cette maison prévoient un toit étagé en bâtière et, pour la petite annexe à l'est, un toit en pupitre. Le plancher lissé proprement se compose d'un mélange dur de mortier fait de sable à gros grains et de chaux, obtenu principalement à partir de coquillages moulus. Ce matériau de construction trouva ici sa première utilisation dans la longue histoire de l'architecture chinoise. La structure relativement différenciée des pièces, la technique accomplie de construction aux murs solides et l'introduction de nouveaux matériaux caractérisent un tournant fondamental et une phase nouvelle de l'architecture en Chine, qui semble avoir débuté pendant le néolithique tardif, vers 3000 av. J.-C. Des tests au radiocarbone permettent de dater Dahecun entre 3075 (± 100) et 2550 (± 140) av. J.-C.

La culture Dawenkou

Une ramification indépendante, qui se déploya sans doute parallèlement à la culture Yangshao et sur les fondements de la culture Peiligang, est devenue tangible depuis la découverte en 1959 du site de Dawenkou, près de Tai'an, dans la province côtière orientale du Shandong. En 1974, on y poursuivit des fouilles qui contribuèrent à éclaircir des questions essentielles. Non seulement au Shandong, principalement sur le cours inférieur du fleuve Jaune, mais également dans le nord des provinces du Jiangsu et de l'Anhui, on a depuis lors pu localiser plus de cent sites, exhumés en partie seulement. Dans le Hebei

oriental, le Henan central près de Pingdingshan, de Yanshi et de Zhengzhou ainsi que sur la presqu'île de Liaodong, on a même retrouvé, de façon isolée, certaines traces de la culture Dawenkou. Le plus ancien substrat est représenté par les fouilles de Beixin, à proximité de la ville de Guanqiao, sur le lac Zhaoyang : ce site se trouve dans le district de Teng, dans le sud de la province de Shandong. Là furent mis au jour, pour la première fois en 1964, des artefacts de pierre et des fragments de céramique de caractère néolithique supérieur, et non loin de là, à Mengjiazhuang, on trouva des restes culturels de ce type de Beixin dans la couche stratigraphique la plus basse, de telle sorte qu'aujourd'hui il est déjà question de la culture Beixin-Dawenkou, dont les datations au radiocarbone estiment l'existence entre 5000 et 2200 av. J.-C.

Nous avons jusqu'à présent tiré principalement nos connaissances à propos des hommes de la culture Dawenkou de leurs tombes et de ce qu'elles contenaient. En règle générale, les morts étaient enterrés séparément, d'où les différences frappantes dans la taille des tombes, la façon d'enterrer ; mais avant tout la qualité et le volume du contenu laissent conclure une structure différenciée correspondante de la société de Dawenkou. Dans les tombes plus grandes, les morts étaient normalement couchés dans des cercueils en bois. Jusqu'à cent compléments purent être extraits d'une telle tombe. Outre les récipients tournés avec habileté (certains ornés de motifs géométriques peints), outre les armes, les ustensiles, les bijoux en pierre (certains percés et en jade poli, d'autres en ivoire et en os, garnis parfois de turquoise), des dents de cerfs et des têtes de porcs font partie également de l'inventaire. Quarante-trois tombes de Dawenkou contenaient en tout 96 têtes de porcs. Celles-ci étaient apparemment des symboles statutaires et elles

Ci-dessus : *récipient sur trois pieds du type* Ding, *en forme de hibou, en argile gris-noir. Hauteur : 38 cm. Mis au jour en 1958 à Taimingzhuang (Hua Xian), province du Shaanxi. Culture Yangshao, vers le 4e millénaire.*
En haut à gauche : *double flacon en forme de tonneau du type* Shuanglianhu, *en argile brun clair, décoré de dessins. Hauteur : 20 cm. Mis au jour en 1972 à Dahecun, près de Zhengzhou, dans la province du Henan. Culture Yangshao, vers 3000 av. J.-C.*
Ci-dessous : *plan et reconstitution d'une maison de l'époque néolithique inférieure composée de quatre pièces, à Dahecun près de Zhengzhou, dans la province du Henan. Mise au jour en 1972. Culture Yangshao, vers 3000.*

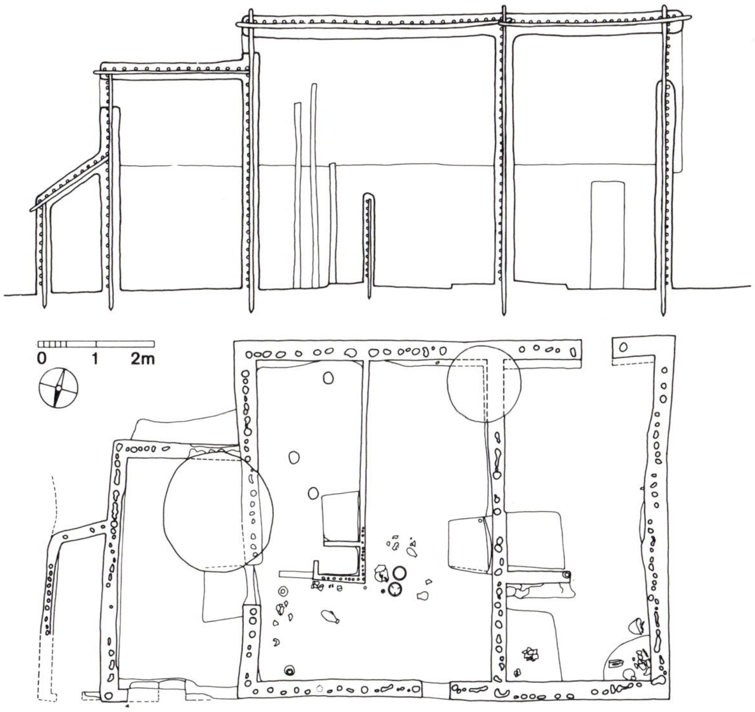

peuvent nous renseigner sur le rang social ou sur la richesse du défunt. Ce n'est pas un hasard si les signes modernes d'écriture pour « porc » (豕 *Shi*), pour « foyer et famille » (家 *Jia*) et pour « tombe » (冢 *Zhong*) sont étroitement liés d'un point de vue sémantique : si on analyse le pictogramme *Jia*, on arrive à la signification « porcs sous le toit », et si on décompose le signe pour « tombe », on retrouve le sens originel « porcs recouverts (enterrés) ».

Les têtes de porcs sont sans doute liées à une pratique primitive de sacrifice ou alors elles ont une fonction apotropaïque, ainsi que le justifient d'une part (pour les Han et les Six Dynasties) les figurines de jade ou de stéatite en forme de porc retrouvées dans les mains des morts, et d'autre part les mœurs de l'époque des Tang jusqu'aux Yuan, qui consistaient à placer des figures de porcs et de bœufs en fer à l'entrée de la tombe pour empêcher les mauvais esprits d'entrer. Aujourd'hui encore, les Chinois de la région de Rongcheng, dans la province du Shandong, à l'endroit même où la culture Dawenkou atteignit son apogée, sacrifient des têtes de porcs sur l'autel, dans la croyance que la divinité satisfera ainsi leurs désirs.

Les Chinois de Dawenkou, pour qui l'élevage porcin était sans aucun doute un facteur central d'économie, se distinguèrent surtout en tant qu'artisans adroits et inventifs. Ils travaillèrent les poteries dans différentes argiles, développèrent les techniques de cuisson et commencèrent à utiliser le tour du potier avec beaucoup de succès. Ils réussirent aussi à produire une variété extraordinaire de céramique comprenant des poteries rouges, brunes, grises, noires, jaunes et même blanches, allant des simples récipients utilitaires à trois pieds, des cruches et pots à provisions, jusqu'aux coupes et vasques à pied haut et à profil raffiné, ainsi qu'aux cruches à anses en forme d'animal. La tombe n° 10 de Dawenkou contenait à elle seule 83 récipients de céramique : 24 d'entre eux font partie du groupe des poteries blanches de premier rang. Maint pot en argile de la culture Dawenkou frappe par ses parois fines, presque aussi minces qu'une coquille d'œuf ; d'autres se signalent par leurs signes incisés, à caractère de pictogrammes.

La culture Longshan

C'est sur cette base que s'est développée, du moins dans la province du Shandong, la culture Longshan, qui domina au 3e millénaire av. J.-C., tandis que c'est la culture Yangshao qui lui donna un fondement et des impulsions décisives à l'ouest. En 1928 déjà, Wu Jinding (G.D. Wu) avait découvert ses premières traces à Chengzia, près de Zhangqiu, sur le fleuve Jaune, dans la partie orientale du Shandong. En 1930-1931, l'Academia Sinica entreprit des fouilles systématiques près de la ville de Longshan, qui donna son nom à la culture. Depuis lors, nous pouvons certainement partir du principe que la culture Longshan ne s'est pas — comme on a pu le croire dans un premier temps — diffusée depuis son centre situé à l'est vers l'ouest, mais qu'elle s'est nourrie de différentes sources culturelles régionales, qu'elle a grandi dans un territoire immensément large et qu'elle en est arrivée petit à petit, par des processus d'interactions et d'assimilations, à une série de caractéristiques communes.

A gauche : *vase à goulot cylindrique de type* Hu, *en argile rouge et décoré de dessins. Hauteur : 16,6 cm. Mis au jour en 1959 à Dawenkou, près de Tai'an, dans la province du Shandong. Culture Dawenkou, vers le 4e-3e millénaire av. J.-C.*

Page de droite : *cruche à anse en argile rouge, en forme de chien qui aboie. Mise au jour en 1959 à Dawenkou, près de Tai'an, dans la province du Shandong. Culture Dawenkou, vers le 4e-3e millénaire av. J.-C.*

La recherche chinoise tente de tenir compte de cette différenciation régionale par une nomenclature correspondante : on parle ainsi de la culture Shandong-Longshan (dans la terminologie classique), de celle de Henan-Longshan (avec l'importante couche primitive, la strate II de Miaodigou et les dépôts typiques de la culture Yangshao de la maturité dans la strate II de Keshengzhuang, près de Xi'an) ou encore de la culture Zhejiang-Longshan (avec les formes particulières de Majiabang, près de Jiaxing, et de Liangzhou, près de Hangzhou). Des traces et influences de la culture Longshan furent également enregistrées dans les régions suivantes : Shanxi, Hebei, Liaoning, Gansu, Hubei et Jiangsu.

Nous avons une fois de plus affaire à une société agraire qui cultivait principalement le millet et qui élevait, outre le porc et le chien, de plus en plus de moutons et de bœufs — et dans nombre de régions également des chevaux et des poules. Les outils agricoles furent diversifiés et améliorés dans leur diversité et leur capacité fonctionnelle. On entreprit les premières tentatives timides dans le travail du métal, ainsi que le prouvent les quelques outils en cuivre retrouvés sporadiquement, mais surtout le creuset à cuivre déterré à Meishan, près de Linru, au cœur de la province du Henan.

Dans le domaine de la céramique, on fit de grands progrès grâce à l'amélioration de la cuisson réduite contrôlée et à l'épuisement des possibilités techniques, qui donnèrent naissance au tour de potier à rotation rapide. A côté de la céramique utilitaire de couleur grise, une poterie étonnamment fine et dure était produite. Les récipients noirs, souvent brillants, montrent des formes nettement distinctes et articulées énergiquement par des profils et des stries, dont beaucoup pourraient être considérées comme les prototypes des formes de récipients en bronze plus tardifs. A cela viennent s'ajouter des formes compliquées, qu'on pourrait parfois taxer d'excentriques, ainsi que l'utilisation d'argile rouge et blanche. La fabrication de cruches à trois pieds du type *Gui* et *He* en argile blanche (en fait du kaolin impur) semble s'être concentrée dans la région côtière occidentale de la culture Langshao. Il faut admettre que cette céramique prestigieuse fut réalisée par des potiers professionnels et qu'elle était réservée, vu ses formes peu pratiques, à un usage essentiellement rituel. Les omoplates de bœufs, de moutons et de porcs utilisées à des fins divinatoires indiquent la propagation de pratiques cultuelles élémentaires dans la société Longshan.

D'une manière générale, une transformation sociale profonde semble s'être produite dans cette civilisation, car certains signes montrent que, d'une part, des groupes professionnels spécialisés, comme par exemple les prêtres-oracles ou les potiers, se sont distingués et que, d'autre part, des structures hiérarchiques de pouvoir ont été mises en place, avec une élite dominante institutionnalisée, laquelle régnait sur villes et villages et menaçait les colonies voisines. On construisit donc pour se protéger des remparts faits de terre damée.

Ce n'est que récemment que les archéologues chinois ont découvert les restes d'enceintes solides de villes Longshan dans

« Dans les villages du nord, les paysans pauvres se regroupent en sociétés de sarclage formées d'une dizaine de familles. Tout d'abord, on sarcle les champs d'une famille déterminée, chargée de pourvoir à l'alimentation des travailleurs. Ensuite, les autres familles se succèdent au cours d'une période de dix jours... C'est une façon rapide et agréable d'effectuer le sarclage, et par ailleurs les familles sont solidaires en cas de maladie ou d'accident. Les champs sont ainsi exempts de plantes adventices et les récoltes sont abondantes. Après la moissons automnale, les membres de la société apportent des pichets de vin et des pieds de porc pour célébrer la fête. »

Wang Zhen, Traité d'agriculture

« Une remarque vaut pour la Chine de tous les âges. Nulle part les découvertes archéologiques n'ont excité un intérêt plus passionné qu'en ce pays, mais, toujours, entre la date d'une découverte et la publication de la trouvaille, un temps assez long s'intercale. Ecrits ou objets sont produits au public au moment où ils appartiennent à une coterie ou à un syndicat. Ceux-ci en tirent un principe d'influence ou de fortune. Les archéologues qui identifient les objets découverts sont aussi des antiquaires : ils les munissent de bons certificats et c'est à eux qu'un acquéreur doit s'adresser. Un ouvrage que l'on exhume est tout aussitôt la propriété d'une école : ceux-là même qui, à titre de lettrés-conseillers d'Etat, en extraient des enseignements profitables et des précédents décisifs, se chargent aussi, à titre de savants, d'éditer le texte et d'en faire la critique. A mesure que les éditions se perfectionnent et que la critique se fait plus savante, l'ouvrage se trouve plus parfaitement en accord avec les traditions vénérables. Les antiquités qui ressemblent le mieux aux planches des albums archéologiques ne sont pas nécessairement les plus authentiques. Les documents historiques peuvent être estimés d'autant plus suspects qu'ils confirment trop bien une tradition canonique. Ils seront particulièrement suspects si l'on constate qu'ils la confirment de mieux en mieux grâce au travail critique de l'école qui les patronne. Le travail de la critique chinoise ressemble fort à un travail de retouche. Il tend à purifier les textes et à obtenir que rien ne vienne contredire la version officielle. — Une érudition infinie a été dépensée de manière à rendre quasi impossible toute recherche visant à ce qu'un historien de chez nous appelerait le vrai. »

Marcel Granet, La civilisation chinoise.

la province du Henan, près de Wangchenggang, dans le district de Dengfeng (1977-1981), et près de Pingliangdai, aux environs du chef-lieu de district Huaiyang (1979-1980). A Pingliangdai, le rempart haut de presque 3 m et long de 185 renferme aujourd'hui encore un arrondissement de plus de 34 000 m². Au milieu du mur méridional, large de 13 m à sa base et de 8 à 10 m au sommet, se trouve une porte d'entrée sur la ville.

Elle était gardée par deux guérites murées en briques de terre glaise. Les pointes de flèches et de lances en pierre ou en os — ainsi que les crânes fracassés et les squelettes humains mutilés — prouvent de façon indéniable l'existence de luttes guerrières violentes et de pillages auxquels les habitants des colonies Longshan se voyaient régulièrement exposés.

La reconstruction fréquente des maisons au même endroit — que suggèrent les fondations superposées en couches à Baying, près de Tangyin, au sud d'Anyang — peut correspondre à des destructions répétées. Par ses dépôts compacts, le complexe de fouilles donne l'impression d'une terrasse surélevée. Ici se trouvèrent jadis, sur 1 000 m² environ, quarante-six maisons, principalement alignées d'est en ouest et du nord au sud. Dans cette colonie Longshan, les maisons n'étaient plus partiellement construites dans le sol, mais plutôt érigées sur des fondations damées, à même le sol, de préférence sur base ronde. Les murs se composaient d'un mélange de glaise et de paille ou de briques en terre séchées à l'air. En guise de protection contre l'humidité, on isolait le plancher en terre des maisons avec une fine couche de chaux.

Dans les villes Longshan évoluées, on installa même des conduites d'eau, ainsi que le prouvent les restes impressionnants de Pingliangdai. Les conduites parfois doubles se composaient de tuyaux en terre cuite longs de 35 à 45 cm, dont le diamètre comptait 23 à 26 cm d'un côté et 27 à 32 de l'autre, de telle sorte qu'ils pouvaient s'emboîter de façon télescopique. Dans les soubassements ou encore à proximité immédiate des maisons de Longshan, on a souvent découvert les urnes d'enfants morts. Les adultes étaient inhumés dans le cimetière situé en dehors du village, ou isolément dans la ville. Peu d'objets les accompagnaient dans l'au-delà. Dans de très rares cas, homme et femme partageaient la même tombe.

Au 3ᵉ millénaire av. J.-C., la culture Longshan franchit sans aucun doute le pas qui mena vers une nouvelle ère de la civilisation chinoise.

La culture Hemudu

Dans les régions côtières orientales du sud de la Chine et du cours inférieur du Yangzi où, pendant le néolithique, un climat doux et humide et la nature du sol offrirent les meilleures conditions pour une agriculture productive, les premières colonies naquirent il y a plus de 7 000 ans déjà. L'une des plus importantes fut dégagée en 1973-1974 et en 1977-1978 à Hemudu, près de Yuyao, du côté sud du golfe de Hangzhou, dans la province du Zhejiang. La situation stratigraphique per-

Ci-dessus : *vasque en argile noire polie, à oreillettes situées de part et d'autre de sa partie évasée et avec couvercle, du type* Lei. *Hauteur : 21,6 cm. Mise au jour en 1974 à Sanlihe (Jiao Xian), dans la province du Shandong. Culture Longshan, vers le 3ᵉ millénaire av. J.-C.*

Ci-dessous : *« Plat à fruits » sur pieds hauts, du type* Dou, *en argile noire polie. Hauteur : 14,7 cm. Mis au jour en 1955 à Liangzhu. Culture Liangzhu, vers le 3ᵉ millénaire av. J.-C.*

met une nette différenciation de quatre couches. Les deux couches inférieures sont datées, sur base de plusieurs analyses au C_{14}, aux environs de 5000 av. J.-C. et elles représentent provisoirement les plus anciens stades de la culture néolithique dans cette région. En effet, les fouilles menées sur une aire de 2 600 m² donnèrent des résultats si surprenants, variés, spécifiques et neufs que l'on en a conclu à l'existence d'une culture Hemudu indépendante.

A l'origine, la colonie estimée à 40 000 m² se trouvait entre une chaîne de collines et un lac. Par là s'explique le fait que les maisons situées sur les rives humides et spongieuses étaient érigées sur des rangées serrées de pilotis fichés verticalement dans le sol. A côté de ces soubassements en forme de palissades, on retrouva de nombreux fragments en bois de poteaux, de poutres et de planches longues de 80 à 100 cm. Certains étaient pourvus de trous, de tenons et d'une rainure. On peut donc penser que les habitants de Hemudu ont élevé leurs constructions sur pilotis à l'aide d'un principe architectural conservé jusqu'à l'heure actuelle.

Pour la période précédente, on ne connaît aucune trace comparable de l'architecture néolithique qui ait témoigné d'un tel niveau de la technique du charpentier. Pour les époques postérieures au 3ᵉ millénaire av. J.-C., des constructions sur pilotis destinées aux zones humides ont été découvertes sur le cours moyen et inférieur du Yangzi, ainsi qu'en Chine méridionale, entre autres grâce à un modèle en argile décoré de frises ornementales (à Yingpanli, près de Qingjiang, dans la province du Jiangxi) qui montre une construction couverte d'un toit, type fort étendu dans le sud de la Chine, avec des frontispices inclinés vers l'intérieur sous un toit en bâtière. Il se peut que les toits d'Hemudu aient été recouverts de nattes de jonc tressées, dont l'existence est prouvée par des empreintes marquées dans le sol.

On a pu localiser, à proximité des maisons, un enclos à bestiaux fait de pieux enfoncés verticalement dans le sol : les habitants d'Hemudu élevaient en effet le porc, le chien et peut-être aussi le buffle d'eau. Ils pêchaient le poisson et la tortue, chassaient les oiseaux et les bêtes fauves, l'éléphant, le rhinocéros et le tigre, recueillaient plantes aquatiques, fruits sauvages, baies, champignons et noix et plantaient même la citrouille. Le riz était cependant de loin la denrée la plus importante. Les fouilles ont permis de retrouver presque à chaque pas des graines, balles, tiges et feuilles, parfois concentrées en couches compactes jusqu'à 50 cm d'épaisseur. La situation géographique ancienne de la colonie laisse deviner que le riz pouvait être cultivé dans des rizières. Des bêches, pelles et crochets aux manches spécifiquement adaptés à la fonction de l'outil étaient réalisés surtout avec les omoplates de jeunes animaux, plus rarement en bois, et ont permis un travail intensif de la terre. Dès la première campagne de fouilles, 74 de ces outils agricoles perfectionnés en os furent récupérés. La riziculture à Hemudu représente sans aucun doute une des caractéristiques typiques de cette culture précoce et la preuve archéologique convaincante de son âge, estimé à 7 000 ans, marque un tournant moderne dans l'histoire agricole chinoise.

Ci-dessous : *plan reconstitué de l'enceinte de Pingliangdai, à Longshan (partie supérieure), dont la porte sud est flanquée de guérites (partie inférieure). Mise au jour en 1979-1980 dans le district de Huaiyang (province du Henan). Culture Longshan, vers le 3ᵉ millénaire av. J.-C. Ce rempart haut de 3 m et long de 185, en terre damée, renferme un territoire quadrillé de 34 000 m². Les deux guérites situées au milieu du mur sud, large de 13 m à la base et de 8 à 10 m au sommet, sont recouvertes de tuiles de glaise.*

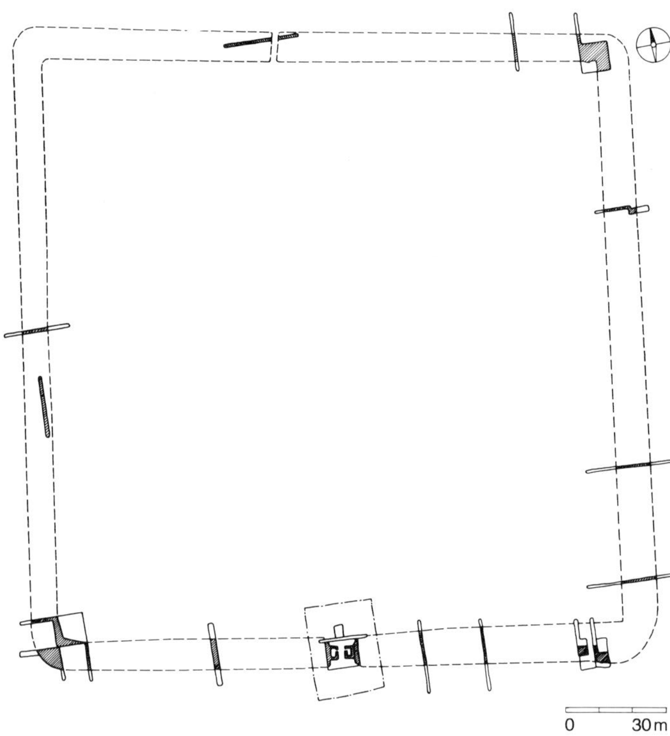

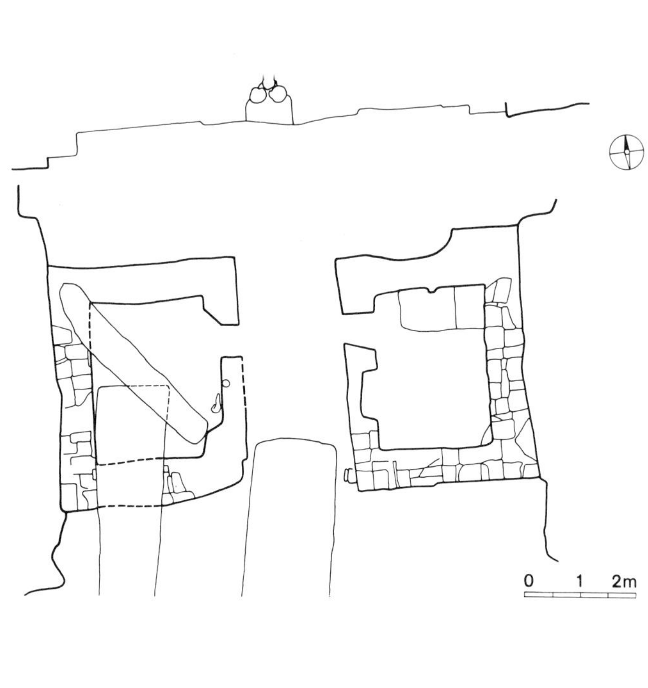

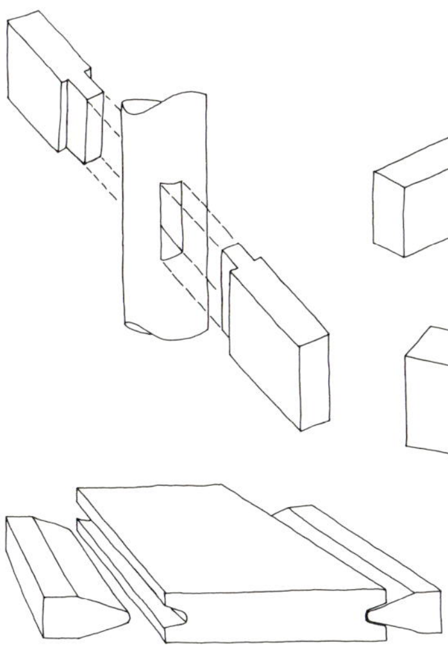

Ci-dessus : *fragments de poteau et de poutre en bois pourvus de dispositifs d'assemblage. Mis au jour en 1971-1974 à Hemudu, près de Yuyao, dans la province du Zhejiang (partie extérieure), et reconstitution des différentes techniques d'assemblage dans l'architecture néolithique du bois à Hemudu (partie intérieure). Les fouilles d'Hemudu, dont les habitants — qui vivaient dans les régions marécageuses des rivages d'un lac — habitaient des constructions sur pilotis, prouvent que la technique néolithique du charpentier, vers 5000 av. J.-C., faisait déjà usage de chevilles, de tenons et de mortaises, un mode de construction qui fait encore ses preuves actuellement.*

Du fait de la proximité des lacs et des fleuves, on peut penser que la population d'Hemudu savait également utiliser l'eau pour se déplacer. Certes, on n'a jusqu'ici retrouvé aucun reste de pirogue ni de barque, mais un fragment de rame long de 63 cm et large de 12,2 — en bois dur de couleur rouge-brun — laisse croire que des moyens de transport par eau existaient. Les artisans parvinrent à un grand savoir-faire dans le travail du bois et de l'os. Ils créèrent des outils pour l'agriculture et des armes pour la chasse, des ustensiles pour la construction et le ménage, pour filer et tisser, de petites flûtes, des artefacts ornés de gravures artisanales et bien d'autres objets encore.

L'un des plus beaux bijoux connus est une plaque en ivoire longue de 16,6 cm et large de 5,9 cm, aux coins arrondis sur le bord inférieur et percée de six trous tout autour du bord, orifices par lesquels elle pouvait être attachée à un autre objet. Le décor est gravé en lignes très fines. Au centre, une série de cercles concentriques entourés d'une sorte d'auréole est flanquée de deux oiseaux semblables à des phénix au long bec et à la tête haute. Depuis le centre se déploient vers la droite et la gauche, parallèlement au bord, des rubans ciselés en forme de plumes. Les archéologues chinois parlent d'un «couple d'oiseaux tournés vers le soleil».

Une petite coupe ovale montée sur un pied élevé, aux parois épaisses recourbées vers l'extérieur, sort tout autant de l'ordinaire. Elle est haute de 5,7 cm et mesure 10,6 cm sur 9,2 cm à l'ouverture. Est non seulement remarquable le fait qu'elle fut sculptée dans le bois, mais surtout qu'elle est recouverte à l'extérieur comme à l'intérieur d'une couche de vernis rouge. Cet objet, datant d'une époque située entre 5000 et 4000 av. J.-C., a ouvert des dimensions historiques totalement nouvelles et imprévues pour la peinture laquée de l'Asie orientale.

Par rapport au niveau technique et artistique élevé de nombreuses sculptures en bois, en os et en ivoire, la céramique d'Hemudu, robuste et formée à la main, paraît quant à elle bien modeste. Les coupes simples, les pots et cruches sont réalisés dans une argile épaisse, irrégulière et cuite à basse température. Des substances organiques carbonisées (paille, balle et herbe) ont été mélangées à la terre grossière. Elles sont responsables de la couleur noire ou gris foncé de la céramique. Dans l'ornementation, les motifs lisérés et les profils circulaires dominent. Trois fragments conservent de la peinture brun foncé et certains récipients présentent sur leur paroi externe l'image incisée de plantes et d'animaux. L'un des plus beaux fragments donne à voir une plante à cinq feuilles, qui semble pousser d'une corbeille à fleurs de forme carrée. Ce fragment provient d'une petite coupe du type *Pen*, sur laquelle sont représentés une gerbe d'épis de riz penchés à gauche et à droite ainsi que l'arrière d'un animal. Enfin, un plat carré de type *Bo*, en forme de mangeoire, reproduit la silhouette étonnamment naturaliste d'un porc. Un potier a également modelé une statuette miniature de cet animal domestique de la Chine néolithique. Outre une minuscule tête humaine en argile, les sculpteurs d'Hemudu laissèrent des images de leur monde familier : par exemple des figurines et des représentations de plantes, de chiens, de poissons, d'hirondelles en plein vol et d'autres animaux.

La culture Qingliangang

Hemudu est pour l'instant le seul endroit qui révèle cette culture indépendante. On espère en trouver d'autres, surtout dans le golfe de Hangzhou. La culture Qingliangang est née de cette culture repérable jusque vers 3000 av. J.-C. A ses débuts, la culture Qingliangang, dont la structure et l'appartenance sont débattues, semble avoir été soumise à de fortes influences Dawenkou. Par la suite, elle créa elle-même les bases qui menèrent au développement des cultures Majiabang et Liangzhu qui, par la suite, reprirent et transformèrent des traits marquants de la culture Longshan. Depuis qu'en 1951 les premières traces de cette culture fortement marquée par l'agriculture furent découvertes à Qingliangang (près de Huai'an, dans le nord du Jiangsu) avec cette céramique rouge peinte élégamment et jusqu'alors inconnue, on a enregistré dans cette province plus de 65 sites. Le Jiangsu était apparemment le noyau de la culture Qingliangang.

La culture Dapenkeng

Dans la région côtière des provinces du Fujian et du Guangdong, mais surtout à Taïwan, existait déjà au 5e millénaire av. J.-C. une culture dont les racines pourraient remonter jusqu'aux plus anciens habitants des cavernes de Chine méridionale, producteurs de céramique. Le site le plus étudié actuellement est celui de Dapenkeng, dans les environs de Taibei (Taipei) où, comme dans la montagne de coquillages de Fuogodun, sur l'île de Jinmen (Quemoy), une céramique grossière caractéristique, aux motifs peignés et cordés, aux lignes courbes et aux impressions faites avec les ongles, fut mise au jour. Une série de dépôts du néolithique inférieur résulte de la culture Dapenkeng, en plusieurs phases de développement et de formation régionales. Les dépôts les plus importants se situent aux endroits suivants et leur âge put être déterminé grâce aux datations au radiocarbone : Shanbie près de Xiushui, province du Jiangxi, en 2335 (± 95) av. J.-C. ; Shixia près de Qujiang (Maba), province du Guangdong, en 2070 (± 100) av. J.-C. ; Fengbitou près de Gaoxiong, Taïwan, en 2050 (± 200) av. J.-C. ; Tanshishan près de Minhou, province du Fujian, en 1140 (± 90) av. J.-C.

La culture Xinle

Dans les territoires frontaliers septentrionaux du monde culturel chinois, dans les steppes de la Mongolie Intérieure et en Mandchourie méridionale, une population s'est installée il y a 7000 ans, population qui vivait de la chasse, de la pêche et de la cueillette, mais également — pour autant que les conditions géologiques et climatiques le leur permettaient — de l'élevage et de l'agriculture. En 1973, on réussit à identifier une nouvelle couche culturelle sur la base des fouilles de Xinle près de Shenyang, dans la province du Liaoning. Parmi les objets retrouvés dominent des outils de pierre polie, des microlithes et de petits projectiles côtoyant de simples récipients de couleur brune, en terre cuite à basse température, au décor imprimé et aux motifs peignés, ainsi que des artefacts ornementaux en houille. Des études minéralogiques ont montré que ce matériau inhabituel provient des gisements de charbon de Fushun, situés à 50 km à l'est de Xinle.

Page de gauche: *vasque profonde du type* Pen *en argile rouge, décorée de dessins. Hauteur: 18,5 cm; diamètre: 33,8 cm. Mise au jour en 1963 à Dadunzi (Pi Xian), dans la province du Jiangsu. Culture Qingliangang, vers le 3ᵉ millénaire av. J.-C.*

Ci-dessus: *gravure représentant un porc sur une vasque en forme de mangeoire, de type* Bo, *en argile gris-noir. Hauteur: 11,7 cm. Mise au jour en 1973-1974 à Hemudu, près de Yuyao, dans la province du Zhejiang. Culture Hemudu, vers 5000 av. J.-C.*

La nouvelle dimension préhistorique de l'histoire chinoise

Ce qui était encore discuté parmi les spécialistes de la génération précédente est aujourd'hui devenu certain : la civilisation chinoise s'est développée de façon indépendante et sur son propre terrain, avec un caractère stylistique propre dès le début, résultat de la synthèse de plusieurs cultures et de groupes ethniques indépendants dont l'origine et l'espace vital se sont situés dans diverses parties du vaste pays, et qui se sont mêlés peu à peu et confondus en une structure complexe.

Bien évidemment, cette naissance de la civilisation chinoise ne se fit pas de façon isolée dans un espace vide. Des points de rencontre et des influences réciproques entre des cultures établies simultanément au nord, au sud, à l'est et à l'ouest de la Chine sont mis en évidence non seulement grâce au matériel archéologique abondant, mais également sur base d'une collaboration de plusieurs branches scientifiques qui s'est récemment intensifiée de manière fructueuse ; y ont en outre contribué, au cours des deux dernières décennies, non seulement les nouvelles acquisitions des recherches interdisciplinaires, mais plus particulièrement encore l'utilisation des outils, des techniques modernes et l'application des nouvelles méthodes d'investigation des sciences naturelles. Les nombreuses datations au C_{14} faites en Chine ont assuré des fondations solides à la charpente chronologique de sites à peine perceptibles. Bon nombre de nos datations traditionnelles furent ainsi corrigées, d'autres confirmées.

L'archéologie et les sciences auxiliaires qu'elle s'est adjointes ont, ces dernières années, réécrit certains chapitres de l'histoire ancienne de la Chine. Elles lui ont donné entre autres une nouvelle «dimension préhistorique», comme le dit Kwang-Chih Chang : «D'une part, l'archéologie met en lumière des informations nouvelles et sans cesse multipliées — sous forme d'artefacts, d'œuvres d'art, de constructions ensevelies et de nouveaux documents graphiques — concernant des faits qui jusqu'ici n'étaient connus que par leur présence permanente dans des textes. D'autre part, la science nouvelle livre des témoignages et un matériel concret originaires de l'époque qui précède l'écriture et donne ainsi une toute nouvelle dimension à l'histoire chinoise : sa «dimension préhistorique».» En effet, une vision toute neuve a été créée par les recherches préhistoriques, car il est désormais reconnu que l'homme existe en Chine depuis deux millions d'années déjà, tandis que les sources écrites ne témoignent de son existence que depuis trois millénaires.

L'histoire de la civilisation chinoise

LONGUE et lointaine a été l'aventure de la Chine. Les Chinois sont le seul peuple à pouvoir s'enorgueillir d'une tradition continue issue du néolithique (6e millénaire av. J.-C.) et qui s'est poursuivie jusqu'à nos jours. Des récits et des légendes qui, pour une large mesure, ne furent rédigés qu'à partir des environs du 6e siècle av. J.-C. retracent la naissance de la culture et de la civilisation chinoises et la formation progressive de l'Etat. Avant que ne se développe l'archéologie scientifique, ce type de tradition écrite fondait la connaissance et l'étude critique de la plus haute antiquité chinoise.

Les époques légendaires et formatrices

Pour autant qu'ils renseignent sur des époques mythiques, curieuses, les récits des événements légendaires s'accordent à les situer au 3e millénaire avant notre ère. Contrairement aux mythes et légendes des autres peuples, les récits chinois campent des héros culturels réputés non pour leurs faits d'armes mais pour leurs prouesses civilisatrices.

Au héros culturel Fuxi et à sa compagne Nügua sont ainsi attribués l'institution du mariage et de la famille, l'initiation du peuple à la chasse et à la pêche, la domestication des animaux, l'élevage des vers à soie, les premières notions de mathématiques, l'invention des instruments de musique, etc. D'après les textes, leur successeur Shennong, «le Divin Laboureur», inventa pour sa part la charrue, mit au point la culture du millet et l'établissement de marchés, découvrit plusieurs plantes médicinales parmi bien d'autres choses. A Huangdi, «l'Empereur Jaune», on doit entre autres les moyens de transport que sont le bateau et le char. Il inventa également la céramique, édifia les premières habitations en bois, introduisit des règles pour les cérémonies religieuses et créa un calendrier. Son règne vit également, dit-on, l'invention de l'écriture pictographique et celle des armes. Enfin, en sa qualité de premier souverain, il aurait défendu sa patrie contre des peuples barbares du Sud.

Des souverains suivants, Yao et Shun en particulier, on célèbre les remarquables qualités humaines, la sagesse et l'esprit de sacrifice pour le bien de l'Etat. Les noms de ces souverains vertueux et exemplaires sont aussi associés à la première nomination de fonctionnaires de la Cour, au raffinement des cérémonies officielles et des actes sacrificiels, ainsi qu'à la diffusion des danses rituelles et de la musique pour l'épanouissement culturel de l'individu.

Désigné par Shun pour son grand mérite, son successeur, Yu le Grand, se serait assigné comme tâche principale d'assurer le bien-être des hommes en maîtrisant un grand nombre de cours d'eau alors en crue par des mesures de régulation hydraulique et en recourant à l'irrigation. Au bout de treize années, son œuvre fut couronnée de succès. On raconte que, mue par la conscience du devoir, son assiduité au travail fut telle qu'il ne trouva pas le temps de visiter sa famille alors qu'il était amené à passer souvent près de sa demeure.

Selon la tradition, c'est avec Yu que commença en Chine la succession héréditaire au trône. On lui attribue la fondation de la première dynastie des Xia (à l'origine le nom de son fief) qu'on situe aujourd'hui entre le 21e et le 16e siècle av. J.-C. Pour l'archéologie moderne, le point le plus intéressant est la première référence à la production et à l'emploi par Yu d'objets en bronze. Ceux-ci auraient donc été connus en Chine dès le 21e siècle avant notre ère.

Fragmentaires et non systématiques, les informations écrites les plus anciennes sur le 3e millénaire reflétaient des souvenirs réels et aussi des suppositions. Elles ne cessèrent ensuite de s'enrichir de détails complémentaires et de réévaluations.

Cet archer accroupi, le haut du corps revêtu d'une cuirasse à brassards, fait partie d'une unité de 120 soldats qui formaient sans doute l'avant-garde de l'armée en terre cuite du mausolée de Qin Shihuangdi, le Premier Empereur. Le guerrier est visiblement saisi dans une attitude étudiée, extraite du règlement d'exercice. Terre cuite avec traces de polychromie à froid. Hauteur: 120 cm.
[Lintong, Musée des figures Qin]

Inscrites dans un cadre chronologique plausible, elles vinrent à former un corpus cohérent — bien qu'encore contradictoire sur certains points.

Le développement d'une image de l'Antiquité toujours plus cohérente et à l'historicité mieux établie est comparable à la composition d'une mosaïque. Son progrès ne résulta pas de l'évaluation de nouvelles sources ni de découvertes archéologiques : des considérations d'ordre utilitaire furent le plus souvent le moteur de ce travail, qui ne s'acheva qu'au 13e ou au 12e siècle. Il s'agissait de doter d'une aura de vénération et d'antiquité les enseignements philosophiques et les idéologies, notamment par des références nombreuses au passé le plus archaïque. Par souci de crédibilité, on mélangeait adroitement à des descriptions imaginaires certains éléments idéalisés des réalités historiques de la société et de la politique du moment. Le tout était projeté à l'époque des *San Huang*, les « Trois Augustes », et des *Wu Di*, les « Cinq Souverains » (autres dénominations génériques et classificatoires des héros culturels trouvées dans les textes anciens).

Quelques remarques pourront éclairer les voies qui ont pu jadis être empruntées pour reconstituer l'époque la plus reculée. Au temps des Zhou occidentaux (du 11e siècle à 771 av. J.-C.), Yu le Grand était encore considéré comme un être divin, auteur de l'évacuation des eaux du Déluge. Plus tard, il apparaît comme un souverain réputé pour ses œuvres hydrauliques grandioses; ensuite, à l'époque Zhanguo (de 475 à 221 av. J.-C.), il est désigné comme le fondateur de la dynastie des Xia. Yao et Shun, incarnations des nobles vertus confucéennes, prédécesseurs de Yu le Grand, n'apparaissent en fait dans la littérature qu'au 6e siècle av. J.-C. — bien après les premières mentions de Yu, par conséquent. Ce n'est que plus tard encore que Huangdi, sans doute une création taoïste, fut inscrit au nombre des illustres souverains du passé. Fuxi et Shennong furent les derniers à bénéficier de cet honneur. Ceux qui, selon la chronologie traditionnelle, étaient les plus anciens protagonistes de ce passé partout célébré comme l'Age d'Or furent donc les derniers à prendre date dans la tradition écrite. Au 19e siècle surtout, alors que l'archéologie scientifique n'existait pas encore dans l'Empire du Milieu, se développa parmi les sinologues, tant chinois qu'étrangers, une surenchère pour dénier tout crédit aux récits et informations portant sur les origines. Ce scepticisme s'opposait diamétralement à la confiance aveugle avec laquelle les érudits avaient longtemps accueilli et répété les traditions écrites de la Chine historique.

Dans cet ordre d'idées, on soupçonna aussi la dynastie des Shang (du 16e au 11e siècle av. J.-C.) d'être une pure création des ancêtres. Pour le grand historiographe chinois Sima Qian (de 145 à 73 av. J.-C.), leur existence historique ne faisait aucun doute. Les sceptiques jugèrent impossible que ce père de la littérature historique chinoise ait pu disposer d'une documentation assez sûre pour le renseigner sur des événements déjà vieux de plus d'un millénaire à l'époque où il rédigeait ses *Mémoires historiques* (*Shiji*) environ cent ans avant Jésus-Christ.

Même pour le chercheur contemporain, la partie des *Mémoires historiques* de Sima Qian portant sur l'époque archaïque appelle une lecture très critique. Le *Shiji*, qui se donne pour strictement historique, débute en effet par un récit du mythe des origines, au temps de l'« Empereur Jaune ». Insensiblement, il passe ensuite à un exposé dont l'archéologie et d'autres sources peuvent aujourd'hui vérifier les données. Grande fut donc la surprise des archéologues et des paléographes chinois lorsqu'à l'examen d'inscriptions oraculaires appartenant sans conteste à la période Shang ils déchiffrèrent vingt-trois des trente noms de souverains Shang mentionnés par Sima Qian dans sa généalogie portant sur cette dynastie.

Apparemment, le grand historien disposait encore, alors qu'il composait son *Shiji* (devenu dans la Chine impériale le modèle de la littérature historique officielle), de sources vieilles d'un millénaire. Nous manquons de tout renseignement concret sur ces sources : peut-être s'agissait-il d'inscriptions sur des lamelles de bois ou de bambou. L'existence de tels documents est attestée avec certitude pour l'époque Chunqiu (de 770 à 476 av. J.-C.) par des sources écrites et pour l'époque Zhanguo (de 475 à 221 av. J.-C.) par des documents archéologiques.

A partir de la période Shang, les recherches modernes récentes permettent de compléter certaines parties des récits et légendes dont nous venons de parler et d'en tester l'historicité. La dynastie des Xia (du 21e au 16e siècle av. J.-C.), longtemps jugée légendaire ou semi-légendaire par la science moderne, en a été la principale bénéficiaire. D'éminentes autorités actuelles de l'archéologie chinoise ont apporté les premières preuves de la réalité historique de cette dynastie primitive de la Chine. Les fouilles en cours devraient renforcer ces indices; déjà elles ont permis d'identifier la région désignée dans le *Shiji* et dans d'autres textes comme le berceau de la dynastie des Xia (le coude du Huanghe, dans l'actuel Henan, et la région à l'est

« En ce qui concerne le bon Yao on dit qu'il régna sur le *Chung-Kuo* pendant un siècle, les années de sa vie ayant été au nombre de cent plus dix, plus six. Il était bienveillant et aimable comme le Ciel lui-même, sage et perspicace comme les dieux. Vu de loin, il semblait rayonner comme un nuage lumineux et, vu de près, il avait l'éclat du soleil. Il était riche sans ostentation et royal sans faste. Il portait un bonnet jaune et une tunique de couleur sombre et il se déplaçait sur un char traîné par des chevaux blancs. Il mangeait son potage de lentilles dans une écuelle d'argile, avec une cuiller en bois. Il ne mettait jamais de bijoux et ses vêtements sans broderies étaient d'une grande simplicité et toujours les mêmes. Il ne prêtait aucune attention particulière aux choses exceptionnelles ni aux événements étranges et ne semblait pas priser les objets rares. Il ne se plaisait pas aux badinages et son char officiel ne portait aucune armoirie… L'été il était vêtu d'une robe de coton à laquelle il ajoutait, l'hiver venu, des fourrures de daim. Cela ne l'empêcha pas d'être le plus riche, le plus sage et le plus aimé de tous les souverains qui aient jamais gouverné le *Chung-Kuo* de même qu'il est celui dont le règne fut le plus long. »

Confucius, Le Livre d'Histoire.

de celui-ci). Cette région coïncide dans une large mesure avec la zone d'extension de la culture Erlitou (du nom de son principal site archéologique). Par la méthode du carbone 14 et grâce à des conditions stratigraphiques très favorables, on est parvenu à situer cette culture dans un intervalle compris entre le 19ᵉ et le 16ᵉ siècle av. J.-C.

On dispose ainsi désormais d'un bon encadrement géohistorique de la dynastie des Xia, qui jusqu'alors n'était documentée que par des monuments épigraphiques relativement récents. Un mode d'inhumation nouveau, tout à fait distinct de celui pratiqué en Chine par les diverses cultures néolithiques (notamment un essai d'embaumement du corps d'un jeune homme, accosté dans la tombe à une jeune femme d'une trentaine d'années, sa compagne dans l'au-delà), donne à penser qu'il ne s'agit pas d'un simple perfectionnement dans le cadre d'une culture néolithique. On sait en effet par l'archéologie comparée que, sur tout le globe, le rite dit de la «suite du défunt dans l'au-delà» (entendons l'usage de sacrifices humains funéraires) ne s'est répandu qu'à l'âge du bronze ou plus tard. Or on a découvert des ustensiles de bronze qui peuvent clairement être attribués à la culture Erlitou. Les mentions dans la littérature du fondateur de la dynastie des Xia, Yu le Grand, premier homme à avoir ouvré et employé le bronze, trouvent là tout leur sens.

En situant le début de la dynastie des Xia et de la période dynastique en Chine au 21ᵉ siècle av. J.-C., on remonte ainsi à l'époque la plus ancienne pour laquelle les informations traditionnelles sur la culture archaïque chinoise sont conciliables avec les résultats des fouilles ou en cours. Dans l'état présent des connaissances, aucune corrélation de ce type, même approximative, n'est permise pour les périodes prédynastiques antérieures.

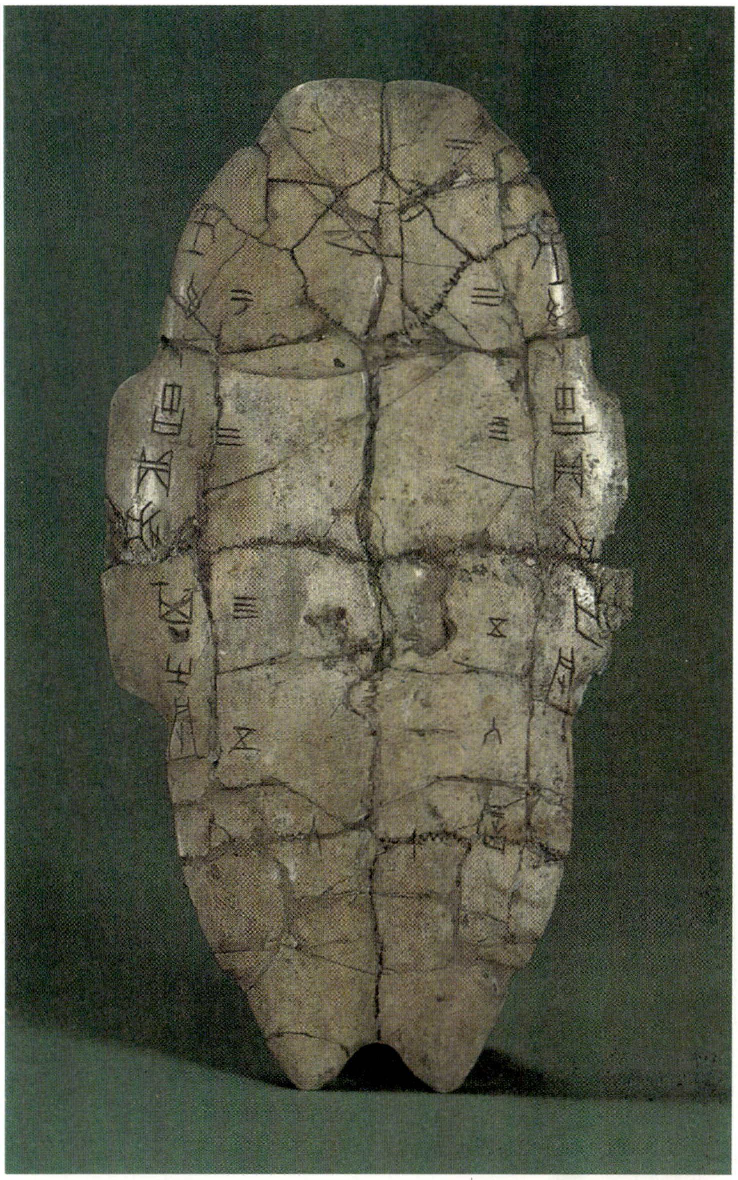

L'origine des inscriptions oraculaires sur os remonte au néolithique, mais les os d'animaux et les carapaces de tortues couverts d'inscriptions n'apparaissent qu'à la période Shang. Les os d'animaux (de 5 à 12,5 cm de long pour environ 2cm de large) datent de la période qui s'étend du 14ᵉ au 12ᵉ siècle av. J.-C. (à droite). *Ils consignent les questions posées à l'oracle, à savoir si le roi Shang devra sacrifier par la noyade ou par le feu 3 moutons et 2 bœufs, ou 3 moutons et 5 bœufs à des membres déterminés du panthéon en reconnaissance d'une bonne récolte* (à gauche), *ou encore si le monarque peut obtenir l'aide bienveillante d'un ancêtre divinisé grâce à deux cérémonies rituelles organisées en sa faveur* (au centre), *ou si la pluie tombera le jour Renjia* (à droite). *Une question relative à la culpabilité ou à l'innocence d'un dénommé Ban est inscrite sur les bords de la moitié inférieure d'une carapace de tortue* (en haut) *datant du 14ᵉ au 12ᵉ siècle av. J.-C. (18 cm de long × 10 cm de large). Cette* Testudo anyangiensis *a aujourd'hui disparu.*

A gauche : *on trouva cette lame de hache allongée (près de 50 cm de long) en 1975 sur le site d'Erlitou, dans la province du Henan. Ce site donne son nom à la phase culturelle qui va du 19ᵉ au 16ᵉ siècle av. J.-C.*

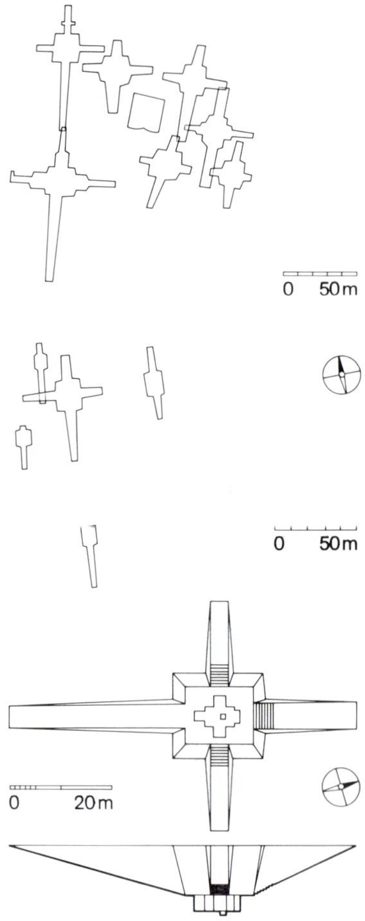

A droite : *disposition des grandes tombes « royales » Shang à Xibeigang* (ci-dessus) *et à Wuguancun* (au milieu), *près d'Anyang. Elévation et vue en coupe de la tombe cruciforme à fosse n° 1400 à Wuguancun* (ci-dessous).

La période Shang

Avec la dynastie des Shang, qui fait suite à la dynastie des Xia, nous quittons l'époque préhistorique. Désormais, on peut aussi exploiter les monuments épigraphiques d'époque. C'est là une caractéristique générale des travaux historiques contemporains sur la Chine. Les historiens ont rarement l'occasion d'utiliser comme ici les résultats de l'archéologie appliquée pour préciser et tester leurs hypothèses. Cette remarque vaut pour toute la Chine impériale, et tout particulièrement pour les temps archaïques. Les recherches portant sur la dynastie des Shang peuvent conjointement s'appuyer sur les documents et sur les textes d'époque. Ces derniers ne furent certes consignés que postérieurement, surtout durant la période Zhou (du 11ᵉ siècle à 256 av. J. C.), mais on peut confirmer leur haut degré d'authenticité, grâce aux enseignements que fournissent de manière exemplaire les découvertes archéologiques connexes.

Les monuments épigraphiques disponibles concernant la période Shang consistent pour une part restreinte en inscriptions sur des récipients en bronze utilisés dans des actes rituels. Comportant au plus 50 signes, elles n'ont jusqu'à présent contribué que fort peu à nous éclairer sur les réalités de cette époque. On n'y trouve le plus souvent que les noms des propriétaires des vases ou des ancêtres honorés par les cérémonies sacrificielles, avec des titres descriptifs tels que « Grand Père Jia », « Père Bing », « Mère Royale Wu ». Les inscriptions comportent un calendrier de signes dits « cycliques ». Ils prouvent que les Shang avaient une semaine de dix jours, mode de division du temps qui fut courant et général jusqu'à la période Song (de

Ci-dessus : *ce lithophone* (Qing) *en néphrite (84 × 42 cm) provient d'une des tombes «royales» Shang de Wuguancun, près d'Anyang. Un rapace à traits de félin en très faible relief décore la face visible. L'épaisseur de la lame de pierre déterminait la hauteur du son. On se servait de ces lithophones comme instruments de musique isolés ou on en suspendait plusieurs à un cadre, les accordant comme un carillon. Produisant des sons analogues à ceux d'un xylophone, ils s'intégraient aux plus anciennes musiques orchestrales.*

960 à 1280 av. J.-C.) où fut adoptée la semaine de sept jours.

Des informations bien plus substantielles nous sont apportées par les fragments d'os à inscriptions oraculaires (déjà cités). Depuis 1899 (année de leur découverte scientifique), plus de cent mille de ces fragments ont été exhumés de caches situées surtout près de Xiaotun (au nord du Henan). Avant d'attirer l'attention des chercheurs scientifiques, ces fragments d'os étaient depuis longtemps broyés en poudre et commercialisés comme ingrédients de la pharmacopée. Comme support matériel de leurs singuliers documents, les Shang utilisaient d'une part des omoplates de porc, de singe ou de bœuf, de l'autre des moitiés de carapaces ventrales de tortues, animaux alors très répandus en Chine méridionale. Ces carapaces soigneusement polies procuraient aux inscriptions une surface bombée dont les dimensions maximales établies jusqu'à présent n'excèdent pas 44 x 35 cm. Elles furent surtout utilisées dans la phase tardive des Shang, les os plats des animaux domestiques étant plutôt caractéristiques de la phase initiale. Une partie seulement des objets découverts portent des signes, le plus souvent disposés en colonnes, soit tracés au pinceau à la couleur brune, soit gravés au poinçon. Les gravures sont souvent rehaussées de pigments rouges ou noirs. Un tiers seulement du vocabulaire nous est compréhensible. Il comporte plus de 3 000 signes différents, dont un lexique qui équivaut à peu près à celui d'un journal contemporain. Les textes conservés se composent de questions, assez souvent énoncées dans des formes interrogatives admises par le chinois contemporain.

Un tel énoncé juxtapose souvent les formes affirmative et négative en les séparant par un espace. Ainsi : « A Shang (un lieu-dit), on obtient une bonne année de récolte — A Shang on n'obtient pas une bonne année de récolte. » Des alvéoles étaient percées ou ciselées au préalable dans la partie vierge des surfaces inscrites lors des cérémonies divinatoires qui avaient lieu dans le temple des ancêtres. On y enfonçait des aiguilles de bronze chauffées, ce qui produisait sur l'autre face des craquelures irrégulières. Le souverain Shang régnant avait le privilège de formuler *ex cathedra* l'interprétation de ces craquelures, du reste sujettes à manipulations. Tout porte à croire que ces oracles n'étaient que les auxiliaires de la décision, voire un moyen de circonscrire l'ensemble des choix possibles. Quelle que fût l'option choisie, ils en permettaient la légitimation. Un oracle répondant par la négative à la demande d'une bonne année de culture à Shang pouvait renforcer l'intention préexistante de mettre davantage de terres en culture. Ainsi les oracles n'étaient ni des ordres à exécuter servilement, ni des improvisations livrées aux circonstances et au hasard, auxquelles on se serait soumis par crainte ou par manque d'initiative individuelle.

Outre leur utilisation à des fins divinatoires, les os et les

écailles de tortues servaient de support à quantité d'indications sur des événements importants. Il semble qu'il s'agissait de notations portées à la connaissance des ancêtres dans un acte rituel précédant l'inhumation en vue de tenir les défunts au courant des événements importants. On attendait en échange des ancêtres qu'ils répondent par des oracles aux questions de leurs parents en vie.

Les divers documents sur os et écaille donnent un aperçu de la vie religieuse de l'élite de ce temps ; ils fournissent aussi des éléments d'information sur l'époque à propos de la situation économique, des observations météorologiques, des campagnes militaires, des nombreuses parties de chasse organisées sur une grande échelle avec à leur tableau des centaines de pièces de gibier à poil, des affaires personnelles de la famille impériale, etc. Dans leur ensemble, les divers documents de cette époque : inscriptions sur os et sur bronze, produit des fouilles des vastes tombes « royales » à fosse ou de certaines grandes villes, et d'autres sources plus récentes, donnent une image relativement évocatrice du royaume des Shang. Le domaine contrôlé, de façon d'ailleurs sporadique, par les Shang et leurs vassaux n'avait pas de frontières précises au sens moderne ; il comprenait le bas Huanghe et ses zones voisines du Shandong, du Shaanxi et du Shanxi, et s'étendait vers le sud à travers l'Anhui et le Jiangsu jusqu'à la région du delta du Changjiang. Il pouvait abriter une population de 4 à 5 millions d'habitants.

Plusieurs fois déplacée au cours de la dynastie, la capitale était le point central du royaume, son noyau culturel, politique et économique. De Yin, dernière métropole, qui dura près de trois siècles (non loin de l'actuelle Anyang), dérive l'autre nom usuel de la dynastie : la « dynastie Yin ». Les fouilles archéologiques d'autres capitales Shang ont mis en évidence leur structure fonctionnelle. A côté des quartiers du palais et des habitations —

Page de gauche : *ce vase rectangulaire tétrapode de type* Ding *fut découvert en 1959 à Ningxiang (Hunan) et date de la fin de la période Shang, vers le 11e siècle av. J.-C. (hauteur : 38,7 cm). Le décor de reliefs, consistant en faces anthropomorphes sur les quatre côtés du vase, est inhabituel. Les* Ding, *qui existent aussi avec des formes arrondies et trois pieds, présentent généralement une incroyable diversité surtout par leurs dimensions. Dans cette catégorie de vases à nourriture, on trouve un* Ding *de quelques centimètres à peine, « fait à la demande du roi comme jouet pour sa fille », mais aussi le plus grand vase de bronze de l'antiquité, qui mesure 1,33 m de hauteur et pèse 875 kg.*

Ci-dessous : *ce vase de culte zoomorphe en bronze de type* Guang, *daté du 11e siècle av. J.-C. (19 cm de haut et 41,5 cm de long), fut découvert en 1959 à l'ouest de la province du Shaanxi, près du chef-lieu de Shilou. Il a la forme d'un dragon avec ses crocs acérés et des cornes tronconiques. L'échine amovible sert de couvercle et le vin d'offrande — mélangé d'habitude avec de l'eau dans de tels vases — coule par le bec verseur que forme la gueule du dragon. Ce récipient décoré de dragons à forme de serpent, de crocodiles et de tortues comporte des œillets latéraux auxquels on fixait sans doute des anneaux ou des accessoires en matériaux périssables afin de le transporter ou de le suspendre.*

« Le premier habite la vallée du Levant ; il détermine le lever du soleil et l'équinoxe de printemps : alors, les hommes vont aux travaux, les bêtes mettent bas. Le second habite la Haute Résidence Lumineuse, et promulgue les occupations du midi : les hommes se consacrent aux travaux des champs, les bêtes perdent leurs poils et leurs plumes. Le troisième réside dans la vallée du Couchant ; il détermine les achèvements de l'ouest : les hommes vivent paisibles, les bêtes reprennent poils et plumes. Le quatrième habite la Haute Résidence Sombre ; il promulgue les changements de l'hiver : les hommes s'enferment dans leurs maisons, les bêtes épaississent plumage et fourrures. »

Sur les Quatre délégués du Fils du Ciel.

aux édifices construits selon une variété de pisé — il y avait des zones réservées à diverses activités artisanales, les principales étant la fonte du bronze, le travail des os et la poterie. S'y ajoutait la taille de la pierre et du jade, dont maints dépôts funéraires attestent la qualité. La fabrication des armes jouait aussi un rôle important. La plus laborieuse était celle des chars de combat, munis de deux roues à rayons (hauteur : environ 1,3 m ; écartement : plus de 2 m), tirés par deux chevaux et occupés par trois hommes. En raison des quantités produites, la confection de cuirasses en cuir, de casques de bronze, d'arcs et de flèches, d'armes de jet à pointe de bronze exigeait aussi une main-d'œuvre considérable. Les nécropoles étaient situées à l'écart des zones palatiales et résidentielles et des lieux de travail.

Les villes étaient cernées d'imposantes murailles de terre damée. On distinguait le *Dayi*, la grande ville, et le *Yi*, la ville. D'après les calculs d'un expert chinois, il aurait fallu mobiliser dix mille hommes pendant dix-huit années de 330 jours ouvrables pour ériger la muraille de la ville de Zhengzhou. Un tel fait, tout comme la conscription — relativement fréquente — d'armées de 3 000 à 5 000 hommes (voire, en cas extrême, de 30 000 soldats), prouve la stupéfiante efficacité d'organisation dont cet Etat était déjà capable. Ces activités, mobilisant un grand nombre d'individus, étaient animées par une élite de structure patrilinéaire, dominée par un roi. Des spécialistes du rituel, des guerriers nobles et une suite assurant les tâches d'administration et de contrôle détenaient l'autorité suprême.

On a de bonnes raisons de supposer que l'Etat Shang présentait déjà en germe une structure féodale. En témoigne l'octroi de fiefs à des membres du clan royal, au conseiller intime du souverain et à divers *Hou*, *Bo* et *Nan* (termes qu'on traduit généralement par prince, comte et baron). En contrepartie, ces bénéficiaires devaient apporter leur soutien au roi lors d'entreprises exigeant une main-d'œuvre nombreuse telle que la construction de murs d'enceinte. D'autres vassaux étaient chargés de fournir les écailles de tortues, requises en quantités croissantes, ou d'autres spécialités locales. Leur soutien militaire était

sans doute leur apport le plus important : ils participaient à des expéditions pour réprimer les rébellions ou pour mener la guerre aux frontières contre les Barbares hostiles, c'est-à-dire indépendants des Shang. Substitué aux moyens belliqueux, l'octroi du titre de *Fang* à certains chefs de tribus frontalières avait vraisemblablement pour but d'exercer un effet modérateur sur des voisins turbulents. A en juger d'après les nombreuses traces de combats qui ponctuent ces régions limitrophes, il semble que ce genre de distinction, octroyée par une puissance qui dominait par ses unités de chars et qui dans son for intérieur était dès lors pénétrée du sentiment de sa supériorité sur toutes les autres cultures, ne fut pas toujours appréciée des groupes qui en bénéficiaient.

Les Shang ramenaient de leurs expéditions militaires des prisonniers dont ils faisaient des esclaves ou qui périssaient, sacrifiés par douzaines lors de divers actes cultuels, organisés en général en l'honneur des divinités de la nature, voire par centaines, lors des funérailles royales.

La religion des Shang présentait trois caractéristiques principales : culte des esprits et des ancêtres, culte de la nature et adoration du dieu suprême *Di* ou *Shangdi*. Ce dernier était la divinité suprême du panthéon Shang, où siégeaient des divinités de la nature, tel le dieu du fleuve, He, dispensateur de la pluie, dont on invoquait la protection en cas de guerre. Ce panthéon comprenait aussi les dieux ancestraux, de loin les plus importants et qui étaient ordinairement des membres défunts de la famille royale. Le culte des ancêtres, qui devint un caractère immuable de la Chine traditionnelle, connut sans doute sa genèse mythique fondamentale au temps des Shang. Des formes originelles héritées du néolithique jouèrent un grand rôle dans ce processus. Presque toutes les connaissances acquises à propos de la dynastie des Shang (ou Yin) ont trait d'une manière ou d'une autre à l'élite. Nous savons peu de chose de la vie des artisans, des simples soldats et des travailleurs de la terre. La grande masse avait sans doute un statut comparable à celui des serfs de nos contrées, mais il existait aussi des esclaves. Les écrits historiques marxistes prétendent que l'importance économique des esclaves était telle qu'on peut parler de société esclavagiste, mais les preuves font jusqu'à présent défaut sur ce point. La terre était souvent travaillée collectivement. Le millet était la principale culture. Les artisans urbains spécialisés dans certains produits ne transmettaient sans doute leurs savoirs techniques qu'au sein de la famille.

Le problème de la datation révèle de notables lacunes dans nos connaissances. Certes, nous disposons d'une chronologie relative. Elle nous informe de la succession des souverains et de tous les événements importants. Mais l'on n'est pas encore arrivé à reconstituer une chronologie absolue pour la dynastie des Shang — pour ne rien dire des périodes antérieures. Cela en dépit d'une connaissance du calendrier lunaire Shang avec ses mois intercalaires, des innombrables données chronologiques des textes sur ossements et de documents plus récents, ou encore des descriptions de phénomènes astronomiques, telles les éclipses lunaires des années 1373, 1344, 1311, 1282, 1279 av. J.-C., etc. Cette ignorance s'exprime bien dans les limites vagues que l'on assigne ici au début et à la fin de la dynastie des Shang (ou des Yin), entre le 21e et le 16e siècle av. J.-C. Dans l'ensemble, la période Shang présente un grand nombre de traits de civilisations ou de cultures autochtones qui, par leur action conjointe, ont déterminé le cours ultérieur de l'histoire chinoise et engendré la formation de pratiques tenues pour typiquement chinoises, comme le culte des ancêtres. Cette civilisation du bronze, caractérisée en particulier par des villes et par un système d'écriture, est certainement une des premières au monde en son genre.

La période Zhou

(du 11e siècle à 256 av. J.-C.)

A l'instar des dynasties précédentes, les débuts de la dynastie des Zhou ne se laissent déterminer qu'approximativement : 1122, 1050 ou 1127 av. J.-C. Ces dates, précises en apparence, se fondent sur l'interprétation de diverses sources d'une chronologie malheureusement incertaine et varient donc en fonction des sources consultées. La première date d'une historicité certaine, 841 av. J.-C., est liée au renversement du roi Li par une révolte et à l'instauration d'une régence. A partir de cette date, on dispose d'annales vérifiables. La dynastie des Zhou est partagée d'ordinaire en plusieurs parties ; elle fut la plus longue de l'histoire chinoise. La dynastie des Zhou occidentaux dura du 11e siècle à 771 av. J.-C., alors que la première capitale, Hao, se trouvait dans l'ouest du royaume (près de Xi'an, dans le Shaanxi).

La période des Zhou orientaux, ainsi dénommés parce que, pour des raisons militaires, la métropole fut déplacée vers l'est, s'étendit de 770 à 256 av. J.-C., date à laquelle s'éteignit la dynastie des Zhou. La période des Zhou orientaux est en outre subdivisée entre l'époque Chunqiu, ou « Printemps et Automnes » (de 770 à 476 av. J.-C.), et l'époque Zhanguo, dite des « Royaumes Combattants » (de 475 à 221 av. J.-C.). La première tire son nom du titre des annales du royaume de Lu, faussement attribuée à Confucius, qui nous renseigne sur cette époque. Le nom de la seconde dérive de Zhanguo Ce. *Les intrigues des Royaumes Combattants*, une histoire très mouvementée des différents Etats chinois de 475 à 221 av. J.-C. Pour les époques citées, on trouve aussi des datations assez variables, car on peut tout aussi bien utiliser comme repères chronologiques d'autres événements que ceux ici choisis. Cependant, le terme de l'époque Zhanguo est assuré, puisqu'il correspond à l'année de fondation de la dynastie des Qin, dont le règne sur le pays est aussi court qu'important (de 221 à 207 av. J.-C.) : suivant une idée répandue, son nom serait à l'origine du nom de la Chine.

Les Zhou qui vainquirent les Shang au 11e siècle av. J.-C. étaient déjà cités au milieu de la période Shang sur les inscriptions oraculaires en tant que voisins de l'ouest et du nord-ouest. Les deux peuples avaient sans doute une langue commune et étaient unis depuis longtemps par des relations de vasselage. La principale zone de peuplement des Zhou était la vallée de

Ci-dessus : *vase de bronze* Zun *en forme de buffle, trouvé en 1967 à Heijiacun, près de Qishan (Shaanxi), date de la dynastie des Zhou. Sur le dos siège un tigre qui sert d'anse au couvercle. La gueule du buffle forme le bec de ce vase cultuel destiné à contenir le vin d'offrande. Haut. 24 cm; long. 38 cm. 10ᵉ-11ᵉ siècle av. J.-C.* [Xi'an, Musée provincial du Shaanxi]

Ci-dessus à droite : *vase de culte* Zun *en forme d'éléphant datant de la même époque que le vase précédent et découvert en 1974 à Rujiazhuang, près de Baoji (Shaanxi). Dans l'ensemble, les vases de bronze zoomorphes de la dynastie des Zhou occidentaux n'atteignent plus la qualité des vases de la période des Shang. Haut. 24 cm; long. 28 cm. 10ᵉ siècle av. J.-C.* [Baoji, Musée municipal]

la Weihe. Par une osmose graduelle, ils adoptèrent des éléments de la civilisation Shang, plus évoluée. Ils furent souvent engagés dans des combats avec des peuples frontaliers en raison de leur association avec le royaume des Shang et aussi parce qu'ils avaient conservé leur autonomie. Lorsqu'enfin ils se retournèrent contre leurs anciens suzerains, une longue expérience militaire et l'acculturation favorisèrent leur victoire et une stabilisation rapide de leur domination sur les zones conquises.

Les premiers monarques et régents — parmi lesquels il faut signaler Zhougong, l'homme d'Etat le plus célèbre de son temps — créèrent d'ailleurs une arme nouvelle, la doctrine du *Tian Ming*, « le mandat du ciel ». Le ciel, *Tian*, devint de la sorte, et peut-être à l'opposé de son sens initial, le pendant abstrait de *Di*, le dieu anthropomorphe des Shang. Le concept de *Tian* fut dès lors une composante majeure et permanente de la pensée chinoise. Nommé dès cette époque *Tianzi*, « Fils du Ciel », chaque souverain légitime, parce qu'il en avait reçu mandat du ciel, devait veiller à l'harmonie des rapports et à la prospérité du royaume. Dans sa vie privée également, il devait se montrer digne du *Tian Ming*.

Du point de vue des Zhou, nouveaux détenteurs du pouvoir, cette exigence n'avait pas été satisfaite par les Shang, ni surtout par leur dernier roi, Zhouxin. On le caractérisait comme un véritable monstre, qui se livrait à la boisson avec ses conseillers et fidèles. Le ciel, *Tian*, s'en étant irrité, l'indigne avait perdu son droit au *Tian Ming*. La conquête du royaume des Shang et la prise du pouvoir par les Zhou en tirait une légitimité convaincante. Les indésirables envahisseurs, outre leurs arguments militaires, disposaient ainsi en plus de bases morales décisives pour persuader les vassaux des Shang demeurés loyaux de passer au camp des vainqueurs. Les Zhou ne pouvaient refuser à la majorité des anciens partisans des Shang de se rallier à eux. A défaut d'un consensus populaire, ils n'auraient pu maintenir par leur seul nombre un pouvoir fondé sur la force militaire.

Introduite par les Zhou avec ses implications impérieuses, l'idée de *Tian Ming* devait être reprise et élaborée par les confucéens. Elle fonde la doctrine bien connue des cycles d'essors et de déclins présidant à la succession légitime des dynasties. Contrairement au Japon, la Chine traditionnelle n'a pas connu une dynastie unique, seule responsable des destinées du pays, mais de nombreuses dynasties indépendantes. L'historiographie officielle, toujours d'obédience confucéenne, verra essentiellement dans le dernier souverain d'une dynastie un être plus ou moins négligent, incapable, dépravé et, en tout état de cause, une créature malavisée, prouvant par sa conduite qu'il n'est pas apte à maintenir l'ordre du royaume conformément au mandat du ciel. Néanmoins, nous distinguons mal ces responsables du déclin de la plupart de leurs prédécesseurs — ils sont simplement moins chanceux. Des anomalies notoires : malformations humaines ou animales, sécheresses, inondations, plaies de sauterelles, configurations étranges de nuages, etc., qui en pareil cas surviennent dans le royaume, peuvent facilement être interprétées comme de mauvais présages. Manifestant la colère du ciel, elles annoncent la fin imminente de la dynastie. Des hommes irréprochables, en l'espèce le premier souverain de la dynastie suivante et ses fidèles dévoués, briguent l'honneur de replacer le mandat du ciel en de bonnes mains et s'emparent du pouvoir afin d'aider le pays à prendre un nouvel essor. En fait, ces élus seront le plus souvent les meneurs heureux de révoltes ou des conquérants qui se sont frayé la voie

du pouvoir par leurs talents d'organisateurs, la ruse, la fourberie, la violence. Tous ceux qui tentent de s'emparer du *Tian Ming* en temps inopportun, autrement dit dont la révolte a été réprimée par le souverain, aussi corrompu soit-il, ces malheureux figureront aussi, en toute logique, dans les annales à titre de canailles rebelles et déloyales.

Des problèmes d'interprétation peuvent donc surgir quand, comme par exemple dans la période Wudai (de 907 à 960), l'Etat unitaire chinois se disloque temporairement et que différentes dynasties s'instaurent dans les Etats issus de l'empire. Comme le *Tian Ming* est indivisible, les historiens confucéens choisiront par des raisonnements en partie fantaisistes une dynastie comme seule légitime. Celle-ci reçoit alors de plein droit le mandat du ciel et s'intègre dans la chaîne des dynasties légitimes. La dynastie étrangère des Qing (de 1644 à 1911) fut la dernière de la série. Selon la version confucéenne, la série avait commencé avec la dynastie des Xia (du 21ᵉ au 16ᵉ siècle av. J.-C.), la seule qui n'avait pas été suscitée par l'éviction d'une dynastie précédente, mais uniquement par l'acte fondateur de Yu le Grand.

Les sources concernant l'époque des Zhou occidentaux montrent que, loin d'entraîner des changements culturels radicaux, la conquête ne s'accompagna que de quelques aménagements de l'ordre alors en vigueur sur l'ensemble du territoire administré. Débordant le bassin de la Weihe, ce territoire s'étendait désormais à la grande plaine du nord de la Chine. Le domaine royal, véritable épine dorsale économique et militaire de la dynastie, comprenait de vastes parties du Shaanxi. Signes de la continuité culturelle, la fonte d'imposants bronzes sacrés, la divination par les os et les écailles de tortue à la manière des

En 1978, près de Suixian (Hubei), on découvrit ce carillon entier (Bianzhong), *de près de 3 m de haut, avec ses 65 cloches de bronze, dans la tombe du prince Yi de l'Etat de Zeng (mort vers 433 av. J.-C.).*
Des atlantes en bronze avec un sabre passé à la ceinture soutiennent le cadre de bois en forme de «L» (Longueur: 11 m; bras le plus long: 7,5 m) qui supporta sans dommage pendant plus de 2400 ans les cloches d'un poids total de quelque 2500 kg. Ces cloches, suspendues sur trois niveaux, ont toutes conservé leur tonalité. La plus grande mesure plus de 1,5 m de haut et son poids dépasse les 200 kg. Ce Bianzhong *était sans doute servi à l'époque par cinq musiciens avec six marteaux de bois et deux maillets. Des inscriptions nous informent que cet instrument était accordé en fonction d'une gamme chromatique de 12 notes séparées par des intervalles d'un demi-ton. D'autres inscriptions sur les cloches donnent aussi les noms de leurs notes selon les systèmes musicaux de Zeng et d'autres royaumes de l'époque Zhanguo (475-221 av. J.-C.).*
[Pékin, Musée de l'Histoire de Chine]

Shang, et les sacrifices offerts dans le Temple des Ancêtres aux ascendants royaux (dès lors bien sûr ceux des Zhou) se poursuivirent. Les unités de chars de combat restaient l'arme décisive. A la différence des nobles, les paysans étaient dépourvus de nom de famille ; ils n'avaient, comme au temps des Shang, d'autre raison d'être que le travail de la terre.

Dans le clan dynastique se produisirent des changements quand la succession de père à fils remplaça la succession en vigueur sous les Shang de frère aîné à frère cadet. Embryonnaire sous la dynastie disparue, la féodalité continua son développement sur cette lancée. Le prince Zhou Zhougong, régent lors de la minorité du roi Cheng, aurait à lui seul investi 71 feudataires. La terre appartenait au souverain et était inaliénable ; des parties en étaient confiées aux membres du clan royal, aux guerriers nobles et aux membres de la dynastie vaincue des

A gauche : *vase cérémoniel en bronze de type* Hu *aux anses annulaires mobiles, réalisé à l'époque Zhanguo (5e ou 4e siècle av. J.-C.). Il fait partie du groupe dit des «*Hu *à scènes de chasse», lesquels remplacent par des motifs de scènes figuratives les éléments plus ou moins abstraits et surtout zoomorphes du décor des bronzes Shang et Zhou. Les vases* Hu *servaient à conserver le vin d'offrande.*
[Taibei, Musée du Palais national]

Page de droite : *deux tigres luttent avec un sanglier. Un des félins s'agrippe au dos de la victime mais il est lui-même attaqué par un serpent qui lui mord la queue. L'autre tigre a enfoncé ses crocs dans les flancs du sanglier qui semble sur le point de le piétiner. Cette scène dramatique de lutte d'animaux — un relief de bronze (17 cm de long) au revers plan, datant de la fin du 12e siècle av. J.-C. et découvert en 1956 près de Jinning (Yunnan) — témoigne d'un grand talent pour les représentations plastiques et naturalistes d'animaux, acquis uniquement par les artisans d'art du royaume «barbare» de Dian (4e-1er siècle av. J.-C.) et qui ne se manifeste cependant pas en Chine centrale.*
[Kunming, Musée provincial du Yunnan]

Shang. A leur tour, ceux-ci installèrent dans leurs terres leurs propres vassaux *Daifu*. La cérémonie d'investiture d'un vassal par le roi avait généralement lieu dans la capitale, au Temple Royal des Ancêtres. Cet acte est documenté par les inscriptions des vases de bronze remis à cette occasion avec d'autres présents (chevaux, chars de combat, armes, bétail, etc.) et les insignes de l'investiture (sceptre de jade, vêtements et bannière conformes au rang du vassal). Les feudataires étaient tenus d'obéir aux ordres du roi et, quand leurs terres se trouvaient aux frontières, de «servir de bouclier à la maison des Zhou». Il n'existait pas de droit de vassalité strict au sens rendu familier par le moyen âge français.

Certaines régions seigneuriales et de nombreux fiefs se réduisaient à une seule ville et aux champs environnants. C'étaient donc de petits Etats dont les chefs avaient été maintenus parce qu'ils avaient su reconnaître à temps l'autorité des Zhou et s'étaient engagés à leur livrer tribut.

Cet ordre féodal, avec à sa tête le roi des Zhou, comprit jusqu'à plusieurs centaines d'unités territoriales, puis il se relâcha petit à petit, comme en témoigne la diminution du nombre des investitures effectuées dans la capitale par le monarque en personne. Une pratique devenue courante à l'époque Chunqiu (de 770 à 476 av. J.-C.) trahit cet affaiblissement du pouvoir central : répondant à la demande de vassaux depuis longtemps en place par succession interne, des envoyés royaux devaient se rendre dans les fiefs pour conférer après coup une apparence de légitimité à la prise de pouvoir. Certains même se dérobaient à cette formalité, surtout parmi ceux qui avaient étendu leurs territoires souverains en vastes «principautés» (*Guo*) aux dépens des Barbares des frontières du royaume. Ainsi l'Etat Chu, sur le bas et moyen Changjiang, souvent tenu par les contemporains pour semi-civilisé. Depuis le 4e siècle av. J.-C., ces princes se nommaient de façon provocatrice *Wang* (roi), titre réservé en droit au monarque Zhou.

Les Zhou devaient assister impuissants à ces félonies. En 771 av. J.-C., Hao, leur antique capitale, fut assaillie et pillée par des peuplades étrangères du nord du Shaanxi. Le roi fut tué dans le carnage. Après des années de chaos, un de ses fils fut intronisé ; il lui succéda à Luoyi, ville située plus à l'ouest et donc plus sûre. Mais telle était dès lors la réduction du domaine royal que ni le nombre de la population ni le potentiel économique ne permettaient plus de lever des armées capables en cas de nécessité de conférer force de loi aux volontés signifiées par le souverain à ses vassaux. En dépit de protestations réité-

rées, la dynastie des Zhou dut se résigner à son déclin et se contenter d'une souveraineté nominale sur les Etats feudataires. Seuls lui restaient les apanages de Fils du Ciel, unique héritier légitime du *Tian Ming*, dans les actes cultuels essentiels au Temple des Ancêtres. Le rapport des forces politiques permit au roi Zhou de conserver une autorité symbolique jusqu'en 256 av. J.-C. Par des alliances éphémères, les princes indépendants et avides savaient toujours éviter que l'un d'entre eux ne prenne la place du faible roi des Zhou, ce que nul n'aurait pu reconnaître sans envie.

A l'époque Chunqiu, bien des combats se livraient encore selon un code de chevalerie interdisant entre nobles l'élimination physique des adversaires vaincus : ces règles étaient tombées en désuétude à l'époque des Royaumes Combattants. Des armées massives de plusieurs dizaines de milliers de soldats-paysans, l'apparition de la guerre de siège et de la défense des villes, l'organisation d'unités de cavalerie, l'invention d'arbalètes au tir puissant et précis, l'adjonction d'armes de fer aux armes de bronze, etc. — tout cela modifia la conduite des opérations militaires. Intervenant dans l'imbroglio des alliances, des intrigues et des trahisons, ces innovations favorisèrent la concentration des petits Etats et des Etats-vassaux jadis innombrables en un petit nombre de royaumes féodaux. Il n'en restait plus que trois à la fin de l'époque Zhanguo : à savoir les Etats de Qin à l'ouest, Qi au nord-ouest et Chu au sud, ce dernier étant le plus vaste.

De nombreuses découvertes archéologiques récentes témoignent du haut degré de culture et de civilisation atteint par ce royaume, auquel revient le mérite d'avoir transmis au centre du pays la culture des régions du sud (entre le Changjiang et

Double page suivante : *en mars 1974, près de Lintong (Shaanxi), à 1 225 m à l'est du tumulus de Qin Shihuangdi, des paysans forant un puits découvrirent l'armée en terre cuite du Premier Empereur de l'Etat chinois unifié. Jusqu'à présent, seule une fraction de cette armée, évaluée à plus de 7 000 hommes, a pu être dégagée. A l'avant-plan, on voit l'avant-garde massée sur trois rangs en déploiement devant onze couloirs parallèles. Dans ces derniers, on peut voir d'innombrables fantassins disposés par colonnes en ordre de marche et précédés de chars de combat tirés par quatre chevaux. De solides poteaux de bois étayaient les couloirs recouverts par des nattes et une couche d'argile imperméable. Au moment de la fouille, le tout était enfoui sous 3 à 4 m d'éboulis. Pour produire ces milliers de statues, un atelier organisé à l'échelle industrielle a dû être nécessaire.*

T11
T10

T20
T19

Le tumulus du Premier Empereur Qin Shihuangdi, situé face aux portes de l'ancienne capitale des Qin, Xianyang, près de l'actuelle Lintong (Shaanxi), demeure soustrait à l'examen de l'archéologie moderne.

l'océan). Cependant, des particularités régionales survécurent comme on le voit dans l'originalité du style et des thèmes de l'art du bronze au royaume Dian (du 4e au 1er siècle av. J.-C.), au Yunnan, royaume de « Barbares » dont les sources font très peu de cas, mais qui suscite depuis peu un grand intérêt grâce aux vestiges archéologiques qui font preuve d'un art et d'une technique remarquables. Un cas similaire et tout aussi négligé par l'historiographie peut être cité à propos de la Chine du Nord, celui du royaume Zhongshan dans le Hebei méridional, fondé par des « Barbares » Di. Des découvertes archéologiques récentes ont montré qu'ayant absorbé des éléments de la culture centrale celui-ci avait pu s'affirmer en entité autonome parmi les divers Etats de l'époque Zhanguo. Des bronzes d'une rare beauté, superbement incrustés d'or et d'argent, montrent le goût raffiné et le talent magistral des artistes et des artisans de cette contrée.

On vit se produire, au cours des guerres, des violences et de l'instabilité politique de la fin de l'époque Chunqiu et de l'époque Zhanguo, des changements socio-économiques déterminants. La civilisation matérielle et intellectuelle connut une grande explosion novatrice par l'émulation entre les divers royaumes. Ce développement ne fut ni homogène ni soudain : il s'opéra dans différents domaines avec des intensités et des accents variés suivant les Etats. L'ordre féodal, avec ses arrière-vassaux, ses sous-vassaux, sa noblesse héréditaire, etc., fut aboli en certains endroits au bénéfice d'une administration efficace aux fonctionnaires révocables et d'une division du territoire en unités administratives distinctes. Dans la mesure où certains Etats rendirent la terre aliénable, l'élite, limitée jusqu'alors à

« Dès le début de son règne, le Premier Empereur fit creuser (une galerie) dans la montagne Li et lorsqu'il eut unifié tout l'Empire plus de 700 000 travailleurs de tout le pays y furent envoyés. (Au cours des travaux) ils creusèrent jusqu'à la nappe d'eau souterraine et fondirent le bronze du sarcophage. Ils y enfouirent des (modèles) de palais, de temples et de bâtiments administratifs, des ustensiles merveilleux et des objets rares et coûteux. Des artisans reçurent l'ordre de fabriquer des arbalètes et des flèches automatiques qui frapperaient par surprise tous ceux qui pénétreraient par effraction dans la tombe. Avec du mercure furent reproduits les Cent Rivières, le Yangzi, le Huanghe et la vaste mer ; des machines le faisaient couler et le transféraient des unes aux autres ; au sommet étaient tous les corps célestes et en bas toutes les configurations géographiques. Des torches étaient pourvues d'huile de baleine afin de ne pas s'éteindre avant longtemps.
Alors que l'inhumation avait déjà commencé, certains furent d'avis que les ouvriers et les artisans qui avaient construit les (dispositifs) automatiques et avaient enfoui les trésors en possédaient donc une connaissance précise et que, en raison de l'importance des trésors, ils pourraient les piller.
Une fois cette grande œuvre terminée, dans le secret le plus total on bloqua la section centrale de la galerie et on mura la fermeture extérieure du passage, de sorte que les artisans et ouvriers rassemblés furent emmurés et que pas un seul n'en réchappa. On planta des herbes et des arbres pour que (la tombe) ressemble à une montagne. »

A propos du tombeau de Qin Shihuangdi dans le Shiji de Sima Qian.

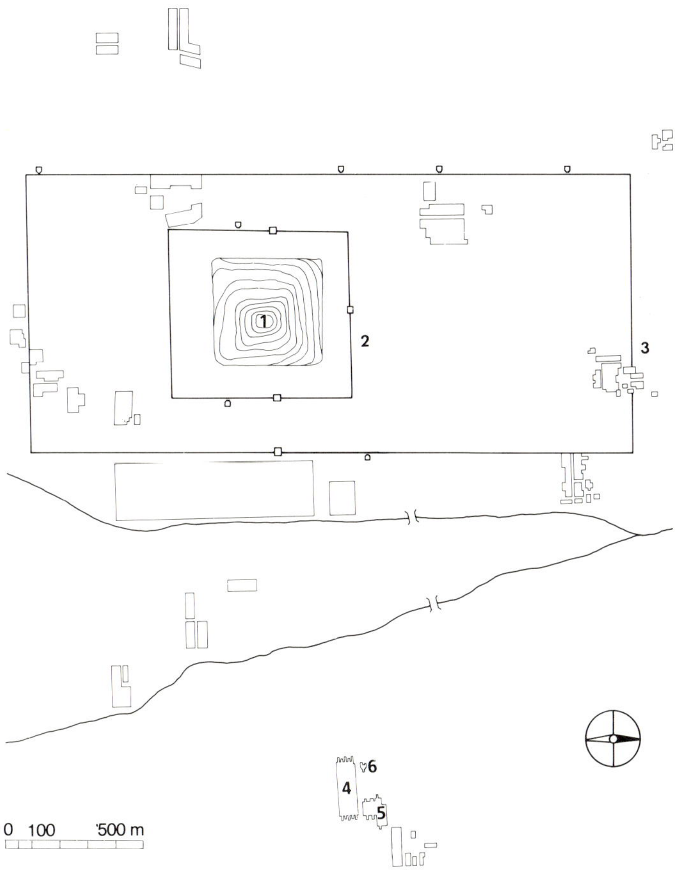

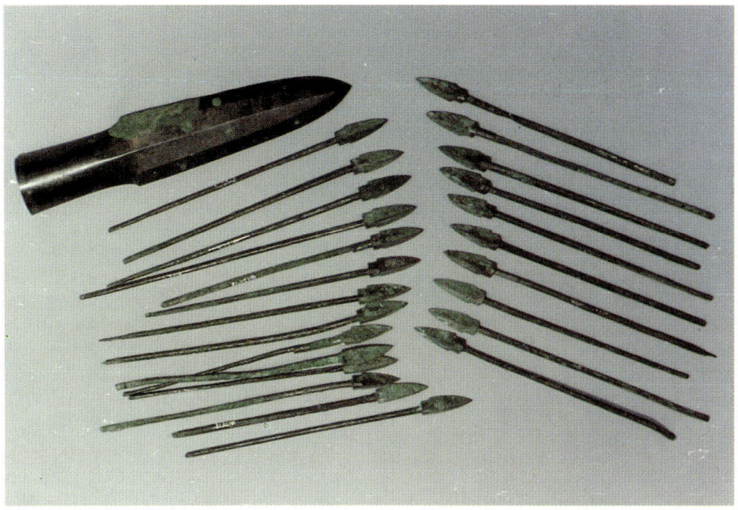

Plan du tombeau de Qin Shihuangdi
1. Tumulus
2. Enceinte intérieure (684,5 × 578 m)
3. Enceinte extérieure (2173 × 974,2 m)
4. Secteur des fouilles n° 1
5. Secteur des fouilles n° 2
6. Secteur des fouilles n° 3

Ci-dessus : *les soldats en terre cuite de Qin Shihuangdi étaient pourvus de vraies armes.*

Ci-dessous : *vue d'un couloir en partie dégagé du Secteur de fouilles n° 1 (14260 m²).*

l'aristocratie, s'élargit aux grands propriétaires fonciers. Pour financer les travaux publics, les princes profitaient du monopole du sel, article d'une nécessité vitale. Plus tard s'y ajouta le fer, qui fut utilisé pour la fabrication d'armes et de nombreux ustensiles dès le 4e ou 5e siècle av. J.-C.

Le nouveau système d'impôts fonciers, proportionnels à l'abondance des récoltes ou à la dimension des terres cultivées, fournit par ailleurs d'importantes recettes. Des villes d'une population de plus de dix mille familles n'étaient pas rares ; ainsi la capitale de Qi, Linzi, en abritait 70000, ce qui correspond à un minimum de 350000 habitants. Le commerce, taxé lui aussi, s'anima grâce à l'émission de monnaies de bronze (plus rarement d'or ou d'argent) frappées en plus de deux cents lieux différents. En même temps, le contrôle des prix et l'achat de céréales par les autorités en période de basse conjoncture compensaient l'usure et la spéculation. L'infrastructure économique fut renforcée par de grands projets publics d'irrigation, où excellait surtout le royaume des Qin, à l'ouest, qui avait hérité de l'ancien domaine royal des Zhou à la fin de la dynastie des Zhou occidentaux. Qin fut aussi l'Etat qui appliqua avec le plus de succès et de cohérence toutes les innovations qui, directement ou indirectement, étaient susceptibles d'accroître sa puissance militaire et d'étendre ainsi son hégémonie à tous les autres royaumes.

Des groupes de penseurs, qu'on désigne globalement comme responsables des « Cent Ecoles », enrichirent la vie intellectuelle. Eblouissant par la diversité et la profondeur de leurs réflexions, ils formulèrent des normes qui valurent pour l'ensemble de la tradition chinoise. Parmi les groupes les plus importants et

Pages de gauche et de droite : *les fantassins, mesurant en moyenne de 1,75 à 1,85 m, sont dépassés en stature par leurs officiers dont la taille augmente selon l'importance du grade. Les guerriers et les chevaux, composés en partie avec des parties moulées, sont ensuite individualisés, après assemblage, grâce à un remodelage à l'argile fine. La majorité des soldats tenaient sans doute des armes. Après cuisson, leurs uniformes étaient peints dans des teintes différentes (jaune, vert, rouge, noir, blanc ou violet) selon les unités.*

d'une influence durable, on citera les Confucéens (*Rujia*), les Taoïstes (*Daojia*), et les Légistes (*Fajia*), chacun offrant sa propre formule d'un ordre politique nouveau. Tous ces penseurs voyageaient d'une cour princière à l'autre, propageant leur enseignement et leur philosophie politiques, soucieux de les faire appliquer dans les faits.

L'un d'eux, Kong Qiu (de 551 à 479 av. J.-C.), dont le renom s'étendit bien au-delà de la Chine, nous est connu sous son nom latinisé de Confucius. Le Sage et son école, préoccupés surtout du problème des rapports sociaux, se prononcèrent en faveur d'une société à forte structure hiérarchique et patriarcale. Un catalogue de normes éthiques et sociales englobées sous le concept de *Li* assurait la cohérence de l'ensemble. Confucius et ses successeurs Mengzi (de 372 à 289 av. J.-C.) et Xunzi (de 300 à 235 av. J.-C.), plus importants à certains égards, s'efforcèrent avec d'autres disciples de restaurer l'ordre féodal déclinant, dans lequel ils voyaient la panacée propre à triompher des particularismes du temps, réservant leurs plus vives louanges aux premiers souverains Zhou et aux monarques de l'Age d'Or. Cet enseignement, essentiellement favorable à l'autorité et visant à consolider les structures sociales traditionnelles, ne connut son apogée qu'à partir de la dynastie des Han occidentaux (de 206 av. à 48 ap. J.-C.). Enrichi des apports d'autres écoles de pensée, le confucianisme devint alors le parangon de toute action politique et acquit dès lors le statut de doctrine d'Etat qu'il devait conserver jusqu'à la fin de l'empire.

Le taoïsme, représenté par le *Dao De Jing* (*Tao Te King*) et le *Zhuangzi*, fut le deuxième grand enseignement qui exerça une influence durable. Il est hors de doute que, dans le domaine de la métaphysique par exemple, les taoïstes creusèrent plus profond que les confucianistes, mais leur doctrine comportait aussi nombre d'éléments mystiques — et de contradictions. L'idéal taoïste de libre disposition de soi et, à l'adresse des gouvernants, l'encouragement à une sorte de « laisser-faire » tendant à préserver l'harmonie avec le *Dao* et le Cosmos, pouvaient difficilement fournir une solution aux conséquences des luttes entre les Royaumes Combattants. Néanmoins, leur pensée non conformiste inspira et féconda de nombreux mouvements de réforme ultérieurs, de même qu'il favorisa également le développement diversifié des sciences naturelles et des techniques.

Les Légistes ne représentaient pas une école comme les confucianistes et les taoïstes. Leurs écrits principaux sont le *Shang Jun Shu* (« Livre du Seigneur de Shang ») et le *Han Fei Zi*. Partant d'une image négative de l'homme, ces écrits ne connaissent qu'un problème : comment créer un pays riche, doté d'un pouvoir central fort et d'une armée supérieure à toutes les autres ? Ce but devait être atteint non seulement par l'octroi de récompenses mais aussi et pour l'essentiel par des injonctions et des interdits sévères et omniprésents, assortis de peines draconiennes en cas d'infraction. On ne saurait non plus ignorer des aphorismes dont certains anticipent ceux que, plus de 1500 ans plus tard, énoncerait Nicolas Machiavel dans *Le Prince*. On citera au passage les traités des stratèges militaires classiques Sunzi (Sun Tzu), Wuzi, Sun Bin, Liu Tao, etc.,

dont les réflexions théorético-militaires intemporelles profitèrent non seulement aux princes de l'époque Zhanguo, mais aussi, au 20e siècle, aux militaires japonais, voire même à Mao.

En plus des écrits historiques déjà cités parurent d'autres œuvres d'importance, comme les commentaires de Zuo Qiuming ou *Annales de Lu* (*Chunqiu*), qui rendirent enfin intelligibles maints passages de l'œuvre classique dont le caractère lapidaire faisait sur le lecteur l'effet d'une juxtaposition de titres de journaux. Il faut aussi mentionner les *Annales sur bambou* (*Zhushu Jinian*), une histoire s'étendant de la dynastie des Xia jusqu'en 299 av. J.-C., écrite à l'origine sur des lamelles de bambou retrouvées dans une tombe en 279 ap. J.-C. Abstraction faite des altérations, le texte original ne nous en est accessible que pour partie, par une reconstruction moderne. Enfin, les «Cinq Classiques» confucéens, les *Wu Jing*, apportent des données historiques précieuses. La publication et la paternité en sont traditionnellement attribuées à Confucius, mais on sait aujourd'hui que c'est là une fraude pieuse issue d'épigones soucieux de la plus grande gloire du Maître. Les *Wu Jing* virent le jour vers la fin de la période Zhou ou plus tard encore, mais, dans bien des cas, on utilisa aussi des données d'une authenticité certaine datant des commencements de cette dynastie. En raison d'interpolations ou de falsifications tardives, leur interprétation requiert la plus grande circonspection philologique.

La période des Qin

(de 221 à 207 av. J.-C.)

Qin a jusqu'ici été présenté comme un des Etats de la période Zhou. Comme nul autre, il sut accroître avec persévérance sa puissance économique et militaire. Ayant en 221 av. J.-C. écrasé Chu, son plus puissant rival pour l'hégémonie, le roi de Qin, Zheng, couronné en 247 av. J.-C., n'avait plus d'adversaire sérieux qui pût lui disputer l'exclusivité du pouvoir. Vu la situation, Qi, dernier fief à avoir échappé aux guerres d'annexion, avait capitulé sans combat. L'Etat des Qin devait certes son ascension à son sens des réalités, mais aussi à l'application des idées légistes qui avaient trouvé leur première expression dans la politique de réforme de Shang Yang (de 390 à 398 av. J.-C.).

Le roi Zheng et son génial conseiller Li Si, plus tard ministre, personnage en qui plusieurs voient le véritable artisan de l'appareil de l'Etat Qin, s'appuyèrent sur cette tradition.

De minutieux travaux de restauration au moyen de plusieurs milliers de fragments permirent de restituer dans son éclat d'origine ce quadrige (3,3 m de long et 1 m de haut) avec sa peinture chatoyante, son conducteur et ses chevaux dorés. Découvert en 1980 à l'ouest du tumulus du Premier Empereur, c'est une des plus anciennes œuvres de la grande sculpture de bronze chinoise. Les roues fonctionnelles sont d'une technique éblouissante : elles sont assemblées après que moyeu, jantes et rayons ont été coulés séparément.
[Lintong, Musée des figures Qin]

«Dans la 28e année de son règne (219 av. J.-C.), l'empereur a inauguré une nouvelle ère. Poids et mesures ont été uniformisés et des choses innombrables ont été ordonnées. Avec sagesse, bienveillance et justice, il a clarifié toutes les lois et tous les principes. L'ensemble de l'univers est la terre du souverain empereur.»

Extrait du Shiji de Sima Qian.

Ci-contre : *tour de guet de la période des Han (206 av. J.-C.) près de Kuqa (province actuelle du Xinjiang), sur le tronçon nord de l'ancienne Route de la Soie, à quelque 4000 km de la capitale de l'époque. Des informations à caractère militaire étaient rapidement transmises, de tour en tour, par des signaux lumineux ou des signaux de fumée.*

Page de droite : *du point de vue du confucianisme, il convenait de bien définir les frontières du pays civilisé, c'est-à-dire la Chine, par rapport aux ethnies périphériques. Pour cette raison, on construisit la Grande Muraille à travers les terrains les plus difficiles, comme ici près de Jiayuguan (Gansu), à l'extrémité ouest du mur frontalier. Un vestige de la muraille de terre damée bâtie par les souverains Han s'y dresse encore aujourd'hui. Le faîte du mur de Jiayuguan, surmonté par des tours de guet, fut érigé en 1372 sous la dynastie des Ming.*

Influencés par les légistes, ils s'acharnèrent à rassembler tous les territoires conquis sous un gouvernement centralisé et un système unique d'administration, déjà imposés dans le cadre régional de l'Etat Qin. Le roi Zheng s'octroya le titre de *Shi Huangdi*, néologisme qui fait référence aux souverains légendaires, les Huang, et à Di, dieu suprême Shang, *Shi* étant une épithète ordinale signifiant « premier ». Il marquait par là son originalité sur tous ses prédécesseurs, donnant à entendre qu'il se concevait comme le premier membre d'une dynastie de « dix mille générations ».

A la traduction littérale de son titre, « Premier Auguste Souverain », les traductions usuelles préfèrent plus simplement « Premier Empereur ». Il ne jouit de ce titre que onze ans mais, au cours de cette période, il créa non seulement une administration, fixée dans la capitale, d'une efficacité sans précédent et centrée sur l'empereur, mais aussi des circonscriptions administratives et militaires : 36 puis 40 commanderies (*Jun*) et d'innombrables administrations de districts (*Xian*). Tous les hommes en vue, dans la capitale Xianyang (près de Xi'an dans le Shaanxi) et dans les commanderies, jusqu'aux responsables des districts étaient directement nommés ou révoqués par l'empereur à qui ils devaient une obéissance absolue.

Conjointement à la liberté de vendre et d'acheter des terres, ce bouleversement administratif signifiait le coup de grâce

« Auparavant les Zhou ordonnèrent au Nan Zhong d'édifier une muraille dans cette région du Nord. La Grande Muraille fut construite par le prince Lingwu (de l'Etat Zhao) et par Qin Shi (Huangdi). L'empereur Wudi des Han s'inspira de ces entreprises antérieures. Ces souverains héroïques n'entreprirent pas tous ces travaux difficiles en raison d'un manque de capacités tactiques ni d'habileté politique mais pour pallier leur faiblesse militaire. Ces entreprises étaient dictées par le principe qu'il était capital de prendre des précautions contre les barbares. Voilà pourquoi il faudrait construire maintenant une Grande Muraille pour se protéger des barbares du Nord. Cela entraînera un labeur pénible temporairement, mais permettra aussi plus tard de jouir de loisirs durables. »

Requête de 479 pour la construction de la Grande Muraille dans le Beishi (« Histoire des Dynasties du Nord »).

au féodalisme et à bien des privilèges de la noblesse de vieille souche. En outre, à titre préventif, le «Premier Auguste Souverain» arracha, pour la contrôler plus aisément, une grande part de l'élite aux anciens Etats féodaux; il en accueillit une partie dans la capitale et relégua l'autre aux frontières lointaines, peuplées d'étrangers hostiles. En vue d'unifier l'empire, on uniformisa les poids et les mesures, le système monétaire, les lois, les signes de l'écriture, l'écartement d'essieu des voitures, l'ordonnance vestimentaire et le calendrier.

Un réseau de grandes routes impériales (*Chi Dao*), d'une densité extraordinaire, centré sur la capitale reliait le siège du gouvernement à des villes lointaines comme Pyongyang (Corée du Nord), Hangzhou, Canton, Hanoï, Kunming, Chengdu ou Lintao. Par voie fluviale, on parvenait de la métropole jusque dans la province du Guangdong après que les vallées du Changjiang et de la Rivière des Perles aient été reliées sur ordre de l'empereur par un canal (*Ling Qu*) — une liaison entre le Fleuve Jaune et le Changjiang existait dès l'époque Zhanguo. Toutes les citadelles, ouvrages de défense des passes montagneuses et fortifications frontalières de l'époque antérieure furent rasés, et l'on confisqua l'armement des princes féodaux. Ces actions épargnèrent les murailles de certains Etats du Nord, construites pour se prémunir contre les attaques multiples et redoutées des Xiongnu (sans doute des parents orientaux des Huns qui vivaient de l'élevage du bétail et de la chasse). Environ deux millions de travailleurs réquisitionnés et de condamnés qui s'étaient fait piéger dans les mailles des lois innombrables et tatillonnes furent mobilisés pour relier les remparts de défense existants et en faire la première Muraille de Chine (*Wang Li Chang Chen*: «une muraille longue de 10000 li»). Elle était plus longue que son équivalent de la période Ming (de 1368 à 1644), longue de plus de 4000 kilomètres et dont on visite encore aujourd'hui des tronçons. La construction dura environ dix ans; selon la nature du terrain, le rempart, haut de cinq à six mètres, fut fait en terre damée ou en blocs de pierre.

L'effort d'uniformisation de l'empire n'épargna pas non plus la littérature. Des autodafés des livres furent organisés dans tout le pays; les victimes principales en furent les ouvrages célébrant les vertus exemplaires du système gouvernemental de l'ancien régime, en premier lieu les écrits confucianistes. Echappèrent à l'incendie des livres les ouvrages techniques de médecine, de pharmacie, de divination, d'économie et l'histoire des Qin. De nombreux intellectuels apologistes de l'ordre ancien et des conseillers impopulaires (460 au total, dit-on) furent enterrés vivants. Ces actes de barbarie sont scrupuleusement rapportés par les textes historiques confucéens. La plupart des fonctionnaires lettrés s'appliqueront au cours des siècles suivants à dépeindre le Premier Empereur de Chine comme un tyran

Ces trois statuettes taillées dans des morceaux de jade furent découvertes en 1966 et en 1972 à Xiazhuang (Shaanxi), à proximité des tumulus des empereurs de la dynastie des Han occidentaux. On les date du 1er siècle av. J.-C. d'après le contexte archéologique. Réalisées en ronde bosse et conçues pour être posées, elles servaient sans doute d'amulettes à tenir en main ou dans une poche. La figurine, longue de 9 cm à peine, d'un cheval s'élançant au galop avec un cavalier ailé (page de droite à l'extérieur) *matérialise le désir de se transformer en un être ailé immortel pour s'élever vers les régions merveilleuses.*
Le corps et la tête du lion, des ailes surmontant les pattes avant et les cornes fantastiques caractérisent le Bixie, *cet animal fabuleux dont le nom signifie « Celui qui écarte les mauvaises influences »* (page de droite à l'intérieur). *Cette œuvre plastique très expressive ne mesure que 7 cm de long.*
De grandes sculptures de pierre d'animaux mythiques de ce genre étaient alignées comme gardiens au long du « chemin de l'âme » (Shendao) *menant aux tombes princières. L'artiste créateur de cette statuette d'un ours de 8 cm de long* (ci-dessus) *sut rendre de façon magistrale le volume et la silhouette de l'animal, y compris sa fourrure moelleuse. L'ours symbolisait la force et le courage.* [Xianyang, Musée municipal]

inhumain. Le mérite qu'il eut de fonder un Etat fort et unifié dont bénéficieraient les dynasties ultérieures fut ainsi relégué dans l'ombre.

Les textes évoquent souvent le caractère intime du « Premier Auguste Souverain ». On sait qu'il accordait aisément foi aux suggestions des magiciens. Des devins ayant convaincu l'empereur qu'il devait faire quelque chose pour assurer son immortalité, des sommes colossales furent dépensées pour lui assurer l'immortalité physique. La construction de 270 palais luxueusement aménagés, où résidaient d'innombrables serviteurs et courtisanes, engloutit aussi des sommes considérables. Formant un complexe qui entourait Xianyang à cent kilomètres à la ronde, les édifices communiquaient par un système compliqué de couloirs couverts ou de souterrains décorés à profusion. Quand il n'était pas absorbé par une de ses nombreuses expéditions au cœur de l'empire, expéditions qu'il faut sans doute interpréter comme une sorte de prise de possession rituelle de ses terres, l'empereur se déplaçait en permanence de l'un à l'autre de ses palais. Les magiciens avaient en effet convaincu le superstitieux monarque que nul ne devait savoir exactement où il se trouvait. Quiconque trahissait le secret de son lieu de séjour était mis à mort. C'était là, prétendait-on, le seul moyen de dérouter les esprits malins qui empêchaient l'apparition d'un *Zhen Ren* (« homme sincère ») aux multiples pouvoirs surnaturels qui eût pu révéler à l'empereur le secret de l'immortalité.

Ce souci d'immortalité n'allait pas jusqu'à priver l'empereur de tout sens du réel, puisqu'il ordonna qu'on construisît sa dernière demeure auprès de la capitale. Selon Sima Qian, 700000 hommes y travaillèrent durant plusieurs dizaines d'années. On a une idée de cette réalisation à partir des quatre fosses voisines du tumulus impérial, s'étendant sur près de 25 km^2, qui ont été partiellement dégagées depuis 1974. Une armée de terre cuite — dont aucune source connue ne faisait état — les a rendues mondialement célèbres. Les calculs des archéologues ont révélé qu'au cours de cette entreprise près de 7 000 soldats de terre cuite, grandeur nature, furent enterrés avec leurs chevaux et leurs chars de combat. A moins de cinq mètres sous terre, ils furent disposés là dans l'ordre de bataille usuel des armées de l'époque, répartis en trois ailes (gauche, droite et centre) et un état-major. Ils semblent sortir tout droit de la porte principale (située un kilomètre à l'ouest) du tombeau impérial, enfoui sous une colline artificielle. Bien qu'il ait été profané (à une date que les sources laissent incertaine), ce tombeau connaîtra sans doute la faveur des amateurs de pittoresque archéologique. Témoignage implicite de la fin de la dynastie, une de ces quatre fosses, celle qui devait contenir l'aile centrale de l'armée, est restée vide.

Le premier empereur du premier Etat unifié chinois mourut en 210 av. J.-C. au cours d'une randonnée en province. Le mécontentement accumulé durant les années de son règne devait brusquement éclater en révolte sous celui de son successeur, un de ses fils cadets qui avait accédé au trône par de sourdes manœuvres et qui régna de 209 à 207 av. J.-C. Les interminables constructions monumentales (Grande Muraille, palais, tombeaux, routes, etc.), les expéditions militaires contre les Xiongnu, la garde des frontières, toutes ces charges qui avaient pesé sur environ trois millions d'hommes (la population totale avoisinait alors vingt millions) avaient rendu insupportables à tous les corvées et le service militaire — à quoi s'ajoutaient des impôts pouvant aller jusqu'aux deux tiers de la récolte. Quand le peuple en révolte marcha sur la capitale, les miliciens qui travaillaient au tombeau de l'empereur défunt furent en toute hâte commis à la défense de la cité ; c'est ainsi que l'aile centrale de l'armée de terre cuite (dans la fosse n° 4) ne fut jamais réalisée. « Avec des houes et des gourdins, les paysans en révolte triomphèrent enfin du pouvoir de la dynastie des Qin », disent certains récits modernes de la République populaire de Chine.

A la tête de ses armées, Qin Shi Huangdi avait forgé le premier Etat unifié qui permît à la volonté du pouvoir central de s'étendre à la Chine entière. Les royaumes antérieurs, ceux des dynasties des Zhou, des Shang et bien sûr des Xia qui avaient

fait la pluie et le beau temps, n'avaient cependant réalisé aucune centralisation comparable. Le ciment de leur cohésion avait été pour une part l'organisation féodale — en dépit des réseaux d'alliances circonspectes qui y entravaient l'exercice de tout pouvoir central. Un autre facteur de cohésion très ancien entre les territoires soumis aux différentes dynasties était l'existence d'une conscience culturelle commune à toutes les populations sédentaires et agricoles de l'aire chinoise. La pression extérieure de peuples au mode de vie tout différent (nomades vivant de la chasse et de l'élevage, par exemple) dut constituer aussi un facteur important de cette cohésion — constatation qui s'applique à l'ensemble de la Chine impériale.

L'Ancien Empire

(de 206 av. à 960 ap. J.-C.)

Sous le thème de « l'Ancien Empire », il faudra traiter de l'histoire des débuts de la dynastie des Han (206 av. J.-C.) jusqu'à la fin de la période Wudai (960 ap. J.-C.). Un cycle de plus d'un millénaire (essor, déclin, nouvel essor, etc.) durant lequel des périodes de floraison culturelle furent suivies de périodes de fermentation pour accéder ensuite à de nouveaux sommets. Durant ce cycle, l'Empire du Milieu fut d'abord un Etat unifié, puis il se disloqua en petits royaumes et enfin il réalisa une nouvelle unité.

Ce fut le temps béni de l'aristocratie, où les *Ming Zu*, « les Familles Illustres », monopolisèrent presque toute la richesse et l'influence politique, népotisme et endogamie rendant les charges et les positions sociales quasi héréditaires. C'est pourtant alors que s'accomplirent les premiers progrès tendant à instaurer un système bureaucratique confiant le pouvoir à des hommes choisis pour leurs mérites intellectuels ou moraux, et non en fonction de leurs attaches familiales. Enfin, l'Ancien Empire vit l'arrivée du bouddhisme en Chine, sa propagation, sa promotion sous les Tang au statut de religion dominante, puis sa relative minorisation.

La période Han et Wang Mang

(de 206 av. à 220 ap. J.-C.)

Les historiens divisent d'habitude l'histoire de cette dynastie en une période des Han occidentaux (de 206 av. à 8 ap. J.-C.), parce que la capitale Chang'an (aujourd'hui Xian) se trouvait à l'ouest, et une période des Han orientaux (de 25 à 220 ap. J.-C.), dont la capitale Luoyang était plus à l'est. Elles sont séparées par la dynastie des Xin (de 9 à 25 ap. J.-C.), souvent désignée comme l'interrègne de l'usurpateur Wang Mang.

La dynastie des Han commença en 206 av. J.-C. avec la chute de la capitale des Qin, Xianyang. Les révoltes qui conduisirent à sa fondation se caractérisèrent par une haine générale du pouvoir des Qin, mais aussi par l'absence de tout programme de gouvernement pour « l'après-Qin ». Des membres de la noblesse réduits à l'impuissance sous les Qin et des opportunistes profitèrent des circonstances pour rétablir une partie des usages des Zhou. Ils se déclarèrent seigneurs ou rois de certains territoires ou se firent nommer tels par des voisins plus puissants. Cette situation était cependant très instable. Enfin, deux protagonistes alliés au départ s'affirmèrent à travers d'innombrables luttes pour le pouvoir : Liu Bang (de 256 ou 247 à 195 av. J.-C.), à l'origine un *Ting Zhang* (sorte de policier rural), un rustre sans vergogne, et Xiang Yu (de 232 à 202 av. J.-C.), un baroudeur de vieille noblesse Chu dénué de tout flair politique. Manœuvrant en politicien habile, l'arriviste Liu Bang sut se rallier le peuple par la stricte discipline de ses troupes et au terme d'une longue guerre civile réussit enfin à triompher de son adversaire Xiang Yu. Pareille ascension fulgurante d'un homme du commun au trône de Chine ne devait se reproduire qu'un millénaire plus tard avec le fondateur de la dynastie des Ming (1368-1644). Liu Bang, au nom posthume de Gaozu ou Gaodi (« le Grand Ancêtre » ou « le Grand Empereur ») fonda la dynastie des Han.

Jusqu'à nos jours, les « vrais » Chinois se nomment *Hanren* ou « gens de Han » pour se distinguer des citoyens chinois membres des minorités nationales.

Convaincu qu'à cheval on peut conquérir un empire mais non l'administrer et donc le conserver (adage auquel souscrivirent les fondateurs de dynasties postérieures), le nouvel empereur entreprit de consolider son pouvoir. Inculte, mais assez avisé pour s'entourer de conseillers capables, il s'efforça de donner l'exemple d'un style de vie dépourvu de pompe qu'il imposa aussi à ses partisans. En vue de gagner le soutien d'une partie accrue de la population, il tempéra la rigueur des prescriptions et des interdits anciens, modéra l'impôt (limité par exemple à 1/5 de la récolte) et réduisit les corvées annuelles (au maximum 4 semaines par an).

Liu Bang conserva d'abord le modèle Qin d'une administration et d'un pouvoir central forts. Avec des hommes de son choix, il organisa l'administration centrale et celle des régions de la moitié occidentale de l'empire. A l'est, il rejeta ce centralisme autocratique en nommant des *Tong Xing Wang* (« rois de même nom » que les Zhou, ici Liu) seigneurs de dix royaumes *Wang Guo* semi-féodaux, en partie autonomes et héréditaires. L'agriculture fut favorisée dans une certaine mesure, en particulier par des projets publics d'irrigation. La politique de temporisation avec les Xiongnu, concrétisée par les présents

Dans leurs efforts ininterrompus pour trouver la recette de l'immortalité ou du moins d'une très longue vie, certains taoïstes, au hasard de leurs recherches, identifièrent le jade (Yu) *comme moyen de prévenir la décomposition du cadavre. Les découvertes de tombes du 3e siècle av. J.-C. montrent comment de petits objets de jade ou plutôt de néphrite étaient enfoncés dans la bouche, le nez et les oreilles du mort, ou placés sur les yeux, les doigts des mains et des pieds. Cet usage rituel du jade atteignit son apogée au cours de la période Han, lorsque s'accrut considérablement la confection de linceuls complets en jade, qui demeuraient néanmoins réservés aux empereurs et aux principaux nobles. On a trouvé un total de dix habits funéraires de ce type pour cette époque. On les nommait* Yuxia *(« boîte de jade ») dans les textes anciens. Quatre d'entre eux sont entièrement conservés, dont les deux qui furent dégagés en 1968 près de Mancheng (Hebei) dans la tombe du prince Lin Sheng (154-113 av. J.-C.) et de sa compagne Dou Wan sont dans le meilleur état. L'habit de jade (long. 1,72 m) de la princesse Dou Wan, dont la tête s'appuie sur un oreiller de bronze doré, comprend 12 pièces faites sur mesure : couvre-tête, vêtement de dessus du genre tunique et pantalon (à chaque fois en deux pièces), manches, gants, souliers. Ces pièces constituent un total de 2156 plaquettes de jade aux dimensions variables, le plus souvent rectangulaires, trouées aux quatre coins et liées les unes aux autres avec du solide fil d'or (0,35 mm). Seules les plaquettes plus grandes de la tunique, avec leur passepoil d'or disposé en croix,*

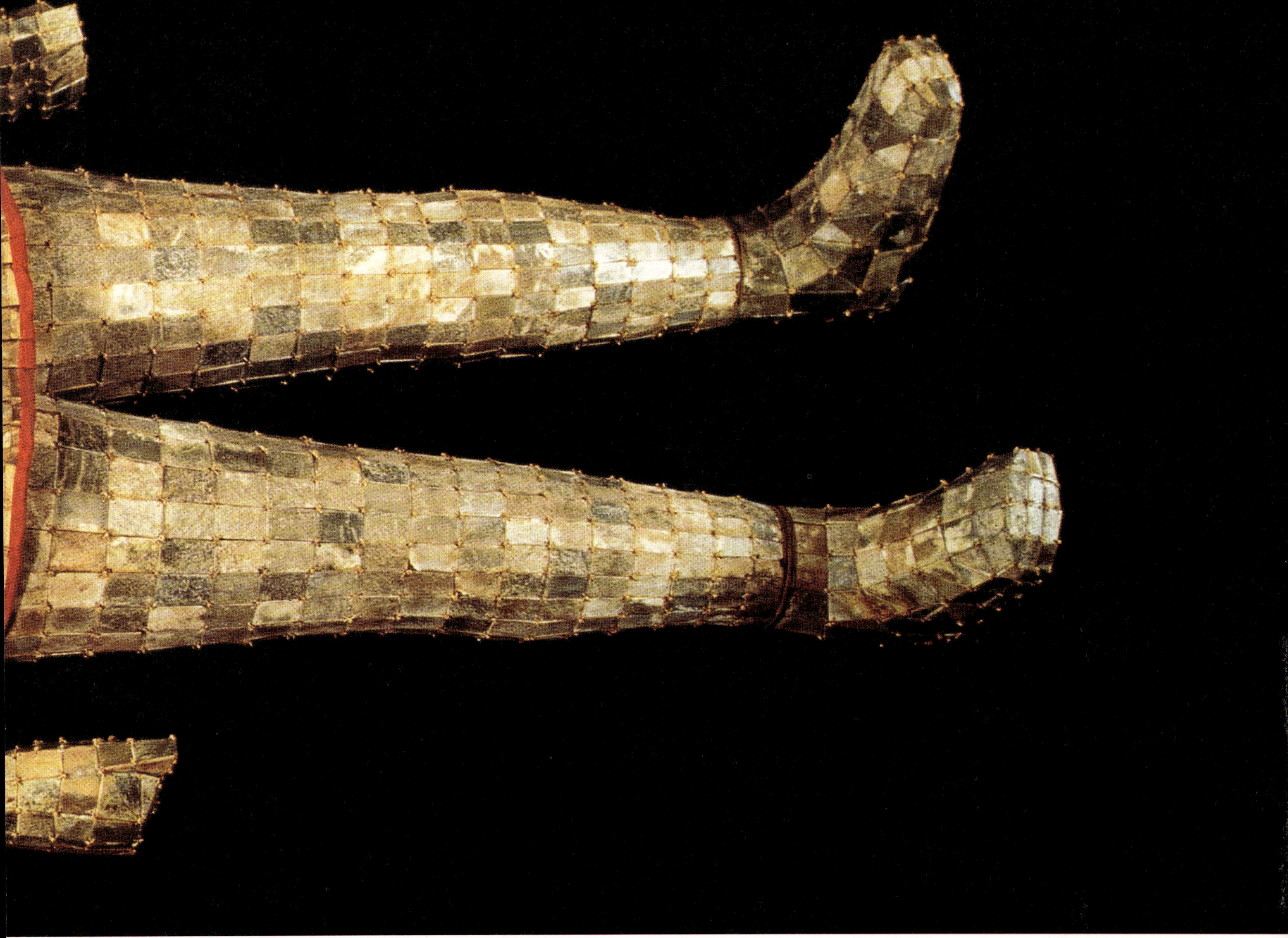

ont été fixées sur une doublure de lin. Les différentes teintes des plaquettes de néphrite se combinent avec harmonie. Afin de ne rien laisser au hasard, elles portaient un numéro de série (souvent encore lisible aujourd'hui) sur leur face interne. On est surpris de la dextérité artisanale avec laquelle ces plaquettes de 0,2 à 0,35 mm d'épaisseur ont été détachées à la scie, découpées et forées. On estime qu'un artisan habile aurait eu besoin de 10 ans au moins pour produire un de ces vêtements mortuaires. En 222 ap. J.-C., l'empereur Wendi de la dynastie des Wei mit fin à l'usage des « boîtes de jade » par une loi à formulation drastique qui interdit des funérailles somptueuses, qui d'après lui ne faisaient que tenter les pilleurs de tombes. Mais son mépris consigné au temple des ancêtres ne réussit pas à empêcher les enterrements luxueux au cours des générations suivantes.

de céréales et de soie et le don d'épouses princières Han, prémunit des désordres extérieurs le processus interne d'organisation et de changement. Les vestiges féodaux déjà cités des Han furent éliminés sous Wudi, «l'Empereur Wu» (qui régna de 140 à 87 av. J.-C.). Des événements et des innovations d'une grande portée sont associés à son règne qui dura près de cinquante ans et qui fut l'un des plus longs de l'histoire chinoise. Sous sa direction, l'empire des Han s'étendit dans des régions limitrophes jusque-là épargnées. La culture chinoise prit pied dans les territoires de la Corée et du Vietnam actuels. C'est aussi sous l'empereur Wu que se produisit une nouvelle expansion vers l'ouest, jusqu'aux peuplades du bassin du Tarim, entre autres dans l'espoir de trouver des alliés contre la confédération des clans Xiongnu, la plus sérieuse menace contre les Han. Les généraux chinois remportèrent certes des victoires retentissantes contre les Xiongnu mais ce péril constant ne cessa qu'en 51 av. J.-C., date de leur soumission aux Han. Comme les territoires acquis à l'ouest ne pouvaient être intégrés au système d'administration normal de l'empire, on développa un système de tribut qui, moyennant quelques modifications, se maintint jusqu'à la fin de l'empire.

Les souverains locaux acceptèrent la suzeraineté Han. Des offrandes faites au Fils du Ciel conféraient parfois un caractère public à cette soumission. De plus, les potentats lointains soutenaient l'armée chinoise. Leurs fils, envoyés dans la capitale Chang'an pour y recevoir une éducation, devenaient ainsi des otages de fait. En contre-partie, l'octroi de titres chinois contribuait au prestige des khans et autres roitelets d'oasis. Des cadeaux fastueux (parmi lesquels se trouvaient de jeunes Chinoises, etc.) entretenaient d'ailleurs leurs bonnes dispositions. Dans leur propre camp, le soutien de leur suzerain — l'Empire du Milieu — renforçait leur position et leur sécurité en sorte que toutes les parties y trouvaient leur avantage. Les fréquentes et dispendieuses expéditions de Wudi épuisèrent vite les réserves considérables de l'empire. La charge des impôts s'alourdit. Les propriétaires fonciers furent sollicités de façon plus pressante. L'essor des cités avait favorisé les marchands, dont certains avaient accumulé une fortune énorme grâce au commerce d'articles dont ils avaient le monopole (sel, fer et alcool) et des produits artisanaux, ou encore grâce à la spéculation et à l'usure. L'imposition du commerce à longue distance de la soie et d'autres articles de luxe véhiculés par la «Route de la Soie» qui allait jusqu'en Europe renfloua aussi dans une certaine mesure les finances de l'Etat.

Les confucéens fournirent leur soutien idéologique à l'imposition excessive des marchands. A leurs yeux, le commerce nuisait à l'agriculture, principal pilier de l'Etat, et les marchands, auxquels l'acquisition de terres était interdite, étaient des parasites du plus bas étage.

Cette attitude domine dans la Chine traditionnelle. A la promotion par Wudi du confucianisme (*Rujiao*) au statut de philosophie et de morale d'Etat, est associé le nom de Dong Zhong Shu (de 179 à 104 av. J.-C.), l'exégète de Confucius qui faisait alors autorité.

«Un simple cercueil intérieur et extérieur suffit pour les os, de simples vêtements et linceuls sont suffisants pour la chair putrescible, et c'est tout! On n'accumulera pas d'objets en or, argent, cuivre et fer (dans les tombes), on se contentera de céramique. Les tuniques décorées de perles et les vêtements funéraires de jade sont interdits... Ceux qui désobéissent à ce décret (même s'ils sont déjà) sous terre, je ferai fracasser le crâne de leur cadavre. Après leur exécution, je les ferai exposer pour l'éternité à titre dissuasif, je les ferai tuer pour l'éternité.»

Décret de l'empereur Wendi en l'an 222 contre le luxe funéraire du Sanguozhi («Mémoires sur les Trois Royaumes»).

Page de gauche : *le tombeau de Mancheng (Hebei) daté du 2e siècle av. J.-C. et contenant, outre le couple princier revêtu de jade, de nombreuses autres offrandes précieuses, renfermait aussi ces deux superbes léopards de bronze en partie dorés et décorés d'incrustations d'argent et de grenats exécutées avec beaucoup de soin. Cette petite sculpture manifeste les traditions de style et de technique connues par des découvertes récentes provenant du royaume de Zhongshan (414-296 av. J.-C.) fondé par des barbares Di et dont le territoire comprenait aussi Mancheng. D'amples stylisations, surtout dans le décor du pelage, s'associent à un rendu réaliste des deux félins couchés. Ces sculptures miniatures et précieuses servaient peut-être de poids pour maintenir les nattes au sol.*

Ci-dessus : *le fameux « cheval volant », un bronze du 2e siècle av. J.-C. (34,5 cm de haut), fut dégagé en 1969 dans le chef-lieu de district de Wuwei (Gansu). L'artiste anonyme chercha sans doute à conférer plus de légèreté au galop du coursier au moyen de cette hirondelle qui frôle le sabot arrière. Cependant, la séquence de mouvements de ce galop n'est pas rendue correctement. Visiblement, il ne s'agit pas ici du cheval croisé dans le genre du poney qu'on rencontre d'habitude dans la Chine traditionnelle, mais plutôt d'un pur-sang. Son modèle dut être un de ces « chevaux célestes à sueur de sang »* (Hanxuema). *Pour les acquérir, l'empereur Han, Wudi, se lança dans des guerres risquées et coûteuses avec leur lointaine terre d'origine, le Ferghana, ou Turkestan occidental.*

Ainsi débuta « l'Etat confucéen ». Néanmoins le couple dialectique de forces *Yin* et *Yang* et le *Wu Xing*, « les cinq éléments », avaient trouvé leur place dans le confucianisme de Dong, de même que l'éthique, harmonisée sur certains points, de la période Zhou, ou encore l'accent mis sur l'autorité impériale comme principe de l'ordre universel.

Le *Rujiao* détermina le programme des études de l'académie d'Etat, dont les élèves, au nombre de près de trois mille au temps des Han occidentaux et de près de trente mille au temps des Han orientaux, pouvaient à la suite d'un examen public obtenir un poste dans la bureaucratie. Il était cependant plus fréquent que, comme au temps des Qin, les postes vacants fussent obtenus sur recommandation et sans examen.

Après la mort de Wudi, le dynamisme de la dynastie s'étiola. Les intrigues des parents de l'empereur, la faiblesse des souverains et la misère croissante du peuple, conséquence de la concentration des terres dans les mains des fonctionnaires et des aristocrates et d'une taxation abusive, permirent l'usurpation du trône par Wang Mang (de 45 av. à 23 ap. J.-C.), un membre de la famille impériale, fondateur de la dynastie des Xin,

A gauche : *datant de la période Han, cette maquette d'une porte à deux étages et toiture de tuiles peut représenter l'élément d'une muraille d'enceinte. Des soldats portant des hallebardes sont postés à côté de l'entrée. Ils sont accompagnés de deux gardes barrant le passage. Des ornements estampés animent la muraille.* [Londres, British Museum]

Page de droite : *ce relief de la dalle d'un sarcophage de la période Han représente une scène de palais. Au registre inférieur, des chars attelés de deux ou trois chevaux s'approchent du bâtiment à étage flanqué de pavillons-tours représentés au registre supérieur. Au centre du rez-de-chaussée, un haut dignitaire, peut-être un militaire avec son arbalète placée devant lui, siège sur une petite estrade. Il reçoit les salutations respectueuses de plusieurs personnages. A l'étage supérieur, derrière une sorte de balustrade, six spectateurs suivent les événements. Trois d'entre eux, à gauche, sont peut-être des militaires, à en juger par leurs coiffes. Leur groupe est flanqué de deux serviteurs de chaque côté, représentés de profil. Le bâtiment est encadré par deux arbres et divers oiseaux, dont la grue symbolisant une longue vie, les paons représentant noblesse et beauté, les oies sauvages porteuses de nouvelles.* [Berlin, Museum für Völkerkunde]

« la Nouvelle ». Celle-ci vit des changements radicaux. Le sort des « petits » s'améliora au détriment des nantis, et en même temps les rentrées de l'Etat s'accrurent. S'inspirant du « bon vieux temps », le nouveau souverain interdit l'achat et la vente de terres et s'attacha à ressusciter les règles et les titres féodaux du temps des Zhou. Il promulgua des décrets plus sévères et discriminatoires à l'encontre des marchands, prohiba le commerce des esclaves (il y en avait alors près d'un million) et tenta d'en améliorer le sort.

Dans l'ensemble, le nouvel empereur s'efforça de réaliser plus de justice sociale en planifiant l'économie. Par malheur, ces réformes dues à des âmes bien intentionnées provoquèrent un incroyable chaos : trop de choses avaient été tentées en trop peu de temps. Les décrets et les ordonnances contradictoires s'étaient multipliés. Bien des dignitaires, qui étaient en même temps grands propriétaires terriens et possesseurs de nombreux esclaves, s'étaient montrés fort peu coopératifs. Pour comble, la nature sembla se déchaîner contre les réformateurs iconoclastes : des sécheresses dévastatrices sévirent, des crues rompirent les digues, transformant le Huanghe en une vaste vallée immergée et détournant son cours vers l'océan au sud du Shangdong. Ces phénomènes furent bien sûr catastrophiques pour les récoltes. Les paysans en révolte grossirent les rangs des insurgés *Lülin*

« Zhang Jue (le chef des Turbans Jaunes) s'était dénommé « Maître pacifique de la suprême vertu ». Il vénérait le taoïsme Hanglao et il y éduqua des jeunes gens qui, à genoux, lui faisaient révérence et confessaient leurs péchés. Il guérissait les maladies avec de l'eau bénite et des sentences magiques et le plus souvent les malades se rétablissaient. Le peuple lui faisait confiance et se tournait vers lui. Pour cette raison, Zhang Jue envoya huit jeunes gens aux quatre points cardinaux, pour tromper et égarer (le peuple). En l'espace de dix ans à peine, son audience compta plusieurs dizaines de milliers de fidèles, et il était tout à fait impossible de prévoir les limites de sa popularité... Lorsque Zhang Jue apprit que ses plans séditieux avaient été découverts, il envoya jour et nuit dans toutes les régions des ordres urgents de révolte générale et simultanée. Dans les 10 jours, l'ensemble de l'empire fut plongé dans la détresse et la capitale trembla. »

Houhanshu (« Histoire de la dynastie des Han Orientaux »).

(« des vertes forêts »), ainsi nommés d'après leur lieu d'origine, ainsi que des *Chimei* (« Sourcils Rouges ») au nombre de plus de cent mille, ainsi nommés parce qu'avant le combat, pour se distinguer des troupes gouvernementales, ils se teignaient les sourcils en rouge. L'usurpateur, dont les mérites sont encore controversés, périt lors de l'assaut de la capitale Changan et la dynastie des Xin avorta.

Soutenu par les puissants propriétaires fonciers (« les Familles illustres »), un membre du clan des Liu parvint enfin à restaurer la dynastie des Han. Luoyang, à l'est, devint la nouvelle capitale. Bénéficiant d'un climat de paix relative, l'économie, le commerce et l'artisanat reprirent avec une vitesse surprenante et prospérèrent comme au meilleur moment de la période des Han occidentaux.

Fécondée par le bouddhisme, qui gagnait peu à peu du terrain, la vie spirituelle connut une efflorescence nouvelle. Ban Gu (32-92) compila le *Qian Han Shu* (« Histoire des Han occidentaux »). La commémoration dans des annales officielles de la dynastie ancienne par la nouvelle passa alors au rang de tradition.

Siège du pouvoir central, la capitale offrait un tout autre tableau. Très vite, des luttes de factions se déclenchèrent entre les familles des épouses de l'empereur (*Wai Qi*), les fonctionnaires de la Cour et les eunuques. Du temps des Zhou, ceux-ci, pour la plupart issus de couches sociales inférieures, assumaient les fonctions les plus basses. Proches du pouvoir, ils finirent sous les Han par constituer un groupe de pression très influent et les fonctionnaires de l'Etat pâtirent durement de leur concurrence. Il était fréquent de rencontrer des membres cultivés de l'élite parmi les rangs supérieurs de ce groupe. Il s'agissait de personnes qui avaient commis des délits méritant la peine de mort ou qui avaient été assimilées à des criminels en raison de fautes commises par leur clan ; à la suite de l'une des fréquentes amnisties qui, à partir des Han, furent une constante de la jurisprudence chinoise, la peine de mort proprement dite avait été commuée en émasculation (résection totale). L'historiographe Sima Qian est la victime la plus connue de cette peine. Jusqu'à la fin de l'empire, le « troisième sexe » fut dans le système politique une composante parfois insignifiante, souvent très influente, et toujours dénoncée comme une plaie par les fonctionnaires lettrés confucéens. A la faveur des intrigues de la cour des Han, les eunuques, alliés aux *Wai Qi*, accédèrent en 168 à une position dominante aux dépens des confucéens. Ils jouissaient désormais de hautes responsabilités judiciaires, qui leur permettaient de nommer des dignitaires et d'intervenir dans les affaires militaires en général. Moins de vingt ans plus tard, un massacre mit fin à cet épisode du pouvoir des eunuques.

A partir de l'an 90, tous les empereurs montant sur le trône étaient mineurs et furent représentés par des régents. Cette fragilité au timon de l'Etat et surtout un laxisme inexcusable envers les grands propriétaires terriens qui comptaient sur la reconnaissance de la dynastie pour l'aide apportée à sa restauration ne demeurèrent pas sans conséquence pour le pays. Le système de l'Etat central fut sapé par de puissantes familles qui possédaient en province de vastes propriétés, contrôlaient aussi de grands ateliers d'artisanat, des entreprises commerciales, voire des villages entiers, et protégeaient leurs domaines autarciques avec leurs propres troupes. A cela s'ajoutèrent de nouvelles guerres coûteuses contre les Xiongnu et les Qiang (peuplades

nomades du Tibet). Services militaires et corvées interminables précipitèrent la population paysanne dans une profonde détresse. Des mouvements messianiques et des sociétés secrètes d'inspiration taoïste s'attirèrent une audience déchaînée, surtout la secte du *Wu Dou Mi* («Cinq boisseaux de riz»), nommée d'après le montant des contributions de ses membres et celle des Turbans Jaunes (d'après leurs coiffures). Groupant les mécontents, ils se muèrent rapidement en mouvements insurrectionnels menaçant la dynastie.

Le gouvernement envoya l'armée contre les ennemis du dehors et du dedans, remporta quelques victoires importantes, notamment contre les Turbans Jaunes. Mais finalement les généraux en campagne abusèrent de leur pouvoir pour s'établir à leur compte dans une région comme seigneurs de la guerre.

Parmi ces seigneurs de la guerre domina la figure pittoresque de Cao Cao (155-220), devenue plus tard légendaire dans la littérature romanesque et au théâtre. Avec l'aide de «troupes barbares» alliées, il contrôla une large portion du nord de la Chine. Il se fit le protecteur de la dynastie ébranlée jusque dans ses fondements. Cependant sa lutte incessante contre les seigneurs de la guerre rivaux fut un échec. La dynastie des Han orientaux connut une fin peu glorieuse : le fils aîné et successeur de Cao, par une mise en scène pompeuse, reçut l'abdication du dernier empereur Han et devint Fils du Ciel, fondant la nouvelle dynastie Wei (220-265), qui domina le nord de la Chine. Ce fut le signal de la proclamation d'autres royaumes indépendants : Shu (221-263), sur le territoire de l'actuel Sichuan, et Wu (222-280), au sud du Changjiang jusqu'à la mer.

Ces deux reliefs de calcaire (hauteur 71,5 cm) étaient sans doute des éléments de la base d'un sarcophage princier de la dynastie des Qi septentrionaux (550-577). Ils représentent des portes-tours du type Que, *comme on en construisait aux entrées des palais et des tombeaux. On voit une procession de personnes habillées à la mode étrangère qui transportent peut-être les cadeaux d'un tribut.* [Cologne, Museum für Ostasiatische Kunst]

L'époque de division et la période Sui

(de 220 à 618 ap. J.-C.)

Avec les San Guo — les « Trois Royaumes » — commence l'éclatement de l'Etat unifié. Hormis une unification transitoire et sans portée aux environs de l'an 300, près de quatre siècles devaient s'écouler avant qu'une dynastie unique, celle des Sui (de 581 à 618), vint à nouveau à diriger l'ensemble du territoire de la Chine. A plusieurs reprises, le Nord fut balayé par des peuplades nomades de la steppe qui, tour à tour ou en même temps, y fondèrent des royaumes pour la plupart éphémères. De manière caractéristique, l'assimilation des étrangers était importante. Certes, ils dominaient grâce à la supériorité d'une cavalerie munie de l'étrier, mais ils n'avaient rien à opposer d'équivalent au développement de la culture et de la civi-

lisation chinoises. Afin d'exercer efficacement le pouvoir dans les territoires conquis, ce qui exigeait une organisation déjà complexe (selon des critères nomades), la mince couche dirigeante des envahisseurs avait besoin des Chinois, experts en administration. Ainsi, un processus de fraternisation et d'acculturation, encouragé par les nouveaux maîtres eux-mêmes, favorisa l'introduction de « sang bleu nomade » dans des familles de l'aristocratie chinoise. Des groupes importants comme les Xianbei ou les Toba, qui avaient dominé des dizaines d'années des parties plus ou moins vastes de la Chine du Nord, se fondirent ainsi sans laisser de trace dans la population Han.

La Chine du sud du Changjiang, qui se tenait pour la véritable héritière morale des Han, vécut aussi des temps agités, marqués par des guerres civiles sanglantes et une succession de dynasties débiles.

Les siècles qui virent les Trois Royaumes, l'union éphémère et la fragmentation temporaire de la Chine du Nord en seize royaumes, tandis qu'au Sud se faisaient et se défaisaient les dynasties, furent une période épouvantable si l'on pense aux terribles cruautés, aux massacres de centaines de milliers de personnes et à l'afflux de fugitifs Han contraints d'émigrer du nord de la Chine, surpeuplé, vers le sud, peu peuplé. Néanmoins, c'est aussi l'époque où, au contact des peuples étrangers, furent conçues des idées d'organisation politique inédites, tel le système de « l'égalisation des terres » (*Jun Tian*). Aux termes de cette réforme agraire, tous les hommes et les femmes adultes avaient droit à une quantité fixe de terres arables qui restait leur bien inaliénable, sauf en cas de décès ou d'incapacité de travail où elles retournaient à l'Etat. La littérature, l'art et la science connurent à cette époque un regain de vigueur. La valeur du nombre circulaire π fut déterminée avec une précision de sept décimales. Alors parut, enrichi d'un commentaire, le plus célèbre traité chinois consacré aux fleuves et aux rivières, le *Shui Jing Zhu*. L'avancée du bouddhisme, sensible dans tous les domaines, modifia le paysage culturel et multiplia les cloîtres, les temples et les pagodes. Sous son influence, la sculpture aussi se développa : on peut encore admirer les chefs-d'œuvre réalisés dans les grottes de Longmen, près de Luoyang (Henan), dans celles de Yungang à Datong (Shanxi) et dans les « grottes des mille bouddhas » (Shaanxi), ces dernières étant en outre agrémentées de remarquables peintures murales polychromes. Quelques dynasties isolées entretinrent des contacts officiels avec l'Inde, Ceylan et la Perse. En 285 arrivèrent en Chine des voyageurs venus de l'Empire romain d'Orient (*Daqing*). Le commerce maritime développa les villes portuaires de la Chine du Sud. A travers progrès et désordres, un objectif commun se maintint dans la pensée de tous les gouvernants : régénérer l'empire chinois unifié des Han ; bien sûr, chacun de ces monarques se voyait à son sommet.

Enfin vint Yang Jian (de 514 à 604). Venu au pouvoir par un putsch, il fonda la dynastie des Sui (de 581 à 618) qui régna d'abord sur le nord, à nouveau unifié, du pays. Puis, à la tête d'une armée aguerrie d'un demi-million de soldats, le nouvel empereur marcha contre le Royaume du Sud, alors dirigé par la dynastie Chen (de 557 à 589). Exploitant les cours d'eau

Page de gauche : *Tai Zong, qui de 626 à 649 en tant que deuxième empereur Tang consolida l'empire, déploya des qualités tant dans le domaine civil que militaire. C'était un monarque éclairé. Au contraire de bien de ses prédécesseurs, il ne prêtait pas attention aux présages interprétés comme favorables ou défavorables à la dynastie, en remarquant que seules la qualité du gouvernement et les actions humaines déterminaient l'avenir du pouvoir. Portrait idéalisé sur soie par un peintre anonyme de la période Qing.*
[Taibei, Musée du Palais national]

Ci-dessous : *Guo Ziyi (697-781), un des plus célèbres généraux chinois, devint un héros célèbre en triomphant définitivement de la révolte d'An Lushan (755-763) avec l'aide d'alliés Ouïgours. En 765, il fut envoyé par la Cour avec une force de 10000 hommes pour affronter l'armée d'envahisseurs « barbares » trente fois supérieure en nombre qui venait de conquérir la capitale Chang'an. Les troupes ennemies, en majorité des Tibétains auxquels s'étaient joints de forts contingents Ouïgours, encerclèrent le général et ses guerriers. Cependant, lorsque le chef des Ouïgours et sa troupe apprirent que leur adversaire était Guo Ziyi, qu'ils tenaient en haute estime et croyaient mort, ils demandèrent à s'entretenir avec lui. Le général ne se laissa pas ébranler par les objections de ses officiers quant à la duplicité des « Barbares » et se rendit chez l'ennemi avec seulement dix cavaliers, lui-même sans armure, comme le montre l'image. Lorsque les Ouïgours le reconnurent, impressionnés par son courage, ils déposèrent les armes et descendirent de cheval pour lui rendre hommage. Finalement, Zuo Giyi, leur rappellant l'ancienne alliance avec du vin et de luxueux présents, réussit à convaincre les Ouïgours de changer de camp et avec leur aide il mit en fuite les Tibétains. Détail d'un lavis sur papier (rouleau horizontal : 32,2 × 223,8 cm) attribué à Li Gonglin (1049-1106).*
[Taibei, Musée du Palais national]

nombreux de la Chine méridionale, il avait, pour mieux surprendre les agressés, adjoint à son armée une marine fluviale qui en augmentait la mobilité et facilitait son ravitaillement. D'emblée, cette campagne fut une guerre psychologique : Yang Jian avait fait répandre au sud du Changjiang 300000 tracts de propagande exposant au peuple les « vingt crimes » imputés à son souverain. La division de l'Empire du Milieu se termina en 589 par la défaite de la dynastie des Chen.

Yang Jian, de son nom posthume Wendi, « l'Empereur culturel », était d'un caractère outrageusement emporté, rossant de ses propres mains les fonctionnaires impériaux convaincus de prévarication. Yang et plus encore son successeur Yangdi, le second empereur Sui (règne de 605 à 617), étaient des souverains à la personnalité forte, de vrais hommes d'Etat. Par leur habileté diplomatique et avec des opérations militaires limitées, ils réussirent longtemps à conjurer le péril dont les peuples de la steppe, surtout la puissante peuplade turque des Tujue, menaçaient le nord de l'empire. Mais tous deux commirent l'erreur de surestimer les forces économiques de l'Etat et l'endurance de leurs sujets. Ainsi leur réorganisation du système administratif soumettait dans une mesure jusque-là inconnue l'ensemble du territoire, jusqu'au niveau du district (milices locales paysannes y comprises), au contrôle de l'administration. Le système d'examen des fonctionnaires se compliqua encore ; s'y ajouta le grade de *Jinshi*, qui sera ensuite décerné jusqu'à la fin de l'époque impériale (sorte de docto-

rat d'Etat ouvrant l'accès aux positions suprêmes). On constitua un corpus de lois qui devait former la base principale du code Tang, le *Tang Lü Shu Yi*. Il devait influencer de façon déterminante toute la jurisprudence de la Chine traditionnelle, mais aussi celle du Japon, de la Corée et du Vietnam.

Tirant parti de voies déjà existantes, on construisit le premier Grand Canal impérial (*Yunhe*), qui relia Changan et Luòyang à la région de Yangzhou sur le Changjiang et aux environs de Pékin. Ce complément méridional au réseau hydrographique chinois orienté surtout d'est en ouest avait 40 pieds de large et 2 000 km de long. Outre son importance stratégique pour la défense des frontières septentrionales — troupes et ravitaillement étaient acheminés plus vite et plus aisément — cette voie d'eau reliait le «grenier à riz» du Sud, où l'on obtenait déjà deux récoltes annuelles, avec le Nord, toujours plus peuplé et politiquement dominant. Des millions de travailleurs (hommes et femmes, ce qui était une innovation) durent œuvrer sous menace de mort à ce projet colossal. Ils durent aussi participer à la construction, à peine moins meurtrière, de la Grande Muraille et du réseau routier (un million de morts) et à la construction d'une toute nouvelle muraille de 10 m de haut et de 40 km de long entourant Changan (au sud-ouest de l'ancienne capitale Han). Ce n'était pas tout. Au début du 7e siècle, la population subit encore une énorme saignée pour financer trois expéditions militaires par voies de terre et de mer, aussi gigantesques que vaines, contre la Corée qui cherchait à s'affranchir de la Chine. Et passons sous silence les souffrances imposées aux paysans recrutés de force par centaines de milliers pour le service militaire.

Des révoltes éclatèrent partout et la dynastie des Sui fut renversée. Tout comme chez les Qin, les bienfaits attendus des travaux publics et des guerres s'accompagnaient dans la vision des Sui d'une perte du sens de la mesure qui leur fit perdre de vue la misère effective de leurs sujets et les capacités réelles de leur économie. La dynastie suivante allait récolter les fruits de leur inhumanité.

La période Tang

(de 618 à 906 ap. J.-C.)

La période Tang est souvent citée comme l'exemple d'une période de grand essor culturel, de grandeur de la nation et de cosmopolitisme. Le premier empereur Tang, Gaozu, du clan Li (règne de 618 à 626), haut fonctionnaire et grand général au temps des Sui, aurait d'autant moins partagé cette appréciation qu'il avait dû neutraliser près de cent adversaires à la tête d'innombrables révoltes. S'étant proclamé empereur en 618 à Changan, il lui avait fallu plus de dix ans pour affermir son pouvoir avec le soutien de ses alliés Han et étrangers. En quelques années, grâce à des généraux brillants et à une diplomatie habile, la nouvelle dynastie réussit à étendre son influence

Ci-dessus : *le mont Liang, à près de 100 km au nord-ouest de Xi'an (Shaanxi), se dresse au centre du complexe funéraire monumental de Qianling, entouré à l'origine d'un mur que perçaient quatre grandes portes. Certains des gardiens — lions, chevaux et colonnes ornementales — taillés dans la roche et qui se dressaient dans le périmètre de l'enceinte en ruines ou bordaient les voies d'accès aux portes sont encore conservés. La dernière demeure du troisième empereur Tang, Gao Zong (règne de 649 à 683), et de son épouse, Wu Zhao (624-705), est creusée dans la montagne. Gao Zong, un homme à la santé fragile, souvent victime d'étourdissements, était un empereur dénué de charisme, n'ayant que rarement un avis personnel sur les propositions de ses ministres : « Il croisait les mains et ne disait rien. » Il associa de plus en plus aux affaires de l'Etat son intelligente compagne. A la Cour, c'était la mode de désigner le tandem au pouvoir du sobriquet de* Sheng *(« les deux saints »). Une fois son époux décédé, sa femme, habile et décidée, parvint à diriger longtemps, avec succès et prudence, le sort du pays. Elle fut la seule impératrice à avoir jamais pu régner dans toute l'histoire de la Chine. Les confucéens orthodoxes la déchirèrent à belles dents. Une femme monarque n'avait tout simplement pas sa place dans leur conception patriarcale du monde. Comme un homme, elle recourait à l'intrigue, à la violence et au meurtre pour affirmer son pouvoir. Mais c'était une femme et, de plus, une adepte fervente du bouddhisme.*
Les statues de pierre de son tombeau, volontairement décapitées (page de gauche), *semblent avoir été victimes d'un châtiment posthume, un acte de destruction qui devait sans doute humilier l'impératrice honnie. Dans la zone du vaste champ funéraire de Qianlong, on trouve 17 tombes annexes* (Peizangmou), *dont les tombes — célèbres pour leurs peintures murales — des princes impériaux Yide et Zhanghuai et celle de la princesse Yongtai.*

bien au-delà de toutes les frontières antérieures, surtout vers le nord-ouest (Mongolie et Afghanistan) et vers l'ouest (Tibet). Une infrastructure solide fut créée, notamment par le système déjà cité de « l'égalisation des terres » (*Jun Tian*). On soumettait tout Chinois à une quantité donnée d'impôts en nature (céréales ou tissus) et à la prestation de certains services. Quand les terres disponibles était suffisantes et bien réparties, les « petits » y trouvaient leur compte. Mais des exceptions nombreuses en faveur de l'élite provoquèrent une concentration progressive des terres. Beaucoup de temples bouddhistes et taoïstes, longtemps exonérés d'impôts, accaparèrent les plus vastes propriétés foncières.

De façon générale, les gouvernants s'efforcèrent d'augmenter la productivité de l'agriculture par des travaux publics de drainage et d'irrigation. S'inspirant d'exemples antérieurs, on plaça trois départements de l'Etat (*San Sheng*) à la tête de l'administration centralisée, avec un organe indépendant de contrôle et de censure. La Chancellerie impériale (*Men Xia Sheng*), où confluaient tous les textes officiels importants, et le Secrétariat impérial (*Zhong Shu Sheng*), qui préparait toutes les communications de l'empereur, consultaient ensemble le Fils du Ciel sur toutes les questions politiques. Le département des Affaires d'Etat (*Shan Shu Sheng*), organisme suprême, avait toute autorité pour donner des directives aux six ministères (*Liu Bu*) pour tout ce qui était de leur ressort : personnel, finances, rites, armée, justice et travaux publics. C'était là le noyau du pouvoir exécutif, à partir duquel la volonté du souverain était directement transmise aux administrations impériales des 300 préfectures récemment instituées et des quelque 1 500 districts qui en dépendaient. Le système de recrutement des fonctionnaires par examens fut perfectionné. Néanmoins, dans 90 pourcent des cas, les postes étaient toujours obtenus par recommandation ou privilège héréditaire.

Sur le plan militaire, la dynastie s'appuyait sur près de 600 régiments de milices (*Fu Bing*) de 800 à 1 200 hommes chacun, stationnés pour la plupart dans le nord de la Chine. Autosuffisants, ils étaient entraînés en permanence et régulièrement détachés pour servir durant une période donnée dans la capitale ou dans les garnisons aux frontières. Des unités de mercenaires étrangers, surtout des Kitan, des Tangoutes et des Turcs, devaient livrer la plupart des escarmouches incessantes et des guerres.

En 690, le nouvel ordre politique et économique était suffisamment stable pour supporter sans dommages la prise de pouvoir de Wu Zhao (624-705) et la proclamation d'une nouvelle et brève dynastie Zhou. Wu Zhao, fille d'un marchand de bois, aussi intelligente que dénuée de scrupules, mena surtout une politique hostile à l'aristocratie. Ayant commencé sa carrière comme concubine de l'empereur, elle fut la seule femme de l'histoire de la Chine à recevoir le titre d'« impératrice » (*Huangdi*).

L'art et la culture bénéficièrent aussi de cette stabilité, qui permettait de risquer une ouverture sur le monde extérieur. Changan, avec près d'un million d'habitants et 5 000 étrangers en ses murs, Luoyang, Canton et Yangzhou devinrent des centres internationaux attirant une population de résidents étrangers venus de l'Asie centrale, du Tibet, de l'Inde, de la Perse, etc. Ces villes abritaient des communautés religieuses (musulmans, juifs, manichéens, nestoriens, zoroastriens, etc.) libres de vivre selon leurs lois et coutumes propres. Le bouddhisme, représenté par diverses écoles, comme le bouddhisme *Chan* (*Zen* en japonais), resta la religion étrangère dominante, mais, entre 841 et 845, ses institutions souffrirent irrémédiablement de la confiscation des énormes biens fonciers et de la sécularisation des lieux de culte (4 600 temples et monastères, 40 000 sanctuaires et chapelles).

On peut considérer que sous les Tang la Chine connut un véritable Age d'Or. Elle était à cette époque, qui chevauche en Europe occidentale les âges mérovingiens et carolingiens, sans conteste possible la nation la plus civilisée du monde. Sa société et sa culture exerçaient une fascination universelle. Des touristes venus de l'Inde, des pays asiatiques voisins et même d'Europe affluaient. D'autre part, c'est à cette époque que le célèbre moine Xuan Zang, au mépris des décrets impériaux, partit secrètement pour l'Inde. Après un voyage de près de vingt ans, il revint dans son pays où l'empereur lui offrit un poste de ministre qu'il refusa pour se consacrer à son œuvre, *Mémoires sur les contrées occidentales*, assurément un des chefs-d'œuvre de la littérature chinoise.

A cette époque, si le bouddhisme subit des revers dont il ne se remettra pas, les idées et la littérature de la Chine des Tang fleurissent. Ainsi, lorsque les Mandchous, au 18e siècle, ordonneront que soit établie une anthologie de ce qui restait des poètes de l'ère Tang, l'ensemble de la collection comportera rien moins que trente volumes contenant 48 900 poèmes de quelque 2 300 poètes. En effet, presque parallèlement à l'invention de l'imprimerie, des grands poètes comme Du Fu (712-770), Wang Wei (701-761) ou Li Taibo (701-762) tiendront le haut du pavé.

« Les souverains étrangers placés sous l'influence dominatrice de l'Empire chinois se rendent à Pékin, d'abord pour faire acte d'obéissance et de soumission ; et en second lieu, pour payer certaines redevances à l'empereur, dont ils se regardent comme les vassaux. Ces redevances, qui sont décorées du beau nom d'offrandes, sont, au fond, de véritables impôts, qu'aucun roi tartare n'oserait se dispenser de payer. Ces redevances consistent en chameaux, en chevaux remarquables par leur beauté, et que l'empereur envoie grossir ses immenses troupeaux du Tchakar. Chaque prince tartare est, en outre, obligé d'apporter quelque chose des rares produits de son pays : de la viande de cerf, d'ours et de chevreuil, des plantes aromatiques, des faisans, des champignons, des poissons, etc. Comme on se rend à Pékin au temps des grands froids, tous ces comestibles sont gelés ; ils peuvent ainsi subir, sans danger, les épreuves d'un long voyage, et se conserver longtemps encore après être arrivés à leur destination.
Une des bannières du Tchakar est spécialement chargée d'envoyer tous les ans à Pékin une immense provision d'œufs de faisan. Nous demandâmes au ministre du roi des Alachàn si ces œufs de faisan avaient un goût spécial, pour qu'ils fussent si fort estimés à la cour. « Ils ne sont pas destinés à être mangés, nous répondit-il ; le vieux Bouddha s'en sert pour autre chose — Puisqu'on ne les mange pas, quel est donc leur usage ? » Le Tartare parut embarrassé, il rougit un peu avant de répondre ; puis enfin il nous dit que ces œufs de faisan servaient à faire un vernis pour enduire la chevelure des femmes qui emplissent le sérail de l'empereur. On prétend qu'ils donnent aux cheveux un lustre et un brillant magnifiques. Il pourrait se faire que des Européens trouvassent bien sale et bien dégoûtante cette pommade d'œufs de faisan, si fort prisée à la cour chinoise ; mais chacun sait que beauté et laideur, propreté et saleté, tout cela est fort relatif. Il s'en faut bien que, parmi les divers peuples qui habitent la terre, les idées soient très uniformes sur ces points. »

Régis-Evariste Huc, Souvenirs d'un voyage dans la Tartarie.

Avec le jeu de polo, la chasse à courre était le principal sport de la noblesse sous les Tang. Des étrangers barbus originaires de l'Asie centrale servaient souvent d'aides et on leur confiait aussi les chiens et les léopards dressés à la chasse. Cette figurine en terre cuite (hauteur : 31,5 cm), peinte à froid, provient de la tombe de la princesse Yongtai, près de Qian Xian. Son réalisme est caractéristique de l'époque. [Xi'an, Musée provincial du Shaanxi]

De 713 à 756, le brillant empereur Ming Huang, fin poète et habile guerrier, abolit la peine de mort, mais il crée aussi, dans son «Jardin des Poiriers», une remarquable école de musique. Les grands efforts entrepris par les Tang pour codifier les lois pénales et les usages administratifs aboutissent et, à partir de 737, le Code ne sera plus révisé et restera tel pour les cinq siècles suivants.

C'est sous le règne de Ming Huang aussi que se produisit un des plus célèbres événements révolutionnaires de l'histoire chinoise. Un courtisan tartare du nom d'An Lushan, gouverneur des provinces du Nord, entre en sécession — sans doute s'agissait-il à l'origine d'un antagonisme fondé sur des raisons personnelles, une histoire de femme — et se proclame lui-même empereur. Les armes à la main, il prend et saccage la capitale Chang'an et en fait massacrer tous les habitants. Trente-six millions d'hommes, suivant la tradition, auraient péri dans ce conflit. Le choc sur la civilisation chinoise peut être comparé à ce qu'aurait ressenti l'Europe si les Turcs avaient pris et saccagé Versailles à l'époque du Roi-Soleil.

L'usurpateur An Lushan périt assassiné en 757 et l'an 762 vit la fin des troubles, mais la dynastie des Tang ne se relèvera jamais et ne survivra qu'au prix de modifications radicales. Les systèmes d'imposition s'altérèrent et se complexifièrent. Les empereurs qui se succédèrent jusqu'aux Song ne purent jamais réellement rétablir l'unité de l'empire. L'Etat de Nanzhao, dans le Yunnan, fut indépendant de 751 à 1253. Les Tibétains s'agitèrent à l'ouest, les Kitans au nord-est, les Turcs dans le nord, la conquête musulmane progressa (Balkh tomba en 644). Après une brève restauration de l'autorité impériale sous Xianzong (805-820), l'influence des eunuques de la Cour s'accrut et plongea l'empire dans de pitoyables intrigues.

Les Cinq Dynasties
(de 907 à 960 ap. J.-C.)

Avec l'affaiblissement de l'ancienne aristocratie et l'accroissement de l'instabilité sociale, on assista bientôt à la montée du pouvoir politique des provinces. Les chefs-lieux provinciaux devinrent des centres administratifs et commerciaux, des bourgs nouveaux apparurent, l'argent circula de plus en plus, des banques rudimentaires s'établirent, l'émigration vers le Sud riche et fertile se confirma. Ce bouleversement économique affaiblit davantage encore le gouvernement central alors que la classe marchande manifestait sa cohésion, développait son organisation corporatiste et se dirigeait vers la propriété terrienne. L'importance de la ville de Kaifeng devint prépondérante : elle sera la capitale des Song, une dynastie originaire du Nord qui restaurera l'organisation et la bureaucratie chinoises.

La princesse Yongtai, une des filles du quatrième empereur Tang, venait d'atteindre ses 17 ans lorsqu'elle fut assassinée en 701 sur l'ordre de l'impératrice Wu Zhao. Mais le Fils du Ciel qui accéda au pouvoir après le décès de l'impératrice était précisément le propre père de Yongtai. Il ordonna d'installer la dépouille de sa fille près de la tombe du Qianling, dans un mausolée (voir ill. p. 83). *Le dégagement de celui-ci (longueur: environ 90 m) en 1960-1962* (ci-dessous, coupe et plan) *révéla de splendides peintures murales. Sur les murs de la rampe d'accès* (page de gauche) *s'opposent le Tigre Blanc, seigneur de l'ouest et de la mort, et son formidable adversaire, le Dragon Bleu, seigneur de l'est, symbole de la vie et du soleil levant. Des dames de la Cour sont représentées dans les chambres* (ci-dessus). *Une dalle* (en bas à droite), *sur laquelle on peut lire dans une écriture archaïsante de style sigillaire: «Epitaphe en l'honneur de la princesse défunte Yongtai de la grande dynastie des Tang», protégeait en la recouvrant une longue épitaphe.*

Double page suivante: *Jiaohe, située au sud-ouest de l'actuelle Ürümqi, capitale du Xinjiang, était déjà occupée à l'époque de l'empereur Han Wudi, et organisée en garnison pour mieux pouvoir défendre les conquêtes de l'ouest lointain contre les Xiongnu et les royaumes des oasis voisines. Mais elle fut perdue ensuite. En 639, l'empereur Tang, Tai-Zong, ordonna de reconquérir le territoire du Turfan en dépit des conseils de son entourage: «Le ciel a séparé de nous ces territoires par des frontières naturelles; même si on les conquiert, on ne parviendra pas à les conserver.» La campagne se termina par une victoire. Jiaohe devient le siège administratif d'une circonscription militaire, mais la ville florissante, construite et organisée selon des modèles de la Chine centrale, fut perdue à nouveau en 790. Les archéologues ont trouvé un grand nombre de documents chinois et de témoignages du mode de vie chinois dans ses ruines enfouies sous les sables du désert. L'illustration montre les ruines d'un entrepôt d'Etat et d'un stupa.*

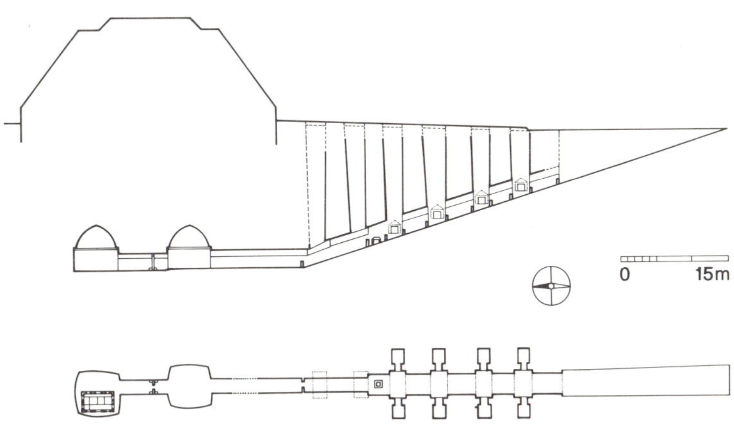

La période Song

(de 960 à 1279)

La dynastie de clan des Zhao se divise entre l'époque des Song du Nord (960-1127), dont la capitale était Kaifeng, et celle des Song du Sud (1127-1279), dont la capitale était Lin'an (l'actuelle Hangzhou). Le fondateur de la dynastie, Zhao Kuangyin, de son nom posthume Taizu (927-976), prit le pouvoir grâce à un coup d'Etat à la fin de la dynastie Wudai. C'est lui et son successeur qui furent les artisans de la réunification de l'empire en 979. Sous leur domination, qui dura en tout 320 ans, les Song durent s'accommoder des puissants royaumes étrangers qui occupaient une partie de l'ancien territoire Tang : le royaume Kitan ou Liao (916-1119) au nord de la Chine (dans la région actuelle de Pékin et au nord de celle-ci), le royaume Tangoute ou Xi-Xia (1038-1227) au nord-ouest (au Gansu et dans l'ouest de la Mongolie Intérieure) et enfin le royaume Jürchen ou Jin (1115-1234) qui, après avoir renversé la dynastie Liao en 1119, conquit la Chine jusqu'au fleuve Huai. La dynastie des Song du Sud ne régnait plus que sur un tronçon de royaume, situé en deçà du 34ᵉ parallèle ; à l'instar de l'empire Song tout entier, elle connut pourtant une grande prospérité économique et culturelle.

Dès la réunification de l'empire au 10ᵉ siècle, les nouveaux souverains reprirent de nombreux éléments de l'administration civile des Tang. Ils mirent tout en œuvre pour empêcher une concentration régionale du pouvoir militaire, affermir le pouvoir central et éviter les développements dangereux de la période antérieure. Pour neutraliser les inévitables concentrations défensives de troupes aux frontières de l'empire, des contingents de force équivalente furent cantonnés autour de la capitale. Longtemps, la composition des troupes aux abords de la capitale et dans les garnisons lointaines observa un méticuleux système de roulement (*Geng Shu Fa*) qui ordonnait que les soldats ne restent pas plus de trois ans en service au même endroit. En vue de prévenir la formation d'armées privées, on veilla du reste à ce qu'aucun officier ou responsable militaire d'un grade

« Les Anciens, pour développer dans l'empire les plus hautes vertus, commencèrent par mettre en ordre leurs propres Etats. Pour mettre en ordre leurs Etats, ils commencèrent par réglementer la famille. Pour réglementer leurs familles, ils commencèrent par cultiver leur propre personnalité. Pour cultiver leur propre personnalité, ils commencèrent par réformer leur cœur. Pour réformer leur cœur, ils s'efforcèrent tout d'abord d'être sincères dans leur propre pensée. Pour être sincères dans leur propre pensée, ils commencèrent par développer le plus possible leur savoir.
Les choses une fois découvertes, la connaissance devint complète. La science une fois acquise, leurs pensées furent sincères. Leurs pensées étant sincères, leurs cœurs furent droits. Leurs cœurs étant droits, leurs moi furent cultivés. Leurs moi étant cultivés, leurs familles s'en trouvèrent bien ordonnées. Leurs familles étant bien ordonnées, chaque Etat fut bien gouverné. Chaque Etat étant bien gouverné, l'ensemble de l'empire fut tranquille et heureux. »

Confucius, Le grand Enseignement.

Plusieurs trésors découverts dans le périmètre de Chang'an, l'ancienne capitale des Tang, donnent non seulement une idée de la richesse et de la vie culturelle de la société noble des Tang mais aussi du haut niveau de perfection atteint par les orfèvres de l'époque. La cache découverte en 1970 dans une cave du village de Hejiacun, au sud de Xi'an, comprend 1 023 objets précieux, dont 270 en or et en argent. Ce trésor semble avoir été enterré en 756 lorsque la révolte d'An Lushan s'étendit à Chang'an et que l'empereur Xuan Zong, sa cour et ses proches parents s'enfuirent au Sichuan.

«C'est pourquoi je réclame l'instauration d'un «système à deux impôts» (*Liangshuifa*) afin d'uniformiser les différents types de contributions. Si nous avons besoin de certaines corvées ou si nous exigeons de l'argent, nous devons d'abord calculer la somme nécessaire et ensuite la réclamer sous forme d'impôt à la population, c'est-à-dire que nous devons évaluer nos dépenses pour fixer la recette fiscale. Les ménages devront être enregistrés selon leur résidence effective, sans faire de distinction entre les familles du cru et les immigrées. Les personnes devront être distinguées selon leur richesse ou leur pauvreté, non en vertu de ce qu'elles sont «au terme» ou «en cours» de leur croissance. Les marchands sans résidence fixe devront payer un trentième de l'impôt dans la préfecture ou le district où ils se trouveront. La somme qui leur sera réclamée devra être évaluée de façon à être comparable à l'impôt exigé de la population locale, afin d'éviter qu'ils ne jouissent d'injustes avantages. Les impôts versés sous forme de céréales et de textiles, de même que la corvée «mixte», seront abolis, mais la fixation globale d'un contingent de corvéables ne sera pas supprimée.»

Extrait de la requête de Yang Yan concernant la réforme fiscale de 780.

En haut à gauche: *cette cruche à vin en argent (18,5 cm de haut) évoque par sa forme l'outre en cuir des cavaliers et des pèlerins. Sur ses deux faces, elle présente un décor en haut relief doré qui figure peut-être deux des «chevaux dansants» de l'empereur Xuan Zong.*

Au centre à gauche: *ce pot arrondi à couvercle en argent doré et ciselé (24,3 cm de haut) est décoré de fleurs de pivoines qui encerclent un perroquet.*

En bas à gauche: *le relief doré d'un ours décore le fond de ce plat en argent à six lobes, d'un diamètre de 13,4 cm.*

En haut à droite: *la tasse à anse en forme de cloche est aussi en or pur (5,9 cm de haut). Un réseau de cloisons soudées de fil d'or forme des médaillons fleuris à six feuilles dont le contour extérieur est occupé par un filigrane. Ces cloisons sertissaient à l'origine des pierres précieuses.*
[Xi'an, Musée provincial du Shaanxi]

Au centre à droite: *la coupe d'or à pied en couronne, d'un diamètre de 13 cm, rassemble des éléments stylistiques chinois et perses.*

En bas à droite: *la petite poêle à trois pieds et poignée latérale, d'un diamètre de 9 cm, se compose de deux fines plaques d'or martelées et soudées dans la lèvre. Le relief du fond représente les ébats de deux lions.*

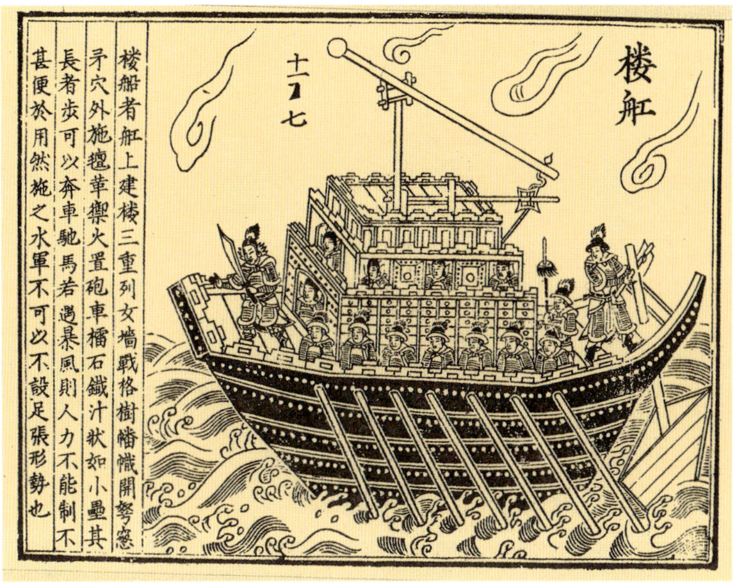

Des bateaux de guerre du type Haihu — *«Epervier des mers»* — (ci-dessus), *longs de 30 m, avaient une proue basse et la poupe surélevée. Pour assurer leur assiette en cas de mauvais temps, ils disposaient de sortes de stabilisateurs de roulis. En cas d'attaque par le feu, ces jonques de guerre, qui existaient dès la période Tang ou même auparavant, étaient protégées par des peaux de buffle mouillées et tendues au-dessus du pont. Les* Haihu *avaient la réputation d'être très aptes à la navigation en haute mer. Cependant, ils furent surtout utilisés lors des combats livrés par la marine fluviale sur les grands cours d'eau et les lacs. A en juger par la gravure, ces «Eperviers des mers» devaient être des vaisseaux à rames. Les sources confirment que toutes les grandes jonques de guerre chinoises avaient en règle générale un gréement et plusieurs voiles. Dès la période Song, on rapporte l'existence de dix-mâts.*

En haut à droite : *le bateau-tour* Louchuan *faisait partie d'une catégorie de grands vaisseaux de combat qu'on trouvait dans presque toutes les flottes de la Chine impériale. Ces jonques de guerre, souvent de plus de 30 m de hauteur et dépassant les 100 m de long, ressemblaient à des citadelles aquatiques comptant jusqu'à cinq ponts et un équipage d'un millier d'hommes. La légende de l'illustration déclare que : «Lorsqu'elles essuyent une forte bourrasque, on ne sait plus les maîtriser; elles sont pesantes en action, mais on les utilise quand même.*
La marine ne peut s'empêcher de les mettre en service, elles ne sont propres qu'à donner à la flotte une apparence de force plus imposante.»

du Sud possédaient plus de 100 000 volumes. De volumineuses encyclopédies, diverses éditions comptant des centaines de milliers de pages des canons bouddhiste et taoïste, des ouvrages historiques édifiants comme celui de Sima Qian (1019-1086), le *Miroir général pour aider au Gouvernement*, et les premiers livres spécialisés en archéologie avec une typologie des bronzes Shang, en partie encore valable aujourd'hui, parurent côte à côte avec les chefs-d'œuvre de la poésie de style *Ci*, sortes de poèmes chantés aux vers irréguliers. On transcrivit aussi les ouvrages des néo-confucéens. Ceux-ci avaient enrichi le confucianisme classique d'une profonde composante métaphysique inspirée du bouddhisme et du taoïsme. Nous ne citerons ici que la figure représentative du grand syncrétiste néo-confucéen Zhu Xi (1130-1200).

L'imprimerie permit aussi une diffusion inouïe du savoir pratique, de sorte que de considérables progrès d'ensemble furent achevés dans l'agriculture en matière de sélection des semences, de méthodes de culture, d'emploi d'engrais, d'assolements, etc. Il faut citer aussi des moyens médicaux de thérapie et de diagnostic concernant notamment la silicose, la bilharziose, le typhus, ainsi que le manuel illustré des 657 points d'acupuncture du corps humain, distribué gratuitement dans toutes les préfectures en 1029. Les premiers journaux officiels et privés parurent dans la capitale Kaifeng, qui à l'instar des autres villes chinoises comportait des institutions de bienfaisance : orphelinats, hôpitaux gratuits, hospice de vieillards, etc. C'est aussi à Kaifeng que se trouvait le siège de la police secrète chargée de surveiller les sujets de l'empereur et nommée par euphémisme «bureau de la ville impériale» (*Huang Cheng Si*). Pour opérer des missions de reconnaissance à l'étranger, la bureaucratie disposait de groupes d'espions dans les villes frontières.

Dans l'attente de la reconquête de Kaifeng, on adopta Lin'an (Hangzhou) comme capitale provisoire des Song du Sud, d'où son autre nom de «résidence temporaire» (*Xian Zai :* la «Qinsai» de Marco Polo). Elle abritait quelque deux millions d'habitants, quand les capitales européennes de l'époque atteignaient à peine 50 000 âmes. Près de 10 pourcent des sujets des Song vivaient déjà dans les villes, qui offraient une gamme variée de distractions et d'activités culturelles : théâtre, musique, représentations sportives, jeux de hasard, dames et jeunes gens toujours bien disposés, etc. La ville attirait beaucoup de riches propriétaires fonciers désireux de s'y établir et de jouir de la vie urbaine grâce aux revenus que leurs intendants tiraient des fermiers. Les villes florissantes de la Chine restèrent sous la poigne d'une toute-puissante bureaucratie d'Etat ; au contraire des villes européennes, jamais elles ne parvinrent à conquérir des privilèges.

La période Yuan

(de 1279 à 1368 ap. J.-C.)

En 1234, les Mongols s'abattirent comme un ouragan sur le prospère Etat Song. Ils étaient menés par Gengis Khan (1162-1227), élu khan de tous les nomades mongols en 1206 et qui ne connaissait pas de joie plus grande que de massacrer ses ennemis, capturer leurs chevaux et leurs troupeaux de bétail et violer leurs femmes. De l'Amour à l'Oder, l'Eurasie commença à subir le «fléau de l'humanité». L'Etat Xi-Xia fut conquis en 1127 et le royaume Jin tomba en 1234. Les succès mongols résultaient surtout de l'extrême mobilité de leur cavalerie et de la discipline brutale à laquelle ils soumettaient leurs troupes. Les villes bien fortifiées des Song du Sud les contraignirent à une guerre de siège qui se prolongea des dizaines d'années et fut caractérisée par l'emploi croissant d'armes à feu. Le plus grand empereur mongol, Kubilaï Khan (1215-1294), de son nom posthume Shizu, fonda enfin en 1271 la dynastie Yuan, avant que le clan impérial Zhao ne s'éteigne en 1279 par le suicide de Bing, le dernier empereur Song, et de ses preux. Pékin devint pour la première fois la capitale de toute la Chine. La population de l'Empire du Milieu fut réduite à 80 millions (soit d'au moins 20 pourcent) par les envahisseurs de la steppe. La dictature militaire de l'élite mongole décréta des lois raciales dont eurent surtout à souffrir les sujets de l'Etat Song du Sud, qualifiés péjorativement de *Manzi* («Barbares du Sud»). Les Chinois furent exclus de presque toutes les fonctions importantes, réservées aux Mongols et à leurs partisans étrangers. Toutefois, après que des conseillers prudents les aient dissuadés avec peine de transformer une grande partie de la campagne chinoise en pâtures pour leurs chevaux, les conquérants conservèrent la structure administrative existante afin de pouvoir exploiter le pays.

L'Empire du Milieu atteignit son extension territoriale maximale. Le Tibet devint officiellement un territoire administré par la Chine. La prétention des khans et empereurs mongols à la souveraineté légitime du monde se traduisit par de nouvelles conquêtes vers le sud-est et la Birmanie, et par deux attaques infructueuses en direction du Japon en 1274 et 1281 (cette fois avec 4400 navires et 140000 hommes). Délivré du poids des préjugés confucéens et favorisé par la reconversion au papier-monnaie, le commerce connut une expansion notable. En dehors de la Chine, il profita de la *pax mongolica* et à l'intérieur du pays de l'amélioration de l'infrastructure, telle la liaison plus rapide entre Pékin et Hangzhou par le Grand Canal Impérial nouvellement aménagé sur de larges tronçons (tracé actuel). Des marchands étrangers pacifiques comme Marco Polo furent les bienvenus.

Indépendamment de sa prédilection pour le lamaïsme, la dynastie étrangère se montra tolérante envers toutes les religions et favorisa leurs institutions par de libérales exonérations d'impôts et donations. Plusieurs franciscains réussirent quelques missions et Giovanni de Monte Corvino devint archevêque en 1307. Dans le domaine de l'art, il faut citer la popularisation du roman et de «l'opéra» (*Za Ju :* drames en partie chantés, en partie déclamés, rehaussés de musique et de danse). Ces deux formes artistiques accordaient pour la première fois la primauté à la langue du peuple face à la langue écrite prémoderne (*Wenyan*).

Dès le début, la dynastie Yuan eut beaucoup de difficultés

A gauche : *la «Terrasse de nuages» érigée pendant la période des Yuan en 1345 (Juyong Guan) à la passe de Juyong, à quelque 70 km au nord de Pékin, est un des principaux points d'appui de la Grande Muraille. De fastueuses sculptures de pierre décorent le portail. Un* stupa *s'élevait à l'origine sur la plate-forme rectangulaire.*
Page de droite : *les quatre chasses saisonnières* Shishi Tianlie *remontent à la période des Zhou et elles étaient organisées par de nombreux empereurs dans leurs domaines et leurs parcs regorgeant de gibier. Elles donnaient lieu à de grandes concentrations de troupes qui, à cette occasion, exécutaient aussi des manœuvres tactiques. En outre, les Fils du Ciel de la dynastie étrangère des Yuan se livraient souvent avec excès à leur passion pour la chasse avec un petit cercle de fidèles. Kubilaï Khan (1215-1294), qui gouverna la Chine comme premier empereur mongol (Shizu), prisait ces petites parties de chasse, comme le montre ce rouleau peint en 1280. Shizu, enveloppé dans un manteau d'hermine, chevauche un étalon noir et semble se contenter d'un rôle passif de spectateur. Sa société mélangée et haute en couleurs semble bien à l'image de l'Etat mongol multi-ethnique. On reconnaît aussi deux étrangers à la peau cuivrée : un cavalier Kitan à la coiffure caractéristique, qui porte un oiseau de proie, un cavalier avec ses léopards de chasse. Tout le nécessaire au succès de la chasse et de la fête qui va suivre est transporté par plusieurs chameaux lourdement chargés, montrés à l'arrière-plan. Il s'agit surtout, à la manière mongole, d'importantes quantités de boissons alcoolisées, principalement du* Kumys *: du lait de jument caillé et fermenté. Rouleau vertical daté de 1280. Attribué au peintre Liu Guandao.*

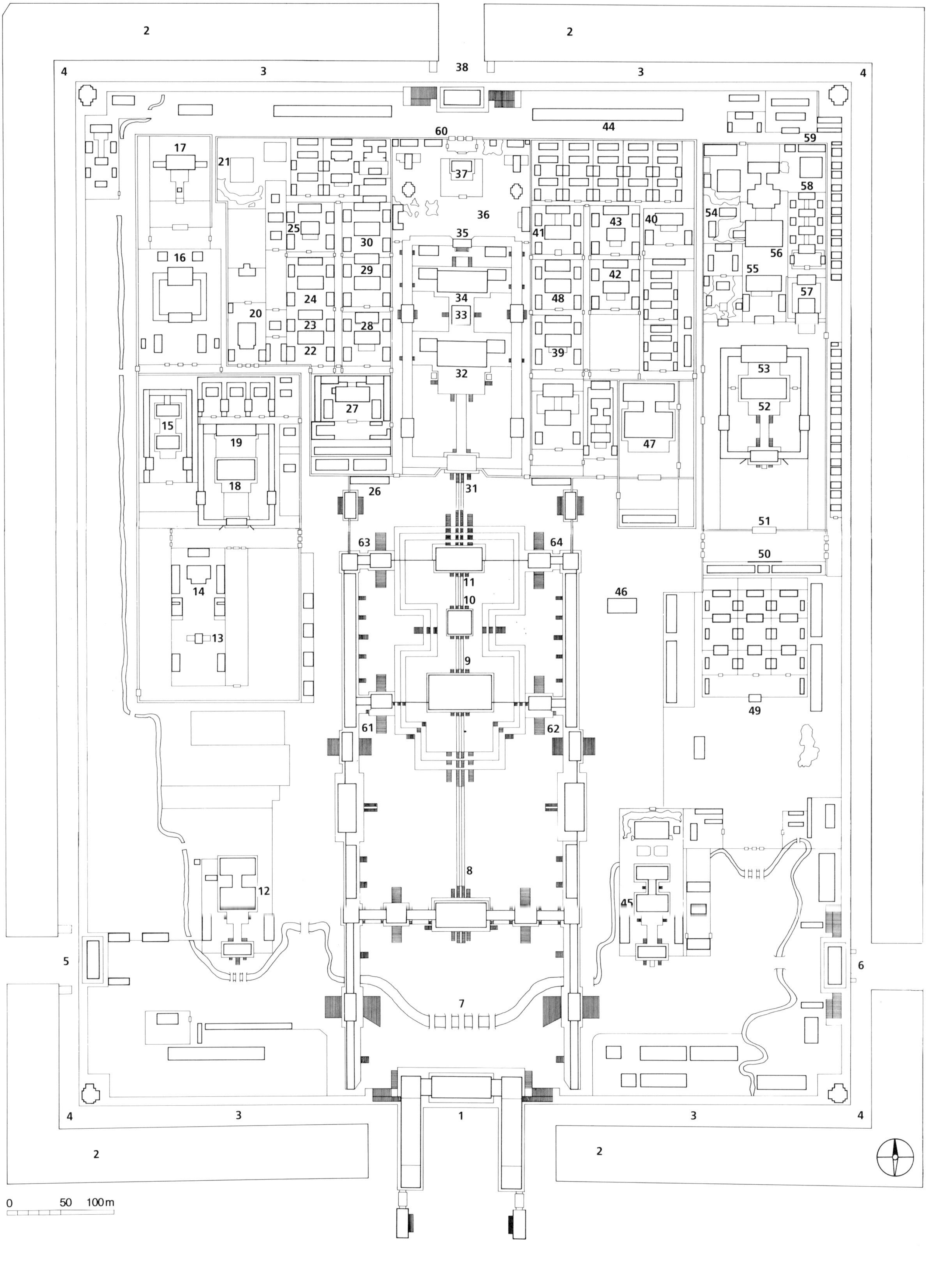
0 50 100m

Plan du Palais Impérial

1. Porte du Méridien (*Wumen*)
2. Fossé (*Tongzihe*)
3. Mur d'enceinte
4. Tour d'angle (*Jiaolou*)
5. Porte Fleurie de l'Ouest (*Xihua Men*)
6. Porte Fleurie de l'Est (*Donghua Men*)
7. Ponts du Ruisseau aux Eaux d'Or (*Jinshui Qiao*)
8. Porte de la Suprême Harmonie (*Taihe Men*)
9. Palais de la Suprême Harmonie (*Taihe Dian*)
10. Palais de l'Harmonie Parfaite (*Zhonghe Dian*)
11. Palais de la Préservation de l'Harmonie (*Baohe Dian*)
12. Palais de la Bravoure Militaire (*Wuying Dian*)
13. Jardin de la Paix et de la Tranquillité (*Cininggong Huayuan*)
14. Demeure du Bien Public (*Xianruo Guan*)
15. Palais de la Vigueur dans la Vieillesse (*Shoukang Gong*)
16. Palais de la Tranquillité dans la Vieillesse (*Shouan Gong*)
17. Palais de la Splendeur Héroïque (*Yinghua Dian*)
18. Palais de la Paix et de la Tranquillité (*Cining Gong*)
19. Grande Salle du Bouddha (*Dafo Tang*)
20. Pavillon de la Pluie et de l'Eau (*Yuhua Ge*)
21. Jardin du Palais de la Fondation du Bonheur (*Jianfugong Huayan*)
22. Palais de la Suprême Exaltation (*Taiji Dian*)
23. Palais de la Base de la Propriété (*Tiyuan Dian*)
24. Palais de l'Eternel Printemps (*Changchun Gong*)
25. Palais du Bonheur Complet (*Xianfu Gong*)
26. Antichambre du Conseil d'Etat
27. Palais de la Nourriture du Cœur (*Yangshou Gong*)
28. Palais de la Longévité Eternelle (*Yongshou Gong*)
29. Palais de l'Harmonie Favorable (*Tihe Dan*)
30. Palais des Elégances Accumulées (*Chuxiu Gong*)
31. Porte de la Pureté Céleste (*Qianqing Men*)
32. Palais de la Pureté Céleste (*Qianqing Gong*)
33. Salle de l'Union (*Jiaotai Dian*)
34. Palais de la Tranquillité Terrestre (*Kunning Gong*)
35. Porte de la Tranquillité Terrestre (*Kunning Men*)
36. Jardin Impérial (*Yuhuayuan*)
37. Palais de la Tranquillité Impériale (*Qin'an Dian*)
38. Porte du Génie Militaire (*Shenwu Men*)
39. Palais de la Prospérité (*Jingren Gong*)
40. Trésor du Ciel Noir (*Xuanqiang baodian*)
41. Palais de la Pureté dans l'Affection (*Zhongcui Gong*)
42. Palais de l'Eternelle Harmonie (*Yonghe Gong*)
43. Palais de la Faveur Céleste (*Jingyang Gong*)
44. Cinq Cuisines du Nord (*Dongwusua*)
45. Palais de la Gloire Littéraire (*Wenhua Dian*)
46. Pavillon des Flèches (*Jianting*)
47. Salle du Culte des Ancêtres (*Fengxian Dian*)
48. Palais de l'Héritage Céleste (*Chengqian Gong*)
49. Trois Cuisines du Sud (*Nansansuo*)
50. Ecran aux Neuf Dragons (*Jiuiongbi*)
51. Porte de la Suprématie Impériale (*Huangji Men*)
52. Palais de la Suprématie Impériale (*Huangji Dian*)
53. Palais de la Quiétude et de la Longévité (*Ningshou Gong*)
54. Jardin du Palais de la Quiétude et de la Longévité (*Ningshougong Huayuan*)
55. Palais de la Nourriture de l'Esprit (*Yangxing Dian*)
56. Palais du Plaisir et de la Longévité (*Leshou Tang*)
57. Pavillon des Sons Agréables (*Changyin Ge*)
58. Palais du Bonheur Etincelant (*Jingfu Gong*)
59. Tour de la Floraison du Bouddhisme (*Fanhua Lou*)
60. Porte de la Vertu Obéissante (*Shunzen Men*)
61. Porte centrale de droite (*Zhongyoumen*)
62. Porte centrale de gauche (*Zhongzuomen*)
63. Porte arrière de droite (*Houyoumen*)
64. Porte arrière de gauche (*Houzuomen*)

Ci-dessus: *vue du nord sur la Cité Interdite, nommée aujourd'hui* Gu Gong *(«Ancien Palais Impérial»). Ce complexe de 720000 m² fut érigé pendant la période Ming, de 1407 à 1420, grâce aux efforts de plus de 200000 travailleurs. Toutes les constructions sont disposées sur trois axes parallèles nord-sud. Les appartements privés étaient établis au nord, tandis que les bâtiments servant à des fonctions publiques se trouvaient au sud.*

avec des paysans rebelles maintenus quasiment en esclavage sur les énormes domaines — exonérés de tout impôt — de l'aristocratie mongole. Surtout dans le Sud, les conditions de vie intolérables et l'abus de taxation suscitèrent en mille endroits la formation de «bandes de brigands».

Bien que le centre du pouvoir à Pékin fut continuellement affaibli par des luttes intestines pour la succession au trône (30 pourcent des empereurs furent assassinés) les insurrections souvent d'orientation nationaliste furent tout d'abord jugulées. Pour la première fois y participait la société secrète du «Lotus Blanc», plus tard fréquemment impliquée dans des révoltes. Le contrôle du sud de la Chine échappa graduellement aux Mongols à partir de 1340, lorsque plusieurs catastrophes naturelles, des famines et une inflation galopante du papier-monnaie aggravèrent encore une situation déjà instable. Les «délices» de la vie chinoise n'avaient pas amélioré les talents militaires des Mongols.

Après avoir éliminé au combat divers rivaux pour le pouvoir, l'ancien moine-mendiant bouddhiste Zhu Yuanzhang (1328-1398) s'était placé à la tête du puissant mouvement rebelle des Turbans Rouges, fort de centaines de milliers de combattants. Au début de 1368, il fonda à Nankin la dynastie des Ming. Pékin tomba la même année. Le dernier empereur Yuan et ses fidèles furent repoussés dans la steppe mongole d'où ils avaient surgi au siècle précédent.

La période Ming

(de 1368 à 1644 ap. J.-C.)

Malgré la belle épithète de la nouvelle dynastie (Ming signifie «lumineux, rayonnant»), on hésite à lui accorder cette qualité quand on l'envisage dans son ensemble. Les interminables luttes de factions à la Cour, où les eunuques détestés jouèrent un rôle de plus en plus excessif, la vénalité croissante des fonctionnaires, le despotisme qui caractérisa à divers degrés l'exercice du pouvoir par tous les empereurs: tout cela compose un tableau plutôt sombre.

Ce fut Zhu Yuanzhang, premier empereur Ming, de son nom de règne Hongwu, qui fonda cette autocratie débridée. Hongwu développa une attitude de mépris à l'égard des personnes et une méfiance sans mesure envers les fonctionnaires de son entourage, dont il dépendait malgré tout. Il avait été très influencé par les techniques de gouvernement brutales des Mongols. Psychologiquement, le premier empereur Ming était un prodige de misanthropie doublé d'une personnalité relativement fruste selon les critères confucéens. Sous son règne, la bastonnade (*Ting Zhang*) infligée aux hauts fonctionnaires de la Cour, bien souvent pour des vétilles — une faute d'orthographe dans une requête, par exemple —, devint une institution permanente de la dynastie. Des centaines de serviteurs de l'Etat furent ainsi rossés, et il n'était pas

Après l'entrée par la Wumen, *porte principale au sud (38 m de hauteur), dont les envoyés Hollandais du 18ᵉ siècle supposaient encore que c'était le Palais Impérial proprement dit, le regard du visiteur découvre les cinq ponts en marbre qui enjambent le* Ruisseau aux Eaux d'Or *et les portes, à l'arrière-plan, dont au centre celle de la Suprême Harmonie* (Taihe Men).

rare qu'ils y laissent la vie (on compta en 1519: 146 battus, dont 11 morts). Cette procédure dégradante paraît encore relativement anodine en regard des «nettoyages» qui, rien qu'entre 1380 et 1393, liquidèrent plus de 10 000 fonctionnaires et leurs familles sur lesquels pesaient de vagues soupçons de conspiration.

Sur le plan institutionnel, Hongwu mit fortement l'accent sur sa conception de la position suréminente du Fils du Ciel. Il décima ses anciens compagnons d'armes, au lieu de les récompenser. Il supprima la dignité de chancelier (conseiller d'Etat responsable des décrets), qui datait du début de l'empire. Les prérogatives de cette fonction permettaient à son détenteur de compenser dans une certaine mesure les lubies despotiques d'un souverain non tempéré par l'éthique confucéenne, partie essentielle de l'éducation habituelle des princes. Toutes les décisions devaient désormais être soumises au Fils du Ciel en personne. Elles étaient préparées par six ministères, selon le modèle Tang, pour le secteur civil et par cinq dignitaires de même niveau pour le domaine militaire. La quantité de travail, rapidement insurmontable par une seule personne, conduisit à la création du *Neige* («Pavillon de l'Intérieur»), conseil de lettrés qui, à la différence de leurs homologues du passé, ne jouissaient plus des pleins pouvoirs d'exécution.

Au niveau de la province, en vue de prévenir le danger d'autonomie régionale l'autorité administrative suprême fut scindée en trois domaines: administration générale, affaires militaires et sécurité. Les chefs des grandes armées organisées pour combattre les Mongols, devenus plus puissants, ne recevaient leur commandement de l'empereur que pour la durée d'une campagne. Une police secrète redoutée, qui n'avait de comptes à rendre qu'à l'empereur, soumettait l'appareil administratif et ses fonctionnaires à un contrôle intensif. Sa direction tomba vite aux mains des eunuques abhorrés, à la loyauté desquels les Fils du Ciel se fiaient désormais davantage qu'à celle de leurs fonctionnaires. Les eunuques ayant aux dépens des fonctionnaires normaux reçu des empereurs des pouvoirs exécutifs considérables en d'autres domaines, les écrits historiques des confucéens orthodoxes décrivent volontiers la période Ming comme l'exemple-type du gouvernement insensé des eunuques.

Les modifications de la pyramide administrative engendrèrent une concentration maximale du pouvoir central dans la personne de l'empereur, changement qui devait se maintenir

«Le condamné se rendit spontanément au Wumen (la tour principale de la Cité Interdite)... Tout le long du chemin menant à la place où devait avoir lieu la bastonnade se tenaient, sur deux rangs, des soldats serrant fermement dans leurs mains de solides bâtons... Au moment où arriva le prisonnier enchaîné, les prévôts crièrent d'une voix perçante: «Tenez les goudins prêts». Alors, un homme plus décidé sortit des rangs et leva son arme au-dessus des cuisses du délinquant. Un ordre fut lancé: «Frappez», et après trois coups vint un nouvel ordre: «Frappez avec méthode»... Ensuite, les condamnés ne donnaient plus aucun signe de vie.»

Rapport sur la bastonnade
destiné aux fonctionnaires royaux
à l'époque Ming (extrait du Minsingfazhi).

Page de gauche : *l'éléphant de bronze doré du jardin nord de la Cité Interdite symbolise un règne inébranlable et paisible.*

Ci-dessus : *un lion, symbole du pouvoir et de la force, garde avec une lionne le Palais de la Quiétude et de la Longévité* (Ningshou Gong) *de l'empereur Qianlong.*

jusqu'à la fin de l'empire de Chine. Comme pendant la période Song, les examens étaient la condition sine qua non du recrutement de fonctionnaires. La promotion de l'instruction publique au niveau local permit à de plus en plus nombreux candidats issus des classes défavorisées d'accéder aux grades académiques. La rançon de cette mobilité sociale inédite fut que les nouveaux fonctionnaires, n'ayant pu achever leur formation qu'au prix des plus grands sacrifices financiers de leurs familles, amélioraient souvent leur salaire relativement modique à l'aide de pots-de-vin.

L'essor du roman écrit en langue vernaculaire alla de pair avec l'éducation croissante de plus larges couches de la population. Le roman était soit de type historique comme le *Sanguo Zhi Yanyi*, soit de nature pornographique comme le *Jin Ping Mei*, soit encore du domaine du suspense comme le *Bao Gong*, etc. Parmi les livres techniques les plus connus, citons le *Bencao Gangmu*, la plus importante compilation des connaissances en pharmacopée, opérée sous la direction de Li Shizhen (1518-1598), et le *Tian Gong Kai Wu* publié en 1637 qui, préparé avec le soutien de l'Etat et la collaboration de 2169 lettrés pour transmettre à la postérité la totalité du savoir écrit, reste avec ses 22900 volumes (*Juan*) l'encyclopédie générale la plus volumineuse jamais publiée en Chine. On ne réalisa que deux copies manuscrites de cet ouvrage, qu'à l'exception d'un millier de volumes les guerres devaient anéantir.

Comme figure saillante parmi les lettrés, citons le philosophe et pédagogue Wang Yangming (1472-1528) qui remit en question une partie du néo-confucianisme sclérosé par l'orthodoxie. Il insista notamment sur l'élément subjectif dans l'homme et sur le savoir inné (*Liang Zhi*), seul approprié à l'expérience du monde. Les efforts des missionnaires chrétiens, entamés au 16e siècle, n'eurent qu'une influence insignifiante dans l'histoire de la pensée chinoise, mais quelques prédicateurs fameux, tels les jésuites Matteo Ricci (1552-1610) et Adam Schell von Bell (1591-1666), jouirent pourtant, en raison de leurs connaissances spécialisées en certains secteurs des sciences naturelles et techniques, d'une réelle notoriété dans les cercles de la cour impériale.

Le troisième empereur Ming, Chengzu (1403-1424), de son nom de règne Yongle («Joie Eternelle»), mérite une mention particulière. La Chine devint alors pour peu de temps la force maritime la plus impressionnante de l'Extrême-Orient et peut-être du monde entier. Sous le gouvernement de l'eunuque Zhang He (1371-1435), l'Etat envoya vers le Sud-Est asiatique, l'Inde, le golfe Persique et la côte orientale de l'Afrique des flottes énormes qui, au cours de sept grands périples de plusieurs années chacun, abordèrent en tout 30 pays. Au premier voyage (1405), quelque 28000 hommes s'embarquèrent, répartis sur plus de 60 navires dont le plus grand était long de près de 100 mètres. Ils emportaient de grandes quantités d'or, de soieries et de porcelaines.

Les motivations de ces entreprises restent vagues. Sans doute ne visaient-elles que dans une très faible mesure des objectifs de politique commerciale. Il devait plutôt s'agir d'une démonstration de force destinée à convaincre le plus grand nombre possible d'Etats d'outre-mer du caractère exceptionnel de la Chine et de son souverain, et de les inciter à reconnaître par un tribut la suprématie de l'Empire du Milieu. Au besoin, des cadeaux généreux tirés du précieux chargement des navires pouvaient sans délai être distribués en gage. Le brusque arrêt de ces expéditions en 1433 est très probablement lié à des difficultés financières qui expliquent les guerres continuelles contre les Mongols, sur lesquels cependant

Page de gauche : *les empereurs Ming et Qing firent décorer de faïences luxueuses les murs pourpres qui menaient à leurs quartiers privés. Cette paroi flanque la Porte de la Pureté Céleste* (Qianqing Men).

Ci-dessus : *on pensait que les deux lions dorés devant le Pavillon de la Nourriture de l'Esprit* (Yangxing Dian) *ne donneraient l'accès qu'aux hommes au cœur pur. Ce palais, rénové en 1723, fut le quartier privé préféré des trois derniers empereurs Qing.*

aucune victoire décisive n'a pu être remportée : aménagement à grande échelle de Pékin, nouvelle capitale de la Chine depuis 1421 ; restauration du Grand Canal, ensablé sur de longues portions ; enfin, construction sous Chengzu de la nouvelle Grande Muraille, structure d'environ 8 m de haut et de 6 à 7 m de large comportant deux murs de briques massifs entourant un noyau de terre ou de galets (d'un coût plus élevé que les précédentes, cette dernière peut être aujourd'hui visitée en partie).

Cet ouvrage gigantesque témoigne du danger permanent auquel la Chine devait faire face le long de sa frontière nord. Sur la côte du sud-est pesait par ailleurs la menace de plus en plus pressante des pirates. Le point critique fut atteint en 1553 quand, avec le soutien d'alliés autochtones, des pirates japonais assaillirent plusieurs villes côtières et pillèrent des régions entières du littoral. Il fallut plus de dix ans de combats pour écarter ce péril. Sous les Ming, l'armée était en général constituée des soldats de métier casernés dans des garnisons et subvenant à leurs propres besoins par l'exploitation de champs alloués par l'Etat. Les fils remplaçaient automatiquement leurs pères vétérans, invalides ou défunts. Des milices encadraient cette force de frappe.

Pour relancer l'économie, ébranlée par les combats du 14e siècle contre les Mongols, les empereurs Ming avaient encouragé les paysans à remettre en culture le plus grand nombre possible de zones laissées en friche en leur fournissant gratuitement les moyens nécessaires (semences et bêtes de labour). Trois ans d'exonération d'impôt et l'octroi de terres en propriété récompensaient le colon qui les cultivait. Soutenue par un programme public d'irrigation et d'amélioration des sols, la production agricole connut une prompte et notoire augmentation. La culture de nouvelles plantes vivrières (maïs, patate douce, arachide, etc.) contribua à cette prospérité, ainsi que la culture accrue du coton, commencée dès le temps des Song.

Comme le secteur agricole, l'artisanat et les manufactures jouirent alors d'un grand essor. On vit des progrès techniques remarquables dans la production du fer, le filage et le tissage, le travail de la laque, l'imprimerie et la construction navale. Les porcelaines chinoises fabriquées chaque année par dizaines de milliers de pièces rien que dans le Jingdezhen (au nord-est du Jiangxi) étaient exportées en très grand nombre vers l'Occident par les marchands européens. Les impôts furent d'abord dans l'ensemble assez modérés, puis ils s'accrurent d'une foule de taxes nouvelles et de toutes sortes de corvées (auxquelles on pouvait suppléer par un versement en argent liquide). Une réforme fiscale au cours de la seconde moitié du 16e siècle apporta une simplification sensible : cumulées, les exigences de l'Etat se ramenèrent dès lors à un seul impôt annuel, payable en argent. Mais les taxes augmentèrent encore. Des percepteurs nommés par Pékin harcelaient les villes.

A l'instar de toutes les dynasties du passé, les Ming ne trouvèrent pas le moyen d'empêcher la progressive concentration des terres dans les mains d'une minorité, privilégiée en outre par la fiscalité. Vers la fin de la dynastie, dans les régions de la Chine où, comme aux alentours du Taihu (lac situé à l'ouest

A gauche : *« Tour de la stèle » du Dingling, devant l'entrée au palais funéraire souterrain de l'empereur Wanli, mort en 1620.*

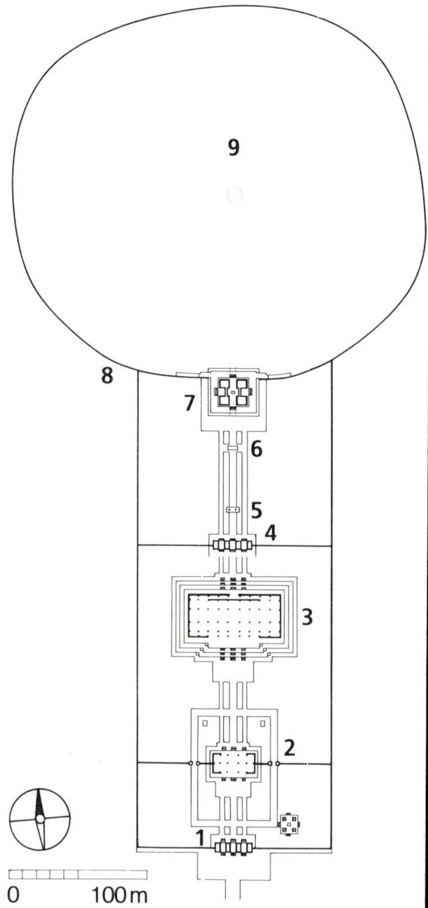

Plan du Changling
(complexe funéraire de l'empereur Yongle, construit de 1409 à 1424)

1. Porte d'Entrée (*Lingmen*)
2. Porte des Faveurs Eminentes (*Lingen Men*)
3. Salle des Faveurs Eminentes (*Lingen Dian*)
4. Porte Rouge (*Pailou Men*)
5. Sanctuaire-*Qilin*
6. Autel (*Wugongzhou*)
7. Tour de la Stèle (*Ming Lou*)
8. Mur de soutènement (*Baocheng*)
9. Tumulus (*Boading*)

de Shanghai), l'agriculture était la plus développée et les récoltes les plus riches, 90 pourcent des familles étaient formées de fermiers sans terre. Les taxes extraordinaires exigées lors des ruineuses expéditions militaires en Corée, pays qu'il fallut défendre contre les deux invasions japonaises de 1592 et de 1597, mirent le comble au désarroi économique. Enfin, une famine catastrophique, survenue au Shaanxi, déclencha la révolte des paysans. En avril 1644, ils s'emparèrent de Pékin, à peine défendue. Leur chef Li Zicheng (1606-1645) avait trouvé un slogan plein d'originalité : « Distribuer les terres de manière égalitaire et supprimer les impôts. »

La dynastie connut sa fin avec le suicide de l'empereur Ming en exercice, déjà affaibli sans retour par les constantes querelles entre les cliques de la Cour et la mauvaise gestion qui en résultait. Li Zicheng se proclama aussitôt empereur d'une nouvelle dynastie Shun. Défaite par les Mandchous, celle-ci périt deux mois plus tard avec son fondateur. La prise de Pékin par les Chinois insurgés n'avait en effet pu réussir que par un effet de surprise, le gros de l'armée des Ming se trouvant en ce moment en campagne dans le nord-est pour tenter d'enrayer l'expansion des Mandchous. Ce nom (en chinois : *Manzhou*) avait été officiellement adopté en 1635 par diverses peuplades Jürchen qui, sous la direction de Nurachi (1559-1626), avaient après maintes guerres d'unification et à la faveur d'habiles alliances avec les Mongols fondé un puissant Etat, inspiré sur bien des points du modèle chinois. La prise du pouvoir par Li Zicheng, ce fils de paysan, mit Wu Sangui (1612-1678), le général en chef de l'armée Ming du nord-est, devant une alternative cruelle : soutenir la populace ou les Mandchous. Il opta pour le parti étranger, dont il espérait manifestement une plus sûre reconduction de ses privilèges. Avec son aide, les troupes mandchoues culbutèrent l'armée des rebelles, déchaînant une anarchie totale. En juin 1634, elles prirent Pékin.

Fulin (1638-1661), un petit-fils de Nurachi, le véritable pionnier du nouveau pouvoir mandchou, fut intronisé alors qu'il n'était encore qu'un enfant. Mais la personnalité dominante de ce temps fut l'un des deux régents en fonction, Dorgon (1612-1650), un fils de Nurachi qui, non content d'avoir dirigé l'invasion, allait remporter au cours des années suivantes avec l'appui de collaborateurs chinois de grandes victoires dans la conquête du centre et du sud de la Chine. C'est grâce à lui que la dynastie Qing, fondée dès 1636 à Moukden (Mandchourie), réussit à étendre sa domination à toute la Chine et à s'affirmer comme légitime héritière des Ming.

La période Qing
(de 1644 à 1850 ap. J.-C.)

Les combats livrés par les conquérants, dont le nombre représentait à peine 2 pourcent de la population chinoise, se prolongèrent plusieurs dizaines d'années durant. Dans la Chine du Sud, divers princes fidèles aux Ming ou qui se disaient tels pour masquer leurs ambitions personnelles livrèrent une résistance acharnée. La victoire militaire définitive des Mandchous et la soumission de tout le pays s'expliquent en premier lieu par la collaboration des militaires chinois. Traîtres dès la première heure, ils soutinrent les envahisseurs tandis que la majorité de la population demeurait passive, espérant que sa condition s'améliorerait sous le nouveau gouvernement.

Ci-dessus : *une porte de marbre érigée en 1540 marque l'entrée aux tombes des Ming. La nécropole située à quelque 50 km au nord-ouest de Pékin, devant les monts Tanshou, enserre un total de 13 mausolées couvrant une surface de près de 40 m^2. Du début des travaux au Changling en 1409, jusqu'à la fin du Engling en 1644, la nécropole fut déclarée zone interdite.*

En 1681, avec l'écrasement des « Trois Feudataires » (*San Fan*), la résistance anti-mandchoue s'éteignit sur le continent. Les *San Fan*, les trois principaux artisans chinois de la conquête du pays — dont faisait partie Wu Sangui déjà nommé —, gouvernèrent en princes féodaux pendant de nombreuses années une grande partie de la Chine du Sud avec l'agrément du nouveau pouvoir suprême, mais ils devinrent progressivement une menace pour le pouvoir Qing et il fallut prendre des mesures pour les destituer. Craignant de perdre leurs privilèges, ils soutinrent la révolte dirigée jusqu'à sa mort en 1678 par Wu Sangui, qui s'était lui aussi proclamé empereur. Finalement, la lutte des derniers loyalistes Ming importants se termina en 1683 avec l'occupation de Taiwan par les troupes des Qing, qui placèrent ainsi l'île sous le contrôle du gouvernement central.

Zheng Chenggong (1624-1662) se replia en 1661 sur Taiwan après des assauts infructueux contre les Mandchous. En 1645, un prince Ming l'avait honoré du nom du clan dynastique déchu, Zhu, ainsi que du titre *Guo Xing Ye* (« Excellence au nom de famille du royaume ») qui, légèrement altéré en Koxinga, le désigne dans la littérature occidentale. Au cours de sanglants combats, Koxinga chassa de Taiwan les Hollandais venus de Batavia et établis dans l'île avec un contingent militaire. Son fils lui ayant succédé, Taiwan demeura sous le régime du clan Zheng jusqu'en 1683.

La coiffure imposée à tous les Chinois (avec le devant du crâne entièrement rasé, à la mandchoue) manifestait à tous la domination étrangère des Qing. Comparée à l'occupation mongole, l'occupation Qing fut dans l'ensemble assez douce. Les nouveaux maîtres n'arrivaient pas en conquérants destructeurs : ils se voulaient seulement les gardiens critiques de l'héritage Ming. C'est ainsi que les traditionnels examens d'Etat d'aptitude à la carrière administrative restèrent obligatoires, sauf pour les candidats mandchous. Le système administratif de la dynastie déchue fut également repris pour l'essentiel. Mais des ordonnances capitales prévinrent la formation par les eunuques d'un groupe de pression politique comparable à celui du passé. Toutes les fonctions centrales importantes furent exercées à parité par des Mandchous et par des Chinois.

Le troisième Fils du Ciel Qing fonda en 1730 un groupe de gestion interne, le *Jun Ji Chu*, littéralement le « Bureau des affaires militaires », composé en règle ordinaire de trois Mandchous et de deux Chinois. Réuni dès l'aube, cette espèce de conseil d'Etat délibérait tous les jours des affaires militaires et de toutes les questions civiles importantes sous la direction de l'empereur, « bûcheur » notoire. Ce conseil transmettait ses décisions à l'exécutif. De manière générale, les dix-huit provinces situées en deçà de la Grande Muraille étaient administrées par un gouverneur chinois (*Xun Fu*), tandis qu'un gouverneur général (le plus souvent mandchou), nommé quelquefois « vice-roi » (*Zongdu*), supervisait en moyenne deux provinces.

Xun Fu et Zongdu commandaient aussi les « Bataillons Verts » (*Lu-Ying*), forts de près de 500 000 hommes au total et nommés d'après la couleur de leurs drapeaux. Sous-équipées et mal payées, ces unités composées de Chinois Han assuraient des

missions de police aussi bien que la répression des troubles locaux. Les troupes de choc, organisées en « bannières » et commandées sans exception par des généraux mandchous, avaient un rôle militaire plus important. Gardiennes du pouvoir de la minorité mandchoue, elles stationnaient au voisinage de la capitale Pékin, aux frontières et à tous les points stratégiques de l'empire. Ces bannières, que Nurachi avait commencé à organiser en 1601, étaient des unités militaires et administratives désignées selon la couleur du drapeau qui leur était assigné et qui pouvaient déployer à la demande des cavaliers ou de l'infanterie pour des opérations militaires. Elles étaient aussi responsables de tous les actes de gestion civile concernant leurs membres respectifs, qui en temps de paix gagnaient normalement leur vie — quand ils ne vivaient pas, ainsi qu'il en alla souvent par la suite, dans l'oisiveté. En 1644, les 24 bannières existantes, dont 8 mongoles et 8 chinoises, pouvaient mobiliser 169 000 combattants. Au 18e siècle, leurs effectifs avaient doublé (± 350 000 hommes) mais, au fur et à mesure de cette augmentation, le confort et surtout la corruption en diminuèrent la valeur militaire.

C'est aussi pour affermir leur pouvoir et maintenir leur identité culturelle que les Mandchous imposèrent le bilinguisme dans la correspondance officielle, sans réussir cependant à empêcher que la primauté du chinois finisse inexorablement par s'affirmer. On rapporte que, vers la fin de la dynastie, les empereurs Qing eux-mêmes avaient des difficultés avec l'écriture mandchoue, spécialement développée au début du 17e siècle sur la base de l'écriture mongole. Le processus graduel de sinisation était irréversible : on en vint même à imiter les extravagances chinoises. Il fallut à maintes reprises répéter le décret interdisant d'estropier les femmes mandchoues par la déplorable coutume des « Fleurs de lotus d'or » (*Jin lian*), c'est-à-dire des pieds bandés, qui était imposée depuis le 10e siècle aux Chinoises des familles aisées.

Page de gauche : *à l'exemple de l'architecture baroque européenne connue à la cour chinoise par des gravures, l'empereur Qianlong se fit construire, entre 1749 et 1767, une série de bâtiments d'un palais à Yuanming Yuan, au nord-ouest de la capitale. Les installations qui visiblement n'étaient plus utilisées par les successeurs de leur bâtisseur furent détruites par les troupes coloniales franco-britanniques, en 1860.*

A droite : *12 statues de fonctionnaires civils et militaires ainsi que 24 sculptures monumentales d'animaux s'alignent comme gardiens sur la Voie sacrée* (Shendao) *menant aux tombeaux des empereurs Ming.*

L'apogée de la dynastie étrangère est associé aux règnes exemplaires de Kangxi (1661-1722) et de Qianlong (1736-1796). En plus de ses mérites dans le domaine culturel, il faut citer parmi les points saillants des soixante et une années du règne de l'empereur Kangxi la consolidation définitive de l'empire derrière la Grande Muraille, de judicieux travaux hydrauliques pour vivifier l'agriculture, l'exemption d'impôts pour les fermiers sans terres, un bien-être assuré pour beaucoup, l'augmentation du traitement des fonctionnaires pour tempérer les tentations de la corruption et la magnanimité envers les intellectuels obstinément fidèles à l'Ancien Régime des Ming.

Ainsi, 1716 vit paraître le *Kangxi Zidian*, le dictionnaire traditionnel chinois le plus complet. En 1725, on termina le *Gu Jin Tu Shu Ji Cheng*, la plus grande encyclopédie chinoise imprimée, compilée par décret impérial et ordonnée par matières (plus de 100 millions de mots sur 852 000 pages dans sa première édition). Le cas isolé de la dynastie mongole excepté, la Chine atteint sa plus grande extension sous l'empereur Qianlong. Comme son grand-père Kangxi, il régna très longtemps (officiellement 60 ans, en fait 63) et fit tout pour passer dans l'histoire comme un empereur confucéen au sens strict du terme. Le Xinjiang (Sinkiang), la Mongolie, le Tibet et la Mandchourie devinrent parties intégrantes de l'empire chinois. Ces régions n'avaient auparavant connu du Fils du Ciel qu'une autorité partielle, temporaire ou nominale. En anéantissant les Dzoungares (Mongols de l'Ouest), l'empereur Qianlong élimina une fois pour toutes de l'Asie centrale la puissance mongole qui accablait la Chine depuis des siècles. L'empereur Kangxi avait déjà soumis les Mongols de l'Est.

Au début du 18e siècle, la Chine jouissait toujours d'un certain essor économique. Rien qu'à Nankin, il y avait plus de 300 000 métiers à tisser. Les mines du sud occupaient 10 000 mineurs, si ce n'est davantage, à la production du charbon et des minerais destinés à la métallurgie des métaux précieux ou non ferreux. Certains hauts fourneaux du sud atteignaient une production quotidienne de deux à trois tonnes de fonte brute. Bien des entreprises de traitement de thé du Guangdong employaient au moins 500 travailleurs. A Jingdezhu, la fameuse cité de la porcelaine, on comptait plus de 100 000 ouvriers. Une indéniable tendance vers un type d'économie capitaliste est ici sensible mais les autorités surent entraver une évolution analogue à celle de l'Europe par les nombreuses restrictions qu'elles

imposèrent à la liberté du commerce. Le principe d'autarcie gouverna sans discontinuer le système économique chinois.

Dans le domaine de la littérature, l'empereur Qianlong s'avéra un mécène ambigu. On vit se constituer sous son impulsion la meilleure et la plus complète bibliographie annotée de la Chine traditionnelle, offrant un compte rendu détaillé de plus de 10 000 ouvrages, dont une partie se trouvait dans la nouvelle bibliothèque impériale, construite peu auparavant. Mais le Fils du Ciel fit un bien contestable usage des travaux bibliographiques ainsi exigés : il ordonna la destruction des milliers de livres qui, par leur opposition aux Mandchous ou par une prétendue infériorité littéraire, n'avaient pas trouvé grâce aux yeux des censeurs. Maints ouvrages populaires, comme les romans les plus connus de la période Qing, le *Hong Lou Meng* («Le Rêve dans le Pavillon Rouge»), sorte d'anticipation chinoise des *Buddenbrook* de Thomas Mann, et le *Ru Lin Wai Shi* («Chronique indiscrète des Mandarins»), satire du système des examens et du parcours ardu qu'il imposait à l'aspirant à l'élite, jamais repris dans la grande bibliographie, échappèrent ainsi à la destruction.

Vers la fin du 18e siècle se multiplièrent les signes annonciateurs du déclin de la dynastie et de la fin de la prospérité générale. Les troupes de choc des bannières, d'une qualité militaire faiblissante, ne réprimèrent qu'avec peine les rébellions du Lotus Blanc (1796-1805) et de l'Ordre Céleste (1813), mouvements insurrectionnels d'inspiration bouddhiste et messianique qui voulaient hâter l'avènement d'un ordre juste sur terre en renversant l'ordre établi. Le vieux démon de la corruption se réveilla en de frauduleuses augmentations des impôts.

Un cas très symptomatique, bien que d'une gravité exceptionnelle, est celui du Mandchou Heshen (1750-1799), un dignitaire de la Cour, favori du vieil empereur Qianlong. Lorsque furent découverts ses détournements, qui l'avaient conduit jusqu'au trafic d'opium, il avait accumulé des biens d'une valeur de 300 millions de *liang*, dont 80 millions en argent (près de 5 milliards de francs). Le pays devait par ailleurs maîtriser les conséquences d'une explosion démographique sans précédent. Selon une étude chinoise récente (1985), en 1753 quelque 740 000 km² de terres cultivées subvenaient aux besoins de quelque 184 millions de Chinois, tandis qu'en 1833 la même superficie devait nourrir plus du double de cette population (399 millions). Les quelque 576 kg de vivres par an (maïs et patate douce compris) dont chaque habitant disposait en 1753 se réduisaient en 1833 à moins de la moitié (266 kg par personne), quantité du reste inférieure de près de 50 pourcent à la récolte moyenne durant la période Han, plus de 1 500 ans auparavant.

Dans la première moitié du 19e siècle, des catastrophes naturelles accentuèrent la crise. C'est alors qu'entrèrent en scène de façon de plus en plus marquée les puissances coloniales européennes, surtout l'Angleterre, à la politique commerciale de plus en plus agressive et souvent teintée d'outrecuidance. Le commerce avec l'Occident était très réglementé. Depuis 1760, il ne pouvait plus se pratiquer qu'à Canton, par le biais de marchands chinois dûment patentés. C'était une épine dans le pied des Britanniques, avides d'étendre leurs activités. Leurs efforts diplomatiques à cet égard demeurèrent stériles. Du point de vue officiel chinois, le commerce extérieur était chose accessoire,

Page de gauche : *comme pour les tombes Ming, des « chemins de l'âme » (ou Voies sacrées) bordés de sculptures monumentales d'animaux conduisent aux tombeaux.*

Ci-dessus : *les tombeaux impériaux de la période Qing s'inspirent de précédents du temps des Ming. La nécropole impériale de l'ouest* (Xiling)*, à 100 km à l'ouest de Pékin, mesure plus de 100 km de pourtour et comprend 14 tombeaux, dont 4 de Fils du Ciel. La nécropole orientale* (Dongling)*, à 150 km à l'est de la capitale, s'étend sur une zone de 125 × 20 km et englobe 15 tombeaux avec 155 sépultures.*

une « fleur » que faisait l'empereur aux « Barbares » dans le cadre vénérable du système de tribut. Cependant, il était également le bienvenu. Thé et soieries, les deux grands atouts de l'exportation chinoise, devaient être payés en argent.

Hormis de coûteux articles de luxe comme les montres, les produits européens ne trouvaient pas de débouché en Chine. Cette situation eut indéniablement des effets positifs sur le système monétaire chinois — fondé sur l'argent (et à un moindre degré le cuivre). Jusque vers 1830, elle assura une balance commerciale positive. Puis les rapports s'inversèrent : des masses d'argent fuyaient la Chine sans contrepartie économique (2 000 tonnes par an en 1834), les recettes de l'exportation du thé et de la soie ne suffisant plus à payer l'opium importé en Chine par contrebande. Des marchands anglais sans scrupules avaient découvert une veine de gains faciles dans la vente illégale d'opium indien aux Chinois. Ils firent tout pour en intensifier le trafic (environ 30 000 caisses par an).

Soucieux de préserver ses sujets de ce danger croissant, le gouvernement Qing délégua spécialement à Canton le commissaire impérial Lin Zexu (1785-1850) pour qu'il y fasse cesser la contrebande de l'opium. En 1839, ce dernier confisqua et brûla plus de 1 000 tonnes de cette drogue, propriété de marchands anglais. Le gouvernement britannique y trouva prétexte à déclencher la première guerre de l'Opium (1840-1842) au nom de la « liberté du commerce ». Sous les coups de la technique militaire supérieure des Occidentaux, la Chine dut alors admettre que son long isolement volontaire et une confiance illimitée en sa supériorité morale et culturelle l'avaient égarée et qu'elle devrait en subir les conséquences. La paix forcée de Nankin (1842) ne fut qu'un prélude à d'autres traités inégaux où la Chine fut contrainte par les armes à des concessions qui réduisirent sa souveraineté (concession définitive de Hong Kong, extra-territorialité pour les étrangers dans les cités portuaires ouvertes de force au commerce, clause de la nation la plus favorisée, etc.).

Un siècle d'humiliations commençait pour l'Empire du Milieu. Harcelée du dehors, minée au-dedans par des difficultés innombrables et toujours plus aiguës (la révolte des Taiping de 1850 à 1864 fera près de 20 millions de morts), la Chine, qui avait été si longtemps l'Etat le plus puissant et le plus brillant de l'Asie ; la Chine, qui avait façonné et fécondé près de deux millénaires de culture et de civilisation en Extrême-Orient, sombra peu à peu dans la décadence jusqu'en 1911, date de la révolution.

L'Etat et la société

« IL EST difficile de s'accommoder des femmes et des êtres inférieurs. Soyez gentil avec elles, elles deviennent exigeantes. Tenez-les à distance, elles sont mécontentes. » Les femmes d'aujourd'hui seraient certainement choquées de cette maxime du sage Confucius, un des Chinois les plus célèbres et les plus vénérés de l'histoire. Avec des fluctuations, l'influence de ses réflexions exprimées voici plus de 2 500 ans s'est exercée de manière continue, déterminant les rapports entre les sexes. Depuis l'époque de Confucius au moins, la femme est restée soumise à l'homme. Un ordre hiérarchique strict régnait dans la famille chinoise, cellule de base de l'Etat, tout comme dans la grande communauté, celle que constitue l'Empire.

La Chine ne serait pas la Chine, ce pays comptant parmi ses traditions les plus anciennes la philosophie dialectique du *Yin* et du *Yang*, si elle n'avait rien eu à opposer aux vues extrémistes de Confucius. La conception misogyne du Grand Sage est combattue par l'opinion que la femme chinoise n'était pas opprimée, mais que bien au contraire elle dominait au sein d'une société carrément matriarcale. Ces deux points de vue peuvent se justifier ; tous deux s'appuient sur des sources historiques classiques et sont conditionnés par la philosophie chinoise. En Chine, le dualisme est une méthode de pensée.

Le matriarcat caractérise les débuts de l'histoire chinoise. C'est la femme et non l'homme qui transmettait son nom aux enfants. Le père était insignifiant et certains enfants ne connaissaient même pas le leur. Permettons-nous à ce propos une digression assez éclairante. L'injure « Fils de tortue ! » (*Wangbadan*) est considérée jusqu'à nos jours par les Chinois comme la plus infamante, et ils y réagissent en conséquence, souvent violemment. Les tortues déposant leurs œufs n'importe où et laissant le soleil les couver, il est impossible d'identifier « la mère ». Les fils de tortue sont donc « sans mère », situation manifestement méprisable.

Dans l'écriture chinoise, on trouve des indices d'un statut élevé, sinon dominant, de la femme aux temps archaïques. Le signe d'écriture pour « nom de famille » (姓 *xing*) combine les caractères « femme » (女) et « engendrer » (生) et on peut en conclure qu'anciennement on honorait le clan, le lignage, comme ce qui était « engendré par les femmes ». Le *Livre des Rites* (*Liji*) évoque de la manière suivante l'ordre matrilinéaire : « Les mères des saints du passé furent fécondées par le ciel et conçurent ainsi leurs enfants, voilà pourquoi on nomma ces derniers les Fils du Ciel. » Nulle mention d'un père ancestral, sans intérêt dans le cadre du matriarcat.

La femme perdit sa fonction prépondérante, base de la structure sociale, à l'époque de l'Etat féodal des Zhou, dans la première moitié du Ier millénaire av. J.-C. Toutefois, dans le cadre de la famille, elle conserva sa position dominante de maîtresse de maison. On le voit encore aujourd'hui : ainsi l'idéogramme « paix » (安 *An*) se compose du symbole de la femme, sous un toit.

L'homme représente la famille au-dehors ; la femme veille à sa cohésion interne et cette division de l'autorité s'inscrit dans la tradition chinoise et s'apparente à la destruction opérée entre les catégories du *Yin* (féminin) et du *Yang* (masculin). La famille dépasse les contradictions ; elle symbolise la « grande unité » désirée ardemment par les taoïstes comme par les confucéens. Elle est le microcosme correspondant au macrocosme, « l'ordre en petit » tel qu'on le conçoit aussi « en grand ».

Cette peinture d'un artiste anonyme de la période Ming représente une famille de notables. Durant la période Han surtout, les membres de cette classe furent les véritables détenteurs du pouvoir de l'Etat. Ils tiraient leurs revenus de leurs énormes propriétés foncières et d'ateliers d'artisanat. Leur richesse leur permettait d'exercer une grande influence : ce sont les membres des familles de la « gentry » qui assuraient la plupart des fonctions administratives. [New York, Metropolitan Museum]

La division de la société

La structure hiérarchique proposée par Confucius comme ossature de la cellule familiale et donc de l'Etat n'avait qu'une valeur relative dans la Chine ancienne. Les idées du Sage connurent un grand retentissement à la Cour, au sein de la noblesse et de l'élite des lettrés, c'est-à-dire ce qu'on peut appeler la classe dominante. Mais ces idées n'eurent guère d'écho parmi la population sur laquelle s'appuie l'Etat, en l'occurrence les paysans. Ce n'était nullement un fait de mauvaise volonté. Le peuple, constituant environ 90 pourcent des Chinois, resta privé d'une connaissance des écrits de la pensée classique parce qu'il ne participait pas à la culture : la vaste majorité de la population ne savait ni lire ni écrire. « Ceux d'en bas n'existent que pour nous nourrir, nous, ceux d'en haut », disait-on dans les cercles cultivés. Aux yeux des dignitaires et des courtisans, le droit à l'existence des paysans n'allait pas au-delà de cette définition.

Cette profonde cassure dans la société chinoise, séparant analphabètes et lettrés, survécut aux siècles. Ce système de classes antagonistes dura tant que le confucianisme demeura la doctrine officielle de l'Etat, en fait jusqu'à la Révolution littéraire de 1919 qui modifia radicalement la vie intellectuelle. En politique, on avait rompu avec le passé dès 1911, lorsque la dernière dynastie fut privée du trône du Dragon. Mais rien de comparable ne s'était produit dans le domaine socio-culturel que dominait encore l'héritage confucéen, dans l'oubli total des besoins de la majorité du peuple. La révolte des intellectuels, en mai 1919, mit fin à plus de 2 000 ans d'hégémonie du confucianisme, en permettant de combler le fossé entre les classes sociales.

En présentant ces classes, nous avons omis des catégories sociales essentielles au fonctionnement de l'Etat : marchands, artisans et esclaves. On en sait peu de choses : les récits anciens ne les évoquent qu'en passant, ce qui correspond bien au mépris de l'époque pour ces classes. Celui qui était hors de la normalité, de l'ordre social professé par les privilégiés, n'était pas considéré comme un homme valable. Il était donc inconvenant d'en parler.

Certes, au cours des siècles la société chinoise ne demeura pas immuable. Comme l'exige l'histoire elle connut des changements, des bouleversements, des hauts et des bas. La structure de classe participa aussi à ces fluctuations. A certaines époques, les esclaves possédant des talents particuliers — musicien, artisan d'art ou chasseur — accédèrent à des positions enviables. Quelques esclaves, belles et expertes, pouvaient jouir de la protection personnelle de personnages importants. Dans la Chine ancienne, les marchands heureux en affaires parvenaient à accumuler une richesse incalculable, leur permettant de se faire construire des demeures palatiales dans d'immenses jardins et d'habiter au voisinage de dignitaires privilégiés. Ils pouvaient ainsi s'élever socialement, mais toute reconnaissance par les couches dominantes leur restait refusée. Il n'en était pas ainsi pour les artisans, qui n'en demeuraient pas moins d'un statut peu élevé.

La ligne de démarcation isolant l'élite confucéenne de la population inculte divisait encore la société chinoise d'une autre manière. Elle séparait la ville de la campagne. Il faut se dire que la vie quotidienne à la campagne était extrêmement fru-

---

« Leur air hautain emplit la route,
Leurs selles et leurs chevaux luisent à travers la poussière.
— Qui sont ces gens, demande-t-on ?
— Ce sont les nobles de la Cour.
Les ceintures vermillon sont pour tous les ministres,
Les bonnets aux franges pourpres pour les généraux.
Ils se rendent au festin de l'armée
Et leurs montures filent comme les nuages.

Neuf sortes de vin débordent de leurs coupes,
Huit mets précieux tirés de la terre et de la mer sont servis
On pèle les oranges du Lac Tung T'ing,
On cuit les poissons du Lac Céleste.
Repus, les voilà contents,
Ivres, leur orgueil croît.

Cette même année la sécheresse désole le sud du fleuve,
A Ch'ü Chou des hommes mangent d'autres hommes. »

Les nobles et leurs chevaux gras, de Pai Chu Yi.

« On régit un grand Etat comme on fait frire un petit poisson. »

Lao Tseu, Tao Tö King, LX.

« Cinquième jour, douzième mois, an huit,
La neige tombe lourdement.
Bambous et cyprès même meurent de froid,
Que dire des mal vêtus !

Je me tourne vers le village,
Sur dix foyers neuf sont misérables.
La bise perce comme une épée,
Les habits ouatés couvrent à peine les pauvres.
Avec herbes et épines ils font un peu de feu
Et tristement assis ils attendent le jour.
Pendant ces grands froids, je le sais bien,
Les paysans peinent encore plus fort.

Mais moi, en ce jour même,
Je clos la porte de ma demeure.
Vêtu de fourrure ou sous la couverture brodée,
Assis ou couché, je suis bien au chaud.
La faim, le froid me sont épargnés
Ainsi que le labeur des champs.
Tout honteux lorsque j'y songe,
Je me demande qui je suis. »

Le froid cruel du village, de Pai Chu Yi.

Ci-dessus : *assiette décorée d'une scène de la culture du riz. Famille Verte, Période Yongzheng (1723-1734).*
[Amsterdam, Rijksmuseum]

Ci-dessus à droite : *assiette avec une scène de palais. Famille Verte, Période Kangxi (1662-1723).*
[New York, Metropolitan Museum]

gale, triste, monotone, pauvre en distractions. Les paysans ne voyaient pas beaucoup plus loin que l'horizon de leur village. Seul lien avec le monde extérieur, le fonctionnaire local devait, pour obtenir un poste dans l'administration, avoir au moins réussi le niveau inférieur de l'examen confucéen. Il ne se rendait à la ville la plus proche qu'occasionnellement, lorsqu'il était convoqué pour faire son rapport à ses supérieurs. Un tel voyage n'était pas à la portée du simple paysan, qui allait rarement vendre au marché son maigre surplus. Déduction faite des impôts et du fermage, la récolte lui suffisait à peine à alimenter sa famille.

Les autres couches sociales inférieures, tels les artisans et les marchands, pouvaient plus facilement satisfaire leurs besoins en distractions que les paysans. Une minorité d'entre eux vivaient à la campagne. Ils peuplaient les petites villes et les sièges de l'administration, où ils trouvaient toujours des occupations lucratives. Les paysans n'avaient que leurs fêtes annuelles pour rompre le quotidien. Les citadins en revanche disposaient, pour se changer les idées, des jours de fête saisonniers et des marchés à l'occasion desquels bateleurs et acteurs montraient leurs talents : les conteurs excellaient dans les récits traditionnels, les musiciens, les danseurs et les comédiens attiraient de larges groupes de spectateurs. Les citadins commençaient à s'animer le soir à l'heure où les paysans s'endormaient avec les poules. Comment s'étonner dès lors qu'ainsi privilégiés les premiers en vinrent peu à peu à regarder de haut les seconds. Même lorsqu'ils ne savaient ni lire ni écrire et appartenaient à la masse illettrée, comme les paysans, ils n'avaient que mépris pour leurs compagnons d'infortune de la campagne. Cette arrogance de l'habitant des villes s'est enracinée à un tel point dans l'histoire chinoise que Mao tenta en vain pendant des dizaines d'années de susciter une autre attitude par la violence et les déplacements forcés.

La vie à la campagne

Une misère permanente était le sort inéluctable de la population paysanne, épine dorsale de l'économie chinoise. Les paysans produisaient les moyens de subsistance et finançaient par leurs impôts le fonctionnement de l'Etat, sans que ces faits soient reconnus. L'élite (la Cour, l'Armée et les lettrés-fonctionnaires), consciente de ce qu'elle dépendait de leur labeur et disposée donc à prendre des mesures pour assurer leur bien-être, n'entendait pas se dépouiller pour autant, mais faire le nécessaire pour préserver leur capacité de production. Rien n'éclaire mieux la discontinuité énorme entre les paysans — dont tout dépendait en fin de compte — et la classe dominante — qui avait rendu les paysans dépendants d'elle — que ce vieux proverbe chinois : « Le peuple est aussi éloigné de l'empereur que du ciel. » La Cour et les lettrés surent préserver l'intégralité de cette distance.

Le fermage était un moyen de maintenir les paysans à la place qui leur avait été assignée. A certaines époques, ils durent livrer jusqu'à la moitié de la récolte aux propriétaires terriens. Le gouvernement en exigeait une autre fraction. Le solde dérisoire ne permettait pas à la famille paysanne de survivre et la forçait à se procurer un revenu complémentaire dans la chasse, la pêche

«Je parcours du regard chemins et ruelles du village;
Sur dix maisons, huit ou neuf sont misérables.
Le vent du Nord souffle, acéré comme une épée;
Leurs guenilles de coton leur couvrent à peine les os.
Pour se chauffer, ils n'ont que de la paille et des broussailles.
Assis dans la torpeur, la nuit, ils attendent le matin.
Maintenant, je sais enfin quel est le labeur accablant
De ceux qui, dans le rude hiver, travaillent la terre.»

Bo Juyi (772-846).

En Chine, la peinture n'était pratiquée que par les lettrés, et cela qu'elle fût d'inspiration taoïste ou confucéenne. Cependant, elle avait aussi pour thème quelques scènes de la vie quotidienne du peuple. Ce rouleau (ci-dessus) *attribué à Li Tang (1044-1130) montre comment un médecin local soigne un paysan par moxibustion. Cette planche* (page de gauche) *datée de 1120, qui est l'œuvre du peintre Li Song, lui aussi en activité pendant la période des Song, représente un marchand ambulant qui parcourt le pays avec ses articles divers.* [Taibei, Musée du Palais national]

Ci-dessus : *lampes de Nouvel An en corne de bœuf (19e siècle). Elles représentent trois des Huit Immortels du taoïsme, très aimés par le peuple : Li Tieguai, un magicien qui apparaît sous la forme d'un mendiant boiteux* (à gauche) ; *Cao Guojiu, patron des artistes de théâtre* (au centre) *et Liu Dongbin, patron des barbiers* (à droite). [Berlin, Museum für Völkerkunde]

Page de droite : *calendrier pour l'année 1898. La population salue l'an nouveau.*

Ci-dessous : *gravure de Nouvel An avec une représentation du saint Zhang (Zhang Xian) qui était vénéré comme patron des enfants. Le « Grand Chasseur » veille sur les bons et les méchants.*

ou le travail manuel à domicile. Dans des temps difficiles, comme sous les Han, ces revenus complémentaires étaient encore soumis aux impôts.

Les paysans chinois n'étaient pas seulement plongés dans le malheur par les propriétaires terriens et par l'Etat. Des catastrophes naturelles — inondation, sécheresse ou guerre dévastatrice — les poussaient en dernier recours à vendre leurs enfants comme esclaves, voire à pratiquer l'infanticide. Ils devaient absolument limiter le nombre de bouches à nourrir. Dans certains cas, des situations désespérées de disette menèrent à des révoltes. Mao a écrit que « le peuple et le peuple seul est le moteur de l'histoire » et l'histoire chinoise contemporaine se plaît à présenter l'agitation paysanne comme la cause de presque tous les changements de dynasties.

Mais la réalité n'est pas ce que ses interprètes voudraient en faire. La dynastie des Han naquit d'une révolte « de la base ». Cinq hommes issus du peuple régnaient à l'époque des Cinq Dynasties. La dynastie Ming fut fondée par un fils de paysan après la chute de celle des Yuan. Donc, le peuple chinois réussit exactement trois révolutions. Ce nombre réduit étonne, vu la longue histoire de l'Empire du Milieu. Il surprend d'autant plus qu'en Chine régnait une loi implicite voulant qu'un règne disparaisse s'il n'assurait pas à la population des conditions humaines d'existence. La légitimité de toutes les dynasties impériales se mesurait à leur capacité de garantir la prospérité économique. Les famines surtout passaient pour les signes infaillibles d'un défaut fondamental dans le gouvernement. Le Mandat du Ciel (*Tianming*) de l'empereur semblait alors venu à terme. Les empereurs se prévalurent de ce mandat dès la période Zhou. Ils croyaient tous être les intermédiaires entre le Ciel et leur peuple.

A la période Zhou, la population vivait en petites communautés formées, en plus des paysans, d'artisans spécialisés dans des produits d'usage quotidien. Il n'existait pas encore de grandes villes, centres du pouvoir et de la culture. En hiver, les paysans regagnaient leur habitat entouré de murs tandis que, du printemps jusqu'à la récolte, ils habitaient d'humbles huttes au milieu des cultures. Ils pouvaient travailler pour leur propre compte une partie des champs et devaient mettre en valeur les parcelles communales pour leurs maîtres.

La vie quotidienne de la classe paysanne demeura tout aussi primitive sous les Zhou que sous leurs prédécesseurs, les Shang. Certes les artisans excellaient dans la technique du bronze, créant des objets d'une esthétique admirable, mais ceux-ci n'étaient produits que pour les besoins du culte, de la noblesse et des chefs militaires. Comme l'avaient fait ses ancêtres au néolithique, le peuple continuait à se servir d'outils de pierre ou de bois. Un changement intervient au 5e siècle av. J.-C., lorsque l'usage du fer fut introduit dans l'agriculture et que la productivité du travail augmenta grâce aux houes, bêches, charrues et cognées en métal.

Les rapports entre le paysan et sa terre changèrent au milieu du 1er millénaire av. J.-C. Cette dernière pouvait à présent lui appartenir. Au lieu d'acquitter ses obligations envers l'Etat en corvées comme auparavant, le paysan devint soumis aux impôts,

perçus le plus souvent en nature (céréales). Néanmoins, les contributions écrasantes que le petit paysan ne parvenait pas à fournir à partir de sa parcelle le contraignirent souvent à s'engager à nouveau chez un propriétaire foncier. C'est surtout pendant la période Han que s'affirma chez le paysan, totalement démuni ou endetté, une tendance à se séparer de la propriété de sa terre, pour l'exploiter comme fermier. Les grands propriétaires fonciers recommencèrent à accaparer toujours plus de terres. Aux 1er et 2e siècles av. J.-C., leurs immenses richesses avaient fait d'eux les véritables détenteurs du pouvoir dans l'empire. Le gouvernement central sombra dans l'insignifiance jusqu'au règne de l'empereur Wu. Ce dernier ne voulut pas assister dans l'impuissance à l'expansion des notables, qui formaient cette nouvelle noblesse terrienne. En fin de compte, c'étaient les «paysans libres» qui subissaient l'essentiel des pressions fiscales et le pouvoir par conséquent ordonna bientôt la saisie de toutes les grandes propriétés.

D'une façon analogue, à l'époque Tang on répartit à nouveau les terres afin d'assurer à l'Etat les contributions permanentes des paysans. Chaque famille se vit attribuer la quantité de terre nécessaire à sa subsistance et à la production des impôts. En dépit des efforts continuels des souverains pour conserver les paysans comme contribuables réguliers, les pressions économiques contraignirent sans cesse ces derniers à grossir la clientèle des propriétaires fonciers. A la fin de la période Tang, la propriété latifundiaire était à nouveau majoritaire.

Sous la dynastie des Song, les paysans furent amenés à une dépendance encore plus grande. Les fermiers liés aux propriétaires terriens (leur égal devant la loi) par des conventions économiques tombèrent désormais sous la dépendance juridique de leur maître en vertu des contrats à long terme, qui prévoyaient jusqu'à l'obligation de lui payer un droit de rachat lorsque leurs filles se mariaient et quittaient la maison. On n'était plus très loin du servage.

La paysannerie chinoise continua à mener cette vie rude, toujours à la limite du minimum vital, jusque bien tard dans le 20e siècle. Cette existence pitoyable n'était interrompue que par des fêtes, ranimant à certains moments de l'année la vitalité des paysans. Mais l'élite cultivée les privait aussi de ces fêtes. Pourtant, Confucius lui-même se porta à la défense des paysans, suggérant que : «On doit accorder au peuple un jour de plaisir, lorsqu'on l'a accablé de 100 jours d'épuisement.» C'est dans ces termes du moins que le *Livres des Rites* (*Liji*) cite le sage et cela ne semble pas exagéré.

Deux dates se détachent du cycle des fêtes : celle du printemps et celle de l'automne. Il est évident que ces deux périodes, qui représentent précisément des coupures totales dans la vie quotidienne, étaient importantes pour la paysannerie. Au printemps, le village était abandonné au profit des champs. Le climat devenait plus tempéré et plus agréable ; la terre attendait l'ensemencement. En automne, le labeur terminé et la moisson abondante engrangée, on abandonnait la vie humble des champs pour réintégrer le foyer et l'univers clos du village. La terre avait besoin de repos et, dans l'attente du rude hiver, les hommes préparaient leur confort. Si le printemps était le «temps des hommes», surgissant avec ardeur à l'air libre pour y dépenser leurs forces régénérées dans le travail des champs, l'automne était le «temps des femmes». Dans l'atmosphère du

Double page précédente : *sur cette tenture en cuir (166 × 223 cm), un peintre inconnu du 19e siècle dépeint la vie quotidienne à Tainan. Depuis la conquête de Taiwan par la dynastie Qing en 1683 jusqu'en 1887, la ville aux « 100 temples » fut la capitale de l'île, dont elle est la cité où se marque le plus fortement l'influence chinoise. L'activité dans les rues et les cours intérieures est représentée, de même que celle des abords de la ville : des voyageurs sont en route, à pied, sur leurs montures, dans des chariots ou des chaises à porteurs ; des paysans labourent, des chasseurs poursuivent du gibier, des porteurs se hâtent d'un côté ou de l'autre. Le port est couvert de jonques.* [Berlin, Museum für Völkerkunde]

Ci-dessus : *dans la Chine traditionnelle, le corps des fonctionnaires acquit la position sociale qui dans l'Europe de l'Ancien Régime revenait à l'aristocratie. C'est surtout à partir de la période des Song que fut systématiquement développé l'appareil bureaucratique afin de constituer un contre-poids à l'aristocratie militaire. Les fonctionnaires portaient un costume spécial qui permettait de reconnaître leur rang dans la hiérarchie : à gauche un fonctionnaire civil de première classe ; à droite un fonctionnaire militaire de deuxième classe.*

Page de droite : *plastron brodé du vêtement d'un fonctionnaire civil de la classe « Grue »* (en haut), *un prince impérial* (au centre) *et un fonctionnaire militaire de la classe « Lion »* (en bas de page). [Berlin, Museum für Völkerkunde]

foyer dont les femmes étaient de toute façon les membres déterminants, l'activité était consacrée à des tâches féminines, telles que le tissage.

Pour les hommes, automne et hiver étaient les temps morts de l'année. S'appuyant sur des cannes et affublés de vêtements féminins, ils menaient au « repos » l'année finissante marquée d'une fête spéciale. Le premier dégel, qui représentait la victoire du soleil sur la bise farouche et annonçait la fin de la morte-saison, leur donnait une nouvelle occasion de faire la fête. Les dates des diverses fêtes se déplacèrent au cours des temps. Les festivités du début et de la fin de la période de gel, par exemple, tombèrent finalement en une seule et même date : le dernier jour du solstice d'hiver.

La fête du Nouvel An, calculée encore aujourd'hui d'après le calendrier lunaire et qui tombe entre le 21 janvier et le 21 février, charrie des vestiges de traditions séculaires. C'est la fête mobile la plus importante en Chine. Les Chinois s'offraient trois jours de congé pour accueillir dignement l'année nouvelle. Celui qui en avait les moyens offrait un luxueux banquet aux membres de son clan. Ces jours-là, même les plus pauvres s'efforçaient de garnir leur table de mets meilleurs et plus coûteux que d'ordinaire. On croyait en fait que si l'année débutait bien, elle continuerait ainsi. Les démons, apparus peut-être avec l'hiver, étaient chassés par les explosions tonitruantes des feux d'artifice. On envoyait vers le ciel des offrandes votives et des actions de grâce, on se conciliait les ancêtres et on flattait les dieux lares.

Une des traditions encore vivantes de nos jours est la coutume de coller aux portes des images de Nouvel An (*Nianhua*) aux couleurs joyeuses. Leurs thèmes limités tout d'abord aux dieux tutélaires et aux héros inclurent ensuite progressivement des scènes de genre et s'étendirent à des représentations d'enfants, surtout à la campagne. Avoir beaucoup d'enfants fut toujours un signe de bonheur chez les paysans, qui manquaient le plus souvent de main-d'œuvre et dont les enfants étaient décimés par les épidémies, la famine et la guerre. Ils ajoutaient une grande foi au proverbe « Beaucoup d'enfants, beaucoup de bonheur » et exprimaient ce souhait lorsqu'ils encadraient les entrées de leurs maisons avec des chromos (le plus souvent des gravures sur bois) touchants et cocasses de bambins alertes, riant aux éclats.

Deux semaines après le Nouvel An, on organisait la fête des Lanternes pour couronner les jours de fêtes. Au fil du temps, les villes s'enorgueillirent de confectionner les lanternes de papier les plus luxueuses, les plus fantaisistes ou simplement les plus grosses. Au début de la période Tang, il existait, dit-on, des lanternes auxquelles on s'affairait plus d'un mois entier. Cependant, cette fête tirait ses origines de la tradition paysanne : on avait coutume d'exposer des lanternes de papier sur les champs et leurs pourtours pour symboliser la saison à venir, chaude et ensoleillée, début d'une vie nouvelle. Elles étaient censées attirer ainsi les bons génies et chasser les démons. Mais très tôt, on les introduisait dans les hameaux et les villes pour illuminer de leurs couleurs éclatantes les maisons et les rues. Tandis qu'à la campagne les hommes s'occupaient pendant la morte-saison à concevoir et à préparer les lanternes, les villes développèrent vite une spécialité artisanale de production des lampions.

Destinée à honorer les ancêtres et originaire elle aussi de la campagne, la fête des Morts (*Qingming*) était d'une importance capitale : la population des villages, plongée dans la crainte et la terreur face à l'inconnu mythique, croyait que les âmes des ancêtres n'étaient pas nécessairement bien disposées envers leurs descendants. Elle espérait que les ancêtres ne seraient plus enclins à des actions de vengeance si on se conciliait leurs bonnes dispositions par des offrandes, des danses ou des promesses. Quel moment plus approprié en effet à une offrande votive influant toute l'année, que le printemps, temps des labours et des semailles, époque aussi où l'on plantait une vie nouvelle ?

La ville, centre de pouvoir et d'érudition

Un fil conducteur traverse toute l'histoire de la Chine depuis sa fondation mythique : la division de la société entre la minorité au sommet et la majorité de la base, la minorité de lettrés-fonctionnaires et la majorité « inculte ». Il en fut toujours ainsi : le souverain et sa famille trônaient loin au-dessus de la masse de la population. Les souverains des temps archaïques n'avaient pas d'assistants, pas même des prêtres. A la fois chefs séculiers et religieux, il leur incombait d'accomplir les rites chamaniques. Une première catégorie de nobles se constitua progressivement à partir des guerriers, récompensés pour leur défense du territoire. Une seconde catégorie de nobles de même rang s'y adjoignit bien vite : les fonctionnaires aidant le roi dans sa gestion. Le glissement de sens de la syllabe *Shi* le démontre. *Shi* désignait à l'origine les officiers puis, dans les siècles suivants, signifia le plus souvent les lettrés confucéens et plus tard enfin caractérisa seulement les notables. Cependant, toutes ces catégories sociales parfaitement distinctes avaient un point commun : elles vivaient en ville et non à la campagne (sauf à l'époque archaïque).

Bien entendu, il ne faut pas s'imaginer la Chine de la première dynastie des Shang — et encore moins celle des temps mythiques — comme le pays immense qu'allait devenir ultérieurement l'Empire du Milieu. La civilisation chinoise débuta plutôt comme les civilisations d'autres parties du monde à partir de petits noyaux de population dont la lutte pour la survie, au moyen de la chasse et de l'agriculture, constituait le principal souci dans un environnement hostile ou menaçant. La dynastie des Shang est précisément la preuve éloquente qu'à cette époque l'Etat n'était en fait qu'une sorte de cité-Etat, entourée de sites, analogue à la *Polis* grecque. Des fouilles considérables près d'Anyang ont mis au jour des découvertes importantes, démontrant que c'est là que se trouvait le centre du pouvoir. Cependant, d'après les textes historiques, le siège de la royauté fut déplacé à plusieurs reprises dans la campagne de Yin, au sud du fleuve Jaune. On peut en conclure que de manière répétée la population quitta un site pour s'établir ailleurs. Pour quels motifs ? L'épuisement des sols incitant sans cesse à étendre à de nouvelles zones la culture sur brûlis, le besoin de pâturages frais pour les troupeaux et aussi les conflits militaires contraignaient à déplacer continuellement la zone d'habitat.

Après que le souverain et la noblesse avaient convenu de la nécessité de déplacer la capitale et d'en fonder une nouvelle, le prince se rendait à l'endroit choisi, examinait le paysage, évaluait sa situation à la lumière de la géomancie, soupesant les rapports entre plaines, collines et cours d'eau. Il jugeait aussi si l'emplacement était favorable aux cérémonies de culte et décidait finalement de la justesse de son choix en recourant à un

oracle manifesté sur des écailles de tortue. Si l'oracle lui donnait raison, le roi devait déterminer le jour le plus propice du début des travaux. Ce jour tombait le plus souvent au cours de la période suivant la rentrée des moissons, lorsque, les travaux agricoles terminés, les hommes étaient disponibles pour des corvées. On érigeait tout d'abord l'enceinte de la ville, puis le temple des Ancêtres. On ne construisait qu'ensuite les palais et les habitations.

Les hommes attelés aux corvées et dirigés par des nobles exécutaient leur travail en bon ordre, au rythme des tambours. La coutume d'accompagner de chansons les tâches pénibles ou de les exécuter à la cadence de la musique a survécu aux siècles. On trouve encore aujourd'hui des troupes de travailleurs dont le rythme de travail est marqué par un chant, le plus souvent entraînant.

Dès l'époque archaïque, les Chinois planifiaient hameaux, villages ou villes d'après un schéma géométrique préalable. Considérant le cercle comme le symbole du Ciel, et le carré comme celui de la Terre, ils construisaient toujours un site urbain comme un grand quadrilatère traversé d'un axe orienté nord-sud. Les rues se coupaient à angle droit. Même aujourd'hui, le plan de la ville chinoise évoque toujours un peu un damier.

L'idée ancienne de macrocosme correspondait à cette vue en plan. Dans ce carré les bâtiments cérémoniels principaux, ainsi que les palais, s'élevaient toujours le long de l'axe central, échelonnés du sud au nord d'après leur ordre d'importance. Les bâtiments à fonctions économiques et secondaires s'installaient sur des axes latéraux parallèles. Cet ordre fondamental s'appliquait à toutes les structures : hameaux et villes, mais aussi palais, secteurs de temples et demeures privées des dignitaires. Outre l'axialité, et comme le prescrivaient les *Rites des Zhou* (*Zhouli*), les constructeurs tenaient compte de deux autres principes pour ne pas perturber l'ordre du cosmos : les édifices devaient s'intégrer à leur environnement naturel et ils devaient être entourés d'une muraille.

La dynastie des Zhou suivit rigoureusement ces principes architecturaux : chaque noble ceignait son palais d'un mur, le quartier de la noblesse au nord de la ville s'entourait également d'un mur de protection et l'ensemble du cite, y compris les quartiers d'artisans et de paysans, s'abritait derrière la muraille extérieure de défense.

L'organisation des villes de la période Han nous est bien connue. Elles s'inscrivaient dans un carré symbolique et étaient entourées d'un mur d'enceinte, percé d'une porte sur chaque côté. A l'intérieur de l'enceinte, chaque quartier se délimitait par un mur à entrée unique et se constituait d'une centaine d'habitations enserrées également de murs. Le palais, ceint de murailles, se dressait au nord et ouvrait sa porte principale vers le sud, conformément à la tradition. L'administration siégeait au centre de la ville. Dans une grande cité, les axes secondaires, coupant l'axe principal à l'ouest et à l'est, avaient aussi leurs centres : les marchés, foyers des quartiers de marchands et d'artisans.

« Tseu-Kung le questionnait sur le gouvernement. Le Maître dit alors : « (les nécessités du gouvernement) sont au nombre de trois : il faut qu'il dispose de vivres en quantité suffisante, de ressources militaires en quantité suffisante et de la confiance du peuple dans le souverain. » Tseu-Kung dit : « S'il ne peut réunir ces trois conditions et s'il faut qu'il renonce à l'une d'elles, par laquelle doit-il commencer ? »
— « Par les ressources militaires », dit le Maître. Tseu-Kung poursuivit : « Si ne pouvant plus pourvoir qu'à deux de ces nécessités il est obligé de renoncer à l'une des deux, à laquelle doit-il renoncer d'abord ? » Le Maître répondit : « Qu'il renonce aux approvisionnements en vivres. De tout temps la mort a été le lot de l'humanité ; mais si le peuple n'a plus confiance (en son chef) il n'y a pas de stabilité possible (pour l'Etat). »

Confucius, Analectes XII, 7.

« Sachez que le Grand Khan demeure en la maîtresse cité de Catay, qui a nom Canbaluc (Pékin), trois mois de l'an : décembre, janvier et février. En cette ville il a son grand palais, et je vous dirai comment il est.
Il y a tout devant un grand mur carré qui a de chaque côté un mille, c'est-à-dire qu'il est long d'environ quatre milles. Il est très gros, haut de bien dix pas, tout blanc et crénelé. A chacun des angles de ce mur est un grand palais très beau et très riche où l'on garde les harnais du Seigneur : arcs tartares, selles et freins, cordes d'arc et toutes choses nécessaires aux armées. Et encore, entre l'un et l'autre palais, il y a un autre palais semblable à ceux des quatre coins, si bien qu'il y a, le long de l'enceinte, huit palais pleins de harnais du grand Sire. Mais entendez que dans chaque palais il n'y a que d'une chose seulement ; car si l'un est tout plein d'arcs, l'autre est tout plein de selles, et l'autre tout plein de freins. Et ce mur a, à la face du midi, cinq portes, avec au milieu une grande porte qui ne s'ouvre que quand le grand harnais sort pour la guerre. Et de chaque côté de cette grande porte, il y en a deux ; il y en a donc cinq, avec la grande au milieu. Et par ces portes moindres entrent les gens. A l'intérieur de ce mur, il y a un autre mur plus long que large. L'enceinte a aussi huit palais tout pareils aux huit autres du dehors, en quoi se tient aussi le harnais du Seigneur. Et il y a aussi cinq portes du côté du midi, et une autre sur chacun des côtés. Et au centre de ces deux murs est le plus grand palais du Seigneur, qui est fait de la manière que je vais vous dire. »

Le Livre de Marco Polo.

Ce vêtement d'été d'un dignitaire de la Cour comporte des symboles prometteurs d'un bonheur complet. Les dragons aux cinq griffes étaient tout d'abord réservés à l'empereur et indiquent qu'il s'agit ici d'une importante gratification faite à un fonctionnaire méritant. La chauve-souris (Fu en chinois*) symbolise le bonheur, dont le nom se prononce lui aussi* Fu. *Des emblèmes bouddhiques tels que le lotus, le coquillage et les nœuds sans fin renforcent ce même sens.*
[Berlin, Museum für Völkerkunde]

Cette répartition des aires de la cité se maintint jusqu'à la dynastie des Qing, dernière à occuper le trône du Dragon. L'ordre social confucéen marquait le partage des responsables et des sujets : le fils obéissait au père, le père au village (ou au quartier), le village au fonctionnaire, le fonctionnaire au gouverneur, le gouverneur à l'empereur et ce dernier au « Seigneur de là-haut » (*Shangdi*). Cette structure hiérarchique devait être visible dans l'aspect de la ville : de nombreuses maisons formaient un quartier, beaucoup de quartiers un district, plusieurs districts une ville. La « grande unité » — l'harmonie — n'était garantie que par la succession parfaite de tous les éléments interdépendants et hiérarchisés.

Le jardin, ce milieu à l'opposé de la stricte symétrie et de l'axialité dont s'entouraient les riches citadins et les grands propriétaires terriens à la campagne, paraissait quant à lui carrément non confucéen. Le paysage était considéré comme une chose de la nature, opposé par conséquent aux productions de l'homme. Le jardin disposé autour de la demeure privée était « construit » par l'homme — et en Chine on disait bien « construit » (*Zao*) au lieu de « planté » (*Zai* ou *Zhi*) pour marquer la composante très intellectuelle de la forme. Il restait néanmoins une expression de la nature, soumis à ses lois. La main de l'homme devait y concentrer et y idéaliser la réalité de la nature pour la poétiser et en atteindre la quintessence. Ce qui nous est devenu familier en Europe par le canal des jardins japonais et qui caractérise le jardin « asiatique » naquit en fait en Chine. Le jardin devient le microcosme correspondant au macrocosme — une correspondance dont nous reconnaissons la nécessité dans les plans de villes — s'il manifeste les six principes suivants : l'espace, la quiétude, la composition, la fraîcheur de l'eau, le charme scénique et le respect.

Les villes, à l'origine sièges de l'administration et lieux de culte, ont elles aussi évolué. La Cour et la noblesse y attirèrent d'innombrables artisans et marchands, jugeant leur subsistance mieux garantie en ville qu'à la campagne et y profitant de la vie culturelle de l'aristocratie et de la bureaucratie. Siège du pouvoir central, capitale de province ou simple chef-lieu de district, la ville offrait une vie faite d'une diversité économique et intellectuelle, inimaginable à la campagne. L'énorme immigration dans les villes entraîna d'importants changements dont le plus profond fut qu'avec le temps les gens ne furent plus divisés entre supérieurs et inférieurs, cultivés et illettrés, « nobles » et « vilains » comme disaient les confucéens ; c'est la dichotomie entre riches et pauvres qui s'affirma progressivement et devint prépondérante.

La soie brodée est une tradition millénaire en Chine. Elle fut surtout florissante sous la dernière dynastie mandchoue. Ces détails d'une tenture (348,5 × 130 cm) montrent des scènes du quotidien des familles de l'élite : un pique-nique, un fonctionnaire aisé qui se rend à un repas champêtre, la danse des Lions (page de gauche de haut en bas), *le jeu du cerf-volant, un haut dignitaire visitant le pavillon de la Longévité et une visite au théâtre* (à droite de haut en bas).
[Berlin, Museum für Völkerkunde]

On ne saurait dater avec précision le début de cette transformation de la société. La crise commença peut-être avec le déclin de l'aristocratie traditionnelle. La noblesse décimée par les guerres continuelles du temps des Royaumes Combattants vit son influence de plus en plus réduite par de nouveaux venus, marchands parvenus et grands propriétaires terriens favorisés surtout par les empereurs Han. L'abolition des anciennes prérogatives contribua à ce déclin : brusquement les bonnes places à la Cour cessèrent d'être héréditaires et ne furent plus attribuées qu'à celui qui s'attirait la faveur du souverain ou achetait le poste.

La caste militaire et la bureaucratie souffrirent dans une même mesure de la perte des valeurs traditionnelles : la vie sociale n'était plus régie par des règles et des rites mais par la somptuosité et l'ostentation. L'ancienne hiérarchie féodale, fondée sur les devoirs du feudataire et les liens personnels entre le roi et les familles nobles, s'effondra d'abord, au 7e siècle av. J.-C. Puis, au 4e siècle av. J.-C., ce fut le tour du système de fonctionnaires héréditaires. Au 2e siècle av. J.-C., l'armée et la bureaucratie civile s'élargirent à des hommes de carrière que les conservateurs toisaient de haut, en raison de leurs origines. Un ancien gardien de cochons pouvait par exemple s'élever à la fonction de conseiller en chef, un vagabond s'intégrer à l'état-major entourant l'empereur ou un ancien esclave être promu chef suprême. Evidemment, ces postes étaient exploités comme de lucratives prébendes.

Sous les dynasties des Shang et des Zhou, l'usage d'objets raffinés, de vases et de miroirs en bronze ou en métaux nobles et d'articles de luxe en laque était réservé aux familles nobles et à des fins rituelles. A partir de la période Han, la classe moyenne supérieure jouit aussi de ces produits de luxe. Cela stimula énormément l'artisanat. Les fouilles ont mis au jour — non seulement dans les villes du centre de la Chine, mais également dans les provinces périphériques, donc bien loin de la vie de la Cour — des bijoux luxueux dont aimait se parer la noblesse d'argent : boucles de ceintures, peignes, épingles à cheveux, foulards et petites boîtes remplies de poudre et de rouge, bijoux de jade, pièces laquées, peintures sur soie. De même, on a trouvé des milliers de figurines en terre cuite représentant soldats à cheval, guerriers, fonctionnaires, dames de la Cour ou courtisanes, et destinés à protéger ou à servir le mort dans sa vie dans l'au-delà. Sous ce rapport, il est intéressant de noter que sous les empereurs Han l'artisanat connut un essor et une perfection notables et que les artisans se spécialisèrent extrêmement, travaillant dans des ateliers d'Etat sous la supervision de fonctionnaires impériaux.

Les marchands se trouvaient dans une situation beaucoup plus défavorable. Certes beaucoup d'entre eux s'étaient énormément enrichis. Le réseau commercial atteignit sa plus grande extension dans la période Han et la soie chinoise, par exemple, était très appréciée des dames romaines. Mais, au contraire des artisans, ils n'étaient pas reconnus socialement, passaient pour des parasites : ne créant rien, ils n'étaient pas productifs, ils utilisaient seulement leurs semblables pour gagner de l'argent en leur vendant des marchandises. Les fortunes les

plus colossales ne leur servaient à rien : ils pouvaient acquérir des terres, agrémenter leurs palais de jardins luxueux, commander à de nombreux serviteurs, mais ils ne pouvaient pas acheter la reconnaissance sociale de l'élite des dignitaires conservateurs et confucéens. Seul le milieu des autres parvenus (qui ne manquaient pas) leur était ouvert.

La période Han vit un autre changement, une autre innovation : l'introduction d'écoles d'orientation confucéenne et d'examens pour fonctionnaires (124 av. J.-C.). Cette institution allait déterminer le système administratif de la Chine pour les millénaires suivants.

La continuité fascinante de l'Empire du Milieu prit alors son envol de la manière suivante : l'empereur Wu s'était fait une idée des vicissitudes de l'histoire et de la chute des dynasties précédentes. Il encouragea les lettrés à exprimer en toute franchise leurs opinions sur les changements institutionnels nécessaires pour assurer la continuité de l'Etat. Parmi les avis qui furent ainsi formulés, seul celui du lettré Dong Zhongshu est conservé littéralement. Ce confucianiste endurci imputa au légisme adopté par la dynastie des Qin le manque de maturité de l'Etat des Han.

Selon lui, il fallait changer le système de gouvernement depuis la base et renouveler la morale de l'Etat ; encourager vivement les lettrés, en sélectionnant les meilleurs pour diriger et administrer l'Empire. Lorsque tous les enseignements autres que le confucianisme seraient interdits, ajoutait-il, l'ordre serait rétabli et le peuple saurait à quoi s'en tenir. L'empereur s'arrêta à cette recommandation : il fonda des écoles confucéennes et instaura des examens de recrutement pour les fonctionnaires.

Pour les confucéens, cette démarche se révéla très positive. Toutes les autres idéologies furent réprimées. Le pouvoir des lettrés-fonctionnaires — les mandarins — ne connut pas de limites. Le savoir était le pouvoir. Déjà l'écriture le prouve : l'idéogramme pour « littérature » (*Wen*) est le même que celui pour « dignitaire » ou « cultivé ». La personne cultivée qui maîtrisait les écrits classiques confucéens pouvait s'inscrire aux examens de fonctionnaires. Si elle réussissait l'examen et savait éviter certaines intrigues, le haut niveau de vie du fonctionnaire lui était garanti, lui assurant la carrière et l'accès au pouvoir.

A partir de l'empereur Wu, le sort de la classe des lettrés fut lié à celui du gouvernement et de la littérature. A première vue, cela n'a rien d'étonnant, car cette dernière a formé et divisé la société chinoise pendant plus de 2000 ans. Les lettrés n'employaient que la langue écrite classique, utilisée dans toutes les œuvres admises à figurer dans ce qui était désigné comme « littérature ». Le peuple au contraire s'entretenait dans la langue vernaculaire. L'abîme séparant ces deux langues ne fut jamais franchi. Les lettrés surtout n'avaient aucun intérêt à compromettre leurs privilèges en se mettant au niveau de la langue populaire, ou en reconnaissant celle-ci comme « littérature ». Les lettrés administraient et le peuple se laissait gouverner : ils se côtoyèrent ainsi pendant deux millénaires presque sans la moindre communication.

La décision de l'empereur Wu se révéla aussi gênante pour l'évolution de la Chine qu'elle se montra propice à la concentration du pouvoir des confucéens. Certes la fondation d'éco-

A gauche : *les dames de l'élite de la société Tang prenaient soin de suspendre leurs luxueux tissus au-dessus de brûle-parfums pour les imprégner d'essences balsamiques. Ce brûle-parfums en argent du type* Xunlu *(du 7e ou du début du 8e siècle) provient du site de Heijiacun. Selon les besoins, il pouvait être exposé ou suspendu par des chaînes à anneaux. Hauteur : 31,5 cm.*
[Xi'an, Musée provincial du Shaanxi]

A droite : *le lancer du javelot était un passe-temps traditionnel des seigneurs chinois. On lançait des javelots à travers les cibles d'un montant en bronze. Hauteur : 54 cm.*
[Berlin, Museum für Völkerkunde]

Ci-dessus : *ce rouleau horizontal du peintre Mou Yi (milieu du 13ᵉ siècle) représente une scène domestique : des servantes s'affairent à préparer des vêtements sous la supervision de la maîtresse de maison. Encre de Chine sur papier. 27,1 × 266,4 cm (fragment).* [Taibei, Musée du Palais national]

les et l'instauration d'examens signifiaient un progrès, mais comme on confiait seulement l'enseignement et les examens à des hommes dont l'intérêt était de ne pas mettre en question le système hiérarchique existant, toute pensée progressiste fut réprimée. C'est ce que virent certains lettrés, tel le réformateur Kang Yuwei (1858-1927). Il reprocha à la bureaucratie confucéenne d'être sclérosée et fermée aux idées nouvelles. Pour fonder ses idées, il s'en rapportait à Confucius, le présentant comme un réformateur démocratique à la pensée toujours vive et créative.

La Chine ancienne ne cherchait pas du tout la créativité. Au contraire, les examens d'Etat se bornaient à interroger sur les textes classiques canoniques. Ce n'est pas le candidat débordant d'idées qui recevait son diplôme, mais celui qui citait les anciens textes si possible sans fautes. Cela ne changea pas sous les dynasties suivantes.

Sous les Tang, les questions types posées aux examens portaient sur les textes classiques et leurs commentaires, afin de pouvoir créer une base plus large au confucianisme orthodoxe. Cependant, dans la Chine des Tang, les jeunes candidats et frais diplômés ne formaient qu'une élite réduite au sein de la grande masse des fonctionnaires, recrutés avant tout parmi les fils de fonctionnaires des grades moyen et supérieur, lancés dans la carrière en fonction de leurs privilèges héréditaires. On n'en vint que lentement à exiger que les fils d'aristocrates et de mandarins présentent eux aussi l'examen et méritent leur statut de fonctionnaire.

La coutume de limiter les thèmes d'examen aux écrits canoniques ne changea pas. Même la dernière dynastie des Qing choisissait sa bureaucratie de lettrés en fonction de ces critères. Au cours des siècles, plusieurs réformateurs tentèrent de rompre ce système stérile. Tous entendaient évaluer les aptitudes pratiques, les talents d'administrateurs, le développement des idées personnelles, la capacité de jugement atteinte par les candidats. On négligea le message d'un des réformateurs les plus connus, le lettré de la période Song, Wang Anshi. Le système d'examen sombra dans de plus grandes aberrations encore sous les Song.

La Chine des Song fut l'Etat bureaucratique par excellence : les lettrés ne furent jamais associés si étroitement à l'Etat qu'entre les 10ᵉ et 13ᵉ siècles et jamais non plus l'Etat n'employa tant de fonctionnaires. Ceci entraîna comme conséquence que le candidat individuel aux examens n'était plus assuré d'obtenir une sinécure en réussissant les examens comme

帥

Ce paravent en douze parties, dont la technique de laque est semblable au sgraffito, revêt une importance considérable parmi les rares paravents — datés — de ce type en raison de sa signature : «Cai Zhichu *(de)* Zhang». *Dès lors, on a pu identifier le caractère* Zhang *comme l'ancien nom de la province du Fujian. On sait donc que de tels paravents ne proviennent pas, comme le faisait croire la dénomination commerciale «paravent de Coromandel», de la côte indienne de même nom et qu'ils n'étaient pas non plus taillés et peints au Henan comme on le crut ensuite. L'inscription de ce paravent fournit une date au moyen de signes cycliques d'usage en Chine, ainsi que les noms de deux fonctionnaires. On peut donc proposer une datation approximative dans la septième décennie du 17e siècle, soit au début du règne de l'empereur Qing Kangxi. Le texte de cette longue inscription permet en outre de conclure que ces paravents n'étaient pas seulement dédicacés aux hauts fonctionnaires pour leur soixantième ou leur soixante-dixième anniversaire mais qu'ils l'étaient aussi aux femmes. Ce paravent fut en effet dédicacé à la seconde épouse du mandarin de district Zhao He, de la circonscription de Zhangping, au Fujian, lors d'une réception d'anniversaire. On a pu identifier deux des signataires : les fonctionnaires Zheng Su et Chen Dianda, qui présentèrent l'examen impérial d'Etat entre 1661 et 1670. Le paravent éclaire ainsi un fragment d'histoire de l'époque. La bordure est couverte de symboles prometteurs de bonheur, de caractères qui représentent la longévité et la fidélité éternelle, ainsi que d'arrangements de fleurs qui de manières fort diverses expriment des souhaits (toujours d'un sens positif), ainsi au moyen de chrysanthèmes, symboles d'une vie de loisirs sans soucis. Les panneaux dépeignent la vie et les occupations dans les bâtiments et les jardins d'une maison cossue. Le maître de maison trône au centre d'un hall de réception à ciel ouvert. Entouré de sa suite nombreuse, il attend les visiteurs qui viennent le féliciter, tandis que des musiciens jouent déjà. Sur le pont situé dans le coin droit, un cortège de fête s'approche de la porte gardée par des huissiers. Des musiciens placés dans un pavillon annoncent son arrivée. Le côté gauche du paravent montre les occupations des femmes et des enfants. Hauteur : 285 cm ; largeur 684 cm.*

[Cologne, Museum für Ostasiatische Kunst]

ses semblables l'avaient été sous les Han ou les Tang. Promotions rapides ou garanties d'un poste élevé appartenaient désormais au passé. Il y avait beaucoup de concurrence et le nombre des candidats était excessif, de sorte qu'on faisait échouer la majorité des candidats, du moins au troisième et dernier examen organisé au palais en présence de l'empereur. Des quelque 97 000 candidats annuels, seuls 1 000 réussissaient l'examen. Beaucoup le présentaient à plusieurs reprises, jusqu'à quinze fois même. Le candidat se sentait toujours l'obligé de sa famille qui avait investi beaucoup d'argent sur lui : l'investissement devait rapporter par la suite. Une fois fonctionnaire, il cherchait donc à affermir sa position afin de pouvoir introduire des parents dans la hiérarchie. Ainsi il s'acquittait un peu de sa dette envers son clan.

Le lettré-fonctionnaire ne passait pas tout son temps à l'écritoire de son bureau. Il n'y préparait que les fondements nécessaires à la vie comme il se la représentait : celle d'un bel esprit. Un fonctionnaire qui se respectait ne bornait pas ses talents à simplement savoir écrire. Il faisait tout pour parfaire son maniement du pinceau. Une écriture équilibrée, d'une esthétique agréable, était une des caractéristiques de la personne cultivée. Comme on ne se contentait pas d'écrire avec le pinceau mais qu'on peignait aussi, chaque lettré voulait briller dans ce domaine artistique. Les motifs jetés sur le papier des rouleaux peints étaient accompagnés de poèmes ; le lettré devait donc avoir des dons poétiques. Il incarnait ainsi la trinité du peintre-poète-spécialiste du pouvoir. Ses distractions du soir semblaient y correspondre. Il rencontrait ses amis, cultivés eux aussi, autour d'une cruche de vin, dans un joli pavillon de bois laqué de sa demeure. Tandis qu'on s'entretenait, déjà un des lettrés déployait du papier ou de la soie sur une longue table faite de bois de rosier. Il broyait le bâtonnet d'encre de Chine avec un peu d'eau sur une pierre à encre en ardoise et en quelques traits rapides exécutait un petit dessin que ses amis devaient compléter dans une même esthétique ou orner de vers. Evidemment, le premier venu n'était pas qualifié pour un passe-temps si enrichissant pour l'esprit. A côté de ces beaux esprits formant une élite, un flot débordant de gratte-papiers stagnaient aux niveaux les plus bas de l'échelle hiérarchique. Les lettrés avaient en commun leur appartenance au corps des fonctionnaires civils. Mais l'armée faisait aussi partie de la bureaucratie. Elle était distincte, mais égale au secteur civil. Les confucéens surent

Page de gauche : *à partir de 1703, l'empereur Kangxi construisit un palais d'été à Changde, dans le nord du Hebei, avec de vastes jardins entourés d'une muraille de 25 km de long.*

Ci-dessus : *le Jardin de Yu, dans la partie nord de la vieille ville de Shanghai, fut aménagé au milieu du 16e siècle par un gouverneur de province en l'honneur de son père.*

hypothéquer adroitement cette égalité de rang et diminuer le prestige des militaires. Il suffit de ce proverbe astucieux : « On ne fait pas de clous avec un bon acier, ni de soldats avec des hommes de bien », pour disqualifier définitivement cette partie de la bureaucratie.

Malgré le rapport de forces favorable acquis par les confucéens, ils ne furent pas à l'abri de l'érosion du pouvoir. Cette perte d'autorité eut des causes diverses. Trois cents ans après leur forte promotion par l'empereur Wu, c'est leur autonomie qui contribua à leur chute. Le souverain, suprême instance politique et juridique, tirait auparavant toutes les ficelles ; mais plus tard des fonctionnaires ambitieux, ministres ou simples secrétaires, se taillèrent leur propre sphère d'influence. Ne suivant plus la voie hiérarchique normale, ils prirent des décisions d'exécution mais même de principe politique, au gré des pots de vin. L'empereur, s'en étant rendu compte, s'appuya sur des membres choisis au sein de son conseil pour obtenir des informations confidentielles sur les irrégularités de la bureaucratie. Ce furent alors ces envoyés spéciaux qui exercèrent le pouvoir qui leur avait été confié. Les brebis galeuses du corps des fonctionnaires avaient conduit les bonnes brebis à leur perte.

Il en allait autrement à la cour des empereurs Ming. Plus de quatorze siècles s'étaient déjà écoulés depuis l'instauration de la bureaucratie confucianiste. Le fondateur de la dynastie, Zhu Yuanzhang, un homme de la condition la plus vile, nourrissait une méfiance avouée contre les lettrés. Il favorisait la nomination de gens du peuple. Mais il n'en resta pas là : aspirant à une autorité dont l'étendue reléguerait dans l'ombre celle dont avaient pu disposer toutes les autres dynasties, il remplaça la bureaucratie par de l'autocratie. Il ordonna donc l'abolition de la chancellerie fondée sous les Han et plaça les six ministères (personnel, finances, rites, armée, justice et travaux publics) sous son autorité directe, ôtant à la bureaucratie civile ses têtes les plus puissantes. Il n'épargna pas non plus les militaires, qu'il contrôlait personnellement avec l'aide d'une direction géné-

L'axialité rigoureuse que les Chinois se représentaient comme fondement du macrocosme devait aussi être réalisée dans le microcosme, c'est-à-dire sur Terre.

Et cela même lorsqu'elle s'affrontait à la nature montagneuse, comme au Palais d'Été de la dynastie Qin, sur le lac de Kunming, au nord-est de Pékin.

rale de l'Armée. La création en 1382 d'une police secrète d'Etat chargée spécialement de surveiller l'administration brisa les reins du corps des lettrés-fonctionnaires. Les « gardes aux vêtements de brocard » (*Jinyimei*) procédaient en silence, surtout par intrigue. Leur éthique confucéenne livrait les fonctionnaires à leur merci.

Les successeurs de Zhu Yuanzhang s'efforcèrent de hâter le déclin de la bureaucratie et de précipiter la formation d'un pouvoir absolu et despotique. Plus question pour eux de discuter des décisions politiques avec les ministères et les lettrés de l'académie de Hanlin, sorte de cabinet des ministres élargi. Ils ne voulaient pas de discussions et s'en remirent de plus en plus pour la gestion des affaires politiques quotidiennes à leurs courtisans et eunuques, ces « bonzes » qui exécutaient tous les caprices du souverain avec la servilité désirée ou qui semaient des embûches en politique grâce aux pouvoirs qu'ils usurpaient, sans que l'empereur remarque quoi que ce soit. Les fonctionnaires confucéens se trouvèrent absolument impuissants face à la duplicité des eunuques — protégés par l'empereur — préparant des dossiers secrets, conduisant le plus souvent à l'élimination physique des fonctionnaires « infidèles », sans que ceux-ci aient pu prendre connaissance de ce qui était tramé contre eux. Le système politique de jadis, fondé sur diverses corporations indépendantes les unes des autres — un ordre dans lequel gouvernement, administration, juristes et autres organisations analogues se contrôlaient mutuellement et cherchaient à éviter la corruption — était irrémédiablement détruit. L'absolutisme succéda au pluralisme.

Les lettrés qui, à la période Ming, n'avaient survécu qu'au sein de « l'émigration interne », ne recouvrèrent leurs prérogatives que sous les Qing, les souverains mandchous. La dynastie étrangère venue du nord dépendait du corps de fonctionnaires autochtones pour administrer l'énorme empire vaincu, du moins tant que les Mandchous ne maîtrisèrent pas la langue chinoise. Le premier empereur Qing, Shunzi, qui régna de 1644 à 1662 sur le trône du Dragon, espérant susciter ainsi la formation de fonctionnaires jeunes et dévoués, ordonna déjà de réinstaurer les examens d'Etat. Il sut sanctionner la structure hiérarchique confucéenne et la transformer à son profit. Le principe de fidélité et de loyauté devint un principe d'autorité et la morale confucéenne se mua en une morale de la domination. Les Chinois avaient déjà été habitués à l'autorité et à l'asservissement par les Ming. Il n'y manquait plus que de solides fondements idéologiques.

«Cabinet de travail, cours, pavillons à l'intérieur des terres et au bord de l'eau, collines et lacs, dispersés çà et là, sont ornés d'une manière simple et rustique. Les empereurs firent planter des arbres et des fleurs. Afin d'apprendre le travail pénible du laboureur et de l'éleveur de vers à soie, les empereurs cultivaient en personne leurs champs, s'occupaient des potagers, travaillaient dans les granges, découvrant ainsi l'importance de la pluie et quel est le rôle du Soleil.
Lorsqu'il [l'empereur] a terminé son service, il se repose et se réjouit en contemplant son jardin. Il se rafraîchira l'esprit et pourra ordonner ses sentiments en fonction de la nature de l'endroit. Il ne s'engloutira pas dans le monde ténébreux des plaisirs des sens et ne gaspillera pas son énergie, qui est vitale pour un bon gouvernement.
Je vis volontiers dans cette contrée protégée par le Ciel et bénie par la Terre, legs de mon père et de mon grand-père et de leur principe de simplicité. Un tel lieu de détente, digne d'un souverain, est sans pareil. Les générations futures n'abandonneront pas ce jardin pour s'établir ailleurs, parce qu'il rassemble deux avantages: il contribue aussi bien au respect de mes ancêtres qu'au bonheur de mon peuple.»

Empereur Yongzheng (1723-1735), à propos du «Jardin de la Clarté Accomplie» (Yuanming Yuan).

Page de gauche: *vue de la «Montagne de la Longue Vie»* (Wanshoushan) *avec la «Pagode du Parfum Divin»* (Foxiang Ge) *et le «Lac de la Sagesse Accomplie»* (Zhihuihai).

Ci-dessous: *la «Salle des Nuages Ordonnés»* (Paiyun Dian) *et son entrée au bas de la pagode.*

En retrait de la société

Au cours de l'histoire, malgré la rigidité à toute épreuve du système hiérarchique confucéen, de temps en temps apparurent cependant des réformateurs voulant contrecarrer sa sclérose, mais il y eut évidemment aussi en Chine des individualistes qui n'acceptaient pas de se laisser enfermer dans ce cadre toujours plus rigoureux. On trouvait ces «excentriques» tant parmi les lettrés qu'au sein du peuple. Un monde les séparait mais ils partageaient une attitude fondamentale: une philosophie d'influence taoïste. Attentive à la nature plutôt qu'à l'homme, cette philosophie fut éclipsée lorsque, pendant la période Han, le confucianisme devint idéologie d'Etat. Elle féconda alors les théories les plus diverses parmi les mécontents les plus divers: voleurs et bandits qui tournaient volontairement le dos à la société, agitateurs à la recherche d'une autre société, sociétés secrètes ayant tout à craindre du pouvoir confucéen, artistes auxquels le cadre social du confucianisme paraissait trop étriqué.

Tandis que bandits, agitateurs et cellules clandestines étaient contraints de vivre en dehors des normes parce que l'Etat les pourchassait, les artistes quant à eux pouvaient s'épanouir dans le cadre de la société, voire même y briller par la gloire qu'elle leur conférait. Beaucoup d'entre eux appartenaient à la société, y exerçaient même des fonctions publiques. Vivant selon la norme confucéenne, ils se sentaient intérieurement attachés au taoïsme. Citons les poètes Tao Yuanming (?-427), Li Bo (Li

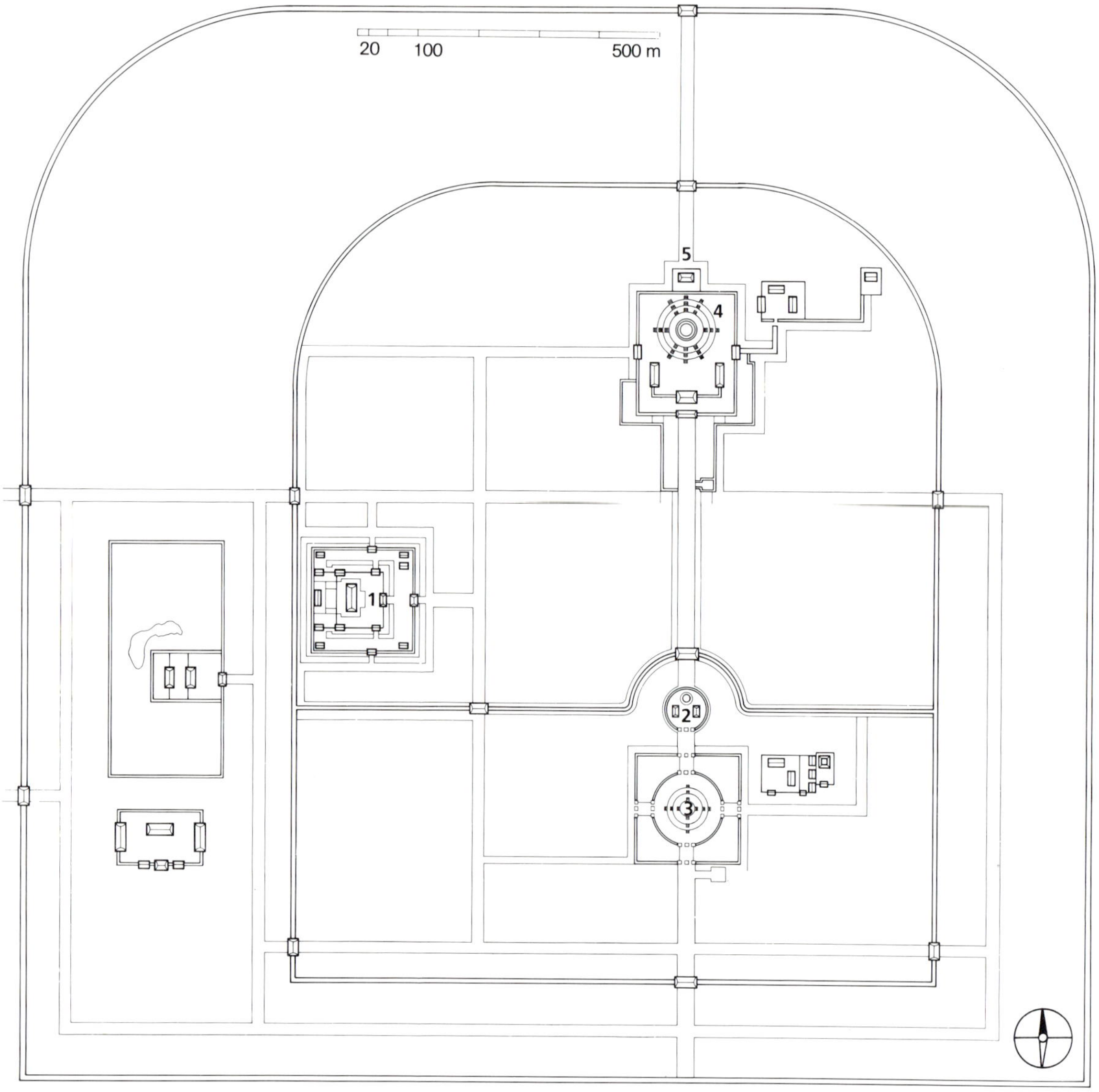

Page de droite : *l'ensemble du Temple du Ciel, ceint de deux murs, se trouve dans le plus grand parc de Pékin, au sud de la ville. Il est dominé par le Temple de la Prière pour de Bonnes Moissons* (Qinian Dian), *un édifice central à trois étages construit en 1420, rénové en 1751 et entièrement reconstruit en 1889 après un incendie. La terrasse circulaire à trois étages, en marbre blanc, porte le temple rond couvert d'une toiture bleue à trois étages et s'élève au sein d'une cour carrée. Cette « quadrature du cercle » avait un sens, le carré symbolisant la Terre et le cercle le Ciel.*

Plan du Temple du Ciel

1. *Palais de l'Abstinence* (Zhai Gong)
2. *Voûte Céleste Impériale* (Huangqiongyu)
3. *Autel du Ciel* (Huanqiu Tan)
4. *Temple de la Prière pour de Bonnes Moissons* (Qinian Dian)
5. *Temple de l'Auguste Ciel* (Huangqian Dian)

Taibo, 701-762) ou Du Fu (712-770) et de nombreux peintres.

Toutes leurs peintures ont en effet en commun de ne jamais présenter l'homme à l'avant-plan. La nature y prédomine, l'homme s'y intègre. Les Chinois ont immortalisé sur leurs rouleaux de peintures l'idée que l'homme n'est pas, comme dans la pensée européenne, la mesure de toutes choses, mais seulement un élément infime dans le cycle éternel de la nature. Ils ont également vécu cette attitude. L'histoire a vu des sages innombrables se retirer de la vie active et civilisée de la ville pour s'interroger sur la nature et l'essence du monde dans la retraite et la simplicité. On trouvait ainsi des érudits non seulement dans les centres, les hameaux, les villes de province et les capitales, mais aussi dans la solitude des forêts et des montagnes. Cette érudition ne naquit pas dans les cénacles de lettrés ou les écoles confucianistes qui pullulaient dans les villes, elle fut suscitée par quelques esprits dont le rayonnement social fut très important. Beaucoup de jeunes gens — de jeunes filles aussi — allaient en pèlerinage vers ces ermites. Priant le « maître » de pouvoir devenir leur élève et vivant parfois des années durant avec lui, ils s'endurcissaient le corps et l'esprit par l'ascèse. De retour dans la société, ils y exerçaient une forte influence intellectuelle.

La Cour : honneurs et devoirs

Selon l'ordre confucéen, tout doit être réglé sur terre : chaque homme a sa place assignée et sa tâche spécifique dans la société. Cette règle s'applique à la grande masse de la population et à l'élite beaucoup plus réduite des lettrés-fonctionnaires, mais d'autant plus au souverain, le Fils du Ciel. Quintessence de la civilisation chinoise, ce dernier était le cœur et le foyer de l'ordre terrestre, le summum du savoir et de la morale transmis par la tradition, dont il reflétait le rayonnement sur l'humanité.

Comme nous l'avons écrit, la structure sociale de la Chine archaïque reposait sur le matriarcat. Ce n'est pas un hasard si la grande ancêtre, la reine-mère Xiwangmu, tenait le rôle créateur et générateur dans la mythologie. Dès la première dynastie historiquement documentée, celle des Shang, l'homme usurpa le sommet de la hiérarchie, se chargeant d'établir l'harmonie et la concorde parmi les hommes et de veiller aux lois et à l'ordre. La transition nous fait défaut. Dans le *Livre des Rites* (*Liji*) compilé peu avant notre ère, on trouve des indices qu'un couple de souverains dirigeait la société archaïque. Il est significatif qu'il s'agisse précisément d'un couple et non simplement d'un homme ou d'une femme. Ce couple, dont

dépendait l'ordre de la société, avait pour tâche principale de s'unir. La reine et le roi réactivaient ainsi la création mythique, unissant symboliquement dans l'harmonie les principes du *Yin* et du *Yang*. Leur union créait l'unité sur terre et dans le cosmos.

Afin de se disposer favorablement le cosmos, l'univers, le ciel, les souverains de l'époque archaïque accomplissaient divers devoirs. L'un de ceux-ci était l'investiture, fondement de l'ordre social et donc de l'ordre cosmique. L'investiture signifiait bien plus qu'un simple octroi de terres à un sujet. L'inféodation étant héréditaire, le souverain n'aurait donc eu qu'à remettre une fois pour toutes le fief à une grande famille noble. Lorsque le prince mourait, son successeur entrait aussitôt en fonction, mais il ne pouvait arborer les insignes de l'autorité princière qu'après avoir été investi à nouveau par le roi. Le motif sous-jacent à la répétition de cette inféodation était sans doute l'idée que l'investiture conférait aussi au vassal l'influence, le rayonnement, la moralité, la vertu du souverain suprême. Fort de ce soutien, le vassal dirigeait les sujets de son domaine, maintenait l'ordre et l'harmonie et exerçait légitimement la coercition. Si cette force était neuve et dynamique, les sujets se portaient bien, les semences prospéraient, la paix régnait. Quand elle s'épuisait, les hommes dépérissaient, les récoltes s'amenuisaient, les désordres et la guerre éclataient. Cette idée de transmission rituelle de la force disparut sous la dynastie des Zhou. Les souverains des périodes suivantes — à commencer par le Premier Empereur — supprimèrent l'investiture de la liste de leurs devoirs : ils ne voulaient pas partager le pouvoir, mais le concentrer dans leur seule et unique personne.

Les souverains ne pouvaient pas supprimer tout aussi facilement d'autres devoirs, telle la promulgation du calendrier, des mois et des jours fériés. Les empereurs se soumirent à ce rite jusqu'à la chute de la dernière dynastie. L'établissement du calendrier — lié à l'idée du passage de la vie — leur assura toujours un grand prestige. Lorsqu'au printemps le souverain calculait et annonçait le cours de l'année nouvelle, cela équivalait au triomphe sur les ténèbres de l'hiver et à une renaissance, ce que suggère aussi le fait que, dans la Chine archaïque, le souverain présidait aux fêtes du printemps au cours desquelles les jeunes gens des deux sexes jaillissaient en dansant du village et s'égaillaient dans les champs de part et d'autre de la rivière : une des rares occasions où disparaissait la stricte séparation des sexes qui caractérise toute l'histoire chinoise.

Le souverain avait le devoir de préserver la paix, et donc de défendre les frontières. La morale lui interdisait de préparer la

guerre de son propre chef, mais il devait bien sûr remettre à leur place les hordes d'assaillants barbares ! A cette fin, il convoquait ses princes vassaux avec leurs soldats pour une expédition punitive. S'il parvenait à rétablir la situation antérieure par une victoire, jugulant ainsi l'interruption du cours harmonieux assigné à l'histoire, il acquérait un prestige incommensurable, prenant presque les traits de la vénération religieuse.

Avec ses feudataires et un certain nombre de sujets, il entreprenait aussi d'autres expéditions rituelles, les quatre grandes chasses saisonnières. Bien sûr, le butin était lié à la chasse. S'y associait aussi le fait que l'aristocratie devait démontrer ses privilèges au peuple. Mais pour le souverain, les quatre chasses elle-mêmes étaient des actions rituelles : il parcourait son pays, contrôlait ses sujets et escaladait les « Monts des cinq points cardinaux » (*Wuyue*) pour y offrir des sacrifices.

Les sacrifices rituels étaient son devoir suprême. Ces devoirs existaient envers les ancêtres, les grands héros dont provenaient les principaux acquis culturels, l'agriculture, le calendrier, l'écriture. Le culte des ancêtres occupait donc la première place dans les obligations rituelles, rejoint seulement en importance par les cultes agraires. Pour bénir la terre et lui conserver sa fertilité, les souverains traçaient chaque année les premiers sillons dans la terre libérée de neige.

Le souverain devait sacrifier deux fois par an sur l'Autel du dieu du Sud et des moissons — un lieu sacré remontant lui aussi aux temps archaïques — au printemps pour obtenir une bonne germination et en automne pour remercier des bonnes récoltes. La terrasse carrée de l'autel se divisait en cinq secteurs correspondant aux points cardinaux et couverts de terre colorée : blanc à l'ouest, vert à l'est, noir au nord, rouge au sud et jaune au centre. Le monarque symbolisait ainsi sa prétention que toute la surface de la Terre sous le soleil appartenait au « Fils

Page de gauche : *vue depuis la terrasse du « Temple de la Prière pour de Bonnes Moissons » en direction du « Temple de l'Auguste Ciel », situé plus au nord et où étaient conservées les « Demeures des Esprits »* (Shenwei) *du dieu du ciel et des ancêtres impériaux.*

Ci-dessus : *des tablettes de l'Empereur Céleste et des ancêtres de la dynastie régnante ont été trouvées aussi dans la rotonde de la « Voûte Céleste Impériale »* (Huangqiongyu), *située au nord de l'Autel du Ciel.*

du Ciel » (*Tianzi*). Une fois par an, au moment de l'équinoxe de printemps, il accomplissait les rites de sacrifice à l'Autel du Soleil. Ces cérémonies, tout comme celles à la Lune, datent de la période des Zhou et sont mentionnées dans le *Livre des Rites*. L'autel se trouvait à l'est de la ville, afin que l'empereur puisse se rapprocher autant que possible du point de lever du soleil. C'était une terrasse carrée, qu'il gravissait pour y offrir un sacrifice devant la tablette d'or portant les idéogrammes de l'« Esprit de la Grande Lumière ». De même, une fois par an, à l'époque de l'équinoxe d'automne, l'empereur visitait l'Autel de la Lune, y offrant du jade blanc et de la soie blanche à la tablette jaune symbolisant la lune inscrite au nom de l'« Esprit de la Clarté de la Nuit ». L'autel se trouvait à l'ouest de la ville.

Anciennement, les rites pour la terre et le ciel s'accomplissaient au même lieu saint. Une scission des deux cultes s'introduisit avec les Han, scission décrétée définitive par les souve-

« Il en était ainsi des sacrifices de la Banlieue : le Soleil s'accouplant à la Lune avait le premier rang lors de la grande cérémonie d'action de grâces des Zhou au Ciel. Les êtres divins de la dynastie des Xia avaient sacrifié à sa face obscure. Les hommes de la dynastie des Yin (Shang) avaient sacrifié à sa face claire. Les Zhou sacrifiaient au Soleil et ainsi précisément firent face à l'extrême de la face obscure. »

Livre des Rites (Liji), chap. 14, p. 104.

A gauche : *sur les trois étages traditionnels du Monde, représentés sur le socle de marbre blanc, c'est-à-dire l'Eau, la Terre (montagnes) et le Ciel (nuages), s'élève le monde divin représenté par un temple miniature doré. Il se dresse devant le Palais de la Clarté Céleste* (Qiangping Gong) *situé dans la Cité Interdite.*

Page de droite : *la salle principale du Palais Impérial s'élève également sur les trois étages du Monde. Le souverain utilisait ce Palais de la Suprême Harmonie* (Taihe Dian) *pour des cérémonies officielles. La Voie Impériale* (Yudao), *sur laquelle passait la chaise à porteurs de l'empereur, se compose de trois monolithes avec des représentations de dragons.*

Double page précédente : *le déploiement de luxe à la Cour atteignit son point culminant sous les empereurs Ming. Ce fut une époque d'absolutisme. Jamais auparavant les souverains n'avaient concentré en leurs mains une telle somme de pouvoir. L'illustration montre un fragment de peinture sur soie représentant une expédition de l'empereur régnant sous le nom de Zhengde (1506-1521).*
[Taibei, Musée du Palais national]

rains Ming. L'Autel de la Terre, au nord de la ville, était une terrasse érigée dans une cour carrée, tandis que l'Autel du Ciel se trouvait dans une enceinte circulaire. Sur cette terrasse se dressait la tablette verte représentant la Terre, à côté des tablettes aux noms des Cinq Monts sacrés, des Quatre Mers, des Quatre Fleuves et des souverains défunts. Tandis qu'un dignitaire de la Cour récitait une prière, l'empereur se prosternait neuf fois, pour manifester son respect.

L'Autel du Ciel occupait sa place cosmologique au sud de la ville. Aujourd'hui, on peut constater au « Temple du Ciel », à Pékin, que les Chinois de la période Ming qui le construisirent se remémoraient encore les coutumes originelles en le dédiant en même temps aux cultes du ciel et de la terre. Le Temple du Ciel est entouré en fait de deux murs, tous deux à angle droit au sud, c'est-à-dire symbolisant la terre. Au nord, ils présentent des angles arrondis symbolisant le ciel. Le souverain s'avançait du palais à l'enceinte du sanctuaire en une superbe procession, le jour du solstice d'hiver. Après avoir changé de vêtements dans le Palais de l'Abstinence (*Zhaigong*) et s'y être préparé spirituellement, il s'avançait vers l'édifice « De la Voûte Céleste Impériale » (*Huangqiongyu*) où il méditait un moment. Il se déplaçait alors vers l'Autel du Ciel pour y énoncer les nouvelles des événements de l'année écoulée. On y accomplissait aussi des sacrifices.

L'Autel du Ciel comportait trois plates-formes rondes en marbre blanc, superposées en retrait et symbolisant la terre, le monde des mortels et le ciel. Le chiffre 9 symbolise le ciel et donc l'empereur, le Fils du Ciel. Par conséquent, sur la plateforme supérieure, domaine le plus sacré, le dallage se compose de neuf carreaux de pierre disposés autour de la dalle centrale circulaire, puis d'une seconde couronne comportant 18 dalles, une troisième de 27, jusqu'à la dernière couronne de 81 dalles (9∅9). Après les cérémonies, les tablettes du dieu du ciel et des dieux du vent, de la pluie, des éclairs et du tonnerre étaient ramenées à la « Voûte Céleste Impériale », où elles demeuraient le reste de l'année. Le quinzième jour du premier mois (d'après le calendrier lunaire), l'empereur visitait à nouveau le temple, accomplissant les mêmes méditations, mais s'avançant alors non vers l'autel mais vers le « Temple de la Prière pour de Bonnes Moissons » (connu en Occident sous le nom de « Temple du Ciel »), où il priait le ciel devant les tablettes des dieux célestes et des ancêtres impériaux.

Toutes les cérémonies des temples étaient précédées d'une préparation spirituelle du souverain à ses importants devoirs. Il en fut ainsi de tout temps. On sait qu'à l'époque archaïque le Fils du Ciel devait à certains moments subir une épreuve : il lui fallait s'isoler dans la nature, ou dans un lieu sombre et retiré, afin d'y méditer sur le sens et les devoirs de son gouvernement, les responsabilités que le ciel lui avait déléguées et les moyens de régénérer son pouvoir de conduire les hommes.

Une fois par mois, peu avant de promulguer les décrets mensuels relatifs au calendrier et aux jours de fêtes, les souverains

de l'époque archaïque devaient ainsi se retirer des affaires quotidiennes. En l'occurrence, ils ne s'isolaient pas dans les montagnes, mais à la « maison du calendrier » (*Mingtang*), un palais qui par sa construction figurait le ciel et la terre : le bâtiment principal, orienté sur les points cardinaux, symbolisait la terre, et son toit de paille rond, le ciel. Le roi y méditait et y recueillait du ciel les dates sacrées. Régénéré alors et se tournant renouvelé vers le monde, il annonçait à l'assemblée attentive les événements du mois à venir, événements devant se déplacer dans l'espace du *Mingtang* assigné au mois correspondant.

Les derniers souverains qui se servirent du *Mingtang* pour la méditation rituelle furent les premiers empereurs Han. Ensuite la « maison du calendrier » fut délaissée. Certains espaces du palais prirent la fonction de « lieu retiré » lorsque les désirs bâtisseurs des empereurs se déclarèrent, que résidences et temples toujours plus grands furent construits. On érigea dans les lieux de culte des espaces spéciaux pour la méditation. Ainsi par exemple on articula à chacun des temples visités par l'empereur pour des raisons rituelles un « Palais de l'Abstinence » où le souverain le plus souvent passait la nuit précédant la cérémonie. Tous les empereurs s'y soumettaient, car aucun d'entre eux, s'il tenait à la survie de sa dynastie, ne se permettait la moindre négligence dans l'exécution des rites. Les conséquences inéluctables en auraient été en l'occurrence la perte du « mandat du ciel ».

Au temps des Han, lorsque l'administration du royaume se vit confiée à des fonctionnaires-lettrés, les attributions du souverain s'enrichirent d'une charge supplémentaire : contrôler en personne le troisième et dernier degré des examens du palais (correspondant au grade de docteur). Il devait en outre annoncer les noms des candidats qui, après l'épreuve, pourraient désormais l'assister dans son travail quotidien de gouvernement. Lorsqu'on préparait une campagne militaire, il proclamait aussi lors d'une de ses audiences qui allait l'assister militairement. On s'imaginera difficilement à quel point cette audience était somptueuse. Des nuages de fumées d'encens enveloppaient les salles du palais et ses cours : comme dans la sombre préhistoire, ils devaient protéger le souverain, dans sa pureté presque divine, des impuretés terrestres. La musique cérémonielle de la Cour résonnait à travers le palais, fanions et bannières claquaient au vent, la multitude s'alignait devant les escaliers conduisant au palais.

Les réunions de routine du souverain avec ses ministres ou ses fonctionnaires, pour traiter des décisions politiques et des affaires courantes, étaient beaucoup plus paisibles bien qu'astreintes totalement aux normes de l'étiquette qui dictaient chaque mouvement de main, chaque haussement de tête et même les phrases cérémonielles. A l'époque archaïque, le souverain rassemblait ses vassaux pour des débats politiques et d'ordre juridique. Qin Shihuangdi, le Premier Empereur, faisait de même (dans ce cas avec ses conseillers politiques) et depuis la dynastie des Han les empereurs se réunissaient avec

A gauche : *le dragon, créature occupant la première place du bestiaire asiatique et par conséquent apanage de l'Empereur, décore la couronne de filigrane d'or qui accompagna le souverain Ming Wanli (1573-1620) dans la tombe. Le phénix, second être du bestiaire, était le symbole de l'impératrice et il décore la couronne mortuaire de l'impératrice Wang* (en bas). [Musée de Dinling]

Page de droite : *entouré de ses symboles, le dragon veillait sur le repos de l'empereur dans le Palais de la Clarté Céleste* (Qiangqing Gong), *dans la zone intérieure de la Cité Interdite. Depuis l'ère de Kangxi (1662-1722), l'ancienne chambre à coucher servait de salle d'audience. Cette salle fut utilisée officiellement pour la dernière fois en 1922 lors du mariage de l'empereur (déjà déposé) Pu Yi.*

leurs chanceliers, ministres ou lettrés de l'académie dite de Hanlin (ou Forêt des pinceaux). Ces conseils, loin d'être comme on pourrait le croire des discussions entre égaux, ne faisaient pas du roi un simple *primus inter pares*. Bien que s'exprimant uniquement par des formules, le souverain y prononçait des décrets en vertu de sa position. Il savait que ses paroles, ses gestes, chaque tressaillement de visage, trouveraient place dans la chronique de l'histoire.

Avec le temps, la soumission à la forme perdit bien sûr de sa force. Du moins les empereurs trouvèrent les moyens d'esquiver habilement le carcan de l'étiquette. Des souverains artistiquement doués, comme les empereurs Tang, Tai Zong (626-649) et Xuan Zong (712-756), appréciaient la compagnie de « communs des mortels » et avaient la réputation d'être des écrivains-artistes talentueux, se livrant volontiers à des joutes intellectuelles et artistiques avec les lettrés. En de tels moments, les barrières de l'intangibilité et de la réserve étaient levées, de même que pour les souverains Song, Tai Zong (976-997) et Hui Zong (1105-1125), qui aimaient passer eux aussi leurs soirées dans un cénacle de lettrés.

Les empereurs Qing purent se soustraire à l'obligation de la « réserve » lorsque, sans hésiter, ils optèrent pour l'intimité des appartements des concubines, abandonnant leurs salles de travail froides et quasi officielles du Palais Intérieur de Pékin dont les dimensions atteignaient presque celles des bâtiments d'apparat du Palais Extérieur. L'empereur Kangxi (1662-1723), un des plus grands lettrés de son temps, entreprit les premiers pas en ce sens. Il fit de son ancienne chambre à coucher une salle d'audience, s'y soumettant toujours néanmoins aux règles de l'étiquette lorsqu'il recevait ses ministres ou des ambassadeurs étrangers. Alors se révélèrent les deux visages des souverains Qing, car tous ses successeurs adoptèrent la division entre « vie privée » et « entrées officielles ». Certains, comme les empereurs mineurs Tongzhi et Guangxu, conduisaient même les audiences officielles dans un palais secondaire, au milieu du quartier des concubines. Ce n'était cependant pas volontaire : l'ambitieuse impératrice douairière Cixi, qui en 1862 avait usurpé le pouvoir, les y contraignit afin de continuer son « gouvernement de derrière le rideau de bambou ».

Evidemment, la vie de l'empereur et de sa cour, pas plus que celle des fonctionnaires ou des paysans, ne se limitait à l'accom-

plissement de devoirs. Des fêtes détendues suivaient le service strict, ainsi le voulait le dualisme du *Yin* et du *Yang*. Outre les fêtes du calendrier rituellement ordonnées et déclarées par l'empereur et auxquelles il participait lui-même avec toute l'aristocratie et le peuple, il existait suffisamment d'autres occasions de réjouissances. Certains passe-temps de la noblesse étaient même des devoirs : à l'époque archaïque, par exemple, on attendait d'un noble qu'il maîtrise l'art du tir à l'arc, sache manœuvrer un char de combat et connaisse un peu la musique, ou joue peut-être même d'un instrument. Ces talents caractérisaient l'appartenance à l'élite, en plus de l'acquisition des mécanismes de la lecture et de l'écriture. On pouvait aussi démontrer en pratique son talent de tireur à l'arc. Tant que la chasse fut une activité rituelle, les aristocrates devaient y participer ; par la suite, elle ne fut valorisée que comme un symbole de statut, auquel conviait le roi. S'il faut en croire les nombreuses évocations de chasses en vogue depuis les Han dans la littérature et la peinture, les privilèges de chasse de la noblesse ne se bornèrent plus alors aux quatre occasions annuelles : la chasse devint une distraction presque quotidienne du noble.

La musique et la danse figuraient au premier plan des distractions de la Cour. Dès les temps archaïques, alors que ces fêtes avaient encore un caractère religieux, la musique et la danse orchestraient les grandes festivités du palais. La musique, qui eut toujours pour les Chinois une valeur mythique et morale, reçut de nombreuses influences de l'Occident, venues en Chine par la Route de la Soie. Ainsi, à la période Tang, on connaissait les danses de galop turques et perses, on appréciait beaucoup aussi la danse sogdienne des pirouettes. La musique populaire s'enrichit de nouveaux rythmes.

La Cour fêtait très somptueusement l'anniversaire de l'empereur. Mentionnons surtout le 8ᵉ siècle, au cours duquel la splendeur des fêtes du palais atteignit un niveau inégalable. Ainsi par exemple, au cours d'une de ces fêtes, un escadron de 100 chevaux décorés de pierres, de métaux précieux et de soieries, aurait battu la mesure de la tête en dansant sur les succès de l'époque. En dehors de telles prouesses de cirque, la Cour applaudissait aussi volontiers les acrobates, illusionnistes, jongleurs ou magiciens. Des fêtes exubérantes de ce style étaient possibles dans le cadre du palais ; mais les familles riches et nobles devaient y renoncer. Lorsque les fêtes devinrent excessivement dispendieuses, le gouvernement les interdit au-dehors de quelques mois par an. Le reste du temps, on ne pouvait pas inviter plus de trois convives ! Non seulement les nombreux jeux, mais aussi le sport, veillaient à divertir la Cour et les cercles de nobles. On s'amusa au ping-pong dès la période des Han. La variante chinoise des échecs, ainsi que le go, furent très en vogue sous la dynastie des Tang, durant laquelle l'élite se divertit aussi en jouant au polo (même les dames) importé d'Asie centrale. A la période des Tang, un jeu de la noblesse chinoise voyagea en sens inverse, de la Chine vers l'Occident : nous devons les cartes à jouer à l'Empire du Milieu.

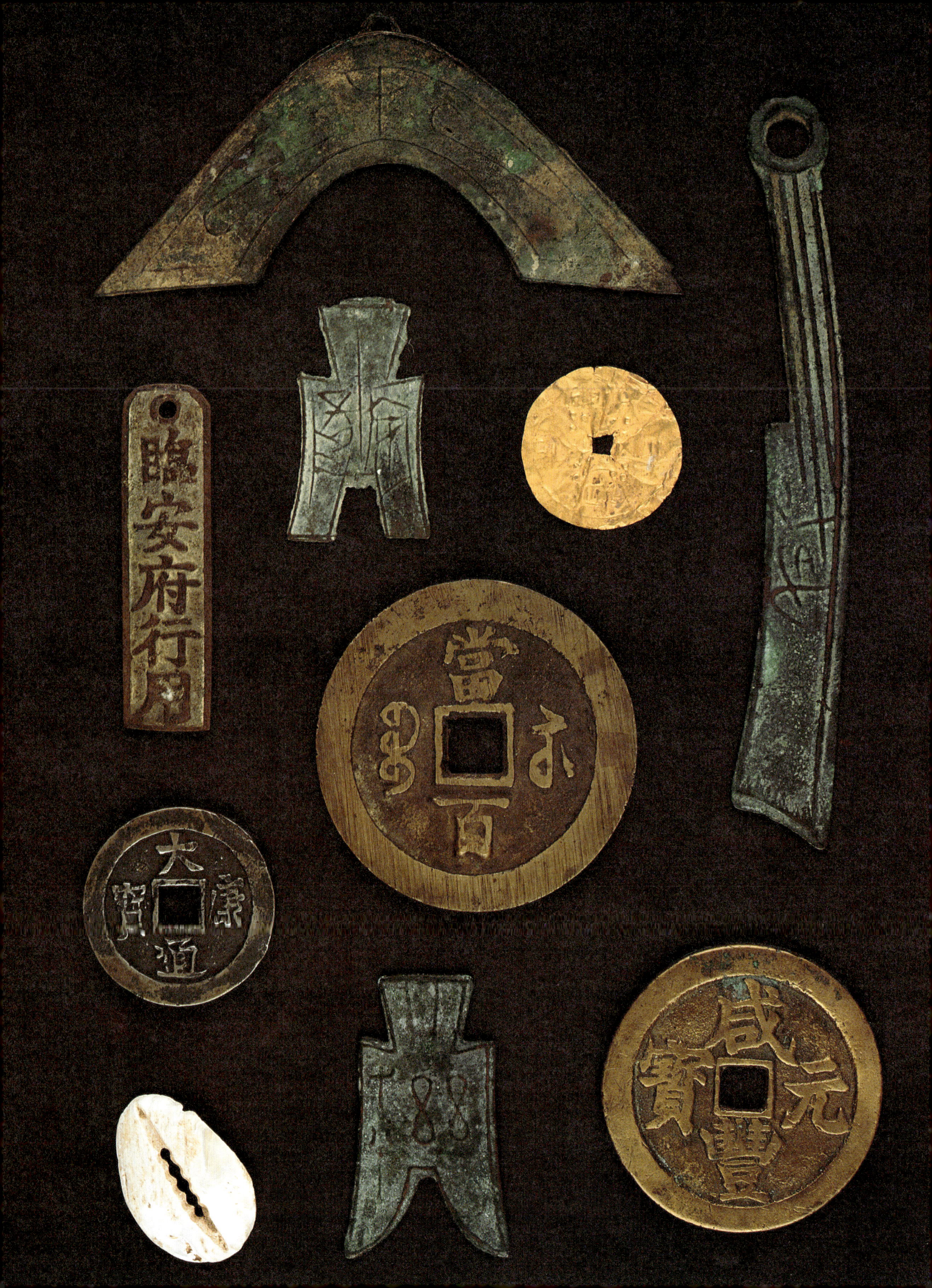
臨安府行用
當百
大康通寶
咸豐元寶

L'économie

DEPUIS le néolithique, la caractéristique fondamentale de l'économie chinoise traditionnelle est restée la prépondérance accordée à l'exploitation des ressources agraires. L'importance du commerce, de l'artisanat et de l'industrie n'est que secondaire. Toutefois les conditions de la vie économique ont varié au cours de l'histoire.

Le cadre géographique et les conditions climatiques

Les cultures néolithiques de la vallée du Weishui et du cours moyen du Huanghe, régions qui jouissaient d'un climat sec et tempéré, connaissaient et recouraient principalement au mil (*Setaria italica*) comme plante alimentaire. Les cultures un peu plus anciennes ou implantées dans le cours inférieur du Yangzi profitaient des conditions d'un climat subtropical pour faire pousser du riz (*Oryza sativa*). Les cultures de la côte méridionale, qui à maints égards appartenaient à l'espace sud-asiatique placé sous des conditions tropicales, se nourrissaient surtout de plantes à tubercules. De plus, le Nord formé d'une plaine alluviale, au sol d'origine éolienne (lœss) et praticable par voie terrestre, différait du Sud, région formée essentiellement de montagnes et parcourue par une circulation principalement fluviale. L'archéologie semble en outre indiquer que les cultures du nord et du centre de la Chine ont participé de manière décisive au développement ultérieur de la civilisation chinoise proprement dite.

La monnaie de bronze chinoise typique, ronde et percée d'un trou carré, n'apparut que peu avant la fondation de l'empire. Depuis le 5ᵉ siècle av. J.-C., les monnaies en usage étaient la «bêche» (Bu) *et le «couteau»* (Dao). *A l'époque Shang, les cauris firent probablement office de monnaies. Longtemps, l'or et l'argent servirent, respectivement, de réserve et d'étalon monétaires, mais on ne frappa que rarement des monnaies courantes dans ces métaux.*

Néanmoins, ce n'est que dans le nord, centre des «trois dynasties» Xia, Shang et Zhou, que nous pouvons historiquement appréhender les débuts de cette civilisation chinoise ainsi que ses aspects économiques. Même à l'époque de leur apogée, l'influence de ces dynasties ne dépassa guère le Yangzi au sud, la province de Liaoning au nord, les frontières des provinces du Gansu et du Sichuan à l'ouest.

Une expansion graduelle vers le sud intervint à partir du 5ᵉ siècle av. J.-C., un peu avant la fin de l'époque Zhou. Il a fallu attendre l'époque Tang pour que soit réalisée l'intégration culturelle et économique de la côte sud-orientale à la sphère proprement chinoise. S'y adjoignirent la province du Guangxi à l'époque Song, le Yunnan sous les Mongols, l'île de Taïwan sous les Ming et la province de Guizhou sous les Qing. De même, à l'ouest, ce n'est qu'à l'époque Song que fut achevée l'intégration de la province de Sichuan, si importante dans le développement historique ultérieur du pays.

Très tôt, la puissance politique chinoise s'affirma et s'exerça en dehors de ces territoires. Dès l'époque Zhou, elle atteignit au nord et au nord-ouest la frontière encore aujourd'hui déterminée par la Grande Muraille, qui marque la limite entre l'économie agraire chinoise et l'économie pastorale de l'Asie centrale. Seule exception manifeste : les trois provinces orientales constituant la Mandchourie.

Dans la province de Liaoning, l'acculturation fut continue depuis les débuts de la période impériale, tandis que le Jilin et le Heilongjiang ont connu depuis le 19ᵉ siècle une colonisation chinoise intensive et efficace. Toutes les autres contrées appartenant actuellement à la Chine y furent intégrées après la chute de la dynastie Qing en 1912, en fonction des bouleversements du contexte politique international. Jusqu'alors, ces régions, à savoir l'actuelle République populaire de Mongolie et les territoires autonomes de Mongolie Intérieure, du Ningxia, du Xinjiang et du Tibet, avaient certes intéressé les différentes dynasties impériales chinoises ; elles avaient tenté — de diverses façons et avec un succès inégal — d'y asseoir leur

Ci-dessus : *scène de ferme sur une peinture murale monochrome dans un tombeau de l'époque des Han de l'Est, au voisinage de Zhengzhou, dans la province du Henan. Un bœuf broute un tas de fourrage ; devant la grille s'ébattent des canards ; dans le haut se pavane un paon.*
Page de droite : *bas-relief sur un montant de porte d'un tombeau de Mizhi (province du Shaanxi) daté de 107 ap. J.-C. Il montre un paysan dirigeant une charrue attelée à deux bœufs. Les animaux sont reliés entre eux par une corde attachée à leurs anneaux de mufle ; sur la nuque de chaque bœuf est appliquée une longue tringle, sorte de joug transversal, au milieu de laquelle est fixé l'age de la charrue au moyen d'un raccord en forme de U. A l'extrémité inférieure, une pièce de bois appelée « mancheron » donne prise aux deux mains du paysan. Un peu plus en avant se trouve une autre pièce de bois verticale, l'étançon, au bas de laquelle est fixé le manche portant le soc triangulaire. Ce type de charrue déjà très développé s'appelle en chinois* Erniu Taigang, *« (charrue) à traverse accouplant deux bœufs ».*
[Xi'an, Musée provincial du Shaanxi]

influence, souvent sur base du commerce mais, malgré ces tentatives et jusqu'aujourd'hui, ces contrées ne sont pas encore devenues, à proprement parler, des parties intégrantes du système économique chinois.

Du point de vue climatique, c'est surtout l'appartenance de la Chine aux zones tempérée sèche et subtropicale qui caractérise son agriculture. La Chine en effet n'atteint le tropique du Cancer que dans sa partie méridionale extrême et ce n'est qu'au nord-ouest qu'elle confine aux régions arides de Mongolie. Les variations climatiques à long terme n'ont apparemment joué aucun rôle perceptible dans le développement de l'agriculture chinoise. Les écarts moyens annuels de température par rapport au climat actuel n'ont probablement guère excédé deux degrés centigrades.

Les époques Shang, Han et Tang furent les plus chaudes, tandis que la Haute Epoque Zhou, les périodes Liuchao et Song du Sud, ainsi que celle des Ming et de Qin, furent les plus froides. Cela signifie qu'au néolithique la limite de la zone de croissance du bambou s'étendait quelque 3° plus au nord qu'aujourd'hui ; à l'époque historique encore, pendant les périodes chaudes, les riverains du Huanghe réparaient leurs toits avec du bambou, ce qu'ils avaient fait en d'autres temps avec de l'osier.

Plusieurs parties du *Livre des Odes* (*Shijing*) témoignent des variations climatiques à l'époque Zhou. Le chant du septième mois, qui cite les activités saisonnières, témoigne du refroidissement subi à ce moment. Les conditions auxquelles il fait allusion correspondent à celles de Pékin aujourd'hui, situé cependant à près de 5° au nord du lieu d'origine présumé de ce chant, mais à une altitude moins élevée. Un autre signe du réchauffement progressif survenu depuis le milieu de l'époque Zhou est la mention de la prune (*Prunus mume*) dans le chant *Zhongnan*. La prune y est dite appartenir à la flore du mont Zhongnan, juste au sud de Xi'an. Or, on ne rencontre plus la prune en Chine du Nord depuis le 10e siècle ap. J.-C.

L'organisation sociale et étatique et son influence sur l'économie

La vie économique chinoise traditionnelle avait pour cadre un système social évolutif et une forme d'organisation de l'Etat en constante transformation, sous certains aspects du moins.

Le système social chinois fait sans cesse l'objet de nouvelles mises en question ; en outre, pour ce qui concerne ses connotations idéologiques, le problème se pose de savoir jusqu'à quel point la Chine a connu le modèle d'évolution des classes valable en Occident. Cela a conduit à des études controversées sur la société féodale et esclavagiste dans l'histoire chinoise ainsi qu'à des discussions frustrantes à propos de la naissance du capitalisme. D'une façon très simpliste, on a voulu diviser comme suit l'histoire écrite de la Chine : mille premières années d'esclavagisme (1500-500 av. J.-C.), près de trois mille ans de féodalité (1000 av. J.-C. - 1800 ap. J.-C.) et, durant les huit derniers siècles, un embryon de société capitaliste qui ne parvint jamais à son plein épanouissement. Si la controverse concernant les deux premiers systèmes sociaux s'est maintenant bien apaisée et fait l'objet d'une réflexion plus sereine sur base des nouvelles découvertes archéologiques et de l'analyse des textes, en revanche la question du capitalisme fut et reste, surtout en Chine même, un thème central de l'historiographie économique dans les années cinquante et depuis la fin des années soixante-dix.

Double page précédente : *dans des tombes de la culture Dian, datées des 2e et 1er siècles av. J.-C., on a retrouvé des récipients en forme de barils de bronze, remplis de cauris, dont les couvercles sont décorés de scènes composées de figurines de bronze en relief. Le motif central d'un de ces couvercles, de 30,9 cm de diamètre, trouvé en 1956 à Shizhaishan (district de Jinning, province du Yunnan) est une figurine de femme qui est assise seule sur une estrade dominant son entourage. Cette femme est apparemment un chef de clan, et on lui présente des fruits, un poisson et d'autres dons. Les femmes assises en cercle à ses pieds sont occupées à filer et à tisser. Les tisseuses utilisent un métier des plus rudimentaire : un des deux bâtons entre lesquels sont tendus les fils de chaîne est attaché à la taille, l'autre maintenu avec les pieds.*
[Kunming, Musée provincial du Yunnan.]

Globalement, on peut considérer que la société Shang, dont l'évolution politique se laisse définir par l'hégémonie de différentes factions dynastiques, était organisée en lignages. Le problème de l'esclavage doit être ramené à celui de la servitude des populations non Shang — les prisonniers de guerre servant d'ailleurs plutôt de victimes sacrificielles que d'hommes de peine. On ne peut présentement prouver que l'esclavage et le travail forcé, sous leurs différentes formes, étaient nécessaires à l'industrie minière de l'époque Shang. Certes on peut aussi émettre l'hypothèse qu'à l'époque Shang, comme dans d'autres sociétés d'économie traditionnelle, l'extraction des richesses du sous-sol était une entreprise très laborieuse, désa-

Page de gauche : *depuis toujours, la chasse à cheval était un des passe-temps favoris de la noblesse chinoise. La battue d'une compagnie de chasseurs fait l'objet d'une peinture du mur est de la rampe d'accès au tombeau du prince héritier Zhanghuai à Qian Xian, dans la province du Shaanxi. Certains cavaliers ont placé leur chien de chasse devant eux, sur la selle, d'autres portent sur le bras un oiseau de proie. A l'arrière de la selle de deux d'entre eux, un léopard et un guépard sont assis sur un coussin. D'autres représentations attestent que ces animaux très rapides étaient dressés pour la chasse dès l'époque Tang* (voir ill. p. 85).

A droite : *cette figurine de marbre haute de 40,3 cm représentant un serviteur chargé de deux équipements de chasse complets provient du tombeau du général Yang Sixu, qui fut enterré en 740 dans le site actuel de Dengjiapocun, un faubourg sud de Xi'an. Outre deux arcs contenus dans des étuis décorés, et deux carquois fermés, il porte une paire de cimeterres dans des fourreaux richement ornementés et une longue épée. A son épaule droite pend un « bola », une arme de jet et de capture terminée par des poids ovoïdes, qu'on lançait en direction des pattes des animaux chassés.*
[Pékin, Musée de l'Histoire chinoise]

« Lorsque jadis les familles riches et puissantes détenaient le contrôle des ressources du sous-sol et des produits de la mer (sel), elles extrayaient la houille et le minerai qu'elles fondaient pour fabriquer des instruments de fer et s'occupaient de la production du sel. Une seule famille (pouvait) rassembler autour d'elle plus de mille personnes exclusivement recrutées parmi les proscrits qui, bannis de leur pays natal, devaient quitter leur nécropole ancestrale pour s'en remettre aux grandes familles. »

Tiré du Yantielun, Dispute sur le sel et le fer (81 av. J.-C.).

---

gréable et pleine de périls qui, de ce fait, devait être organisée par l'Etat — éventuellement par des moyens coercitifs — et nécessitait un potentiel de travailleurs juridiquement dépréciés.

En ce qui concerne les Shang, il faut toutefois prendre en considération le fait que la majeure partie de leurs besoins en cuivre et en étain était assurée par des mines qui ne se trouvaient pas dans leurs territoires. En outre, le travail forcé n'apparaît pas comme une caractéristique de l'organisation postérieure de l'industrie minière. Dans les mines qui, depuis l'époque Han, relevaient majoritairement d'un monopole étatique et où l'on extrayait divers métaux, du charbon et du sel (dans le Sichuan), l'Etat utilisait bien des détenus mais le travail était avant tout assuré par la population masculine corvéable en vertu de l'impôt. Même dans les mines privées, l'hypothèse du recours aux esclaves n'est guère fondée. Plus vraisemblablement recrutait-on le plus souvent des vagabonds sans attaches.

A l'époque Song, nous connaissons des formes d'organisation de l'industrie minière qui étaient probablement déjà courantes auparavant mais qui le restèrent jusqu'à la fin de l'ancienne Chine : d'un côté de grandes exploitations avec des travailleurs salariés, par exemple dans les provinces de Hebei et Henan ; d'autre part des coopératives paysannes, par exemple dans le Shandong, qui ne travaillaient que de manière saisonnière, quelques jours ou quelques semaines, afin de se ménager des revenus supplémentaires aux moments où le travail agricole était moins exigeant. En même temps, il ne fait pas de doute que, dans la Chine traditionnelle, les mineurs — sauf un petit nombre d'ouvriers qualifiés — étaient l'objet de suspicion et que l'Etat voyait en eux des trublions potentiels. Quelques rares fonctionnaires combattirent toutefois cette opinion négative. Quoi qu'il en fût, l'extraction minière était, dans les économies traditionnelles, l'une des activités les plus rebutantes, car, outre les dangers naturels et la rigueur du travail, on y négligeait l'application des progrès techniques dans le domaine de la sécurité. C'était surtout vrai en ce qui concernait la ventilation et l'exhaure.

L'absence de preuve de l'esclavage dans les mines chinoises n'empêche pas que ce fut dans ce secteur d'activité qu'on rencontrait les conditions de travail et les modes de recrutement les plus inhumains. Pourtant, les mineurs ne constituèrent pratiquement jamais ces foyers de rébellion qu'on redoutait, car leur organisation habituelle en petites équipes de travail et leur système de rémunération proportionnelle aux résultats les isolaient des autres groupes de la population.

A l'époque Shang, l'activité économique dépendait des lignages et de leurs membres. Le travail agricole était réquisitionné et dominé pour l'essentiel par les membres des lignages. Comme semblent le montrer, à tout le moins, quelques textes d'époque Shang, ce travail était effectué collectivement et rendu agréable au rythme de chants. Le chant est un moyen utilisé jusqu'à nos jours en Chine pour tenter d'alléger un labeur répétitif et monotone. Dès le début de l'Empire, on connaît des « textes » de « chants de travail » composés à cet effet.

En dehors des cultivateurs, les pasteurs et les chasseurs étaient aussi très nombreux, ce qui est digne d'intérêt dans la mesure où ils ne jouèrent plus de rôle notable dans l'économie chinoise postérieure. Alors que l'économie pastorale était à l'époque Shang indispensable aux besoins du culte — les offrandes d'animaux sont attestées en grand nombre —, elle ne joua plus qu'un rôle très secondaire dans la Chine impériale, car les chevaux furent alors presque exclusivement utilisés à des fins militaires. On les achetait à des peuples étrangers du nord-est ou du centre de l'Asie, la plupart du temps en échange de textiles, à l'exception de courtes périodes durant lesquelles les régions périphériques de Chine septentrionale furent utilisées comme pâturages par des dynasties non autochtones. L'élevage des volailles, des porcs et des bœufs (comme animaux de trait), qui allait devenir prédominant par la suite, n'était guère répandu.

Aux premiers temps de l'histoire chinoise, la chasse revêtait des aspects économiques, militaires et probablement aussi aristocratiques. Dans une société qui devenait de plus en plus agraire, la chasse perdit de son importance progressivement et en arriva à être ressentie, dans un contexte purement chinois, comme une activité parasite nuisible à la bonne marche de l'agriculture saisonnière. Aussi bien, dans la poésie des débuts de l'époque impériale, si l'expansion géographique approximative des territoires de chasse en vient à couvrir toute la Chine (c'est-à-dire l'ensemble du monde connu), c'est pour symboliser idéologiquement la toute-puissance impériale, mais aussi en même temps l'arbitraire du souverain et de l'aristocratie.

La chasse ? Il s'agissait en règle générale de grandes battues qui avaient par ailleurs une connotation militaire. La chasse comme moyen d'entraînement sportif et militaire ainsi que comme composante de la culture traditionnelle ne joua plus un aussi grand rôle dans la suite de l'histoire chinoise, si ce n'est sous les dynasties étrangères mongole et tangoute. Les territoires de chasse ne se situèrent plus, à peu d'exceptions près, en Chine même mais — comme par exemple sous la dynastie Qing (mandchoue) — dans la région de Chengde, de Shenyang et des montagnes de Xing'an (le Nanyuan faisant exception). Les critiques formulées par les Chinois à l'égard des chasses mandchoues se comprennent si l'on considère qu'en 1711 douze mille hommes participèrent à la battue, tandis qu'en 1741 six mille autres accompagnèrent l'Empereur à une chasse dans la région de Chengde qui nécessita en outre 10 000 chevaux, 700 à 800 chameaux, 2 500 rabatteurs et 200 fourgons. La pêche, de même, ne constituait qu'un secteur économique accessoire, tant à l'époque Shang qu'au cours des périodes suivantes ; elle était exercée en vertu d'un droit régalien mais représentait aussi une activité libre.

L'archéologie et l'épigraphie de l'époque Shang attestent également déjà l'existence d'une catégorie de population spécialisée, en l'occurrence les artisans. On peut probablement interpréter 32 emblèmes gravés sur des vases de bronze comme des marques professionnelles d'artisans, dont quelques-uns, par exemple les fondeurs de bronze, les tailleurs de pierre, les sculpteurs de jade et les charrons, avaient un statut social relativement élevé, comme le prouvent aussi les vestiges de leurs demeures assises sur des fondations de terre et de pisé.

Ainsi, dès la plus haute époque historique émerge une classe qui devint ensuite une composante reconnue de la société chinoise traditionnelle trouvant sa place dans l'organisation corporative confucianiste et jouissant constamment d'un statut juridique particulier. D'un côté, l'habileté et l'inventivité des artisans leur gagnèrent toujours davantage de prestige, si bien que, sous la dynastie Sui par exemple, le fils d'un sculpteur de jade, He Chou, parvint à un haut grade militaire à cause de ses talents techniques. Inversément, Yuwen Kai, issu de la noblesse, ne compromit en rien sa réputation en s'intéressant surtout aux problèmes de construction. Plus tard, sous la dynastie Ming, les architectes Kuai Xiang et Xu Cao devinrent respectivement vice-ministre et ministre, tandis que leurs homologues Zhang Lian et son fils Zhang Ran acquirent, respectivement comme maître d'œuvre et paysagiste, un renom durable sous la dynastie Qing. Par ailleurs, un des derniers empereurs Ming, Zhu Youjiao, était connu pour sa prédilection pour le travail du bois et de la laque.

A un niveau plus local ou régional, des artisans ont également pu se couvrir, en raison de leur dextérité, d'une gloire durable dans les monographies historiques. Mais, d'un autre côté, cette situation due à la spécialisation et liée à l'importance que revêtait la satisfaction des besoins de la classe dirigeante de l'époque menaçait l'artisan dans ses droits. Plus que d'autres travailleurs, les artisans étaient dans l'impossibilité de se soustraire à diverses formes de réquisitions, même si leurs liens juridiques apparemment très étroits avec la classe gouvernante commencèrent à se relâcher dès l'époque Chunqiu. Ils étaient souvent les premiers à être touchés par les mesures de transfert de populations décrétées par le pouvoir central.

« Lorsque Wei Yan devint maréchal de Chu, Zi Mu le chargea d'évaluer le produit total des impôts et de déterminer les ressources de l'armée. Au jour dit *Jiawu*, Wei Yan avait répertorié les sols selon leur fertilité et les surfaces cultivables, il avait évalué les ressources minières et l'étendue des forêts, de même que les ressources en eau et les marais, et il avait aussi enregistré les collines et les terres salées. Il délimita les régions touchées par l'inondation et il y aménagea des bassins de drainage. Il protégea des surfaces incultes par des digues, de petits champs, des pâturages dans les basses terres, des cultures systématiques sur les terrains fertiles. Ensuite, il calcula les revenus et révisa les impôts. Il évalua les impôts nécessaires pour les chars de combat et les chevaux, les corvées requises par les escortes de chars et l'infanterie, ainsi que le nombre des cuirasses et des boucliers. Après avoir accompli sa tâche, il en fit rapport à Zi Mu, et toutes ses propositions s'avérèrent applicables. »

Extrait du Zuozhuan,
25ᵉ année (548 av. J.-C.).

« Cheng Tang (que l'on considère traditionnellement comme le fondateur de la dynastie Shang) aimait certes la chasse, mais le peuple n'en souffrait aucun désavantage. Wenwang (le duc de Zhou) possédait un parc de chasse de cent milles carrés, mais le peuple le considérait comme trop petit (parce qu'il lui était permis de s'en approprier les produits) ; le parc de Xuanwang (duc de Qi) n'avait que quarante mille carrés, mais le peuple le trouvait trop grand (parce qu'il ne pouvait y pénétrer). La différence résidait dans le fait que Wenwang laissait le peuple profiter des produits de son parc, tandis que Xuangwang lui refusait la jouissance du sien. »

Description poétique de la chasse organisée par l'empereur avec la garde Yülin, de Yan Xiong (53 av. - 18 ap. J.-C.).

La production de la soie est connue en Chine dès le néolithique. Selon la légende, elle y fut introduite par Nügua, l'épouse du héros civilisateur Fuxi. Sur la sériciculture et la récolte des cocons, travaux traditionnellement réservés aux femmes, Lou Shou écrivit au 12e siècle une suite de poèmes qui forment la seconde partie de son Gengzhitu, *la première étant consacrée à la culture du riz. A l'instigation de l'empereur Kangxi, il en parut en 1696 un album de 23 gravures sur bois réalisées d'après des esquisses du peintre Jiao Bingzhen. Parmi les nombreuses et difficiles étapes de la production de la soie, voici tout d'abord* (en haut à gauche) *le bain des œufs du bombyx du mûrier, dont écloront les chenilles après dix mois. Celles-ci seront nourries avec des feuilles de mûrier fraîchement coupées* (en haut à droite). *Les petites haies abritant les vers à soie doivent être légèrement réchauffées* (en bas à gauche). *Les cocons sont jetés dans l'eau chaude pour le dévidage* (en bas à droite).

Dans l'économie de subsistance à la chinoise, l'Etat se présentait comme l'acheteur principal des produits de l'artisanat quasi industriel, et les plus importants secteurs de l'industrie dans cette société traditionnelle, comme l'armurerie, le monnayage, la fabrication des textiles ou de la porcelaine, étaient presque toujours considérés comme des privilèges régaliens pour des raisons stratégiques, étatiques ou fiscales. C'est pourquoi l'Etat, qui était ainsi l'entrepreneur le plus important, se donnait les moyens d'une telle mainmise sur les artisans. Cela conduisit même la dynastie Yuan à introduire dans la société chinoise des structures corporatives destinées à réserver à l'Etat le potentiel de travail des artisans. Cet état de choses fut maintenu sous la dynastie Ming, bien que le système corporatif tombât dès cette époque en décadence continue à cause de la complexification sans cesse croissante de la société et de l'insertion de la Chine dans l'économie mondiale. Certes, la Chine avait déjà connu auparavant, sous la dynastie Tang, un système corporatif, mais celui-ci ne s'était pas développé avec suffisamment de force pour pouvoir juridiquement faire passer les gildes artisanales sous la complète autorité du pouvoir.

Bien que la société Shang ait connu déjà des éléments de féodalité, c'est l'époque de la dynastie Zhou occidentale qui peut être regardée, à proprement parler, comme la première période féodale de l'histoire chinoise. C'est alors que furent remplies les conditions politiques de la féodalité, entre autres l'abandon par le monarque de parcelles de sa souveraineté. Mais dès l'époque suivante des Chunqiu, qui avait d'abord vu le pouvoir des suzerains passer aux vassaux, on remarqua dans certains Etats des réactions antiféodales et centralisatrices qui comprenaient, dans le domaine de l'agriculture et en vue de l'accroissement des revenus du pouvoir central, un essai d'introduction de l'usage privé de la terre par les paysans contre paiement d'une rente en nature ainsi que la transformation des fiefs en tenures.

Dans ce contexte, l'Etat Chu méridional semble avoir joué un rôle tout particulier. Là, au début du 7e siècle av. J.-C., furent créés dans des régions nouvellement conquises des districts administratifs appelés *Xian* (ce nom est resté d'usage jusqu'à nos jours), dont les administrateurs dépendaient du souverain lui-même et dont les fonctionnaires n'étaient manifestement pas toujours choisis de manière héréditaire.

Des tendances similaires se manifestèrent aussi en Chine du Nord, dans les Etats Jin, Lu et Zheng. Elles se développèrent à l'extrême d'abord dans l'Etat Qi au nord de la presqu'île de Shandong, avec l'institution de monopoles d'Etat et diverses réformes agraires, puis surtout dans l'Etat Qin (à l'ouest), avec son centre dans l'actuelle province de Shaanxi depuis le 4e siècle av. J.-C. Dans ce dernier cas fut mise sur pied une réforme radicale de tout le système social, à laquelle contribuèrent une foule de mesures particulières. Le pays fut divisé en districts (*Xian*), les titres et l'aristocratie furent abolis et remplacés par une noblesse fondée sur les mérites militaires. C'est également sur le modèle militaire que la population paysanne fut répartie en équipes familiales responsables collectivement. La réforme agraire eut une signification aussi bien politique qu'économique : tandis que les anciennes limites des champs (les *Qianmo*) étaient supprimées — sans doute en partie seulement — les structures statiques de la propriété foncière féodale se trouvaient dynamisées au profit du pouvoir central.

Parallèlement à cela, on mit en œuvre une politique intensive de clôture des terres et on encouragea la production agricole par des stimulants supplémentaires comme l'exemption des corvées dans des cas déterminés. D'autres mesures complémentaires furent adoptées : l'unification du système des poids et mesures et une codification des lois et ordonnances qui concernaient tous les domaines de la société.

Il est ici manifeste que nous nous trouvons devant une autre structure économique que celle qui avait prévalu sous la dynastie

L'album des gravures du Gengzhitu, *réalisé en 1696 sur l'ordre de l'empereur Kangxi dans les ateliers impériaux, fut offert, nanti du sceau et d'une préface de l'empereur, aux hauts fonctionnaires de la Cour et des provinces, afin de démontrer, grâce à cet ouvrage sur la culture du riz et la production de la soie, l'intérêt particulier attaché par le Fils du Ciel à l'agriculture, qui était le fondement de l'Etat et de la vie de ses sujets. Le riz peut certes être semé, mais il est plus avantageux de le planter, non seulement pour réduire le temps de croissance et épargner l'eau, mais aussi pour contrôler au mieux l'encombrement des plants et accroître la récolte. Les semences étaient trempées dans des paniers où on les laissait germer* (p. 164, à gauche). *Ensuite, on plantait les jeunes pousses dans des champs bien préparés et entourés de digues, et on les irriguait* (p. 164, à droite). *Pour ce faire, outre le seau balancé par deux hommes, on utilisait aussi la pompe à godets actionnée par des pédales. On récoltait à la faucille* (ci-dessus, à gauche) *et on battait au fléau* (ci-dessus, à droite).
[Mayence, Musée Gutenberg, Collection Ulrich von Kritter]

« Si l'on vit ensemble et si on partage une commune prospérité, qu'est-ce qui ne serait donc pas propriété privée ? Toutefois, tout est géré collectivement par les supérieurs et les anciens. Les inférieurs et les cadets ne peuvent en jouir librement. (S'ils le font), ce n'est pas vraiment du vol selon la loi mais de l'appropriation, c'est-à-dire que c'est en accord avec la loi que les cadets et les inférieurs jouissent de la (commune) prospérité. Mais ils peuvent être accusés de jouissance arbitraire s'ils ne requièrent pas (au préalable) l'autorisation des supérieurs et des anciens. »

Extrait d'un commentaire des lois de la dynastie Ming.

Shang et pendant la Haute Epoque Zhou. Le système féodal avait fait place à un système de centralisation des pouvoirs par le souverain et à une bureaucratie relativement fort développée. Cette transformation alla de pair avec une grande disponibilité des moyens de production et des produits pour le secteur privé, une diversification sans cesse croissante et, en même temps, une interdépendance des différentes composantes de la population, le développement d'une économie monétaire, la naissance d'une classe commerçante, une amélioration de l'infrastructure et du marché et un premier essor de la ville chinoise.

L'accès à la terre et la propriété foncière

A l'époque Chunqiu, on ne peut pas encore parler d'une libre disposition du sol. Les maigres renseignements que livre le Zuozhuan à propos des cessions de terre montrent qu'il s'est agi là de troc, dans le sens le plus large, entre représentants de différents Etats, sans que la modification ait altéré la nature communautaire de la propriété. En théorie, le souverain Zhou était propriétaire de tout le pays. Bien que cette conception ne disparût jamais totalement de la problématique chinoise touchant la propriété, les princes féodaux furent les premiers à la contourner en pratique. En ce qui concerne les paysans, on peut discerner une évolution : du droit d'usage affermé, qui dut être mis sur le même pied que l'imposition directe introduite progressivement à partir du 6e siècle av. J.-C., on est passé au droit de propriété tel qu'il ressort notamment des innombrables réclamations de terres connues à l'époque Zhang. Ce droit impliquait aussi la libre disposition de la terre. Toutefois, le concept de propriété ne se développa ni d'un point de vue juridique, ni d'un point de vue terminologique, au sens où on l'entend en Europe. Notre conception du droit de propriété n'a jamais existé dans la Chine traditionnelle.

Ci-dessus : *modèle d'argile d'un moulin à céréales dans une tombe de l'époque Han, du 1er ou du 2e siècle. Dans le mur de gauche, devant lequel se trouve un chien, on a encastré un van ; les épis étaient versés par le haut dans l'entonnoir. Sur le côté, il y a un manche de manivelle et deux ouvertures, l'une pour le grain, l'autre pour la balle. Dans le fond à droite, un homme actionne du pied un pilon pour broyer le grain. Celui-ci est moulu dans la meule manuelle à l'avant-plan droit. La pierre supérieure comporte un orifice par lequel du grain est ajouté et une poignée qui permet de la faire tourner; la farine se dépose dans l'auge circulaire.* [Kansas City, Musée Nelson-Atkins]

Page de droite : *modèle d'argile d'un char à bœuf. Mobilier funéraire d'une tombe de l'époque des Han de l'Est, vers le 2e siècle.* [Berlin, Museum für Völkerkunde]

L'Etat chercha constamment à contrôler les conséquences indésirables de la libre disposition des terres, surtout de leur concentration, et il fut souvent en mesure de le faire, du moins à court terme. Parmi les moyens les plus importants de ce contrôle, il y avait la fixation par l'Etat de limites de superficie imposées aux domaines fonciers — encore au 13e siècle ap. J.-C. ! — mais aussi des expropriations, et divers systèmes de répartition du sol, au premier plan desquels le système *Juntian* («champs identiques»), qui fut définitivement abandonné à partir de l'époque Tang parce que non efficace. D'autres mesures d'encouragement de l'économie paysanne prises par l'Etat soutenaient plus effectivement celle-ci : avantages fiscaux, octroi de crédits, distribution de semences, introduction de nouvelles variétés cultivées ou de techniques nouvelles.

Au niveau des particuliers, le concept de propriété était moins large et ne recouvrait pas notre notion de «propriété individuelle». Il se situait en deçà de celui-ci et correspondait en fait à la propriété communautaire indivise, c'est-à-dire à la propriété familiale. Un autre indice d'une conception plus restrictive de la propriété est fourni par les contrats d'achat qui, à côté de la vente définitive, prévoyaient plus souvent une vente à durée limitée (usufruit), avec une jouissance de la surface ou du sous-sol de la parcelle. Il était également d'usage que l'aliénation fût autorisée par le doyen de la famille ou qu'on certifiât au moins lors de la conclusion du contrat qu'aucun autre membre de la famille ne possédait un droit quelconque sur le terrain mis en vente.

Ces conceptions de la propriété sont également à mettre en relation avec les méthodes de culture et les types de champs qui furent adoptés tout au long du développement de l'agriculture chinoise. Diverses caractéristiques sont ici à relever.

Distinguons les cultures sur brûlis et les cultures permanentes. La première de ces méthodes passe certes pour la plus primitive et la plus ancienne, mais en Chine il faut considérer que ces deux techniques représentent plutôt des modes d'exploitation des champs spécifiques à des régions différentes, en l'occurrence le sud et le nord du pays. La culture sur brûlis semble être en Chine surtout caractéristique de la civilisation de Yao, au sud, tandis que tant les conditions géographiques et climatiques que les traditions historiques laissent penser que c'est au nord qu'apparut la culture permanente. Globalement toutefois, la culture sur brûlis fut, au cours de l'histoire, abandonnée au profit de la culture permanente, à cause notamment de la rareté des terres mais aussi de l'amélioration des connaissances agronomiques et des technologies. Aussi, depuis les derniers siècles et à l'heure actuelle, elle n'est plus en honneur que chez quelques minorités nationales du sud de la Chine, à moins qu'elle n'ait été implantée par des Chinois dans des régions agricoles frontalières ou marginales, souvent avec de graves conséquences écologiques, comme le long du cours supérieur du Han où, pendant la période Qing, les montagnes furent déboisées et livrées à la culture intensive du maïs.

C'est aux modes d'organisation de la société que renvoient les divers systèmes parcellaires: ainsi le système du *Jingtian* («champs en forme de puits»), dont l'existence est toujours controversée, est cependant peut-être encore perceptible dans la structure actuelle des champs de Chine septentrionale et représente à tout le moins un modèle formel plausible de la répartition des terres dans la Chine féodale. De même, le système du *Juntian* («champs identiques»), également en Chine septentrionale, peut aider à expliquer la structure régulière des champs dans cette partie du pays.

Quant aux droits de possession, la terminologie chinoise qui les concerne est variée. Ainsi s'est développée au cours du temps la distinction entre la terre privée (*Mintian*) et la terre d'Etat (*Gongtian*). En outre existaient des formes de possession corporative et des terres de mainmorte, dont les revenus étaient affectés à des fins sociales, religieuses ou d'enseignement. Les domaines d'Etat remplissaient toute une série de fonctions. Ils étaient constitués de diverses manières, surtout par acquisition ou par expropriation. Ils servaient surtout à l'entretien des militaires par le biais des *Tuntian* («champs militaires»), dont l'existence remonte au début de l'époque impériale et qui, à certains moments, constituèrent jusqu'à 10 pour cent de la totalité des terres cultivées. Ils comprenaient en outre des *Guantian* («champs de fonction») destinés à l'entretien des fonctionnaires locaux. A la fin de l'époque impériale, les domaines d'Etat furent privatisés par les fermiers qui y résidaient et qui arguaient de longues années d'exploitation pour consolider leurs droits de possession.

L'immense majorité — plus de 85 pour cent — des terres cultivées était cependant aux mains du privé. Mais on ne peut qu'essayer, sans plus, de donner un aperçu du profil juridique de cette «propriété privée», encore que ce problème soit d'une grande importance pour l'histoire sociale. La discussion à propos de la taille et de l'importance des terres affermées, de la petite et de la grande propriété ou encore des latifundia, n'est nullement close. Il y eut toujours incontestablement une tendance à la concentration des terres: d'une part, la situation économique d'une grande partie des paysans était en effet si précaire que la moindre insuffisance des récoltes entraînait d'abord l'endettement et ensuite la privation du sol; d'autre part, il pouvait parfois être avantageux, pour des raisons fiscales, de se placer soi-même ainsi que ses immeubles propres sous la protection d'un membre de l'élite dirigeante.

En dépit d'une extrême diversité des formes de propriété, on peut, pour la basse époque de l'empire, opposer une fois de plus le Nord au Sud : tandis que le Nord se caractérisait plutôt par la petite propriété paysanne, le Sud était marqué par la grande propriété. Cependant cette grande propriété du sud était très rarement d'un seul tenant ; elle était le plus souvent divisée en de nombreuses parcelles éparpillées sur un vaste territoire, de sorte qu'on ne pouvait guère l'administrer comme un domaine proprement dit. Au niveau de la petite paysannerie, la propriété partielle d'un minimum de terre ou d'un lopin suffisant pour la subsistance était de règle, la trop petite étendue du sol possédé étant compensée par l'affermage de terres ou par des activités non agricoles.

L'Etat chinois traditionnel avait certes des aspects négatifs qui lui étaient propres : par exemple son système fiscal était mal équilibré et les élites dirigeantes tiraient souvent parti de la rencontre d'intérêts entre leurs fonctions bureaucratiques et leur qualité de grands propriétaires. Nonobstant cela, cet Etat avait en règle générale intérêt à garantir à la paysannerie ses moyens de survie.

Une autre diversité était celle qui touchait aux méthodes de culture : champs irrigués (*Tian*) ou secs (*Di*), les premiers étant à nouveau caractéristiques du Sud, les seconds du Nord. Les champs en terrasses (*Titian*), qui imprègnent tant le paysage actuel de la Chine méridionale, sont relativement récents dans ce pays et n'apparurent en grand nombre qu'à partir du 12e siècle, lorsque la densité de population, dans une région de l'empire presque coupé en deux, imposa qu'on prenne de plus en plus de mesures pour accroître les terres arables.

Dans le nord apparurent très tôt deux types de champs, dont les noms indiquent déjà la disposition et la destination : d'une part les *Outian* (« champs miniers »), qui devaient offrir une protection spéciale aux plantes et être travaillés comme des jardins, et d'autre part les *Daitian* (« champs alternatifs »), dans lesquels les sillons et les plates-bandes échangeaient leur localisation d'année en année afin de ne pas épuiser le sol. Dans le sud, à côté des champs irrigués et en terrasses propres à la région, on développa plusieurs autres types de champs où, surtout à partir de l'époque Song, on pratiqua la culture intensive. Parmi ceux-ci, citons d'abord les polders (*Wei-*, *Hu-* ou *Yutian*) qui, en maintes régions et principalement dans les cours moyen et supérieur du Yangzi, constituaient la majeure partie des terres cultivables. Le plus grand de ces polders couvrait entre 5 000 et 6 000 ha. La plupart étaient situés dans des contrées marécageuses, aux abords des rives des fleuves et des lacs ; des digues les protégeaient contre les inondations. Cela nécessitait de grands investissements, de sorte qu'en général seuls l'Etat ou les grandes familles aménageaient des polders. Les récoltes y étaient particulièrement abondantes à cause de la fertilité du sol ; aussi ces polders étaient-ils la source principale des denrées alimentaires lorsque les champs irrigués naturels étaient touchés par l'inondation ou la sécheresse. A un bien moindre niveau, les *Guitian* (« champs encaissés ») correspondaient à des polders. Ils devaient leur nom aux petits barrages qui flan-

gés, en plus de leur mission strictement commerciale, de tâches politiques. Cette polyvalence subsista jusqu'à la fin de l'époque impériale, même si les fonctions politiques passèrent au premier plan et si les activités commerciales furent soumises à une sévère réglementation. Pareille connection entre le commerce et la diplomatie suggère en outre une prééminence du commerce avec des contrées éloignées.

Des relations commerciales existaient certes aussi entre les Etats féodaux de la période Zhou ; la soie trouvée à Ourartou (Anatolie orientale) et datant vraisemblablement du 8e siècle av. J.-C. prouve l'existence de relations commerciales peut-être indirectes avec le lointain Occident.

C'est, une fois de plus, l'époque Zhanguo qui marque le développement exceptionnel d'un commerce international dans lequel la Chine détenait une place éminente et qui embrassait l'Asie du sud-ouest et la Sibérie (Pazyryk). Il s'agit à bien des égards de l'âge d'or des entrepreneurs privés chinois. D'une part, ils s'étaient rendus indépendants de l'aristocratie ; d'autre part ils n'étaient pas encore en butte au contrôle de l'Etat et au discrédit idéologique qui les poursuivraient pendant toute la période impériale et qu'ils ne purent compenser que par une attitude pragmatique, notamment en se liant étroitement à l'élite dirigeante. Le mépris sévère dans lequel ont été tenus les entrepreneurs fut le fait de l'adoption du confucianisme comme doctrine de l'empire au 1er siècle av. J.-C. C'est pourquoi on ne retrouve nulle part ailleurs dans la littérature historique chinoise de descriptions aussi impartiales que celles contenues dans deux des plus anciennes « annales », le *Shiji* de Sima Qian et le *Hanshu* de Ban Gu.

La galerie des entrepreneurs modèles de l'époque Zhanguo est inaugurée par Fan Li, qui prospéra d'abord comme ministre de l'Etat méridional de Yue, avant de fonder une entreprise dans l'Etat de Qi. Cette double carrière est caractéristique de la période de transition entre les époques Chunqiu et Zhanghuo. En revanche, Bai Gui, dont le *Shiji* dresse la biographie, représente la figure de l'entrepreneur pur et simple.

Sans doute n'est-il ici question que de gros entrepreneurs, mais la multiplicité de leurs activités prouve qu'il était possible d'entreprendre dans presque tous les domaines, aussi bien la production du sel, la fonte du fer, l'élevage du bétail ou

Les routes de la soie à l'époque Han
(206 av. J.-C. - 220 ap. J.-C.)

----- routes caravanières
..... routes maritimes probables
⊓⊔⊓ Grande Muraille

1. Chang'an
2. Tianshui
3. Wuwei
4. Jiuquan
5. Juyan
6. Dunhuang
7. Yumenguang
8. Yangguan
9. Loulan
10. Shanshan et Mirân
11. Yiwu (Hami)
12. Turfan (Jiaohe, Gaochang)
13. Karashar (Yanqi)
14. Wulei
15. Luntai
16. Kutsha (Jiuci)
17. Gumo (Aksu)
18. Kashgar (Shule)
19. Jumo
20. Niya
21. Khotan (Yutian)
22. Jarkend (Suoju)
23. Bactres (Balkh)
24. Begram
25. Merv (Mary)
26. Ecbatane
27. Ctésiphon
28. Palmyre
29. Antioche
30. Alexandrie
31. Pétra
32. Virapatnam
33. P'ong-Tük
34. Oc-Eo
35. Jiaozhi
36. Hepu
37. Canton (Guangzhou)
38. Noin-Ula.

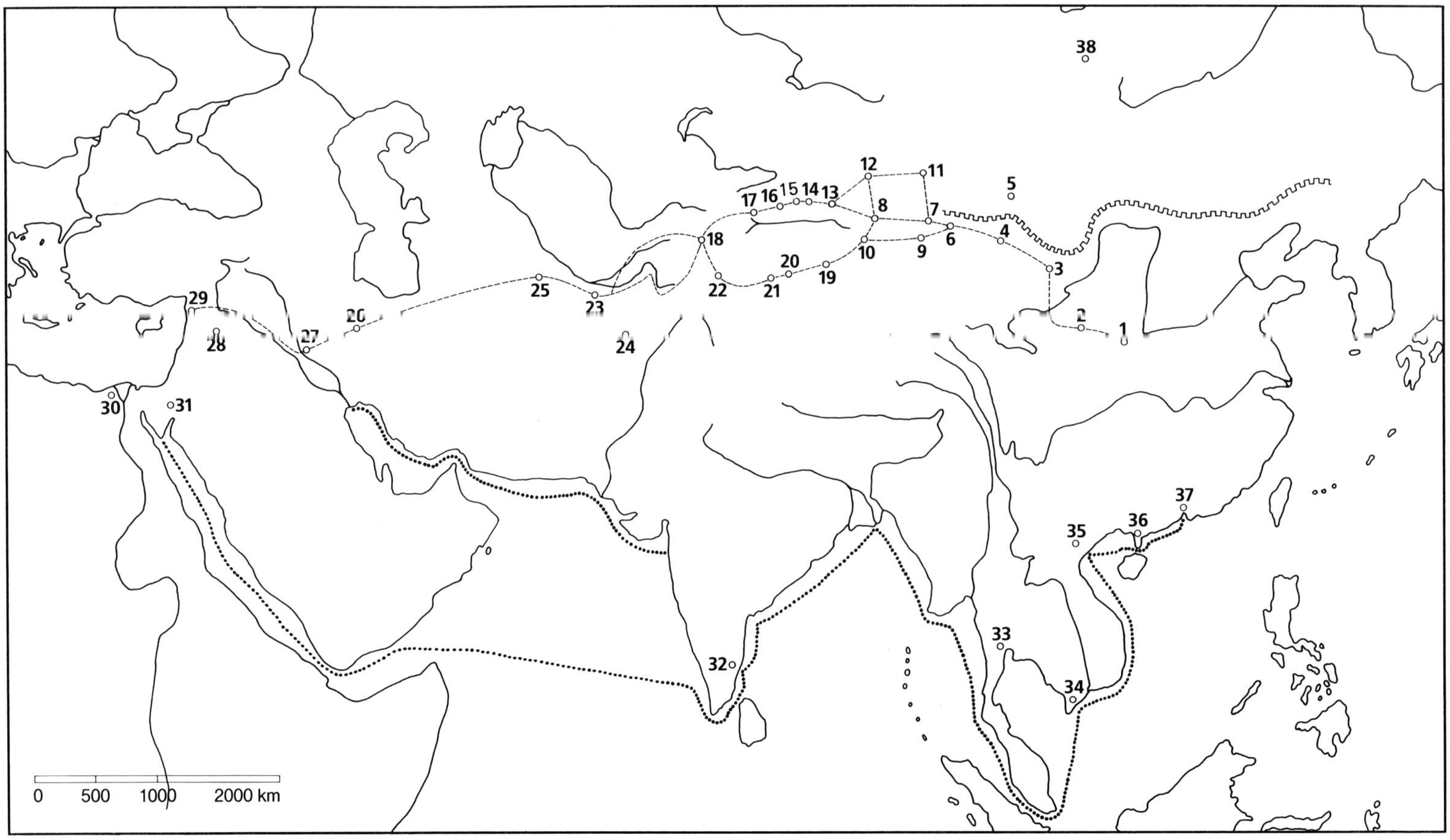

Ci-dessus : *la route qui reliait la Chine au Proche-Orient passait par l'oasis de Turfan, dans le Xinjiang. A côté de Jiaohe* (voir ill. p. 88 et 89), *Gaochang était l'une des plus importantes cités de cette région, que contrôlait déjà l'empereur Wudi, de la dynastie Han. Au 5ᵉ siècle, les Chinois la perdirent mais Tai Zong, un empereur Tang, parvint à la reconquérir en 640. A l'époque Tang commença la construction méthodique de la ville en terre battue et en briques d'argile ; son mur d'enceinte courait sur une longueur de 5 km.*

« Bai Gui provenait de Zhou (dans la région de Luoyang). Sous le prince Wen de Wei, Li Ke (Li Kui) était d'avis qu'on devait exploité à l'extrême les ressources du sol. En revanche, Bai Gui se plaisait à considérer les variations saisonnières (et annuelles), et disait en conséquence : « Ce que les autres rejettent, je le prends ; ce que les autres prennent, je le laisse passer. » Et : « Si la récolte est abondante, j'achète des céréales et je donne en échange de la soie et de la laque. Si on remplit (le marché) de cocons, alors j'achète de la soie grège et je donne en échange des denrées alimentaires. Si le *Taiyin* (une position fictive de la planète Jupiter) est en *Mao* (Est), il y a une récolte abondante, mais l'année suivante sera plus mauvaise. S'il est en *Wu* (Sud), il y aura de la sécheresse, mais la récolte suivante sera bonne. S'il est en *You* (Ouest), il y aura une récolte abondante, mais l'année suivante sera plus mauvaise. S'il est en *Zi* (Nord), il y aura une grande sécheresse, mais l'année suivante sera bonne et riche en eau. » Aussi, lorsque (le *Taiyin*) était en *Mao* (Est), (Bai Gui) emmagasinait le double d'une récolte normale. Il était capable de boire et de manger peu, de dominer ses désirs et ses appétits et d'économiser ses vêtements. Il partageait joies et peines avec ses domestiques. Selon l'occasion qui se présentait, il ressemblait à une bête sauvage ou à un rapace se saisissant d'une proie. Aussi disait-il : « Celui qui n'est pas assez intelligent pour évaluer les changements, pas assez téméraire pour prendre des décisions, qui ne fait pas preuve d'humanité dans les affaires, celui-là peut bien chercher à apprendre mon Art, je ne le partagerai pas avec lui. » C'est pourquoi le monde fit de Bai Gui l'ancêtre de tous les (gens) d'affaires. Bai Gui risqua son capital et, s'il le multiplia, c'est seulement parce qu'il ne fut point négligent. »

D'après le Shiji, (« Notes de l'historien »).

l'exploitation des gisements de cinabre que le commerce proprement dit. Il est aussi remarquable qu'une veuve figure parmi les grands entrepreneurs de cette époque. Le chapitre correspondant du *Hanshu* contient des informations supplémentaires sur le sujet, comme le volume de marchandises données que doit vendre l'entrepreneur pour pouvoir, grâce à ses bénéfices, concurrencer les revenus des familles aristocratiques. Cela ne semble d'ailleurs pas avoir été très difficile. Ce chapitre comprend aussi une « chanson populaire » dans laquelle on ne trouve aucune ombre de réserve à l'endroit des activités des hommes d'affaires : « Si un pauvre aspire à la richesse, le travail de la terre ne vaut pas l'artisanat, et l'artisanat ne vaut pas le commerce. Mieux vaut s'appuyer à la porte du marché que faire des broderies. »

Lü Buwei, qui assuma la régence pour Shi Huangdi, le futur premier empereur, ne faisait pas mystère de ce qu'il était issu

d'une famille de marchands et Sang Hongyang, fils d'un commerçant au 1e siècle av. J.-C., devint conseiller impérial, acquit ainsi une influence politique décisive et se fit l'agent d'une politique économique étatiste. Il est vrai que, peu avant la fondation de la dynastie Han, les commerçants furent soumis à toute une série de prescriptions contraignantes — d'ordre vestimentaire par exemple — et qu'ils furent très lourdement taxés. Néanmoins, comme d'autres classes urbaines dominantes, ils paraissent bien avoir profité du développement économique, de sorte que, lors de la controverse au sujet des monopoles, en 81 av. J.-C. («la dispute sur le sel et le fer»), les adversaires de la politique économique de l'Etat purent qualifier la situation qui régnait de clivage entre la campagne et la ville, et exiger la promotion du secteur agricole. Bien que le monopole ne fût point levé et qu'il fût même accentué au cours du temps, cette controverse et la politique des cinquante années qui suivirent peuvent être considérées comme décisives pour le maintien de la primauté de l'agriculture dans la politique économique de la Chine pendant les deux millénaires suivants.

Les «entrepreneurs», c'est-à-dire les commerçants, ne parvinrent pas, non plus que les artisans, à contrôler et à développer de façon concertée et formelle l'activité économique dont ils étaient les agents, ni à dépasser un stade d'organisation informelle qu'il ne faut d'ailleurs nullement sous-estimer. Au demeurant, ils souffraient de discriminations idéologiques, sociales et souvent aussi juridiques : outre celles qui touchaient directement leur activité économique, par exemple une fiscalité écrasante et des contingentements légaux, il leur fut, à certaines époques, impossible d'acquérir des propriétés foncières et l'accès aux examens d'Etat était interdit à leurs fils, encore qu'il y eût, selon les régions et les périodes, de grandes différences. En raison de la spécificité de son économie, la Chine méridionale dépendait en majeure partie du commerce. Beaucoup de provinces côtières, surtout celles de Guangdong et de Fujian, mais aussi le Zhejiang, le Jiangsu et le Shandong étaient les bases de départ de réseaux commerciaux très étendus qui reliaient non seulement la Chine à l'étranger mais aussi — à l'intérieur même du pays — les régions productrices et consommatrices entre elles. En outre, il faut aussi évoquer la *Via Serica* («Route de la Soie») qui, pendant plus de 1500 ans, fut une importante artère commerciale, quoique peu comparable, sur le plan des quantités transportées, avec les voies maritimes.

La Chine a pratiquement toujours commercé avec les pays lointains ; seuls les partenaires ont varié. Il semble que les agents effectifs de ce commerce aient été pour la plupart des non-Chinois. Avec l'Empire romain, c'est assurément surtout par toute une série de relais, soit des ports maritimes, soit des étapes de la Via Serica, que se développa le commerce à l'époque Han. Toutefois, d'un côté comme de l'autre, on était parfaitement conscient d'être intégré dans un réseau commercial international et de produire également pour des marchés étrangers et incontrôlables directement. Par le biais de la soie produite en Chine, de l'industrie verrière syrienne ou de la soie bysse de Scythopolis (Bet Shéan), on souhaitait avoir accès aux métaux précieux de l'Empire romain.

Ce commerce avec les pays lointains fut sans cesse maintenu, tant au Nord qu'au Sud, depuis la partition du pays jusqu'à la dynastie Sui. A cette époque, la connaissance du procédé de fabrication de la soie parvint à Byzance. Sous les Tang, la capitale Chang'an était la plus grande et la plus internationale des villes du monde contemporain. Le commerce extérieur, mais aussi une large part du commerce intérieur étaient alors aux mains de marchands originaires d'Asie centrale. Il n'en allait pas autrement dans les villes de la côte où, à côté des Iraniens implantés là depuis longtemps, s'activaient désormais aussi des Arabes. C'est également sous les Tang que l'exportation connut un essor prononcé, par exemple dans le domaine de l'industrie de la céramique qui fournissait les marchés d'Asie occidentale jusqu'en Corée et au Japon. La fin de la dynastie se distingue par un remarquable développement. Peut-être à cause de l'insécurité politique régnant alors en Chine, le commerce extérieur passa de plus en plus aux mains des Chinois eux-mêmes, d'abord dans la province de Fujian, puis dans toutes les provinces côtières. L'existence d'un comptoir commercial chinois est attestée en Corée. Les vestiges d'un navire retrouvés au large de la Corée et datant du 13e siècle permettent de se faire une idée de la nature des produits exportés, lesquels comprenaient encore de la céramique en vrac. D'autres vestiges retrouvés à Quanzhou donnent le loisir de reconstituer un bateau de commerce de l'époque Song. Cette évolution entraîna la mise en place de bureaux de contrôle gouvernementaux dans les ports les plus importants : le commerce maritime ressortissait désormais au monopole de l'Etat, qui se bornait d'ailleurs à vendre des licences d'embarquement des marchandises.

A partir de l'époque Song, le commerce maritime chinois vers l'extérieur ne disparut pas entièrement mais, à partir de la seconde moitié du 15e siècle environ, une politique prohibitive accula de plus en plus la marine marchande à l'illégalité : ainsi, les commerçants de la très entreprenante province de Fujian durent se résoudre, en dépit du droit et des traditions chinois, à émigrer dans les îles du sud-est asiatique ou en Malaisie. Cette politique restrictive eut une autre conséquence : très vite après leur arrivée en Asie orientale, les Portugais, les Espagnols, les Néerlandais et les Anglais parvinrent à contrôler non seulement le commerce avec l'Europe mais aussi le trafic régional des produits du sud-est asiatique vers la Chine.

Avec l'amoindrissement des possibilités de contrôle des commerçants par l'Etat à partir de la fin de la dynastie Tang, l'espace

Très vite après leur arrivée en Extrême-Orient, les Européens réussirent à faire passer sous leur contrôle non seulement le commerce avec le lointain Occident mais aussi celui, plus régional, des produits du Sud-Est asiatique vers la Chine. Plusieurs paravents fabriqués au 17e siècle à Coromandel représentent l'arrivée des bateaux et des expéditions des marchands étrangers. Ce fragment provenant d'un tel paravent montre un navire hollandais mouillant dans un port chinois. [Amsterdam, Rijksmuseum]

de liberté des marchands privés s'accrut, abstraction faite du commerce des denrées qui étaient soumises au monopole gouvernemental. La barrière entre les élites dirigeantes et les hommes d'affaires s'écroula aussi temporairement ; ainsi, les classes dominantes cherchèrent à renforcer leurs liens avec les milieux marchands par des mariages — qu'on ne considérait plus désormais comme infamants — ou en faisant rentrer leurs cadets dans des maisons de commerce. On assista à une « révolution » sociale qui conduisit au commerce, entre autres, une masse d'individus qualifiés qui n'avaient pratiquement pas d'autre possibilité de travail. Mais cette profession n'offrait pas tellement de débouchés au plan local, encore que là aussi l'instauration de marchés périodiques eût renforcé le secteur marchand. Elle en offrait bien plus au plan interrégional, car certaines régions disposaient d'atouts spécifiques, comme des ateliers artisanaux, la culture à grande échelle de plantes industrielles ou la monoculture de plantes alimentaires.

A l'époque Ming, cette évolution, renforcée par la pression démographique, déboucha sur des changements quantitatifs et qualitatifs dans les domaines du commerce et des « industries ». L'appareil d'Etat ne suffit plus, ainsi, à contrôler l'industrie textile établie dans le cours inférieur du Yangzi. Une politique interventionniste de l'Etat dans un système complexe qui donnait de l'emploi à des milliers de travailleurs n'aurait pu avoir que des effets destructeurs. Comme il tenait grandement au maintien de la stabilité politique, l'Etat renonça à toute intervention et toléra le développement d'une économie autonome. Si cela n'a toutefois pas engendré la formation de ce capitalisme dont on discute beaucoup, ce fut peut-être à cause d'un manque de stimulation à innover techniquement mais bien plus en raison de stéréotypes culturels qui empêchaient la totale émancipation des marchands chinois. Ainsi le commerçant chinois traditionnel a continué à se considérer lui-même avant tout comme l'agent d'un mécénat culturel et social, dans le cadre duquel le principe fondamental de la rentabilité économique apparaît secondaire.

La fiscalité

En traitant brièvement des paysans, des artisans et des marchands, on a évoqué, à peu d'exceptions près, la très grande majorité de la population qui, par son activité économique, garantissait les revenus de l'Etat chinois traditionnel. Les élites dirigeantes n'étaient soumises à l'impôt que de façon très limitée et, durant de longues périodes de l'histoire chinoise, les organisations religieuses jouirent de l'immunité fiscale. Ces deux catégories représentaient un potentiel économique considérable ainsi qu'on peut en juger grâce aux expropriations des monastères à l'époque Tang et à ce qu'on sait du patrimoine des membres de la haute et de la très haute bureaucratie à partir de l'époque Song. Dès qu'il est permis de parler d'une imposition directe de la population chinoise, laquelle est attestée dans certaines régions à partir du 6ᵉ siècle av. J.-C., elle semble avoir réduit la majorité de la paysannerie au seuil du minimum vital voire même en deçà.

Une illustration classique de ce fait est fournie par le calcul qu'effectua Li Kui au 5ᵉ siècle av. J.-C. D'après ce document, un paysan qui cultivait une centaine de *Mu* de terres pouvait récolter annuellement 150 *Shih* de céréales. Chaque *Shih* valait 30 pièces de monnaie. De cette recette brute de 4 500 pièces, un ménage de cinq personnes devait consacrer 2 700 pièces pour l'alimentation, 1 500 pour les vêtements, 300 pour les devoirs religieux, tandis que 450 pièces devaient être réservées pour une imposition probable de 10 pour cent de la récolte.

Au cours des siècles, la Chine développa une fiscalité extrêmement complexe qui affecta tous les secteurs imaginables. Si

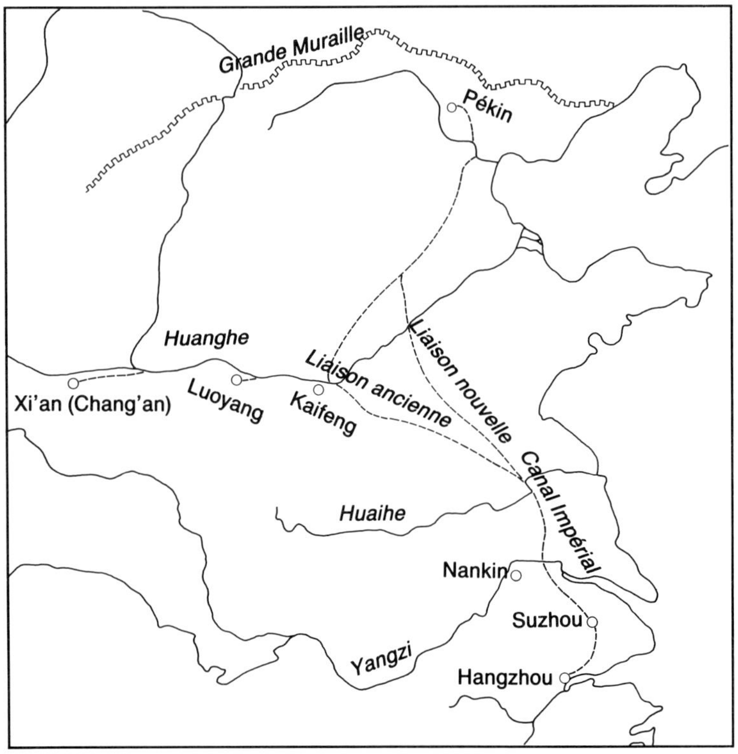

« Une pièce de drap a une longueur de huit pieds (environ 1,85 m) et une largeur de deux pieds cinq pouces (environ 57 cm). Si le drap est de piètre qualité ou si sa longueur et sa largeur ne correspondent pas à ces dimensions, on ne doit pas le mettre en circulation. Un drap vaut onze ligatures de cuivre. Lorsque l'on compte ou que l'on encaisse du cuivre sur base d'une valeur d'or ou de drap, on procède conformément à (ce) décret. En cas de vente ou d'achat, chaque objet doit être pourvu de son prix. »

Décret de l'époque Qin.

A gauche : *le transport des denrées ne pouvait être efficacement développé que par voie d'eau. Comme le réseau fluvial chinois court d'est en ouest, la liaison nord-sud dut être assurée par des canaux. A l'époque Sui (581-618), Chang'an et Luoyang furent reliées au bassin du Yangzi inférieur par le premier Canal Impérial (ou Grand Canal), dont la construction profita de sections creusées antérieurement. Sous les Yuan (1279-1368), on acheva la section reliant Kaifeng à Pékin, la nouvelle capitale. Un nouveau canal, à l'est du premier, dut être creusé après qu'en 1852 le Huanghe a modifié son cours pour se jeter dans la mer à 600 km plus au nord, dans le voisinage de Nankin.*

Page de droite : *ponts enjambant le Canal Impérial à Suzhou, dans la province du Jiangsu.*

d'autres revenus, tels ceux des monopoles d'Etat, pouvaient parfois être considérables, les recettes les plus régulières et aussi les plus importantes de l'Etat provenaient des impôts versés par les paysans.

En dépit de toute une série de modifications, d'allègements ou d'alourdissements et malgré une terminologie mouvante, on peut distinguer trois grandes périodes. La première va jusqu'en 780 : une capitation tripartite avait alors cours, consistant en céréales, en textiles et en corvées, fondée sur le principe suivant lequel tous les agriculteurs imposables étaient susceptibles, dans le cadre du système du *Juntian*, de parvenir à la même production. Ce système d'imposition était entièrement conçu pour s'adapter à une société agraire. Les changements socio-économiques ne pouvaient donc être amortis que par un réseau toujours plus complexe de taxes supplémentaires.

En 780 fut mise en œuvre une réforme fiscale : il s'agissait moins d'alléger les charges des contribuables que de ramener de l'ordre dans les finances de l'Etat après la désorganisation de l'empire causée par la rébellion d'An Lushan. Le nouveau système de la « double fiscalité » reposait sur un impôt familial dépendant de l'estimation présumée de la fortune de chaque famille et sur un impôt foncier calculé en fonction de la surface totale cultivée. Les impôts devaient être exigés au moment où la solvabilité du contribuable était la plus probable. Au cours du temps, les échéances les plus habituelles tombèrent entre le 4e et le 6e mois, ou le 10e et le 12e mois du calendrier. Cette réforme fiscale introduite à l'instigation de Yang Yan ne remédia en rien aux deux faiblesses du système des contributions : l'imposition inégale selon les régions et le mode de perception.

Comme les impôts ici évoqués dépendaient presque toujours de quotas régionaux et que le moindre bureau de perception non seulement échappait au contrôle de l'Etat central mais avait en plus le pas sur l'administration locale autonome, toutes les portes étaient ouvertes aux abus. En fait, la Chine connut aussi, mais sous les Mongols seulement, le système de l'affermage de l'impôt, mais les règles de fixation des quotas et l'impossibilité de tout contrôle ont perpétué les mêmes conséquences négatives. Pour la population, la lourdeur de l'impôt résultait moins de sa régularité que des règles de fixation des quotas pour telle ou telle région donnée, lesquelles — étant donné les nombreu-

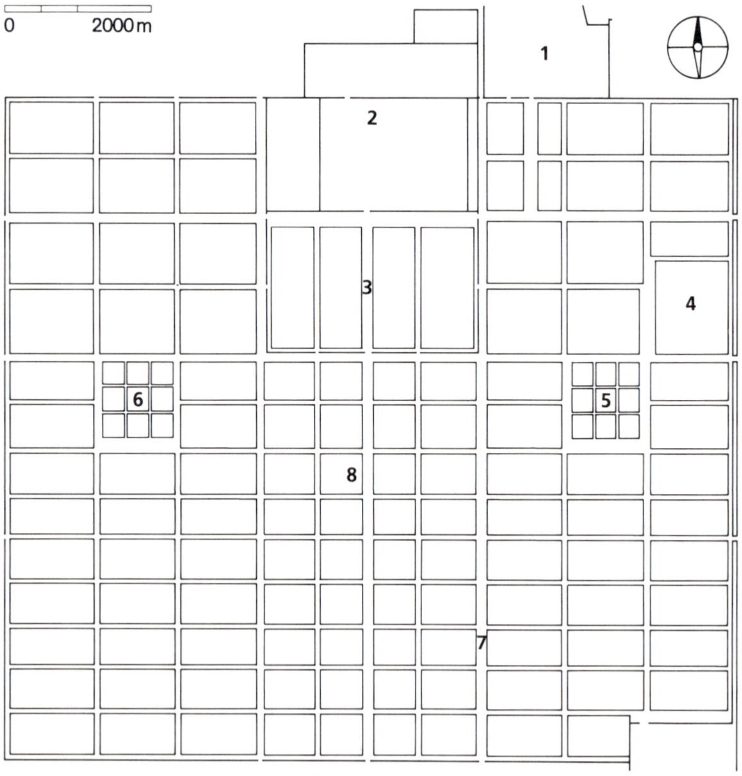

Plan de Chang'an à l'époque Tang (à gauche)
1. Daming Gong
2. Ancien Palais (Gongcheng)
3. Ville Impériale (Huangcheng)
4. Xingqing Gong
5. Marché de l'Est (Dongshi)
6. Marché de l'Ouest (Xishi)
7. Grande Pagode de l'Oie Sauvage
8. Petite Pagode de l'Oie Sauvage.

Ci-dessous : *plan de Pingjiang (aujourd'hui : Suzhou) à l'époque Song du Sud. Frottis d'une stèle de 2 m de haut datant de 1229. Le Grand Canal coule tout autour de la cité et alimente en eau les petits canaux du réseau intérieur.*

Situation des capitales successives implantées à Xi'an ou dans les environs, dans la province du Shaanxi (à droite)
1. Feng, dynastie Zhou
2. Hao, dynastie Zhou
3. Xianyang, dynastie Qin
4. Chang'an, dynastie Han
5. Daxing, dynastie Sui
6. Chang'an, dynastie Tang
7. Xi'an, dynasties Ming et Qing
8. Xi'an moderne, avec ses quartiers extérieurs.

A l'extrême droite : *mur d'enceinte et fossé de l'époque Ming à Xi'an.*

«Les princes vivent des impôts, les fonctionnaires des fiefs, les *Shi* (aristocratie inférieure) de leurs champs, la masse des paysans de leur labeur, les artisans de l'Etat, les employés subalternes de leurs missions, et les domestiques de pourboires.»

Extrait du Guoyujin.

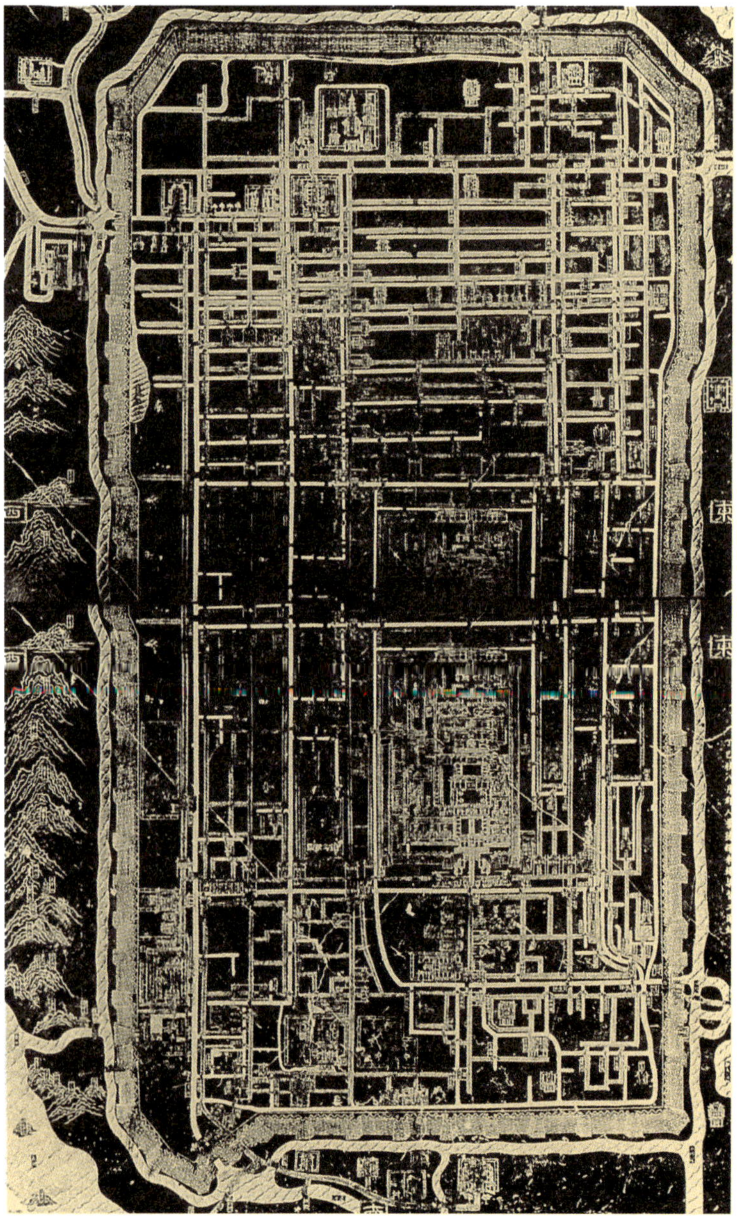

ses possibilités d'évasion fiscale et les pesanteurs d'une administration incapable de réagir assez vite aux changements structurels régionaux — conduisaient à surtaxer le petit nombre des contribuables qui n'étaient pas exemptés. C'était notamment vrai dans le domaine des taxes agricoles, par exemple les droits de transport ou de préemption exigés par l'Etat. Aussi bien, pour le contribuable, les transactions de céréales, de textiles, de cuivre ou d'argent pouvaient s'avérer «mortelles». Enfin, la possibilité d'arbitraires nombreux n'était pas le moindre des défauts du système fiscal.

L'Etat était toutefois conscient des charges fiscales de la population, et toutes les dynasties utilisèrent ponctuellement des mesures d'exemption pour soulager les conséquences des catastrophes, voire obvier à celles-ci, en stimulant la colonisation de nouvelles terres par l'agriculture ou encore en implantant de nouvelles méthodes de cultures. C'était peut-être aussi le seul moyen dont disposait un Etat malgré tout encore «proto-bureaucratique» pour assurer une stabilité sociale.

Le système de la «double fiscalité» introduit en 780 demeura en vigueur jusqu'au milieu du 16e siècle. Se démarquant du système de la capitation tripartite antérieur, il tenait mieux compte des changements intervenus dans la situation économique de la deuxième moitié de la période Tang, et il était plus adapté à la croissance du commerce qui allait marquer la société chinoise dans les siècles suivants. De même, le «système du coup de fouet unique» (comprenez : «système uniformisé») adopté vers 1550, visait surtout à la rationalisation. Le système fiscal différencié qui satisfaisait aux besoins de l'Etat en matière de denrées vivrières et de corvées était inadapté à une société sans cesse plus compartimentée et au développement d'une économie monétaire. On put dès lors rassembler les différents impôts en un seul, calculé en valeur monétaire.

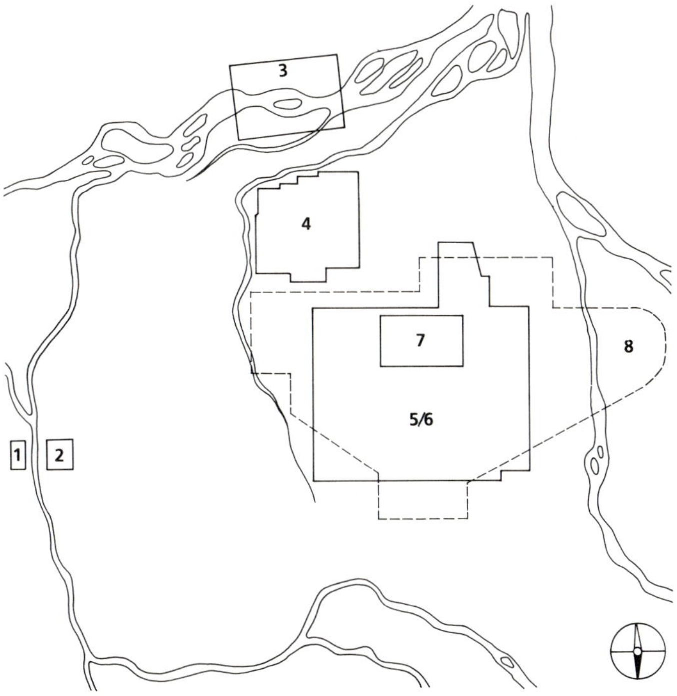

L'urbanisation et l'infrastructure

Les agglomérations murées sont connues dès le néolithique et on peut parler d'urbanisme à partir de la dynastie Shang, encore qu'à cette époque il y eût divorce entre les préoccupations d'espace et celles de fonction, puisqu'on s'orientait surtout par rapport à la métropole probablement sacrée se trouvant près d'Anyang.

Toutefois, dès l'époque Shang comme sous la dynastie Zhou occidentale, on peut dire que des localités de type urbain se développaient autour des résidences des chefs de clan, c'est-à-dire des futurs seigneurs féodaux. A l'époque Chunqiu, les sources attestent l'existence d'au moins 78 villes fortifiées dont, depuis un certain temps, toute une série ont été identifiées et fouillées par les archéologues. On peut y reconnaître des quartiers d'ateliers ou résidentiels, des rues et des canalisations. Presque toutes les fouilles révèlent que les villes de ce temps-là comprenaient une aire de petites dimensions réservée à l'aristocratie et que l'espace cultivé en dehors ou à l'intérieur des murs d'enceinte (lesquels pouvaient mesurer de quelques centaines de mètres de côté jusqu'à quelques kilomètres) était considéré comme appartenant à l'espace urbain. A l'époque Zhanguo, la cité aristocratique devint aussi un marché, mais ce développement de l'économie urbaine fut freiné par suite du centralisme naissant, d'abord pendant la période féodale puis sous le premier empire Qin. En effet, les villes semblables furent rassemblées, avec de nouvelles fondations, dans des unités administratives regroupant un territoire si étendu que la séparation tellement importante établie en Europe entre la ville et la campagne s'en trouvait estompée. Dès lors, les villes chinoises ne connurent plus de développement propre mais devinrent surtout les résidences des représentants immédiats du gouvernement central.

D'autres observations importantes sont à noter. L'appartenance de la ville à une région plus vaste est illustrée par le fait que son implantation ne résultait pas d'abord de considérations stratégiques mais tenait compte du territoire environnant, du relief, du système fluvial, etc. Plus importante encore était l'infrastructure de cette région, ses voies de communication, les ressources liées à celles-ci, etc. En outre, la fondation des villes et la primauté de leurs fonctions administratives révèlent la mise en valeur progressive de la Chine actuelle qui dépendait en partie de motivations politico-stratégiques, comme la sécurité de la liaison entre le nord et le sud sous les Qin jusqu'à la moderne Guangzhou, ou la préservation d'intérêts économiques sous les Han (sécurité des voies commerciales passant par le « corridor du Gansu »), ou encore l'exploitation des terres alluviales de la province du Hebei nécessaires à l'entretien d'une population en pleine croissance. Les mêmes évolutions conditionnées par l'économie se rencontrent à l'époque Yuan dans la province du Yunnan, ou à l'époque Qing dans le Guizhou et la Mandchourie méridionale.

Au début de l'époque impériale, la structure interne de ces villes qui étaient plus des centres administratifs qu'économiques apparaît clairement. Jusqu'à la fin des Tang, la ville chinoise consistait en plusieurs quartiers séparés les uns des autres. C'était vrai aussi bien des villes secondaires que de la capitale Chang'an, qui comprenait 110 quartiers entourés de murs. Certes, cette division correspondait largement à celle du travail, mais les quartiers ne pouvaient communiquer entre eux que pendant une moitié de la journée ! Le même cloisonnement affectait les quartiers commerçants.

Les bouleversements sociaux révolutionnaires à partir de la fin de l'époque Tang entraînèrent aussi des changements structurels dans la ville chinoise. Non seulement les barrières entre les quartiers tombèrent, mais toutes les enceintes elles-mêmes

Ci-dessus et double page précédente : *extraits du rouleau de Zhang Zeduan intitulé* La remontée du fleuve à la fête du printemps. *Datant du 12e siècle, il est du nombre des chefs-d'œuvre de l'histoire de la peinture chinoise et est, en même temps, un document de tout premier plan pour l'histoire culturelle. Cette description panoramique de la capitale de l'époque, Bianliang, l'actuelle Kaifeng, ne détaille pas seulement l'architecture des maisons et des ponts, les bateaux et les véhicules de l'époque Song, mais illustre aussi d'une manière extrêmement réaliste la vie et les activités bariolées d'une grande cité de ce temps. Encre de Chine et couleurs légères sur soie. 24,8 × 528 cm.* [Pékin, Musée du Palais]

perdirent de leur importance. Devenues centres de production et de commerce, les villes gagnèrent en puissance et en attrait, si bien que non seulement la capitale des Song du Nord, Kaifeng (où une majeure part de la population vivait dans les faubourgs extra-muros), mais encore les villes de province explosèrent démographiquement. Ainsi, à Tingzhou, une préfecture de l'intérieur de la province de Fujian à l'époque des Song du Sud, trois quartiers se trouvaient intra-muros tandis que les 23 ou 17 autres s'étendaient à l'extérieur de l'enceinte. En même temps, les marchés contrôlés par l'Etat diminuèrent aussi en importance et furent remplacés par de très nombreuses rues commerçantes.

Plus notoire encore fut l'expansion des marchés régionaux et locaux en dehors des cités administratives. Ces villes commerciales dépourvues d'enceintes pouvaient à l'occasion surpasser les cités administratives en population et en recettes fiscales. Les possibilités de communication posaient cependant problème. Le transport des marchandises au loin ne pouvait véritablement être mené à bien que par voie d'eau. D'où les innombrables canaux, au premier rang desquels le « Canal Impérial ». A vrai dire, on n'en créa point un réseau couvrant systématiquement le pays, mais les dynasties successives, à partir des Sui, les creusèrent en fonction de l'approvisionnement de leur capitale politique qui, la plupart du temps, se situait dans le nord sous-ravitaillé. Par là, le développement des régions concernées devint plus prononcé. Ainsi, à peu d'exceptions près, les centres commerciaux de l'époque Song du Nord (on peut les repérer grâce à leurs quotas fiscaux) se trouvaient le long du Canal Impérial qui rejoignait Hangzhou dans le sud à Kaifeng, en passant par Suzhou, Yangzhou et Chuzhou.

Dès le règne du premier empereur Qin, on créa une voie de navigation nord-sud, en reliant par un canal le bassin du Yangzi au Xijiang en amont de Guilin. Par ailleurs, le réseau fluvial naturel de la Chine n'était utilisable que dans la direction est-ouest, et la navigation côtière au nord de l'estuaire du Yangzi n'était qu'épisodique car les vents et les pirates la rendaient trop peu sûre. Mais bien plus problématiques encore étaient les liaisons terrestres. On peut croire à l'existence des anciens réseaux routiers mentionnés par les sources textuelles, mais l'archéologie n'en a rien retrouvé.

L'enthousiasme encore exprimé par le légat MacCartney à la fin du 18e siècle à l'endroit des routes chinoises ne devait valoir que pour les grandes voies de trafic et de postes entretenues par des corvéables. Au niveau local, la construction et l'entretien des routes étaient largement laissés à l'initiative privée et au mécénat des notables. La pénurie de terres, la somme de travail nécessaire et les traditions juridiques, qui ignoraient le concept du domaine public pour la voirie, empêchaient, en plus des diverses difficultés topographiques, l'extension d'un réseau routier très dense. C'est pourquoi de nombreuses routes étaient tout à fait impraticables en certaines saisons, tandis que d'autres ne pouvaient être empruntées que par des porteurs ployant sous le faix.

Le problème des communications est un des plus graves qu'ait toujours connu la Chine jusqu'à nos jours. Si les grandes famines de la fin du 19e siècle dans le Shanxi et le Shandong eurent des conséquences aussi catastrophiques, c'est parce que les denrées alimentaires disponibles ne purent être acheminées assez rapidement dans les régions sinistrées. Cela signifie également que le développement du commerce à partir de l'époque Song doit être ramené à des proportions assez strictement régionales voire même locales.

Technologies et connaissances agronomiques

Il semble possible de dégager trois sauts qualitatifs dans l'évolution de l'agriculture chinoise. Le premier intervint à l'époque Zhanguo, avec l'introduction du soc de charrue en fer puis, un peu plus tard, l'exploitation de la force animale et surtout l'accroissement de la surface cultivée grâce à la mise en œuvre des premiers grands systèmes d'irrigation connus, par exemple le canal de Zheng Guo dans le Shaanxi et le complexe d'irrigation de Guanxian dans le Sichuan.

Durant la période politiquement troublée qui s'étend entre le règne des Han et celui des Sui, on obtint des récoltes supérieures grâce à de nouveaux outils agricoles (dont la herse et le semoir), à de nouvelles méthodes de culture sur terrain sec et à l'assolement. Un accroissement supplémentaire fut atteint entre 800 et 1300 ap. J.-C. par une amélioration de la culture du riz, l'utilisation de nouvelles semences, une meilleure fumure et l'extension de l'irrigation. Depuis cette époque jusqu'aux temps modernes, la croissance de la production ne put être favorisée que par l'extension, d'ailleurs limitée, des terres cultivées et, en partie, par la consolidation des systèmes d'irrigation ou de drainage existants. Au total cependant, les méthodes de culture étaient, en raison des particularités du sol et de la nature des plantes vivrières cultivées, très laborieuses, et on ne pouvait les rationaliser que d'une façon très restreinte. Pourtant, la Chine ancienne, même lorsque son économie n'était que de subsistance, fut généralement en mesure de nourrir ses habitants.

L'espace économique chinois

En ce qui concerne l'agriculture et au regard des besoins d'une société préindustrielle, on peut amplement parler d'une autarcie locale, davantage marquée en périodes de morcellement ou de conflits intérieurs. En outre, on peut distinguer, au sein de la Chine même, de grandes régions économiques qui, à diverses époques, ont connu la prospérité indépendamment les unes des autres. Toutefois, même si l'hétérogénéité locale et régionale de la Chine est telle qu'on hésite à parler d'une économie chinoise, le cheminement de l'histoire montre qu'à côté de toute une série de progrès accidentels ou plutôt motivés par la politique il y eut un dessein manifeste de fonder un système homogène par la mise en valeur de nouvelles régions, l'adoption de nouvelles formes d'économie et l'accroissement généralisé de certains biens. Cela appert manifestement de l'intégration de territoires toujours plus grands dans le système politico-administratif et de leur association à des activités économiques qui, certes, pouvaient se rattacher à des centres de gravité partiels mais dont l'importance relative déclinait.

La prépondérance économique du nord-ouest de la Chine disparut dès l'époque Han, sans déplacement correspondant du pouvoir politique. La première mise en valeur du Sichuan renforça l'Etat Qin dans le Shaanxi. Le Hebei et le Henan profitèrent de même à la dynastie Han. Sui Yangdi connaissait l'importance du bassin du Yangzi pour le nord. Les Song favorisèrent l'exploitation de l'extrême sud de la Chine, sans quoi les ressources de l'empire-croupion des Song du Sud n'eussent point été suffisantes. Par ailleurs, il y eut toujours, au long de l'histoire chinoise, des besoins qui ne purent être couverts que par des régions bien précises. Il en allait ainsi des richesses du sol, comme le cuivre du Yunnan déjà évoqué, ou le bois du Fujian, le sucre et le thé de Chine méridionale, le sel des provinces côtières. La tendance à la monoculture, décelable au moins à partir de l'époque Ming, accrut le phénomène, si bien que les anciennes régions excédentaires en denrées alimentaires du cours inférieur du Yangzi devinrent des régions importatrices en raison de l'extension de la culture du coton. Que l'on pense encore aux quantités de riz qui naviguaient chaque année vers le nord et qui, sans qu'on puisse évaluer la part d'entre elles destinées à l'exportation, entraînaient d'immenses frais de transport. On peut donc parler d'une unité économique chinoise qui conserva, malgré, il est vrai, plusieurs périodes critiques, la possibilité de se replier sur ses particularismes régionaux.

Les conceptions du monde et la religion

LE PLURALISME religieux de la Chine traditionnelle englobe différentes strates de croyances qui se superposent, se juxtaposent et sont enracinées dans des domaines très différents de l'esprit humain. Outre la religion populaire qui croit aux démons, aux esprits de la nature et aux dieux domestiques (y compris celui des latrines), qui s'efforce de les conjurer ou d'obtenir leur aide, on trouve non seulement la religion complexe et autochtone du taoïsme qui s'insinue à son tour dans les différentes couches de la pensée, comme dans le culte de l'Etat, et l'éthique du peuple chinois, qui trouve son support dans le confucianisme, mais aussi les croyances importées du bouddhisme, tant sous leurs formes transcendantales que populaires.

Au cours de périodes de grande ouverture à d'autres cultures, comme par exemple à l'époque Tang (618-906), les religions étrangères furent tolérées, sans être toutefois favorisées. L'empire chinois abrita ainsi des disciples de Mani et de Zarathoustra, des chrétiens nestoriens, des juifs et des musulmans, plus particulièrement dans le milieu des métropoles.

Déjà, la religion populaire, qui a inévitablement développé des particularités locales au sein de la culture chinoise, ne peut que difficilement être exprimée en un système unifié. Elle contient des formes primitives de spiritualité qui remontent aux temps préhistoriques, comme par exemple le culte des ancêtres. Celui-ci fait partie de la vie spirituelle primitive chinoise mais s'est développé au cours de l'histoire en un rituel hautement stylisé. Le grand luxe des tombeaux des périodes les plus diverses de l'histoire — tombeaux découverts ces dernières décennies par les archéologues chinois — permet de se rendre compte des phases du développement du culte des ancêtres.

Brûle-parfum en céramique vernie, de la fin du 13ᵉ siècle. Cet objet de 36 cm de hauteur a été découvert en 1964 dans le district de Haidian dans un puits de temple désaffecté. Avec ses motifs de phénix et de dragon ainsi que son couvercle reproduisant le mont Boshan, «patrie des Immortels», avec ses nombreux sommets, il symbolise l'élévation de l'âme vers les contrées célestes, selon l'imagerie traditionnelle taoïste.

La croyance en un dieu suprême du ciel, attestée durant la période Shang (16ᵉ-12ᵉ siècle av. J.-C.) par des inscriptions d'oracles sur des os et des carapaces de tortues, ainsi que la croyance en plusieurs divinités de la terre ou en un dieu des semences ont été reprises plus tard dans le culte de l'Etat et ont joué un rôle primordial dans le rituel de la Cour impériale. Par ailleurs, des traits antérieurs de religion chamanique ont également été repris dans le taoïsme qui les a développés.

Il est caractéristique, en ce qui concerne la Chine, de constater le cheminement parallèle, au fil du temps, de formes religieuses entièrement différentes et qui, dans l'ensemble, coexistent relativement en paix. Les différends se règlent soit verbalement, soit par écrit, mais durant les trois millénaires de l'histoire chinoise, il n'est que rarement question de persécutions religieuses.

Le confucianisme

Le statut social d'un enseignant étant conditionné par son engagement dans l'Etat, on pourrait dire, en fonction des normes actuelles, que la vie de Confucius fut un échec. Il nous faut alors rechercher les éléments qui expliquent l'opposition qui exista entre sa vie très simple et son incroyable influence sur la morale officielle et la vie publique dans l'empire chinois, comme d'ailleurs sur les cultures des pays voisins.

Le manque de dates historiques absolues constitue la première des difficultés. En effet, ce n'est qu'environ quatre cents ans après sa mort qu'a paru la première biographie de Confucius. Elle fut intégrée dans les premiers cours officiels d'histoire de l'empire. L'exposé de ce long chapitre est très controversé : les auteurs plutôt enclins au taoïsme peuvent avoir accentué leur critique des confucéens. Des textes plus tardifs, particulièrement ceux de la littérature dite apocryphe de la période Han, montrent même un début de divinisation et les œuvres encore plus tardives établirent un quasi-parallélisme avec les légendes de la naissance de Bouddha.

La vie et l'enseignement de Confucius

Le 28 octobre — célébré encore aujourd'hui comme le «Jour de l'Enseignant» — serait la date de naissance de Confucius, né d'après la plupart des traditions en l'an 551 av. J.-C. (peut-être un an plus tôt). La famille Kong dont il est issu avait ses origines dans la noblesse de l'Etat Song. Mais elle avait émigré depuis plusieurs générations dans un autre Etat féodal, l'Etat de Lu, au sud de la péninsule du Shandong, et avait sombré dans l'insignifiance, probablement même dans la pauvreté. La force de Confucius, comme on le verra, réside dans ses origines aristocratiques et dans un dédain affirmé de la pauvreté.

A sa naissance, l'enfant fut prénommé Qiu et reçut comme surnom Zhongni, mais plus tard il fut connu en Chine sous le nom de Kongzi, «Maître Kong». Son nom glorieux était «Kong Fuzi», traduit par les jésuites vivant à la Cour impériale de Pékin par «Confucius» dans leurs rapports en latin adressés à Rome. Orphelin très jeune et livré à lui-même, Confucius a probablement gagné sa subsistance par la gestion de domaines appartenant à une des trois grandes familles nobles de son Etat. Il semble quasiment impossible à l'heure actuelle — et ce n'est sans doute pas indispensable à la compréhension de son évolution — de reconstituer ses activités professionnelles au service d'un duc ou d'une des maisons nobles. Jamais nous ne saurons si Confucius a réellement été juge principal ou ministre des Travaux publics à Lu. Son rôle d'éducateur fut, de toute façon, plus important que sa fonction politique : à en croire la biographie déjà citée, il aurait eu ses premiers disciples à l'âge de 17 ans.

L'éducation des jeunes nobles comprenait à l'époque des disciplines militaires — le tir à l'arc et la conduite de chars (les chars de combat étaient encore en usage) — l'écriture et le calcul, de même que la musique et les rites, le maintien et l'étiquette requis en certaines situations. La conception de Confucius en matière d'éducation était révolutionnaire pour son époque : elle exigeait la suppression des distinctions de classe sociale. Il est évident que le petit peuple ne devait cependant pas bénéficier des connaissances scolaires.

En fait, la suppression des barrières a principalement profité à une couche intermédiaire, comparable à celle des chevaliers, dont les membres pouvaient — indépendamment des privilèges réservés à certaines origines — se qualifier pour des fonctions administratives. Pour garantir le bien-être et le bonheur d'un peuple, disait la maxime, un gouvernement a besoin d'hommes d'un caractère irréprochable et d'une bonne instruction, des qualités donc que ne pouvaient transmettre ni la haute descendance ni la richesse, mais que seule une bonne éducation pouvait conférer.

Toutes les conditions d'accès à de hautes fonctions étaient réunies par les personnes ayant reçu une telle éducation. Cette ascension a d'ailleurs été réalisée par bon nombre des trois mille disciples de Confucius. Les maisons régnantes des Etats féodaux étaient constamment en danger d'être supplantées par d'autres aristocrates puissants — soit par une famille, soit par une coalition — et de perdre leur territoire. Il était donc de leur propre intérêt de limiter la puissance de la noblesse locale et de l'affaiblir par l'adjonction de fonctionnaires de l'Etat nommés par le Souverain.

Confucius fut également impliqué dans ces discussions. Tandis qu'il essayait de déloger les familles des postes qu'elles occupaient «traditionnellement», il dut, comme son souverain, partir temporairement en exil devant la pression exercée en réaction par les militaires. Pourtant, il se rangea à deux reprises, sentimentalement, du côté des rebelles contre le pouvoir ducal, mais ses disciples l'empêchèrent de prendre ouvertement parti. Des partisans fidèles ont déclaré ultérieurement qu'à leur avis Confucius n'avait pas quitté son pays uniquement sous la pression de mesures politiques concrètes. Il serait plutôt parti de sa propre initiative étant donné l'impossibilité de réaliser ses idéaux politiques — se déplaçant de cour en cour en vue de trouver un seigneur digne de réaliser ses idées réformatrices. L'envie et les intrigues de cliques influentes à la Cour auraient à chaque fois précipité son départ.

Quelles sont les idées particulières de Confucius pour tenter de convaincre ses contemporains ? A la base de sa réflexion, on trouve que l'organisation naturelle du monde est la base de l'ordre moral. Dès lors, si l'homme désire agir selon la morale, il doit suivre la volonté de cet ordre naturel, la voie (*Dao*) du ciel. Contrairement aux anciennes conceptions chinoises et à notre tradition occidentale, ce «ciel» n'a plus de caractère personnalisé.

L'étude de l'histoire permet à l'homme de connaître la volonté du ciel. La tradition, la littérature, les coutumes de l'Antiquité, bref, l'expérience collective, fournissent les directives pour un comportement correct dans le présent. Le devoir le plus important est donc la conservation de la culture créée par les empereurs mythiques de la préhistoire — Yao, Shun et Yu — et particulièrement par les fondateurs de la dynastie régnante, les rois Wen et Wu ainsi que le duc de Zhou. Ces souverains idéaux ont incarné toutes les grandes valeurs morales, car ils avaient suivi la volonté du Ciel, l'ordre naturel, dans le sens le plus large. En imitant ces exemples, l'homme des générations suivantes réussit à vivre selon les commandements du *Ren*.

La notion *Ren*, comme la plupart des mots clés de la philosophie chinoise, ne peut que difficilement être traduite par un seul mot. Humanité, bonté, bienveillance, vertus humaines, amour du prochain ne couvrent qu'un aspect partiel de ce concept. La difficulté de traduire ces notions de façon adéquate donne au lecteur occidental l'impression qu'il s'agit de discours moralisants et qu'il n'y a donc pas lieu d'avoir du respect pour leurs auteurs. Une personne ayant le *Ren* se sent, conformément à la nature de son cœur, proche de son prochain et liée à lui.

En complément à l'élément affectif de la sympathie s'ajoute un élément rationnel. En effet, puisqu'on peut transmettre ses propres désirs, ses aversions, ses convictions, etc., et donc les reconnaître et que réciproquement notre prochain peut comprendre les nôtres, il est possible d'élargir les moyens d'action par l'adjonction de nouvelles pensées. Ainsi, la recherche du comportement humain s'élargit et débouche sur les conditions d'un comportement correct, convenable, adéquat et sensé. Cette conduite est indispensable pour permettre l'exécution du devoir moral. N'étant liée à aucune condition, et donc absolue, elle s'exerce sans égoïsme ni arrière-pensée. Le terme chinois pour exprimer cela est *Yi*, traduit habituellement, et ici également, de manière insuffisante par «équité». C'est toujours une action subjective que de transformer en un comportement réel, correct, ce qui a été ressenti comme juste. Pour que cette décision subjective, pour ou contre un certain agissement, ne sonne pas involontairement faux, l'acteur doit agir en certaines circonstances selon des prescriptions.

Ce standard objectif est désigné dans l'école confucéenne par le mot *Li*, ce qui veut dire coutumes, rites, comportements cérémonieux. En observant correctement les rites, l'homme vit, par son comportement personnel, selon les valeurs spirituelles créées par les seigneurs idéaux des temps révolus. Une infraction aux rites et aux valeurs spirituelles qui leur sont associées est également une infraction à la volonté du Ciel, donc à l'ordre naturel. Des perturbations du déroulement naturel ont un effet nocif sur l'ensemble de la société. Il est très vraisemblable que de telles conceptions aient leur source dans les idées du monde chinois archaïque, monde dans lequel les usages formaient la règle de conduite sacro-sainte dans tous les domaines de la vie. La violation des usages protégés par des sanctions religieuses conditionnait également de façon magique les perturbations du déroulement cosmique, qui, à leur tour, affectaient la société entière par les orages, les inondations ou les mauvaises récoltes.

Pour Confucius, la plupart des puissances provenaient du mépris, de la non-observation ou de la négligence des rites hérités de l'Antiquité. Selon lui, les gouvernants ne respectaient pas correctement le *Li* ou s'arrogeaient des droits que ne leur accordait pas leur rang. S'ils voulaient préserver l'équilibre politique entre les divers Etats, les dirigeants ne devaient pas commettre des actes réservés au Fils du Ciel (*Tianzi*), le chef féodal suprême. La petite noblesse devait se comporter de la même façon envers ses supérieurs. La fonction de chacun et tous les comportements dans l'ordre social devaient être définis exactement afin d'éviter qu'ils ne soient en réalité différents de ce qu'ils auraient dû être d'après leur désignation. Non seulement cette définition clarifiait les obligations de chacun, déterminées par la situation sociale, mais également les droits à reconnaître à son prochain, supérieur ou inférieur. La «rectification des noms» (*Zhengming*), c'est-à-dire la possibilité d'appeler les choses par leur nom, permettait par exemple à un ministre confucéen de reprocher ouvertement à son souverain, et plus tard même à l'empereur, son comportement fautif.

Dans une culture où l'on faisait particulièrement attention à ce que la personne critiquée ne perde pas la face, cela n'allait

Portrait idéalisé de Confucius. Selon les Sages, il se démet ici de toutes ses fonctions. Cette estampe pourrait être la copie d'un tableau de Wu Daozi, honoré comme le plus grand peintre de la dynastie Tang.

萬世師表
至誠至聖與兩間功化同流
先覺先知為萬古倫常立極
至聖先師孔子神位
復聖顏子神位
宗聖曾子神位
述聖子思神位
亞聖孟子神位
先賢閔子神位
先賢冉子神位
先賢冉子神位
先賢宰子神位
先賢端木子神位
先賢冉子神位
先賢仲子神位
先賢言子神位
先賢卜子神位
先賢有子神位

Page de gauche: *Confucius était surtout un éducateur. L'effort de son instruction était axé principalement sur quatre domaines: la littérature, l'administration, la loyauté envers les supérieurs et la crédibilité. Cette estampe d'une stèle du 9e siècle montre le Maître entouré de seize élèves.*

Ci-contre: *le prince Guo, le sixième fils de l'empereur Kangxi, fit effectuer une copie de ce tableau de Confucius en 1734. Celui-ci y avait le rang de «Plus Grand Saint et Premier Educateur». La copie se trouve dans le temple de Confucius à Qufu, la ville où habitait le Maître. Le prince l'a fait déposer dans la «Forêt des Stèles», près du temple de Confucius, à Xi'an, dans la province de Shaanxi.*

«Le Maître a dit: «Apprendre sans réfléchir est peine perdue. Réfléchir sans apprendre est dangereux.»

Lunyu, II, 15.

«Le Maître a dit: «Tous les hommes sont sensiblement les mêmes à l'origine. Ils se séparent les uns des autres par leurs habitudes.»

Lunyu, XVII, 2.

pas de soi. Le lecteur pouvait déceler immédiatement, par les caractères employés dans la chronique historique officielle, si l'écrivain considérait par exemple un meurtre politique comme justifié moralement ou s'il considérait le meurtrier comme un vulgaire criminel. Les philosophes des temps postérieurs ont même émis l'idée qu'un souverain qui ne remplit pas tous les devoirs de sa charge ne mérite plus le nom de souverain. S'il a abusé de sa position élevée, il peut être déchu par le peuple. Dans un tel cas, le souverain qui a négligé les rites qui lui étaient imposés par le «Mandat du Ciel» (*Tianming*) a perdu la véritable justification de son pouvoir et doit céder la place à un successeur moralement plus qualifié pour exercer ce mandat. Les fonctionnaires confucéens n'ont jamais cessé de critiquer les comportements politiques fautifs et d'attirer l'attention des souverains sur l'évolution simultanée des bouleversements, en ayant recours à des exemples tirés de l'histoire.

Mais toute idéalisation du passé et de ses leçons mène trop facilement à un simple formalisme, voire au conservatisme. Beaucoup de confucéens ont d'ailleurs succombé à ce danger dans les siècles suivants. En revanche, à l'origine, l'exaltation de l'Antiquité devait donner l'impulsion pour conformer à son exemple la configuration du présent. Les circonstances parfaites devaient être recréées et la société entière réformée. Les conditions — politiques ou sociales — étant différentes, il est évidemment difficile de déterminer si les rites transmis peuvent encore être appliqués *stricto sensu*. Emettre un réel jugement à ce sujet présuppose une connaissance du contenu et de la véritable signification des rites. Mais, pour ce faire, l'homme a besoin d'une qualité spécifique supplémentaire, le *Zhi* («le savoir, la connaissance, la sagesse»). Seul celui qui reconnaît clairement l'influence de ses actions sur ses semblables peut agir correctement. On ne peut donc suivre aveuglément les rites, mais il faut se demander dans quel esprit ils exigent un comportement donné, afin de ne pas heurter cet esprit.

Essayer d'atteindre le sommet de la pyramide sociale par l'interprétation des rites vous conduit vers plus de *Ren*, plus d'humanité. Cette qualité n'est pas donnée uniformément à tous les hommes, mais elle varie en fonction de la position sociale, ou de la position «hiérarchique», de la personne. Les opposants ont constamment reproché aux confucéens qu'un tel ajustement des expériences affectives entre les hommes consolide les différences sociales dans un système rigoureux. Mais il y a un sentiment particulièrement humain, non soumis à la différenciation et qui a une valeur absolue: *Xiao*, «amour filial pour les parents, piété».

On sait, et cela non seulement par le culte des ancêtres, que les esprits des défunts doivent recevoir de la nourriture et d'autres dons pour qu'ils ne cherchent pas à se venger. Par contre, les ancêtres bienveillants apportent le bonheur et la bénédiction à leur famille. Le chef de la famille, et après lui son fils aîné, est responsable des soins à accorder aux esprits des ancêtres. De la même façon, tous les jeunes, lors des changements de générations, sont tenus de pourvoir aux besoins vitaux des anciens, particulièrement de leurs propres parents. Comme les enfants pieux doivent également veiller au bien-être de l'âme de leurs parents, ils éviteront tous conflits et seront d'une obéissance totale. La responsabilité morale envers des membres de rang supérieur de la famille était dans tous les cas prioritaire. Pour Confucius, il ne faisait aucun doute qu'un fils devait protéger son père contre des poursuites pénales, même si celui-ci avait commis un crime. Selon des théories étatiques postérieures, l'ensemble de l'Etat chinois était une grande famille, avec le Père-Empereur au sommet. Les fonctionnaires, donc tous les supérieurs politiques, étaient à leur tour les pères de leur région

et donc en droit d'attendre une obéissance totale de la population. Ce concept favorisait également un ordre social hiérarchique avec des droits et des obligations inégaux pour chacun de ses membres.

L'inégalité résulte également de la diversité des humains sur le plan de l'intelligence, des capacités et du caractère. Ces différences naturelles justifient, dans un certain sens, l'ordre politique du féodalisme hiérarchique également pour les confucéens. Confucius exigeait des dirigeants qu'ils guident leurs sujets et prennent soin d'eux à la manière dont agissent les parents pour leurs enfants.

L'injustice contenue dans la disparité ne pouvait être évitée que si les dirigeants possédaient une morale élevée et les qualifications nécessaires. L'image idéale d'un tel fonctionnaire était le *Junzi*, «le noble, l'homme supérieur». La signification originale de cette notion était «le fils d'un souverain» et indiquait donc une origine noble. L'image opposée était le *Xiaoren*, «l'homme de la rue, de rang social inférieur». Ces deux notions se sont notablement confondues chez Confucius au fil du temps. Le privilégié social devint peu à peu un homme dont la grandeur morale l'obligeait à mettre son savoir au service de l'Etat et de ses concitoyens d'une façon désintéressée, alors que l'homme du peuple n'était intéressé que par son profit personnel, et c'est ce qui le rend, dans le sens moral, «vulgaire». On voit donc bien lequel des deux aura le pouvoir.

Comment pouvait-on les distinguer les uns des autres et comment le meilleur pouvait-il se qualifier pour sa mission d'Etat? Ainsi que nous l'avons déjà compris, Confucius trouvait la solution dans l'ouverture des possibilités d'éducation pour de larges couches de la population au-delà de la noblesse féodale traditionnelle qui avait, jusqu'alors, le monopole de l'éducation. Depuis ce moment s'est enracinée dans le peuple chinois la conviction — de fait démocratique — que le statut social des hommes dépend uniquement de leur efficacité personnelle. La lenteur des progrès et les diverses oppositions à vaincre, parfois même le fait des fonctionnaires confucéens intéressés au statu quo, n'ont jamais réussi à rompre la puissance de cet idéal.

L'effort de l'éducation dispensée par Confucius était, selon les annotations de ses disciples, axé sur les quatre domaines suivants: la littérature, l'administration, la loyauté envers les supérieurs et la crédibilité. Les événements surnaturels, les forces particulières et les perturbations de la nature et de l'esprit restaient exclus et sont, par ailleurs, cités à contrecœur. En cette époque de grandes superstitions et de crainte générale des mauvais augures, il aimait mieux étudier la solution des problèmes sociaux actuels et il s'abstenait de toute discussion sur les phénomènes naturels et les questions de métaphysique. S'il fallait honorer les esprits et les démons, il fallait toutefois en rester éloigné. Cette position fut — pour le développement ultérieur de l'école confucéenne — la base d'une pensée agnostique ou du moins très sceptique envers les phénomènes religieux.

Page de gauche : *au nord de Qufu, dans la province de Shandong, la « Forêt de Confucius »* (Kong-lin) *couvre une superficie de 200 ha. C'est là que se trouve le tombeau de la famille Kong, dans lequel reposent les héritiers du Maître. Les voies d'accès sont bordées de portes, de stèles, de figures de gardiens et d'animaux.*

Ci-dessus : *dès après sa mort, le domicile de Confucius devint un sanctuaire. C'est au 18e siècle que le temple trouva sa forme actuelle. En son centre se trouve la « Galerie de la Grande Perfection »* (Dacheng Dian).

« Les pèlerins montent au mont Tai comme s'ils gravissaient les échelons d'une grandiose échelle de pierre. A travers de nombreux ravins, longue est la route jusqu'à la Porte du Ciel méridionale par laquelle ils peuvent contempler le majestueux lever du soleil là où les étoiles semblent à portée de main. »

Inscription de l'empereur Qianlong, au Taishan, en l'an 1771.

« Le Maître a dit : « Yu, veux-tu que je t'apprenne le savoir ? Si tu sais quelque chose, alors dis que tu le sais. Lorsque tu ne sais pas, admets que tu ignores. C'est cela le savoir. »

Lunyu, II, 17.

Les thèmes abordés dans l'enseignement étaient le plus souvent, d'après les élèves, le *Shijing* et le *Shujing*, principalement la signification du maintien des rites et l'étude de la culture et de la littérature des anciens. Le *Shijing*, le livre classique des odes, est une anthologie de plus de trois cents chants de la Cour et de chants populaires régionaux depuis les temps reculés des Zhou, vers 800 av. J.-C. La plupart des chercheurs doutent que Confucius lui-même l'ait composé et édité. Ceci est également vrai pour le *Shujing*, le livre classique comportant des discours et des conseils de souverains modèles et de ministres de l'Antiquité. Il est impossible de déterminer aujourd'hui si Confucius pouvait se référer, pour son enseignement, à des rites fixés par écrit. Le « Livre des Rites », recueil de textes connu sous le nom de *Liji*, contient également des parties plus récentes de la période Han. Une édition rédigée par Confucius, même une simple compilation, est donc chronologiquement impossible, mais quelle que puisse avoir été la littérature utilisée par lui, le but principal poursuivi était le perfectionnement de l'individu sans lequel, à son avis, un bon gouvernement ne pouvait exister.

Confucius a passé les dernières années de sa vie dans son Etat d'origine, l'Etat Lu, intact intérieurement mais profondément déçu par l'échec apparent de sa mission. La tradition veut qu'il ait écrit durant cette période (ce qui est contesté par la science moderne) les commentaires du *Yijing*, le « Livre des mutations ». Il s'agit d'une œuvre extrêmement complexe qui, à partir d'indications fournies par les oracles, énonce des considérations cosmologiques. On doute également aujourd'hui qu'il ait pu écrire le *Chunqiu*, les «Annales du Printemps et de l'Automne», compte tenu des différences grammaticales et stylistiques qui le différencient d'autres œuvres réputées contemporaines. Ce texte relativement court relate les événements qui se sont déroulés entre 722 et 481 av. J.-C. à Lu et dans les Etats environnants. La relative imprécision qui imprègne toute l'œuvre explique l'existence de commentaires élevés au rang des Classiques.

Ce répertoire de faits «historiques» n'aura probablement intéressé que peu de personnes. Les confucéens y trouvaient le jugement personnel du Maître quant aux événements et personnages cités, sans oublier les considérations morales qui découlaient naturellement des actes politiques. Par la «Rectification des Noms», les confucéens s'astreignaient à une recherche n'évitant aucune facette du problème considéré. Dans pareil contexte, on comprend l'importance énorme de la spéculation philosophique dans une Chine qui, bien entendu, n'excluait pas pour autant les œuvres d'auteurs non confucéens. L'habitude (inconnue chez nous) prise par de nombreux auteurs chinois d'attribuer leurs œuvres à un auteur plus connu en vue de leur conférer une plus grande autorité a certes contribué à attribuer de nombreux livres à Confucius. Sa vie n'aurait pas suffi pour écrire ne serait-ce que le quart des œuvres dont on lui attribue la paternité. Et pourtant, rappelons qu'il mourut à 73 ans, en 479 av. J.-C.

Dans les années qui suivirent sa mort, ses élèves transcrivirent leurs propres entretiens avec le Maître, ses conversations avec les souverains et d'autres personnages influents, ils décrivirent ses actes et traits de caractère. L'ensemble de ces textes, le *Lunyu*, rapportant conversations et discours, compte aujourd'hui vingt chapitres et environ cinq cents paragraphes. Quelques passages sont supposés interpolés, car à certains endroits perce clairement l'influence taoïste; dans son ensemble, le *Lunyu* reste toutefois la source la plus fiable dont nous disposions en cette matière.

L'école confucéenne

Dans les décennies qui suivirent le décès de son fondateur, l'école confucéenne ne sortit qu'à grand peine des frontières de Lu et des Etats voisins. Durant les deux siècles suivants, la situation politique s'aggrava tellement que seuls sept souverains survécurent à ce combat sans merci pour la conquête du pouvoir.

Leur goût exclusif pour le renforcement de leur puissance et leur prédilection corollaire pour de nouvelles stratégies militaires ou pour un système légal très rigoureux, avec prépondérance du pouvoir central, expliquent l'échec apparent de la deuxième grande figure du confucianisme, Mengzi, ou Maître Meng (372?-289 av. J.-C.). Mencius, ainsi que le nommaient également les Jésuites, essaya au cours de ses longs voyages de convaincre les puissants de l'époque de ce qui lui paraissait être la forme idéale de gouvernement. Ses conceptions étaient

Page de droite: *c'est au plus tard à l'aube de la période Han que la trinité «Ciel, Terre et Homme» devint une des bases cosmologiques les plus importantes du culte de l'Etat chinois. L'empereur Fils du Ciel* (Tianzi) *se trouvait au centre de chacune de ces trois zones, qu'il réunissait en sa personne. C'est à ce titre que son symbole, le dragon à cinq pattes, est représenté au centre de la coupole de la «Voûte Céleste de l'Empereur»* (Huang-Qiongyu) *dans le Temple du Ciel de Pékin.*

«Chung-ni (Confucius) a mis à notre portée, comme s'ils avaient été ses ancêtres, les doctrines de Yao et de Shun, et prenant comme modèles Wen et Wu, il nous a révélé avec élégance les règles de vie qu'ils avaient tracées. Dans les sphères supérieures, il a su s'adapter au ciel, et dans les sphères inférieures, à l'eau et à la terre.
On peut le comparer au ciel et à la terre qui soutiennent et renferment, qui dissimulent dans l'ombre, toutes les choses. On peut le comparer aux quatre saisons, dans leurs progrès alternatifs, et aussi au soleil et à la lune qui brillent l'un après l'autre...
Il est comme le ciel qui embrasse tout dans son immensité. Il est actif et profond comme une source; il est comme l'abîme. Il apparaît et tout le peuple le vénère; il parle et tous le croient; il agit et il plaît à tous.
Aussi sa renommée se répand-elle sur l'Empire du Milieu et s'étend-elle jusque sur les tribus barbares. Partout où peut atteindre un navire ou un chariot, partout où la force de l'homme réussit à pénétrer, dans tous les lieux que la terre supporte et que les cieux abritent, partout où brillent le soleil et la lune, partout où le gel et la rosée tombent — tout ce qui a du sang, tout ce qui respire l'honore et l'aime. C'est pourquoi l'on dit qu'il est l'égal du Ciel.»

Eloge de Confucius par son petit-fils.

«Voici comment est le Grand Etre: par sa nature, il correspond au Ciel. Par sa conscience, il correspond au Soleil et à la Lune. Sa manière de vivre correspond aux quatre saisons. Et, dans son bonheur et sa peine, il correspond aux Esprits et aux Ames. Il précède le Ciel et le Ciel ne s'oppose pas à lui. Il suit le Ciel et en reçoit le temps.»

Livre des Transformations (Yiying).

nouvelles, même si elles s'appuyaient sur les vertus et les valeurs morales traditionnelles, parce qu'elles exposaient les conditions matérielles d'un ordre social équitable.

Si Confucius avait déjà revendiqué, pour le peuple, le droit d'accéder au bien-être, Mencius y trouvait la véritable signification de l'ordre céleste donné au souverain. Ses conceptions l'attiraient vers une réforme agraire généralisée dont le modèle, d'après lui, avait déjà été proposé durant la période Zhou. Il proposait donc de répartir les terres arables disponibles en damiers : les huit parcelles extérieures destinées à l'usage individuel et la neuvième parcelle centrale, non partagée, travaillée en commun par les paysans pour produire la dîme du propriétaire. Ce système fut appelé « système des champs en forme de puits » à cause du dessin du signe chinois pour « puits » (井 Jing), qui est formé de quatre lignes quasi parallèles délimitant ainsi neuf zones.

Mencius n'entendait pas supprimer la différence fondamentale entre gouvernants et gouvernés, ces derniers devant par leurs efforts physiques permettre les efforts spirituels des premiers. Il était convaincu qu'il était possible de déterminer à quel degré le souverain remplissait sa mission de veiller au bien-être de son peuple à partir de l'approbation ou de la désapprobation de la population. Si le souverain faillissait à sa tâche, Mencius reconnaissait au peuple le droit de s'insurger, car le

peuple était pour lui la composante la plus importante de l'Etat, bien avant les dieux et les gouvernants.

Afin d'éviter pareille évolution, le souverain se doit de développer sa puissance morale *De* et d'avoir de l'influence surtout en prêchant par l'exemple. D'après les conceptions optimistes de Mencius, le souverain est soutenu par la nature foncièrement bonne et perfectible de l'homme. Tout comme l'eau s'écoule toujours vers le bas, l'homme naturellement tend toujours vers plus d'élévation morale. Il n'a qu'à suivre cette propension pour atteindre la perfection des souverains légendaires de l'Antiquité dont la grande vertu a apporté l'ordre qui règne dans le monde.

On objecta à Mencius que la nature de l'homme était souvent influencée par l'extérieur et pouvait être modifiée, par exemple par l'éducation, tout en étant intrinsèquement neutre. Son contradicteur le plus acharné fut Xunzi (310?-235 av. J.-C.). Son expérience de politicien durant l'effondrement de l'ancien régime féodal lui avait certainement fait perdre tout espoir d'un possible retour à l'Age d'Or. Pour lui, la nature humaine était franchement mauvaise ; ce n'était que par une éducation et des règlements sévères que, selon lui, les hommes pouvaient être amenés à vivre selon un ordre stable. Le souverain devait leur apprendre à reconnaître leurs obligations sociales par l'instruction et le respect des rites d'une part et par la « rectification des noms » qui devait venir d'en haut (car on ne pouvait attendre du peuple qu'il atteigne l'essence de la vérité ni qu'il s'y conforme) d'autre part. Pour Xunzi, les rites étaient comparables aux principes d'ordre de la nature et l'homme devait s'y conformer dans son propre milieu.

La chute de la dynastie Qin (221-207 av. J.-C.) infirma la thèse selon laquelle l'application stricte de lois positives suffit à garantir la stabilité à l'ordre étatique. Le manque d'humanité et de justice de la dynastie devait conduire au chaos. Mais les Qin avaient sans aucun doute établi les principes d'un grand Etat unifié et les premiers dirigeants de la dynastie Han ne virent pas la nécessité d'apporter de grandes modifications à la structure de leur appareil bureaucratique. Toutefois, les philosophes tentèrent de justifier et d'interpréter le nouveau système impérial. Le chef autocratique d'une organisation bureaucratique reconnaissait difficilement son obligation morale à assurer le bien-être de ses sujets. Mais que se passerait-il si l'on transposait le représentant suprême d'un ordre hiérarchique dans un ordre encore plus grand, tel celui du cosmos ?

Les questions purement cosmologiques ne jouèrent aucun rôle dans le confucianisme d'avant la période Han. Une nouvelle approche philosophique devenait donc nécessaire. Dong Zhongshu (179?-104? av. J.-C.) a tenté de parvenir à une synthèse avec son œuvre intitulée *Chunqiu Fanlu* (littéralement : « Gouttes de rosée sur les annales de Printemps et d'Automne »). Dong voyait dans l'homme les effets des deux forces élémentaires *Yin* et *Yang*, des cinq éléments ainsi que des quatre saisons et directions du vent. C'est ainsi que les cinq organes internes de l'homme correspondaient aux éléments eau, feu, bois, métal et terre, alors que les quatre membres étaient attachés aux quatre saisons. Le passage du Yin au Yang ordonnait également les relations entre gouvernants et gouvernés, père et fils, mari et femme, etc. Le souverain, le père et le mari correspondaient au principe masculin Yang et étaient donc supérieurs aux représentants du principe féminin, faible. Comme le ciel au-dessus de la terre, le souverain était au-dessus de ses sujets. C'est sur cette essence céleste que se fondait sa responsabilité dans l'enchaînement correct des saisons.

Il est évident que les gouvernants de l'époque marquaient leur accord sur la position clé que les confucéens de la période Han étaient prêts à concéder au monarque idéal. Cette philosophie fut promue doctrine d'Etat par l'empereur Wudi (140-87 av. J.-C.). Elle fut désormais enseignée dans une académie impériale de la capitale (avec chaire pour chacun des cinq classiques) dont les étudiants pouvaient postuler à un emploi public s'ils réussissaient les examens de qualification. Ainsi, pour la première fois, existait la possibilité d'accéder à un poste dirigeant grâce au seul mérite personnel, comme l'avaient demandé les premiers confucéens. Voici donc créées les bases d'un système permettant de comparer, par des examens objectifs, des candidats à un emploi public. D'un point de vue purement pratique, admettons que les examens de littérature n'avaient que peu de rapport avec les problèmes de gestion administrative, car les textes des dissertations écrites ne faisaient généralement que répéter d'anciens stéréotypes. Et pourtant, l'argumentation requise dans de tels exercices se trouvait être tellement pragmatique qu'elle a produit de nombreux hommes d'Etat excellents : le système ne pouvait donc pas être tout à fait inefficace. La recommandation d'un fonctionnaire supérieur constituait un autre moyen — durant la période Han — d'entrer dans le service de l'Etat. Les critères principaux du choix devaient être l'amour filial du candidat envers ses parents, son amour fraternel, son incorruptibilité ainsi que sa formation littéraire.

On reconnaît immédiatement la marque confucéenne dans ces notions et on n'est pas autrement surpris d'apprendre que les protecteurs trouvaient très souvent les personnes dotées de telles qualités au sein même de leur propre famille.

L'authenticité indiscutée des textes était la condition première de l'utilisation des classiques confucéens comme base d'une théorie générale de l'Etat. Après la découverte de versions totalement divergentes dans l'esprit (en l'an 92 av. J.-C.), une controverse véhémente naquit entre les partisans des versions de l'« Ecole de l'ancien texte » et les partisans des versions modernes qui venaient d'être écrites, appartenant à l'« Ecole du nouveau texte ». En bref, les partisans de la nouvelle école

Double page précédente : *le soleil débuta son voyage quotidien à Taishan, la Montagne de l'Orient, là où — selon les mythes primitifs — s'en retournent les âmes des morts. La montagne fut personnifiée en tant que juge de la Vie et de la Mort. Les empereurs déposaient des offrandes sur ce sommet difficile d'accès. De nombreux temples et stèles avec inscriptions furent construits le long de la montée. Le temple Bixia Gong, construit au 11e siècle, compte parmi les sanctuaires principaux.*

Fête mortuaire, peinture du 19e siècle. Le « Livre des Rites », Liji, *précisait méticuleusement le comportement de chacun des membres de la famille en cas de deuil, en fonction de son rang hiérarchique dans la famille et du degré de parenté avec le défunt. C'est le fils aîné qui subissait le plus de restrictions au décès du père et pendant les trois années de deuil que prescrivaient les « Commandements de la Piété »* (Xiao). *Après l'installation du corps sur un catafalque à l'intérieur de la maison, l'aîné des fils devait se retirer, vêtu des vêtements traditionnels de deuil en chanvre blanchi, dans une hutte construite de ses mains. Trois mois durant, nourriture et paroles étaient réduites au plus strict nécessaire. Tout rapport avec une femme aurait constitué le comble de l'impiété. L'exécution du cérémonial religieux d'inhumation faisait du fils le nouveau chef de famille. Le nom du défunt représentait dorénavant son âme et était inscrit sur une tablette de bois. Déposée sur l'autel familial, celle-ci était utilisée pour le culte des ancêtres.* [Berlin, Museum für Völkerkunde]

« Le Maître a dit : « Actuellement, on considère comme pieux quelqu'un qui ne fait qu'entretenir ses parents. Mais on prend le même soin des chiens et des chevaux. Sans une certaine forme de respect, où se trouve alors la différence ? »

Lunyu, II, 7.

défendaient les opinions de Dong Zhongshu au sujet des théories du *Yin* et du *Yang*, de la signification des augures et des phénomènes naturels, de la politique, etc. Leurs opposants toutefois, généralement des savants qui n'étaient pas au service de l'Etat — parmi lesquels on comptait Kong Anguo, descendant direct de Confucius — voulaient réprimer ce qu'ils considéraient comme une superstition pour revenir à la vérité de l'enseignement. Yang Xiong (53 av. J.-C.-18 ap. J.-C.) et Wang Chong (27-97) ont mis en lumière l'incompatibilité entre raison et phénomènes surnaturels. Wang Chong considérait comme présomptueuse toute relation supposée entre comportement humain et ordre cosmique, interprétée comme l'expression parfaite d'un anthropocentrisme forcené.

L'effondrement de la dynastie Han et l'éclatement consécutif de l'Etat unifié en territoires rivaux affaiblirent du même coup le rôle du confucianisme en tant que porteur de la théorie de l'Etat et du culte d'Etat. Du fait de la disparition presque totale de leur fonction politique, la critique des textes et l'étude systématique des classiques perdirent de plus en plus leur attrait intellectuel. Cette menace d'un vide intellectuel faisait le jeu du néotaoïsme, mais surtout celui du bouddhisme importé, « barbare ».

Un revirement débuta sous la dynastie Tang (618-906). L'Etat réunifié avait grand besoin de fonctionnaires compétents. L'accès aux postes nouvellement créés se faisait la plupart du temps — mais il y avait des exceptions — par le canal d'un système d'examens civils fort ouverts qui sélectionnaient les fonctionnaires. Partant de ces nouvelles positions de force, un de ces nouveaux fonctionnaires, nommé Han Yu (768-824), s'en prit à l'influence du bouddhisme à la Cour impériale et à son effet de sape sur la morale publique. L'intolérance dogmatique des écrits de Han Yu et l'animosité contre l'étranger étaient des phénomènes tout à fait nouveaux. Les monastères bouddhiques durent céder leur rôle de centre spirituel aux académies néoconfucéennes durant toute la période Song (960-1279). Quelles que soient les sources de la synthèse philosophique appelée néoconfucianisme — que ce soit l'intégration spontanée de concepts néotaoïstes ou bouddhiques ou le développement d'idées déjà originellement présentes dans le confucianisme — il faut avant tout se demander s'il ne s'agit pas d'une philosophie autonome et réellement neuve.

Le *Taiji Tushuo* (approximativement : «Explication du diagramme du principe suprême») de Zhou Dunyi (1017-1073) est le prélude aux œuvres les plus importantes de cette école. Zhou essaya d'expliquer par l'influence d'un principe de base universel non seulement les actions réciproques du *Yin* et du *Yang*, et celles des cinq éléments, mais également l'origine du monde matériel. Zhang Zai (1020?-1077?) développa ainsi sa théorie d'une substance primitive unique (*Qi*) qui serait à l'origine de tous les phénomènes dans l'univers. L'homme trouverait également son origine dans ce *Qi* grâce à la concentration progressive d'énergie matérialisée. Ce qui nous paraît être le néant n'est rien d'autre que le *Qi* retourné à son état primitif, indifférencié.

Le neveu de Zhang Zai, Cheng Hao (1032-1085), mit l'accent sur l'unité de l'esprit humain avec l'esprit de l'univers. Nous pouvons percevoir cette unité grâce à la vertu *Ren* que nous connaissons déjà. Sa perte mène à l'aliénation de l'homme, de tout son environnement et ne peut être évitée qu'en comprenant intuitivement la relation entre sa propre existence intérieure et toutes les autres existences extérieures et qu'en agissant de façon désintéressée. Cheng Yi (1033-1107), frère puîné de Cheng Hao, reprit la théorie de l'énergie matérialisée de Zhang Zai, mais en étendant sa portée par l'introduction d'un principe spirituel de mise en ordre *Li* (distinct du *Li* des rites) qui, par ses effets, permettait au *Qi* de se concrétiser. Ce principe spirituel d'ordre, bon par nature, est également actif chez tous les êtres humains ; l'inégalité des natures humaines est due uniquement à la répartition inégale du *Qi* entre les hommes.

Zhu Xi (1130-1200) réussit à réunir dans un système unique les théories de ses prédécesseurs. Selon lui, toutes les choses sont conditionnées par la matière, mais un principe d'ordre, immatériel, spirituel, immuable, se trouve à leur base. L'esprit humain est naturellement en harmonie avec l'esprit de l'univers et est donc capable de comprendre les principes d'ordre qui y règnent. L'homme doit essayer de vaincre, par l'étude fondamentale de toutes choses, les disparités qui résultent d'une répartition matérielle inégale. Il parviendra à comprendre les principes d'ordre et à diriger sa vie en conformité avec eux. Ces principes peuvent être connus par l'étude assidue des écrits classiques et par l'examen critique de ses propres actes moraux. L'homme pénètre l'essence des choses en cultivant le *Ren*, s'unissant ainsi à l'esprit de l'univers. La valeur éthique de son être, ainsi acquise, se transmet à l'Etat et à la société qui acquièrent ainsi à leur tour une valeur éthique.

Cette réévaluation de l'Etat selon Zhu Xi a été bien comprise ; ses *Commentaires* sont restés, jusque dans les temps modernes, la base de l'interprétation des classiques pour tous les candidats aux examens.

Lu Xiangshan (1139-1192) fut le premier à contester ces opinions par trop orthodoxes. Il déclara, que dans le monde, la «recherche des choses» — il parlait de l'étude des classiques — ne menait à rien et ne faisait que détourner l'esprit vers des aspects secondaires. Selon Wang Yangming (1472-1528), la conscience humaine (*Xin*, le cœur) se révèle surtout dans le savoir inné ou *Liangzhi*, une connaissance favorable, salutaire et bonne. L'obligation morale des hommes consiste à suivre cette connaissance innée qui est conforme à la loi morale du cosmos et commande un comportement. Dans l'ensemble, ces théories firent l'objet de grandes controverses, car même des agissements politiques sans scrupule peuvent être justifiés par le savoir «inné».

En Chine, les transformations historiques des temps modernes ont aboli le confucianisme comme théorie d'Etat. On ne peut prévoir la durée de l'influence du confucianisme sur toutes les relations entre les personnes. Il est encore plus difficile de prédire si s'en détourner n'est pas pour la Chine une façon de se détourner de sa véritable identité culturelle.

«Le Maître a dit : «Nous ne savons rien de la Vie. Que saurions-nous donc de la Mort ?»

Lunyu, XI, 11.

«Il existe un Etre impersonnel et parfait qui est né avant le ciel et la terre : nous pouvons le considérer comme la Mère de ce monde, mais je ne connais pas son nom. Aussi, je l'appelle *Dao*. Et s'il fallait absolument lui donner un nom, ce serait alors l'Infiniment Grand.»

Daodejing, chapitre 25.

Le taoïsme

Le taoïsme est un phénomène extrêmement complexe de l'histoire spirituelle de la Chine. Son expression philosophique et intellectuelle offre tant de facettes qu'il est difficile d'en offrir une vision d'ensemble. On comprend dès lors que chacun, selon son point de vue, en privilégie l'un ou l'autre aspect et l'apprécie de manière très différente. Si certains le placent au niveau d'une philosophie métaphysique et d'un quiétisme mystique, d'autres n'y voient qu'une religion du petit peuple, creuset de machinations dangereuses pour l'Etat (quête de l'immortalité, magie, etc.).

Les problèmes de l'appartenance d'un texte à la philosophie taoïste et de la distinction très nette à établir entre cette dernière et la religion taoïste sont dus fondamentalement à la classification des œuvres dans les bibliographies officielles depuis l'époque Han. Actuellement, on a renoncé à opérer d'aussi strictes distinctions. En effet, lorsque la religion taoïste s'organise au 2e siècle ap. J.-C., elle ne rompt aucunement avec les philosophes précurseurs des 4e et 3e siècles av. J.-C. mais, au contraire, elle intègre leurs pensées, les développe et même les amplifie.

Il est aussi parfois très difficile de faire la part entre ce qui est et ce qui n'est pas proprement taoïste. En effet, de nombreuses conceptions taoïstes découlaient d'autres écoles philosophiques aux contours mal définis. En ce qui concerne la religion, elle était influencée par les antiques traditions des chamans et des magiciens et aussi par les coutumes religieuses de la société paysanne. Enfin, il est difficile de présenter une vision d'ensemble du taoïsme parce qu'il fut souvent délaissé par l'historiographie chinoise officielle, qu'il ne s'est jamais lui-même érigé en dogme et qu'il n'a pas organisé ses enseignements en une synthèse cohérente. Le taoïsme était perméable aux idées des autres doctrines et avait tendance à les intégrer à ses propres concepts, sans perdre pour autant son originalité.

Nous verrons que de nombreuses conceptions taoïstes sont étrangères au confucianisme et au bouddhisme — le confucianisme, défini sommairement, s'emploie essentiellement à fonder sur sa vision anthropocentrique et agnostique du monde les assises d'une communauté capable de créer et de conserver l'Etat, tandis que le bouddhisme procède de la négation de l'ego individuel et de l'affirmation du caractère illusoire de

Dès les débuts du taoïsme religieux, on adressa des suppliques écrites aux Sanguan, *les agents du ciel, de la terre et de l'eau, pour la rémission des péchés et la guérison des maladies. Plus tard, ces divinités furent associées aux trois jours* Yuan *(les quinzièmes jours du 1er, du 7e et du 10e mois du calendrier lunaire), pendant lesquels ils jugeaient les actions des hommes. D'après une croyance populaire, l'agent du ciel procure le bonheur, celui de la terre accorde la rémission des péchés et celui de l'eau écarte le malheur. Un peintre inconnu du 12e siècle a représenté ces trois agents avec leur suite sur trois rouleaux muraux. Ci-contre est reproduit l'agent de la terre.* [Boston, Museum of Fine Arts]

l'univers physique. Mais on constate sur plusieurs points des influences réciproques et l'adoption d'idées taoïstes par les deux autres philosophies apparaît particulièrement évidente dans le bouddhisme *Chan (Zen)* de l'époque Tang et le néoconfucianisme de la période Song.

La philosophie taoïste

Le *Daodejing* ou *Tao Te King*, « Livre de la Voie et de la Vertu », est indissociablement lié au taoïsme et occupe une place de premier choix dans l'expression philosophique de ce dernier. D'après la légende, Laozi (Lao Tseu), le « vieux maître », l'aurait écrit à la fin de sa vie avant de franchir, monté sur un bœuf, la passe de Xiangu pour se diriger vers l'Occident. Laozi fut l'objet de nombreuses légendes le déifiant et lui attribuant sans cesse, sous les dynasties ultérieures, de nouveaux titres de gloire. Pour ces raisons, il est difficile de cerner ce personnage historique et le petit livre qu'on lui attribue n'est vraisemblablement pas son œuvre, ni sans doute l'œuvre d'un seul auteur. Après une longue période d'élaboration progressive, le texte reçut sa forme définitive, sous laquelle on le connaît encore aujourd'hui, au 3e siècle av. J.-C. Ses aphorismes vagues, qui comptent environ cinq mille caractères d'écriture, autorisent des interprétations différentes : d'aucuns y voient un guide de culture corporelle et spirituelle, d'autres, un manuel de stratégie militaire. Avec le temps, il est devenu l'ouvrage le plus commenté de la littérature chinoise.

Le mot *Dao (Tao)* signifie à l'origine « voie, sentier ». Dans son acception dérivée, le *Tao* est la voie que l'homme doit suivre, l'ensemble des règles de vie auxquelles il doit adhérer. Revêtu de ce sens moral, le concept de *Tao* fut très tôt utilisé par le confucianisme. Aussi comprit-on le *Tao* comme un principe ordonnateur grâce auquel, sur terre, la vie sociale de l'humanité était assurée, tandis que sur le plan universel un *Tao* céleste agissait en régulateur pour diriger harmonieusement la course du cosmos.

Dans le *Daodejing* ou *Tao Te King*, le mot *Tao* (ou *Dao*) revêt encore une autre signification. Le *Tao* est décrit comme ineffable et indéfinissable. Il est informel et infini. Il est l'« Universel », « la Mère originelle de toutes choses ». Ici, le *Tao* n'est plus seulement un principe ordonnateur mais il constitue une réalité dont l'univers est issu. Il est le processus de la transformation perpétuelle, du mouvement cyclique. « Le retour est le mouvement du *Tao* », est-il écrit chez Laozi, car tout ce qui tend vers un extrême est fatalement transformé en son contraire puis revient à son point de départ. Ainsi le devenir est contenu dans l'anéantissement, et celui-ci dans le devenir, les deux formant ensemble une unité, cette unité étant une des caractéristiques du *Tao*.

Le *Zhuangzi*, du nom de son auteur, est l'autre ouvrage fondamental du taoïsme philosophique et il est presque aussi

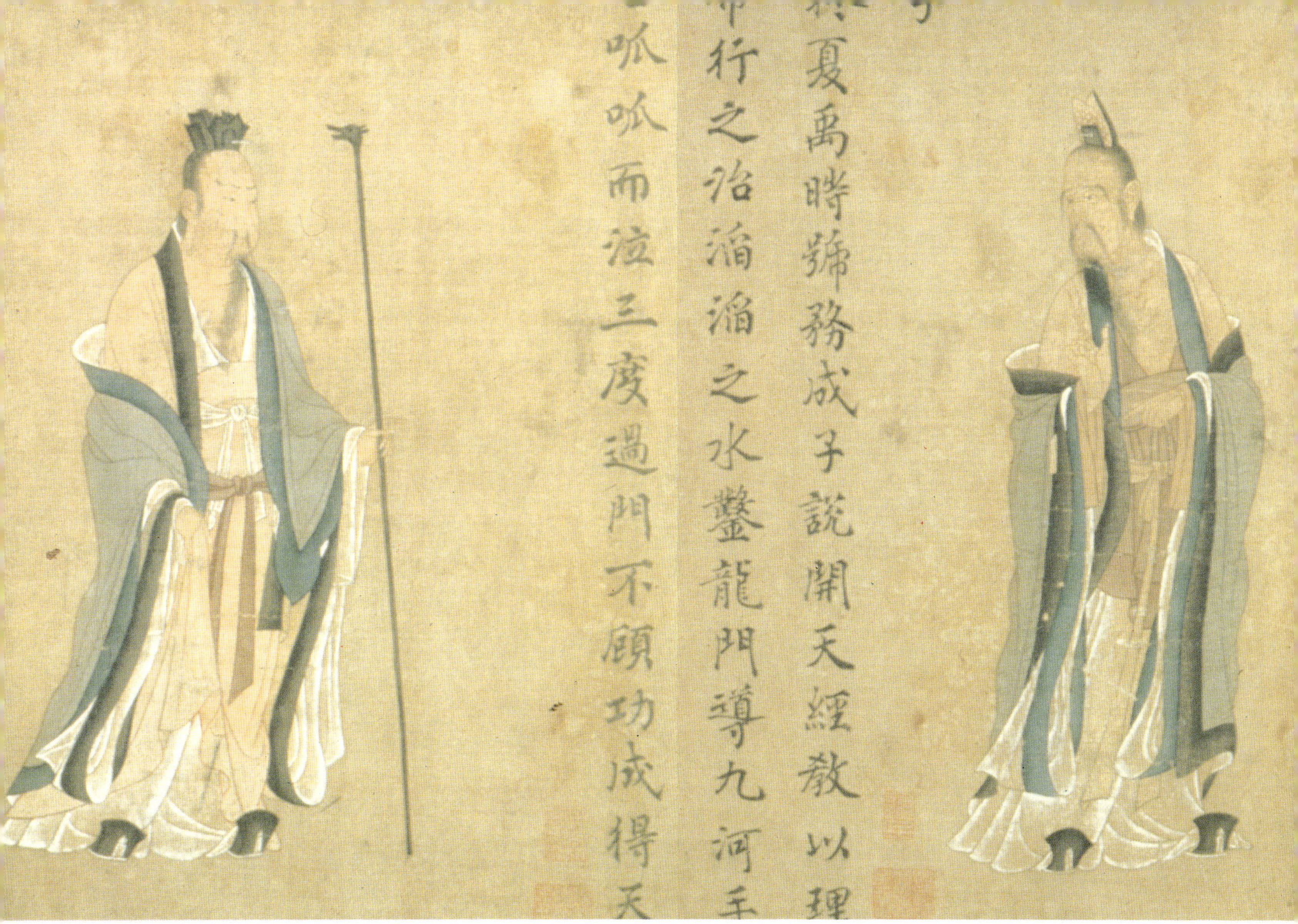

Le peintre Wang Liyong (première moitié du 12ᵉ siècle) a représenté, sur un rouleau long de 188,4 cm intitulé Les avatars de Lao Jun, *dix manifestations de Laozi. On peut faire remonter au 4ᵉ siècle au moins les récits hagiographiques qui rapportent que Laozi se serait manifesté dans la nuit des temps, sous des formes changeantes et divers noms, en tant que maître spirituel des souverains mythiques.* [Kansas City, Nelson-Atkins Museum]

« Après avoir atteint le Vide parfait et conservé la Paix constante, je pus percevoir le retour des Dix Mille Etres qui se mouvaient. Chacun de ces Etres qui sont nombreux retourne à sa racine. Revenu à sa racine, il est en paix. S'il a atteint la Paix, c'est qu'il est revenu dans son état d'origine. Le retour à l'état d'origine est la loi universelle. Connaître la loi universelle, c'est être illuminé. La méconnaître, c'est agir vainement et attirer le malheur. La connaissance de la loi universelle est intelligence. L'intelligence conduit à l'impartialité. L'impartialité est perfection. Le Parfait, semblable au ciel, s'identifie au *Dao*. Celui qui s'est identifié au *Dao* est capable de durer longtemps et ne craint plus aucun danger jusqu'à la fin de ses jours. »

Daodejing, chapitre 16.

connu que le *Daodejing*. Zhuangzi est un personnage historique difficile à cerner, comme l'était le « vieux maître » auquel le livre — dont les parties les plus anciennes remontent sans doute au 4ᵉ siècle av. J.-C. — se réfère souvent.

Laozi et Zhuangzi sont d'accord tous deux pour refuser la recherche du savoir. Dans la société idéale envisagée par Laozi, les livres sont inexistants. Les hommes vivent dans l'ignorance et sans envie. Grâce à cette vie simple, ils acquièrent leur vraie nature. Zhuangzi parle d'un « jeûne du cœur » — selon l'anthropologie chinoise, le cœur (*Xin*) est le siège de la pensée — par lequel on peut se libérer petit à petit de toutes ses passions, idées et distinctions pour ne plus être en fin de compte qu'un miroir du ciel et de la terre, réfléchissant tout ce qui se passe sans rien s'approprier. Par conséquent, la civilisation que tous les confucianistes estiment tellement n'est qu'une aliénation de l'ordre naturel, un rejet des origines.

Le *Daodejing* conseille au sage souverain de gouverner aussi discrètement que possible. L'idéal est le *Wuwei*, le « non-intervenir » dans le cours naturel des choses. C'est l'harmonie complète avec le déroulement cosmique. Zhuangzi va plus loin encore dans le rejet de toute contrainte. En effet, le mieux pour lui est de ne pas se mêler à la vie publique : il aime l'inutilité et la liberté individuelle absolues. On trouve chez lui des descriptions des différents échelons menant à l'expérience mystique d'union avec le *Tao*, expérience comparée à l'envol de l'âme.

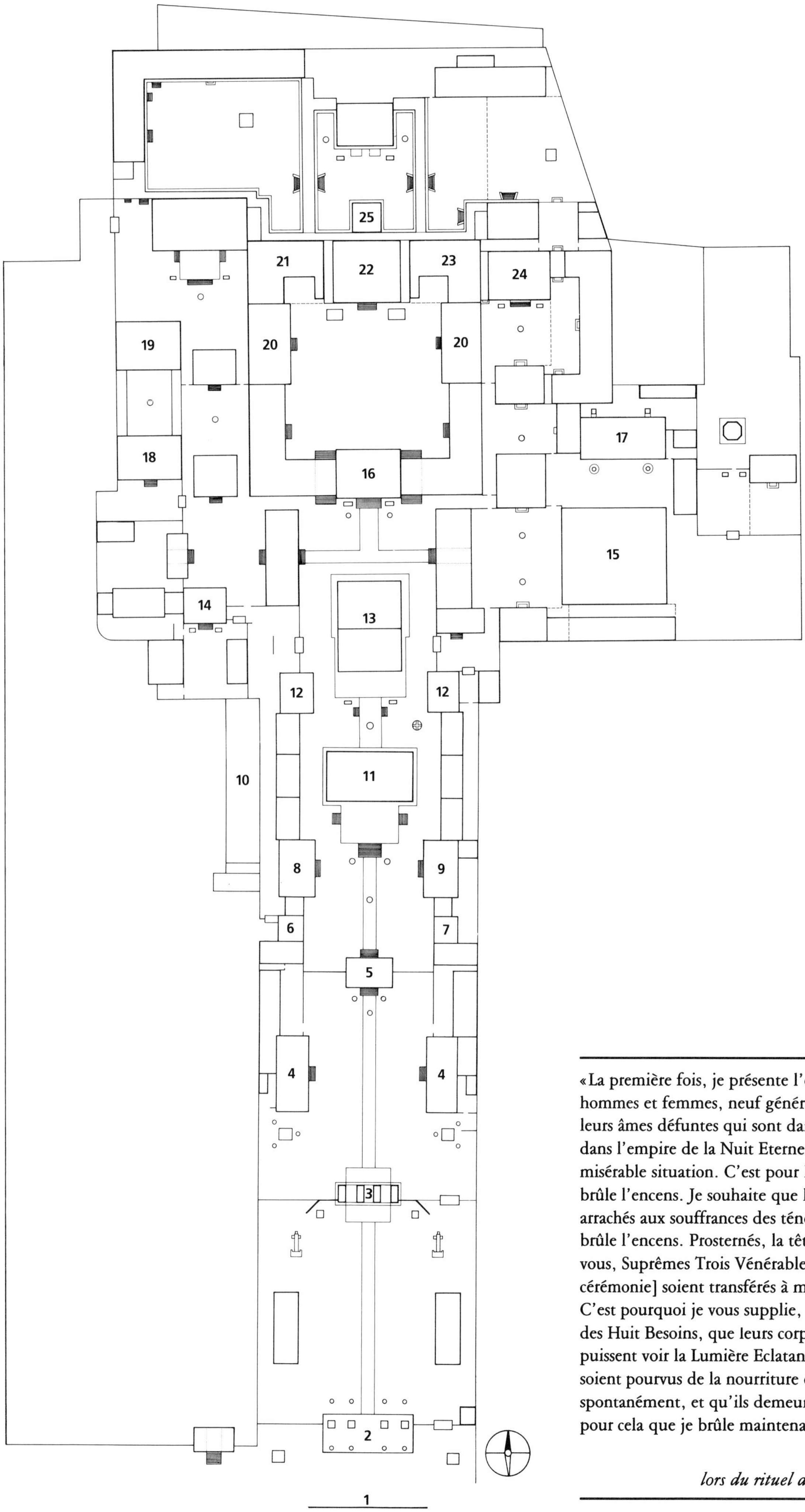

Plan du Baiyun Guan

1. Mur de protection contre les esprits mauvais.
2. Portail.
3. Porte principale.
4. Salles des Moines et greffe.
5. Sanctuaire de Wang Lingguan.
6. Clocher.
7. Tour du Tambour.
8. Sanctuaire des Doctes Immortels.
9. Sanctuaire du Parfait Zhang Sanfeng.
10. Etables et locaux de service.
11. Sanctuaire de l'Empereur-de-Jade.
12. Portique des Patriarches.
13. Salle des Codes des Anciens.
14. Salle du Culte des Ancêtres.
15. Réfectoire.
16. Sanctuaire du Patriarche Qiu Changchun.
17. Cuisine.
18. Sanctuaire des Huit Immortels.
19. Sanctuaire du Patriarche Lü Dongbin.
20. Salles des Hôtes.
21. Tour de l'Audience Céleste.
22. Au rez-de-chaussée : Sanctuaire des Quatre Empereurs ; à l'étage : Pavillon des Trois Purs.
23. Pavillon des Ecritures Taoïstes (*Daozang*).
24. Sanctuaire du Dieu du Pôle Sud.
25. Plate-forme des Ordinations.

« La première fois, je présente l'encens grâce auquel sont sauvés les aïeux, hommes et femmes, neuf générations de mes frères et sœurs dans la foi, leurs âmes défuntes qui sont dans le coffre de jade des Neuf Ténèbres et dans l'empire de la Nuit Eternelle, et leurs corps qui sont dans une misérable situation. C'est pour leur salut qu'est conduit ce jeûne et que je brûle l'encens. Je souhaite que les ancêtres de neuf générations soient arrachés aux souffrances des ténèbres et s'élèvent vers les palais célestes. Je brûle l'encens. Prosternés, la tête dans la poussière, nous vous prions : O vous, Suprêmes Trois Vénérables ! Je souhaite que les mérites [de cette cérémonie] soient transférés à mes aïeux, jusqu'à la neuvième génération. C'est pourquoi je vous supplie, afin qu'ils soient libérés des Sept Maux et des Huit Besoins, que leurs corps, qui séjournent dans l'Eternelle Nuit, puissent voir la Lumière Eclatante, qu'ils s'élèvent vers les palais célestes et y soient pourvus de la nourriture et des vêtements qui se créent spontanément, et qu'ils demeurent pour toujours dans le non-agir. C'est pour cela que je brûle maintenant de l'encens. »

Prière du maître taoïste et des fidèles, lors du rituel du « Jeûne du Registre Jaune » (Huangluzhai).

Ci-contre : *taoïstes Quanzhen devant le Baiyun Guan, le monastère des Nuages Blancs, à Pékin. Après la mort du patriarche Qiu Changchun en 1227, un de ses disciples fit construire ce couvent où, par la suite, Qiu fut également inhumé. L'ensemble, implanté selon un axe nord-sud, fut agrandi au 15ᵉ siècle et depuis souvent restauré et développé.*

Le taoïsme religieux

Le taoïsme en tant que mouvement religieux organisé débute vers le milieu du 2ᵉ siècle ap. J.-C., quand deux chefs charismatiques indépendants l'un de l'autre réunissent leurs disciples de Chine orientale et occidentale. A l'est, Zhang Jue propagea sa vision de l'avènement de la Grande Paix (*Taiping*) qui serait le commencement du paradis sur terre quand le « ciel bleu » ferait place au « ciel jaune ». Les disciples de ce mouvement qui grandit rapidement se coiffaient d'un turban jaune en signe de reconnaissance. En 184, leur révolte fut noyée dans le sang, mais les siècles postérieurs vécurent d'autres révoltes messianiques du même genre.

En Chine occidentale, en l'an 142, Laozi apparut sous la forme d'un dieu à un certain Zhang Daoling lui révélant la « Voie de l'Union avec les puissances de l'Orthodoxie et de l'Unité » (*Zhengyi Mengwei Zhi Dao*). Ce nouvel enseignement allait supplanter toutes les pratiques religieuses « horribles » pratiquées jusqu'alors par le peuple. Après sa mort, Zhang Daoling reçut le titre de Maître céleste (*Tianshi*), titre que portèrent ultérieurement les pontifes héréditaires de cette tradition taoïste particulière. C'est pourquoi cette tradition, dont le patriarcat s'est maintenu jusqu'à ce jour à Taïwan, est appelée taoïsme *Zhengyi* ou *Tianshi*. Le petit-fils de Zhang Daoling, Zhang Lu, profitant de la faiblesse grandissante de la dynastie Han, réussit à développer un royaume largement indépendant dans la région de Hanzhong (Sichuan nord-oriental et Shaanxi méridional). Dans cet Etat divisé en diocèses, les fidèles étaient soumis à une hiérarchie de prêtres et chaque ménage devait donner cinq boisseaux de riz comme impôt, c'est ainsi que le taoïsme du maître céleste est aussi appelé « Voie des Cinq Boisseaux de Riz » (*Wudoumidao*).

La guérison des maladies joue aussi un rôle important dans ce taoïsme comme dans le mouvement développé autour de Zhang Jue. La maladie était considérée comme la conséquence de mauvaises actions, aussi la confession et la pénitence étaient-elles des conditions nécessaires à la guérison. Les malades devaient confesser leurs péchés, et ces confessions écrites sur trois tablettes étaient portées à la connaissance des « Trois Magistrats » (*Sanguan*) — le Ciel, la Terre et l'Eau — en brûlant une des trois listes de fautes, en enterrant la deuxième et en immergeant la troisième. Les talismans ou les diagrammes magiques (*Fu*) jouaient également un grand rôle dans la guérison des maladies. Ils symbolisaient une sorte de contrat avec les puissances supérieures. Les prêtres les dessinaient sur un papier qu'ils consumaient. Les cendres mélangées à de l'eau devaient être avalées par le malade.

Après la chute de la dynastie Han, Zhang Lu reconnut le nouveau pouvoir. Sa nouvelle Eglise fut admise de manière officielle et accueillit bientôt de nouveaux disciples appartenant à des familles nobles du nord. En Chine septentrionale, dans la première moitié du 5ᵉ siècle, l'Etat et l'Eglise taoïste se rapprochèrent étroitement, lorsque Kou Qianzhi se présenta à la cour des Wei, après l'accession au trône de l'empereur Taiwu en 424. Auparavant, Laozi était apparu deux fois sous la forme d'un dieu à Kou Qianzhi et lui avait transmis de nouvelles écritures. L'empereur, âgé de seize ans à peine, considéra l'arrivée de Kou avec ses documents célestes comme une confirmation de la légitimité de son pouvoir par les puissances supérieures. Kou reçut immédiatement le titre de Maître céleste, au détriment de la lignée de Zhang Lu, et la Couronne répandit officiellement les *Nouveaux Statuts* de Laozi. Avec l'aide des textes qui lui avaient été révélés, Kou se mit à critiquer ouvertement la dynastie du Maître céleste, les taxes que ce dernier imposait à ses fidèles, les rites à caractère sexuel, le messianisme sans cesse récurrent. L'empereur se fit alors ordonner prêtre et appeler « Seigneur véritable de la Grande Paix ». Ce nouvel intérêt pour le taoïsme s'accompagna de mesures coercitives de l'Etat contre le bouddhisme. Mais, peu après la mort de Kou Qianzhi en 448, la situation se renversa en faveur du bouddhisme qui devint religion d'Etat sous le successeur de Taiwu.

Pendant ce temps, d'autres traditions s'étaient développées dans le sud-est de la Chine. Après la chute de Luoyang en 317

A gauche : *la cassolette à encens a une importance capitale pour chaque temple taoïste et sa communauté. La fumée qui s'en élève a un effet purificateur et symbolise la communication avec le ciel.*

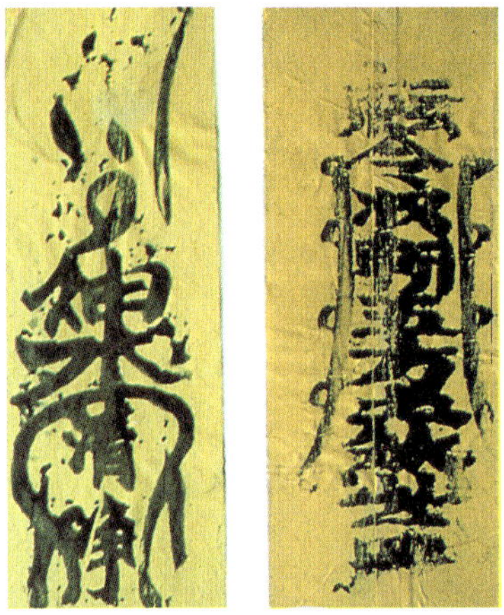

En haut à droite : *billet-talisman* (Fuming), *sorte de sauf-conduit permettant l'ouverture de la porte du ciel au messager chargé de présenter les suppliques de la terre à la bureaucratie céleste.*

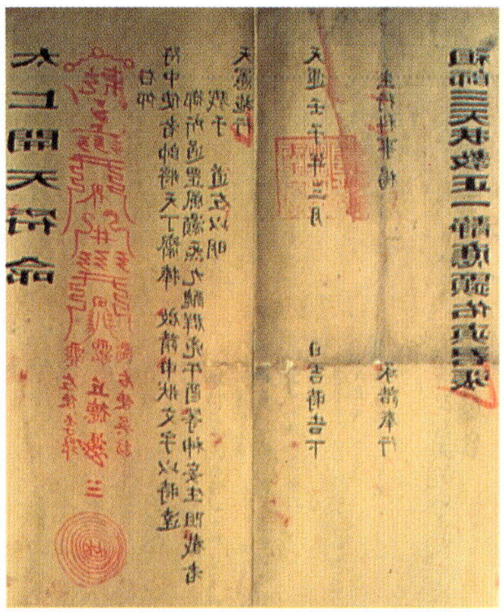

En bas à droite : *talisman populaire imprimé* (Fu), *comme on en voit encore en usage aujourd'hui, destiné à la production d'eau lustrale* (à gauche) *et à la guérison des maladies* (à droite).

aux mains des Xiongnu, de nombreuses familles avaient quitté le nord pour s'installer au sud du Yangzi et échapper ainsi à la domination étrangère. Dans la Chine du Sud-Est, les anciennes traditions étaient encore bien vivantes et les taoïstes venant du nord furent confrontés à des pratiques empreintes de magie et à des cultes antiques d'oracles. Au fil du temps, le taoïsme fut adopté par des familles autochtones qui lui donnèrent une nouvelle orientation. Entre 364 et 370, un membre d'une de ces familles, un voyant appelé Yang Xi, eut une série de visions qui lui révélèrent les « Parfaits » (*Zhenren*), êtres immortels d'une nature supérieure venus du ciel de la Suprême Pureté (*Shangqing*). Lors de ces visions, il reçut une série de nouvelles écritures accompagnées d'instructions ayant trait à la manière de comprendre et d'utiliser ces révélations. Ces textes annonçaient la fin du monde, à laquelle survivraient les élus, et parlaient du « Saint qui doit venir » pour l'an 392.

Cette nouvelle tradition, qui reposait sur les révélations venant du « Ciel de la Suprême Pureté » et qui, contrairement au taoïsme du Maître céleste, insistait sur les œuvres individuelles, est connue sous le nom de taoïsme *Shangqing* ou *Maoshan* (Maoshan étant le nom d'une petite chaîne montagneuse située dans le Jiangsu, là où quelques-uns des « Parfaits » avaient élu résidence en leur temps). Si les écritures du taoïsme *Shangqing* sont parvenues jusqu'à nous, c'est surtout grâce à Tao Hongjing (456-536) qui se retira dans le Maoshan en l'an 492 et consacra tout son temps à collationner les textes révélés. Tao Hongjing est également connu pour son commentaire critique de la pharmacopée intitulée *Bencao*. Notons encore que cet auteur entretenait de bonnes relations avec les bouddhistes et avait noué des liens de confiance avec le souverain Liang Wudi.

C'est vers 400, dans la famille Ge, parente des Xu, qu'apparaît le corpus des *Ecritures Lingbao*, qui fait de nombreux emprunts à la terminologie et aux concepts bouddhiques. La question de la récompense des bonnes et des mauvaises actions y est à l'avant-plan. Ces textes insistent aussi sur le fait qu'il ne faut pas se soucier de son seul salut mais, comme dans le bouddhisme du Mahayana, qu'il faut sauver tous les êtres vivants et par là même négliger son propre salut.

Le taoïsme connut un Age d'Or sous la dynastie Tang (618-907), époque pendant laquelle le taoïsme et le bouddhisme se partagèrent la faveur des monarques. Il faut noter que la nouvelle famille régnante portait le nom de Li qui, d'après la tradition, avait dû être le patronyme de Laozi. Laozi devint alors l'ancêtre de la Maison impériale et fut couvert de nouvelles épithètes glorieuses. Pour la première fois, l'ordre fut donné de construire des temples taoïstes dans toutes les préfectures — privilège réservé jusque-là au bouddhisme — et l'Etat institua officiellement des cours et des examens de littérature taoïste. Mais c'est l'empereur Xuan Zong (qui régna de 712 à 756) qui porta le plus d'intérêt au taoïsme. Il rédigea même des commentaires du *Daodejing* qui nous sont parvenus. Lorsque deux de ses sœurs se firent ordonner prêtresses, il fit édifier un magnifique temple à Chang'an. Les sources officielles attestent à cette époque l'existence de 1687 monastères taoïstes. C'est également sous la dynastie Tang que des textes taoïstes parvinrent au Japon et au Tibet.

Mazu, déesse du panthéon populaire, est vénérée par les pêcheurs et les marins des régions côtières de la Chine comme leur patronne et protectrice. C'est à elle qu'est consacré cet autel domestique du XIXe *siècle en bois sculpté et doré.*
[Berlin, Museum für Völkerkunde]

Après la chute de l'empire Tang et la nouvelle réunification opérée par la dynastie des Song du Nord (960-1127), le taoïsme connut un nouvel Age d'Or. En effet, en 1012, le légendaire «Empereur Jaune» Huangdi serait apparu en rêve à l'empereur Zhen Zong et se serait présenté comme l'ancêtre de la Maison impériale. Sous le règne de Zhen Zong, les textes taoïstes furent réunis en un nouveau canon. En 1019, la lignée héréditaire des Maîtres célestes obtint une reconnaissance officielle et l'autorisation d'établir son siège sur le Longhushan (la «Montagne du Dragon-Tigre», dans la province du Jiangxi). Les empereurs Song nommèrent des commissaires auprès des divers temples taoïstes et s'inspirèrent de la période Tang pour les lois et les institutions concernant la religion.

Le taoïsme poursuivit son ascension sous le règne de l'empereur Hui Zong (1100-1125), qui rédigea également des commentaires de certaines œuvres de Laozi et de Zhuangzi. En 1108, Hui Zong ordonna qu'un recueil des rituels soit envoyé en chaque lieu où se trouvait un temple taoïste et que soit opérée une sélection de prêtres chargés de suivre la nouvelle liturgie en l'honneur de la Maison impériale. Par la suite, il fit rechercher dans tout l'empire les écrits taoïstes et ordonna l'impression d'un canon d'une ampleur inégalée jusque-là. Enfin, des réformes administratives achevèrent la fusion complète de la bureaucratie taoïste et du corps du personnel de l'Etat.

Lorsque les Jin eurent établi leur domination sur le nord de la Chine en 1127, le taoïsme se maintint et de nouvelles écoles apparurent. La plus importante de toutes est celle du *Quanzhen* («perfectionnement total») qui, de même que l'école du Maître céleste, existe encore actuellement. Son fondateur, Wang Zhe, aurait été contacté en 1159 par l'Immortel Lü Dongbin — personnage qui occupait une place grandissante dans les légendes depuis le début de l'époque Song et à qui on attribuait divers ouvrages de caractère alchimique. A la suite de cette rencontre, Wang Zhe consacra sa vie à la religion et fut entouré de sept disciples auxquels il transmit son enseignement. Cet enseignement est basé sur le renoncement au monde : grâce à l'ascèse et à la méditation, le disciple retrouvera sa nature essentielle et prolongera ainsi sa vie. La doctrine *Quanzhen* contient aussi des idées très proches du confucianisme et du bouddhisme. Elle traite de l'unité des trois enseignements et recommande, en plus de l'étude des écrits taoïstes, la récitation des classiques confucéens de la «pitié filiale» (*Xiaojing*), de même que la psalmodie du Sutra Prajnaparamita bouddhique sous sa forme abrégée. Le célibat au sein des communautés monastiques stables est une des caractéristiques extérieures de l'école du *Quanzhen*, dont les temples les plus connus sont le Baiyun Guan («Monastère des Nuages Blancs») à Pékin et le Yongle Gong («Palais de la Joie Eternelle»), dans le sud-ouest de la province du Shanxi.

Le plus célèbre de tous les disciples de Wang Zhe fut Qiu Changchun, que Gengis Khan fit appeler auprès de lui en Asie centrale, espérant qu'il lui enseignerait les secrets de la longévité. Ils se rencontrèrent en 1122 et Qiu avoua à Gengis Khan que, s'il connaissait en effet des moyens de conserver la vie, il ne disposait d'aucun élixir d'immortalité. Le souverain moghol fut cependant conquis par la franchise de la réponse et, après quelques entretiens sur le taoïsme, il lui rendit sa liberté. Par la suite, le khan exempta de l'impôt les disciples de Qiu et nomma ce dernier le supérieur de tous les moines, même des bouddhistes. Les faveurs du khan entraînèrent un développement considérable de l'école du *Quanzhen* : les fidèles affluèrent chez Qiu Changchun, et pas seulement à cause de l'exemption des impôts si particulièrement accablants.

Les bouddhistes commencèrent alors à se plaindre à la cour des Yuan. Selon eux, les taoïstes s'étaient emparés de manière illégale des temples bouddhiques et avaient à nouveau propagé la légende de la conversion des barbares par Laozi. Cette histoire raconte qu'après avoir quitté la Chine Laozi avait émigré vers l'ouest : là, il avait converti les populations incultes et était devenu Bouddha, ce qui en réalité signifiait que le bouddhisme n'était qu'une variété de l'enseignement taoïste adaptée à l'intelligence inférieure des barbares. Cette controverse à propos des taoïstes, qui avait commencé dès leur apparition au 4e siècle et avait déjà entraîné à plusieurs reprises des débats

mouvementés, fit cette fois encore l'objet d'un face à face à la Cour : les taoïstes en sortirent vaincus et en 1281 leurs Ecritures furent brûlées.

L'Age d'Or du taoïsme était à jamais éteint, même si la position du Maître céleste se conforta à nouveau sous la dynastie Ming (1368-1644), en raison d'étroites relations — matrimoniales notamment — avec la famille impériale. Mais le décalage croissant entre les élites cultivées et la religion populaire fit progressivement perdre au taoïsme son crédit officiel, qui se réduisit encore davantage sous la domination mandchoue.

Les rites taoïstes

Dès les débuts du taoïsme du maître céleste, le prêtre avait à remplir des fonctions médicales et thérapeutiques pour ses fidèles. Même si au fil du temps de nouvelles écoles sont apparues et que d'autres éléments ont été inclus dans les rites, ceux-ci se sont tous organisés à partir des principes liturgiques fondamentaux des premiers maîtres célestes et ils témoignent d'une remarquable continuité qui s'est perpétuée jusqu'aujourd'hui. Les nombreuses actions culturelles qui sont encore pratiquées actuellement se répartissent entre les « grands » et les « petits » rites. Les « petits » rites sont célébrés par les maîtres taoïstes en faveur des particuliers, par exemple les malades. En revanche, les « grands » rites s'adressent aux communautés et ne peuvent être accomplis que par des maîtres ordonnés de rang supérieur : on fait ici la distinction entre les rites « obscurs » et « clairs ». Les rites « obscurs » concernent le monde des morts : ils sont accomplis pour la famille à l'occasion des deuils et peuvent se dérouler pendant trois jours et trois nuits. Les rites « clairs », eux, se rapportent au ciel : ils sont pratiqués au bénéfice de toute la communauté et de son temple et peuvent durer jusqu'à sept jours.

« De plus, Mahamati, ils recherchent le nirvana parce qu'ils redoutent les souffrances engendrées par la séparation entre la vie et la mort. Ils ne savent pas qu'entre naissance-et-mort et le nirvana, il n'y a aucune différence. Ils distinguent le nirvana comme absence de séparation et comme la fin de tous les objets futurs pour les organes des sens, mais ils ne comprennent pas que le nirvana est le grenier de la mémoire, dont on prend conscience intérieurement lorsqu'un changement spirituel s'est produit. Par conséquent, ces personnes qui vivent la transformation enseignent une trinité de voies sacrées et non pas un état seulement spirituel dans lequel jamais rien n'apparaît. »

Lankavatara Sutra.

Bien que les deux types de grands rites, qui se composent d'une multitude de rites secondaires indépendants, font appel à des formules, des vêtements, des tableaux et des instruments différents, leur structure est très semblable. Ils consistent en un rituel pour l'aménagement du carré sacré *Daochang* et pour l'acquisition de mérites par la récitation des écritures — appelé aussi « rituel de jeûne » (*Zhai*) —, en un rituel de présentations des offrandes (*Jiao*) pour le banquet de l'alliance avec les dieux, et enfin un rituel de dissolution du carré sacré. Comme la récitation des écritures constitue le sommet des célébrations des funérailles, ces récitations sont habituellement appelées « jeûne » (*Zhai*), tandis que l'offrande qui représente la partie essentielle des fêtes des communautés est communément désignée du nom de *Jiao* (« offrande »).

Le panthéon taoïste

Nous savons que le taoïsme offre un nombre important de divinités, mais que savons-nous de son panthéon ? Il est en réalité très difficile d'apporter une réponse complète à cette question. Toute tentative pour répertorier ces divinités isolément et pour dresser un tableau systématique du monde divin est vouée dès le départ à l'échec, comme le montrent déjà clairement maintes litanies pour le repentir des péchés qui énumèrent plus d'un millier de dieux. Il est tout aussi vain de vouloir ordonner hiérarchiquement les divinités les plus connues, car aucune d'entre elles ne jouit d'une suprématie établie par le dogme. Au contraire, la vénération accordée aux dieux varie selon les traditions ou les écoles à l'intérieur même du taoïsme, en fonction des régions et aussi des dynasties au pouvoir qui, très souvent, se choisissent un protecteur céleste particulier. Ce n'est donc que très tardivement que l'on a accordé une véritable reconnaissance et un culte particulier à la plupart des dieux qui sont

Page de gauche : *Zhongli Quan est le maître légendaire de Lü Dongbin. Avec son élève, il appartient au groupe populaire des Huit Immortels. Plusieurs textes d'alchimie intérieure attribués à ces deux sages sont encore conservés en partie dans le canon taoïste* (Daozang) *du 15ᵉ siècle. Sur ce portrait peint par Zhao Qi vers 1500, Zhongli Quan montre dans sa main gauche une calebasse remplie d'élixir d'immortalité.* [Cleveland, Museum of Art]

A droite : *Lü Dongbin, personnage légendaire, aurait vécu, selon diverses sources, aux 8ᵉ et 9ᵉ siècles. Dans sa manche, il tient son attribut caractéristique, l'épée « Serpent Vert », qu'il savait manier, grâce à des passes magiques, pour écarter le malheur. Divinisé sous le nom d'Impérial Seigneur du Pur Yang* (Chunyang Dijun), *il est vénéré par les taoïstes Quanzhen comme leur patriarche. Vers 1400, un artiste inconnu en peignit ce portrait pour décorer un rouleau mural.* [Kansas City, Nelson-Atkins Museum]

aujourd'hui très importants, comme par exemple l'Empereur de Jade (Yuhuang) à l'époque Song.

Il semble qu'il était déjà difficile au 6e siècle d'avoir un aperçu de la multitude des divinités, car Tao Hongjing se voyait contraint dès cette époque, dans son *Zhenling Weiyetu* («Organigramme des rangs et fonctions dans le panthéon»), d'élaborer une classification systématique de la hiérarchie céleste qui se fondait en fait sur la révélation Shangqinq. Notons encore que, dans les écrits Lingbao, le Tao est personnifié comme une divinité qui se manifeste et se révèle aux hommes sous forme de «Vénérables Célestes» (*Tianzun*).

A côté du panthéon proprement taoïste qui divinise les forces abstraites de l'univers, il existe un panthéon populaire composé de personnages — hommes et femmes — plus ou moins historiques ayant vécu à diverses époques. Tous ces personnages présentent un point commun: ce sont des individus qui n'ont pas achevé leur destinée présumée et qui sont morts prématurément, suite à un meurtre, un accident ou un suicide, au lieu de s'éteindre après une longue vie, en harmonie avec le cyle naturel. Il en résulte que leur énergie vitale n'est pas entièrement consumée et que la voie vers le monde des morts ou le domaine des ancêtres leur est interdite. Ils doivent dès lors demeurer dans ce bas monde, ignorant le repos et craints par les hommes car ils utilisent leurs énergies pour se venger de leur malheur.

C'est pourquoi, à certaines époques, les familles disposent traditionnellement sur la table des mets destinés à ces «âmes abandonnées» (*Guhun*), pour les ravitailler et se gagner leurs faveurs. Des cultes locaux se sont parfois construits autour de semblables personnages, comme dans le cas de Mazu, la jeune fille célibataire d'un pêcheur qui avait sauvé ses frères du naufrage. A partir de l'époque Song, lorsqu'elle fut officiellement «canonisée», on lui attribua sans cesse des épithètes de plus en plus pompeuses et elle fut finalement vénérée comme la patronne et la protectrice des marins.

L'accès à la Longue Vie

Le grand respect qu'on attachait depuis toujours en Chine au grand âge ne fut jamais limité aux cercles taoïstes, même si une longue vie et, au-delà, l'acquisition de l'immortalité devinrent un objectif explicite pour eux. Les pratiques individuelles qui visaient ce but reposaient sur diverses techniques et méthodes par lesquelles on tentait d'anéantir les causes de la déchéance corporelle et de la mort, d'amener constamment l'enveloppe corporelle et les organes intérieurs dans une situation de pureté et de les rendre impérissables.

Ces pratiques s'expliquent par les conceptions particulières qu'ont les taoïstes du corps humain et de la place de l'homme dans le cosmos. Pour eux, le corps de l'homme est avant tout un microcosme constituant un tout qui est à l'image du monde extérieur et dont les éléments particuliers sont le reflet des phénomènes de l'univers: la tête ronde correspond au ciel, le «carré» des pieds à la terre, les cinq organes internes aux planètes et ainsi de suite. Cette conception d'un univers au sein de l'univers peut davantage se comprendre si l'on se penche sur les théories cosmogoniques des taoïstes.

Si l'on en croit ces théories, il y avait à l'origine un chaos primordial qui maintenait la totalité de l'univers en un état indifférencié, diffus, et sous forme de substances énergétiques ou «pneuma» (*Qi*). Ces dernières finirent par se dissocier lorsque «le Grossier et Opaque» (*Yin*) se détacha pour constituer la terre, tandis que «le Subtil et Limpide» (*Yang*) s'élevait et formait le ciel. Entre le ciel et la terre, tout le reste prit place, les «dix-mille» choses et parmi elles l'homme. Pour cette raison, l'homme a en lui dès sa naissance le pneuma originel et la mort n'intervient que lorsque cette énergie primordiale s'est consumée. Celui qui veut atteindre l'immortalité, ou du moins un grand âge, doit donc s'efforcer de ne pas laisser échapper son énergie prématurément ou, mieux encore, de ne pas du tout la dissiper.

D'après les conceptions taoïstes, le corps de l'homme héberge non seulement le *Qi* — qu'on peut traduire, selon les cas, par «souffle», «haleine» et «énergie vitale» — mais encore d'autres éléments. On notera ici l'importance de l'essence (*Jing*) et de l'esprit (*Shen*). Le *Jing* correspond aux pneuma terrestres et, physiologiquement parlant, c'est le sperme ou le sang menstruel. Quant au *Shen*, il représente le plus pur des pneuma célestes et est une force spirituelle. Bien que le *Qi*, le *Jing* et le *Shen* soient présents dans tout le corps, on a attribué à chacun d'entre eux un siège particulier où il est le plus concentré. Ce sont les trois «champs de cinabre» (*Dantian*), c'est-à-dire la tête, le cœur et la région située juste au-dessous du nombril.

Pour atteindre un âge vénérable, il existait plusieurs voies. Tout d'abord, il fallait éviter de manger des graines, car celles-ci nourrissaient les trois vers démoniaques qui, croyait-on, logeaient dans les trois «champs de cinabre» et vidaient l'homme de sa vitalité. On a conservé de nombreuses recettes pharmaceutiques d'époques différentes qui pouvaient être mises à profit pour tuer ces vers. On pouvait également prolonger sa vie par des exercices de gymnastique (*Daoyin*) associés à des techniques respiratoires. Ces dernières consistaient à faire voyager le souffle dans le corps et à le conduire consciemment, grâce à la concentration mentale, dans les parties de l'organisme qu'on sentait affaiblies, afin d'y provoquer une meilleure circulation du sang et des énergies.

Une technique respiratoire particulière était la «respiration embryonnaire» (*Taixi*): on tentait par là de réduire constamment l'activité respiratoire, soit en retenant l'air le plus longtemps possible, soit en respirant si lentement et de façon si

Fragment d'autel en céramique de l'époque Ming enduit d'une glaçure de cinq couleurs différentes. Cette divinité assise sur un trône lotiforme élevé appartient sans doute au groupe des Sanqing, *«les Trois Purs», une personnification du* Tao *qui se répandit chez les taoïstes à l'époque Tang, sous l'influence du bouddhisme. Il n'est pas rare de les voir réunies à des divinités bouddhistes dans un panthéon syncrétiste.*
[San Francisco, Asian Art Museum]

Ci-dessus : *le* Xiuzhen Shishu, *un ouvrage compilé vers 1400, contient, réparties en huit sections, des directives attribuées à Zhongli Quan pour l'exécution d'une série d'exercices gymnastiques* (Voir traduction du texte ci-dessous). *Cette suite d'illustrations imprimées commence par le dessin en haut à droite.*

Page de droite : *estampage d'une stèle gravée en 1886 dans le monastère de Baiyun Guan à Pékin. On y voit le diagramme de la structure intérieure de l'homme* (Neijingtu). *Sur ce fragment allongé, les différents éléments et organes du corps humain sont représentés allégoriquement par une tête et un tronc.*

contenue que le souffle n'était presque plus perceptible et que l'adepte ne respirait plus, en quelque sorte, que comme un fœtus par le cordon ombilical. De cette façon, le corps pouvait reconstituer toutes les énergies pures et originelles qu'il avait reçues à la naissance. Certaines pratiques sexuelles pouvaient également éviter l'écoulement prématuré des énergies vitales. Selon l'« art de la chambre intérieure », il fallait éviter l'éjaculation lors de l'acte sexuel, et l'on croyait pouvoir ainsi faire remonter le sperme par le canal rachidien jusqu'au cerveau — qui, selon les conceptions chinoises, n'était pas le siège de la pensée mais le réservoir des énergies vitales — où il se déversait.

Par des exercices méditatifs, l'adepte souhaitait « conserver l'Un », cet Un qui était assimilé au *Tao* (ou *Dao*), au vide, à l'Etat primordial. Conserver l'Un, c'était retourner à l'Origine, s'unir au Tao. Au cours de ces exercices, on visualisait cet Un sous la forme de trois divinités issues des trois pneuma primordiaux et on laissait ces entités divines descendre du ciel dans son propre corps. Puisque, dans la doctrine taoïste, le corps humain est, en tant que microcosme, le reflet du macrocosme, ses multiples zones, membres et organes sont, comme l'univers, habités d'une multitude de dieux. Les plus anciens écrits, surtout ceux de la tradition Shangqing, énumèrent déjà ces divinités du corps et l'initié pouvait y apprendre des informations détaillées sur leurs noms, leur aspect et leur habillement. Les exercices comportaient aussi la visualisation de divinités stellaires, principalement la Grande Ourse que les taoïstes respectent infiniment parce qu'elle est la gardienne du destin et de la durée de la vie humaine.

Parmi les diverses techniques censées prolonger la vie, l'alchimie occupait une place privilégiée. Bien que cet art ne soit attesté en Chine dans les écrits qu'au 2e siècle av. J.-C., on admettait qu'il avait été pratiqué depuis bien plus longtemps dans les milieux des métallurgistes. Un des mages de la cour

« Premier exercice : grincer des dents trente-six fois pour rassembler les divinités. Les deux mains enserrent le *Kunlun* [crâne], les deux mains battent la cloche céleste [on couvre les oreilles avec les paumes et on frappe contre l'occiput avec l'index et le majeur] vingt-quatre fois.
Deuxième exercice : mouvoir les piliers du ciel [vertèbres cervicales] vers la gauche et la droite, vingt-quatre fois de chaque côté.
Troisième exercice : avec la langue, faire aller [la salive] à gauche et à droite, et au-dessus contre le palais, trente-six fois. S'en gargariser trente-six fois. La séparer en trois bouchées, comme quelque chose de dur, et l'avaler. Après cela, on peut se jeter au feu.
Quatrième exercice : se masser la région des reins avec les deux mains, trente-six fois. Si on le fait plus souvent, [l'effet] est encore plus extraordinaire.
Cinquième exercice : faire tourner le poignet gauche et le poignet droit comme un treuil, trente-six fois chacun.
Sixième exercice : faire tourner les deux poignets en même temps comme un treuil, trente-six fois.
Septième exercice : mettre les mains l'une contre l'autre et expirer cinq fois *He*. Ensuite, soulever le ciel avec les deux mains croisées au-dessus de la tête ; masser le sommet de celle-ci, chaque mouvement trois ou neuf fois.
Huitième exercice : faire des crochets avec ses mains, se pencher en avant et agripper la plante des deux pieds, douze fois. Lâcher prise et reprendre la position assise normale. »

Instructions pour les exercices gymnastiques dans le Xiuzhen Shishu, compilé vers 1400 (Daozang 263, fasc. 125).

de l'empereur Wudi (qui régna de 141 à 87 av. J.-C.), de la dynastie Han, proposa au souverain de faire une offrande à une cheminée, grâce à quoi des êtres surnaturels auraient été hélés et le cinabre eût pu être transformé en or. Avec cet or, l'empereur aurait à son tour fait fabriquer des récipients pour les boissons et la nourriture, dont l'usage aurait prolongé sa vie. Même dans le développement postérieur de l'alchimie, lorsqu'on abandonna la fabrication de la vaisselle en or et que l'on tenta de trouver le moyen de créer directement l'élixir d'immortalité, le cinabre (*Dan*) demeura l'un des éléments de base de toutes les recettes, si bien que son nom à lui seul devint synonyme d'alchimie.

Dans cet art, tel que le cultivaient les taoïstes, on distingue deux catégories : l'alchimie externe (*Waidan*) et l'alchimie intérieure (*Neidan*). L'alchimie externe ou opérative cherche à obtenir, à partir de substances les plus pures possibles, un élixir rendant le corps immortel. A cet effet, il était nécessaire de choisir un lieu approprié et isolé, d'y aménager le laboratoire et d'y consacrer les ustensiles, avant d'entamer le processus alchimique, que l'initié accompagnait de conjurations, de prières et de jeûnes. La mutation qui s'accomplissait dans le creuset était censée être la même que celle qui avait cours dans la nature, où l'on croyait que les minéraux et les métaux se transformaient spontanément, sur des milliers d'années, en cinabre et en or. Dans le creuset, ce processus était toutefois réduit à un minimum de temps, car le taoïste imitait le rythme du cosmos par une chaleur tantôt plus forte tantôt plus faible.

L'alchimie intérieure, qui se développa à l'époque Tang puis surtout sous les Song, se désintéressait des minéraux et des autres substances matérielles. Elle usait exclusivement de techniques méditatives combinées à des exercices respiratoires ou autres, qui provoquaient dans le corps un processus conduisant à l'immortalité, processus dont la théorie et la terminologie étaient d'ailleurs celles de l'alchimie externe. La substance initiale de l'opération passait pour être le pneuma originel qui, grâce au feu *Yang* et au creuset *Yin*, était raffiné en élixir dans le corps même. Cet élixir faisait naître dans l'initié une âme immortelle — souvent représentée comme un homunculus — qui, le Grand Œuvre achevé, quittait le corps et s'élevait au ciel. De nombreux maîtres ayant élaboré leurs propres méthodes, il n'est pas possible de parler d'une seule technique d'accès à l'immortalité.

Le canon taoïste

Le canon *Daozang*, compilé en 1445 et complété en 1607, constitue la source principale de notre connaissance du taoïsme. De nombreux écrits taoïstes, dès l'époque Tang, avaient été rassemblés et ordonnés avec assiduité, selon l'une ou l'autre configuration, mais le seul canon qui nous soit resté date de l'époque Ming. Il comprend 1 500 textes qui vont des débuts du taoïsme à la période Ming et qui traitent de révélations, liturgies, rituels, hagiographies, descriptions topographiques, instructions méditatives ou alchimiques, traités médicaux, essais philosophiques.

Nous voyons ici clairement comment deux cultures diamétralement opposées se télescopent. La suppression de ces contradictions ou, ainsi que certains l'ont formulé, la « sinisation » du bouddhisme était la condition préalable pour qu'il soit accepté. Simultanément, elle impliqua aussi sa perte. Lorsque plus tard, au début de l'époque des Song (960-1168), nous entendons reprocher aux bouddhistes d'être asociaux, anarchistes et étrangers au monde, nous reconnaissons rétrospectivement qu'il ne s'agit pas là de nouveaux reproches mais bien d'anciens réactualisés. Longtemps avant que la doctrine de la fusion des trois religions en une seule (*Sanjiao Heyi*) n'apparaisse vers la fin de l'époque des Ming, il faut déjà reconnaître qu'aucun des trois courants spirituels de la Chine, le taoïsme, le confucianisme et le bouddhisme, ne pouvait être efficace sans être influencé par les deux autres.

An Shigao, le premier traducteur parthe, atteignit la capitale Luoyang vraisemblablement en 148, pendant le règne de l'empereur Huangdi. Il demeura en Chine pendant vingt ans pour y propager la doctrine de Bouddha et y traduire des textes. On ne peut actuellement en donner le nombre exact : trente titres certainement, peut-être plus. Dans sa tâche de traducteur, An Shigao se concentrait essentiellement sur les introductions aux exercices *Dhyana*, qui comportaient des techniques de respiration, de concentration et de méditation. Les bouddhistes Han étaient étroitement liés à la doctrine du refoulement des passions, idée totalement neuve pour les Chinois et qui faisait défaut dans les pratiques taoïstes. Leurs deux méthodes étaient la concentration et l'observation rigoureuse des 250 règles des moines ou *Patimokka*.

La concupiscence devait être réprimée en se rendant à un cimetière et en y observant les différents stades de la putréfaction des corps, ce qui donnait lieu à une méditation sur ce thème. Etant donné que cette idée se concrétise dans de nombreuses peintures rupestres de Qyzil et de manière différente à Hadda, il est légitime de considérer qu'An Shigao marquait sa préférence pour les textes *Dhyana* non pas en fonction d'un choix personnel mais parce que le bouddhisme était déjà généralisé à cette époque en Asie centrale. Les Chinois percevaient cependant de telles coutumes « épouvantables » comme des réalités repoussantes et ils accordaient plus d'importance aux exercices de respiration et au contrôle du souffle — qu'ils connaissaient déjà par la pratique taoïste depuis l'époque des Zhou. Le sutra le plus important sur ce thème, l'*Anban Shouyijing*, un sutra de la technique de concentration pour l'inspiration et l'expiration (les idéogrammes chinois *Anban* imitent le son du mot sanskrit *Anāpāna*, « inspiration et expiration »), fait partie des textes traduits par An Shigao.

Une autre œuvre très importante d'An Shigao est le *Fumu'en Nanbaojing*, « Sutra de la difficulté de rembourser l'amour des parents ». Dans ce sutra assez peu typique du bouddhisme indien, il a essayé d'amener le concept *Xiao* — que nous paraphrasons de façon très insatisfaisante par « piété » — dans un contexte bouddhique. Pourquoi donc était-ce important ? Le système social traditionnel des Chinois était construit sur la famille et non sur l'individu. Son existence, ainsi que le dit le confucianisme, reposerait cependant sur l'amour de l'enfant ou la « piété », c'est-à-dire *Xiao*. Cette vertu était le fondement de tout acte moral. Elle garantissait non seulement le maintien de l'union familiale mais également celui de la paix sociale, donc de la culture chinoise.

Le bouddhisme, développé à partir d'une tout autre culture, aspirait à la rédemption individuelle dans le nirvana. Un but que Bouddha atteignit en quittant son foyer et en s'adonnant à une vie sans patrie, dans le célibat et dans la pauvreté. Dès

A gauche et à droite : *les seigneurs de la dynastie des Wei du Nord, vraisemblablement d'origine turque, firent sculpter dès le milieu du 5e siècle les surfaces étendues des temples rupestres de Yungang, près de leur capitale, Datong. Les façades des grottes étaient à l'origine garnies de saillies en bois. Les véritables chapelles abritant de grandes sculptures sont chacune précédées d'une antichambre. Le mur ouest de l'antichambre de la grotte nº* 9 (à droite), *créée en 470, montre l'« horror vacui » évoquée par l'ornementation sculpturale en couleurs, dont le thème est basé sur des textes religieux. Au-dessus du couple des Bouddhas, Çakyamuni et Prabhutaratna, qui figurent dans le* Sutra du lotus, *trône le Bouddha du futur, Maïtreya, les jambes croisées. La fresque inférieure représente des scènes de légendes sacrées ; au plafond se déploie un ciel bouddhique.*

que le moine bouddhiste revêtait la robe orange, ses liens avec la famille et la société étaient rompus. Sa femme était considérée comme une veuve, ses enfants devenaient orphelins. Il est évident qu'un conflit devait germer. Depuis le début, le bouddhisme, en Chine, dut affronter le reproche d'ignorer la piété. Les bouddhistes réagirent très vite en essayant d'adapter leur doctrine aux représentations chinoises. En premier lieu, ils dénichèrent les sutras qui d'une certaine façon avaient un rapport avec la piété filiale. D'autre part, ils rédigèrent simplement de nouveaux sutras sur ce thème et bâtirent ainsi un corpus de littérature apocryphe sur la piété. En outre, ils passèrent quant à eux à l'attaque contre les confucéens, prétendant que la conception bouddhique de la piété était de loin supérieure à la conception confucéenne. Etant donné qu'elle visait en fait à une rédemption universelle de tous les êtres vivants, elle comprenait aussi tous les ancêtres, tandis que la piété confucéenne se limitait au noyau familial. La relation parents-enfants n'était pas rompue en devenant moine. Au contraire, elle en était fortifiée par la rédemption que le moine réalisait.

Citons An Shigao, dans son *Sutra sur la difficulté à rembourser l'amour parental :* « Bouddha dit aux moines que les parents sont d'une grande aide et d'une grande utilité pour un enfant.

Les temples rupestres de Mogao, sculptés dans des parois de grès, s'élèvent dans la vallée du fleuve Dachuan, au sud-est de Dunhuang, dans la province de Gansu. Ils furent l'un des centres les plus importants de l'activité artistique bouddhique. Leurs peintures rupestres et les statues reflètent l'influence artistique de l'ouest et sa transposition par des artistes chinois. Une inscription rapporte que le moine Luzun fit construire la première grotte en 366 pendant un voyage vers l'ouest. La plupart des 500 grottes furent aménagées au 7e siècle, les dernières d'entre elles à l'époque des Yuan (1271-1368). Une saillie en bois de neuf étages, en forme de pagode, protège la statue de Bouddha, haute de 26 mètres, qui se trouve dans la grotte n° 130.

« Le maître Chan Shigong Huicang, disciple du célèbre Mazu Daoyi (709-788), qui le convertit de son état de chasseur au bouddhisme Chan, eut lui-même un disciple du nom de Sanping Yizhong. Shigong avait l'habitude de recevoir son disciple avec un arc dont la flèche était dirigée sur lui. Lorsque Sanping alla le trouver, Shigong lui cria : « Ceci est la flèche qui tue les hommes. Où donc est celle qui leur rend la vie ? » Shingong mit la flèche de côté et tira trois fois sur la corde de son arc. Sur quoi Sanping se pencha. Maître Shigong dit alors : « Dans les 30 dernières années, j'ai utilisé cet arc et deux flèches, mais je n'ai pu vaincre jusqu'ici que le demi-saint. » Ensuite, il brisa arc et flèches. »

Jingde Chuandenghu, chapitre 14.

La mère le nourrit longtemps afin qu'il grandisse. Donc, dès que l'enfant a grandi, il ne doit pas nourrir un sentiment négatif envers ses parents, même s'il devait porter durant 1 000 ans son père sur l'épaule gauche et sa mère sur la droite. Car même cet acte ne suffirait pas à rembourser l'amour de ses parents. »

Nous voyons ici les premiers pas hésitants vers la transformation du bouddhisme, qui amena plus tard le célèbre maître de Dhyana de l'époque des Song, Zongmi, à déclarer : « Bouddha ne prit pas la couronne mais quitta famille et patrie pour parvenir à la « voie » et aspirer à l'illumination. Il fit cela parce qu'il voulait rendre les bontés et les bienfaits reçus de ses parents. » Ainsi Bouddha devint également un enfant plein de piété qui put être totalement accepté par les Chinois.

A part An Shigao, un autre Parthe fut actif à Luoyang, le marchand An Xuan, qui, à la différence de son collègue, s'intéressa aux textes *Prajnaparamita*, c'est-à-dire à ces écrits qui allaient devenir plus tard le point final de la doctrine de la « terre pure ». D'autre part, nous rencontrons dans ce centre de traduction un Scythe du nom de Zichan, qui est sans doute arrivé à Luoyang en 167. Le seul Indien dont le nom nous soit resté est Zhu Shuofo.

En 300 ap. J.-C., il y avait dans les deux capitales chinoises du nord, Chang'an et Luoyang, environ 180 monastères bouddhiques avec au total près de 3 700 membres. Peu après, en 311, les Chinois perdirent leur capitale Luoyang au profit des Huns, puis également Chang'an ainsi que tout le nord de la Chine, soit tout le centre de la culture chinoise. Une partie de l'élite s'enfuit au sud du Yangzi. La Chine allait se trouver coupée en deux pendant presque 300 ans, avec un territoire au sud (capitale Nankin) et un autre au nord, sous domination non chinoise. Cela ne fit aucun tort au bouddhisme. Il s'était entretemps si bien implanté qu'il put dans les deux parties de la Chine continuer à s'étendre et à se développer.

Parmi l'élite bouddhique du sud, qui alors commençait à se distinguer, nous citerons Huiyuan (334-416). Comme beaucoup de membres de la classe supérieure, il avait suivi dans sa jeunesse l'école des classiques confucéens, mais il avait aussi développé un intérêt particulier pour les maîtres taoïstes Laozi et Zhuangzi. Lorsqu'un jour il écouta une leçon d'un célèbre moine sur le *Sutra du Prajnaparamita*, il se convertit au bouddhisme. Ses écrits sont encore très empreints de concepts taoïstes, mais en même temps s'en dégage une doctrine qui allait prendre beaucoup d'importance. Huiyuan fut le premier qui prêcha l'obtention du salut par la croyance en Amitabha et posa ainsi la première pierre du mouvement très influent de la « terre pure », c'est-à-dire le bouddhisme d'Amitabha. Celui-ci allait devenir la forme la plus populaire du bouddhisme dans toute l'Asie orientale. Huiyuan dut lui aussi être confronté au problème de l'obéissance à la famille, à la société et au gouvernant. En raison de son enracinement dans la culture chinoise, il put le faire de façon plus habile et plus crédible qu'An Shigao ne l'avait réussi avec ses formules un peu gauches. Huiyuan était d'avis qu'un moine dépassait les liens qui l'avaient uni au monde matériel et négligeait l'aspiration aux avantages personnels. Et comme il ne tirait plus aucun profit des institutions séculières, il n'était donc pas obligé de rendre hommage aux souverains.

Zhidun (314-366), originaire du sud, ouvrit une nouvelle voie dans cette discussion. Le moine, alors célèbre dans la capitale Nankin pour son éloquence spirituelle, n'argumentait plus

Page de gauche : *la grotte n° 400, qui date de l'époque de l'empire des Tangoutes, ne montre sur les quatre surfaces de ses murs qu'une peinture dans laquelle prédomine une magnifique couleur de malachite sur fond sombre. Le thème du mur sud ici reproduit est une vaste représentation du paradis d'Amitabha. Dans la grotte n° 409 de Dunhuang, les Xiaxia ou Tangoutes, dont le royaume fut détruit en 1227 par Gengis Khan, ont immortalisé leur empereur Li Yuanhao.*

Ci-dessus et page de gauche : *la grotte n° 290 de l'époque des Zhou (557-581) et la grotte n° 400 de l'époque de l'empire des Xiaxia (1038-1227) montrent deux exemples caractéristiques de l'ornementation dans les grottes de Mogao à Dunhuang.*

Ci-dessus : *la grotte n° 290 montre dans sa partie arrière une colonne stupa, sur les quatre côtés de laquelle ont été sculptées des niches ornées de statues d'un Bouddha, de moines et de deux Boddhisattvas, debout sur un arrière-fond rouge brique.*

de façon défensive mais faisait clairement savoir que la séparation d'avec le monde et la famille était un acte de libération digne d'efforts. Zhidun fut également celui qui insuffla au vieux et vénérable concept confucéen *Li* une nouvelle vie. Dans sa nouvelle signification métaphysique, influencée par le bouddhisme Mahayana, *Li* était maintenant considéré comme l'absolu transcendant qui représentait le pôle contraire de l'ici-bas empirique. Des siècles plus tard, cette forme de dualisme allait devenir l'idée maîtresse d'un nouveau confucianisme. Mais les deux concepts dualistes formulés par Zhidun, *Jian* (gradualisme) et *Dun* (immédiateté) furent encore plus importants pour le bouddhisme chinois. Dans ce couple de concepts, dont la problématique fut approfondie par Zhu Daosheng (365-434), il s'agissait d'une contradiction entre la voie de la rédemption dans les bouddhismes Hinayana et Mahayana, que les Chinois croyaient lire dans les textes qu'ils connaissaient. Dans le bouddhisme Hinayana, caractérisé par l'aspiration à la rédemption personnelle et individuelle, la voie vers la rédemption menant au nirvana est une longue accumulation de bons karmas et la destruction de mauvais karmas. Dans le bouddhisme de Mahayana, le nirvana s'atteignait grâce à l'aide de Bouddhas et de Boddhisattvas dans un moment unique et soudain. Ainsi, il y avait deux voies vers la rédemption : une lente, graduelle (*Jian*) et une autre subite (*Dun*).

Ci-dessus et page de gauche : *les deux exemples de grottes Mogao, de l'époque des Sui (581-618) et des Tang (628-906), montrent que des ajouts ultérieurs ne sont pas rares à Dunhuang. Devant la peinture délicate au fond clair, qui date de l'époque des Sui, fut placée une statue qui cacha presque entièrement le Bouddha figurant sur la peinture murale* (ci-dessus), *tandis que la représentation (datant de l'époque des Tang) du « Paradis de l'Ouest d'Amitabha »* (à gauche), *ornée de nimbes et auréoles de feu, fut complétée de statuettes trop petites. On tint compte du caractère paradisiaque de la représentation en plaçant la statue de Bouddha Amitabha sur un haut socle en bois. Celui-ci imite la tige de la fleur de lotus, dont le calice se dresse hors de l'eau comme un trône. On le retrouve fréquemment dans les représentations de ce thème, par exemple dans la grotte n° 332 de Dunhuang.*

La méthode « graduelle », qui menait à la dernière réalité à travers l'analyse, l'accumulation de bons karmas et une longue étude des textes, était fort proche de la tradition confucéenne, qui exigeait une maturation du savoir et de la sagesse, tandis que la méthode « soudaine », qui voyait la possibilité d'atteindre « l'extrémité de l'être » dans une expérience instantanée, eut des précurseurs dans la tradition taoïste. De toute façon, l'idée du principe transcendantal (*Tao*) qui se manifeste dans la nature et est partout présent n'était pas très éloignée de la nature bouddhique universelle et omniprésente. Aussi bien les bouddhistes Chan (en japonais *Zen*) que les taoïstes se servaient de paradoxes pour décrire l'effet du principe

transcendant. Les uns comme les autres s'exerçaient par des méthodes contemplatives et méditatives. Bien plus, ils avaient en commun une profonde méfiance vis-à-vis de l'intellect humain et des mots qu'il engendre. Les taoïstes furent les premiers qui créèrent le concept de la « doctrine sans mots » qui fut adoptée de la doctrine des bouddhistes Chan à l'époque des Tang, car elle était dirigée vers l'éveil intérieur et ne pouvait être transmise par le canal de mots.

La controverse entre « gradualistes » et partisans de « l'illumination subite », qui donna lieu à la discussion principale entre les écoles Chan, était apparemment feinte, mais elle put cependant être activée avec succès au sein de l'élite spirituelle chinoise par une source vieille de plusieurs siècles, et de façon si crédible que la critique historique moderne n'a réussi que peu à peu à découvrir l'opposition qui existait entre les écoles Chan du Sud et du Nord. La controverse culmina lorsque le moine inculte mais illuminé Huineng devint le sixième patriarche de l'école Chan, un événement qui est raconté dans les diverses versions du *Sutra de la plate-forme*.

Hongren (601-674), le cinquième patriarche, exigea un jour de ses jeunes disciples qu'ils rédigent une strophe afin de faire connaître le degré de leur illumination. Shenxiu, qui occupait parmi les jeunes le plus haut siège, écrivit une nuit sur un mur du hall de son temple :

Le corps est l'arbre de l'illumination (Bodhi) ;
L'esprit est un miroir clair.
Efforce-toi de toujours le polir,
Qu'aucune poussière ne s'y dépose !

Mais le maître Hongren trouva le jour suivant que ce vers ne témoignait pas de l'illumination. Huineng, âgé de 24 ans, ne sachant ni lire ni écrire et qui avait pour tâche de moudre le riz, se fit lire la strophe et composa la suivante, qu'un novice écrivit pour lui sur le mur :

L'illumination (Bodhi) n'a pas d'arbre,
Le miroir n'a pas de socle,
La nature de Bouddha est claire et pure,
Où donc s'y poserait un grain de poussière ?

Cette nuit-là fit de Huineng le nouveau patriarche. Mais il lui fut conseillé de traverser le Yangzi et de fuir vers le sud pour échapper à l'envieux Shenxiu et aux autres novices.

Ces deux histoires servent de manifestes programmatiques aux deux écoles Chan, et Huineng est célébré en tant que fondateur de la voie Chan vers l'éveil instantané. Cependant cette réalité demeure douteuse, car nous connaissons aussi des textes de Dunhuang d'après lesquels Shenxiu fut honoré comme sixième patriarche, tandis que Huineng n'est cité qu'une seule fois en tant que moine. D'autre part, nous pouvons déduire des doctrines de Shenxiu qu'il ne défendit pas uniquement la méthode graduelle mais qu'il servit également la méthode instantanée. Du reste, aucune parole de Huineng ne nous a été transmise, hormis le *Sutra de la plate-forme*, tandis que nous possédons les doctrines de Shenxiu. Celles-ci se voient cependant couvertes par les paroles attribuées dans ce sutra au soi-disant sixième patriarche Huineng. Sans aucun doute, des raisons politiques sont responsables du fait que, vingt ans après la mort de Shenxiu, l'école du Sud fut totalement acceptée.

La sculpture gigantesque du Bouddha de Leshan, dans la province de Sichuan, doit son élévation, d'après la tradition, aux dangereux et rapides confluents du Minjiang et du Daduhe. On raconte que le moine Haiton, du monastère de Lingyun, fit sculpter une statue d'une hauteur de 71 m dans la pierre rouge du Lingyunshan pour protéger les marins.

L'apogée du bouddhisme

Dans les siècles qui suivirent l'introduction du bouddhisme en Chine, un nombre à peine croyable de textes bouddhiques de contenus différents furent traduits en chinois. Comme toutes ces doctrines étaient attribuées aux paroles de Bouddha lui-même, il a dû paraître assez mystérieux aux Chinois (qui pensaient de façon chronologique) qu'un seul homme ait pu défendre des idées aussi nombreuses et divergentes, même s'il était un Bouddha. Cela mena à une classification de toute la littérature bouddhique par périodes, suivant le contenu et la chronologie. Certes, les Chinois acceptèrent que Bouddha ait tout enseigné lui-même, mais ils émirent l'idée que les sutras devaient être attribués à différentes périodes de sa vie.

Les divergences de doctrine, par exemple, entre le Hinayana et le Mahayana furent expliquées par le fait que, à chaque stade de sa vie, Bouddha avait sans cesse prêché devant d'autres auditeurs et qu'il avait chaque fois adapté ses exposés à leur niveau de connaissances. L'école Tiantai, fondée par Zhiyi (538-597), porta cette théorie à sa perfection. D'après Zhiyi, Bouddha prêcha juste après son illumination le *Sutra Avatamsaka*. Mais, comme son contenu obscur et difficile ne fut pas compris par sa communauté, il passa, dans la deuxième phase de son enseignement, aux sutras Hinayana, plus faciles ceux-là. Il y communiquait les sagesses simples à comprendre des « 4 nobles vérités », des « 8 chemins » et de la « naissance dépendante ». Après avoir prêché durant douze ans ces vérités premières du bouddhisme, Bouddha trouva qu'il était temps d'initier sa communauté aux vérités plus profondes. C'est ainsi qu'il enseigna dans sa troisième période, longue de huit ans, les sutras du Mahayana fondamental, lesquels révélaient la réflexion de l'idéal boddhisattva face à l'Arhat, concentré sur sa propre rédemption.

Alors seulement, il se tourna vers les sutras Mahayana avancés, appelés « sutras de la sagesse », qui commentent la doctrine du *Sunyata*, le « vide ». La base de ce concept est la connaissance de ce que rien dans le monde des phénomènes n'est durable, que tout est limité et illusoire, c'est-à-dire vide. Le « vide » signifie l'abolition de la différence entre le oui et le non. Cet enseignement prit 22 ans. Ensuite, dans les huit dernières années de sa vie, Bouddha prêcha le *Sutra du lotus*, qui enseignait la fusion de tous ces contraires inexistants (quatrième période).

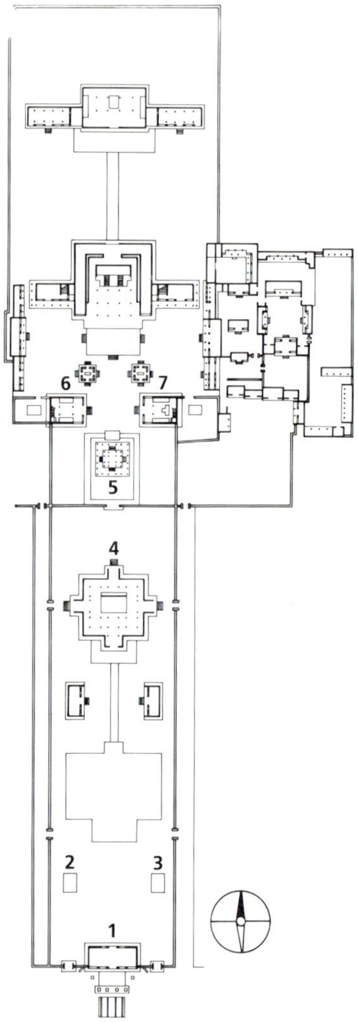

Le temple Longxing Zhending, dans la province de Hebei, est une construction qui a gardé relativement inchangés les principes du temple bouddhique de l'époque des Song et des Jin. Les constructions les plus importantes se succèdent le long de l'axe central et culminent avec la galerie/salle fort élancée de Guanyin, qui abrite une énorme sculpture en bronze du Boddhisattva. Elle fut fondue en 971 sur l'ordre de l'empereur des Song, Taizu. Au nord de cette construction principale, deux pavillons d'apparence similaire se trouvent de part et d'autre de l'axe central. Celui de gauche renferme la bibliothèque, celui de droite une sculpture monumentale du Boddhisattva Maïtreya (page de droite). *Les pilastres/montants intérieurs s'élèvent par deux étages allant jusqu'au toit sans aucun système de soutien saillant. Ils sont caractéristiques de l'architecture de l'époque des Song.*

Plan de Longxing Si *(à gauche)*

1. Porte d'entrée septentrionale.
2. Restes de la Tour du Tambour.
3. Restes de la Tour des Cloches.
4. Galerie/salle de Guanyin.
5. Terrasse d'Encensement.
6. Bibliothèque.
7. Pavillon de Maïtreya.

A côté de cette classification (*Panjiao*) des sutras selon la période d'enseignement du Bouddha, il y en eut d'autres qui relevaient les méthodes d'enseignement et les contenus de ces enseignements. Mue par une grande volonté d'ordre, l'école Tiantai tenta de mettre en évidence une école bouddhique comportant l'ensemble des enseignements, une école dont l'ambition était d'intégrer toutes les théories du maître dans leur diversité et leur contradiction. Cette tentative annonce déjà une tendance syncrétique, qui devait jouer un si grand rôle dans le bouddhisme tardif.

A côté des gigantesques tâches de traduction, il faut mentionner les nombreux et superbes temples et cloîtres qui furent élevés à cette époque dans tout l'empire et furent décorés d'images de Bouddha et de Boddhisattvas. La traduction des textes, comme la construction des temples imposants et l'adoration des images cultuelles accomplie selon les divers rituels, étaient effectuées pour le mérite qu'impliquaient ces bonnes œuvres. A partir du milieu du 4e siècle, on observe un puissant épanouissement du bouddhisme dans tous les domaines. Au plus haut niveau, les seigneurs et leurs familles devinrent de généreux protecteurs de l'église bouddhique, à laquelle ils offraient

«Sache, ô Manjusri, que tous les Tathagata,
à partir de la terre causale et fondamentale,
grâce à la sapience que confère l'éveil,
ont compris ce qu'est l'ignorance.
Sachant qu'elle est comme la fleur dans le ciel,
ils sont capables d'éviter le devenir.
Il en est comme des êtres vus en rêve,
qui disparaissent au réveil.
L'éveil est comme la vacuité, égal et immuable.
Si l'éveil s'étend dans les univers des dix directions,
la voie des Buddha est accomplie.
Les illusions ne disparaissent nulle part
et la Voie accomplie est insaisissable.
La nature fondamentale étant parfaite, les boddhisattva
peuvent produire en son sein la conscience d'éveil.»

Extrait du Sutra de l'éveil parfait
(traduit par C. Despeux.)

Double page suivante : *la galerie de sculptures bouddhiques, taillée dans la roche et située dans le précipice de Boadingshan, près de Dazu (province de Sichuan), fut réalisée sous la surveillance du moine Zhao Zhifeng entre 1179 et 1249. Le gisant (long de 31 m) du Bouddha entrant en nirvana ne fut achevé que jusqu'aux genoux, mais le spectateur a l'impression que les jambes sont cachées par le rocher. Zhao Zhifeng, sixième patriarche de l'école ésotérique du bouddhisme, voulut faire de ce lieu un centre de la croyance ésotérique en Chine.*

Page de gauche : *le temple Foguang Si, sur la montagne sacrée Wutaishan, dans la province de Shanxi, fut détruit pendant la persécution des bouddhistes, mais déjà reconstruit en 857. La pièce centrale est la plus ancienne construction en bois de Chine.*

Ci-dessus : *le monastère tibétain Tashilhunpo, résidence du Panchen Lama, fut un modèle pour le Xumufushou Miao, situé dans les environs du palais impérial d'été, à Chengde (province de Hebei), et qui date de 1780.*

trésors et terres. Ils firent construire des temples et des cloîtres somptueux ou appuyèrent de grands projets, tels que les temples-cavernes de Yungang.

L'exemple originel indien du prince royal Çakravarin-Raja vénérant Bouddha aida les écoles rivales dans leur effort pour s'attirer les faveurs des seigneurs. L'une des caractéristiques principales de ce prince, qui faisait de lui presque un Boddhisattva, c'est-à-dire un futur Bouddha, était sa grande générosité (*Dana*), surtout vis-à-vis des ordres bouddhiques.

Au Nord comme au Sud, on s'efforça d'égaler cet exemple du « grand donateur », du *Mahadanapati*. C'est exactement ce que fit l'empereur de Liang, Wudi (règne de 502 à 549), dont les interventions et les œuvres pour la prospérité de l'ordre bouddhique se manifestaient jusque dans ses titres de noblesse : *Huangdi Pusa*, « l'empereur Boddhisattva » ; *Jiushi Pusa*, « le Boddhisattva sauveur » ; et *Pusa Tianzi*, « le Boddhisattva Fils du Ciel ». Les paroles suivantes lui sont attribuées :

« Depuis le début de mon règne, j'ai construit tellement de temples, j'ai fait recopier tant de sutras et j'ai nourri tant de moines. A votre avis, à quoi devrait ressembler mon mérite ? »

A l'époque des Wei du Nord (439-534), les bienfaiteurs n'étaient plus seulement des seigneurs et leurs familles mais également de nombreuses personnes privées, isolées ou en groupes. Nous le savons grâce aux inscriptions qui, à Yungang et à Longmen, accompagnaient par exemple des statues ciselées dans le roc. On peut en conclure que de nombreuses confréries bouddhiques, qui se composaient en grande partie de laïcs, se consacraient en premier lieu à l'aménagement de sculptures bouddhiques. Seules des sociétés dont les membres étaient en nombre très élevé pouvaient mobiliser les moyens énormes qu'exigeait cette activité ; elles comptaient jusqu'à des centaines ou même des milliers de membres.

On atteste l'existence de telles confréries depuis l'époque des dynasties Nord-Sud (420-589), surtout sous la dynastie de plus en plus étendue des Wei du Nord (386-534). Elles furent d'abord appelées *Yi*, *Yiyi* ou *Yihui*. Les membres se nommaient *Yiren* et le chef s'appelait *Yizhu*, *Yizhang* ou encore *Yiwema*. Chacun de ces groupes avait comme guide spirituel un moine dont le titre était *Yishi*. L'un de ces groupes s'immortalisa en 502 dans les grottes de Longmen par cette inscription caractéristique :

« Le groupe de plus de 200 membres (suivent les noms) dirigés par les deux fonctionnaires de l'endroit, Sun Jiusheng et Liu Qizu, a créé un Bouddha de pierre et espère que, grâce à cet acte, l'Etat sera éternellement prospère, que les trois joyaux (du bouddhisme) seront manifestes partout, que les parents et les enfants (parmi leurs membres) monteront au ciel et que tous les êtres vivants participeront à la réalisation de ces désirs. »

Les sources les plus riches qui permettent d'étudier ces sociétés à l'époque des Tang sont les luxueuses inscriptions de Dunhuang, que sir Aurel Stein ramena en Angleterre en 1907. Neuf mille d'entre elles se trouvent maintenant au British Museum, plus de cinq mille autres inscriptions parvinrent grâce à Paul Pelliot à la Bibliothèque Nationale de Paris. Elles nous ont apporté de très nombreux renseignements sur la manière dont se propagea la croyance bouddhique à l'époque des Tang.

Les Luohan ou Arhat (page de gauche) *étaient des disciples illuminés par Bouddha et des ascètes, auxquels on attribuait une puissance sur l'espace, le temps et la nature. La sculpture dorée plus grande que nature* (à l'intérieur) *représente un Luohan méditatif; la statuette en bois* (à l'extérieur), *un ascète au corps creusé.*
[Berlin, Museum für Völkerkunde]

Page de gauche et ci-dessus : *le syncrétisme croissant, présent dans la pratique religieuse chinoise dès l'époque des Ming (1368-1644), entraîna le fait que divinités et personnages sacrés, qui à l'origine étaient purement bouddhistes, étaient maintenant également vénérés par les taoïstes. Les quatre statues représentées ici appartiennent à ce groupe. La statue en bronze grandeur nature* (en haut à gauche) *représente Guanyin, le Boddhisattva de la Miséricorde, avec ses 18 bras. La statue en bois plaqué or* (en haut à droite) *représente « Molizhi » (Marici), déesse du « Grand Véhicule », avec ses 8 bras. Les bras du haut portent le soleil et la lune. Elle a chez les taoïstes une fonction semblable à celle du Boddhisattva de la Miséricorde chez les bouddhistes.*

Cette époque vit en effet l'apogée du bouddhisme en Chine. Il s'était désormais implanté dans toutes les classes comme la principale religion. Il offrait à l'élite intellectuelle un système de pensée philosophique d'une profondeur inconnue jusqu'alors et donnait à l'homme simple la foi en la rédemption. Les moines, qui avaient tourné le dos à la société, pouvaient mener une vie monacale, les ermites pouvaient s'adonner à leur méditation détachée du monde, les laïcs s'organisaient en confréries et espéraient une vie future meilleure en multipliant les bonnes actions dans leur existence sur terre. Comment le bouddhisme toucha-t-il à cette époque des croyants si différents et par quelles méthodes diffusa-t-il une religion si complexe ?

L'exégèse était prise en charge par les moines qui, dans la littérature bouddhique, portent le titre de *Jingshi*, professeurs de sutras, ou encore *Jangshi*, « maîtres ». Comme les textes n'étaient pas seulement récités mais parfois aussi chantés, on accordait une grande importance non seulement à l'instruction mais aussi à la force de la voix du professeur. L'exposé se faisait à partir d'un piédestal élevé ou d'une plate-forme. Les

exégètes avaient chacun leurs textes de prédilection, selon l'école à laquelle ils appartenaient, c'est ainsi que le sutra principal de l'école de Tiantai était le *Sutra du lotus*, que l'école Huayon préférait le *Sutra d'Avatamsaka* et que le *Sutra de la terre pure* était fort apprécié de l'école dont nous avons parlé plus haut.

Les professeurs de sutras «vagabondaient» de temple en temple et exposaient devant un grand nombre de lettrés et de laïcs — certains textes parlent de milliers — les écrits du bouddhisme. Parfois, un moine appelé *Fujiangshi*, «répétiteur», ou également *Dujiang*, «assistant», accompagnait le maître et prenait place en face de lui sur un deuxième piédestal. Dès que le maître avait récité le texte, le *Dujiang* commençait à l'expliquer à la foule moins instruite dans son propre dialecte. Il pouvait également questionner le maître sur divers passages obscurs ou ambigus et le professeur était alors contraint de répondre à ces questions. On peut imaginer le niveau de conversation de tels prédicateurs et combien les curieux étaient attirés en nombre élevé.

Outre les professeurs de sutras, qui s'intéressaient à la diffusion de certains sutras et de leur contenu, il y avait d'autres sortes de moines itinérants et enseignants. Les uns étaient les moines *Changdao*, qui ne s'occupaient pas d'exposer certains sutras en particulier mais se consacraient à des thèmes plus généraux de la croyance bouddhique. Ils rencontraient ainsi avant tout les besoins du petit peuple et lui inculquaient la doctrine bouddhique par le biais d'histoires édifiantes et de paraboles accessibles à tous. Ils étaient aimés pour leur répartie et pour la langue simple dans laquelle ils savaient souvent faire passer des réalités compliquées du bouddhisme. Comme ils étaient souvent en route, ils portaient le surnom de «moines voyageurs».

Au second groupe appartenaient les *Sujiangseng*, les prêtres-prédicateurs populaires. «Prédicateurs des fêtes» serait une dénomination plus adéquate, car ils prêchaient les jours de fêtes bouddhiques. Leurs prédications se basaient certes sur les sutras, mais ils n'en extrayaient que de courtes parties, pour ensuite les embellir à l'intention d'une foule enjouée. Histoires, miracles, anecdotes et paraboles étaient récités, bref tout ce qui pouvait capter l'attention des auditeurs.

Le déclin du bouddhisme

C'est au 8e siècle que le bouddhisme atteint son apogée en Chine. Ses doctrines étaient alors incontestées et déterminaient aussi bien la vie des petites gens que celle des intellectuels. Le bouddhisme était politiquement, économiquement et socialement installé dans toutes les parties de la Chine. Quelle fut donc la raison de son déclin à partir de la fin du 9e siècle?

Cette question a fait couler beaucoup d'encre et il est en effet difficile de mettre le doigt sur un seul point faible, car bien des facteurs ont contribué à ce déclin. En premier lieu, le fait que le bouddhisme se soit trouvé sur le chemin de retour vers son pays d'origine, l'Inde, a joué un grand rôle. Quelque indépendant que fut le bouddhisme chinois de sa forme indienne, il s'était toujours développé à partir de nouvelles idées venues de l'ouest. Au 11e siècle, cette source était dominante.

La révolution d'An Lushan, dans les années 755 à 763, eut des effets aggravants. L'Etat affaibli des Tang avait absolument besoin d'argent et se rendait compte à quel point les temples et les monastères bouddhiques étaient devenus influents et riches. Mais la rébellion eut de plus larges conséquences. La suffisance des Tang se désagrégea tellement qu'ils furent obligés de faire appel à l'aide des Ouïgours, un peuple étranger, pour maîtriser leurs troubles politiques internes.

Naturellement, les Ouïgours en profitèrent pour brimer les Chinois d'une manière qui leur devint vite insupportable. L'ouverture d'esprit des Chinois sous les Tang fit place à des sentiments nationaux de plus en plus forts et à un retour vers leur propre culture. Le bouddhisme fut soudain considéré comme une religion «étrangère» qui ne pouvait offrir aucun refuge protecteur en temps de détresse, car les Ouïgours étaient eux aussi partiellement bouddhistes. Certains virent même dans le bouddhisme un danger pour le monde chinois. On prétendit que le bouddhisme était devenu un empire à lui tout seul dans le royaume des Tang et qu'il avait des effets destructeurs par sa prodigalité en temples, en statues et en cérémonies. On dénonça l'oisiveté du clergé et surtout le statut non imposable de toutes les terres et des fondations possédées par des bouddhistes. Cela se termina, de 842 à 845, par d'atroces chasses aux bouddhistes, par la destruction de temples et de monastères, la confiscation des trésors et des terres et la sécularisation du clergé. Le bouddhisme chinois ne s'en est jamais remis.

Une autre raison pour laquelle il perdit sa première place est due à la propre dynamique de l'évolution intellectuelle chinoise. Ce n'est qu'à l'époque des derniers Tang et des Cinq Dynasties (907-960), une fois terminée la grande tâche que représentait la traduction des sutras, tandis que les doctrines de Bouddha avaient été adaptées aux besoins de chacun et que le corpus des écrits bouddhiques était systématisé, que le processus de l'assimilation proprement dite aurait pu commencer. Il fut entamé à l'époque des Song, pendant laquelle le bouddhisme Chan et la doctrine de la «terre pure» furent les formes dominantes du bouddhisme.

Aussi différentes que puissent paraître ces deux approches de la doctrine bouddhique — Chan, dont le but était l'illumination, et doctrine de la terre pure, qui insistait sur le seul dévouement au Bouddha Amitabha — elles avaient en commun le fait qu'elles accordaient plus d'importance à la pratique qu'à la doctrine elle-même. L'expérience religieuse ne se recherchait pas dans la pratique des écrits bouddhiques mais

Ce superbe «roi du savoir assis sur le paon», Kongqiao Mingwang (du bouddhisme ésotérique), fait partie des quelques peintures sur rouleau relatant des thèmes bouddhiques et restées intactes depuis l'époque des Song. Son rituel protégeait contre les morsures de serpent et autres maux. Dans son rôle de roi du savoir, il est représenté de façon féminine, contrairement à l'aspect sauvage qui caractérise habituellement cet ensemble iconographique. Ce style de représentation distingue le lien hiératique avec la divinité et le côté naturaliste du paon.
[Kyoto, Ninna-Ji]

à travers une vie religieuse. Cela ne signifiait plus la vie monacale réellement ascétique, mais un style de vie bien particulier restait cependant exigé. La vie des bouddhistes devait allier sagesse et piété. La sagesse (*Prajna*), que l'adepte Chan s'efforçait d'atteindre par la méditation, avait le statut de la plus haute perfection dans le bouddhisme Mahayana, car elle était capable de briser tout le système des idées fausses et perverties qui représentaient le lourd héritage des êtres humains. L'adepte de la doctrine de la terre pure pouvait tout autant espérer, grâce à un comportement plein de piété (en relâchant par exemple des poissons pris au filet ou en renonçant à consommer de la viande), se libérer de ses pulsions originelles, de son avidité, de son goût du plaisir et de sa haine. Il pouvait ainsi éviter qu'en tuant un être vivant il ne détruise ces liens profonds qui existent entre tous les vivants.

Il n'était par conséquent pas nécessaire de quitter la vie d'ici-bas ou de fuir la société pour trouver la rédemption. Celle-ci pouvait bien au contraire s'atteindre dans le comportement quotidien. Le fils plein de piété et le fidèle sujet n'étaient plus exclus de l'illumination : « Porter de l'eau et couper du bois pour le feu sont le chemin », disait une sentence Chan.

Le mouvement laïc, qui devenait de plus en plus important et touchait également les couches moins privilégiées de la population, resta la manifestation la plus vivante du bouddhisme en Chine. Justement parce qu'il n'exigeait aucune séparation radicale d'avec la vie en société mais restait plutôt ancré en elle, le mouvement laïc put survivre et continuer à se développer non seulement jusqu'à l'époque des Qing (1644-1911), mais d'une certaine façon jusqu'à l'heure actuelle. A côté du mouvement laïc destiné à la grande masse, le bouddhisme ésotérique persista, malgré quelques interruptions, à la cour de l'empereur de Chine jusqu'à l'époque des Qing. Le bouddhisme ésotérique (*Mizong*) ne commença à jouer un rôle important que dans la maison impériale et la noblesse de l'époque des Tang. Son épanouissement est lié au nom de trois grands maîtres, qui au 8e siècle vinrent d'Inde jusqu'en Chine : Subhakarasimha, Vajrabhodi et Amoghavajra. Tous trois impressionnèrent les seigneurs chinois de leur temps non seulement par la forme particulière de leur doctrine bouddhique, qui est souvent abordée à travers Bouddha en tant que troisième et dernière interprétation de toutes les doctrines bouddhiques, mais aussi par leurs forces occultes et magiques, grâce auxquelles ils pouvaient guérir en priant et « faire tomber la pluie ».

Pour le bouddhisme ésotérique, qui à cause de sa littérature ésotérique (en sanskrit *Tantra*) était aussi appelé *Tantrayana*, mais également *Mantrayana* en raison des formules mystiques de son rituel et *Vajrayana* en raison de son symbole principal, la foudre *Vajra*, ce n'était pas tellement le personnage du Bouddha historique Çakyamuni qui était considéré comme sacré, mais avant tout celui du Bouddha transcendant, Vairocana.

Vairocana est le Bouddha absolu, la source de toute existence, tandis que Çakyamuni n'incarne que sa manifestation terrestre. Dans le rituel, le *Mandala* revêt une signification particulière en tant que cristallisation de représentations mystiques devenues formes. Le mot sanskrit *Mandala* signifie « rond » ou «cercle». Les surfaces des zones externes rondes et carrées entourent un centre dans lequel trône la divinité suprême — dont la sphère spirituelle est représentée dans le *Mandala* — et à laquelle sont adjoints d'autres personnages en qualité d'émanations ou d'escorte (*Parivara*). Chaque mandala trouve d'abord son sens dans le rite pratiqué par l'homme. Les figures qui y sont contenues incarnent des représentations religieuses abstraites qui ne deviennent actives que lors de la cérémonie du culte. A l'aide de gestes magiques, les «sceaux» (*Mudra*), et de formules ensorcelantes (*Mantra*), le disciple guidé par son maître retient Bouddha dans son propre corps et s'identifie à lui. L'adepte est alors Bouddha lui-même et peut, en émanant du mandala, aider à libérer d'autres êtres prisonniers de la misère et aussi à développer leurs capacités magiques.

Il était d'usage en Chine de construire l'autel dans un temple et de suspendre, de part et d'autre de cet autel, des mandalas peints, voire de les y étendre. La pénétration du mandala se faisait par un rite initiatique particulier d'*Abhiseka*. Vajrabodhi, qui gagna la Chine en 720, fit élever des autels pour la cérémonie d'*Abhiseka* dans les deux temples où il devait séjourner suivant l'ordre impérial, à Chang'an. Son disciple et successeur Amoghavajra, qui fut au service de trois empereurs, Xuan Zong (713-755), Su Zong (756-762) et Tai Zong (763-779), se consacra, dans sa vieillesse, avant tout à cette cérémonie. Le culte ésotérique de l'époque des Tang est principalement originaire de deux temples de Chang'an, le temple Daxingshan et le Qinglong. Le premier, situé au sud de la métropole, était le plus grand de la ville. Le second, dans le sud-est, fut à l'époque des Tang visité par de nombreux moines japonais comme lieu d'étude et vénéré en tant que centre de l'érudition bouddhique en Chine.

Malgré — ou plutôt à cause de — ses liens avec la maison impériale, cette forme du bouddhisme n'échappa pas non plus aux persécutions de 845. C'est peut-être alors qu'elle fut le plus durement atteinte et ce n'est qu'à partir de la dynastie mongole des Yuan (1280-1368) que le bouddhisme ésotérique, dans sa forme tibétaine du lamaïsme (appelé ainsi d'après le nom que portaient ses moines), fut introduit en Chine. Toutefois, il n'atteignit plus l'élévation spirituelle de l'époque des Tang. Les Ming (1368-1644) et les Qing de Manchourie (1644-1912) favorisèrent alors le lamaïsme plus par opportunisme politique que par ferveur religieuse.

Deux tableaux d'une série de quatre, tissés sur soie (Kesi), *donnent à voir les huit immortels. Sur chaque tableau long de 193 cm apparaissent deux immortels accompagnés de pages: Lü Dongbin, son sabre sur le dos* (en haut à droite), *et en dessous de lui Zhang Guolao, assis sur un mulet blanc pliable; Li Tiekuai, avec sa béquille en fer* (page de gauche en haut), *et en dessous de lui Zhongli Quan, avec sa feuille de palmier en éventail qui redonne la vie. Les huit immortels* (Baxian) *sont bien les personnages les plus connus de la mythologie populaire chinoise. Ils réunissent en eux des éléments des traditions taoïste, confucéenne et bouddhique. Nous ne savons toujours pas pourquoi ces figures plus ou moins historiques furent regroupées à partir de l'époque des Yuan (1260-1368).*

Ci-dessus : *le pont dit « de Marco Polo »* (Lugouqiao), *sur la rivière Yongding, près de Pékin, fut construit entre 1189 et 1192. Il est long de 265 m, large de 8 m et repose sur onze arches, chacune d'une envergure de 16 m.*

Ci-dessus à droite : *construit entre 605 et 617, le pont Anji, qui enjambe le fleuve Xiao, dans la province du Hebei, est le plus ancien pont à arches conservé. L'envergure de l'arche de cet ouvrage long de 51 m et haut seulement de 7,25 m est d'un peu moins de 38 m.*

De la quenouille à la fonte

(de 5000 av. J.-C. à 221 av. J.-C.)

D'après ce que nous savons aujourd'hui, il y avait dans la Chine du 5ᵉ millénaire av. J.-C. plusieurs civilisations lithiques que l'on nomme d'après les sites archéologiques où leur développement est attesté. Les plus importantes et les plus anciennes sont celles de Yangshao en Chine septentrionale, la culture dite de Hemudu dans le nord de la province côtière de Zhejiang et au sud du Jiangsu, la culture de Qinglian'gang dans le Shandong occidental et au nord du Jiangsu, et la civilisation de Dapenkeng dans le Fujian et à Taiwan.

Tandis qu'au nord on cultivait surtout du mil et diverses sortes de chou, dans le sud-est prédominaient les cultures de plantes aquatiques comestibles et les rizières. De même que ces civilisations préhistoriques différaient par leur type d'alimentation fondamentale, de même se distinguaient-elles les unes des autres par l'architecture de leurs habitations. Dans le nord, les maisons étaient en grande partie faites de torchis et leur niveau était habituellement plus bas que le sol environnant, mais dans le sud-est, sur le site marécageux de Hemudu, on a retrouvé toute une agglomération bâtie sur pilotis. Tant au nord qu'au sud-est, la céramique cuite est attestée, ainsi que le travail des outils ou des parures en pierre ou en os. On savait filer et tisser, comme le prouvent les objets découverts : quenouilles pour fuseaux manuels, fragments de tapis ou représentations de ceux-ci sur la céramique. Les quenouilles retrouvées et archéologiquement authentifiées et datées prouvent que la technique du filage s'est répandue dans toutes les régions de Chine intérieure entre le 5ᵉ millénaire av. J.-C. et la dynastie Shang. La découverte du principe du fuseau manuel fut vraisemblablement l'invention la plus importante dans le domaine du filage, mais on ne peut certes pas la qualifier de « révolutionnaire », comme on le dit du développement des techniques de filature dans l'Angleterre du 18ᵉ siècle, lequel stimula en effet grandement la révolution industrielle. Au vrai, le fuseau manuel n'a engendré aucun changement ou bouleversement des habitudes de travail ou de vie dans la société chinoise, mais il aida les gens de cette époque à fabriquer un nouveau matériau, en l'occurrence le textile. Les avantages du textile par rapport à la fourrure, à la peau, au cuir voire à l'herbe furent rapidement reconnus. Le textile était plus facile à produire, à travailler et à colorer ; il jouissait d'une plus grande solidité, pesait peu et séchait vite sans se durcir.

Avec le fuseau manuel, qui se composait de la quenouille et de la broche à filer primitive, les hommes disposaient pour la première fois d'un outil qui permettait la fabrication de fils uniformes de grosseur désirée. C'était un premier pas substantiel vers le tissage sur un métier rudimentaire qui, au début, ne possédait certainement pas encore de lame (cadre de métier) mais seulement une lisse et une ensouple sur laquelle s'enroulait la matière tissée. Le plus ancien instrument retrouvé, une navette destinée à porter les fils de trame, provient du site archéologique de Hemudu dans le Zhejiang. Elle est en corne, ne mesure que 10,9 cm de long et ne peut donc avoir été utilisée que pour tisser de la soie. Les plus anciens fragments de soie exhumés datent de la première moitié du 3ᵉ millénaire av. J.-C.

Une autre application du principe du mouvement rotatoire à sens unique — exploité par le fuseau manuel — se retrouve dans le tour de potier. La céramique retrouvée prouve l'utilisation de cet instrument dès l'époque de la culture de Longshan (vers 2700 à 1900 av. J.-C.). D'un point de vue historico-technique à tout le moins, on peut associer la découverte du tour de potier à celle du four à céramique, déjà attesté pour la culture de Yangshao. La technique de construction du four

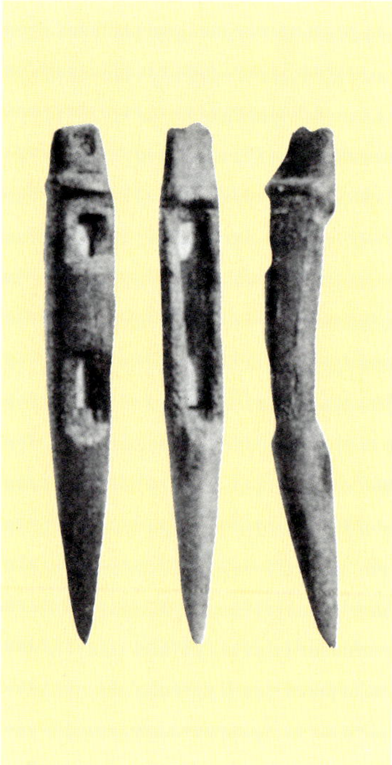

était élémentaire mais cependant si bien pensée que la température de cuisson pouvait atteindre 1050 °C. Les objets à cuire étaient disposés sur plusieurs soles dans la chambre de combustion chauffée par un conduit de chaleur périphérique et un alandier central. Il faut comprendre que la maîtrise de la construction et du perfectionnement du four fut la clé du développement de la céramique chinoise. Les poteries de l'âge de la pierre étaient incisées d'estampilles qui peuvent être considérées comme des prototypes d'écriture. Dès la dynastie Shang apparaît déjà un système de numération. C'était — sauf pour la notation du calendrier où le système en vigueur était sexagésimal — un système décimal basé sur la place occupée par les chiffres. Il comportait neuf caractères, abstraction faite de l'indicateur de situation. Il était indiscutablement plus simple que le système romain, dont la base était cinq. Par exemple, il suffisait des trois chiffres 二百 卅 亖 pour écrire le nombre 234. Dans le système romain, 234 se notait CCXXXIV, le 4 étant rendu par la soustraction par antéposition de 1 à 5.

Ci-dessus à l'extrême gauche : *fuseaux du 3ᵉ millénaire av. J.-C. qui furent trouvés à Qujialing, dans la province du Hubei (diamètre : environ 4 cm). Pour filer à la main, on utilise une quenouille et un fuseau. Au début de l'opération, on attache à la quenouille la matière destinée à être filée. La fileuse tord celle-ci avec les doigts de la main gauche : la fréquence de la torsion (nombre de tours à la minute) détermine la qualité du fil (rapport entre sa longueur et son poids). Celle-ci dépend également du poids du fuseau.*

Ci-dessus : *empreintes de nattes tissées ou tressées sur des fragments de céramique du 5ᵉ millénaire av. J.-C., appartenant à la culture de Yangshao et trouvées à Banpocun.* De gauche à droite et de haut en bas : *structure en damier, vannerie treillagée, lacis pelotonné, coussinet semi-tressé, natte sergée.*

Ci-dessus au centre : *navettes de tisserand en corne. Inachevées, elles furent trouvées à Hemudu, dans la province du Zheijiang, et datent du 5ᵉ millénaire av. J.-C. Ces navettes, très petites (10,9 cm de long), ne pouvaient servir qu'à tisser la soie.*

L'astronomie et l'art de fixer le calendrier

L'existence d'une écriture et d'un système de numération était une condition sine qua non pour la mise sur pied, l'organisation et l'administration d'un Etat comme celui de la dynastie Shang, en ce temps de civilisation aulique où la totalité des artisans qualifiés, tels les tisserands, bronziers, sculpteurs de jade, charrons et tant d'autres, dépendaient de la Cour. Grâce à eux, l'Etat asseyait sa légitimité et manifestait sa puissance religieuse et politique. En outre, un système d'écriture et de calcul offrait la possibilité de déléguer la pratique du pouvoir, de contrôler à tout moment les activités et les potentialités.

L'écriture et le calcul étaient étroitement associés à l'art d'établir le calendrier. Par ailleurs, celui-ci est intimement lié aux rythmes vitaux d'une société agraire. La faculté de mesurer la course du temps, de déterminer les saisons, de prévoir les éclipses de lune ou de soleil et, partant, de faire preuve d'une connivence avec les forces célestes et les ancêtres légitimaient le souverain et sa fonction sociale. Dès les premières dynasties, l'établissement du calendrier devint la tâche et le devoir du monarque. A lui seul revenait le privilège de « déterminer le temps ». Bien sûr, le travail pratique incombait aux astronomes de la Cour. Déjà, des tessons de la culture de Yangshao montrent que le soleil, représenté comme un cercle rayonnant, était reconnu en tant que source de la lumière et de la chaleur. Il n'est donc pas étonnant que les hommes aient cherché à comprendre et à analyser le soleil et les étoiles, les « mouvements dans le ciel » et les saisons.

L'empereur légendaire Yao aurait déjà chargé les frères He et Xi d'élaborer un calendrier et d'observer les corps célestes.

A droite : *four à céramique du 5e millénaire av. J.-C. (culture de Yangshao), dans lequel on pouvait atteindre des températures allant jusqu'à 1 050 °C. La chaleur dégagée par le combustible était conduite par un alandier central circulaire. Comme couverture, on utilisait des nattes tressées et des éclats de céramique, de façon à maintenir la chaleur dans un conduit aussi longtemps et régulièrement que possible. Le revêtement d'argile entraînait une concentration de la chaleur dans la chambre de chauffe.*

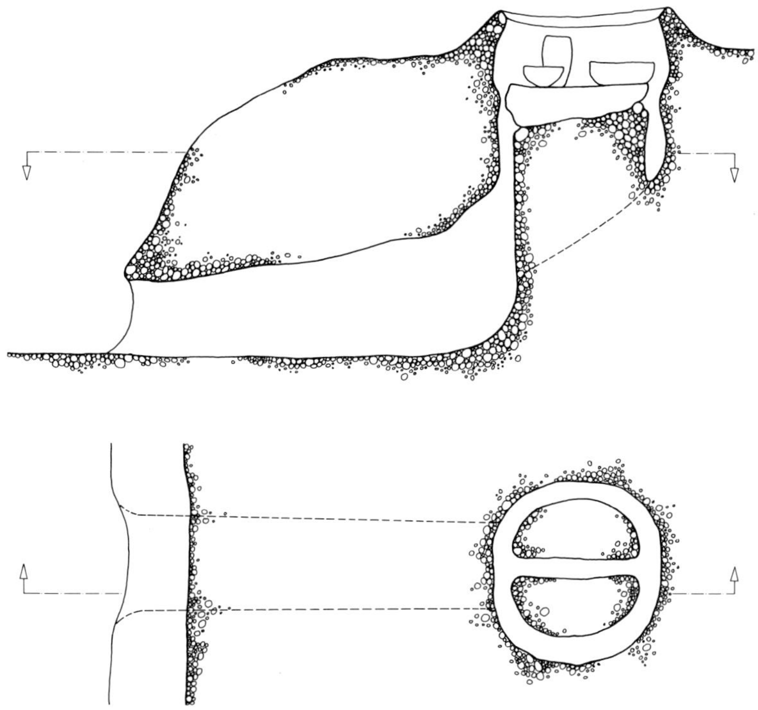

Dès cette époque, il est possible qu'on ait tenté de déterminer des unités de temps accordées à l'écoulement des jours et aux saisons, en observant avec précision les positions du soleil et de la lune par rapport à la terre. Sous la dynastie Shang apparut ensuite un calendrier qui était à la fois solaire et lunaire. La longueur des jours était calculée en fonction du soleil, celle des mois en fonction de la lune. Il était difficile d'harmoniser la révolution de la lune autour de la terre avec celle de notre planète autour du soleil ; on tenta de résoudre ce problème grâce à l'alternance de mois longs et courts et par l'adjonction de mois intercalaires.

Les plus anciennes notations concernant des éclipses de soleil et de lune se trouvent gravées sur des ossements dits « oraculaires ». La possibilité de prévoir ces événements aida les hommes à surmonter leur angoisse de voir le soleil disparaître pour toujours. La plus ancienne observation à propos d'une « étoile visiteuse », c'est-à-dire une « nova » (une étoile qui explose), date d'entre 1339 et 1281 av. J.-C.

L'enregistrement des phénomènes célestes s'accrut à l'époque Zhou. En 687, on observa une nuée de météorites qui passa dans le ciel comme une averse. Plus fort encore : la plus ancienne mention de la comète de Halley remonte à 613 av. J.-C. Entre cette date et le début du 20e siècle, les astronomes chinois ont consigné 31 fois le retour de cette comète. Très tôt, il leur fut connu que les météorites, dont certaines tombaient sur terre, étaient constituées de pierre.

Vers 350 av. J.-C., il est fait allusion à la première sphère armillaire, qui, jusqu'à l'âge d'or de la dynastie Song, fut suivie par bien d'autres chefs-d'œuvre du genre, plus élaborés encore. Cet « instrument de mesure de la voûte céleste » était le moyen le plus efficace pour déterminer la position des astres et des planètes avant la découverte du télescope au 17e siècle. La sphère armillaire la plus primitive était composée d'une bague de métal qui figurait tantôt l'équateur tantôt le méridien. Les sphères armillaires chinoises étaient toujours ajustées par référence à l'équateur, tandis qu'en Occident on se rapportait plutôt à l'écliptique (cercle tracé dans le ciel par le soleil). C'est le système chinois qu'ont repris nos coordonnées modernes.

Vers le milieu du 4e siècle av. J.-C., Shi Shen compila le premier traité d'astronomie connu, le *Classique de maître Shi sur les étoiles*, qui devint très célèbre par la suite. On conserve encore quelques citations de ce livre dans un classique d'astronomie plus récent. On y trouve les coordonnées équatoriales de 115 étoiles ainsi que les étoiles déterminant les 28 maisons lunaires (constellations).

Le progrès technique du 1er millénaire av. J.-C.

Lorsque la dynastie Zhou évinça la dynastie Shang, au 11e siècle av. J.-C., elle recueillit un héritage déjà fort développé en ce qui concernait maintes techniques et connaissances. Elle allait l'accroître bien davantage au cours des 800 années de son hégémonie. Le progrès technique acquis sous les Zhou, surtout dans la seconde moitié de la dynastie, est indissociable du contexte politico-économique favorable que connut la Chine entre la grande époque de la dynastie (son ascension et le début du déclin vont du 11e au 8e siècle) et la période des Royaumes Combattants.

A la place d'un royaume puissant, de petits Etats en conflit les uns avec les autres apparurent bientôt sur le devant de la scène. Ces conflits incessants ne renforcèrent pas la noblesse, mais lui firent connaître une crise interne, surtout vers le milieu du 1er millénaire av. J.-C. Les litiges politiques furent de plus en plus souvent réglés sur le champ de bataille et par la conquête, mettant en œuvre et épuisant toujours davantage les ressources humaines et matérielles.

Dans ce combat pour le pouvoir, il était aussi important de s'assurer une agriculture saine (classification des natures du sol, utilisation de la fumure, travaux d'irrigation, etc.) que d'améliorer l'armement des soldats, la stratégie, la charrerie ou l'infanterie. Entre le développement de l'industrie minière ou de la métallurgie et les exigences ou nécessités nouvelles des classes supérieures de ces Etats féodaux, il y avait une influence réciproque comparable à celle qui s'exerçait entre les écoles philosophiques du millénaire finissant et l'intérêt pour les inventions originales ou leur application à un nombre croissant de domaines scientifiques.

Ainsi, dès qu'on eut commencé à scruter le ciel, on se mit également en quête des richesses du sol et on éprouva le besoin de les exploiter.

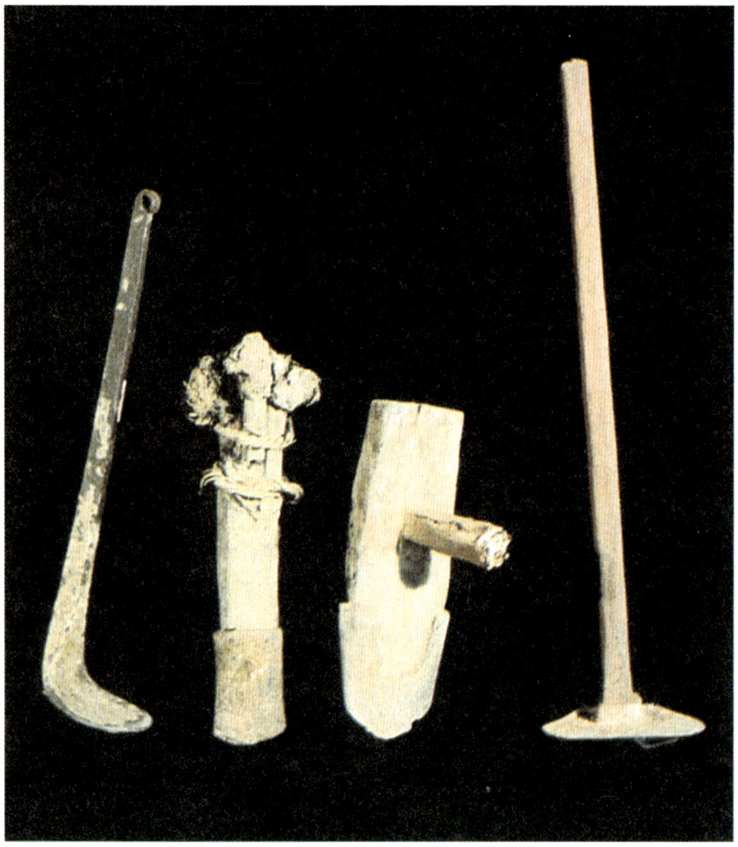

«Un soir, on entendit à Changzhou un fracas pareil à celui du tonnerre. Il provenait d'une grosse pierre au sud-est du ciel. Sa forme ressemblait à celle de la lune. Plus tard, on entendit le fracas d'une explosion. [La pierre] s'était déplacée vers le sud-ouest. Avec un vacarme assourdissant, elle tomba dans le jardin d'une certaine famille Xu à Yixing Xian. De près et de loin, on vit une impressionnante lueur d'incendie qui illuminait le ciel. Les haies des jardins du voisinage furent toutes brûlées. Après que l'incendie se fut éteint, on ne découvrit dans le sol qu'un trou profond, grand comme une coupe à boire. Les gens regardèrent à l'intérieur et y virent l'«étoile» encore brillante. La lumière ne diminua que progressivement et, à cause de la chaleur, on ne pouvait pas s'approcher [de l'étoile]. Longtemps après, les gens creusèrent à une profondeur de trois *Chi* [environ un mètre] et trouvèrent une pierre ronde, encore chaude et grosse comme un poing. Sur un côté, elle présentait un renflement. Sa couleur était celle du fer, et sa lourdeur aussi. Le gouverneur Zheng Shen l'expédia au Temple de la Montagne d'Or, à Runzhou, où on la conserve dans une caisse et on la montre aux visiteurs.»

Description de la chute d'une météorite en 1046. Traits de pinceau de Mengqi, de Shen Gua (1031-1095).

Ci-dessous : *ces moules de fonte longs de 28,6 cm et datant des 5ᵉ et 4ᵉ siècles avant notre ère servaient probablement à fondre des lames de bêches. L'époque des Royaumes Combattants vit l'essor de la fabrication d'instruments agricoles et d'outils en fonte.*

Ci-dessus et page de droite : *les mines de cuivre du Tonglüshan, dans la province du Hebei, furent en activité entre le 8ᵉ et le 2ᵉ siècle av. J.-C. En observant cette section de la mine, on peut reconnaître des parties de galeries et de puits. Lors de la mise au jour, on a retrouvé des outils de métal* (ci-dessus).

L'industrie minière et la fonte

En 1974, dans la montagne de Tonglü, au sud du Yangzi, dans le district de Daye, on découvrit une mine de cuivre qui avait été en activité entre le 8ᵉ et le 2ᵉ siècle av. J.-C. Le minerai y était exploité souterrainement. De temps immémorial, on savait que se trouvait du cuivre dans la contrée. Les fouilles ont prouvé que la mine était riche en malachite, en azurite et en pyrite cuivreuse. La mine comprenait deux groupes de puits éloignés l'un de l'autre d'environ 300 m. Les puits d'extraction mesuraient entre 110 et 130 cm de diamètre. Ils s'enfonçaient à une profondeur allant de 10 à 50 m et servaient tant à la pénétration des mineurs qu'à l'extraction du minerai. Ces deux opérations se faisaient grâce à des paniers manœuvrés par des treuils à câble. Des seaux de bois servaient à l'exhaure des eaux d'infiltration. Les vestiges de câbles et de paniers retrouvés témoignent de cette activité. Le métal était fondu à proximité de la mine.

En recherchant le minerai de métal, les Chinois avaient trouvé aussi de la magnétite, dont les propriétés furent appréciées dès le 4ᵉ siècle av. J.-C. La fonte et le coulage du métal, la fabrication d'alliages comme le bronze, étaient des opérations dont les artisans chinois de la dynastie Shang avaient acquis la plus haute maîtrise. Les débuts de la production du fer remonteraient même au 2ᵉ millénaire av. J.-C. A l'origine, la qualité de ce fer produit à une température de 800 à 1 000 °C était encore très médiocre. Les impuretés qu'il contenait ne pouvaient être éliminées que par un dispendieux forgeage. En élevant la température des fours à 1 150-1 300 °C grâce au soufflet et au charbon, on parvint, à l'époque la plus florissante de la dynastie, à fabriquer de la fonte. La première mention de

«Canshuichang, dans le Shaozhou, possédait jadis de riches ressources de cuivre. On les exploitait jusqu'à une profondeur de 64 mètres. Aujourd'hui, l'extraction du cuivre a fort régressé dans ce district, car les filons ne se trouvent plus qu'à une profondeur de 223 mètres et au-delà encore. Les mineurs disent qu'il serait dangereux de travailler à une telle profondeur, où les guette le gaz mortel, froid et fumeux [le monoxyde de carbone].»

Extrait des Tanyuan (Conversations dans le jardin), de Kong Pingzhong, 11ᵉ siècle.

la fonte de fer remonte à l'an 513 av. J.-C. C'est aussi de cette période que datent les plus anciens morceaux de fonte retrouvés dans le district de Liuhe (province du Jiangsu).

La fonte de fer présentait de grands avantages : le métal liquéfié en fusion pouvait être dirigé dans des moules, ce qui permettait la fabrication d'une infinie variété d'objets. Par rapport au fer forgé — qu'il était si difficile de travailler à une température de 800 à 1 000 °C — le progrès était donc non seulement qualitatif mais aussi quantitatif. A l'époque des Royaumes Combattants, la fabrication de la fonte était devenue tout à fait courante et nous connaissons un large éventail d'objets faits dans cette matière. Plus de seize sortes différentes d'outils notamment. C'est au début de l'époque des Royaumes Combattants que se développa aussi la production de l'acier trempé. Le « grand fer », comme l'appelaient les Chinois, convenait particulièrement bien aux socs de charrue, aux bêches et instruments similaires. Divers objets trouvés datant de la dynastie suivante et à peine plus récente des Han prouvent que la fabrication de l'acier puddlé s'est tout aussi rapidement répandue.

La matière première de l'acier puddlé est la fonte. Le nom de cet acier « puddlé » provient de l'opération qui consiste à remuer (en anglais : *to puddle*) sans cesse la masse liquide ou semi-liquide du métal. Un prolongement particulier de la technique de l'acier puddlé est celle de l'acier cent fois forgé, attestée sous la dynastie Han pour la confection de lames de couteau. La matière de base était de l'acier puddlé qu'on travaillait à la forge jusqu'à ce qu'on obtienne l'objet désiré. L'acier possédait une structure homogène et finement cristalline qui augmentait sa solidité. Un autre procédé de production de l'acier attesté depuis l'époque des Royaumes Combattants et arrivé à maturité sous la dynastie Han était celui qui consistait à éliminer le carbone contenu dans la fonte. On y parvenait en soufflant continûment de l'air, donc de l'oxygène, sur la fonte, ce qui réduisait sa teneur en carbone, jusqu'à obtenir de l'acier.

Ces progrès dans la production du fer et de l'acier sont étonnants, ne serait-ce que par comparaison avec l'Europe, où la fonte du fer n'est attestée pour la première fois que vers 1380 tandis qu'il fallut attendre la fin du Moyen Age pour voir commencer la production de l'acier. Forte d'une longue expérience de la fonderie du bronze, la Chine appliqua, dans une continuité toute naturelle, les progrès de cette tradition technique à d'autres métaux. Ces développements de la métallurgie autorisèrent aussi la production aisée et à bon marché d'objets en série, surtout des armes, des outils agricoles et des monnaies.

La Grande Muraille de Chine et les projets d'irrigation

Avant de parler des projets de grande envergure, il faut au préalable signaler quelques innovations mineures mais cependant importantes dues elles aussi à l'époque des Royaumes Combattants, qui influencèrent grandement tant l'architecture que l'art de la guerre. Le harnais à collier pour cheval remplaça le joug posé sur le cou de l'animal. Avec ce nouvel harnachement, les bêtes de trait pouvaient tirer davantage de lourdes charges. Le char à timon fourchu se répandit rapidement: ses roues étaient légèrement inclinées pour éviter qu'elles ne se détachent et pour être plus résistantes aux chocs latéraux. Dès les environs de 300 av. J.-C., les roues dentées en bronze sont également attestées, ce qui constitue un progrès non négligeable dans l'histoire de la transmission de l'énergie.

L'ouvrage monumental que nous désignons aujourd'hui sous le nom de Grande Muraille de Chine tire son origine des murailles défensives particulières érigées par des Etats seigneuriaux qui voulaient tout autant se protéger des attaques des tribus «barbares» que délimiter les uns par rapport aux autres leurs propres territoires. Il subsiste des vestiges des remparts de quelques-uns de ces Etats féodaux. C'est l'unificateur de l'empire, Shihuangdi de Qin, qui le premier fit relier ces remparts isolés en une longue muraille continue. La construction de ce monument de pierre et de terre comprimée nécessita 300000 travailleurs corvéables. Sous la dynastie suivante des Han, il y eut sur et contre le mur des tours de guet placées tous les 2,5 km, un poste de garde tous les 5 km, un fortin tous les 15 km et une garnison tous les 50 km.

La Grande Muraille, dont la partie aujourd'hui visitée au nord de Pékin date de la dynastie Ming, est une grandiose réalisation, non seulement à cause de sa longueur de quelque 500 km mais encore d'un strict point de vue d'esthétique architecturale. On a le souffle coupé devant le tracé de ce mur qui épouse les arêtes montagneuses et connaît de fréquentes élévations «quasi verticales». Mais sa monumentalité ne peut dissimuler son inutilité militaire. La Muraille ne parvint jamais à protéger l'empire chinois des invasions des peuplades «barbares» du Nord.

Le contrôle de l'eau est un mythe très ancien en Chine, mythe exprimé dans le titre: *Le Grand Yu contrôla l'Eau*. D'après cette légende, le héros civilisateur Da Yu s'efforçait de faire couler les neuf fleuves sous son contrôle jusqu'à la mer, ce qui eût résolu le problème des inondations. Les témoignages historiques et archéologiques ne nous font toutefois pas remonter aussi loin dans le temps. Au 6e ou au 5e siècle av. J.-C. fut créé un gigantesque réseau aquatique artificiel, le «canal des oies sauvages», qui servait autant à l'irrigation qu'à la communication ou au transport. Il couvrait une série de petits Etats allant de Luoyang à l'ouest jusqu'à Xuzhou à l'est. Entre 606 et 586 av. J.-C., on construisit le barrage de Sisibei, qui alimentait un réservoir d'eau dont la circonférence mesurait 99 km. Ce lac artificiel, connu aujourd'hui sous le nom d'Anfengtang, permettait l'irrigation d'un nombre considérable de terres arables.

Vers 400 av. J.-C., nous savons par l'homme d'Etat Ximen Bao que lui-même détourna tant et si bien le Zhang dans la province de Henan, que ce cours d'eau ne se jetait plus directement dans le fleuve Jaune mais s'éloignait de plusieurs centaines de kilomètres de celui-ci. Cette entreprise avait aussi pour but l'irrigation artificielle et, partant, l'accroissement de la surface agricole cultivable. C'est également au 5e siècle av. J.-C. qu'apparaît le système complexe des «routes d'eau» dans la province de Jiangsu. Les deux plus importants projets hydrauliques du 1er millénaire av. J.-C. furent menés à bien au 3e siècle. Vers 250 av. J.-C., le gouverneur du Sichuan, Li Bing, commença sur le Minjiang, dans le district de Guan, le creusement d'un canal qu'on appelle aujourd'hui «le barrage sur la rivière de la capitale». Son fils, Li Erlang, acheva le travail vers 230 av. J.-C. L'ouvrage historique de Li Bing et de Li Erlang existe toujours: il met si bien le Minjiang à contribution que ses eaux peuvent être utilement affectées à l'irrigation d'une importante contrée agricole qui, en 1958, représentait quelque 3720 ha.

Le second grand projet d'irrigation fut le canal de Zhengguo, long d'environ 150 km, qui tire son nom de son maître d'œuvre, l'ingénieur Zheng Guo. Il fait couler ses eaux au nord de la Wei, dans la province de Shanxi, et relie les fleuves Jing et Luo. Bien que la construction de ce canal fût en fait une manigance de l'Etat Han, son système d'irrigation n'en fut pas moins nettement profitable. A l'origine, le souverain de Han voulait, par ce projet, paralyser l'Etat Qin et arrêter l'expansion occidentale de celui-ci. Mais les effets de l'entreprise furent exactement à l'opposé de ce dessein. Grâce au canal de Zhengguo, l'Etat Qin put exploiter 2668 ha de terres arables supplémentaires. On peut considérer que cet important gain agricole et économique renforça l'Etat Qin, car le système d'irrigation lui procura des ressources additionnelles. Le travail fut terminé en 246 av. J.-C., l'année précise où le futur unificateur de l'empire chinois devint roi de Qin. Sous la dynastie Han, on étendit encore le réseau d'irrigation entre les cours du Jing et de la Wei et le canal de Zhengguo. Aujourd'hui, cette contrée est connue sous le nom de «région d'irrigation au nord de la Wei».

Double page précédente: *la Grande Muraille, qui devait protéger l'Empire du Milieu contre les incursions des barbares du Nord, est du point de vue technique une réalisation tout à fait unique. Sur 5000 km, elle épouse les élévations et les sinuosités des arêtes montagneuses. Les sections du mur aujourd'hui accessibles aux visiteurs datent pour la plupart de l'époque Ming.*

A droite: *le complexe de canalisation du Minjiang fut commencé en 250 av. J.-C. par Li Bing et achevé quelque 20 ans plus tard. On divisa le cours d'eau en un canal intérieur et un canal extérieur. Le canal extérieur se ramifie à son tour en un cours supérieur, qui servait à la navigation et comme canal de dérivation, et en une autre section qui alimentait des milliers de canaux.*

Les théories cosmologiques chinoises et les sciences appliquées
(de 221 av. à 960 ap. J.-C.)

Sous les dynasties Shang et surtout Zhou furent jetées toutes les bases techniques qui permirent la mise sur pied d'un Etat centralisé.comme celui de la dynastie Qin ou, par après, celui de la dynastie Han. Sans ces assises qui, répétons-le, résultèrent des luttes d'influence politique, de tels Etats centralisés et puissants n'auraient pu voir le jour que bien plus tard. L'amélioration de la productivité agricole garantissait solidement l'alimentation du peuple et affermissait le système politique. L'expansion de l'industrie minière et la maturité de la métallurgie contribuaient au perfectionnement des armes. Ainsi furent conjugués plusieurs facteurs qui permirent l'unification de l'Empire par le souverain de Qin, l'expansion géographique ultérieure de l'empire Han et l'intensification de l'économie et du commerce.

La dynastie Han qui, malgré une courte éclipse pendant l'interrègne de Wang Mang, régna près de quatre siècles se distingua par une foule de nouveautés et de découvertes, lesquelles, infiniment plus que sous la dynastie Zhou, peuvent être associées à des personnages historiques. Parmi les savants les plus illustres de la dynastie Han et du haut « Moyen Age » chinois, citons l'astronome, sismologue et ingénieur Zhang Heng (78-139), les mathématiciens Liu Xin (3e siècle) et Zu Chongzhi (430-501), le cartographe Pei Xin (224-271) et l'ingénieur Ma Jun (220-265) que nous évoquerons plus en détail ultérieurement.

Le calendrier chinois

On tenta très vraisemblablement d'améliorer le « calendrier au quart de jour restant » hérité du 5e siècle av. J.-C., qui fixait l'année tropique à 365,25 jours et dont chaque mois comptait 29,53085 jours. Dans ce calendrier, on prévoyait sept mois intercalaires tous les 19 ans. Pour la première fois (en 104 av. J.-C. et puis derechef en 85 ap. J.-C.), des calendriers améliorés furent officiellement introduits. Mais il fallut encore attendre plusieurs siècles avant que Yang Zhongfu parvint, en 1199, à déterminer que l'année comportait 365,2425 jours. Ce chiffre fut confirmé en 1281 par Guo Shoujing. Et c'est Adam Schall von Bell qui, le premier, calcula que l'année tropique comptait 365,2422 jours.

On ne peut ici s'étendre sur les particularités des autres réformes du calendrier, qui furent plus d'une centaine entre la dynastie Zhou et la dynastie Qing, mais nous voulons toutefois présenter un calendrier dont la terminologie fut vraisemblablement fixée dès le 3e siècle av. J.-C. Il fut certainement en usage dans toute la Chine à partir de 140 av. J.-C. et aujourd'hui encore il occupe une place de choix dans le patrimoine culturel chinois. Il s'agit du « calendrier aux 24 périodes », qui d'une part repose sur l'alternance météorologique du « chaud » et du « froid » et, d'autre part, s'aligne sur la position du soleil. Chacune des 24 périodes du cycle correspond à un déplacement du soleil de 15° sur l'écliptique. La durée moyenne d'une période est de 15,218 jours, alors que la moitié d'un mois lunaire ne compte que 14,765 jours. Pour compenser ce décalage, il était nécessaire d'intercaler un laps de temps complémentaire qu'on annexait à certains mois appelés dès lors « mois intercalaires ».

Huit dates étaient particulièrement importantes dans ce calendrier : le solstice d'été et celui d'hiver (22 juin et 22 décembre), les équinoxes de printemps et d'automne (22 mars et 24 septembre) et le début des quatre saisons : printemps (5 février), été (6 mai), automne (8 août) et hiver (8 novembre). Entre ces dates repères, il y avait chaque fois un laps de temps d'environ 46 jours. Pour la détermination des jours, on comptait aussi, dans ce calendrier, une « période de neuf fois neuf jours » qui commençait juste après le solstice d'hiver (donc du 22 décembre au 12 mars). En outre, il y avait encore la « période tridécadaire » (3 × 10 jours) qui débutait en un jour fixé après le solstice d'été. La « décade intermédiaire » pouvait en fait compter vingt jours, comme par exemple en 1986 où la « période tridécadaire » a couru du 15 juillet au 23 août.

Mais les innovations ne se limitèrent pas au calendrier. En 52 av. J.-C., Guo Shouchang réalisa une nouvelle sphère armillaire, et une autre encore fut construite en 125 ap. J.-C. par Zhang Heng. Au moins onze modèles perfectionnés furent créés par la suite, avant que la réalisation de sphères armillaires n'atteignit son apogée sous la dynastie Song, avec ce chef-d'œuvre artistique et technique inégalé qu'est la sphère de Su Song datant de 1090.

Les théories cosmologiques et les cartes du ciel

Une carte du ciel n'est rien d'autre qu'une représentation figurative d'observations astronomiques. De même que les cartes terrestres sont indispensables à la géographie, de même les cartes du ciel sont nécessaires pour identifier et localiser les étoiles. La plus ancienne carte du ciel conservée se trouve sur le couvercle laqué, légèrement concave, d'un coffre de bois peint : très simple, elle n'indique que les 28 maisons lunaires (constellations). Le tombeau dans lequel fut trouvé le coffre peut être daté de 433 av. J.-C. Si l'on fait abstraction de ce dessin, d'autres représentations rudimentaires de constellations sur des

Page de gauche : *la plus ancienne carte du ciel connue est peinte sur la couche de laque d'un coffret de bois trouvé dans la tombe du marquis Yi de Zeng, à Sui Xian (province de Hubei), que l'on date de 433 av. J.-C. environ. Encore très simple, elle ne comprend que les signes des 28 maisons lunaires (constellations).*

A droite, en bas : *la* Carte de l'antique méthode du quadrat septuplant, *c'est-à-dire notre « triangle de Pascal », telle qu'elle est dessinée dans le* Miroir de Jade des Quatre Principes *de Zhu Shijie (1303).*

Ci-contre : *calcul d'une valeur approchée de π selon la méthode de Liu Hui. Soit un cercle. A l'aide d'un compas et d'une règle, construisons un carré dont la surface est la même que celle du cercle. La circonférence du cercle est épousée au plus près par un certain nombre de triangles isocèles identiques dont les côtés équilatéraux correspondent aux rayons du cercle. La somme de toutes les bases approche la circonférence. Cette somme divisée par le diamètre donne une valeur approchée de π. Plus il y a de triangles, plus l'approximation est précise.*

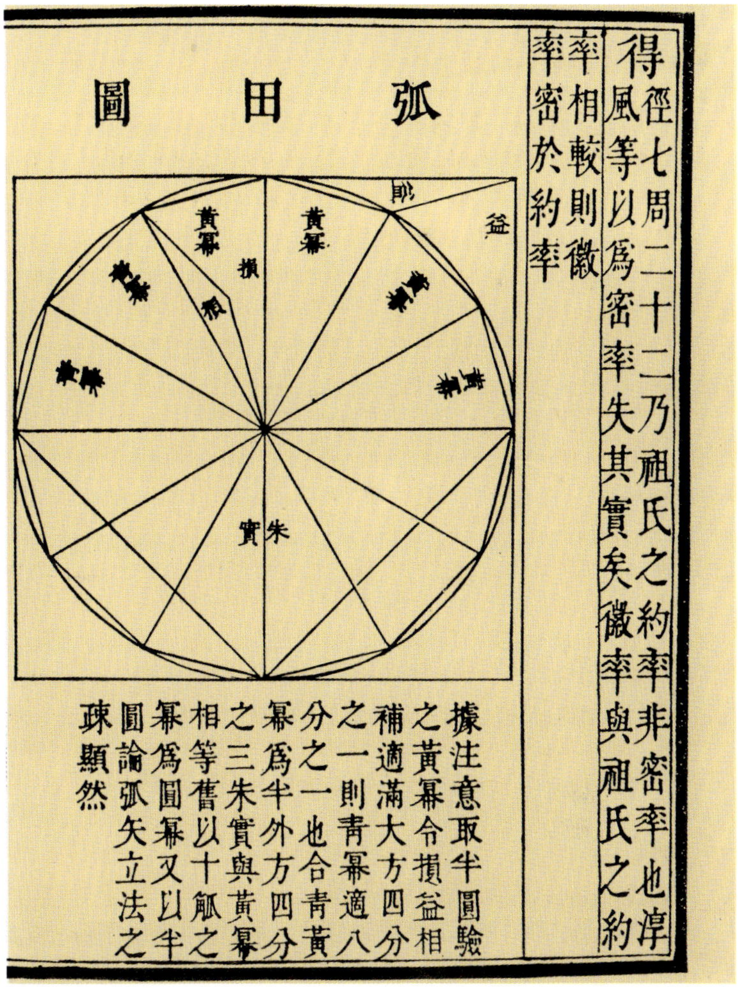

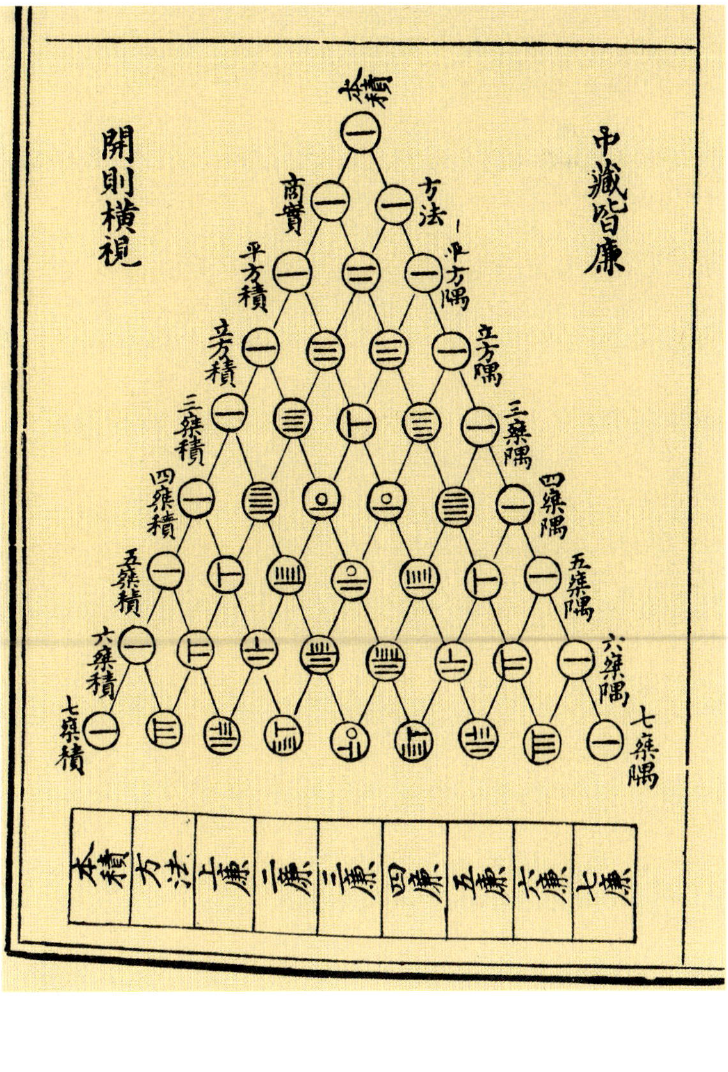

reliefs de pierre de l'époque Han et de cartes perdues datant de dynasties ultérieures, les plus anciennes cartes du ciel *complètes* que nous connaissons remontent au 10e siècle. Mais avant d'évoquer les cartes qui ont disparu, il convient de dire quelques mots de l'« image du monde » cultivée par les Chinois de cette époque.

Les cartes du ciel primitives avaient pour fondement la « théorie de la double coupole ». Dans cette théorie, le ciel était considéré comme une coupole hémisphérique, au point culminant de laquelle se trouvaient la Grande Ourse et l'Etoile polaire. Il était admis que le soleil, la lune et les étoiles circulaient tout autour. La terre, à la manière d'un bol retourné, formait une seconde coupole qui se trouvait au-dessous de la coupole céleste. Bien qu'elle fut jugée dépassée dès le 2e siècle, la « théorie de la double coupole » resta officiellement en vigueur jusqu'en plein 6e siècle. Elle fut peu à peu évincée par la « théorie de la sphère céleste », qui allait prédominer jusque sous la dynastie Ming. Cette théorie compare le ciel à l'œuf d'une poule, la terre correspondant au jaune d'œuf flottant en son centre ; elle contient donc déjà la connaissance fondamentale de la sphéricité de la terre.

Mais, bien plus importante, du point de vue de l'histoire des sciences, que cette « théorie de la sphère céleste » fut la « théorie de l'espace infiniment vide », même si elle eut peu d'influence en son temps. On l'attribue traditionnellement à Qi Meng, à l'époque des Han postérieurs. Cette théorie qui, étant donné l'insuffisance des connaissances géométriques de son époque, représente une remarquable puissance d'abstraction, se fonde probablement sur la cosmologie taoïste (du *Dao*). Elle enseigne que le ciel est vide et sans limite, que les étoiles s'y déplacent librement et que leurs mouvements sont divers. En plus, elle décrit les mouvements du soleil et de la lune. Quoique cette théorie concordât bien avec le concept bouddhique de l'espace infini et de la pluralité des mondes, elle ne trouva qu'un faible écho au cours des siècles ultérieurs, sans que l'on ait jamais précisément su pour quelles raisons.

Tournons de nouveau notre attention vers les cartes du ciel qui, au début, reflétaient la «théorie de la double coupole». Un paragraphe des *Annales de la dynastie Sui* explique de façon concise: «Les cartes qu'avait fait réaliser Zhang Heng ont été perdues lors des troubles (à la fin de la dynastie Han), et les noms et particularités des étoiles et constellations qu'elles indiquaient ne sont point conservés. Mais après, Chen Zhuo, l'astronome royal de l'Etat Wu (en 310), ébaucha et dessina une carte des étoiles et des constellations... Elle montrait 254 constellations, 1 283 étoiles, 28 maisons lunaires avec 182 étoiles supplémentaires, soit au total 283 (à corriger en 282) constellations et 1565 (à corriger en 1465) étoiles...»

Malheureusement, cette carte n'existe plus. Mais nous pouvons admettre que les sept cercles déclinatoires jadis de règle y étaient déjà remplacés par les trois cercles concentriques qui devinrent ensuite usuels. Le cercle le plus petit ou intérieur contenait les étoiles visibles toute l'année durant. Le cercle extérieur marquait la limite au-delà de laquelle aucune étoile n'apparaît au-dessus de l'horizon. Le cercle médian représentait l'équateur céleste. Cette disposition devint typique des cartes du ciel chinoises.

La cartographie

La consignation des étoiles sur des cartes célestes importait autant aux astronomes que l'enregistrement des données topographiques sur des cartes terrestres aux géographes. Au 3e siècle av. J.-C., alors que la cartographie scientifique grecque avait déjà atteint ses sommets, apparut en Chine une activité cartographique qu'on peut qualifier de scientifique. On dressa et compila nombre de cartes.

Les plus anciennes cartes terrestres chinoises conservées ont été trouvées en 1973 dans la tombe n° 3 de Mawangdui, dans la province méridionale de Hunan. Ce sont trois cartes peintes sur soie qui furent certainement dessinées avant l'an 168 av. J.-C. Ces trois cartes (l'une est topographique, l'autre militaire et la troisième indique les villes et les villages) sont toutes dépourvues de mentions de titre, d'échelle et de date. Le sud est en haut, le nord en bas. Pour la carte topographique du marquisat de Dai, si l'on s'en tient à elle, les savants chinois ont adopté une échelle de 1/180000. Elle forme un carré de 96 cm de côté.

C'est Pei Xin (224-271) qui passe pour être le «père» de la cartographie scientifique en Chine. En 267, il devint ministre des Travaux publics au service de la dynastie Jin qui venait d'accéder au pouvoir. Son *Atlas de l'Empire et des pays limitrophes* comportait 18 planches. Dans sa préface, il écrit que seules les cartes datant des Han postérieurs lui ont été transmises. Mais aucune d'entre elles n'utilisait d'échelle et ne s'inscrivait dans une grille de coordonnées quadrillée. Bien plus, aucune ne donnait une représentation complète des montagnes célèbres et des grands fleuves. Leur agencement était sommaire et imprécis. On ne pouvait s'y fier.

Une condition essentielle à l'établissement des cartes est que celles-ci doivent se référer à une échelle et comporter un système de coordonnées; en outre, d'autres conditions doivent être remplies: la possibilité de mesurer les côtés des triangles rectangles, la mesure des hauteurs et des angles, celle des courbes et des droites. On ne sait pas quand les symboles de la «chaîne» et de la «trame» furent introduits pour désigner les coordonnées. Le fait que les premières cartes furent peintes sur soie invite à penser que les fils de chaîne et ceux de trame se croisant à angle droit furent choisis naturellement comme repères d'orientation.

Dans le grand empire Tang, qui tenait en son pouvoir de vastes régions d'Asie centrale, l'établissement de cartes à l'intention des militaires et de l'administration était une absolue nécessité. En 785, l'empereur ordonna à Jia Dan (730-805) de rassembler toutes les connaissances géographiques. Ainsi, en 801, après de nombreuses années de travail, fut achevée la *Carte de tous les (pays) chinois et barbares cernés par les quatre mers*. Au vrai, elle a été également perdue, mais nous savons qu'elle mesurait 10 m de long et 11 m de haut, et qu'en vertu de son échelle 1 cm y représentait pas moins de 26 km. Si cette carte gigantesque sur soie était déjà une réalisation extraordinaire, elle allait être surpassée peu de siècles plus tard par les cartes des dynasties Song et Yuan. Non point par la grandeur du format, mais par la précision du tracé.

«Les livres de l'école de Xuanye sont tous perdus, mais Qi Meng, un des bibliothécaires, savait ce que les Maîtres de la Doctrine avaient enseigné à ce sujet avant lui. Ils disaient que le ciel était vide et sans substance. Si nous regardons dans sa direction, nous voyons qu'il est infiniment haut et éloigné, sans limites. Le soleil, la lune et les étoiles flottent librement dans l'espace vide, se mouvant ou restant sur place. Tous [ces astres] sont faits de gaz condensé. Ainsi, le soleil, la lune et les cinq planètes tantôt apparaissent, tantôt disparaissent. Tantôt ils se déplacent vers l'avant, tantôt vers l'arrière. Chacun d'entre eux semble suivre une régularité différente. Leurs avancées et leurs retraits ne sont pas les mêmes. C'est parce qu'ils ne sont point enracinés [dans une fondation] ou reliés ensemble que leurs mouvements sont si dissemblables. Parmi les corps célestes, l'étoile polaire demeure toujours au même endroit, et la Grande Ourse ne descend jamais en dessous de l'horizon occidental, comme le font d'autres étoiles. Les sept corps célestes se meuvent en direction de l'est, le soleil d'environ un degré par jour et la lune d'environ 13. Leur vitesse dépend de leur nature propre, ce qui montre qu'ils ne sont rattachés à rien. Car, s'ils étaient fixés au corps du ciel, il ne pourrait en être ainsi.»

Extrait de la Théorie de l'Espace infiniment vide.

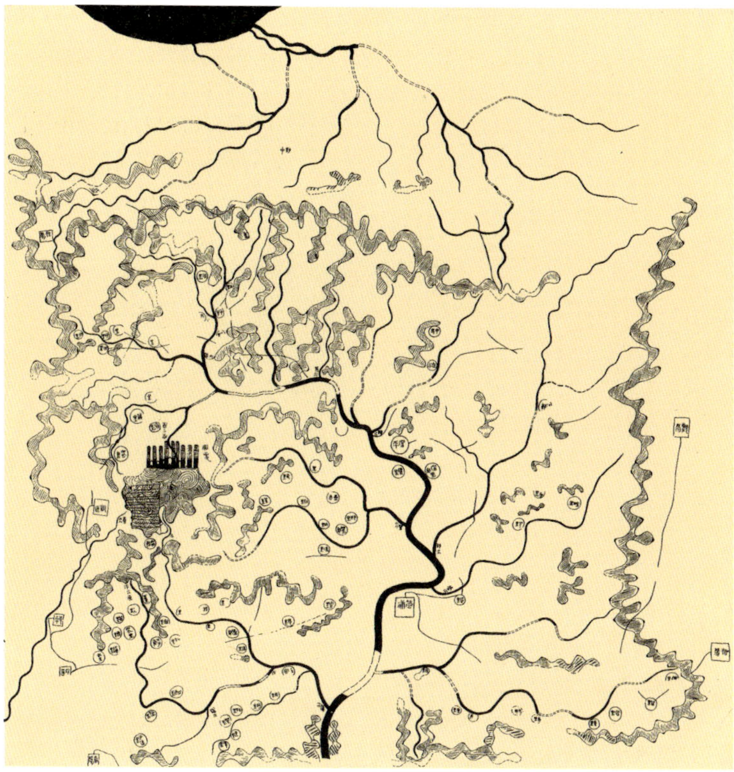

Carte topographique du marquisat de Dai (environ 96 × 96 cm) trouvée dans la tombe n° 3 de Mawangdui, à Changsha, province du Hunan, et datée de 168 av. J.-C. (ci-dessus, avec reconstitution à droite). *Cette carte, à l'échelle 1/180000, montre le Xiangjiang et la plaine fluviale de Xiaoshui. On repère les rivières, les agglomérations et les routes. On peut même discerner des lignes d'altitude et des limites. Déjà, on remarque une systématisation des symboles : les villes sont représentées par des carrés, les villages et les communautés par des cercles, les rivières par des lignes qui s'épaississent de la source à l'embouchure, les montagnes par des lignes hachurées et la chaîne du Jiuyi par une hachure plus intense. Les différences d'altitude sont renseignées au moyen de colonnettes de hauteurs variables. Mais, dans la partie supérieure de la carte, l'échelle se réduit subitement et déforme, par là, l'image de cette province côtière de la mer de Chine australe. Il faut en conclure que les cartographes n'ont pu traiter avec tout le soin nécessaire que la région relevant strictement du marquisat même.*

La mathématique

L'astronomie et la cartographie scientifiques requièrent certaines connaissances géométriques et mathématiques. Dans ces domaines, il est malheureusement encore difficile de préciser avec clarté ce que savaient les Chinois des hautes époques, encore que nous connaissions un livre du 1er siècle intitulé *Neuf chapitres sur l'art mathématique*, pour lequel Liu Hui écrivit une préface lors d'une nouvelle édition en 260. Si on considère combien il fut utilisé, c'est probablement l'ouvrage de mathématique le plus important de l'histoire de Chine. Dans ces *Neuf chapitres*, l'auteur élucide pas moins de 246 problèmes.

Entre l'an 1 et l'an 5, Liu Xin avait déjà calculé une valeur de π égale à 3,154. En inscrivant un cercle dans un polygone de 3072 côtés, Liu Hui détermina que $3{,}1415927 > \pi > 3{,}1415926$. Un autre calcul de π important fut l'œuvre du mathématicien, astronome et ingénieur Zu Chongzhi (430-501) qui obtint une valeur de 3,14159203. Une telle précision ne fut pas atteinte en Europe avant la fin du 16e siècle. D'autant plus que Zu indiquait une approximation variante de $\pi = 3{,}1415927$, soit $\pi = 3{,}1415926$. C'est précisément entre ces deux chiffres que Vieta (1540-1603) fixa la valeur qu'il obtint.

L'invention du sismographe

Zhang Heng (78-139), un des plus éminents savants qu'ait connu la Chine, dut sa célébrité à un sismographe qu'il fit réaliser et installer dans la capitale en 132. Un sismographe est un instrument signalant les tremblements de terre et l'enregistrement des séismes a commencé très tôt en Chine. Entre 1177 av. J.-C. et 1955, on a répertorié en tout 8100 tremblements de terre. Pour être à même d'apprécier au mieux l'invention de Zhang Heng, il faut savoir qu'à cette époque les théories pneumatiques censées, tant en Europe qu'en Chine, expliquer les séismes étaient encore bien éloignées de nos connaissances actuelles. Ce n'est qu'à partir du milieu du 19e siècle qu'on développa des appareils utilisant un pendule comme masse inerte. Or, le sismographe de Zhang Heng fonctionnait déjà avec une sorte de pendule qui, grâce à un mécanisme très astucieux, ouvrait la gueule d'un dragon dont s'échappait une bille. Ce système permettait de savoir dans quelle direction azimutale était situé l'épicentre de la secousse. Ce qui, jadis, a dû provoquer l'étonnement, c'est le fait que le sismographe de

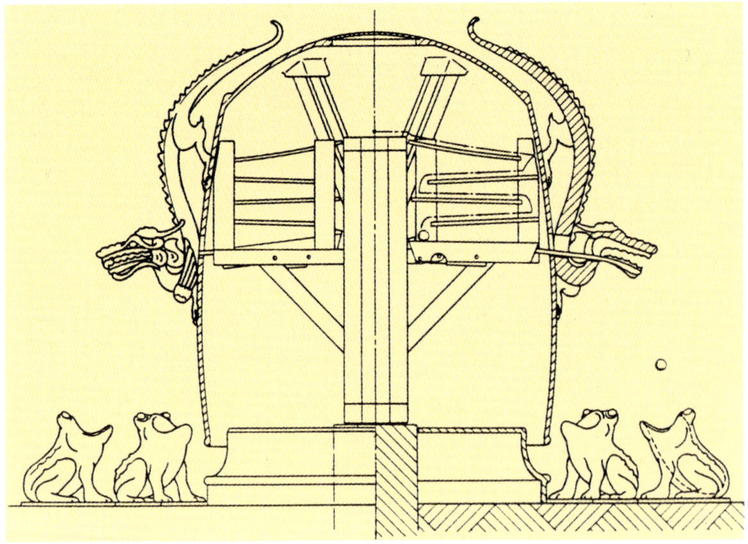

Zhang Heng réagissait seul, sans la présence ou le concours d'un opérateur. Phénomène «inimaginable» pour l'époque.

La source majeure d'information à propos de la construction et du fonctionnement de ce sismographe se trouve dans la biographie de Zhang Heng. Il ne faut pas dissimuler ici que la reconstitution de l'appareil est extrêmement difficile, car il manque à la description quelques éléments essentiels sans lesquels le fonctionnement du sismographe n'eût été que d'une efficacité limitée, par exemple le mécanisme d'arrêt empêchant les dragons qui ne le devaient pas de vomir une bille. De même, on ne sait pas avec certitude si le pendule était suspendu ou inversé («debout»).

Au Japon, où l'on a reconstitué l'instrument, on a découvert que la bille tombait longitudinalement par terre non seulement en cas de forte secousse mais aussi, la plupart du temps, en cas d'onde sismique secondaire. Des études et reconstitutions plus récentes d'André W. Sleeswyk et de Nathan Sivin suggèrent plutôt l'utilisation d'un pendule à résonance obligeant le mécanisme du dragon à libérer une bille roulante. Si l'appareil devait remplir sa tâche, Zhang Heng devait donc le calibrer au préalable. Ce sismographe fut sans nul doute une invention isolée qui, pour cette raison, fut oubliée très vite par après. Même à l'époque scientifiquement et techniquement «éclairée» de la dynastie Song, il ne se trouva plus personne pour pouvoir en expliquer le fonctionnement.

La mécanique

Le char à odomètre est déjà signalé en 80 av. J.-C. L'ingénieur Ma Jun (220-265) améliora son fonctionnement. Ce char était un véhicule à deux roues sur lequel s'asseyaient et jouaient des musiciens lors de solennités. Le système dont le pourvut Ma Jun était tout à la fois un métronome et un compteur de la distance parcourue. Bien qu'il existe plusieurs descriptions de l'engin, le fonctionnement du mécanisme ne nous est pas clairement connu. Les sources de la dynastie Song sont les premières à nous renseigner sur les particularités de ce char qui, à l'époque, jouissait d'une grande vogue dans les cérémonies officielles : ainsi, nous connaissons la grandeur de ses roues, le mode de cons-

«La première année de l'ère royale *Yangjia* [132 ap. J.-C.], Zhang Heng inventa une «girouette à tremblements de terre» [sismoscope]. Il s'agissait d'un élégant vase de bronze, comme ceux qui contiennent du vin, d'un diamètre de huit *Chi* [environ 220 centimètres]. Il possédait un couvercle en forme de coupole et son extérieur était décoré de caractères de l'ancienne écriture sigillaire, de collines, de tortues, d'oiseaux et d'[autres] animaux. A l'intérieur se trouvait une colonnette centrale, qui pouvait s'incliner sur le côté dans huit directions correspondant aux huit points cardinaux, et mettait ainsi en mouvement un mécanisme qui provoquait un déclenchement. Sur le vase, à l'extérieur, étaient appliquées huit têtes de dragons, chacune retenant une bille de bronze dans sa gueule. Autour du vase étaient accroupis huit crapauds, la bouche ouverte, prêts à recevoir la bille [qu'eût laissé s'échapper un dragon]. Le mécanisme du déclenchement et l'ingénieuse structure [de l'appareil] étaient dissimulés à l'intérieur du vase, dont le couvercle était clos hermétiquement. Lorsqu'avait lieu un tremblement de terre, le mécanisme des dragons du vase se déclenchait, de sorte qu'une bille était crachée et reçue par un des crapauds du dessous. Le choc [de la bille contre le crapaud] provoquait un bruit sonore qui attirait l'attention de l'observateur sur l'incident. Dès que le déclenchement d'un des dragons était en cours, les sept autres têtes ne pouvaient plus bouger. Lorsque l'on suivait la direction [du dragon qui avait laissé s'échapper la bille], on savait dans [quel point cardinal] le tremblement de terre avait eu lieu. Si [l'arrivée d']un rapport confirmait celui-ci, une extraordinaire conformité [se révélait entre l'indication du sismoscope et celle de ce rapport à propos du lieu du séisme]. Aussi loin que remontassent les archives rien de semblable n'avait jusqu'alors existé. Un jour, un dragon laissa s'échapper une bille de sa gueule sans que personne eût ressenti la moindre [secousse]. Tous les érudits de la capitale furent étonnés par ce phénomène curieux qui s'était produit sans aucune raison. Mais, quelques jours plus tard, un navire apporta la nouvelle d'un tremblement de terre à Longxi [province du Gansu]. Alors, tous admirent que ce sismoscope était une merveille.»

Extrait de la biographie de Zhang Heng (78-139) dans les Annales de la dynastie des Han postérieurs.

Page de gauche : *reconstitution, réalisée en 1936 par Wang Zhenduo, du sismographe construit par Zhang Heng en 132 ap. J.-C.* (à gauche). *La coupe d'André Sleeswyk* (à droite) *montre que cet appareil fonctionne grâce à un pendule à résonance. On peut suivre, dans la partie droite, le trajet de la bille.*

A droite : *char avec odomètre muni de tambours indicateurs des distances. Frottis d'un relief rupestre du Xiaotangshan (vers 125 ap. J.-C.).*

truction des pignons, leur nombre et leur agencement. D'après ces textes, un rouage faisait office d'engrenage démultiplicateur qui, par transmission, faisait indiquer la distance parcourue à des poupées mécaniques battant du tambour.

Vers 255, Ma Jun doit avoir construit un autre véhicule passablement compliqué, le « chariot montrant le Sud », dont l'idée était probablement venue de Zhang Heng. Jusqu'à présent, on n'a pas pu clairement établir si cet engin fonctionnait ou non avec un compas mécanique. Sous la dynastie des Song, Yan Su en 1027 puis Wu Deren en 1107 réussirent à reconstituer un tel véhicule. Sur ce « chariot montrant le Sud », il y avait effectivement une figurine dont le bras tendu pointait toujours vers le sud. Idéalement, il pouvait être utile en campagne pour déterminer les points cardinaux, mais en fait il fut surtout utilisé lors de cérémonies d'Etat comme les grandes présentations d'offrandes faites par l'empereur à ses ancêtres. Mais ce n'est pas tant l'utilité pratique de ce chariot qui retient l'attention que l'élaboration complexe de l'idée d'un compas mécanique. Diverses tentatives de reconstitution ont avancé des explications différentes sur le fait que la figurine pouvait constamment garder le bras tendu vers le sud. Une des hypothèses retenue est la suivante : par un mouvement vers la droite ou vers la gauche, le timon aurait fait tourner dans la même direction une roue d'engrenage, grâce à laquelle les roues du véhicule auraient elles-mêmes, d'une façon ou d'une autre, transmis ou déporté leur force motrice sur la roue dentée centrale supportant la figurine. Dans un virage, l'engrenage ne tournait donc toujours que dans une seule direction. En ligne droite, aucune roue dentée ne bougeait.

Sous la dynastie Han commencèrent à se développer quelques découvertes mécaniques, comme par exemple la batteuse hydraulique pour égrener les céréales et le moulin à eau. Par ailleurs, l'utilisation de la brouette serait attestée dès avant 147. Ce moyen de transport si important dans une société agraire ne parvint en Europe qu'au 13e siècle. C'est de 477 que date la plus ancienne description chinoise de l'étrier, une invention sans laquelle les chevaliers du Moyen Age occidental n'eussent pu sauter en selle qu'avec peine.

Afin d'atteindre les hautes températures nécessaires à la fusion des minerais métalliques, il fallait obligatoirement une adduction artificielle d'oxygène. Dès la dynastie Shang, on put confectionner à cet effet des soufflets appelés « sacs de cuir ». Quand un seul soufflet ne suffisait pas, on en disposait plusieurs qui étaient actionnés l'un après l'autre (« soufflets en chaîne »). Avant la dynastie Han, ces soufflets étaient mis en mouvement par des hommes ou des animaux. Cela changea à l'époque Han, lorsque dans les fonderies on commença à utiliser la force hydraulique pour actionner les souffleries des fourneaux.

Sans doute l'exploitation de la puissance hydraulique peut-elle avoir réduit le travail et atténué son caractère pénible dans les fonderies, mais l'économie des forces de travail n'était certainement pas la raison de cette amélioration technique. Il n'y avait en Chine aucune pénurie de main-d'œuvre non qualifiée. Le motif essentiel de l'utilisation de l'énergie hydraulique dans les souffleries était la volonté de disposer d'une alimentation en air continue et mieux contrôlable. Cela permettait la fonte et le traitement d'une plus grande quantité de métal de qualité supérieure. Nous ne savons rien de la construction des soufflets hydrauliques sous la dynastie Han. D'après des ouvrages postérieurs, nous pouvons cependant nous en faire une idée : grâce à un essieu, à un levier et éventuellement aussi à une courroie de transmission reliée à un « éventail en forme de caisson », la puissance d'un mouvement circulaire (d'une roue à eau) était transformée en mouvement aller et retour qui actionnait le soufflet. Les « soufflets à bielle » sont donc connus depuis le 10e siècle.

Le papier

C'est également à la dynastie Han que l'on doit une des plus importantes inventions de l'histoire de la civilisation, à savoir celle du papier. Avant l'invention du papier, on écrivait sur des ossements, des carapaces de tortue, des pierres, des plaques de métal, des bandes de bambou, des tablettes de bois ou sur de la soie. Mais il était malaisé d'écrire sur ces matériaux, sauf sur la soie. Sur ces supports, les plus longs textes nécessitaient beaucoup de place et pesaient fort lourd. La soie, dont l'usage dans la peinture est attesté dès le 5e siècle av. J.-C., était certes très solide et se prêtait idéalement à l'écriture, mais elle était trop onéreuse pour l'usage quotidien de l'administration ou pour les personnes privées.

Dans la quête d'un matériau adéquat et éventuellement bon marché, toutes les solutions possibles ont dû être expérimentées. Entre autres, on découvrit que des déchets de soie (comme la bourre des cocons dont on faisait la ouate fourrant les vêtements d'hiver), lorsqu'ils étaient abondamment lavés et étendus sur une planche ou un tamis, formaient une minche couche semblable à une peau sur laquelle, après séchage, on pouvait écrire. Mais, comme cette matière animale n'était disponible qu'en quantité limitée, il fallut trouver autre chose. Finalement, on en vint à employer des fibres végétales comme le liber de chanvre, de la ramie et d'autres plantes. Des fragments de papier de fibres de chanvre et de ramie furent trouvés près de Xi'an, sur un site daté de 49 av. J.-C. D'autres trouvailles furent faites en 1973-1974 et en 1978. Ces fragments datant de 49 av. J.-C. prouvent que le véritable papier était déjà connu avant 105, année où l'eunuque et fonctionnaire des Ateliers impériaux Cai Lun est censé avoir inventé ce matériau. Mais très probablement Cai Lun contribua-t-il à améliorer la qualité du papier, ce qui entraîna la rapide expansion de la production de ce dernier dans tout l'Empire. De ce point de vue, l'œuvre de Cai Lun fut capitale.

Une fois connues les matières premières les plus appropriées au produit qu'on souhaitait fabriquer, la fabrication de ce papier primitif d'une grande qualité devint relativement simple. Après avoir été préalablement trempées ou bouillies, les fibres étaient réduites et malaxées en une sorte de pâte diluée dans l'eau. Ensuite, on ajoutait un liant à cette solution et, grâce à un tamis ou un châssis, on étendait la pâte végétale aqueuse en fines couches. D'autres opérations pouvaient intervenir, selon la matière première utilisée, mais dans les cas les plus

«Le ciel est comme l'œuf d'une poule et rond comme une balle d'arbalète. La terre est comme le jaune de l'œuf et est seule en son centre. Le ciel est supporté par du gaz, la terre flotte sur l'eau. Le périmètre du ciel est divisé en 365 degrés 1/4, dont la moitié — 182 degrés 5/8 — se trouve au-dessus de la terre et l'autre moitié au-dessous. C'est pourquoi, à un moment donné, on ne peut jamais voir que la moitié des 28 Maisons lunaires [constellations parallèles à l'Equateur]. Les deux limites extrêmes du ciel sont le pôle Sud et le pôle Nord.»

Zhang Heng (78-139), à propos de la Théorie de la Sphère céleste, dans son Commentaire sur la Sphère armillaire.

«En l'an 7 de l'ère royale Jianwu [31], Du Shi fut nommé préfet de Nanyang. C'était un bon organisateur, qui aimait le peuple et voulait lui épargner labeurs et peines. Il inventa des «soufflets en chaîne» actionnés par la force hydraulique pour la fonte des outils agricoles. Grâce à cela, les habitants jouirent de grands avantages pour un moindre effort. Ils trouvèrent que ces soufflets hydrauliques fonctionnaient bien et les utilisèrent amplement.»

Extrait des Annales de la dynastie des Han postérieurs.

Ci-dessous : *intérieur de l'atelier d'un charron. Frottis d'un relief sur pierre de l'époque Han (Jiaxing, province du Shandong). Le patron travaille une jante courbée, tandis que son assistant filtre de la colle, de la laque ou de la peinture.*

A droite : *modèle en bronze d'un char de voyage tiré par un seul cheval (dynastie Han de l'Est). Cet objet, trouvé à Wuwei, dans la province du Gansu, est long de 43,5 cm. A cette époque déjà, le cheval est muni d'un collier à harnais.*

simples l'étalement de la pâte à papier n'était suivi que du séchage et du traitement final.

Après la dynastie Han, d'autres matières furent utilisées dans la confection du papier: la fibre du mûrier, du riz et d'autres céréales, le rotin et surtout le bambou. En outre, le broyage de la matière première fut amélioré et on prit l'habitude de la faire bouillir dans une solution de carbonate de sodium. A partir de la dynastie Tang, on utilisa l'amidon comme liant pour fortifier et condenser le papier. La fabrication du papier coloré devint à la mode au 7e siècle. Sous la dynastie Song, on remplaça l'amidon par de la sève végétale gluante, grâce à quoi la qualité devint plus fine encore.

Le rouet et le métier à pédale

Il est très probable que le rouet, qui fut employé aussi bien pour filer que pour bobiner ou retordre les fils et les fibres, est une invention chinoise, mais ce rouet fut le précurseur de celui qui fut développé par la suite en Europe, tel que le décrivit et le dessina Léonard de Vinci dans son *Codice Atlantico* vers 1490. Le rouet chinois tire son origine de la fabrication des fils de soie et remonte aux environs du 5e siècle av. J.-C. Plusieurs indices portent à le croire, comme la subite diminution des fuseaux, la diffusion croissante des soieries à fils tordus et moulinés, et le développement du métier à pédale, lequel exigeait une production de fils plus rapide que celle permise par le fuseau manuel.

C'est de la dynastie Han que datent les plus anciennes représentations connues de métiers à pédale et de rouets affectés à différents usages. La première image d'un rouet réalisée en Europe se trouve sur des vitraux de la cathédrale de Chartres, et date d'environ 1240 à 1245. L'appareil est mentionné pour la première fois par écrit dans les statuts de la corporation des drapiers de Spire.

Un rouet à trois ou quatre bobines, commandé par le pied, existait certainement vers la fin du 1er millénaire, peut-être

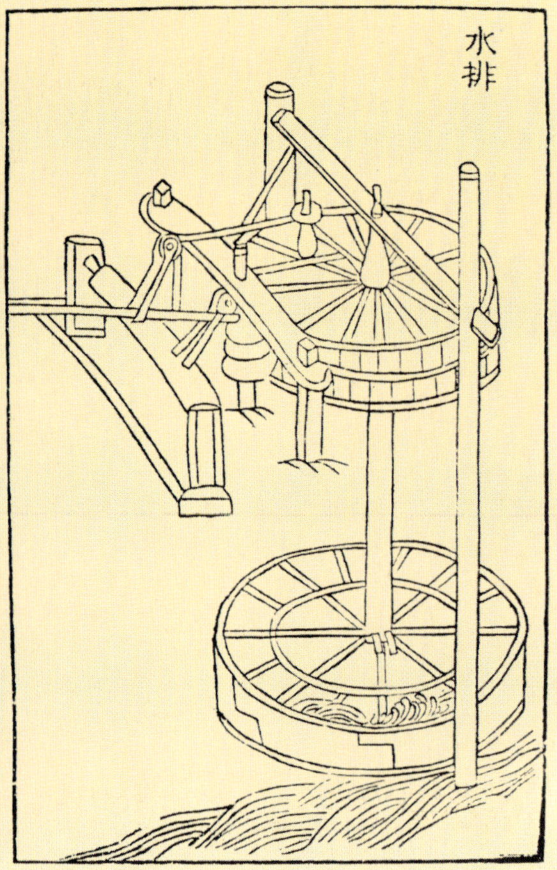

A gauche : *soufflet à bielle actionné par la force hydraulique, tel qu'on en utilisait pour fondre les métaux. Tiré du* Livre de l'agriculture *de Wang Zhen (1313).*

A droite : *frottis d'un relief sur pierre de la dynastie des Han de l'Est (Sihong Xian, province du Jiangsu) montrant un métier à tisser, son rouleau, son ensouple, le mode de fonctionnement de la lisse, et les pédales qu'on actionnait avec les pieds. Ce métier de haute lisse, qu'on continua à construire en Chine jusqu'en plein 20e siècle sous une forme à peine modifiée, était du type le plus répandu. Le mouvement simple de la pédale actionnant l'introduction du fil de trame permettait le tissage rapide et impeccable de toiles simples de soie, de ramie, de chanvre et, à partir du 13e siècle, de coton. Grâce à un procédé ingénieux, il était déjà possible, à l'époque Han, de fabriquer également sur ce type de métier de la gaze à fils torsadés. A l'arrière-plan, on voit représentée une bobineuse à pédale.*

même dès le 4e ou le 5e siècle. Il servit d'abord principalement à fabriquer des fils de fibres végétales. Tous ces développements du filage reflètent la nécessité qu'il y avait de suivre l'évolution du métier à tisser. Filer une quantité déterminée de fils demandait toujours beaucoup plus de travail que de les tisser. Il est révélateur que ce sont les innovations techniques dans le domaine de la filature qui, au 18e siècle, comptèrent parmi les critères fondamentaux caractérisant ce que l'on a appelé la Révolution industrielle.

L'aube des Temps modernes

(de 960 à 1279)

Entre le 11e et le 13e siècle, on assiste en Chine à des changements essentiels dans tous les domaines de la civilisation, aussi Jacques Gernet parle-t-il d'une « Renaissance chinoise », désignation qui, par analogie, traduit assez bien l'esprit si souvent évoqué de cette époque.

Sous la dynastie Song, l'administration civile fut renforcée et développée. Pour la première fois dans l'histoire de la Chine, des fonctionnaires érudits s'élevèrent jusqu'aux plus hauts degrés du pouvoir. On peut dire que les mœurs et la culture correspondant aux conceptions néoconfucianistes étaient assises sur de bons modèles de civilisation et non sur la force des armes. Du petit nombre des fonctionnaires érudits qui, avec la grâce de l'empereur, dirigeaient et administraient l'Etat, provenaient aussi ces intellectuels adonnés aux sciences et aux techniques. La prééminence et le pouvoir incontestés de cette élite permirent à ses membres de se consacrer infiniment plus à de tels problèmes qu'ils n'avaient pu le faire auparavant et qu'ils purent le faire dans l'histoire ultérieure de la Chine. Les observations, les théories et les recherches produisirent alors tant de fruits que cette époque apparaît comme l'une des plus créatives de l'histoire de l'humanité, du point de vue des sciences et des techniques. Nombre de ces inventions, découvertes et perfectionnements, comme la poudre à canon, le compas, l'imprimerie à caractères mobiles, revêtirent quelques siècles plus tard en Europe une importance historique décisive et de dimension universelle. Sous la dynastie Song, les conditions sociologiques, agronomiques, scientifiques et techniques furent réunies pour permettre l'éclosion des Temps modernes qui dès lors purent prendre leur essor en Chine. L'histoire chinoise, sur les plans politique et économique, empruntait un nouveau cours.

L'âge d'or de la mathématique

Le 13e siècle passe pour être l'âge d'or de la mathématique en Chine. Dans ce cadre, nous ne pouvons mentionner que quelques-uns des acquis : Shao Yong (1011-1077) calcula précisément, à quatre secondes près, la longueur de l'année tropique. En 1247, pour la première fois à l'époque Song, Qin Jiushao employa le zéro. En 1249, Li Ye rédigea son traité sur le calcul des cercles, suivi dès 1259 par un autre ouvrage concernant l'algèbre. En 1303, Zhu Shijie, probablement le plus

important des mathématiciens de son temps, publia également un livre d'algèbre. On y trouve la représentation, déjà connue depuis longtemps à cette époque, de ce que l'historiographie des sciences occidentales appelle le « triangle de Pascal » (publié par celui-ci en 1665) : il s'agit d'un tableau ordonnant les coefficients binomiaux.

L'astronomie et la mesure du temps

Les études astronomiques sont particulièrement associées aux noms de trois savants fonctionnaires. Shen Gua (1031-1094) fut un observateur et un analyste hors pair qui a livré de nombreuses contributions à la science et aux techniques dans son ouvrage *Traits de pinceau de Mengqi* (vers 1080). Su Song (1020-1101), un fonctionnaire à la carrière extraordinairement fulgurante, se couvrit de gloire en construisant une horloge astronomique fonctionnant grâce à une roue à eau munie d'un échappement, véritable chef-d'œuvre de mécanique. Guo Shoujing (1231-1316) réalisa des instruments astronomiques, réforma le calendrier et fit ériger un grand cadran solaire méridien.

Comme sous toutes les dynasties, les astronomes de la cour des Song se préoccupèrent aussi des phénomènes célestes. En 1054, on observa une supernova (une étoile qui explose) dépassant en ampleur toutes celles décrites auparavant. On peut encore la repérer aujourd'hui : c'est maintenant une nébuleuse informe et de clarté diffuse qui s'agrandit toujours. Les sources disent que cette étoile apparut en juin 1054 dans le ciel oriental (dans notre constellation du Taureau). De jour, elle était aussi visible que Vénus et dardait ses rayons de tous côtés. Sa couleur était d'un blanc rougeâtre. On put l'observer en pleine journée pendant 23 jours et de nuit pendant deux ans.

Dans ce contexte, il n'est pas inutile de faire remarquer que l'astronome Tycho Brahé observa en 1572 une « nouvelle étoile », tandis qu'une autre fut vue par son disciple Johannes Kepler en 1604. Ces deux astres sont déjà renseignés par les sources chinoises. Aujourd'hui, ils sont pratiquement invisibles, mais ces « nouvelles étoiles » ébranlèrent à l'époque l'idée de la perfection finie du ciel enseignée par l'aristotélisme et contribuèrent à préparer la voie vers l'acceptation de la conception copernicienne de l'univers.

Dès avant la dynastie Song, il y eut en Chine des instruments astronomiques fonctionnant par la force hydraulique, comme celui que Yi Xing imagina en 723 sur ordre de l'empereur et qu'il fit réaliser en bronze et en fer. Zhang Sixun fabriqua en 978 un modèle du mouvement du soleil et de la lune. Il y avait eu ainsi quelques précurseurs sur la connaissance et les expériences desquels les astronomes chinois du 11e siècle purent se fonder. En 1086 parut un décret impérial ordonnant la construction d'une nouvelle « horloge astronomique ». Le savant fonctionnaire Su Song fut chargé de cette tâche difficile. Pour réaliser le projet, il se chercha des collaborateurs et trouva en Han Gonglian un homme de métier très versé dans les *Neuf*

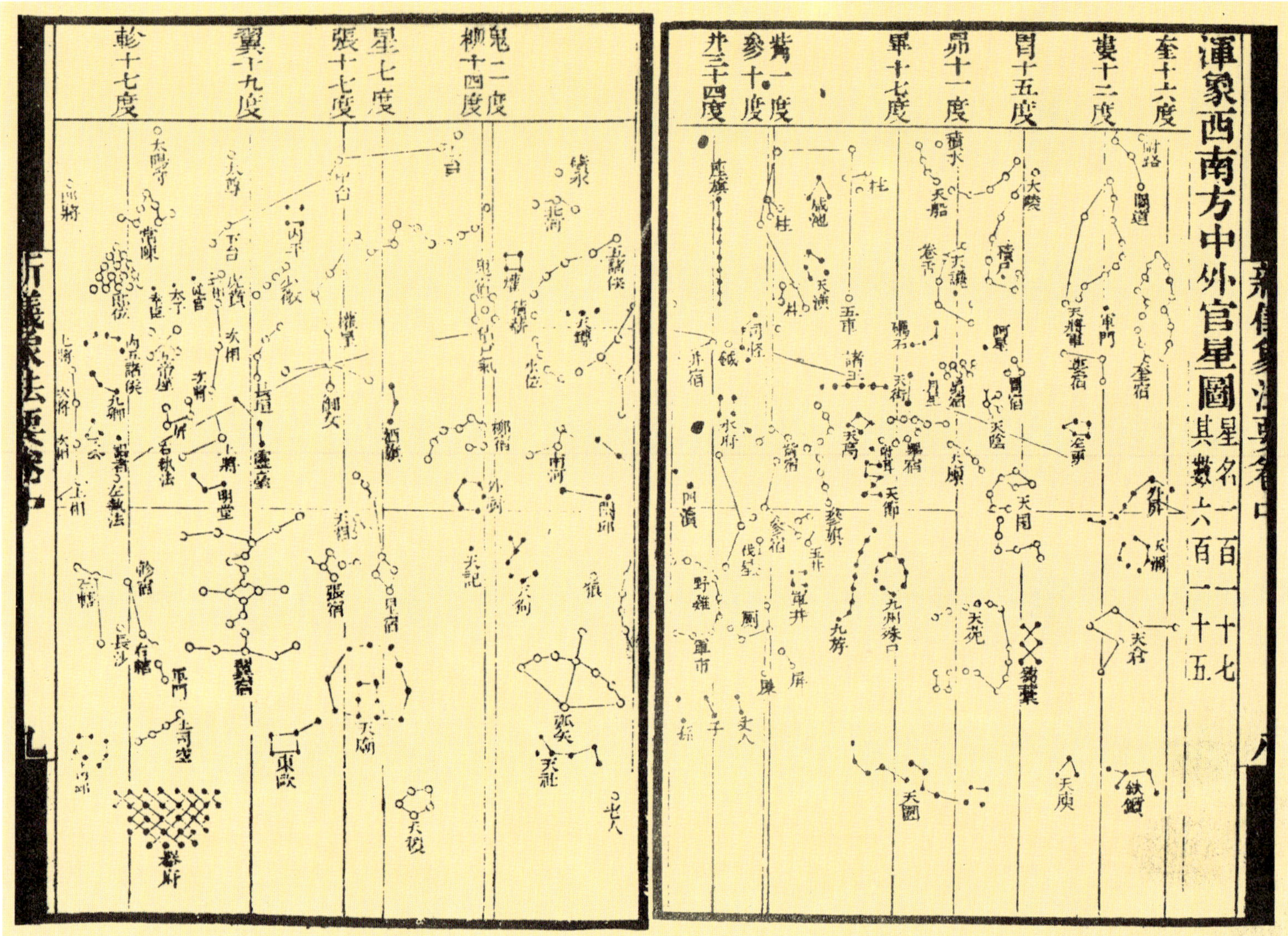

Ci-dessus : *carte stellaire avec 14 maisons lunaires (constellations) respectant le principe de la « projection Mercator » et extraite du* Nouveau projet pour une horloge astronomique *de Su Song (1092). L'équateur est représenté par une ligne horizontale et l'écliptique par une courbe dans la partie supérieure de la carte.*

chapitres sur l'art mathématique et dans « la méthode des triangles rectangles », c'est-à-dire la géométrie.

Ces deux fonctionnaires et leur équipe mirent au point les principes mathématiques et mécaniques de la construction de la nouvelle horloge qui devait dépasser en précision toutes les précédentes. En 1088, on installa et éprouva dans le palais impérial un modèle en bois réalisé d'après leurs plans. C'est en 1090 que fut achevée l'horloge définitive dont les parties essentielles étaient en bronze. Deux ans plus tard, Su Song rédigea son *Nouveau plan d'une horloge astronomique*, dans lequel il décrivit son travail. L'horloge astronomique de Su Song était une tour d'une hauteur de quelque 6 m. Elle se divisait en plusieurs niveaux dont l'utilité était spécifique : indicateur optique et acoustique du temps ; globe céleste qui, quelles que fussent les conditions atmosphériques, indiquait la position des constellations à chaque moment ; sphère armillaire qui se composait d'une série d'anneaux. C'était l'instrument le plus important pour déterminer la position des corps célestes.

L'horloge astronomique fonctionnait grâce à la force hydraulique. L'eau, pompée manuellement dans un réservoir supérieur, s'écoulait de là dans un second réservoir qui conservait toujours le même niveau de liquide. En un jet sortant de la gueule d'un dragon, l'eau de ce second réservoir tombait dans les godets successifs d'une roue à eau de 3 m de diamètre. On savait depuis très longtemps qu'on pouvait mesurer le temps par l'écoulement d'un liquide, mais lorsqu'on utilisait de l'eau, il était difficile (notamment) de régulariser la vitesse du flux. Pour ce faire, on avait recours à un dispositif spécial qu'en histoire des techniques on appelle « échappement ». L'horloge astronomique de Su Song fut probablement la première horloge à eau et à échappement qui ait fonctionné de manière satisfaisante. Ce dispositif était appelé « balance céleste ». Même si le mécanisme tirant profit, grâce à des tringles et des chaînes, de la constance de la gravitation peut paraître quelque peu grossier, les horloges dotées de ce système restèrent, jusqu'à la fin du 16e siècle, les instruments de mesure du temps les plus précis, ne souffrant quotidiennement que d'un écart inférieur à 100 secondes.

Dans l'ouvrage de Su Song, on trouve aussi différentes cartes du ciel — les plus anciennes imprimées — probablement dressées pour construire le globe céleste. Ces cartes indiquent

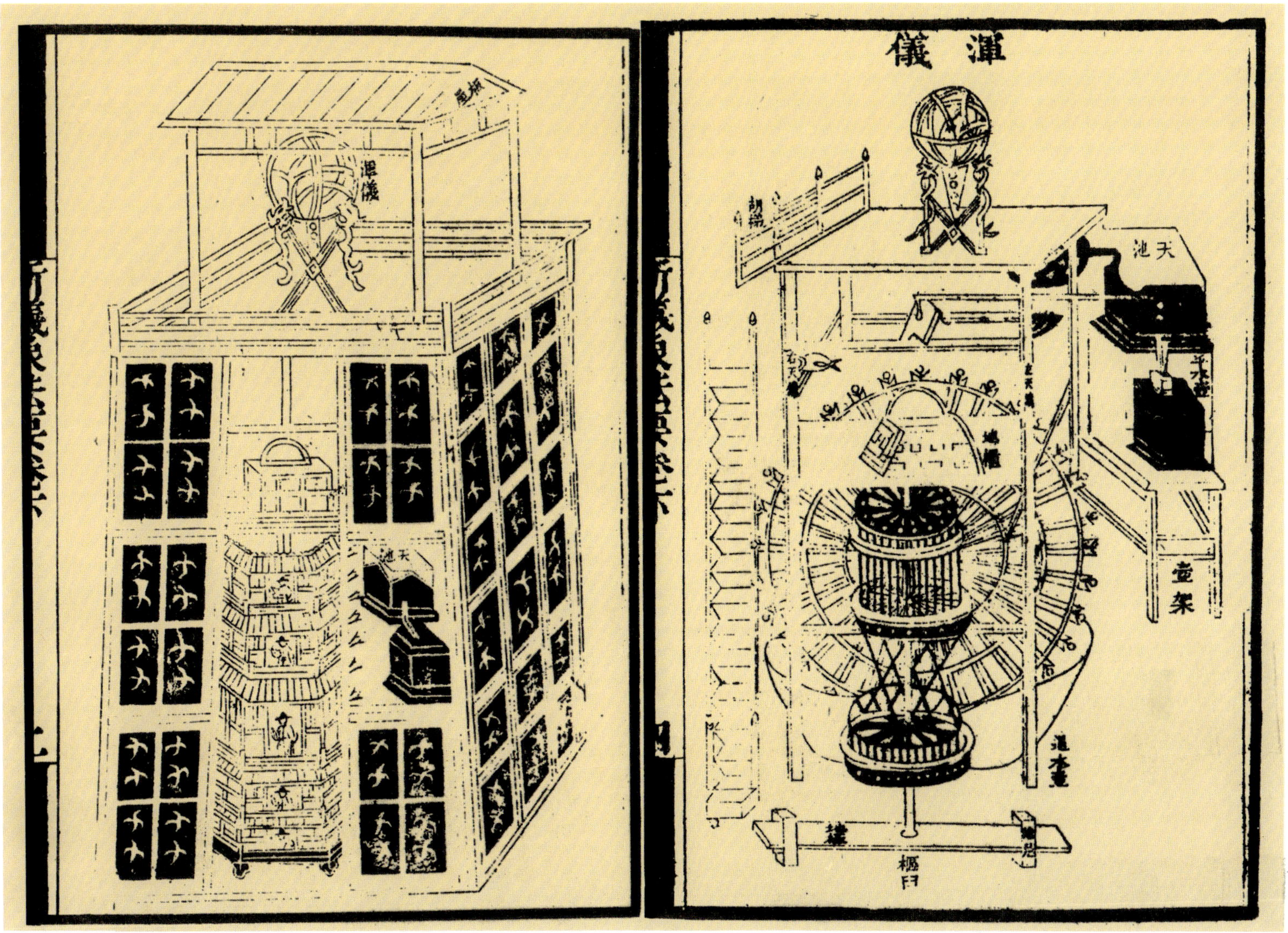

Ci-dessus : *vue extérieure* (à gauche) *et coupe* (à droite) *de l'horloge astronomique de Su Song (1090) d'après les bois publiés dans son ouvrage intitulé* Nouveau projet pour une horloge astronomique. *Cette horloge actionnée par la force hydraulique remplissait trois fonctions. La signalisation visuelle des heures était assurée par l'apparition de petits personnages aux portes des cinq étages d'une façade en forme de pagode : ils portaient de petites tablettes indicatrices du moment de la journée et donnaient différentes informations complémentaires. En outre, des bruits de gongs et de tambours annonçaient aux oreilles l'apparition de ces figurines. A l'étage supérieur de la pagode, à moitié engoncé dans une caisse de bois, il y avait un globe céleste indiquant les constellations indépendamment du temps qu'il faisait. Le mouvement isochrone de l'eau n'actionnait pas seulement les figurines mais aussi ce globe, qui était orienté en fonction de la position de la capitale Kaifeng par rapport à l'étoile polaire et se mouvait probablement grâce à une roue d'engrenage équatoriale. Sur la plate-forme de la tour, il y avait enfin une sphère armillaire, l'instrument le plus important pour la détermination de la position des corps célestes avant l'invention du télescope au 17e siècle. L'instrument, qui comportait toute une série d'anneaux, était mû soit par un pignon transmettant la force motrice initiale, soit par une chaîne de transmission sans fin, laquelle, par son efficacité supérieure, eut d'ailleurs certainement assuré un meilleur fonctionnement. L'invention remonte à tout le moins à l'année 978.*

les 28 maisons lunaires (constellations) selon la projection équatoriale du type « Mercator ». Pour distinguer les maisons lunaires les unes des autres, les cartes utilisent des traits verticaux. Les étoiles sont positionnées par rapport à l'équateur, lequel est parfaitement représenté, ainsi que l'écliptique. Comparées à une carte du ciel manuscrite datant de 940 environ, celles-ci témoignent d'un progrès considérable. En outre, le livre comprend encore une carte céleste circumpolaire montrant la projection des pôles Nord et Sud. Il est parfaitement possible que cette carte ait servi de modèle au célèbre planisphère de Suzhou (1193), qui fut gravé dans la pierre en 1247. Ainsi que le montre le repérage précis des étoiles dans les cartes de Su Song, les connaissances astronomiques de celui-ci étaient, pour l'époque, du plus haut niveau. Il tirait un maximum de profit des connaissances décrites par Shen Gua dans son ouvrage *Traits de pinceau de Mengqi*. Shen Gua avait même utilisé une lunette de visée pour déterminer le pôle vrai.

Pour déterminer le moment de l'équinoxe, on se servait d'un « gnomon », un bâton que l'on plantait verticalement dans le sol afin de mesurer la longueur de l'ombre en plein soleil. Grâce à cet instrument, on calculait la longueur des saisons et de l'année. L'ingénieur, mathématicien et astronome Guo Shoujing (1231-1316) fit construire en 1276 un « cadran solaire méridien » près de la sainte montagne de Songshan, le « centre du

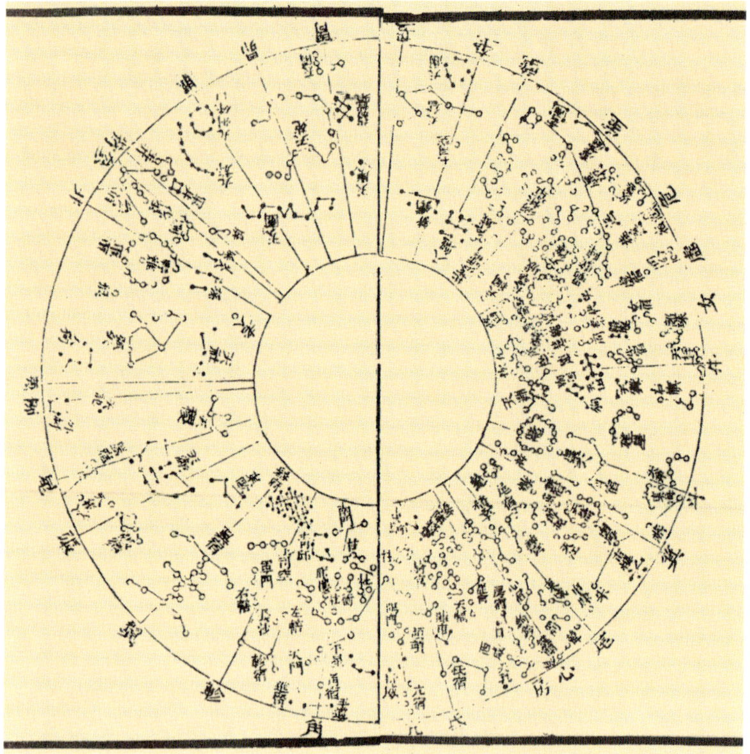

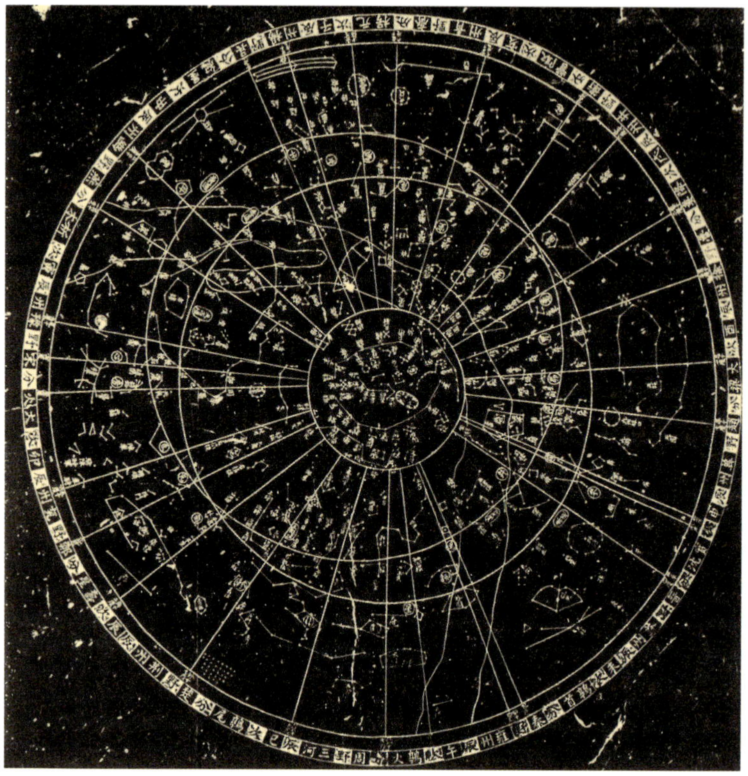

Ci-dessus à gauche : *projection sud-polaire de la carte du ciel préparatoire au globe céleste de l'horloge astronomique de Su Song, extraite de son* Nouveau projet d'une horloge astronomique *(1092).*

Ci-dessus à droite : *planisphère de Suzhou dressé en 1193 et gravé dans la pierre en 1247. La stèle mesure 216 cm de hauteur et 108 cm de largeur.*

monde». Il s'agissait d'une «tour-calendrier» en briques, haute de 14 m et servant à mesurer la longueur de l'ombre solaire. Le gnomon, qui manque aujourd'hui au monument, se dressait à l'origine dans la niche de celui-ci. L'ombre était portée sur une échelle de mesure longue de 32,5 m située au nord de la tour et exactement perpendiculaire à cette dernière. On pouvait s'aider, sur cette échelle, d'un «indicateur de l'ombre» consistant en une plaque de cuivre percée d'un trou qui, à l'instar d'une lentille, intensifiait l'ombre. Cet instrument et son agencement permettaient une précision jusque-là inégalée dans la prévision et la détermination des équinoxes et des solstices. Peu de temps après, en 1279, Guo Shoujing construisit des instruments astronomiques qui restèrent utilisés à l'observatoire de Pékin jusqu'en 1673. Vinrent ensuite, en 1280, sur base de ces divers travaux préliminaires, ses calculs concernant une réforme du calendrier. Il fixa la longueur de l'année tropique à 365,2425 jours et celle du mois synodique à 29,53059 jours.

Le magnétisme et la boussole

Les propriétés de la magnétite étaient déjà connues en Chine au 4e siècle av. J.-C., et on les utilisait dans les boussoles. Sous le terme général de boussole, on range toute une série d'instruments qui, nonobstant leur variété, servaient tous en Chine à indiquer les points cardinaux. Nous citerons notamment la «louche montrant le Sud», le «maître du Sud», le «poisson indicateur austral» et l'«aiguille signalant le Midi». Le compas magnétique et son utilisation pour la navigation marquèrent pour la marine le début d'une ère nouvelle. Aux 12e et 13e siècles, la Chine étendit considérablement son activité commerciale maritime. Entre 1405 et 1407, la flotte de l'eunuque Zheng He fit voile jusqu'en Arabie, atteignit la mer Rouge et la côte orientale de l'Afrique. Mais l'invention du compas de marine fut bien plus importante pour l'Occident que pour la navigation chinoise qui, après Zheng He, s'organisa sur des bases différentes. Sans cet instrument, Colomb n'aurait guère osé se hasarder à voyager vers le Nouveau Monde. Le tour de l'Afrique par Vasco de Gama n'aurait pu être mené à son terme, pas plus que le tour du monde de Magellan.

L'aiguille magnétique placée au centre d'un disque sur lequel sont indiqués les points cardinaux — c'est le prototype de la boussole — faisait partie, à l'époque Song et déjà auparavant, de l'attirail des géomanciens. La tâche de ceux-ci consistait à déterminer l'emplacement approprié à la construction de maisons ou de tombeaux. Ces sites devaient être en accord avec les influx de la nature, le Vent et l'Eau, de sorte que soit préservée l'harmonie cosmique.

Il y avait plusieurs méthodes pour fabriquer de semblables indicateurs des points cardinaux. L'une, très répandue et connue dès le 1er siècle, consistait à aimanter une aiguille en la frottant avec de la magnétite. Shen Gua décrivit vers 1080 diverses possibilités d'utilisation d'une aiguille ainsi préparée. On la laissait flotter dans un bol rempli d'eau, ou bien on la plaçait en équilibre sur l'ongle, ou encore sur le bord d'une coupe, mais le mieux était de l'attacher par de la cire à un fil de soie. Des aiguilles pendues à un fil de soie sont déjà mentionnées dès 983. Grâce à ses expériences sur les aiguilles aimantées, Shen Gua découvrit qu'il existait un écart (déclinaison magnétique) entre le nord géographique et le nord magnétique. Cela avant même que l'aiguille aimantée fut mentionnée pour la première fois en Europe, soit en 1190.

Nous connaissons une méthode d'emploi de l'aimant datant de 1325. L'indicateur des points cardinaux y consistait en une tortue de bois avec un aimant sur le ventre. La tortue était posée en équilibre sur la pointe d'une tige de bambou. On peut voir dans cet instrument le précurseur du « disque aimanté » de l'époque Ming qui, au lieu d'une tortue, ne possédait qu'un aimant, ce qui réduisait considérablement le frottement. L'idée de placer une aiguille aimantée en équilibre sur un point de rotation fixé à une tablette indiquant les points cardinaux est incontestablement d'origine chinoise. Cette « boussole à sec » était, de par sa stabilité et ses vertus d'orientation, de loin supérieure à l'« aiguille flottante ».

La poudre à canon

La « drogue de feu » — ainsi les Chinois appelaient-ils la poudre noire (à canon) — consiste en un mélange de salpêtre, de soufre et de charbon de bois. Ce nom de « drogue » vient du fait que le salpêtre et le soufre étaient considérés, dès l'époque Han, comme des médicaments et que la poudre noire elle-même était encore recommandée à l'époque Ming comme remède contre les éruptions cutanées et comme pesticide. Très tôt, les Chinois s'étaient appliqués à la recherche d'un « élixir de vie éternelle », une drogue qui aurait procuré l'immortalité.

Ci-dessus : *compas gyroscopique de géomancien. L'anneau en partie mobile, pourvu de signes se répétant cycliquement, plus le compas avec son aiguille et l'indication des huit points cardinaux, permettaient au géomancien de déterminer les coordonnées d'un lieu.*

Ci-dessous : *fragment de la carte du ciel de Dunhuang, dressée vers 940. Elle montre, en projection polaire, le « Palais de Pourpre » et la « Grande Ourse ».* Vers la droite, *on voit aussi, mais en projection Mercator, les constellations du Sagittaire et du Capricorne. La différenciation des couleurs (blanc, noir et jaune) correspond aux usages des trois anciennes écoles astronomiques concernant la catégorisation des étoiles.* [Londres, British Library]

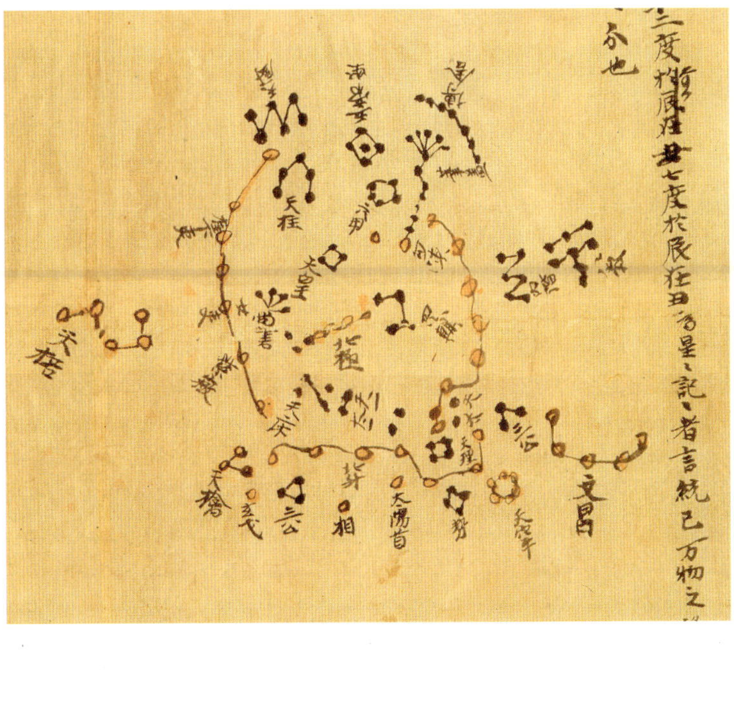

« Avant la dynastie Han, on croyait que l'Etoile polaire se trouvait au centre du ciel, et c'est pourquoi on l'appelait « étoile culminante ». A l'aide d'une lunette de visée, Zu Geng [Zhi] découvrit que le point du ciel qui ne bougeait effectivement jamais était éloigné de l'Etoile polaire d'un peu plus d'un degré. Pendant l'ère royale *Xining* [1068-1077], je fus chargé par l'empereur de m'occuper du Bureau du Calendrier. Je cherchai alors à trouver le pôle vrai à l'aide de la lunette de visée. Dès la première nuit, je remarquai que l'étoile que je pouvais observer grâce à la lunette s'était déplacée un moment hors de mon champ de vision. J'établis ainsi que la lunette était trop petite. Je l'agrandis dès lors peu à peu. Après trois mois d'essai, je parvins à la régler de façon à ce que l'étoile décrivit un mouvement circulaire à l'intérieur du champ de vision sans jamais disparaître. De cette façon, je découvris que l'Etoile polaire était éloignée du pôle vrai de plus de quelque trois degrés. Je réalisai des diagrammes du ciel visible pour enregistrer les positions des étoiles à partir du moment de leur apparition et je les observai après la tombée du crépuscule, au milieu de la nuit et jusqu'à l'aube. Deux cents de ces diagrammes prouvent que l'Etoile polaire est en fait une étoile circumpolaire. Et j'en fis rapport dans mes exposés circonstanciés à l'empereur. »

Description de la détermination du pôle vrai par Shen Gua (1031-1095), dans les « Traits de pinceau de Mengqi ».

Comme les expéditions envoyées à la recherche des immortels censés détenir cette drogue restaient infructueuses, les chercheurs durent s'évertuer à élaborer eux-mêmes une recette. Les alchimistes taoïstes tentèrent sans cesse de créer cette potion. Ils chauffaient du cinabre (sulfure de mercure), de l'arsenic et d'autres minéraux qui devaient entrer dans la composition. Cette recherche de l'élixir d'immortalité permit aussi de découvrir les propriétés du soufre et du salpêtre. Au 9e siècle déjà, on savait que leur mélange additionné de charbon de bois avait des vertus détonantes, qui se manifestaient par une explosion ou un rayonnement de chaleur lorsqu'on enflammait le tout. Il fallut probablement quelque temps avant qu'on connaisse suffisamment les proportions à mélanger et les propriétés du mélange pour utiliser ce dernier comme poudre explosive sans encourir soi-même de danger. Dès 904-906, l'usage de projectiles enflammés appelés « feux volants » est attesté.

La poudre noire entrait aussi dans la fabrication d'obus explosifs, incendiaires ou fumigènes qu'on lançait ou catapultait. Un projectile explosif à enveloppe métallique, dont la charge avait un effet dévastateur, était appelé « le tonnerre qui ébranle le ciel ». Les armes à feu portatives apparurent juste après 1132. La « lance de feu » était une longue canne de bambou chargée de poudre qui fonctionnait comme un lance-flammes. Cette « lance de feu » fut suivie au 13e siècle par « la lance crachant le feu », une canne de bambou plus épaisse qui contenait un projectile de la grosseur d'une graine. Lorsqu'on y boutait le feu, les flammes surgissaient d'abord, puis le projectile. C'était un prototype primitif du mousquet.

A cette époque, la fabrication de projectiles explosifs revêtait déjà une certaine importance économique. Une sorte d'industrie d'armement employait vers 1221 plus de 40 000 travailleurs dans onze ateliers.

Dans le *Traité des armes et de l'armement de guerre* (1628), on mentionne une foule de flèches en forme de fusée, mues par la poudre. Il est même question d'une fusée à deux étages, le « dragon de feu sortant de l'eau ».

Tandis qu'en Europe l'usage de la poudre — comme quelques siècles plus tôt celui de l'étrier — allait avoir des conséquences socio-politiques et devenir un important facteur dans la genèse d'une nouvelle période historique, en Chine rien de comparable n'en résulta. Ainsi, encore une fois, cette découverte fut plus significative pour l'Occident que pour la Chine. Entre 1225 et 1248 déjà, les Arabes s'initièrent à la fabrication de la poudre. En Europe, la première description de la poudre se trouve développée chez Albert le Grand (1206-1280), qui indique la composition du mélange de salpêtre, de soufre et de charbon de bois. Probablement en avait-il eu connaissance, comme Roger Bacon (1214-1293), par l'intermédiaire de milieux arabes cultivés, qui appelaient le salpêtre « neige chinoise ». On ignorait certainement au début que le salpêtre était extrait de matières fécales, du fumier et d'autres ordures, et qu'il fallait mille livres de ces matériaux fétides pour produire cinq livres de salpêtre. Mais la rentabilité du salpêtre accrut l'intérêt manifesté pour l'obtenir et, finalement, le produire. La première allusion à une arme à feu en Occident se rencontre à Florence en 1326 et bientôt, en Europe, la poudre et la construction des armes à feu préludèrent à la décadence de la chevalerie.

L'imprimerie

Dès le 4e siècle, les copies de pierres gravées sur des papiers fins mais résistants étaient déjà fort répandues. Le papier était humecté, posé sur la pierre et délicatement battu jusqu'à ce

Page de gauche : *le « cadran solaire à percée méridienne » construit par Guo Shoujing, à Gaocheng (province de Henan), en 1276, était utilisé comme hyper-gnomon pour déterminer les solstices et les équinoxes. Le gnomon, qui manque aujourd'hui, se trouvait à l'origine dans la niche verticale aménagée au centre de l'édifice. L'ombre était projetée sur une échelle horizontale longue de 32,5 m et située au nord de la tour.*

Ci-dessus : *cette sphère armillaire simplifiée, haute de quelque 2 m et due à Guo Shoujing, se trouve aujourd'hui à l'observatoire de la Montagne Pourpre, près de Nankin. Elle fut fondue en bronze vers 1279. Elle servait à repérer les étoiles et les planètes et à mesurer leur position du moment. L'instrument est conçu de telle façon que sa base est parallèle à l'équateur et que son axe vertical est ajusté en fonction du pôle. En vertu de la préférence donnée par l'Occident à l'écliptique, la base horizontale est installée en fonction du lever et du coucher du soleil. La touche spécifiquement chinoise de l'installation réside dans l'importance accordée par les astronomes de ce pays à la possibilité de suivre le mouvement des étoiles autour du pôle céleste. En Europe, en revanche, c'étaient l'apparition et la disparition des étoiles à l'horizon qui étaient au centre de l'intérêt.*

« Poudre noire à canon : 2 kilogrammes de salpêtre, 700 grammes de soufre, 700 grammes de charbon de bois et autres matériaux.
Poudre détonante libérant un gaz toxique : 1,5 kilogramme de salpêtre, 750 grammes de soufre, 250 grammes de charbon de bois, graines de croton, arsenic, racines toxiques d'*Euphorbia fisheriana*, huile, poix et quelques autres matériaux.
Bombe incendiaire à crochets : 2 kilogrammes de salpêtre, 1 kilogramme de poudre, 250 grammes de charbon de bois et autres matériaux. »

Trois recettes simplifiées pour la fabrication de poudre à canon et de bombes extraites du « Manuel général d'Art militaire » de 1044.

qu'il reproduise précisément toutes les lignes de l'inscription. L'encre de Chine n'était appliquée que lorsque le papier avait complètement séché. L'inscription apparaissait blanche sur fond noir. On peut considérer que ce procédé de reproduction d'une inscription représente les débuts de l'imprimerie en Chine.

Plusieurs indices permettent de conclure que l'imprimerie était déjà une pratique connue sous la dynastie Sui. Au 8e siècle, les imprimeurs réalisèrent surtout des feuillets concernant l'agriculture, la médecine et la calligraphie. Au 9e siècle, les comptes et quittances imprimés se répandirent dans tous les domaines de la vie économique. Des feuillets imprimés conservés au Japon et en Corée datent, respectivement, des années 770 et de 751. Le plus ancien vestige de l'imprimerie chinoise reste le *Sutra du Diamant* que sir Aurel Stein découvrit en 1907 parmi les manuscrits de l'ancienne bibliothèque des grottes de Dunhuang. Ce « livre » est en fait un rouleau composé de six feuillets de texte et d'un frontispice illustré.

Du point de vue de l'histoire de l'imprimerie, la période des Cinq Dynasties se signale par une abondante activité. L'impression des écrits confucéens procura un prestige jusque-là inconnu aux artisans imprimeurs et aux entreprises d'édition, car ces classiques formaient l'assise de toute l'éducation de l'élite. Les classiques confucéens fondaient toute la phraséologie idéologique officielle et fournissaient les principes intellectuels de tous les débats et discussions à tous les niveaux de l'administration et des mécanismes de prise de décision dans les sphères gouvernementales. Ainsi leur diffusion assura non seulement la tradition d'une partie de l'éthique de la période Tang mais prépara aussi fondamentalement le regain de vigueur du confucianisme à l'époque Song.

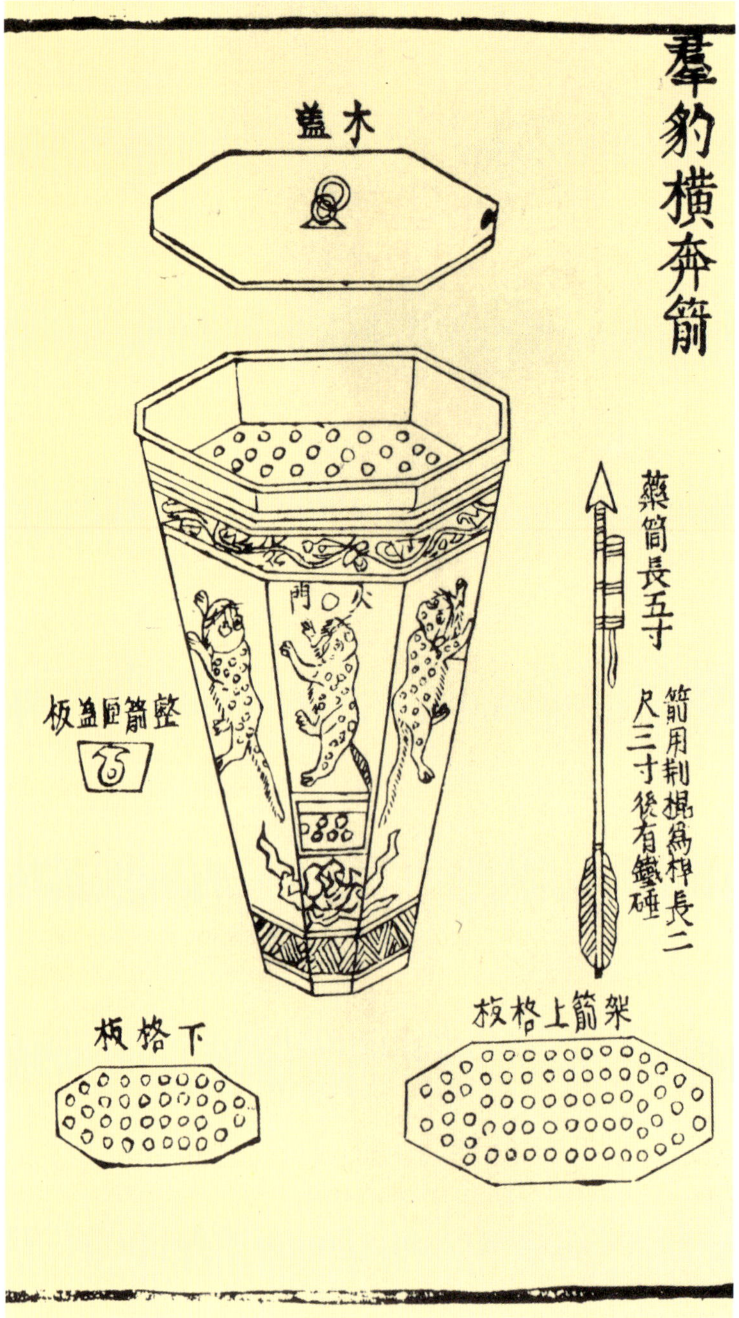

A la suite des classiques confucéens, on imprima les ouvrages du canon bouddhique et les écrits canoniques du taoïsme.

Les planches à imprimer étaient rudimentaires et réalisées rapidement. On écrivait les caractères chinois au pinceau sur une feuille de papier, que l'on collait ensuite sur une planche de bois, avec l'écriture tournée vers le bois. Puis on découpait en relief les caractères. Pour imprimer, on enduisait uniformément la planche d'encre de Chine, on y appliquait le papier et l'on brossait soigneusement et régulièrement la surface de celui-ci. On obtenait ainsi sur la feuille l'impression positive des caractères. L'impression sur planche avait plusieurs avantages : on pouvait emmagasiner les planches en vue d'éditions ultérieures et, en cas de nécessité, les polir pour les remployer. Grâce à l'expérience séculaire acquise dans la taille des sceaux, la gravure ne requérait pas beaucoup de temps.

Entre 1041 et 1048, Bi Sheng inventa des caractères mobiles en céramique. Il les fabriquait un par un et les plaçait sur une plaque de fer recouverte à cet effet d'un mélange de cire, de résine et de cendre ; il chauffait ensuite la plaque, ce qui, grâce à la mollesse de ce fond, ajustait et nivelait les caractères. Après refroidissement, il pouvait commencer à appliquer la couche de couleur et à imprimer. Cette méthode de Bi Sheng se révélait nettement avantageuse si l'on devait imprimer des centaines d'exemplaires d'une même page. L'idée d'employer des caractères mobiles et interchangeables apparut comme rentable, mais ni la céramique ni l'étain qu'on essaya par après ne prenaient l'encre de façon satisfaisante. Aussi semble-t-on s'être ensuite tourné vers des caractères mobiles en bois avant de tenter des essais fructueux avec des lettres en cuivre.

L'encyclopédiste Wang Zhen fait état, dans son *Traité d'Agriculture* (publié en 1313), de la fabrication de caractères mobiles en bois et de l'utilisation de casses tournantes. La méthode préconisée par Wang Zhen était la suivante : on gravait les signes dans un seul bloc, comme dans l'ancienne technique d'impression, puis on découpait la planche à imprimer ainsi obtenue en une série de petits cubes d'égale dimension correspondant à la grandeur des caractères d'écriture. L'étape ultérieure consistait à uniformiser ces petits blocs tant en hauteur, qu'en longueur et en largeur. Ensuite, on les rangeait en colonnes verticales — conformément au texte modèle — dans un cadre où des bandes de bambou contribuaient à les caler. Lorsque le texte était composé, on bouchait les interstices de façon que les caractères ne puissent se déplacer, puis on appliquait l'encre et l'impression pouvait débuter.

Ci-contre : *dès les environs de 1300, on utilisa des casses tournantes dans l'imprimerie à caractères mobiles. L'« annonceur » dictait les numéros des caractères au compositeur ; celui-ci les extrayait alors de la casse avec une pince de bambou et les déposait sur une tablette. Un assistant portait celle-ci à l'imprimeur, qui disposait les lettres dans le châssis.*

En haut à gauche : *représentation d'un appareil de lancement de flèches-fusées tirée du* Traité des armes de guerre et de l'armement *(1628). Pour être mobiles au maximum, ces appareils, qui pouvaient lancer entre 32 et 100 flèches enflammées successivement, étaient le plus souvent installés sur des brouettes.*

La fabrication du papier de bambou, d'après l'ouvrage de Song Yingxing paru en 1637, L'utilisation des ressources naturelles. *Les tiges de bambou étaient mises à tremper plus de cent jours dans l'eau* (en haut à gauche), *puis écorcées, broyées et cuites pendant huit jours, mélangées à une solution de chaux* (en haut à droite). *Après d'autres opérations, la bouillie fibreuse était versée, avec de l'eau, dans une solution chimique préparée dans une cuvette. Lorsqu'on relevait le tamis, une pellicule de cette pâte végétale se déposait dessus* (à droite). *Les feuilles ainsi constituées étaient empilées et pressées* (en bas à gauche). *On les séchait en les brossant contre un mur chauffé* (en bas à droite).

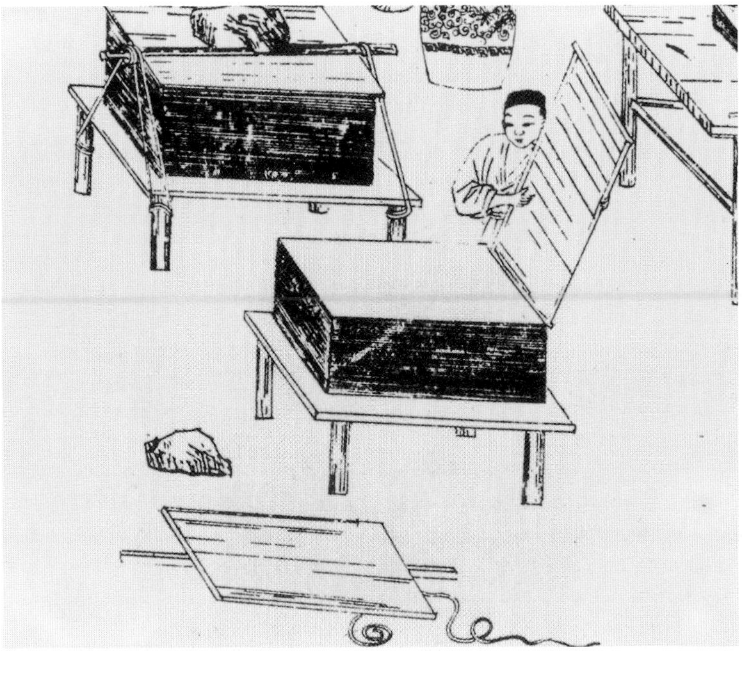

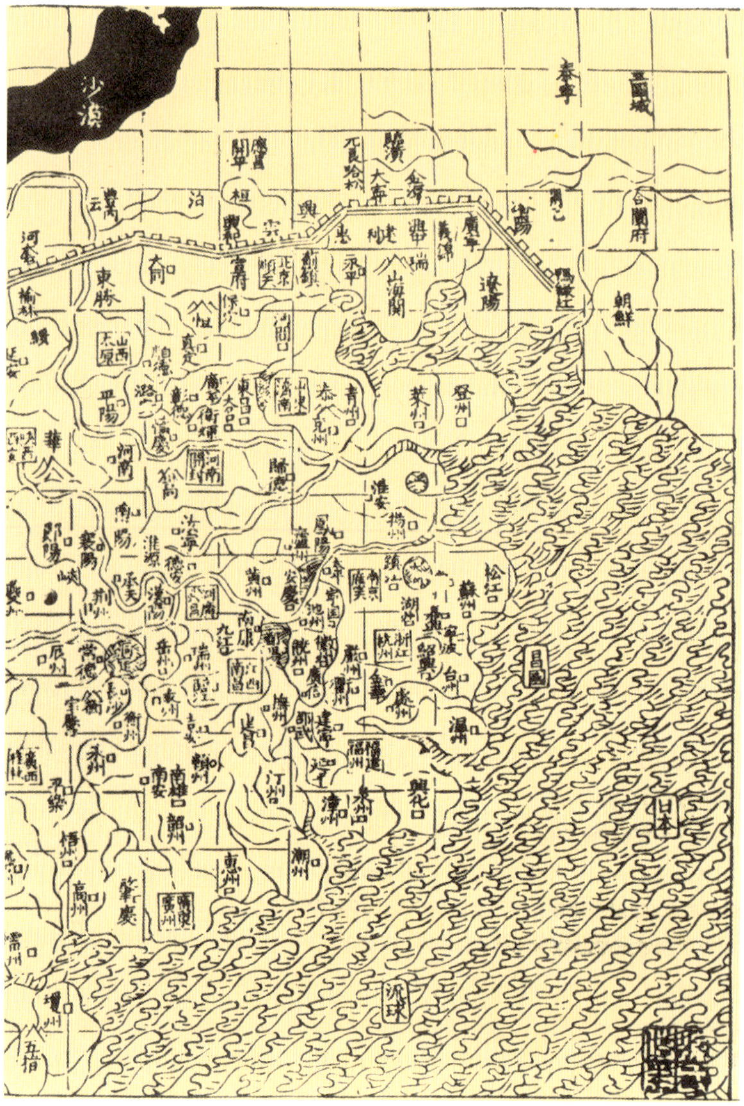

Ci-dessus : *carte générale imprimée recto verso parue dans l'édition de 1558 de la* Carte de Chine augmentée *de Luo Hongxian. La bande noire sinueuse au-dessus doit être le désert de Gobi. Cette carte se base sur la* Carte de Chine *dressée par Shu Siben entre 1311 et 1320.*

A droite : *moulin à grains avec roue hydraulique horizontale. Il se trouve à proximité de l'écluse d'un canal. Fragment d'un rouleau (119,3 cm de long, 53,2 cm de large) de la seconde moitié du 10e siècle attribué au peintre Wei Xian.*
[Musée de Shanghai]

Les casses tournantes étaient circulaires et avaient un diamètre de 2,3 m. Les casiers maintenus en ordre grâce à des lamelles de bambou contenaient les caractères mobiles classés selon les cinq tons et les assonances des livres officiels. En plus, chaque signe était gratifié d'un numéro de série et d'un numéro d'index. Quand il composait un texte, le typographe s'asseyait entre deux casses tournantes, dont l'une contenait tous les caractères chinois les plus usités, tandis que l'autre était destinée à recevoir les caractères du texte officiel des rimes. Pendant le travail, le typographe criait les numéros des lettres souhaitées à son assistant et celui-ci, à l'aide d'une pincette en bambou, retirait les caractères des paniers correspondants et les plaçait sur une tablette. Cette recherche des signes était un travail très astreignant, mais il était sensiblement allégé par la mobilité des casses et, partant, par la position assise du typographe.

L'imprimerie à caractères mobiles, adoptée en Europe entre 1430 et 1460, soit quelque 400 ans après Bi Sheng, présentait de gros avantages par rapport à la copie manuscrite, à cause de la possibilité de reproduire aisément les textes en grand nombre mais, jusqu'à la mécanisation du 19e siècle, elle resta onéreuse en Occident. Il en allait autrement en Chine, car les caractères chinois (qui sont aussi des mots) étaient moins dispendieux à composer que des lettres alphabétiques.

« La carte de Zhu Siben était faite de façon à indiquer les distances par un réseau de carrés. Ainsi, la représentation géographique était effectivement fidèle à la réalité. Même si l'on divisait la carte pour la rassembler de nouveau ensuite, les [fragments détachés] se raccordaient entre eux sans peine, tant à l'Est qu'à l'Ouest.
Sa carte était longue [d'environ 2,24 mètres] et, dès lors, pas très pratique à enrouler. C'est pourquoi je l'ai transposée sous forme d'un livre, en me basant sur le réseau des carrés. »

Extrait de l'avant-propos de la Carte de Chine augmentée, de Luo Hongxian (1504-1564).

La cartographie

La cartographie de la Chine qui, avec la carte monumentale de Jia Dan sous la dynastie Tang, avait atteint un très haut niveau, continua sur sa lancée. La *Carte de Chine et des pays des Barbares*, gravée sur la pierre en 1137 mais dont le modèle date probablement de 1040, ne comportait pas de système de coordonnées. En outre, il y manquait l'île de Taiwan, la presqu'île de Shandong, et les cours des fleuves y étaient incorrectement rendus. Quant aux « pays des Barbares », il n'en était question que dans le titre. Une autre carte de la même tradition parut en 1193 et fut gravée sur la pierre en 1247.

Avec la *Carte du voyage de Yu*, nous nous trouvons devant un réel chef-d'œuvre de la cartographie scientifique, hors de comparaison avec tout ce qui s'était fait à l'époque tant en Extrême-Orient qu'en Europe. Gravée sur pierre en 1137, elle est couverte d'une grille de coordonnées orientées nord-sud et est-ouest, la longueur des côtés de chaque carré correspondant plus ou moins à 50 km. Mais cette carte fut à son tour surpassée par ce qui est sans doute la réalisation cartographique chinoise la plus importante, la *Carte de Chine* qui fut dressée entre 1311 et 1320 et dans laquelle Zhu Siben (1273-1337) tenta d'accorder la tradition cartographique scientifique et critique à son expérience et à ses connaissances personnelles. Pendant deux siècles, cette carte n'exista que sous forme de manuscrits et d'inscriptions. Elle fut une première fois remaniée et amplifiée en 1541, puis imprimée par Luo Hongxian (1504-1564) sous le titre *Carte de Chine élargie*. La première édition doit avoir paru vers 1555, le plus ancien exemplaire daté étant de 1558.

En se basant sur la carte de Zhu Siben, Li Zemin dessina vers 1330 la *Carte pour la diffusion de l'information*, à laquelle succéda, quelque 40 ou 50 ans plus tard, la *Carte des contrées du monde entier* du moine Qingjun (1328-1392). En 1399, ces deux cartes parvinrent en Corée, où elles furent réunies en 1402 en une *Carte des contrées du monde entier et des capitales des différentes époques*. Aucun exemplaire de l'édition originale n'est conservé, mais il existe encore des copies postérieures.

Sous la dynastie Qing, on adopta, par l'entremise des jésuites, les méthodes de la cartographie européenne. La grande époque de la cartographie chinoise, qui jusqu'en plein 17e siècle devançait de loin en précision la cartographie occidentale, était définitivement passée.

Les innovations mécaniques

Beaucoup d'inventions des siècles précédents furent développées et améliorées sous la dynastie Song. Cela contribua non seulement à la prospérité de l'empire, mais créa aussi un modèle de civilisation technique qui ne fut ensuite relativement surpassé qu'avec l'introduction des technologies occidentales. Des bateaux à aubes sont déjà mentionnés en 782 et 785, mais ce mode de propulsion utilisant la force d'hommes actionnant des pédales connut son heure de gloire vers 1330, lorsque des navires « rapides comme des flèches » croisèrent sur le lac Dongting. En 1183, à Nankin, un navire de guerre muni de 90 roues à aubes partit même en mission. La construction de ces bateaux à aubes se perpétua jusqu'au 19e siècle, sous une forme et des techniques différentes et simplifiées. Toutefois, cette tradition ne revêtait plus dans les derniers siècles la même importance

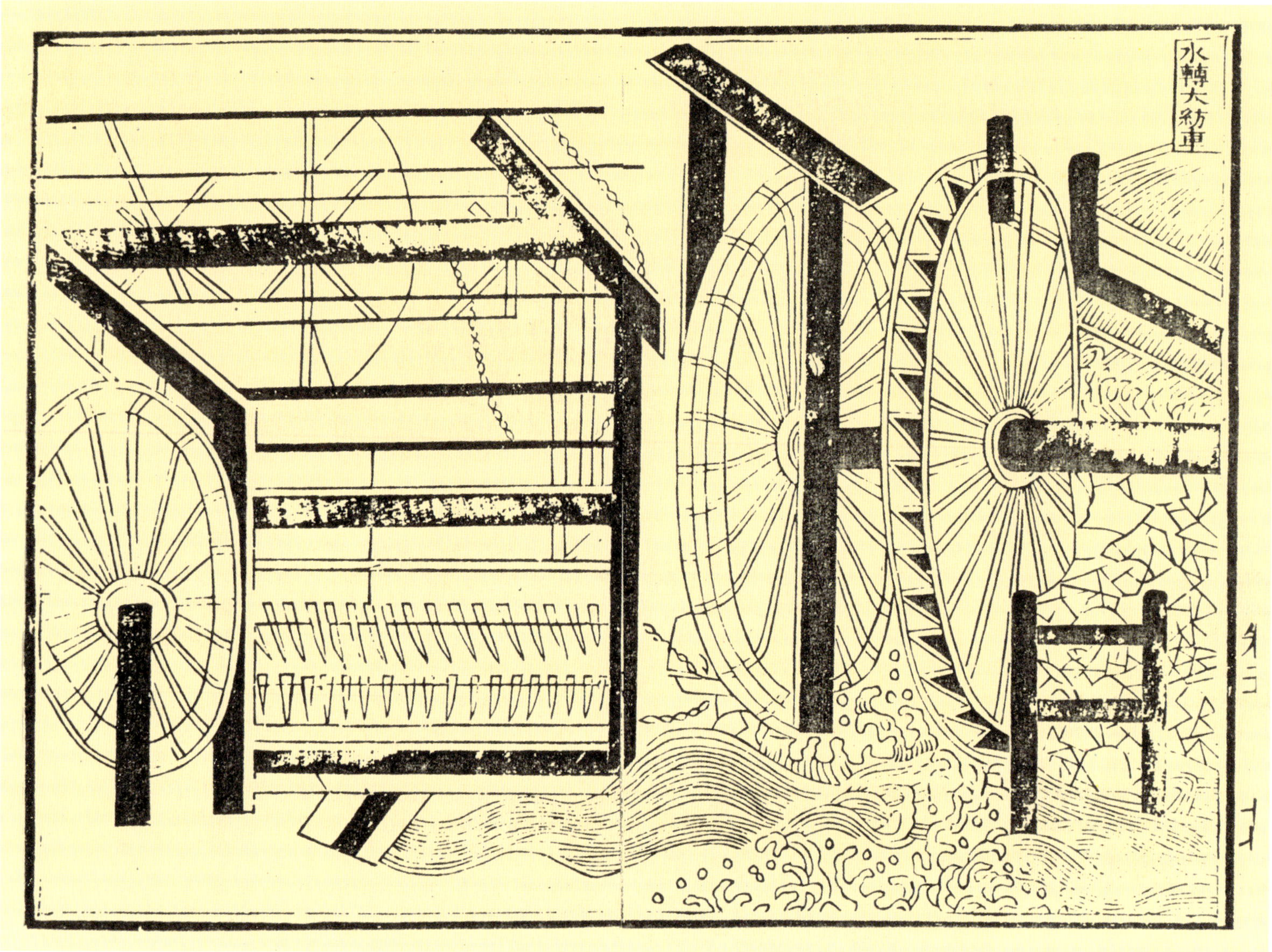

Ci-dessus : *« banc à filer » utilisé pour traiter des fibres libériennes telles que celles de la ramie ou du chanvre et actionné par une roue hydraulique. Extrait du* Livre de l'agriculture *de Wang Zhen (1313).*

historico-technique que sous la dynastie Song. Après celle-ci en effet, les techniques de propulsion ne progressèrent plus et on continua à s'en remettre à la force humaine.

Lorsque, sous la dynastie Song, l'attitude du propriétaire foncier vis-à-vis de la mécanisation du travail agricole se modifia, on mit au point divers types de moulins à eau. Deux sortes de roues de moulin sont très bien documentées par l'iconographie : d'une part la roue à disques placée horizontalement au-dessus du courant de l'eau, d'autre part la roue hydraulique interceptant l'eau qui la meut.

Un progrès technique remarquable fut réalisé dans le domaine de la filature. Auparavant, les longues fibres de chanvre et de ramie n'étaient pas sectionnées, mais triées selon leur qualité et nouées ou collées les unes aux autres. La finesse du fil ne dépendait donc pas du filage, mais était déjà déterminée par la préparation des fibres. De la sorte, il était superflu de filer ces matières comme on le fait avec le coton ou la laine. Mais, sans aucune torsion, les fils manquaient d'élasticité et de solidité et ne pouvaient que difficilement être tissés. Afin de simplifier et d'accélérer cette torsion des fils, les techniciens mirent au point un « banc de filature ». Wang Zhen l'appelle le « grand rouet hydraulique ». Ce « banc de filature » avait une longueur de 620 cm, une largeur de 155 cm et il actionnait des boîtiers contenant le matériau à tordre. En vingtquatre heures, on pouvait produire 59,7 kg de fil légèrement retors. Pour obtenir un résultat comparable, trente rouets à fuseaux multiples eussent été nécessaires.

L'illustre époque Song, eu égard à la qualité de sa soie, demeura un modèle inégalé jusqu'à la fin du 19e siècle et l'introduction des machines occidentales. Cela peut s'expliquer par l'amélioration des méthodes d'élevage du ver à soie, de culture du mûrier et tout particulièrement par les innovations techniques touchant le dévidage de la soie. La meilleure qualité de la soie grège entraîna aussi l'accroissement qualitatif et quantitatif de l'offre en soieries très élaborées et raffinées qui étaient tissées sur des métiers à chaînes.

Le dévidage consiste à dérouler la fibre de soie du cocon. Tout l'art est de dévider régulièrement cette fibre encore élastique et légèrement elliptique. Afin que cette opération puisse suivre le rythme d'augmentation de la production, les sériciculteurs chinois élaborèrent, probablement dès avant le 11e siècle, un dévidoir qui, par un fonctionnement ingénieux, tenait compte de tous ces impératifs. Au 11e siècle, on entrecroisait plusieurs fois les fils de soie pour améliorer leur qualité. Au 19e siècle, avec les machines occidentales, des techniques de croisement plus complexes atteignirent la Chine.

Les dévidoirs du type de ceux de l'époque Song pouvaient produire quotidiennement environ 480 g de soie grège en écheveau. En divisant efficacement le travail entre un dévideur et un ouvrier assistant, on pouvait même arriver à une production journalière de près de 1000 g par travailleur. Un tel rendement était deux fois plus important que celui d'un ouvrier de Shanghai ou de Canton utilisant, au 19e siècle, un dévidoir à vapeur.

Ci-dessus : à gauche, *un rouleau de chaîne est préparé ;* à droite, *une tisserande travaille avec un jeune ouvrier sur un métier multiple installé dans une tour où se trouve le patron de l'étoffe de gaze à réaliser. Extrait du rouleau mural* Labourage et tissage *(époque Song du Sud).*
[Musée de Nankin]

Ci-dessous : *dévidoir à soie permettant le dévidage simultané de plusieurs cocons. Fragment d'un rouleau attribué au peintre Liang Kai, qui exerça son art vers le milieu du 13e siècle.*
[Cleveland, Museum of Art]

En guise de conclusion

Il est toujours malaisé, aujourd'hui encore, de donner les raisons pour lesquelles la Chine s'est enfoncée, surtout après le 14e siècle, dans une stagnation technique et scientifique générale. Très probablement doit-on chercher l'un des motifs essentiels de cette décadence dans le milieu des fonctionnaires-lettrés.

Après l'époque Song, ces fonctionnaires-érudits, auxquels jusque-là on avait été redevables de la majeure partie des connaissances et des innovations, durent lutter pour conserver leur position dans l'Etat. Gardons-nous de voir en eux, à cause de leurs réalisations scientifiques, des « champions du progrès », car l'idée même de progrès leur était totalement étrangère. Sous la dynastie mongole Yuan, à maints moments de la dynastie Ming et plus encore sous la dynastie mandchoue Qing, leur puissance et leur influence furent rognées. On peut même dire que, pendant de longues périodes, les intérêts d'une large part de ces fonctionnaires-érudits furent dissociés de ceux de l'Etat. Fuyant les dangers de la politique et du combat pour le pouvoir et le statut social, ils finirent par se replier sur leur vie privée. Les arts « classiques » redevinrent une préoccupation d'intellectuels.

Rares furent les tentatives de secouer cette stagnation scientifique mais aussi économique. Seuls quelques ouvrages témoignent de tels efforts. Encore la plupart et les plus importants de ces travaux sont-ils des inventaires, comprenant parfois, il est vrai, quelques originalités, comme l'encyclopédie technique intitulée *L'utilisation des richesses naturelles* de Song Yingxing (1637), l'œuvre la plus vaste et la meilleure sur les sciences et les techniques de son temps.

Mais, à partir du début du 17e siècle, les investigations et les conquêtes scientifiques et techniques de l'Occident pénétrèrent irrésistiblement en Chine. Le déchirant problème de l'intégration de la science et de la technique occidentales à la culture chinoise se posa dès lors immédiatement. Au 19e siècle, il déboucha sur l'opposition et la torpeur politique partielle des intellectuels. Depuis lors, les symptômes du conflit se sont modifiés. Mais le problème lui-même est resté jusqu'à ce jour sans solution.

永和九年歲在癸丑暮春之初會
于會稽山陰之蘭亭脩稧事
也羣賢畢至少長咸集此地
有崇山峻領茂林脩竹又有清流激
湍暎帶左右引以為流觴曲水
列坐其次雖無絲竹管弦之
盛一觴一詠亦足以暢敘幽情

La littérature

RARES sont les littératures nationales où, comme en Chine, le concept même de littérature fait référence à l'ensemble de ce qui est écrit. Néanmoins, au fil du temps, certains genres de textes et certaines traditions d'écriture — alors même que leurs représentations les plus anciennes sont encore mentionnées dans les histoires de la littérature — sont désormais traités hors du cadre de l'histoire littéraire proprement dite. Il en résulte une certaine imprécision quant à la limite séparant les belles-lettres des écrits utilitaires — pour autant, somme toute, qu'une telle distinction ait un sens.

On touche là à l'une des plus remarquables caractéristiques culturelles de la Chine traditionnelle : l'idéal artistique des auteurs, fonctionnaires, candidats à des postes administratifs et dignitaires, qui avaient reçu une formation littéraire très large et par conséquent non spécialisée sur le plan professionnel. En relation avec cet idéal de lettrés s'est développée une couche sociale productrice et consommatrice de littérature, sphère très restreinte composée d'un public lettré qui, en principe en tout cas, avait le sentiment de pouvoir tout comprendre. Ce n'est qu'en se replaçant dans le contexte que forme ce monde culturel encore fermé et peu segmenté que l'on peut comprendre les particularités de la littérature chinoise, car ce monde culturel, malgré son caractère fermé, subit un changement continu. Cette transformation se concrétisa non seulement dans la littérature, mais la littérature elle-même est l'une des sources d'informations les plus importantes qui nous permettent de préciser notre vision de cette évolution.

Au cours d'une fête en plein air au printemps 353, les lettrés réunis composèrent des poèmes en dégustant du vin. L'hôte et écrivain Wang Xizhi (303-361) y rédigea sa célèbre Préface du Pavillon des Orchidées (Lantingxu), *qui se compose de 324 idéogrammes disposés en 28 lignes. L'illustration montre un détail d'une copie réalisée par Chu Suiliang (596-658).*
[Taipei, Musée du Palais national]

Les premières traces d'écriture

Aujourd'hui encore, les débuts de l'écriture chinoise se perdent dans la nuit des temps. On rencontre sur des céramiques découvertes ces dernières années, et datées du 5e millénaire avant notre ère, des signes incisés qui, pense-t-on, pourraient être une forme ancienne d'écriture chinoise. Mais les plus anciens témoignages sûrs et conservés dans l'original de cette écriture apparaissent sur de l'os ou des carapaces de tortues remontant à l'époque des dynasties Shang / Yin et ayant servi à noter des consultations d'oracle. Sous la dynastie des Zhou, on abandonna progressivement l'usage des os d'animaux pour enregistrer l'avenir. D'autres matériaux s'affirmèrent comme supports d'écriture : le bronze de certains vases (la plus longue inscription sur bronze connue compte 497 signes), la pierre, le bambou et le bois. Les plus anciens textes de quelque ampleur découverts dans des tombes sont déjà consignés sur des manuscrits de soie ou sur des bandes de bambou ou d'écorce d'arbre. Les témoignages écrits sur papier, dont l'usage a commencé à se généraliser à partir du 2e siècle après notre ère, ne datent que d'une époque plus tardive. Encore proviennent-ils presque tous des régions arides du Nord-Ouest — de Dunhuang par exemple, où ont été faites les plus importantes découvertes dans ce domaine.

L'écriture à la cour impériale

L'écriture, développée et employée d'abord dans les sphères liées aux rites et au sacré, devint bientôt un instrument indispensable pour l'administration, qui lui doit d'ailleurs d'exister. Mais elle servait aussi, et sans doute est-ce sa première raison d'être, à légitimer le pouvoir, légitimation qui employait comme moyen l'historiographie. On comprend donc que les textes les plus anciens et les plus importants viennent justement de ces sphères : citons avant toutes les autres les parties authentiques du *Livre des Origines* (*Shujing*), qui contient principalement des discours et des légendes concernant les souverains

Zhou, lesquels cherchaient surtout à se justifier d'avoir renversé les Shang. L'historiographie et les ordonnances de la Cour, expressions écrites plutôt sérieuses et objectives, occupèrent ainsi le premier plan du point de vue officiel pendant toute la durée de l'empire chinois.

Pourtant, il y avait — parallèlement — des textes divertissants et très vivants qui en réalité — et c'est bien compréhensible — captaient davantage l'attention et étaient bien plus lus. La plus ancienne anthologie de ce genre est le *Livre des Odes* ou *Livre des Vers* (*Shijing*). Celui-ci avait, très anciennement déjà, été colligé par des commentateurs sérieux. Il était depuis considéré ni plus ni moins comme la source de l'éthique sociale la plus élevée. Ce *Livre des Odes* a fondé une tradition littéraire qui faisait grand cas de la poésie au détriment de la prose et même de la rhétorique fleurie. C'était par la poésie, au premier chef, que les lettrés cherchaient à s'exprimer, alors que la prose — en dehors des pièces officielles ou des ordonnances de la Couronne, ou encore de l'historiographie moralisante — était considérée, surtout lorsqu'elle cherchait à divertir, comme un genre tout juste bon à satisfaire les couches inférieures de la population.

Cette distinction entre la poésie — ou textes rimés — et la prose ne fut pas toujours établie de la même manière. De plus, il y eut de temps en temps des tendances à les réunir toutes deux. C'est notamment au cours d'une de ces tentatives de rapprochement, faite à la fin de la dynastie Tang par ce fameux mouvement pour un renouveau intellectuel (surtout lié au nom de Han Yu) qui devait apporter un important concours à la mise en place du néoconfucianisme, que l'on chercha à lever la barrière séparant la vie privée de la vie publique et en même temps à abattre les frontières entre les genres littéraires. A partir de l'époque Tang, on trouve d'autres formes de rapprochement entre l'art lyrique et la prose : la littérature prosodique, intellectuelle et édifiante, ainsi que la littérature narrative et divertissante. L'habitude d'interrompre le texte narratif par des « histoires » caractérise désormais une grande partie de la littérature romancée postérieure. Malgré cette tendance à transgresser les frontières et à réunir les genres, on n'en continua pas moins à distinguer le plus souvent la prose de la poésie, et ce fait justifie la présentation séparée que nous en faisons.

La poésie

Le Livre des Odes

Les 305 (ou 311) chansons consignées dans le *Livre des Odes* auraient, à ce qu'on dit, été rassemblées par des agents royaux dans le but de faire connaître à la Cour les joies et les peines du peuple. Selon une autre tradition, il aurait existé à l'époque de Confucius (de 551 à 479 av. J.-C.) une collection de plus de 3 000 chants, que le sage aurait purgée de toutes les répétitions ainsi que de toutes les chansons dont le contenu ne lui paraissait pas directement servir à l'édification morale. Sans doute ces deux versions sont-elles avant tout le résultat d'enjolivements et de la constitution de légendes plus tardives. Mais elles présentent deux caractéristiques que l'on retrouve à travers toute la littérature chinoise : d'abord celle-ci sert à exprimer les sentiments et les souffrances des sujets face à leur souverain ; et ensuite, si elle contient une critique, elle n'en doit pas moins revêtir une forme respectant les conventions. La littérature sert tout à la fois à édifier et à instruire, au point

On raconte que Cao Zhi (192-232), l'un des poètes les plus célèbres et créatifs de la Chine, aurait écrit par chagrin sa Rhapsodie sur la nymphe du fleuve Luo, *parce que la femme qu'il aimait devint l'épouse de son frère et adversaire politique Cao Pei. Une œuvre sur rouleau transversal attribuée au peintre Gu Kaizhi (vers 346-406) illustre cette rhapsodie. Cet extrait d'une copie du 11e siècle montre le poète affligé au bord du fleuve Luo dans les flots duquel la nymphe a disparu. Encre et couleurs sur soie. 24 × 310 cm.* [Washington, Freer Gallery of Art]

qu'éducation et littérature sont largement mises sur le même pied. Toutes les interprétations tardives décrivent le *Livre des Odes* comme une collection de textes rattachés à l'origine à des mélodies et annonçant déjà la très longue tradition du poème chanté. Il s'agit là, pour une grande part, de chants populaires. A travers eux, nous apprenons à connaître l'un ou l'autre aspect de la culture de la Chine centrale dans la première moitié du 1er millénaire av. J.-C. Ainsi le premier poème est un chant de mariage :

«*Guan, guan crie l'aigle pêcheur*
Sur l'île au milieu du fleuve ;
Gracieuse est cette noble Dame,
C'est une splendide fiancée pour notre Seigneur.

Tantôt plus haute, tantôt plus basse
Croît la mauve des lacs,
Nous la cueillons de deux côtés ;
Gracieuse est cette noble Dame,
Dans l'attente et le sommeil, il se languissait d'elle.

Il se languissait d'elle et ne pouvait la posséder.
Il pensait à elle nuit et jour.
Tourmenté par son désir impatient,
Il se tournait çà et là.

Tantôt plus haute, tantôt plus basse
Croît la mauve des lacs,
Nous la cueillons de deux côtés ;
Gracieuse est la noble Dame,
Nous l'accueillons au son du luth et de la cithare.

Tantôt plus haute, tantôt plus basse
Croît la mauve des lacs,
Nous la cueillons des deux côtés ;
Gracieuse est la noble Dame,
Cloches et timbales jouent pour son plaisir. »

On ne saurait surestimer l'importance du *Shijing* pour l'évolution ultérieure de l'art poétique. Comme ses chants allaient pendant plus de deux millénaires et demi faire partie de l'éducation littéraire permanente de la classe des lettrés, le style de la langue, son répertoire de métaphores, ses schémas de rimes et sa métrique à quatre syllabes marquèrent durablement la poésie chinoise.

Les Elégies de Chu

Les 17 œuvres rassemblées au 2e siècle avant notre ère dans l'anthologie des *Elégies de Chu* ont été le plus souvent mises en relation avec Qu Yuan (de 343? à 290 av. J.-C.), un aristocrate appartenant à la maison royale de Chu. Il est considéré

comme le premier poète dont la personnalité est historiquement attestée. Parmi les œuvres contenues dans les *Elégies de Chu*, le *Li Sao* en tout cas remonte effectivement à Qu Yuan. Aussi l'a-t-on appelé logiquement *Elégie de Qu Yuan*. Cette élégie est une déploration du poète tombé en disgrâce auprès de son souverain. Elle englobe en même temps des traditions chamaniques et se sert de certaines formules et de certaines tournures — que l'on retrouve d'ailleurs dans d'autres élégies — par exemple la formule du matin et du soir :

> «*A l'aurore, j'entame mon voyage à Cangwu, ah!*
> *Au crépuscule, j'arrive dans les jardins du Paradis.*»

Ces phrases, nombreuses et sans cesse répétées dans les poèmes du *Chuci*, trahissent leur origine : il s'agit sans doute de formules liturgiques empruntées au rituel chamanique et dont le poète laïque s'est servi. Par ailleurs, le motif de l'aspiration vers la divinité passe peu à peu à l'arrière-plan, au profit du motif du voyage céleste dans un char tiré par des dragons volants. La rhapsodie (*Fu*, appelée aussi «prose rythmée») de l'époque Han remonte elle aussi au motif traditionnel du voyage cosmique. Mais alors que ces voyages cosmiques représentent à l'origine des voyages chamaniques, pour devenir ensuite l'expression d'une fuite (hors d'une société corrompue ou devant la folie d'un prince), dans la rhapsodie ces voyages se changent en «voyages du monarque». Cela marque une évolution : le déplacement ou l'extension de la culture littéraire et de la créativité poétique, du groupe des prêtres et des spécialistes de la culture aux conseillers du prince et à l'élite en

Page de gauche : *la bataille du Mur Rouge, en 208, qui vit le stratège et poète Cao Cao battre en retraite malgré sa propre supériorité, devint très vite un événement légendaire. Depuis l'époque Tang, cette scène au pied d'un rocher sur la rive du Yangzi incita à la réflexion quant au déroulement des faits. L'influence de la nature et de ce paysage marqué par l'histoire devint un thème fort apprécié des poètes. D'après Li Bai (701-762) et Du Mu (803-853), Su Dongpo (1037-1101) lui consacra des rhapsodies* (Fu) *et des poèmes. Ces derniers ont inspiré de nombreux peintres dont les œuvres évoquent chez le spectateur le souvenir de cette poésie généralement bien connue. On peut s'imaginer le poète parmi les personnages représentés dans le bateau. La page illustrée de l'album fut réalisée par le peintre Li Song, membre de l'Académie impériale de la dynastie méridionale des Song, durant sa période créatrice de 1190 à 1230. Les tourbillons formés par les flots venant se briser au pied des falaises ont été reproduits de façon stylisée par des ensembles presque ornementaux. Encre et couleurs sur soie. 24,8 × 26 cm.*
[Kansas City, Nelson Gallery of Art]

général dont la conscience, sous l'influence de l'idéal confucéen en voie d'instauration, est de plus en plus marquée par la reconnaissance de cette instance centrale du pouvoir que représente l'empereur.

La « rhapsodie » ou « prose rythmée »

La rhapsodie (*Fu*), le plus souvent composée d'une introduction en prose et d'un poème rimé généralement plus long, dont la métrique varie fortement, est caractéristique de la poésie de Cour à l'époque Han. Plus tard encore, les poètes reprendront sans cesse cette forme littéraire pour décrire des lieux comme les palais, les villes ou les parcs ; des choses, comme la cithare, l'encre de Chine ou des insectes ; et aussi des sentiments, par exemple ceux que l'on éprouve lors d'une séparation.

Song Yu (de 290 à 222 av. J.-C.) est considéré comme le fondateur du *Fu*. Mais la rhapsodie en tant que genre n'apparaît pour la première fois qu'à l'époque Han. Elle n'est pas narrative, ni même descriptive : elle va plutôt en s'élargissant, en s'épanouissant, comme un exposé. La *Rhapsodie sur un parc de chasse impérial* ou *Shanglin Fu*, de Sima Xiangru (de 179 à 117 av. J.-C.), le premier grand maître du *Fu*, reprend dans sa finale sa propre introduction :

« Pareille chasse ne peut qu'apporter du plaisir,
Mais lorsque toute la journée
On a caracolé sur son cheval,
Que l'esprit et le corps sont exténués,
Que l'on a éreinté voitures et chevaux,
Que l'on a épuisé l'énergie de ses guerriers,
Que l'on a dilapidé les richesses du Trésor,
Et que l'on ne montre aucune vertu,
Se limitant à tout ramener à son propre plaisir,
Que l'on ignore le bien-être de tous,
Qu'on délaisse le gouvernement de l'empire
Et que l'on ne pense plus avec plaisir
Qu'au nombre de faisans et de lièvres tués,
Telle n'est pas la voie que doit emprunter le noble.
Si l'on voit les choses de ce point de vue,
La situation des Etats de Qi et de Chu
N'est-elle pas à plaindre ?

Sa superficie ne dépasse pas le millier de mètres carrés,
Et les terrains de chasse n'en occupent qu'à peine cent
D'une terre qui ne peut pas être donnée en culture,
De sorte que les paysans meurent de faim.

Alors, bien qu'ils ne soient que des princes vassaux,
Ils veulent, comme l'empereur, étaler leur magnificence,
De sorte que je crains que le peuple n'en souffre
Et ne devienne mécontent.

A ces mots, les deux seigneurs changent de couleur
Et manifestent de la confusion,
Comme si subitement ils avaient perdu quelque chose.
Prenant congé, ils se lèvent de leurs sièges
Et disent :
« Nous ne sommes que des sots et des ignorants
Car nous ne comprenons que difficilement les conseils
Et les avertissements.
Mais aujourd'hui nous avons réellement appris
[quelque chose
Et nous nous conformerons respectueusement
[à ces directives. »

Dans cette conclusion du *Fu*, la critique et l'édification rappellent la rhétorique de l'époque Zhanguo.

En d'autres passages pourtant, on rencontre des reproches contre les voyages célestes du poète-magicien, tels qu'ils apparaissent dans la tradition des *Elégies de Chu*, ainsi dans la description du char impérial et de sa suite, représentés sous la forme d'un véhicule divin accompagné par des dieux et des magiciens qui volent au-dessus du ciel :

« Puis l'oriflamme est déployé,
Et le cortège s'élève dans les airs,
Vole à la rencontre des bourrasques,
Traverse d'effroyables rafales,
Plane dans l'Ether infini et s'approche des régions
Où habitent les esprits.
La grue noire est rattrapée,
Les oiseaux Kunju sont plongés dans le désarroi. »

Ou plus loin :

« A la fin de l'automne, au début de l'hiver,
Le Fils du Ciel se rend à la chasse,
Il monte dans son char incrusté d'ivoire,
Auquel sont harnachés six dragons,
Par des brides ornées de pierres précieuses.
L'arc-en-ciel est hissé, la mer de nuages se déploie. »

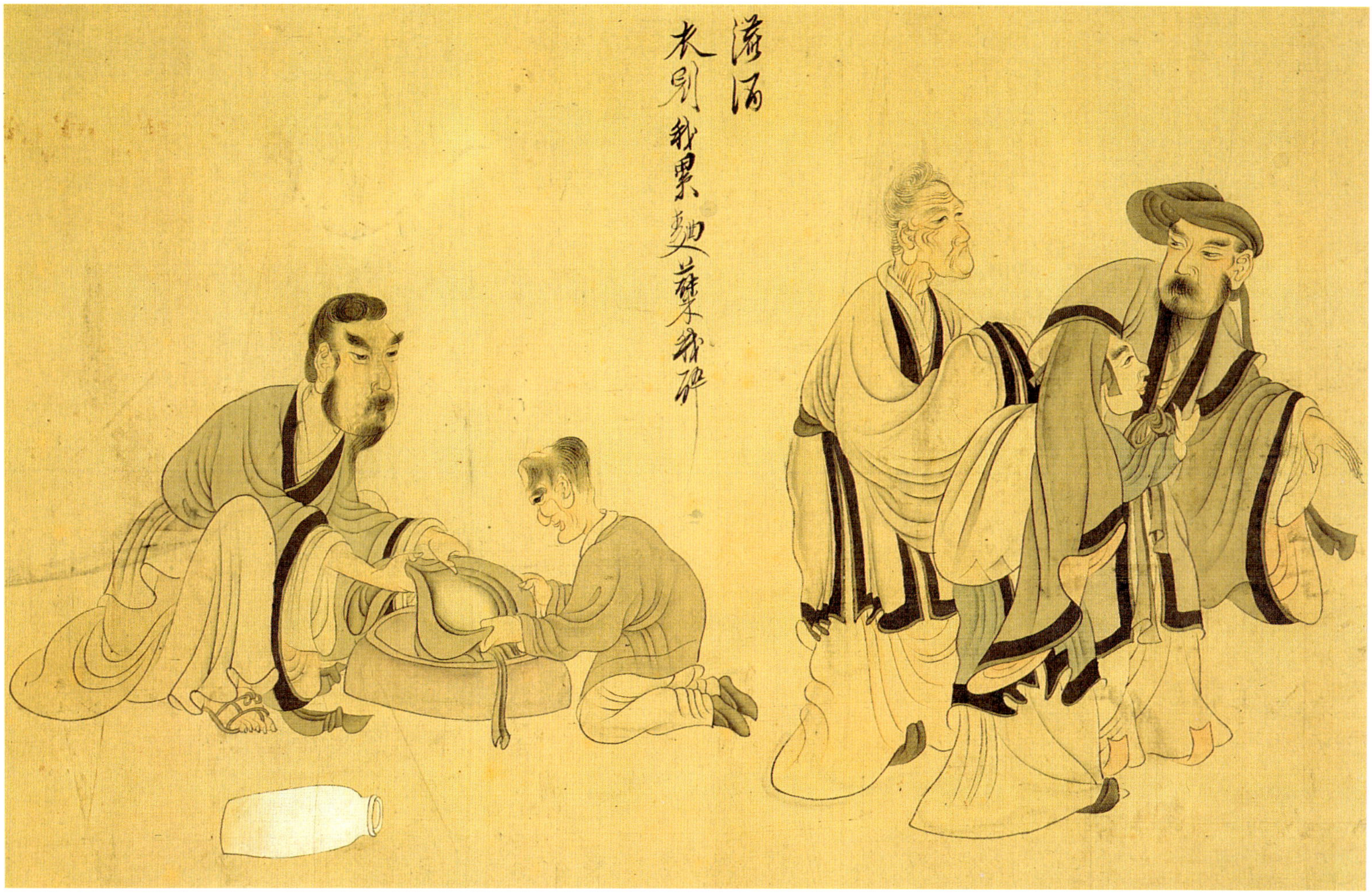

Double page précédente : *les réunions dans la nature, bien que fort mondaines, donnaient souvent lieu à la composition de poèmes. L'extrait d'un rouleau attribué à l'empereur Song Hui Zong (règne de 1101 à 1125) montre une assemblée de lettrés au cours d'une fête en plein air. Encre et couleurs sur soie. 184,4 × 123,9 cm.* [Taipei, Musée du Palais national]

Ci-dessus : *le poète Tao Yuanming (365-427), qui se retira de la vie administrative, ainsi que les peintures lyriques de ses sentiments, sont devenus non seulement un modèle pour les poètes ultérieurs mais également un thème évoqué en peinture. Ainsi, durant l'été 1650, le peintre Chen Hongshou (1599-1651), au cours d'une beuverie réunissant onze personnages à Hangzhou, près du lac ouest, peignit des scènes de la vie de Tao Yuanming. Les deux dernières scènes du rouleau montrent comment le poète, guidé par la charité tout au long d'un voyage, est invité à dîner par un vieil homme et comment, en compagnie de son fils, il filtre du vin de riz dans un chapeau. Encre sur soie, légèrement colorée. 31,4 × 68,8 cm.* [Honolulu, Academy of Arts]

Dans ces visions panoramiques, la figure du souverain est présentée d'une manière qui va en s'intensifiant, la mention des palais, des jardins, des parcs, des places, etc., servant à construire un univers, un microcosme au sein duquel se manifeste le protagoniste héroïque, le souverain. On ne peut donc parler de simple description de lieux, puisqu'il s'agit de manifester l'existence d'une personne présentée sur un fond précieux à fonction symbolique. Dans les *Fu* des siècles suivants, le souverain n'apparaît plus. C'est le plus souvent le « Moi lyrique » ou, à titre exceptionnel, le poète lui-même, qui occupe sa place. Nous reviendrons sur cette particularité plus loin.

Nous avons déjà rappelé combien la juste compréhension d'un *Fu* dépend de la façon dont le lecteur ou, le cas échéant, le traducteur, maîtrise la langue chinoise. Prenons pour exemple de sa force expressive la description du cours d'eau qui traverse le *Parc de chasse impérial* laissée par Sima Xiangru :

« *Comme enflammés d'un violent courroux,*
Les flots s'élèvent en fumant,
Enflés, ils se précipitent là-bas,
L'un pousse, l'autre tire,
Ils se répandent en travers, tournant, tourbillonnant,
Ils se pressent, se bousculent,
Dans un bruit sourd, ils s'élèvent lentement,
Haut vers le ciel, puis retombent,
Ils se ruent en avant, roulent, brisent,
Inondent, éclaboussent,
Mugissent au fond de l'abîme,
Bousculent, poussent,
Vocifèrent, enragés,
Frappent les écueils, pour se reposer dans les profondeurs
Où, apparemment, ils s'évanouissent
Et s'éteignent sans bruit,
Pour à nouveau
S'élever du gouffre en grondant,

Giclant et rejaillissant,
Bouillant et sifflant,
Déposant de l'écume dans la chasse,
Pour, essouflés et hors d'haleine,
Aspirer aux espaces et
Finalement, calmement, en silence,
Se jeter dans l'Océan éternel. »

Des 1 004 *Fu* composés par 78 auteurs que comporte l'*Anthologie de la littérature* (*Yiwen Zhi*) citée dans le *Hanshu*, seuls 570 ont été conservés, dont quelques-uns ne sont sans doute pas authentiques. Certains figurent parmi les *Fu* du *Florilège de la littérature* (*Wenxian*) de Xiao Tong, œuvre qui consacre près de dix-neuf livres (*Juan*) à ce genre et qui contient cinq *Fu* appartenant pour la plupart à des groupes particuliers.

Avec la montée d'une conscience de classe dans la couche des lettrés, les sentiments personnels et des éléments plus privés deviennent à côté des thèmes officiels — injonctions politiques et louanges adressées au souverain — des sujets qui sont désormais traités sous forme de *Fu*. Le *Fu du hibou* de Jia Ji (de 201 à 169 av. J.-C.) en est un des premiers exemples : il rend un son très personnel et a pour dominante émotionnelle l'affliction et le désespoir devant la mort qui guette à la cour de Changsha, la terre d'exil. Par sa tristesse et sa mélancolie, il se situe dans la tradition du *Li Sao*. Ce *Fu*, que l'on retrouve aussi dans la biographie du poète du *Shiji*, ouvre dans le *Wenxian* le groupe des *Fu* consacrés au thème des « oiseaux et bêtes sauvages ». Un hibou vole dans la hutte du poète ; celui-ci demande à l'oracle la signification de cet événement puis il interroge le hibou pour savoir s'il lui apporte le bonheur ou le malheur. L'oiseau ne lui répond pas — car généralement dans la littérature chinoise les animaux, par nature, ne parlent jamais aux humains — mais le poète consigne par écrit ce que veut peut-être dire l'oiseau. Suivent des considérations générales sur la vie et sa finalité, dont les idées sont fortement teintées de tradition taoïste selon Zhuangzi.

Cette attitude universaliste a eu une influence décisive sur la plus grande partie de la littérature chinoise ancienne. On le perçoit clairement dans la *Rhapsodie sur la littérature* de Lu Ji (vers 300 ap. J.-C.). Il y est dit du poète :

Ci-dessous : *ivresse et poésie entretiennent en Chine, et ce depuis la fin de l'époque Han, des rapports très étroits. C'est ainsi que les suites néfastes de l'ivresse et le retour à la sobriété devinrent des thèmes de prédilection. La retraite de la vie administrative et le recours au vin furent sans cesse associés, surtout depuis Tao Yuanming, à tel point que le terme ivresse signifiait souvent indépendance et liberté. Le refuge dans la solitude était cependant l'expression d'une protestation contre un monde mauvais et donnait lieu moins à la joie qu'à la plainte sur les défauts du temps. Une page de l'album intitulé* Seize visions de la vie du solitaire, *que Chen Hongshou (1599-1651), célèbre pour ses portraits, peignit peu avant sa mort, représente un solitaire près d'une « pierre de sobriété », dont la fraîcheur apaise le malaise. Encre sur papier, légèrement colorée. 21,4 × 29,8 cm.*
[Taipei, Musée du Palais national]

«Il descend jusqu'au fond des choses,
Il contemple le mystère de l'Univers,
Son esprit galope aux huit extrémités du monde,
Son cœur erre dans les confins.
Finalement,
Lorsque son âme s'est progressivement clarifiée,
Que les choses se profilent avec plus de netteté
Et se poussent l'une l'autre vers l'avant,
Il absorbe l'essence de l'écriture,
Il nettoie sa bouche avec un extrait des six arts.
S'exerçant sur la mer céleste, il voyage là-bas
Et, se jettant dans la source, il s'y baigne entier.»

Le département de la musique et le chant populaire

S'opposant totalement à cette poésie centrée sur la personne du poète, les ballades, les hymnes et les chants composés dans la tradition des poèmes musicaux (*Yüefu*) sont plutôt des poèmes illustrant des sentiments populaires et collectifs. Bien qu'épousant diverses formes à l'origine, ces chants vont recourir largement au vers à cinq syllabes, ce qui fera naître chez beaucoup l'idée que la forme poétique classique du pentamètre — considérée comme classique jusque tard sous l'époque Tang et généralisée au 1er et au 2e siècle après notre ère — remonte en fait à ces chants de musiciens à cinq syllabes.

Cette forme compacte du *Yüefu*, chant qui prévaut au 2e siècle ap. J.-C., est représentée par les *Dix-neuf poèmes anciens* anonymes qui sont empreints d'une dominante triste, pleurant la séparation et le cours qui emporte la vie. Cet état d'âme caractérise aussi la poésie du siècle suivant, que l'on appelle d'habitude *Jian'an* d'après la devise du règne (de 196 à 220 ap. J.-C.) et dont les représentants les plus illustres sont issus de la famille Cao. Alors que la plupart de ces poèmes sont caractérisés par des vers de cinq syllabes, beaucoup pourtant suivent encore la tradition plus ancienne des vers à quatre syllabes : ainsi ce poème de Cao Cao, auquel on aurait pu donner le titre de *Vue sur le lac*, et qui a été considéré d'ailleurs comme le premier poème paysagiste chinois :

«A l'est du mont Jieshi
Mon œil erre sur l'immensité du lac
Où les vagues bercent le promontoire que forme l'île.
Les arbres y croissent, denses,
Et cent graminées poussent sur elle.
Le vent d'automne gémit et pousse les flots vers le ciel
De sorte que le soleil et la lune semblent en jaillir
Et la voie lactée d'une clarté radieuse
Se confond au milieu avec eux.
Combien je suis heureux
Et combien tout cela chante à mon esprit!»

L'art des vers étant devenu une manière d'exprimer sa culture, les tentatives poétiques se multiplièrent et le talent lyrique fut tout spécialement mis à l'honneur. Parmi les nombreuses figures de poètes du Moyen Age chinois tardif, la postérité a surtout célébré Tao Qian (ou Tao Yuanming, de 365 à 427) et Xie Lingyun (de 385 à 453), deux auteurs qui se trouvèrent à mi-chemin entre la carrière officielle et le repli sur la vie privée, mais qui tous deux, pour des raisons différentes, ne parvinrent en fait à se réaliser ni dans l'une ni dans l'autre. L'idéal de perfection qu'ils placent dans le retrait du monde a subsisté. Xie Lingyun le décrit comme suit :

«Le Sage qui sait se moquer de la gloire entre dans le Dao et vit dans la vérité. Il laissera son intellect inactif, et son vouloir s'amoindrir. Il se retirera et abdiquera son Moi. Ensuite il bâtira un ermitage à mille brasses de hauteur, loin de tout, une cellule sombre et isolée dans le désert... Il conviera le ciel et la terre à sa solitude, il traversera les quatre océans à l'endroit de son cœur et s'élèvera au-dessus de la poussière d'ici-bas.»

Les règles de versification

La multiplicité des genres poétiques et l'inflation du discours sur les critères de jugement de la poésie exigèrent dans maints cas une entente sur les règles à suivre. Depuis le 6e siècle, l'élaboration de règles de composition dépend ainsi fortement de l'augmentation de l'accentuation dans la langue parlée, conséquence aussi bien de l'importance du chant récitatif dans la pratique du rituel bouddhique que résultante d'une conscience accrue des particularités phonétiques propres à la langue parlée. Comme les examens officiels prenaient de plus en plus d'importance, on commença à rédiger des manuels sur les règles poétiques. C'est d'ailleurs en cela que les idées que l'on enseignait se distinguaient des théories particulières. Le besoin de transparence ou l'encouragement à la création originale, mis en évidence notamment par Han Yu dans son *Art poétique*, trahissent clairement l'influence du bouddhisme Chan (Zen). On trouve le même courant de théorie poétique dans l'exigence de pondération qui touche encore une fois la poésie vers 50 av. J.-C., et qui est révélée dans l'œuvre intitulée *Le style de jade du poète* (*Shiren Yuxie*), de Wei Qing-Zhi :

«Un jour, Xie Tiao (464-499) s'entretenait avec Shen Yue et lui disait : « Un bon poème doit être d'une harmonieuse beauté. Il coule de source et roule comme une balle de

Les réunions de lettrés n'avaient pas pour seul objectif d'écrire ou de boire du vin. On y rassemblait et éditait également des textes classiques, entreprises généralement commanditées par l'Etat. Au 7e siècle, Yan Liben réalisa une peinture sur rouleau transversal intitulée Lettrés sous la dynastie septentrionale des Qi préparant l'édition de textes classiques. *Des peintres plus tardifs reprirent ce thème. Qiu Wenbo (actif de 933 à 965, également connu sous le nom de Qiu Qian) la reproduisit dans un rouleau vertical et transposa les quatre hommes de lettres attendus par leurs servantes dans une scène champêtre. Encre et légères couleurs sur soie. 84,9 × 49,6 cm.*
[Taipei, Musée du Palais national]

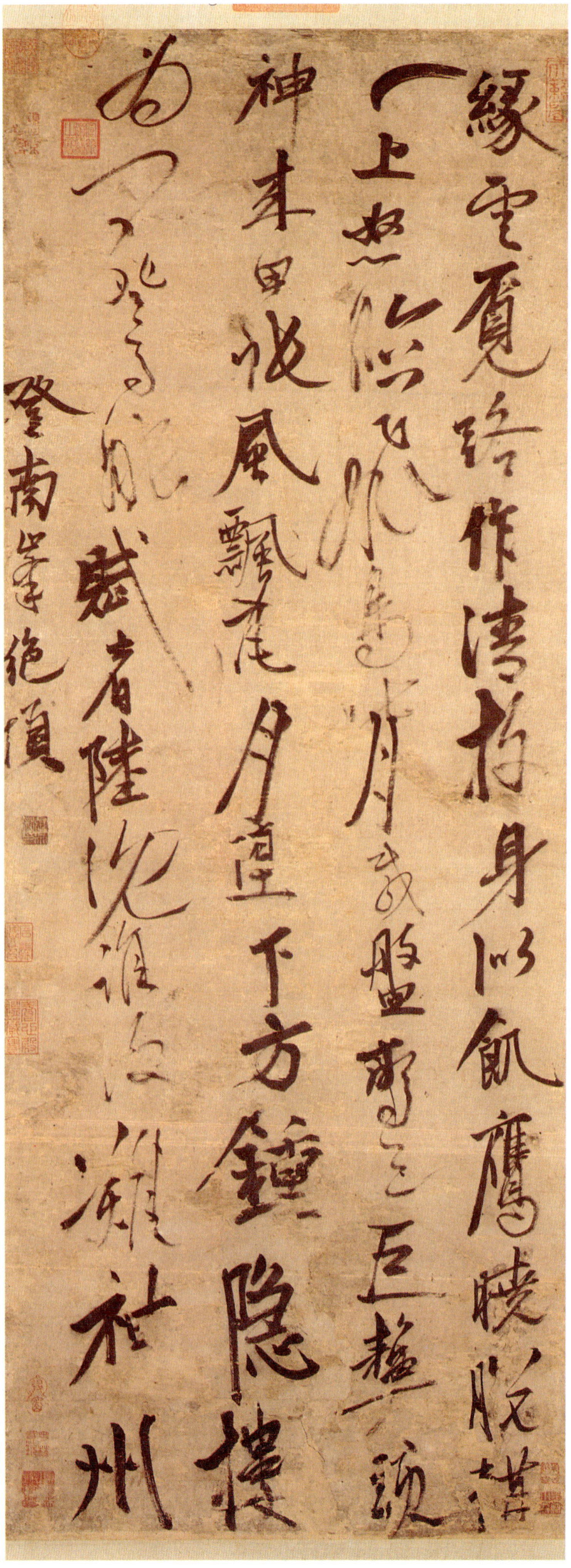

fronde. » Aussi Su Dongpo, dans sa réponse à Wang Gong, déclare : « Un nouveau poème ressemble à une balle de fronde. » Et dans son poème à la gloire de Ouyang Bi, il est dit : « Ce sont là vers parfaitement polis, comme des balles de bronze ou des projectiles de bâton Zhe. » On pourrait encore ajouter que dans le poème on accorde une grande importance à l'harmonie et à la finition. Je pense personnellement que l'on s'égare sur une voie glissante et dans une impasse si l'on pense trop à l'harmonie et à la finition. Que l'on s'égare d'un autre côté sur une pente aride et inféconde si l'on attache trop de prix à une rigueur sénile. Tant que nous serons capables d'éviter ces deux extrêmes, nous pourrons sans crainte faire reposer l'art de la rime sur les mots des Anciens. »

L'idée que l'on trouve exprimée sous cette forme est typique du 11e siècle, mais elle garde pourtant le souvenir de Shen Yue comme de l'un des plus importants créateurs de règles poétiques. Ainsi les poèmes plus tardifs, dits « du style nouveau » (*Jintishi*) se sont développés à partir des règles de métrique établies par Shen Yue. Ces œuvres sont souvent aussi appelées « poèmes de règle » (*Lüshi*) ou parfois « poèmes alignés (régulièrement) », ou encore « poèmes courts » (*Jueju*). Le fait que notre source principale pour la connaissance de l'évolution de la métrique chinoise soit, à côté des poèmes eux-mêmes, le *Miroir de la littérature : le réservoir secret du discours*, écrit par le japonais Kukai qui effectua un pèlerinage en Chine (774-834), indique combien la connaissance des règles poétiques se transmettait de manière informelle.

Les écrits chinois de théorie poétique, les « Arts poétiques », s'attachent moins à donner des directives formelles qu'à traiter des questions d'esthétique générale. Les différents « Arts poétiques » reflètent encore une fois l'évolution de la littérature. Dans les premiers écrits théoriques et les premiers traités poétiques, dont nous ne mentionnerons ici que la *Rhapsodie sur la littérature* (*Wengfu*) de Lu Ji (de 261 à 301) et l'ouvrage *Idées littéraires et l'art de sculpter des dragons* ou *Wenxin Dialong* de Liu Xie (vers 462-522), on ne faisait pas encore de distinction entre poésie et prose.

Le rapport entre le poète et son entourage d'un côté et le monde environnant — que forment la nature et la société aussi bien que l'ensemble des traditions, surtout littéraires — de l'autre, est porté à l'avant-plan. Depuis l'époque Tang, il y a une tendance croissante à séparer la poésie de la prose, que l'on retrouve même dans le débat théorique. A partir de l'époque Song, c'est désormais l'unité de toute la littérature qui est troublée, mais l'opposition théorique s'appuie tout spécialement sur la poésie au sens strict et trouve ses retombées dans les nombreuses œuvres intitulées *Discours sur la poésie* ou *Shihua*, dont l'œuvre déjà citée issue de la plume de Cang Lang, le *Canglang Shihua*.

L'apogée de la poésie chinoise : l'époque Tang

L'époque de la dynastie Tang est généralement considérée comme la période classique de la poésie chinoise. Cette idéalisation de la poésie Tang avait déjà commencé dès l'époque suivante, celle de la grande dynastie des Song, à qui nous devons d'avoir transmis la riche tradition du lyrisme Tang. En réalité, nous y trouvons non seulement différents courants mais aussi, et fort justement, diverses périodes. Des quatre périodes que l'on admet généralement, chacune est digne d'intérêt et présente ses propres attraits, mais c'est à celle qui couvre la première moitié du 8ᵉ siècle, sous laquelle travaillèrent les plus remarquables figures de poètes de la Chine, que l'on accorde — et c'est bien compréhensible — le plus d'importance. Avant tous les autres, citons Du Fu (de 712 à 770), qui est considéré comme « le plus grand poète de la Chine », Li Bo (de 710 à 762), aussi connu sous le nom de Li Taibo, ainsi que Meng Haoran (de 689 à 740) et Wang Wei (de 699 à 759).

L'instabilité de la situation politique aux 5ᵉ et 6ᵉ siècles a fait naître une poésie qui évite généralement les thèmes moraux pour insister davantage sur le côté formel et esthétique du poème. Dès le début de l'époque Tang, certains poètes et lettrés prirent position contre cette tendance au maniérisme et à la superficialité, mais ce fut le poète Chen Zi'ang (de 661 à 702) qui, à en croire la tradition, parvint à dépasser cette poésie de cour. C'est du moins ce que louait en lui Han Yu (de 768 à 824), qui fut l'une des grandes figures du renouveau confucéen, dans un poème lyrique à Meng Jiao (de 751 à 824) : « C'est sous notre dynastie qu'a refleuri la littérature, Chen Zi'ang fut le premier à atteindre la perfection. »

Page de gauche : *les poèmes vécurent bien plus grâce à leurs multiples retranscriptions que par la déclamation. Transcrits sur papier à l'aide d'un pinceau et d'encre, ils bénéficièrent d'une réalisation chaque fois nouvelle, d'une sorte de représentation visuelle, dans laquelle langue et geste se confondent, comme dans le poème régulier en vers de sept syllabes composé par le peintre, calligraphe et poète Zhang Yu (1277-1348), qu'il nous transmit rédigé de sa propre main.* [Taipei, Musée du Palais national]

A droite : *c'est également en copiant l'écriture de maîtres importants que l'homme de lettres manifestait sa personnalité ; dans l'écriture, comme dans la peinture à l'encre, on croyait pouvoir reconnaître de la façon la plus immédiate le caractère d'un érudit.* *Pinceau* (en haut), *petit bloc d'encre solide et pierre ponce faisaient donc partie du matériel indispensable de tout lettré* (au centre). *On attachait une grande importance à la qualité et à la décoration de ces ustensiles. Pour faire reconnaître ses propres écritures, mais aussi les livres et peintures acquis, on les estampait par l'impression généralement rouge d'un sceau taillé dans la pierre* (en bas). *Les ustensiles de l'écrivain firent très tôt l'objet de collections en Chine et des corps de métier s'occupaient à eux seuls de les fabriquer. Outre les pinceaux, morceaux d'encre solide et pierres ponces, des supports et porte-pinceaux en ivoire ou en jade ainsi que des chevalets de table vernis ou en jade et finement décorés faisaient partie de ces objets artisanaux précieux, cadeaux souvent fort appréciés.* [Stuttgart, Linden-Museum]

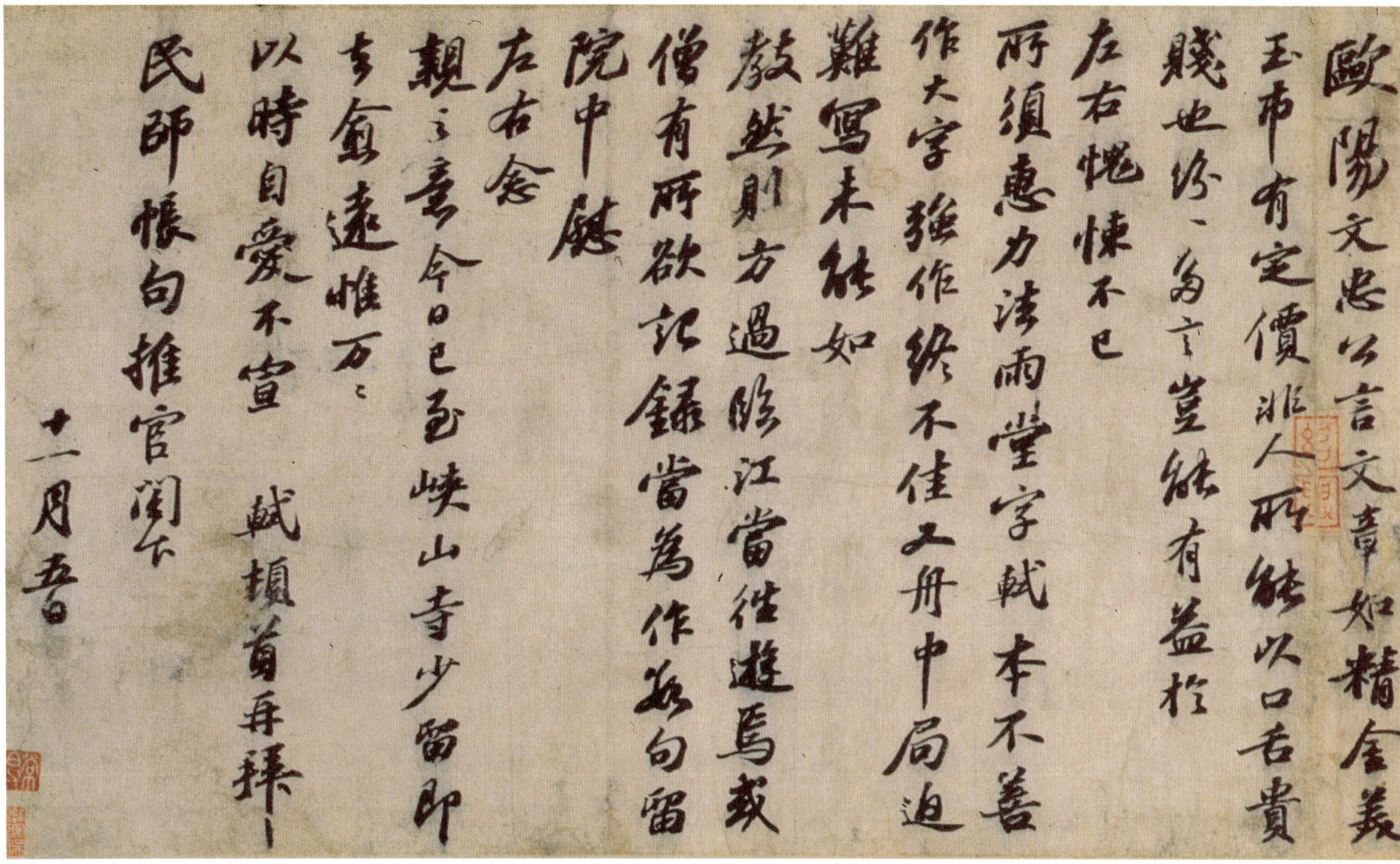
歐陽文忠公言文章如精金美
玉市有定價非人所能以口舌貴
賤也紛紛多言豈能有益於
左右愧悚不已
所須惠力法雨堂字軾本不善
作大字強作終不佳又舟中局迫
難寫未能如
教然軾方過臨江當往遊焉或
僧有所欲記錄當為作數句留
院中慰
左右念
親之意今日已至峽山寺少留即
去愈遠惟萬萬
以時自愛不宣 軾頓首再拜
民師帳句推官閣下
十一月五日

On peut considérer Wang Wei et Meng Haoran comme les premiers véritables représentants du style de l'apogée Tang. Leur lyrisme naturaliste et léger à la fois est resté célèbre. Peu de poètes de l'époque Tang ont été aussi souvent traduits que Wang Wei, dont le sonnet (*Jueju*) et le poème, régis par les règles (*Lüshi*) jouissaient d'une grande popularité, sans doute en raison de leur brièveté. Un de ses poèmes a été transposé comme suit :

« Au-dessus de la route pendent les saules ;
Peu d'hommes sur les sentes
L'aviron s'écarte rapidement de la berge ravinée.
Seule me reste ma mémoire, comme une congère.
Courant du Sud, courant du Nord
Fidèlement il te mène sur ton chemin. »

Malgré des personnalités fort diverses, ces poètes développèrent pourtant d'évidents traits communs, qui furent soulignés presque de manière inconvenante par la postérité. Tandis que Wang Wei devenait ainsi le représentant d'un certain comportement fuyant le monde et plongé dans la méditation, Li Bo était considéré comme un poète anarchiste, enfoncé dans l'ivresse de la boisson. Et tandis que les poèmes allusifs de Du Fu jouissaient d'une réputation de sévérité presque mélancolique, les poèmes de Bo Juyi (772-846) étaient considérés en revanche comme porteurs d'une critique sociale.

La culture urbaine de l'époque Tang, si bigarrée et haute en couleur grâce à ses artistes et musiciens étrangers, eut une influence sur la littérature. Non seulement on s'empara de motifs étrangers, mais on instaura aussi des formes nouvelles. Ainsi une sorte particulière de chant (*Ci*), où entraient certaines traditions populaires ainsi que des rythmes étrangers, gagna rapidement la faveur du public et devint par la suite une des formes poétiques favorites sous la dynastie des Song.

A la fin de la dynastie des Tang, aux 8e et 9e siècles, ces poèmes *Ci* furent d'abord récités par des jeunes filles dans les quartiers chauds des grandes villes, et peu à peu seulement certains poètes se tournèrent vers ce style qu'ils utilisèrent pour exprimer leurs propres sentiments. Conformément à cette évolution, le dernier seigneur de la dynastie méridionale des Tang, Li Yu (937-978), après l'effondrement de son empire se plaignit de son destin dans de tels poèmes *Ci*. La forme poétique chantée n'était cependant pas seulement importante parce qu'elle exprimait les sentiments des lettrés et érudits : elle jeta les bases de l'opérette plus tardive et marqua le point final de la littérature romanesque, née à l'époque Song de la réunion de chants et poèmes en prose.

En général, cette époque prolongea les traditions poétiques au lieu d'en promouvoir d'originales. Après elle, on intégra de nouvelles nuances et on donna un nouvel éclairage à la théorie poétique, mais pour l'essentiel le répertoire n'évolua pas. C'est en d'autres domaines que l'on introduisit, au tournant du millénaire, des nouveautés littéraires d'un genre tout particulier : dans le théâtre, dans le champ large couvert par la prose, et enfin dans le roman, qui prenait pour thème et prolongeait l'historiographie plus ancienne, ainsi que bien souvent d'anciennes traditions narratives.

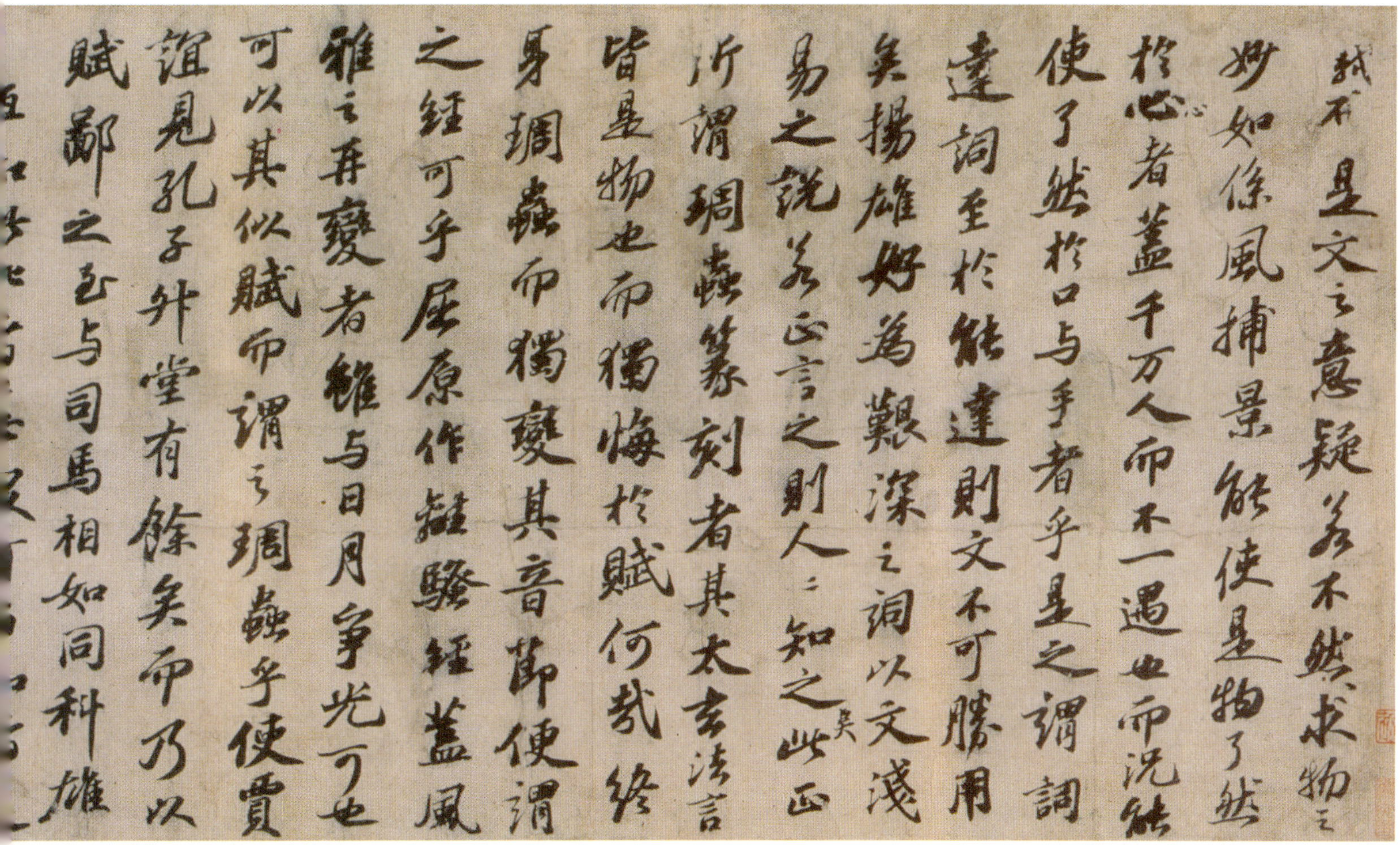

Depuis les temps retirés, les lettres de personnalités importantes, même celles de calligraphes célèbres, furent collectionnées. On peut à raison penser que certaines furent écrites dans ce but, telle par exemple cette réponse écrite en 1100 par le poète et calligraphe Su Dongpo du Sichuan (1037-1101, en réalité Su Shi) à son ami Xie Minzhi (Xie Qulian), dans laquelle il est question de littérature. Le fragment conservé mesure 27 × 96,5 cm.
[Musée de Shanghai]

La prose

Contrairement aux autres peuples, les Chinois ne firent jamais dans leur tradition littéraire une nette distinction entre mode narratif — ou prose — et mode lyrique. Le passage de l'un à l'autre était tout à fait courant au niveau de la forme depuis que la langue écrite s'était séparée de la langue parlée. Cette séparation ne s'amorça que tardivement, au 1er siècle après notre ère. Avant cela, on appelait littérature tous les textes qui contenaient des éléments narratifs ou qui relevaient de la prose artistique, ainsi que certains écrits historiques importants et des textes philosophiques ou des écrits divers à la composition soignée et s'adressant à un large public.

Les premiers ouvrages historiques

Il faut mentionner ici le *Livre des Origines* ou *Shujing*, ainsi que le traité historique dit *Zuozhuan* («*Le commentaire de Zuo sur les annales de printemps et d'automne*»), et les *Récits des Royaumes Combattants* ou *Changuo Ce*. Le monumental *Recueil des annales (Shiji)*, compilé par Sima Qian vers 100 av. J.-C., est devenu le modèle de toutes les histoires officielles des dynasties postérieures.

Bien qu'il s'agisse d'une fresque de l'histoire de la Chine depuis ses débuts jusqu'à l'époque de la rédaction du traité, le *Shiji* appartient en même temps à la littérature ou — mieux — est un texte littéraire d'une impressionnante beauté. Il contient par exemple des légendes et des anecdotes, des lettres reconstituées et des eulogies, sans parler de citations de poèmes empruntées aux poètes qui y sont présentés.

Mais ce n'est sans doute pas un hasard si c'est à la fin de la dynastie des Han que se forma une littérature narrative ayant pour but de dépeindre un monde imaginaire dans un but rénovateur et/ou conservateur, à une époque où dans le domaine de la poésie on prenait davantage conscience du rôle exceptionnel que jouaient les poèmes, au contraire des textes de prose habituels.

Quant aux récits héroïques et aux épopées historiques, qui existaient probablement déjà à une époque plus ancienne, on n'a pu que faire diverses hypothèses à leur propos, parce que les légendes et l'héroïsme épique ont très tôt pénétré l'historiographie, où ils perdirent de leur caractère originel sous la plume de lettrés teintés de culture confucéenne. Sans doute peut-on en reconnaître quelques traces, notamment dans le *Zuozhuan* et le *Shiji* déjà cités.

Depuis le Haut Moyen Age chinois, la peinture de paysage avait également pour but d'introduire le paysage dans la maison, afin que l'on s'en réjouisse et que l'on y pénètre en méditant grâce à la contemplation des panoramas — transposés dans l'image — qui se déployaient sur des rouleaux transversaux. L'élément bucolique et contemplatif, souvent lié à la peinture de paysage, est particulièrement présent dans le rouleau long de plus de 5 mètres intitulé La joie des poissons. *Son auteur, le taoïste Wu Zhen (1280-1354), a composé un poème pour chaque bateau. Le titre de la peinture est emprunté au* Zhuangzi, *l'un des écrits classiques du taoïsme. Encre sur papier. 32,5 × 562 cm.* [Washington, Freer Gallery of Art]

malheur ne le frappe. Pourtant, lorsque Song Daxian, un homme de la ville, descendit à l'auberge, il y passa la nuit sans arme et joua tout simplement de son luth. Lorsque minuit sonna, un esprit apparut soudain qui monta les marches de l'escalier et commença une conversation avec Daxian. Ses yeux écarquillés et ses dents grimaçantes lui donnaient un aspect terrifiant. Mais comme Daxian ne se laissait pas déranger dans sa musique, l'esprit s'éloigna. Lorsqu'il revint de la ville avec la tête d'un mort, il cria à Daxian : « Que dirais-tu d'un petit somme ? » et jeta le crâne à ses pieds. « Parfait », cria Daxian, « comme il me manquait justement un coussin pour dormir, celui-ci vient bien à point ! » L'esprit disparut à nouveau. Il revint après quelque temps et demanda : « Que dirais-tu d'un petit combat de boxe ? » Daxian se contenta de répondre : « Impeccable », et à peine avait-il prononcé le mot qu'il avait déjà attrapé l'esprit par la hanche. Celui-ci cria vite : « Meurs », mais Daxian le tua quand même. Lorsqu'il le regarda le lendemain, il vit un vieux renard. Depuis ce jour, plus aucun fantôme ne hanta l'auberge. »

Ces récits, anecdotes et relations (*Zhi Guai Xiaoshuo*) — dont certains viennent des Indes et utilisent un matériau narratif diffusé par traduction dans la littérature bouddhique chinoise — présentent une certaine parenté avec les récits historiques. Cette parenté avec le genre historique n'était pas purement formelle : longtemps les contemporains la ressentirent, jusqu'à ce que contes libres et nouvelles, à l'époque Tang, perdissent tout lien avec l'historiographie. Ces longues nouvelles qui, à cause de leurs éléments imaginaires, étaient appelés « *Contes fantastiques* » (*Chuangi*) présentaient une structure narrative complexe. Fréquemment on y intercalait des poèmes, parfois des lettres, et la plupart du temps la capitale de l'empire des Tang — Chang'an — y jouait un rôle central. Parmi les nouvelles de cette époque (c'est-à-dire la période qui va du 7e au 10e siècle), on distingue le plus souvent quatre groupes : histoires d'amour, récits historiques, héroïques et surnaturels. Pas moins de 214 nous ont été conservés, en une ou plusieurs versions.

La littérature a déjà connu, avant la dynastie des Tang, ce mélange de réalité et d'imaginaire et cette indécision occasionnelle quant à la limite entre les deux domaines. Mais ce qui frappe dans la nouvelle, surtout celle de l'époque Tang tardive, c'est que l'on y passe consciemment de l'un à l'autre, contrairement à l'usage plus ancien qui consistait à traiter l'imaginaire comme s'il était réalité.

Alors que dans la nouvelle *Le monde dans le coussin* (*Zhenehongji*) de Shen Jiji (8e siècle) un jeune homme apprend dans un rêve les inconvénients de la carrière administrative et ainsi la réalité à travers le rêve, l'*Histoire de mademoiselle Ren* (*Renshizhuan*), du même auteur, traite d'une fée-renarde qui, après une rencontre nocturne avec un jeune fonctionnaire, se marie mais doit retourner à son existence de renarde du fait du manque d'égards de son époux. D'autres nouvelles traitent encore de relations d'amours malheureuses, comme l'*Histoire de Yingying* (*Yingyingzhuan*) qui devint le modèle de l'opérette *La Chambre occidentale* (*Xixiangji*) et qui date de l'époque Yuan.

Les matières traitées dans les nouvelles Tang ont été volontiers reprises plus tard et représentées sur scène ou encore retravaillées dans d'autres nouvelles. C'est ce qu'entreprit surtout Pu Songling (1640-1715), qui insuffla un renouveau à la nouvelle de langue écrite avec son recueil intitulé *Histoires fantastiques de l'atelier d'un homme qui cherchait la fuite* ou *Liaozhai zhiyi*. Ce recueil, qui contient plus de 4 000 histoires généralement fantastiques et qui fut vraisemblablement achevé en 1679, circula longtemps sous forme manuscrite et ne fut imprimé qu'en 1766.

Cette évolution peut aussi être comprise comme l'expression de tendances spirituelles vivaces à partir du milieu du 8e siècle : la recherche du lien unificateur qui traverse toute la diversité culturelle et littéraire. Poésie et arts poétiques ne sont plus séparés, la diversité extérieure cesse d'être déterminante. On recherche plutôt un principe reconstitutif des êtres et du cosmos, un principe qui régisse tout. Cette évolution mena à une forme de fondamentalisme que l'on peut rattacher principalement à la personne de Han Yu (de 768 à 824) et au mouvement du Guwen (« *Prose ancienne* ») de l'époque Tang, qui devait être à la base de l'évolution ultérieure du néoconfucianisme.

La littérature de l'Antiquité comme modèle

La mise à l'honneur de la littérature antique et de certains auteurs de l'époque Han, à partir du 8e siècle, a marqué la conscience de la société Tang. Ce « mouvement pour la restauration de l'Antiquité » (*Fugu*), dont un courant était représenté par le mouvement du *Guwen*, fut lié surtout au nom de Han Yu. Les auteurs, très différents, qui appartenaient à ce mouvement, avaient promu un style de prose simple et sans rime, sur le modèle de la prose des époques pré-Qin et Han, et ils s'en prenaient expressément au « style parallèle » (*Piantiwen*) de l'époque Liuchao.

L'exigence d'un retour aux sources et le fait de se tourner vers les modèles de l'Antiquité ne signifiait pas copier le passé, mais plutôt écrire en respectant l'idéal de l'Antiquité, sans artifice et du plus profond de soi, la condition étant l'intégration de tous les aspects de l'être humain. L'homme à l'éducation universelle, pour qui les sphères de la vie privée et publique n'étaient plus séparées, devint le modèle idéal. Aussi l'habileté littéraire et la compétence professionnelle allèrent-elles désormais de pair. C'est dans cette évolution que le type du fonctionnaire lettré confucéen puisa son origine et qu'il y trouva son expression la plus durable.

L'idéal Guwen ne devint un modèle très répandu et fortement canonisé que sous la dynastie des Song, alors qu'on cherchait à fixer par des critères formels les revendications spirituelles posées par Han Yu. Ce phénomène apparaît au mieux dans les anthologies Guwen de l'époque Song, telles le *Guwenyuan* (« *Source des textes en prose ancienne* ») ou le *Guwen Guanjian* (« *La clef de la prose ancienne* ») de Lü Ziqian (1137-1181).

L'apparition de nouvelles couches de lecteurs

Dans le sillage de la bureaucratisation et des développements socio-économiques, la ville devint de plus en plus l'espace poétique par excellence. L'expansion des agglomérations, surtout dans la Chine du Sud-Est, entraîna de nouveaux besoins de divertissement et l'imprimerie, florissante depuis le tournant du millénaire, permit de toucher de nouvelles couches de lecteurs. Beaucoup de lettrés commencèrent à contester leurs conditions de vie par leurs écrits. Cette « démocratisation de la culture » amena de nouvelles formes littéraires : des textes conçus pour être déclamés en public, comme les ballades et les cycles de chants, mais aussi des textes plus recueillis (destinés à des lecteurs calmes), au contenu surtout divertissant.

Un trait de ces changements apparaît dans le fait que des éléments du langage parlé firent leur entrée dans la littérature. Il y eut aussi des spécialisations par genre : parmi les récits historiques, certains relevèrent des histoires d'amour, d'autres de contes criminels, d'autres encore de récits de revenants et enfin

Même après l'effondrement de la domination mongole en Chine et l'établissement de la dynastie nationale des Ming par l'autocrate Zhu Yuanzhang, la situation demeura tout aussi incertaine pour les représentants de la classe lettrée, à tel point que le thème du refuge dans la solitude des montagnes devint à nouveau actuel dans la poésie comme dans la peinture. Dans la toile montée en rouleau intitulée Solitude dans la montagne, *de Wang Meng (vers 1309-1385), les hommes, plongés dans une solitude, que dominent d'étranges arbres et un massif rocheux crevassé en bordure d'une rivière de montagne, apparaissent comme l'infime partie d'une nature accablante. Encre et couleurs sur soie. 113 × 65,3 cm.*
[Taipei, Musée du Palais national]

叔明王蒙為
琴友製畫

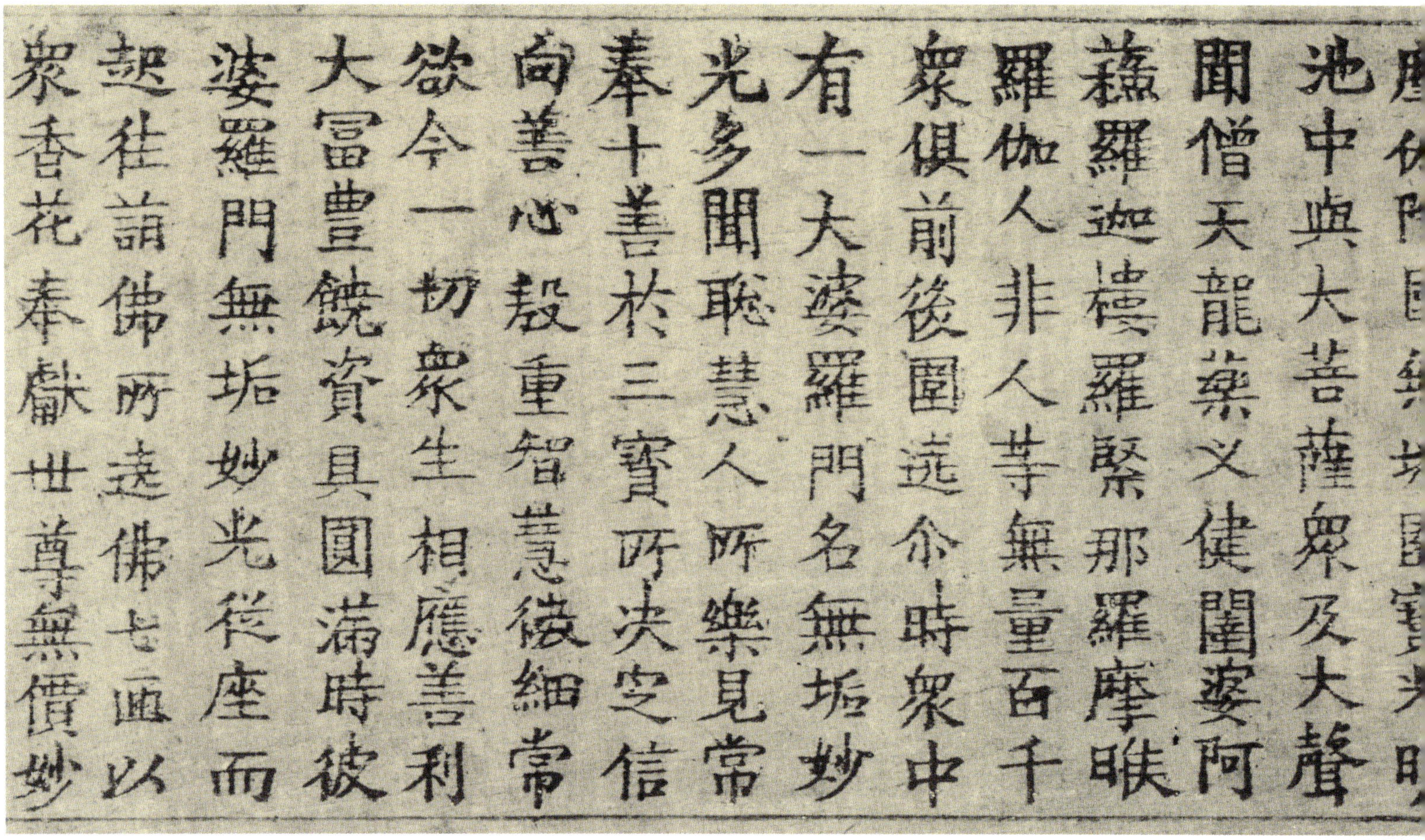
池中與大菩薩衆及大聲
聞僧天龍藥叉健闥婆阿
蘇羅迦樓羅緊那羅摩睺
羅伽人非人等無量百千
衆俱前後圍遶尒時衆中
有一大婆羅門名無垢妙
光多聞聡慧人所樂見常
奉十善於三寶所決定信
向善心殷重智慧微細常
欲令一切衆生相應善利
大富豐饒資具圓滿時彼
婆羅門無垢妙光從座而
起往詣佛所遶佛七匝以
衆香花奉獻世尊無價妙

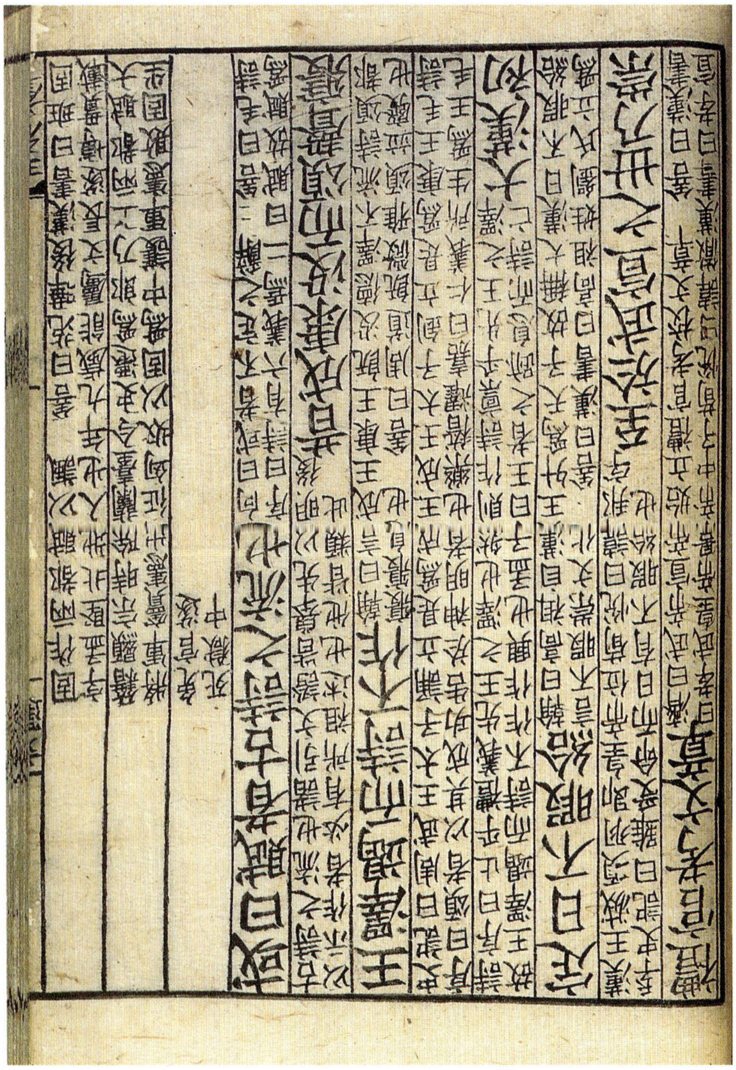

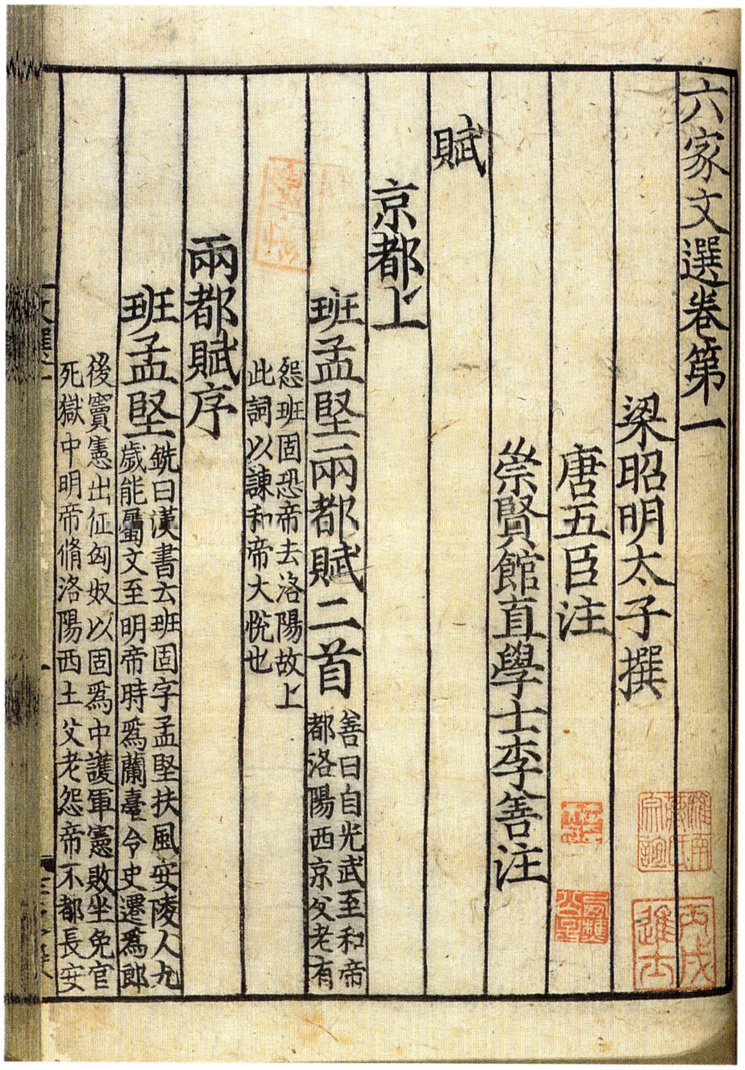
六家文選卷第一
梁昭明太子撰
唐五臣注
崇賢館直學士李善注
賦
京都上
班孟堅兩都賦二首 善曰自光武至和帝都洛陽西京父老有怨班固恐帝去洛陽故上此詞以諫和帝大悦也
兩都賦序
班孟堅 銑曰漢書云班固字孟堅扶風安陵人九歳能屬文至明帝時爲蘭臺令史遷爲郎後竇憲出征匈奴以固爲中護軍憲敗坐免官死獄中明帝脩洛陽西土父老怨帝不都長安

Ci-dessus : *en Chine, le développement de la technique d'imprimerie fut essentiellement encouragé par le besoin qu'avaient les bouddhistes de multiplier les textes sacrés en grand nombre. On croyait pouvoir ainsi accumuler les mérites d'une meilleure vie nouvelle. Les petits livres de prières illustrés et les billets reprenant des textes sacrés étaient très appréciés. L'impression illustrée d'une* Dharani *datant de 975, reproduite, d'après la préface, dans une édition en 84 000 exemplaires, fut retrouvée en 1924 dans les ruines d'un temple sous la forme d'un petit rouleau contenu dans une brique.* [Munich, Bayerische Staatsbibliothek]

Page de gauche : *le recueil littéraire* Wenxuan *de Xiao Tong, du prince Chaoming (dynastie des Liang : vécut de 501 à 531), fut considéré comme le plus important de la littérature ancienne et servit de modèle pour les siècles suivants. Il fut pour cette raison souvent commenté. Lorsque la technique d'impression stéréotypique eut atteint la perfection dès la fin du 10ᵉ siècle, l'œuvre bénéficia d'une large diffusion ; cette technique fut dominée principalement dans la province du Sichuan et plus tard également dans le sud-est de la Chine. L'illustration donne à voir le début du premier livre d'une édition du* Wenxuan *reprenant le texte, ainsi que six commentaires, dans une impression stéréotypique réalisée au Sichuan pendant la période des Song du sud.* [Taipei, Musée du Palais national]

A droite : *stéréotype en bois avec trois représentations de Bouddha au Paradis. 18ᵉ siècle. 57 × 49 cm. Les polissages de lettres onciales pratiqués en Chine depuis le 4ᵉ siècle sont à considérer comme les prédécesseurs de l'impression par bloc. On imprima sans doute dès la dynastie des Sui (581-618) à partir de plaques de bois. Le témoignage imprimé le plus ancien de Chine reste néanmoins le* Sutra du diamant, *datant de 868, découvert en 1907 et exposé au British Museum. Outre les écritures de tradition bouddhique et des classiques confucéens, des textes d'agriculture et de médecine ainsi que des pages calligraphiées et des factures et quittances à usage commercial furent imprimés.* [Berlin, Museum für Völkerkunde]

Ci-dessus et à droite : *le lien étroit entre poésie et peinture se concrétise aussi bien dans le fait que des poèmes étaient intégrés aux œuvres picturales que dans le cas contraire, où des illustrations accompagnaient poèmes et autres textes littéraires. Un album de Jin Nong (1687-1763), daté de 1736, contient une page* (page de gauche) *reprenant le texte intégral de la* Première rhapsodie du Mur Rouge *du Su Dongpo (1036-1101), ainsi qu'une représentation du paysage que l'auteur contemple d'un bateau. Ecriture et peinture à l'encre se fondent ainsi en un ensemble esthétique total. A la dernière page de l'album* (en haut), *le peintre-poète Jin Nong ajouta de la même façon un poème de sa composition dans le dessin d'une maison perdue dans la solitude montagneuse. Encre sur papier. 17 × 22,5 cm.*
[Zürich, Musée Rietberg, Collection C.A. Drenowatz]

du fantastique. De même, il y eut échange entre les différents genres littéraires, surtout en ce qui concerne la matière narrative. Ainsi nous retrouvons beaucoup de thèmes, anciennement présentés dans les nouvelles proches de la langue parlée, dans les opérettes de l'époque mongole et dans les nouvelles et les romans de l'époque Ming.

L'évolution de l'imprimerie, mais également l'éducation de nouvelles classes de lecteurs, eurent pour conséquence d'augmenter la publication, depuis le 12e siècle, de notices circonstancielles, de recueils d'anecdotes et d'histoires mémorables, genre littéraire connu sous l'appellation de *Mémoires au pinceau* (*Biji*). Des recueils tels le *Yijianzhi* (*Relations de Yijian*), publié par l'auteur Hong Mai (1123-1202), peuvent être attribués à ce genre. Ce dernier constitue la collection de relations la plus complète sur des événements extraordinaires.

Les nombreux mémoires de circonstance, au contenu littéraire, politique, culturel ou qui mêlent ces différents domaines, comptent dans le genre des « mémoires au pinceau ». Les œuvres transmises sous le titre général de *Conversations sur la poésie* (*Shihua*) ont également un rapport avec cette littérature *Biji*. Certaines exposent des pensées poétiques rédigées de façon très théorique, mais la plupart d'entre elles rapportent les débats mondains sur la poésie tenus par certains cercles de poètes.

A côté de la langue écrite, destinée plutôt à être lue qu'à être récitée, une forme soutenue de la langue populaire fut également utilisée pour la transcription de conversations, mais aussi, par la suite, de récits au contenu historique notamment, et ce depuis l'époque des Tang. Cependant, la narration de langue populaire, dont le développement remonte à l'époque Yuan, n'eut son véritable essor qu'à la fin de l'époque Ming. Caractéristique par sa concentration de quelques événements importants, elle se propagea principalement grâce aux recueils de Feng

Double page suivante : *depuis l'époque des Ming, les commanditaires de peinture aimaient se faire représenter dans les vêtements de personnages importants du passé ainsi que dans des poses classiques. La peinture sur rouleau transversal intitulée* Les quatre joies de Nan Shenglu, *datée de 1649 et réalisée par Chen Hongshou (1599-1652), imite, ainsi que l'a fait remarquer le peintre lui-même à la fin de son ouvrage, une série de quatre portraits de la vie du poète Tang Bo Juyi. Elle commence par une représentation de Nan Shenglu dans la pose du poète assis devant une feuille de papier, pinceau à la main, et qui s'apprête à écrire. Dans la deuxième partie, sous les traits du promeneur grisé par le vin et chantant, il rappelle le poète Tao Yuanming. Dans la troisième scène, il admire une musicienne. La dernière des* Quatre Joies *représente la méditation sur une feuille de lotus. Encre et couleurs légères sur soie. 31 × 289,5 cm.*
[Zürich, Musée Rietberg, Collection C.A. Drenowatz]

Menglong (1574-1646) et de Ling Mengshu (1580-1644). Tous deux eurent beaucoup d'imitateurs mais leur niveau de maîtrise ne fut jamais atteint.

Les *Contes extraordinaires du pavillon de loisir* ou *Liao Zhai Zhiyi* de Pu Songling (1640-1715), qui se situent dans la tradition des nouvelles de l'époque Tang, forment une autre collection. Celle-ci, qui contient plus de quarante histoires et qui, semble-t-il, a été achevée en l'an 1679, circula d'abord sous forme manuscrite uniquement, pour n'être imprimée qu'en 1766.

Les romans

On peut suivre jusqu'à l'époque Tang l'évolution des romans de l'époque Ming, très volumineux pour la plupart, tantôt rassemblant une multitude d'épisodes, tantôt agencés simplement. Les plus anciennes versions de ces romans que l'on ait conservées ne remontent pourtant pas au-delà du 16e siècle : ainsi, le *Roman des Trois Royaumes* ou *Sanguo Zhi Tongsu Yuanyi*, qui reprend des événements historiques du 3e siècle de notre ère. Sans doute le roman *Contes populaires tirés des annales des Trois Royaumes* ou *Sanguo Shi Pinghua*, qui date du 14e siècle, a-t-il été un précurseur pour le *Roman des Trois Royaumes* plus tardif. La particularité de ces « contes populaires » (*Pinghua*), dont on connaît une édition imprimée datant du début du 14e siècle en provenance de la Chine du Sud-Est, est son ornementation : le tiers supérieur de chaque page est décoré d'illustrations.

Le roman *Les bandits du lac de Liang Shan* ou *Shuihu Zhuan*, un récit des faits et gestes d'une bande de voleurs sévissant à la fin de la dynastie des Song du Nord (vers 1125 ap. J.-C.), a peut-être déjà pour précurseur le *Xuanhe Yishi* de la fin du 13e siècle, mais la plus ancienne version conservée du roman remonte quant à elle au 16e siècle.

Tous ces romans qui ont été très souvent traduits dans les langues européennes, que ce soit en version abrégée ou en version intégrale, ont été largement diffusés. Quant au roman fantastico-comique *Le voyage en Occident* ou *Xijou Ji*, qui est l'œuvre de Wu Cheng'en (vers 1506-vers 1582), il nous est connu en entier.

Contrairement aux romans à thématique historique qui reprennent des matières réelles ou fictives, il s'agit dans le *Jinpingmei* (vers 1600) d'un roman de mœurs qui décrit la vie de la classe moyenne des villes. Cependant, tout comme dans d'autres romans, l'auteur du *Jinpingmei* ajoute une série de matériaux déjà existants et exprime les sentiments des personnages en intercalant des chants populaires. Ces romans furent à maintes reprises abrégés et traduits dans des langues d'Europe et les transpositions — souvent très libres — qui en furent faites leur assurèrent la plus grande diffusion.

Le roman intitulé *Alliance prédestinée du miroir et des fleurs* ou *Jinghua Yuan*, de Li Ruzhen (18e siècle), est, présenté sous la forme d'un voyage imaginaire en pays étranger, une satire des rapports sociaux en Chine. Si le roman très autobiographique *La forêt des lettrés* (*Rulin Waishi*) de Wu Jizi (1701-1754) présente également des traits satiriques, la lamentation de la déchéance et de la chute y figure ouvertement. Il est certes question d'événements se passant sous la dynastie des Ming, cependant il y est aussi fait allusion au présent, lorsque dans le dernier chapitre on lit :

> «*La 23e année du règne de l'empereur Ming Wanli, tous les célèbres lettrés de Nankin avaient peu à peu disparu. Des hommes tels que le docteur Yu étaient soit des vieillards, soit morts, soit encore disséminés aux quatre vents. D'autres s'étaient complètement retirés et ne s'intéressaient plus aux affaires du monde. Sur les terrasses en fleurs et dans les auberges, on ne trouvait plus d'hommes éminents. On ne rencontrait plus un seul sage versé dans les domaines du rite, de la littérature et de la musique. Et comment recherchait-on les hauts fonctionnaires ? On attribuait des talents à celui qui était couronné de succès, alors que le malchanceux était traité d'incapable. Et pour ce qui était des largesses ? Les riches se surpassaient dans le luxe et laissaient les pauvres dans la nécessité. Tu peux écrire comme Li Taibo et Du Fu, tu peux être aussi vertueux que les disciples de Confucius Yan Hui et Mengzi, personne ne s'intéressera à toi. C'est ainsi qu'on parlait dans les familles aisées de la ville lorsqu'on se réunissait à l'occasion de mariages, de fêtes de la virilité, d'enterrements ou de fêtes des morts. Dans les foyers de la noblesse des campagnes également, on ne parlait que de promotions, de remplacements, de nominations et de dégrada-*

tions au sein du fonctionnariat. Les pauvres lettrés ne composaient que des dissertations d'examen en accord avec le goût dominant. »

L'œuvre la plus importante et qui marque le sommet de la littérature romanesque traditionnelle chinoise est le roman imprimé pour la première fois en 1792 et intitulé *Le rêve du pavillon rouge* (*Hongloumeng*). Bien qu'il ait fait l'objet d'une longue tradition de recherches et d'études, son origine pose encore de nombreuses questions sans réponses. Sa structure narrative est tellement complexe et variée que son contenu se laisse encore plus difficilement résumer que celui des autres romans. Sur un arrière-fond retraçant la chute de la famille de l'auteur Cao Xueqin (1715-1763) se détachent de nombreux épisodes, parmi lesquels une attention particulière fut accordée à l'histoire d'amour entre un fils de la famille Cao et sa cousine.

Les romans relevant de l'époque Qin, c'est-à-dire du 19e siècle, annoncent déjà la littérature de la Chine moderne. *L'Odyssée de Lao Can* ou *Laocan Youji*, de Liu E (1857-1909), est le plus célèbre d'entre eux. L'auteur y compare le destin de la Chine avec une partie d'échecs peu avant sa conclusion et avec le sort d'un navire délabré et échoué, faisant eau de toutes parts. A l'encontre des volumineuses compilations des siècles passés, les romans deviennent plus courts et, au lieu d'aligner les uns à la suite des autres des épisodes comportant de nombreux personnages secondaires, on y trouve une trame événementielle fixe, à l'intérieur d'une histoire générale où les côtés psychiques et sociaux des personnages individuels sont portés au premier plan.

Page de gauche : *de même que les portraits de la peinture chinoise représentent assez rarement des personnalités mais rendent plutôt des types, de même dans la poésie le général se substitue presque toujours au particulier. L'œuvre intitulée* Li Bo déclamant un poème *fut réalisée au milieu du 13e siècle, 500 ans après la mort de Li Bo, par Liang Kai, qui était célèbre pour ses portraits de maîtres de méditation bouddhistes. Il s'agit donc d'un portrait idéal, dans lequel une certaine conception du poète grisé et extraverti de l'époque Tang est esquissée par un maniement très adroit du pinceau en quelques traits. Encre sur papier. 80,8 × 30,9 cm.*
[Tokyo, Musée national]

A droite : *à la fin de l'époque Ming, Zeng Qing (1568-1650) fut reconnu comme l'un des plus importants portraitistes. Sous l'influence de la peinture européenne, il créa pour ses commanditaires des portraits fort vivants, tel celui d'un érudit au milieu d'un paysage rocheux, daté de 1639. Les scènes conventionnelles dans lesquelles ses personnages figurent étaient préparées par d'autres artistes. Comme dans la littérature romanesque de l'époque tardive des Ming, dans la peinture également se développe la conscience d'une nouvelle classe moyenne qui exprime sa propre conception, encore emprisonnée dans le monde formel, de l'individualité auto-responsable. Encre et couleurs sur papiers. 116,9 × 40,6 cm.*
[Berkeley, University Art Musuem]

L'extension croissante de la littérature européenne en Chine provoqua une évolution : les traditions littéraires furent remises à l'honneur : elles purent renaître sous une forme nouvelle, mais quelquefois aussi — souvent même — se fait jour un retour conscient à certaines traditions dans leur forme ancienne.

L'éducation du peuple et la culture de masse

Comme toute littérature, celle de la Chine a vu naître et se répandre une production littéraire qui s'attache à décrire le monde réel où vivent les hommes. Après avoir été presque exclusivement consacrée au culte de l'Etat et à la Cour, la littérature — et particulièrement la poésie — servit bientôt à articuler les idées et les sentiments des membres d'une élite dont le pouvoir reposait certes d'abord sur la propriété, mais aussi sur la possession d'une culture. Et si celle-ci ne résista guère au stimulus de la poésie et des chants populaires, la littérature s'adapta aux besoins de couches plus larges lorsqu'un plus grand nombre de lettrés comprenant un tant soit peu la littérature exigèrent d'être divertis.

«La nuit dernière à minuit,
Dans mon lit j'ai rêvé
Que je te parlais longuement.
Soudain, tu apparus avec ton visage en fleur de pêche,
Sans cesse tu baissais tes sourcils en feuilles de saule.
Mi-honteuse, mi-heureuse,
Tu voulais partir, mais tu restais.
Eveillé, je me rends compte que c'était un rêve.
Indicible tristesse.

Le dix-septième jour du quatrième mois,
Il y a un an aujourd'hui,
Lorsque je t'ai dit adieu,
J'ai retenu mes larmes et baissé les yeux,
Me contenant, les sourcils froncés.
Tu ne savais pas que mon cœur était déjà brisé.

En vain le rêve me poursuit.
Hormis la lune à l'horizon,
Nul ne le sait.»

Deux chants du milieu des jeunes chanteuses, d'après la mélodie Nügunazi *(«La prêtresse taoïste»)*

L'album illustré de 21 scènes de l'opérette populaire Yuan intitulée La chambre occidentale (Xiciangji), *publié durant l'ère Chengzhen sous le dernier empereur de la dynastie des Ming et basé sur la nouvelle de l'époque Tang* Histoire de Yingying (Yingyingzhuan), *est la suite de gravures colorées la plus ancienne dans laquelle la couleur fut imprimée non seulement de façon linéaire mais aussi par surfaces. On a identifié la signature et le sceau* Yiwu *sur deux pages, comme le nom du paléographe Min Qiji, dont la famille tenait une maison d'édition connue pour son excellente technique d'imprimerie. L'histoire retrace l'amour de l'étudiant Zhang Junrui pour la belle Yingying. La mère de celle-ci entrevoit pour elle un meilleur parti, mais les amants se retrouvent grâce à l'ingéniosité de la servante Hongniang. La page 11 de la série* (en haut) *montre leur rencontre nocturne dans le jardin. Zhang Junrui, attendu par son amie qui se tient sur le balcon, est en train de franchir le mur du jardin. Il est lui-même caché par un rocher mais son image, ainsi que le disque de la lune, se reflète dans l'eau de l'étang. La servante observe le reflet de la lune tandis que sa maîtresse impatiente lève les yeux vers l'astre entouré d'un voile de nuages. Les effets de miroir ainsi que les ombres du mur et celle du jeune homme agenouillé, projetées par la lune, apparaissent pour la première fois dans l'art est-asiatique. A la page 18* (gauche), *on peut voir la belle Yingying assise derrière une fenêtre, en train d'écrire une lettre, alors qu'un messager au cheval sellé attend déjà devant la maison.*

En même temps s'élargit l'habitude de donner à la matière narrative une forme parfaitement appropriée au lecteur et d'adapter différentes versions selon les différents groupes et publics de lecteurs ou d'auditeurs que l'on désirait atteindre. C'est pourquoi toute cette littérature, faite par exemple de romans ou de collections de contes partiellement illustrés, a eu pour rôle non seulement de distraire, divertir ou délasser, mais très souvent aussi d'édifier moralement et d'endoctriner idéologiquement les lecteurs.

L'échange entre littérature pour lettrés — peu nombreux — d'une part et littérature destinée à une élite cultivée d'autre part fut pourtant très constant, de sorte qu'une grande partie des écrits destinés uniquement au divertissement du peuple jouissait aussi de la faveur des gens cultivés. Une certaine note élitiste est pourtant restée une caractéristique essentielle de toute l'activité littéraire de la Chine ancienne. Ce n'est qu'en ce 20e siècle, avec la propagation de la littérature dite « en langue parlée », que l'on a cherché, non sans succès, à retirer à la littérature son caractère élitiste et à promouvoir une littérature de masse. Mais cela c'est une autre histoire.

Le théâtre et la musique

Il existe en Chine de nombreux genres de théâtre, généralement nommés en fonction de leur région d'origine, comme le *Chuanju* du Sichuan, le *Gezaixi* de Taiwan, le *Shaoxingxi* du Zhejiang, le *Yueju* du Guangdong, le *Yuju* du Henan. Leur spécificité procède de la variété de dialectes et de coutumes des différentes provinces. Mais c'est en général le *Jingxi*, l'opéra de Pékin, originaire de la capitale, que l'on considère comme *le* théâtre traditionnel chinois.

La dénomination *Jingxi* se compose de *Jing* («capitale», dérivé de Beijing, la capitale du Nord où s'est développé cet opéra) et de *Xi* («théâtre, drame»). On rencontre aussi l'appellation *Pingju*. En 1928, le gouvernement du Kuomintang débaptisa la ville de Beijing (Pékin) en Beiping («Paix du Nord»). *Ping* est l'abréviation de Beiping et *Ju* signifie à nouveau «drame» ou «théâtre». En outre, on parle du *Juju* («théâtre ancien») pour distinguer cette forme de théâtre du théâtre parlé *Huaju*, développé dans les années 1930, et du théâtre social *Wenminxi*. Enfin on utilise aussi la dénomination *Guoju* («théâtre du pays») pour exprimer l'association étroite avec la culture traditionnelle chinoise.

La naissance de l'opéra de Pékin

L'opéra de Pékin n'est pas l'œuvre d'une dynastie ou d'une région déterminées, mais il constitue une création complexe, issue de sources diverses. Ce théâtre dans lequel — outre les dialogues, l'action et les scènes de combat — le chant et la danse jouent un rôle capital tire en fait son origine de chants et de danses plus anciens considérés comme les fondements de toute expression dramatique en Chine.

Cette statue d'argile haute de 37 cm, qui représente un acteur jouant la comédie, fut découverte en 1963 dans une tombe de l'époque Yuan à Jiaozuo, province du Henan, en même temps que d'autres statuettes d'acteurs, musiciens et danseurs. Sous la dynastie Yuan, le théâtre chinois connut un essor considérable.

La période des chœurs dansés commença avec le *Wuwu* (le «chaman dansant») de la dynastie des Shang, au deuxième millénaire av. J.-C., et s'acheva avec la fondation, sous les Tang, du *Liyuan* («Jardin des Poiriers») par l'empereur Xuan Zong, qui faisait enseigner les danses et techniques de cette forme spécifique aux dames de la Cour, dans le jardin aux poiriers dépendant de son palais.

Le drame est une autre source du développement et de la constitution de l'opéra de Pékin. Les débuts du drame classique se situent sous la dynastie des Song (960-1279), lorsque pour la première fois on utilisa des textes écrits. L'évolution suivante vit la mise en scène de thèmes historiques, pendant la période des Song et des Yuan (1279-1368), et se termina avec le drame littéraire (*Kunqu*) à la fin de la période Ming et sous les Qing. Le *Kunqu* avait été longtemps un simple théâtre populaire du Kunshan, aux environs de Suzhou (Jiangsu). Au milieu du 16e siècle, le chanteur et compositeur Wei Liangfu et son gendre Zheng Yetang élaborèrent cette forme musicale et la transformèrent en un style de mélodies sophistiquées pour flûte, orgue à bouche, violon à trois cordes, guitare de lune et instruments à percussion. Le genre *Kunqu* s'éloigna progressivement de la réalité quotidienne de la population et peu à peu s'avança sur la voie de l'art pour l'art. Succombant à cette sophistication permanente, il perdit la faveur du public.

A Pékin au contraire, au début de la dynastie des Qing, le *Jingqiang* («Chant de Pékin») gagnait sans cesse en popularité. Ce type de chant, né à Yiyang (Jiangxi), était aussi nommé *Yiyangqiang* («Chant de Yiyang») ou *Gaoqiang* («Chant de Gaoyang»).

L'opéra de la capitale dut essentiellement son ascension à l'empereur Qianlong (1736-1796) qui, pendant les soixante années de son règne, favorisa les troupes de théâtre de l'ensemble du pays. Il visita même diverses provinces afin d'y rencontrer les acteurs locaux. A l'occasion des festivités de son quatre-vingtième anniversaire, en 1790, quatre troupes célèbres de la province d'Anhui jouèrent dans la capitale. Elles demeurèrent

à Pékin après les fêtes et contribuèrent à faire de la ville le centre du théâtre chinois, ouvrant ainsi une ère nouvelle.

En 1828, un *Hanxi* vint à Pékin. Le *Hanxi* («théâtre Han») est originaire du Hubei, et pour cette raison on le nomme aussi *Chudiao*, c'est-à-dire «mélodie de la province du Hubei». Ses principaux chants sont le *Xipi*, né dans les provinces du Shaanxi et du Gansu, et l'*Erhuang*, issu de Huangpo et de Huanggang au Hubei. A cette époque, à Pékin, le *Huixi* de l'Anhui était encore à son apogée. Le *Hanxi* ne parvint pas à l'évincer et on avança ainsi sur la voie de la fusion.

Durant le règne de Xianfeng (1851-1862), après plus de vingt ans d'association entre le *Hanxi* et le *Huixi*, le célèbre acteur Cheng Changgeng créa le *Pihuang* à partir du *Erhuang*, du *Xipi* et des meilleurs éléments de chants d'autres provinces. Il posa ainsi les bases de l'opéra moderne de Pékin, encore en vogue aujourd'hui et très apprécié de toutes les couches de la population. Cet opéra devint un genre artistique pour la grande masse et atteignit son apogée à l'époque de Guangxu (1875 à 1908). Ses éléments multiples: les types de rôles, les costumes et accessoires, les mouvements, les dialogues, les chants et l'accompagnement musical, demeuraient strictement liés aux traditions scéniques chinoises.

De nos jours, le prestige social de l'acteur professionnel s'est imposé. Jadis, celui-ci se trouvait en dehors de la société établie, au même titre que les courtisanes. Le mime n'était pas admis à présenter les examens d'Etat de la bureaucratie et il n'avait pas non plus le droit de s'occuper de politique. En théorie, il lui était même interdit de jouer du *Qin*, la cithare bombée, instrument de musique considéré comme le moyen d'expression par excellence des lettrés.

Jusqu'au 19e siècle, outre le théâtre purement masculin, il existait aussi un théâtre analogue où ne jouaient que des femmes. En tant qu'actrices, elles subissaient le même mépris que les courtisanes ou les chanteuses, et souvent d'ailleurs elles assuraient la même fonction. Dans le théâtre masculin, tous les rôles de femmes, y compris ceux des jeunes filles, étaient interprétés par des acteurs masculins. Jusqu'à un passé récent on a connu des acteurs fameux pour leurs rôles de femmes, comme le célèbre Mei Lanfang. Aujourd'hui cependant, ce sont presque toujours des femmes qui les remplacent.

Les types de rôles

Dans l'opéra de Pékin comme dans les autres traditions théâtrales, les rôles sont «typés» et soumis à des conventions strictes. En principe, il y a quatre grands types de rôles: le héros masculin (*Sheng*), l'héroïne (*Dan*), le «visage peint» (*Jing*) et le comique ou bouffon (*Chou*). Chaque type présente cependant diverses variantes.

Le *Sheng*, héros de caractère honnête et loyal, n'a pas de peinture faciale. C'est un type positif, interprétant le rôle du lettré, du fonctionnaire civil et du guerrier. Les acteurs de ce type portent le plus souvent la barbe, sauf s'ils paraissent dans le rôle d'un jeune prince, d'un galant ou d'un enfant. En fonction de leur classe d'âge, on distingue le vieux héros (*Laosheng*) du jeune héros (*Xiaosheng*) et du garçon (*Wawasheng*). Selon leur mode d'action, on différencie le guerrier (*Wusheng*) du fonctionnaire civil ou de l'intellectuel (*Wensheng*): sur scène, le premier se fait remarquer par ses faits d'armes plutôt que par ses chants, tandis que le second est un être pondéré qui chante seulement et agit avec calme. Le «héros à la face rouge» (*Hongsheng*) peut aussi faire partie de ce type. Au total, il existe plus de quinze rôles de *Sheng*.

La figure féminine *Dan* compte plus de vingt variantes. Ainsi, la *Qingyidan* («figure de femme vêtue de bleu») ou *Zhengdan* («figure de femme principale») incarne la femme chinoise traditionnelle et vertueuse. Le chant constitue sa principale fonction scénique, tandis que dialogues et action sont mineurs. La «femme-fleur» (*Huadan*) est une jeune coquette qui, au contraire de la *Qingyidan*, révèle son charme avec une

volupté espiègle et une grâce envoûtante et trottine sur scène d'une façon séduisante. Dialogues et gestes lui conviennent donc mieux que le chant. La jeune femme (*Guimendan*) est vêtue simplement d'une tunique cintrée et de pantalons. La « vieille femme » (*Laodan*) porte un vêtement sombre en soie et s'appuie sur une canne. Elle chante et parle d'une voix grave. La *Wudan* (« figure féminine guerrière ») et la *Daomadan* (« figure féminine qui sait utiliser épée et cheval ») sont des amazones capables de combattre à l'épée et de réaliser les mêmes acrobaties qu'un jeune homme. Cela vaut surtout pour la première, car chants et danses dominent le rôle de la seconde. La comique *Caidan* (« figure de femme peinte ») — la « vieille chipie » (*Choupo*) comme on la nomme aussi — appartenait à l'origine au type comique.

Dans le cas des rôles *Jing* (le « visage peint » ou « visage bariolé »), la peinture faciale indique, dès l'entrée en scène, au public de quel caractère il s'agit. Parmi plus de dix rôles de visages peints, on trouve le « visage peint-marteau » (*Tongchui Hualian*), qui tient en effet un marteau ou une masse, mais qui doit surtout chanter, tout comme le *Heitou* (« tête noire ») sincère et équitable, alors que le *Jiazihua* (« visage peint-gestes ») doit surtout parler et agir et ne chante qu'exceptionnellement. Le *Wuhua* (« visage peint-guerrier »), qui lui ressemble, doit non seulement savoir combattre, mais aussi maîtriser les techniques acrobatiques, chutes au sol et pirouettes. Le « visage rouge » (*Hongsheng*) déjà cité, appartient également au type *Jing*.

La peinture faciale remonterait au roi Lanling du royaume septentrional de Qi. Selon les annales de la dynastie des Tang (*Jiutangshu*), Lanling était un homme courageux et un guerrier éprouvé, mais son visage était beau comme celui d'une jeune femme et ses ennemis ne lui accordaient pas le moindre respect sur le champ de bataille. Dès lors, lorsqu'il partait en guerre, il se faisait peindre un masque à l'aspect sauvage et mauvais afin que ses ennemis le craignent et le respectent.

De tels masques ou peintures faciales nous sont connus

Comme les couleurs ont une signification symbolique, le public reconnaît immédiatement dans le rôle joué par le « visage peint » (Jing) *le genre de personnage mis en scène. Le rouge exprime par exemple la fidélité et la loyauté, tandis que le noir peut symboliser l'honnêteté comme la négligence et la brutalité. Les acteurs se peignent le visage juste avant leur entrée en scène. Des exemples de maquillage peuvent leur servir de directive. Les modèles de masques ci-dessus, hauts de 6 cm, représentent les rôles suivants* (de gauche à droite)*: Cao Cao l'intrigant, Sun Wukong le roi des singes, Yang Yansi, Zheng Ziming, le général Guan Yu, Zhu Guangzu. Cette page en couleurs provenant de la première moitié du 19ᵉ siècle (en bas) donne à voir le masque de l'acteur qui incarnait Bi Shuiyu, l'une des 28 constellations. Le maquillage, qui par son aspect typé et différencié enlevait à l'acteur tout trait de caractère individuel, fut utilisé dans le théâtre chinois jusqu'à la dynastie des Song et fut au cours des temps de plus en plus élaboré.* [Berlin, Museum für Völkerkunde]

Les costumes de l'opéra de Pékin sont extrêmement variés, mais néanmoins soumis à des conventions strictes en ce qui concerne le modèle, la couleur et l'ornementation. L'époque à laquelle se déroule la pièce reste dans ce cas sans importance. Les fonctionnaires de la Cour portent l'habit officiel Mangpao (ci-dessus), *brodé du symbole du dragon et de motifs représentant des rochers et des vagues; les chefs d'armée portent l'armure* Kao *avec le gardien du cœur* Huxinjing *et une tête de tigre au pouvoir apotropaïque* (page de droite à l'intérieur). *La robe rouge* (page de droite à l'extérieur) *brodée de figurines et de branches fleuries est le vêtement d'une noble; la couronne est une coiffe de phénix* (Fengguan) *appartenant à l'impératrice. Malgré le grand luxe qu'il investit dans les costumes, le théâtre chinois ne dispose que d'un minimum d'accessoires. L'un des plus importants est la table* (ci-dessous).
[Berlin, Museum für Völkerkunde]

depuis la dynastie des Song. Au départ, la peinture était très simple, ne s'étendant qu'aux sourcils et aux yeux. Puis on en vint à peindre aussi le front, le nez, la bouche et les joues. Tout d'abord, il n'y eut que cinq couleurs: le rouge, symbole de loyauté et de droiture; le noir pour l'honnêteté mais aussi pour la débauche et la grossièreté; le violet pour le calme et la ténacité; le jaune pour la méfiance et le bleu pour la colère et la férocité. S'ajoutèrent ensuite: le rose pour la loyauté et la droiture des rôles plus âgés; l'or et l'argent pour les dieux, les saints et les génies; et enfin d'autres couleurs furent introduites.

Le quatrième type de rôle, le comique *Chou*, est un être à la fois intrigant et burlesque, caractérisé extérieurement par des zones peintes en blanc sur le nez et autour des yeux. Le *Wuchou* guerrier sait manier les armes au combat, tandis que le civil *Wenchou* raconte des plaisanteries qui font rire le public aux éclats. On trouve aussi des comiques féminins (*Caidan*). L'opéra de Pékin comporte un total de huit rôles de *Chou*.

Dans la caractérisation des types de rôles, outre la peinture faciale, une grande importance est accordée aux barbes. Bien entendu, la barbe marque l'âge mais sa forme exprime aussi un peu de la personnalité. Une barbe divisée en franges ou tripartite peut être l'attribut d'un caractère raffiné, digne et noble. En général, une personne sage et équilibrée porte la barbe. On reconnaît l'homme riche et puissant à sa grande barbe et le fourbe à sa barbe courte, rouge ou verte. Selon Qi Rushan, le célèbre expert chinois de l'opéra de Pékin, il y aurait quarante sortes différentes de barbes.

Le costume

Le costume *Xiyi* (nommé *Xingtou* dans l'opéra de Pékin) présente un mélange de styles vestimentaires de différentes dynasties et ressemble surtout à celui de la dynastie des Ming. Comme pour les types de rôles, on distingue costumes civils et costumes militaires.

On trouve en premier lieu l'habit officiel de la Cour appelé *Mangpao* («la Robe de Dragon»), vêtement d'Etat porté par l'empereur, les chanceliers, les hommes d'Etat méritants, les généraux, ainsi que leurs épouses. C'est un manteau ample, à longues manches et col arrondi. Le devant et le dos sont brodés d'un dragon enroulé autour d'une perle, et aussi de phénix pour les habits de femmes. Des motifs de vagues et de collines, symboles de la continuité, décorent le bas de la robe. La ceinture rigide, portée à hauteur des hanches, sertie de pierres précieuses et ornée d'une boucle luxueuse, ne doit pas serrer le *Mangpao*. Il existe cinq couleurs de base pour cet habit de fête porté lors des cérémonies de la Cour: le jaune, le rouge, le noir, le bleu et le vert, qui symbolisent le caractère ou le rang social correspondant à la personne représentée.

L'habit quotidien du fonctionnaire (*Quanyi*) est monochrome, avec de larges manches, et il est porté avec une ceinture de jade. Sur la poitrine et le dos se place une pièce carrée (*Buzi*) — brodée de représentations d'oiseaux pour un fonctionnaire civil ou de quadrupèdes pour un dignitaire militaire

— indiquant le rang du porteur de l'habit. Les couleurs expriment aussi cette distinction : le pourpre occupe le rang suprême ; le rouge précède le bleu et le noir. Dans le cas de l'habit des femmes de dignitaires, plus court mais quant au reste assez semblable à celui de l'homme, les teintes se limitent au rouge et au pourpre. Il existe en outre une robe d'intérieur spéciale (*Pei*), utilisée comme habit de fête pour recevoir des invités. Elle descend jusqu'aux genoux, présente un grand col et se boutonne sur le devant. Brodé entièrement de dragons, de phénix, de grues, de cerfs, de médaillons de fleurs et du caractère *Shou* pour une longue vie, cet habit peut être rouge, jaune, noir, pourpre ou brun. La couleur jaune ainsi que les motifs de dragon et de phénix sont réservés à l'empereur, à l'impératrice, à la mère de l'empereur et à ses concubines. Les habits de noce des familles riches ou des fonctionnaires sont rouges, ornés de médaillons de fleurs. Des grues, des cerfs et le caractère *Shou* décorent les habits d'intérieur des dignitaires (*Nanpei*) et de leurs épouses (*Nüpei*).

Pareil à un kimono, le *Jizi* se présente sous des formes et des teintes diverses. C'est un négligé, un vêtement de tous les jours, utilisé aussi parfois comme sous-vêtement par les lettrés et les nobles. Il est fait de soie ou de brocart, d'un grand col montant, de larges manches, et il se ferme par des pattes latérales. L'habit féminin de tous les jours (*Nüjizi*) correspond au vêtement masculin, sauf en ce qui concerne la longueur. Mais on connaît aussi un *Nüjizi* spécifique, de soie bleue, non décorée, qui descend jusqu'aux genoux, a le col arrondi et se ferme sur le devant. C'est de ce *Qingyi* (« habit bleu ») que dérive le nom du principal rôle féminin, le *Qingyidan*. Le *Fuguiyi* est un type d'habit très caractéristique, noir, décoré de pièces irrégulières de couleur. Celle qui le porte, provisoirement pauvre et insignifiante, doit s'attendre à un futur hors du commun et plein de péripéties. Il existe en outre le *Taijianyi* des eunuques, le *Longtaoyi* du serviteur d'un général, les costumes du palais (*Gongyi*) pour les princesses, jeunes filles nobles ou fées, et tous les autres acteurs sont de même caractérisés par un costume particulier. On reconnaît le moine bouddhiste au *Sengyi*, le taoïste mythique au *Hechang*, le prêtre taoïste au *Daopao*, les Huit Immortels au *Baxianyi*, les gens du peuple au *Chayi*, etc.

Du costume militaire fait partie tout d'abord « l'armure » *Kao*, qui se compose d'un vêtement de satin sur lequel est cousu un décor de fils d'or ou de tresses noires. Dans ce cas également, la couleur du vêtement caractérise celui qui le porte. Sur la poitrine, ou parfois un peu plus bas, pend un miroir servant de *Huxinjing* (« gardien du cœur »). Une tête de tigre en semi-relief orne d'habitude le ventre au rembourrage épais. Un « col de nuages » (*Yunjian*) entoure les épaules. « L'armure » ne doit apparaître qu'au combat et, à l'occasion de fêtes, on la porte en dessous de la Robe de Dragon.

Le costume de guerrier *Jianyi* (« habit de flèche ») est un manteau mi-long aux manches étroites et au petit col arrondi, boutonné depuis le cou jusque sous le bras droit. Comme vêtement de ville, on porte toujours par-dessus la tunique de cheval *Magua*, sans col, descendant seulement jusqu'à la taille et fermée par-devant. Le *Kaichang* est lui aussi une sorte d'habit d'intérieur pour les généraux lorsqu'ils ne sont pas en campagne. La forme de ce survêtement correspond à celle du vêtement de tous les jours *Jizi*, mais il n'est pas boutonné sous le bras droit et reste ouvert sur les côtés. Parmi les autres costumes militaires, il faut encore citer le pourpoint des soldats (*Zukan*), le gilet des moines-guerriers bouddhistes (*Sengbeixin*) orné de motifs en spirales, le gilet de prêtre-guerrier taoïste (*Daobaixin*), etc.

Les costumes masculins se complètent de pantalons, tandis que les habits de femmes, correspondant en général à ceux des hommes, se portent au-dessus d'un long jupon à plis.

Aucun acteur n'entre en scène sans disposer d'un couvre-

Ci-dessus : *le modèle de costume à gauche représente celui d'un simple soldat, celui de droite un jeune guerrier vêtu d'une armure* Kao *avec un col de nuages* (Yunjian) *et gardien du cœur* (Huxinjing).
[Berlin, Museum für Völkerkunde]

Page de gauche : *ces deux modèles de scène, hauts d'environ 12 cm, proviennent du 19ᵉ siècle. Celui de gauche représente une scène de la* Légende du Serpent Blanc (Baishezhuan)*; elle est jouée près du Temple de la Montagne Dorée* (Jinshan Si)*, dont l'abbé tente de faire échouer l'amour né entre l'esprit féminin du serpent et le jeune pharmacien Xu Xian. La scène de gauche fait partie de la pièce intitulée* Les huit généraux de la famille Yang (Yangjia Baijiang)*: le quatrième fils, devenu général, rend visite à sa mère.*
[Berlin, Museum für Völkerkunde]

Ci-dessus à droite : *poupées à bâtonnets du début du 19ᵉ siècle. A droite, un haut fonctionnaire civil; à gauche, la femme d'un haut fonctionnaire. Le théâtre de poupée* (Mu'ouxi *ou* Kuileixi) *était pour ainsi dire l'opéra de l'homme de la rue et il n'était donc pas destiné uniquement aux enfants. Répertoires et costumes correspondent à ceux du théâtre. Outre les poupées à bâtonnets* (Zhangtou Kuilei *ou* Gantou Kuilei)*, il existe en Chine des marionnettes* (Xuansi Kuilei *ou* Qiansi Kuilei)*, des poupées à fil de fer (Tieixan Kuilei) et des poupées à main* (Zhangzhongxi Kuilei *ou* Zhitou Kuilei)*, ainsi que le jeu d'ombres* (Piyinxi *ou* Dengyinxi)*. On ne peut déterminer avec exactitude l'époque à laquelle apparut en Chine le théâtre de poupées, car les sources ne mentionnent cette forme d'art populaire que rarement. Le jeu de marionnettes semble être le plus ancien.*
[Berlin, Museum für Völkerkunde]

«Il y eut pendant la dynastie des Song du Sud (1127-1279) des joueurs d'ombres chinoises. Ils découpaient les personnages dans de la peau de mouton et les peignaient de jolies couleurs en guise de protection. Les bons et nobles caractères avaient un visage humain tandis qu'on représentait les méchants sous les traits difformes de démons.»

Wu Zimu, Mengliangbu.

chef : même un moine chauve porte une calotte. Si un acteur apparaît la tête bandée ou avec une houppe, cela signifie qu'il se trouve en prison, en jugement, ou en grand péril, qu'il a été blessé grièvement au combat ou qu'il a perdu sa fonction. La coiffure caractérise le sexe, le rang et la personnalité de son porteur, et non pas l'époque dans laquelle vit ce dernier. La seule exception à cette règle est la toque des dignitaires de l'époque Qing.

Quatre sortes de coiffures apparaissent dans l'opéra de Pékin : la couronne (*Guan*), le casque (*Kui*), le chapeau ou bonnet (*Mao*) et le foulard (*Jin*). L'empereur et l'impératrice, les princes et dames de l'élite et les héros guerriers portent des couronnes ou des diadèmes qui diffèrent autant par la forme que par la décoration. Les casques de généraux (*Shuaikui*) se distinguent de ceux des simples soldats parce qu'ils présentent des pointes ou des ailes. La forme des chapeaux de fonctionnaires (*Guanmao*) change en fonction du rang et de l'érudition du porteur. Il convient surtout de mentionner les chapeaux de gaze noirs (*Wushamao*), caractéristiques avec leurs ailes latérales relevées. On reconnaît le simple bourgeois au « bonnet privé » (*Bianmao*) ou « bonnet d'intérieur » (*Minmao*) qui peut être réalisé dans diverses matières telles le coton, la soie ou le satin. Les comiques portent le bonnet de feutre (*Zhanmao*) qui sert de coiffure aux gens du commun, tout comme le bonnet d'hôtelier muni d'un bord (*Yanzhanmao*). Ceux qui représentent des scènes de combats acrobatiques portent souvent le haut *Lemao* octogonal, couvert de panaches et de miroirs. On nomme *Bilemao* le bonnet dont les moines bouddhistes se couvrent la tête en certaines occasions. On trouve aussi de nombreuses variantes du foulard *Jin* pour les différents rôles.

A chaque costume s'associent également des chaussures caractéristiques qui renforcent les attributs extérieurs de la personnalité mais servent aussi d'instruments pour la danse et le mouvement.

A gauche : *seule une partie des instruments de musique aux formes variées provenant de Chine fut utilisée dans l'orchestre de théâtre. La cithare bombée* Qin, *par exemple, qui était considérée comme l'instrument le plus agréable, est réservée aux hommes de lettres et aux couches élevées de la société. On compte parmi les instruments destinés à la musique de théâtre le flûte de bambou* (en haut), *le* Suona, *sorte de hautbois* (en haut à droite), *la guitare de lune* Yueqin (à gauche, *sous la cithare à caisse* Yanqin), *ainsi que le grand gong* Dale. *Les tambours à cadre et double peau situés à gauche du* Dale *sont des tambours de danse* (Longfenggu) *; à leur droite se trouve un tambour-poisson* (Muyu) *avec baguette et deux pierres sonores* (Qin) *qui jouaient déjà un rôle important dans la musique chinoise des débuts. Des plaques sonores* (Dian), *telle cette plaque en bronze haute de 115 cm datant de 1548 et reproduisant la forme d'un nuage, également appelée « nuage du bonheur»* (en bas), *étaient placées dans les temples et utilisées lors de rituels.*
[Berlin, Museum für Völkerkunde]

Page de droite : *le pavillon-théâtre à trois étages* Changyin Ge *(Pavillon du Son Pur) fut construit en 1772 dans le palais impérial de Pékin. Il se situe dans la partie nord de la Cité Interdite, dans le Ningshou Gong (Palais de l'Age Paisible).*

« L'empereur Wudi de la dynastie des Han avait une favorite parmi ses épouses. Lorsqu'elle mourut, il ne put s'empêcher de penser à elle. Un beau jour, le magicien Shaoweng de Qi se présenta et dit qu'il pouvait rappeler l'esprit de l'épouse impériale défunte. A la tombée de la nuit, il tira un rideau qu'éclairaient lampes et torches. Il pria l'empereur de prendre place derrière un autre rideau et de regarder au loin. Le maître aperçut dans le rideau l'image d'une belle femme, dont l'apparence ressemblait à celle de la défunte. »

Sima Qian, Shiji.

L'opéra de Pékin comprend beaucoup de scènes de combat. Les armes utilisées à cet effet par les acteurs se nomment *Daoqiang Bazi* (« sabre, lance et pratique de combat »). Comme il existe au total dix-huit sortes d'armes, dont le sabre, l'épée, la hache, la hallebarde, le trident, la massue, la lance, le bâton et la chaîne, on les nomme aussi *Shibaban Wuqi* (« 18 sortes d'armes »). Ces armes de théâtre copient certes la forme des armes de combat chinoises traditionnelles et elles sont joliment décorées, mais en général elles sont faites d'un matériau plus léger, comme le bambou, le bois ou le rotin. Bien que les récits et légendes chinois constituant la base des pièces de théâtre précisent quel héros combat avec quelle arme, les acteurs peuvent néanmoins utiliser l'arme correspondant à leur caractère, leur taille et leur personnalité.

La musique de théâtre

L'orchestre de scène (*Changmian*), organisé d'après le style *Pihuang*, est une composante importante de l'opéra de Pékin.

Sa fonction essentielle est d'accentuer l'action qui a lieu sur scène et de renforcer son atmosphère. Il soutient l'action et souligne chaque événement : lors des turbulentes scènes de combat, l'accompagnement musical est bruyant et impétueux, dominé par les instruments de percussion ; lors des scènes d'amour, il a un caractère plus lyrique, les instruments à cordes donnant le ton afin d'intensifier l'expression des sentiments demandés à l'acteur.

Dans l'exécution se manifeste une collaboration étroite entre les acteurs et l'orchestre, qui peut entièrement se concentrer sur les événements de la scène, car les musiciens ne jouent pas d'après une partition, sinon de mémoire, et ils peuvent donc accorder leur exécution à la situation scénique du moment.

Ici aussi on distingue le domaine *Wen-* (civil) et le domaine *Wu-* (militaire). L'orchestre civil se compose de trois groupes d'instruments parmi lesquels les instruments à cordes occupent la première place : le premier violon *Huqin*, le violon à deux cordes *Erhu*, le violon à trois cordes *Sanxuan* et la guitare de lune à quatre cordes *Yueqin*. Les instruments à vent forment le second groupe : la flûte de bambou à cinq trous *Xiao*, l'orgue à bouche fait de canne ou de bambou *Sheng*, la flûte de bambou à huit ou dix trous *Dizi*. Les instruments à percussion appartiennent au troisième groupe, de même que le *Suona*, une sorte de hautbois. Dans le genre militaire, on range en premier lieu les instruments de percussion en métal ou en bois, tels le grand gong *Dale*, le petit gong *Xiaole*, la cymbale *Bo* et le tambour *Gu*. Ils doivent renforcer acoustiquement le tumulte des scènes de combat. L'orchestre de scène comprend au moins sept musiciens — généralement neuf — lesquels pour la plupart maîtrisent et jouent de plusieurs instruments. Il se place le plus souvent sur la droite, à côté de la scène, derrière une tenture, et il n'est donc pas visible du public.

Le chant

L'acteur de l'opéra de Pékin commence d'habitude son entrée par le chant *Nianbai* ou *Bai*, une sorte d'annonce qui informe

A gauche : *gravure sur bois du 19ᵉ siècle représentant une scène tirée de la pièce* Le mariage par lancement de balle, *issue de la légende* L'empereur mendiant.

Page de droite : *cette scène extraite du* Voyage en Occident (Xiyouji) *est le thème de cette édition populaire de Nouvel An datant du 19ᵉ siècle. Le roi des singes Sun Wukong provoque une révolte dans le Palais du Ciel.*

sur sa personne, sa situation, voire sa famille et introduit le public à la scène. Le *Bai* est structuré selon des règles de rime et de ton précises et présente trois styles linguistiques différents. Les rôles principaux, tels le vieux héros (*Laosheng*), le jeune héros (*Xiaosheng*), le héros guerrier (*Wusheng*), le visage bariolé (*Hualian*), le premier rôle féminin (*Zhengdan*) et la figure féminine âgée (*Laodan*) utilisent le *Yunbai*, une langue raffinée à prétentions littéraires, rimée, d'une structure rythmique rigide et qui, par ses changements soudains de tons de différentes hauteurs, suscite l'impression de récitation. Par contre, les acteurs des rôles de femme-fleur (*Huadan*), d'amazone (*Daomadan*), de comique *Caidan* ou *Xiaohualian* emploient le *Jingbai* ou dialecte de Pékin. Le comique *Chou* parle le plus souvent le *Subai*, un dialecte Suzhou de la province du Jiangsu.

Les accessoires et les mouvements symboliques

Le décor de la scène du théâtre chinois est très simple et modeste, qu'il s'agisse d'un théâtre moderne ou d'une représentation de théâtre ambulant à l'occasion d'une festivité ou en l'honneur des dieux. Cela peut certainement être attribué en partie au fait que les troupes itinérantes d'antan ne disposaient pas de salles de théâtre permanentes. Une table et deux chaises forment les principaux accessoires de la scène, généralement assez petite. La table peut symboliser un temple, une montagne ou la muraille d'une ville. Un chariot est indiqué par des roues peintes sur deux drapeaux que l'accessoiriste tient à gauche et à droite du conducteur. Un aviron dans la main d'un marin, manœuvré avec réalisme, indique qu'il dirige une barque. S'il veut manifester qu'il touche terre, le marin fait comme s'il reposait d'un seul pied dans le canot, pour sauter ensuite sur la terre ferme par-dessus l'eau invisible. Si un acteur se lance sur scène avec un bâton décoré de houppes de couleur, on reconnaît que l'on a affaire à un cavalier. Le spectateur identifie immédiatement un génie aux bouts de papier blanc fixés à une de ses oreilles. Immortels, moines, prêtres taoïstes, eunuques impériaux et parfois aussi génies tiennent à la main un plumeau pour attribut.

Il existe non seulement des accessoires symboliques, mais aussi des actions symboliques. Ainsi, on ne voit jamais de porte sur la scène. Franchir le seuil d'une porte, ouvrir et fermer les doubles portes chinoises démodées : tout cela est représenté avec succès par la pantomime, l'acteur joignant simplement les mains lorsqu'il ferme la porte imaginaire, ou les écartant lorsqu'il l'ouvre. Il lève ensuite le pied avec soin, afin de manifester qu'il en franchit le seuil.

Les thèmes

En fonction de leur contenu, on effectue la distinction, dans l'opéra de Pékin, entre les œuvres civiles (*Wenxi*) et les pièces militaires (*Wuxi*), ainsi que les œuvres pour couple (*Dui'erxi*) ou pour groupe. Parmi les genres, on trouve des comédies (*Xiju*), des tragédies (*Beiju*), du burlesque (*Xiaoju*) et des satires (*Fengchiju*). A l'origine, le contenu provenait du *Zaju* (« théâtre mélangé ») et du *Chuanqi* (« récits de l'extraordinaire »). Puis des légendes bouddhiques et taoïstes, des histoires magiques de génies des cavernes et de dieux célestes, ainsi que des romans et des récits au contenu historique réel ou inventé rencontrèrent un succès croissant. Elles étaient représentées en cycles (*Liantai Benxi*), dans leur totalité, ou jouées par épisodes

isolés (*Danxi*). Si un spectacle d'aujourd'hui dure de deux à trois heures, jadis les spectateurs devaient patienter cinq à six heures, voire même attendre le lendemain matin, avant que se clôture le spectacle.

Le *Roman des Trois Royaumes (Sanguozhi Yanyi)* a pour décor les révoltes provoquées par la situation économique et sociale catastrophique que connut la Chine lors de l'effondrement de la dynastie des Han de l'Est, vers 220 ap. J.-C. Les faits se centrent sur des figures historiques transformées en héros de légende à l'époque de la domination sanglante des chanceliers Dong Zhuo et Cao Cao. Du chaos se forment finalement trois Etats autonomes qui se livrent des guerres incessantes. En fin de compte, le roi d'un de ces trois Etats monte sur le trône et réunifie l'ensemble du territoire de l'Empire chinois sous son autorité.

Déjà pendant la dynastie des Tang (618-906) circulaient parmi le peuple des histoires sur les événements fantastiques de l'époque des Trois Royaumes. Sous la dynastie des Song (960-1279), certains conteurs s'étaient même spécialisés dans ce thème. Pendant la dynastie des Yuan (1279-1368), la matière même en fut mise en scène, mais toutes les créations théâtrales postérieures se fondent sur la version imprimée en 1335 et intitulée *Récits populaires selon les mémoires des Trois Royaumes accompagnés d'illustrations (Quanxiang Sanguozhi Pinghua)*.

Le roman *Le voyage en Occident (Xiyouji)*, écrit par Wu Cheng'en à l'époque Ming, jouit aussi d'une forte popularité dans sa version scénique. Sous l'effet d'une carrière de fonctionnaire manquée et de la corruption du pouvoir Ming au 16ᵉ siècle, Wu rassembla différentes traditions orales et des mémoires historiques sur le pèlerin chinois Xuanzang, qui avait effectué un voyage en Inde dès la première moitié du 7ᵉ siècle. Il en fit cette histoire fantastique et tissée de légendes dans laquelle, outre le pèlerin Xuanzang en personne, le rôle principal revient au général-singe Sun Wukong. Des scènes de combat acrobatiques entre ses troupes et les armées célestes donnent à l'œuvre un cachet épique qui produisit son effet sur le public.

De façon analogue, l'auteur Xu Zhonglin, lui aussi à l'époque Ming, composa un cycle, *Les métamorphoses des dieux (Fengshenyanyi)*, à partir de plusieurs récits historiques et d'autres traditions. Il y traite de l'effondrement de la dynastie des Shang, au 11ᵉ siècle av. J.-C., durant la tyrannie de son dernier souverain, et de la fondation de la nouvelle dynastie des Zhou par Wuwang. Des combats entre dieux des différentes religions, génies, monstres et humains créent sur scène un spectacle fort animé. Alors que le *Voyage en Occident* a un arrière-plan bouddhique, les *Métamorphoses des dieux* sont plutôt imprégnées d'idées taoïstes autochtones.

Au bord de l'eau (Shuihuzhuan), connu aussi sous le titre *L'histoire des brigands du lac Liangshan (Liangshanbo)*, est fondé lui aussi sur des faits historiques, situés cette fois à la fin de la dynastie des Song du Nord (début du 12ᵉ siècle). Le récit préfigure Robin des Bois et ses hors-la-loi. Une bande de brigands vivant dans une région inaccessible aide les paysans et les petites gens opprimés par des fonctionnaires de l'Etat corrompus. L'auteur, Shi Nai'an, vécut durant la période de transition entre l'époque Yuan et celle des Ming.

La *Légende du Serpent Blanc (Baishezhuan)* est de caractère plus lyrique et poétique. On la connaît aussi sous le titre de *La pagode du pic du Tonnerre (Leifeng Ta)*. Elle fut produite sous sa forme définitive sous l'empereur Qianlong (1736-1796) et

千年狐狸精
九頭

伯邑考進貢救父
妲己
比干丞相
紂王
伯邑考

蘇護贖罪進妲己
紂王

渭水文王聘子牙
文王

陳塘關哪吒鬧海
哪吒

四天王遇丙靈公
南宮适
黃天化

三姑擺布黃河陣

三教大會萬仙陣

孔宣阻兵金雞嶺

破朝歌捉拿三妖

dépeint l'amour, affligé par les coups du destin mais qui trouvera finalement une issue heureuse, entre le jeune pharmacien Xu Xian et le génie-serpent féminin Bai Suzhen. Un moine bouddhiste réussit tout d'abord à contrecarrer leur union mais, à la fin, les sentiments irrésistibles des deux amants triomphent et ils sont transportés au Ciel en tant qu'Immortels. De telles unions, à l'issue pas toujours heureuse, entre un humain et un être surnaturel jouirent souvent d'une grande popularité dans la littérature narrative.

La formation de l'acteur

Celui qui désire faire carrière dans le théâtre chinois doit se soumettre à plusieurs années d'un entraînement difficile au cours duquel on lui enseignera l'art du chant et de la représentation ainsi que les techniques de l'acrobatie. Chez un bon acteur chinois, nul ton, nul mouvement ne demeurent incontrôlés. Il existait jadis trois manières de devenir acteur. A l'âge de huit ou neuf ans, on allait dans une école de théâtre privée où l'enseignement durait sept ans et on devenait alors un *Kebansheng* («acteur de l'école de théâtre»). Ou bien on se faisait enseigner un rôle déterminé par un expert, devenant ainsi *Shouba Tudi* («étudiant-appliqué»). Enfin, la voie de la profession était ouverte aux amateurs doués qu'on nommait alors *Xiahai Piaoyou* («l'ami du théâtre professionnel»). Dans la pratique, chaque acteur se spécialisait avec le temps dans un rôle déterminé, celui qui lui convenait le mieux tant sur le plan de la voix que par sa physionomie.

Double page précédente : *série de scènes tirées du cycle rédigé par Xu Xhonglin,* Les métamorphoses des dieux (Fengshen Yanyi) *ou* Histoires populaires de l'inféodation à la majesté des dieux (Wuwang Fazhou Pinghua), *dont l'arrière-plan historique évoque les troubles qu'a connus la dynastie Shang finissante. Trois scènes sont résumées en une page à lire de haut en bas, haute de 74 cm. La série commence en haut à gauche : trois esprits reçoivent des ordres au palais Nügua. Su Hu remet sa fille à Zhouwang, dernier despote Shang. Nocha crée le trouble au passage Chentang du palais des dragons. Bo Yikao offre un tribut à Zhouwang pour sauver son père. Wenwang invite le saint toaïste Jiang Ziya à la rivière Wei. Les quatre rois célestes rencontrent Binglinggong. Le chancelier Wen Taishi fait la guerre à Xizhi. Trois créatures féminines dressent un plan de combat. Kong Zuan bloque avec ses soldats le mont du Coq Doré. Le saint taoïste Guangchengzi visite pour la troisième fois le palais Biyou. Des saints des trois religions se rencontrent dans le* Plan de bataille des dix mille dieux. *Après la prise de la capitale Shang, les trois esprits féminins sont faits prisonniers.*

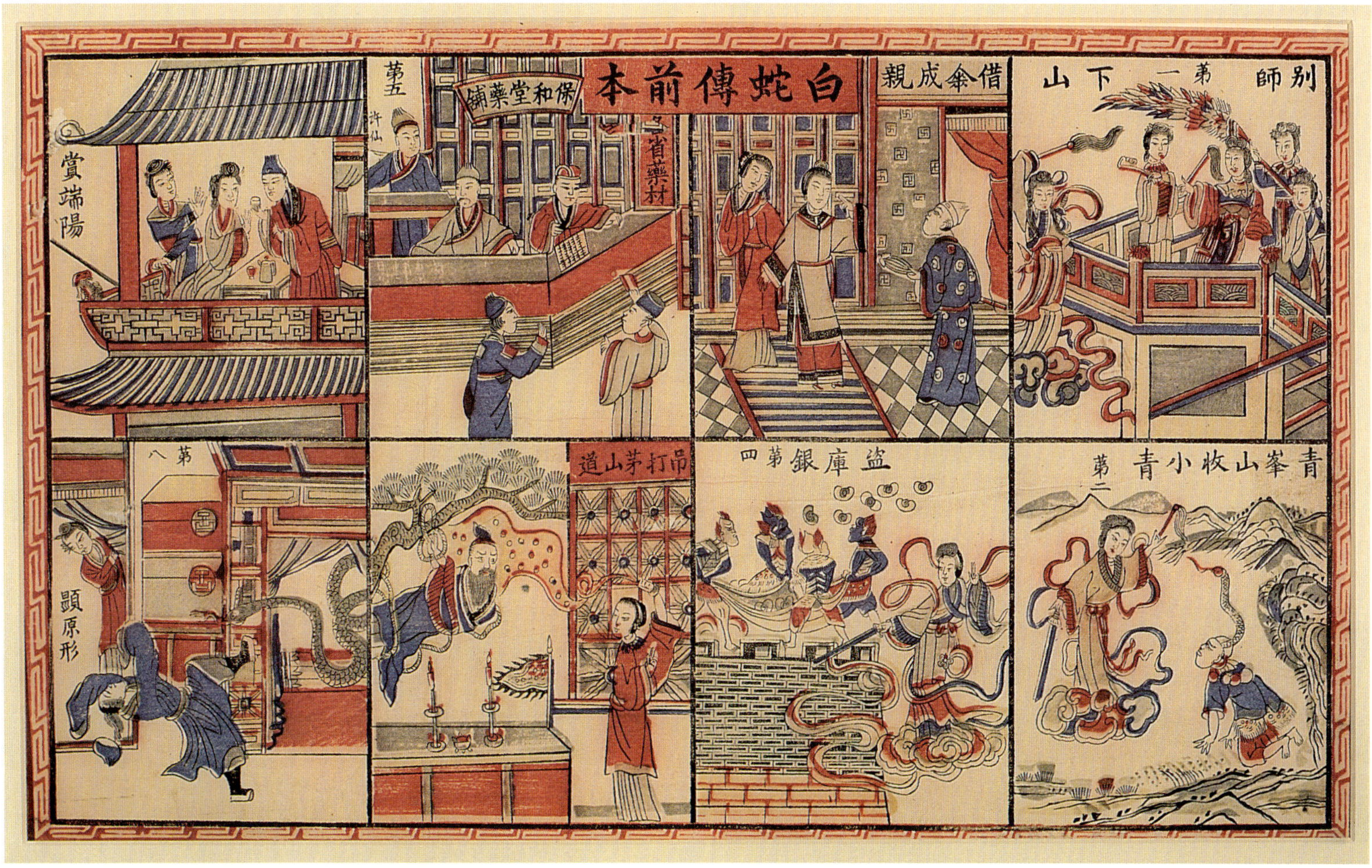

Les deux éditions populaires de Nouvel An contiennent une série de scènes tirées de la Légende du Serpent Blanc (Baishezhuan). *L'histoire commence en haut à droite, est lue vers la gauche et se termine en bas à gauche. Cette pièce fort appréciée raconte comment l'amour entre un jeune homme et l'esprit féminin du serpent Bai Suzhen se termine dans le bonheur malgré tous les obstacles qu'il doit surmonter.*

«Le bois est coupé, les fils sont tirés,
Ainsi naît le vieillard.
La peau du poulet, les cheveux en plumes de héron,
En un clin d'œil, la partie est finie
Et plus rien ne bouge,
Comme la vie de l'homme dans un rêve.»

Empereur Xuan Zong (règne de 712 à 756).

«La rédaction de pièces de théâtre demande peu d'habileté à l'écrivain, mais lorsqu'il parvient à la pratiquer, il est encore mieux considéré que celui qui se lance à cheval dans un combat à l'épée ou qui succombe au vin pour s'adonner au jeu de dés. La rédaction de pièces de théâtre ressemble à la confection de vêtements. Au début, on peut découper des morceaux isolés à partir d'une grande pièce ; ensuite, il faut assembler les morceaux découpés en un vêtement. La découpe est aisée, l'assemblage est difficile. Le théâtre est quelque peu différent de la littérature. Celle-ci est destinée à être lue par les érudits, et il n'est dès lors pas étonnant qu'elle soit profonde. Le théâtre est, quant à lui, commun aux hommes de lettres et à ceux qui ne savent pas lire, oui, même aux femmes et aux jeunes enfants. C'est pourquoi il faut privilégier la simplicité et non la profondeur.»

Xianqing Ouji.

Les fonctions du théâtre chinois

Au siècle dernier encore, la majorité du peuple chinois ne savait ni lire ni écrire. Ce moyen de transmission de la culture était largement remplacé par le théâtre. Les pièces de théâtre servaient de distractions ou de cérémonies en l'honneur des dieux lors des fêtes des temples, mais en outre, en exposant ainsi des exemples d'intégrité, de vertu, de justice, d'amour pour le pays et les enfants, elles constituaient aussi un modèle de conduite et représentaient donc un important facteur d'éducation.

Après la Seconde Guerre mondiale, l'opéra de Pékin devint progressivement une simple distraction et l'entretien d'une tradition culturelle. En République populaire de Chine comme à Taiwan, on fonda à cet effet des écoles et des instituts. Après avoir connu des temps difficiles pendant la révolution culturelle (1966-1976), l'opéra de Pékin jouit depuis d'un regain de popularité. En 1980, il y avait en Chine 2072 troupes de théâtre traditionnel, dont 16 rien que pour Pékin.

Le monde de l'art

DRESSER aujourd'hui un aperçu exhaustif de l'art chinois comporte certains risques pour l'auteur qui s'y essaie. En effet, la recherche archéologique en République populaire au cours des trente dernières années a produit maintes découvertes surprenantes sur certains points, découvertes qui modifient de façon décisive notre façon de voir des phases et des domaines entiers de l'art chinois et qui imposent à l'historien de l'art de réviser plusieurs opinions et jugements jusqu'ici tenus pour inattaquables. Au nombre de ces mises au jour, il faut compter toute une armée de personnages d'argile représentés grandeur nature, découverte près du tertre funéraire du premier empereur de Chine, mais aussi des fresques, parfois dans un remarquable état de conservation, trouvées dans des tombes d'époques les plus diverses. Ajoutons à cela un inventaire extrêmement riche de nombreux mausolées qui nous sont parvenus intacts.

Ces bouleversements peuvent se reproduire d'un jour à l'autre ou presque, de sorte qu'une grande partie de nos conceptions sur l'art de l'ancienne Chine doit désormais être considérée comme provisoire. En outre, l'exploitation systématique de nombreux travaux archéologiques sur le terrain est bien loin d'être achevée, ainsi la reconstitution d'importants édifices anciens dont on vient à peine de dégager les fondements. C'est précisément dans ce domaine de l'architecture — dont les vestiges ont été, pourrait-on dire, «décimés» tout au long des vicissitudes subies par l'Empire du Milieu — que la recherche archéologique promet encore une foule d'explications essentielles.

Les divers domaines de l'art chinois ne seront pas considérés ici dans leur lien historique, mais chacun d'eux sera traité à part de manière à mieux éclairer ses traits les plus caractéristiques et les lignes de son évolution interne. En outre, il semble que la Chine, au contraire de l'Occident, n'a pour ainsi dire jamais connu de styles d'époque touchant tous les domaines de l'expression artistique et y portant leurs effets uniformisateurs. Chaque art particulier a plutôt, sous de nombreux aspects, mené sa vie propre et s'est dans une large mesure replié sur lui-même. La stratigraphie du domaine artistique telle que nous la présentons ici part de l'art du bronze au début de la période historique, présente ensuite l'artisanat d'art qui s'y rattache étroitement, l'architecture et la sculpture, et enfin deux domaines où la culture d'Asie orientale trouve son expression la plus caractéristique et jusqu'à un certain point la plus libre, à savoir l'écriture au pinceau et la peinture que la mentalité chinoise considère comme l'art porté à son niveau le plus élevé.

Ce récipient de bronze (12ᵉ-11ᵉ siècle av. J.-C.) en forme de tigre embrassant un être humain, recouvert de motifs de serpents et de dragons, semble être une sculpture religieuse Shang, de caractère magique. Le couvercle et les anses indiquent cependant qu'il s'agit d'un objet utilisé dans le culte des ancêtres.
[Paris, Musée Cernuschi]

L'art du bronze et les débuts de la période historique

L'art chinois entre dans l'histoire avec des objets en bronze employés pour le culte des ancêtres, essentiel dans la religion primitive, et qui sont fort appréciés pour leur valeur de représentation et, de plus, atteignent très vite un degré de perfection technique qui témoigne parfaitement du niveau de qualité de la civilisation chinoise au 2ᵉ millénaire av. J.-C. On ne peut affirmer avec certitude que les porteurs de la culture néolithique soient les ascendants directs des Chinois d'aujourd'hui mais, en revanche, la chose ne fait aucun doute en ce qui concerne les créateurs de l'art archaïque du bronze, car ces derniers emploient déjà des caractères précurseurs de l'écriture chinoise actuelle, le seul véhicule concevable pour la langue des Chinois.

Les vases en bronze des époques Shang et Zhou, donc du 16ᵉ au 3ᵉ siècle av. J.-C., s'enracinent dès le départ dans les deux ordres de préoccupation centrale de la culture chinoise primitive. D'une part, ces objets sont en effet les symboles obligés du pouvoir politique détenu par les familles des rois et des seigneurs féodaux, qui règnent en maîtres absolus sur une popu-

lation rurale : à cet égard les bronzes servent notamment d'insignes de cette autorité. Leur possession ou leur perte reflète le sort de l'Etat ; parfois encore le roi les attribue à des princes féodaux en récompense de leurs talents d'administrateurs ou de leurs victoires militaires. D'autre part, ces objets remplissent une importante fonction hiératique dans la religion et le culte des mânes des ancêtres au sein de ces mêmes généalogies de gouvernants. Au cours du rituel funéraire en l'honneur du roi ou des membres de son clan, peut-être aussi lors des offrandes faites aux divinités du Ciel et de la mère Terre, c'est dans de tels récipients que l'on préparait le repas du sacrifice, que l'on réchauffait le vin de millet aromatisé utilisé pour les libations, que l'on cuisait des légumes et que l'on faisait bouillir de l'eau pour la purification sacrificielle. Toutefois, le déroulement de ces rituels ne nous est connu que par le canal de textes rédigés beaucoup plus tard et adaptés aux concepts du confucianisme. Après les funérailles des nobles défunts, les bronzes utilisés dans l'exercice du culte devenaient partie du trésor de la chambre funéraire, ce qui excluait évidemment toute autre utilisation terrestre.

Au début, les bronzes hiératiques n'étaient consacrés aux ancêtres disparus que par un caractère d'écriture, un caractère unique mais déjà bien imagé, qui servait en quelque sorte de signature à la famille. Parfois aussi, il s'agissait d'une véritable dédicace, mais très courte. Puis, à partir du 13e siècle av. J.-C., les artisans coulent dans le corps du récipient des inscriptions de plus en plus longues qui expliquent la raison de la fabrication ou de la consécration et vont constituer des documents de première importance pour les débuts de l'histoire chinoise.

Sous les empereurs de la dynastie Song (960-1279), vivement intéressés par les choses du passé, ce sont précisément ces inscriptions qui font considérer les bronzes rituels archaïques mis

En haut : *ce récipient de type* Fangding, *mesurant presque un mètre de haut et pesant 82 kg, servait à cuire les viandes offertes en sacrifice aux ancêtres par un prince Shang du 15e siècle av. J.-C. La frise en relief à filets avec les masques* Taotie *et les surfaces nopées sur le volume carré, sont caractéristiques de l'ancien art du bronze Shang.*
[Zhengzhou, Musée provincial du Henan]

Ci-contre : *aux 12e-11e siècles av. J.-C., cette hache imposante servait sans doute à décapiter des esclaves ou des prisonniers pour le sacrifice aux dieux d'un prince Shang. Le motif décoratif principal est un masque* Taotie *menaçant.*
[Cologne, Museum für Ostasiatische Kunst]

Page de droite : *le vin sacrificiel épicé jouait un rôle important dans les rites de la religion Shang. Ce récipient de type* Lei, *pour lequel la technique de la coulée est parfaitement maîtrisée, servait de l'honneur pour conserver le vin. Il est entièrement recouvert d'un relief décoratif magique sur fond de spirales délicates. Le style correspond à celui d'Anyang, dernière capitale Shang aux 12e et 11e siècles av. J.-C.*
[Munich, Staatliches Museum für Völkerkunde]

au jour comme les représentants paradigmatiques de dynasties antérieures ; leurs qualités tant morales que politiques en faisaient le modèle idéal offert à la vénération des générations suivantes. On en vient à l'image d'une « antiquité » (*Gu*) en tous points admirable et cette vision transcendantale trouve ses points focaux dans les vases de bronze dont la patine verte, acquise au fil des siècles, témoigne de leur âge vénérable. C'est à cet effet que les empereurs des dynasties Song et Qing font établir des catalogues descriptifs de leurs collections de bronzes.

La technique de coulée

La technique du bronze, spécialisée à un très haut degré, se trouva dès ses débuts en liaison étroite avec la fabrication de la céramique. Des fouilles effectuées dans les centres de la culture Shang ont révélé des ateliers pour la coulée du bronze et des fours à céramique situés à proximité les uns des autres, à l'intérieur même des villes déjà ceintes de murs et au voisinage du palais occupé par le seigneur, c'est-à-dire l'endroit où apparaît le mieux le lien unissant cette activité artistique à la religion officielle et à la famille royale. L'exhumation à Zengzhou de fonderies remontant aux premiers temps de l'époque Shang nous a donné plus de mille moules et creusets en argile, ainsi que des modèles en argile, et nous a donc montré très clairement toute l'ampleur de la production. La même constatation vaut pour les recherches sur des fonderies qui remontent à la fin de l'époque Shang, aux environs d'Anyang (13ᵉ-12ᵉ siècles av. J.-C.), de même que pour des travaux semblables pour l'époque des Zhou de l'Est (6ᵉ-5ᵉ siècles av. J.-C.). Une reconstitution précise des procédés de fabrication a été rendue possible par ces trouvailles, en coordination avec l'étude des caractéristiques formelles des récipients eux-mêmes, notam

Page de gauche : *même loin de la capitale Shang, l'art du bronze est parvenu à un sommet de maîtrise technique et artistique. Ce récipient pour le vin (58 cm de haut) a été exhumé dans la province du Henan. Il présente une combinaison exceptionnelle de quatre béliers au corps décoré de méandres et de quatre dragons à cornes, sur une forme assez conventionnelle. L'artisan du 13*e* au 11*e* *siècle av. J.-C. est parvenu à fondre les éléments hétérogènes en une unité formelle.*
[Pékin, Musée de l'Histoire chinoise]

A droite : *le décor et la forme de ce récipient pour le vin, remontant au 8*e*-6*e* siècle av. J.-C., traduisent le changement stylistique décisif qui s'est opéré au cours du premier siècle de la période Zhou. La forme s'est adoucie et la juxtaposition de surfaces lisses et d'un relief à filets en méandres — d'où les éléments zoomorphes ont pratiquement disparu — présente un aspect décoratif. Deux paires de dragons à cornes servent d'anses et de poignées à ce récipient de type* Hu, *haut de 74 cm. Les soudures des moules en argile sont clairement visibles.*
[Zhengzhou, Musée provincial du Henan]

« La dynastie Xia se caractérisait par la loyauté, la dynastie Shang par la simplicité et la dynastie Zhou par l'élégance. Ces caractéristiques se retrouvent dans la décoration de leurs vases (en bronze) respectifs : ceux des Shang sont simples et sans décors, tandis que ceux de la période Zhou sont richement décorés et couverts d'inscriptions. Les pièces de la dynastie Xia constituent une exception. Elles ont souvent des incrustations de fils d'or fins comme des cheveux. Sans doute tous les exemplaires Xia étaient de ce type. Le *Livre des Odes (Shijing)* dit : « Trace et creuse les motifs et incrustes-y de l'or et du jade. »
Les anciens moules pour la coulée du bronze étaient fabriqués en cire. Les motifs étaient finement et exactement gravés et les inscriptions régulières et nettes. Ils ressemblaient à des tuiles renversées, mais n'étaient pas très profonds. Tous les caractères étaient de mêmes dimension et profondeur et il n'y avait aucune trace de quadrillage (pour aider le graveur). Ceci révèle le soin apporté à ce travail. Les pièces « non officielles » par contre portent des inscriptions de gravure inégale et leurs formes sont plutôt irrégulières. »

Cao Zhao, Commentaire des critères fondamentaux pour les Antiquités (Gegu Yaolun), 1388.

ment celle des ébarbures le long des lignes de soudure qui n'ont pas été totalement éliminées.

On réalisait un modèle en argile du récipient et l'on y portait un motif en relief pressé directement au moule. On gravait les détails et les dessins en spirale du fond, on laissait sécher le modèle pour le passer au four, puis on faisait plusieurs moulages partiels en argile de ce modèle, en prenant soin que les lignes de soudure se réunissent aux endroits les moins visibles. Ces diverses parties du moule passaient également au four pour être ensuite assemblées en vue de la coulée proprement dite et maintenues avec des cordelettes. Des tiges de métal assuraient la distance correcte entre les formes extérieures et les noyaux de coulée intérieurs, de manière à former les cavités indispensables si l'on voulait donner l'épaisseur voulue aux parois du bronze. Le moule assemblé était recouvert de sable pour éviter qu'il n'éclate.

Dans la plupart des cas, les récipients étaient coulés debout sur le col, un procédé qui facilitait l'ajustement des moulages partiels. Pendant la coulée du bronze en fusion, l'air s'échappait par des conduits d'évacuation disposés de manière fort ingénieuse. Une fois que le métal était refroidi, on démontait à nouveau le moule en vue d'un usage ultérieur et alors commençait le travail de retouche en ôtant les ébarbures à la lime, pour regraver ensuite le tracé du motif aux points qui étaient jugés imprécis.

Les alliages du bronze étaient de qualités assez variables car le coût élevé des matériaux obligeait les artisans à s'en tenir aux stocks existants. Pendant la première phase de l'époque Shang, les bronzes comportaient en règle générale quelque 90 pourcent de cuivre, 10 pourcent d'étain et d'autres éléments. Plus tard, le pourcentage de cuivre décline jusqu'à 80 pourcent en moyenne.

Les divers types d'objets

Le rituel de la religion d'Etat et du culte des ancêtres suivait dans son déroulement des règles sans aucun doute très strictes, de sorte que les divers types de récipients utilisés à cette fin furent, dès les débuts, très clairement distincts. Selon toute probabilité, les traditions de la culture néolithique de Longshan se sont perpétuées sans rupture notable, car de nombreux moules en bronze viennent d'objets en céramique caractéristiques de cette culture. La nomenclature des désignations attribuées à ces récipients trouve, pour la plus grande part, son origine dans les catalogues de collection établis par les lettrés de l'époque Song, si intéressés par la paléographie qu'ils firent codifier tous les résultats de leurs recherches en un système cohérent. Dans leur travail, ils s'appuyèrent en partie sur des indications présentes dans les formules gravées sur les récipients. L'archéologie moderne a pu, dans la plupart des cas, vérifier ces dénominations de types dans des inscriptions découvertes par la suite. L'usage exact des divers types d'objets n'apparaît pas toujours dans la forme elle-même mais il est souvent possible de le déduire des textes postérieurs venant du rituel chinois.

Les récipients à trois ou quatre pieds, tels le *Ding*, le *Li*, le *Xian*, le *Jia* et le *Jue*, servaient manifestement à cuire les aliments des offrandes ou à chauffer le vin que l'on buvait lors du sacrifice ou que l'on offrait en libation. Des objets en forme de gobelet comme le *Zun* et le *Gu* remplissaient la même fonction, alors que des récipients munis ou non d'un couvercle, comme le *Fangyi*, le *Yu*, le *Gui* ou le *Fu*, pouvaient servir à la conservation du blé ou d'autres offrandes. Des vases de plus grandes dimensions, comme le *Lei* et le *Hu*, ainsi que le *You* plus petit, servaient à conserver le vin ou l'eau, de même que le bassin à fond plat appelé *Pan*, alors que les coupes à pied *Dou* se prêtaient excellemment à la présentation et à la mise en place des offrandes. Dans chaque cas, les types particuliers montrent des lignes d'évolution dont les différents stades correspondent au style général de l'époque.

Une particularité de cette conception artistique est le style animalier, où le sentiment plastique se développe à un point tel que l'on doit également considérer ces œuvres du point de vue de la sculpture. Mais, comme ils comportent des couvercles et souvent aussi des becs verseurs, il apparaît que ces bronzes hiératiques zoomorphes ont fait l'objet d'une utilisation pratique dans le rituel, au même titre que les autres récipients. Dans ce cadre, ils rappellent les aquamaniles de l'art chrétien du Moyen Age. Un nombre important de ces sculptures animalières sont relativement réalistes et font penser à une observation directe de la nature (ainsi le récipient en forme de rhinocéros du Musée d'Art asiatique de San Francisco), mais la plupart de ces objets relèvent d'une abstraction plus poussée et l'on a souvent l'impression que le sculpteur n'a jamais vu l'animal représenté. Une conclusion qui s'impose dans le cas de l'éléphant *Zun*, datant de l'époque des Zhou de l'Ouest et exhumé à Rujiazhuang, dans la province de Shaanxi, éléphant qui ressemble plutôt à un cochon ou à un rhinocéros. Le corps du tigre, du buffle, de l'éléphant, du rhinocéros ou du hibou sont donc devenus des récipients, et ils ont certainement revêtu aux yeux des Chinois, sous les Shang et les Zhou, une valeur symbolique très profonde mais dont le sens ne nous est plus accessible directement, du fait de l'absence de textes de ces mêmes époques.

La forme humaine apparaît occasionnellement parmi les motifs des bronzes. Il peut s'agir d'un simple masque, comme on en trouve sur les grandes haches Shang, qui furent peut-être employées à la décapitation rituelle des victimes du sacrifice. Parfois, on représente toute la silhouette, comme sur un récipient connu sous deux versions, l'une qui est au Musée Cernuschi, à Paris, et l'autre au Japon, dans la Collection Sumitomo. Les premiers exemples de bronzes qui reproduisent la forme humaine sont d'un caractère totalement mythique, mais les lampadaires de ce type datant de l'époque Zhou (4e siècle av. J.-C.) sont déjà tout à fait profanes.

Dans l'art du bronze, un autre groupe bien particulier rassemble les cloches, souvent exécutées en série : ainsi les 65 cloches mises au jour en 1978 près de Sui Xian, province de Hubei, dans la tombe du marquis Yi de Zeng, potentat qui mourut en 433 av. J.-C. Dans ces séries, les cloches sont disposées par ordre de grandeur ; elles ont, par-delà les siècles, gardé leur son d'origine et ont occupé un rôle central dans la musique rituelle du culte de l'Etat et des cérémonies religieuses. Leur système complexe de tonalités et de mélodies repose en partie sur des opérations mathématiques tout à fait comparables aux spéculations occidentales des pythagoriciens.

Les motifs de la décoration

Soit directement gravés sur le fond, soit superposés au fond en reliefs plus ou moins hauts, les motifs des bronzes rituels étaient sans aucun doute chargés de signification magico-religieuse. Les chercheurs ont tenté, sans relâche, de percer le secret de ces motifs, mais leurs explications doivent encore garder le caractère de simples hypothèses, car nous ne possédons aucun texte des époques Shang ou Zhou susceptible de nous éclairer. C'est pourquoi apparurent des tentatives de les interpréter par déduction, en se référant au contenu symbolique de motifs semblables à des époques postérieures ou par comparaison avec d'autres cultures.

De toute manière, il est intéressant de constater que les plantes n'ont aucune place parmi les motifs de cette culture bâtie pourtant sur un substrat rural, alors que l'existence d'une reli-

Au 8e siècle av. J.-C., le motif animal magique s'est transformé en un décor à bandes abstrait. On reconnaît encore quelques traces de l'ancien masque animal, ainsi que des yeux et des formes de dragons sur les frises supérieures. Les motifs à bandes sont répétés sur la couronne du couvercle. Les masques animaux sculpturaux, sur les côtés, servent à tenir les anses. Ce grand récipient Hu *appartenait au trousseau funéraire d'un noble dont le nom, You Fu, est inscrit dans le métal.*
[Wuhan, Musée provincial du Hubei]

gion de la nature qui comprenait des rites de la fécondité ne fait aucun doute. Les éléments plus ou moins abstraits du motif aux époques Shang et Zhou sont le plus souvent zoomorphes. Dans la plupart des cas, les sujets sont empruntés au monde des animaux sauvages ; les animaux domestiques apparaissent plus rarement, et jamais les chiens, bien qu'ils aient accompagné leur maître dans la tombe. La forme humaine est relativement peu fréquente.

A l'époque Shang et aux premiers temps de l'époque Zhou, le motif couvre la plus grande partie de la face extérieure du vase et représente un masque composite de monstre vu de face que l'on appelle depuis l'époque Song le *Taotie* («l'ogre») et qui s'accompagne d'une légende explicative. La figure a les yeux figés et nettement mis en relief, c'est pourquoi on la considère le plus souvent comme un *apotropaion* écartant toutes les influences mauvaises, comparable aux yeux que les Grecs peignaient sur leurs coupes et leurs bateaux de pêche. Mais on y a vu également un symbole du *Dao*. Le masque est le plus souvent doté de cornes, mais aussi de dents d'un animal de proie et d'excroissances latérales qui le font ressembler à un corps de dragon grossièrement esquissé. Les archéologues chinois ont exhumé à Rizhao, dans la province de Shandong, une hachette en jade portant un motif gravé et des céramiques remontant à la culture de Longshan, à la fin du néolithique. Ces spécialistes pensent avoir trouvé là des formes qui annoncent le masque *Taotie*, si typique de l'art chinois.

Le répertoire des motifs des bronzes archaïques comprend en outre une autre figure très importante, quoique de dimensions plus réduites, à savoir un dragon vu de profil que l'on appelle *Kui*. Y apparaissent encore des serpents, sans doute utilisés comme symboles chthoniens, et des cigales, qui représentent peut-être la résurrection ou la vie éternelle (par la suite,

Ci-dessus : *les miroirs en bronze de la période Zhou ont généralement le dos décoré d'inscriptions magiques. Ce spécimen du 5e-4e siècle av. J.-C. est incrusté de jade et de pâte de verre, dont la forme d'œil perlé permet de penser à une influence de l'Asie occidentale.* [Cambridge (Mass.), Fogg Art Museum]

Page de gauche : *la somptuosité des incrustations d'or et d'argent, l'abstraction décorative des bandes de nuages et l'élégance de la forme permettent de supposer que ce récipient tripode, qui date du 4e-3e siècle av. J.-C., servait déjà à contenir des nourritures profanes.* [Xianyang, Musée communal]

Double page suivante : *en 1963, un paysan labourant son champ a découvert cette magnifique sculpture, d'une longueur de 58 cm, dans un pot en terre cuite. Le corps de cet animal est traité de façon exceptionnellement réaliste mais il est recouvert d'un entrelacs de nuages sinueux et décoratifs, originellement incrusté d'or et d'argent. Le décor, comparable à celui des laques et des textiles du 3e-2e siècle av. J.-C., a permis de dater cette sculpture. Le couvercle et le bec tubulaire à droite du museau indiquent que ce rhinocéros avait une fonction utilitaire.* [Pékin, Musée de l'Histoire chinoise]

des cigales en jade seront placées dans la bouche des défunts). Les oiseaux sont aussi présents, surtout les hibous, peut-être comme symboles de l'âme. Enfin, on trouve aussi diverses têtes d'autres animaux, véritables sculptures qui servent d'anses aux récipients.

Ces motifs de décoration auxquels s'ajoutent encore quelques formes abstraites comme les *Monoculi* se détachent sur un fond de gracieuses spirales, parfois en crochet, que l'on appelle aujourd'hui « motif du tonnerre ».

L'évolution historique

Aujourd'hui encore, les spécialistes ne peuvent se prononcer unanimement dès qu'il s'agit de savoir si la technique de la coulée du bronze, déjà si perfectionnée en Chine au 2e millénaire av. J.-C., a été importée ou mise au point dans le pays même.

Les premières attestations consistent en couteaux de bronze de la culture Majiayao, datée approximativement de 3000 av. J.-C., mais l'on a également découvert dans la province occidentale de Gansu des objets de bronze venant de la culture Qijia (vers 1900 av. J.-C.).

De toute manière, une technique du bronze bien élaborée apparaît déjà dans la culture d'Erlitou (de 2000 à 1500 av. J.-C. environ), qui est centrée sur la région de Luoyang, province de Henan, et vient directement du stade intermédiaire de Xingzhai, dans la phase postérieure de la culture néolithique de Longshan (2300-2000 av. J.-C.). On a exhumé dans le secteur du « complexe du palais », à Erlitou, de petits tripodes de type *Jia*, de beaux objets aux parois fines et aux pieds élégamment dessinés. Il faut y ajouter des hallebardes *Ge* gravées de reliefs simples en forme de fil. Les savants chinois tendent à identifier cette culture à la dynastie Xia, jusqu'ici tenue pour légendaire.

La phase initiale de la dynastie Shang, l'intervalle que l'on appelle la période de Zhengzhou (16ᵉ-14ᵉ siècle av. J.-C.), connaît déjà un grand nombre de récipients en bronze qui, au début, présentent aussi des parois relativement fines et d'étroites surfaces décorées de reliefs en forme de fil. Plus tard au cours de cette phase, les objets deviennent plus compacts ; à l'occasion, ils prennent des dimensions monumentales, ainsi le puissant *Fangding* de Zhangzhai qui mesure un mètre de hauteur et pèse 82,4 kg. La coulée d'un chaudron aussi impressionnant implique la maîtrise parfaite de la technique. On ne trouve pas encore d'inscriptions plus longues mais uniquement des signes désignant le clan, et ces caractères sont parfois purement imagés. Le répertoire des motifs comprend le *Taotie* sous sa forme définitive, les dragons et le fond décoré de spirales. L'ampleur de la production se révèle dans la tombe M2 de Panhong-Cheng, dans la province du Hubei (16ᵉ-15ᵉ siècle av. J.-C.), qui renferme une série de 23 récipients en bronze.

L'art de la coulée du bronze atteint sa pleine maturité dans la phase d'Anyang de la dynastie Shang (13ᵉ-11ᵉ siècle av. J.-C.). Les types d'objets alors présents se caractérisent par l'équilibre de la structure et la vigueur des motifs réunis en un répertoire très varié. Sur le site de la dernière capitale Shang, le territoire de la moderne Anyang, on a mis au jour les fondations d'une fonderie qui couvrait 5 000 m^2.

Certes, la plupart des grandes sépultures des rois Shang, dans la région de Xiaotun, ont été très tôt dans l'histoire pillées et dépouillées de leurs bronzes. Mais on a découvert dans les environs un *Fangding* portant une dédicace de la reine Simu Wu. Avec ses 133 cm de hauteur et son poids de 875 kg l'objet nous donne une idée très claire de ce que devaient être à l'origine les installations d'une tombe royale sous les Shang. Selon les calculs des spécialistes, la coulée d'un *Fangding* aussi colossal a exigé soixante-dix creusets et quelque trois cents ouvriers.

A l'écart de la véritable nécropole des souverains Shang à Xiaotun, on a enfin découvert en 1976, sur l'autre rive du Huan, une sépulture encore inviolée que des inscriptions ont permis d'identifier comme étant celle d'une des épouses du roi Shang Wu Ding. La défunte portait le nom de Fu Hao et devait être une dame d'une personnalité assez imposante car des inscriptions portées sur des ossements oraculaires nous apprennent qu'elle participait activement à la politique de son époux, remplissait des fonctions cultuelles et avait même conduit des expéditions militaires contre des peuples hostiles.

Sa tombe, couronnée à l'origine d'un édifice aux allures de temple, était de dimensions certes plus modestes que les sépultures royales de Xibeigang, mais elle renfermait plus de deux cents récipients en bronze. De surcroît, et sans doute en mémoire de ses exploits guerriers, on lui avait donné de nombreuses armes de bronze, auxquelles venaient s'ajouter des cloches en bronze, plus de 600 objets en jade et une fortune en cauris, lesquels servaient à l'époque de monnaie. La tombe a probablement été aménagée vers 1280 av. J.-C., et la reine a été accompagnée dans l'au-delà par une suite impressionnante de seize humains et six chiens, ensevelis avec elle.

Il n'existe aucune rupture dans l'histoire des bronzes cultuels car, après le renversement de la dynastie Shang par le peuple des Zhou, les premiers souverains de la dynastie des Zhou de l'Ouest n'ont pas cessé d'employer les artisans Shang, dont la technique était supérieure. On a trouvé à Zhuangbo, près de Fufeng, un trésor de 103 récipients qui prouve cette continuité. Par ailleurs, les dédicaces s'allongent et deviennent des documents historiques qui chantent les hauts faits des hommes possédant ces objets. Ces inscriptions parlent d'investitures de vassaux par le roi ainsi que de présents royaux sous forme de terres et de cauris. Un oiseau à longues plumes caudales vient se nicher dans le répertoire des motifs et il faut peut-être voir là le précurseur du phénix.

Un net changement de style ne se manifeste qu'aux 10ᵉ-11ᵉ siècles av. J.-C. Les silhouettes d'animaux deviennent plus abstraites et, parfois, elles se « dissolvent » en un motif de bandes arquées. Vers la fin de cette période, la qualité de la coulée baisse de façon sensible. L'évolution se poursuit et l'on commence à reconnaître des styles locaux dans lesquels se reflète le renforcement des divers Etats féodaux. Un motif en bandes de plus en plus abstrait vient, comme un raz de marée, recouvrir la paroi du vase et les éléments isolés sont si bien appuyés qu'ils deviennent « baroques ». Entre le 7ᵉ et le 5ᵉ siècle, on trouve de meilleurs alliages, on combine la coulée en moule avec le procédé du modèle en cire, on commence à sertir dans le bronze des métaux précieux et des turquoises. Armes et outils se fabriquent plus souvent à partir de fer.

Cette phase (770-481 av. J.-C.) prend le nom de « période des Annales du Printemps et de l'Automne » (*Chunqiu*), d'après un ouvrage historique confucéen. Vient s'y rattacher, de 476 à 256, la « période des Etats Combattants » (*Zhanguo*), pendant laquelle l'art du bronze prend, dans une mesure toujours plus large, un aspect profane. La prospérité et le besoin de représentation d'une nouvelle noblesse se reflètent dans la richesse d'un motif compact et fragmenté, d'où ne rayonne plus désormais la moindre force magique ; la classe supérieure se délecte des éclats de l'or, de l'argent, de la malachite et de la turquoise.

Le centre de gravité de l'art du bronze se portera définitive-

Ci-dessus : *à l'époque Shang (13e-11e siècle av. J.-C.), il existait des poteries grises d'usage courant mais aussi des céramiques blanches et fines. Celles-ci, qui se caractérisent par une forte teneur en kaolin, étaient cuites à une température supérieure à 1 000 °C. Le décor en relief rappelle celui des récipients contemporains en bronze.*
[Washington, Freer Gallery of Art]

Ci-dessus à droite : *au début de notre ère, la région septentrionale de Zhejiang produisait des grès cuits à une température élevée, recouverts d'un émail vert. Parfois désignés sous le terme de protoporcelaine, ils sont considérés comme les précurseurs des céramiques Yue. Leurs formes peuvent évoquer celles des modèles en métal.*
[Cleveland, Museum of Art]

ment sur la fabrication d'objets de luxe destinés à la couche sociale gouvernante sous les dynasties Qin et Han (221 av. J.-C.-220 ap. J.-C.). Ce déplacement se manifestera de façon indubitable dans les objets de l'époque : il s'agit surtout de lampes d'une facture parfois raffinée, de gobelets à vin, de coffrets à cosmétiques et de brûle-parfums. Les formes sont fonctionnelles et bien déliées, les parois lisses des objets sont dorées au feu et le masque *Taotie* s'atrophie et ne décore plus que la base de l'anse.

L'art du bronze se sécularise donc et, parallèlement, s'ouvre la période des bronzes « locaux » dans les régions périphériques au domaine culturel chinois, ainsi dans les steppes du Nord et dans le désert des Ordos, où les nomades pratiquent le style animalier. En outre, on a retrouvé des bronzes d'un réalisme surprenant dans la culture Dian, au Yunnan du Sud-Ouest.

L'artisanat

Les évidentes dispositions du peuple chinois pour les choses pratiques et la sensibilité esthétique qu'il affine très tôt dans son histoire ont sans doute contribué aux réalisations éclatantes auxquelles la culture chinoise est parvenue dans presque tous les domaines de l'artisanat d'art.

Nous sommes aujourd'hui en mesure, après un laps de temps considérable, de comprendre à quel point la civilisation chinoise ne le cède en rien à l'Occident, même en matière de technologie où elle a, pendant une longue période, précédé l'Occident de très loin. Dans l'art et l'artisanat, certaines de leurs inventions se sont littéralement imposées, et cela pas seulement dans la sphère culturelle de l'Asie orientale. Il suffit de penser au papier, à la porcelaine, à la soie et au travail de la laque. Les artisans chinois sont parvenus à exploiter toutes les possibilités techniques offertes par les divers matériaux mais aussi à les employer à merveille sur le plan esthétique. Certes, dans maint domaine de l'artisanat d'art, la littérature cite des noms de maîtres bien qu'on ne les reconnaisse pas vraiment comme artistes au sens où l'on entend le mot par exemple pour les maîtres de l'écriture au pinceau, de la peinture ou de la musique. Il n'empêche que les produits de l'artisanat d'art constituaient un secteur indispensable au style de vie des Chinois cultivés qui rassemblaient jalousement des objets et dressaient le catalogue de leurs collections, à l'instar des empereurs qui s'entouraient d'objets précieux, symboles de leur rang.

Ci-dessus à gauche : *vers le milieu du 6e siècle, la Chine a connu une importante production de vases en grès émaillé vert olive, dont le décor en relief appliqué rappelle le travail des métaux du Proche-Orient et même certaines formes tardives de l'Antiquité. Ces vases témoignent des relations commerciales qui empruntaient les routes de la soie.*
[Kansas City, Nelson-Atkins Museum]

Ci-dessus : *cette amphore à double corps, de 18,6 cm de haut, réalisée en grès émaillé couleur crème, est une variation sur une forme de céramique courante aux 6e et 7e siècles. Ce récipient fut trouvé avec beaucoup d'autres objets dans la tombe de Li Jingxun, morte à l'âge de 8 ans. La petite fille était issue d'une famille noble proche de la maison impériale Sui. Sa tombe se trouvait juste devant la capitale Daxing, dans la région de l'actuelle Xian.*
[Pékin, Musée de l'Histoire chinoise]

La céramique

Rares sont les cultures qui, comme la chinoise, ont réussi la synthèse de la maîtrise technique et du travail artistique. Cette constatation vaut pour les trois branches de la céramique : d'abord, l'argile cuite (*Tao*) qui demande une chaleur de 800 à 1 100 °C ; ensuite, la poterie de grès, ou gresserie, de 1 200 à 1 300° ; enfin, la porcelaine, une invention des Chinois, pour laquelle une température de 1 280 à 1 400° est nécessaire. La langue chinoise ne fait pas de distinction entre les deux dernières catégories et les désigne l'une et l'autre par le concept global *Ci*. Une technique très élaborée pour la construction des fours permit très tôt la cuisson d'oxydation, dans laquelle l'apport d'air est important, et la cuisson de réduction qui implique un apport d'oxygène réduit ou même nul.

La tradition de la céramique néolithique peinte de la Chine du Nord-Ouest semble s'être éteinte au début de la phase historique, mais la céramique de l'époque Shang se développa sans rupture notable au départ des cultures Longshan du Nord-Est. Cette région connaissait déjà le tour et le four à installation de chauffe et chambre de combustion séparées, reliées par de nombreux conduits d'air chaud. L'époque Shang a produit des céramiques de types divers dont les qualités techniques et artistiques diffèrent selon l'usage envisagé. Les neuf dixièmes de la production consistent en de simples céramiques grises d'usage courant, mais l'on trouve aussi une catégorie à base d'argile rouge et un produit d'un blanc presque pur à très fort pourcentage de kaolin, qui exigeait une cuisson à 1050-1150°, car l'emploi du kaolin produisait une céramique plus brute et plus fragile. Les motifs gravés sont comparables à ceux des bronzes cultuels de la même époque et font supposer que les objets avaient une fonction rituelle. D'autre part, la technologie de la céramique enregistre un progrès dans la construction des fours qui ramène à la technique du bronze : la simple adjonction de clapets dans les conduits d'air chaud a facilité la cuisson de réduction qui, lors des débuts de cette technique, donna parfois, de façon tout à fait occasionnelle, un glaçage à base de cendres. Entre 1300 et 1000 av. J.-C., les céramistes de l'époque Shang tirèrent de ce hasard un véritable émail, cette fois de façon tout à fait délibérée.

Sous la dynastie des Zhou, la production de la céramique devint plus complexe, comprenant des types locaux bien distincts. Entre le 10e siècle et les premières années du 8e siècle, on connaît déjà des émaux au feldspath, cuits à haute température et de couleur brune ou verte. Dès le 4e siècle av. J.-C. se dessine sur le territoire de l'actuelle province de Zhejiang un centre de fabrication pour la poterie de grès émaillé qui va prendre une grande importance dans l'évolution ultérieure de la céramique chinoise. Il va rester actif au cours des quatre siècles que couvre la dynastie des Han mais, pendant cette période, on passe également à la fabrication de récipients et de statuettes destinés aux sépultures et l'on y emploie une argile moins cuite, recouverte d'un émail coulant au silicate de plomb. Il ne nous est pas encore possible de dire avec certitude si l'on peut établir un rapport avec le produit de technique semblable qui apparaît à la même époque dans la sphère culturelle de Rome. Mais il semble certain que, dans la Chine des Han, ce genre de récipient émaillé en vert ou en brun servait de substitut aux objets en métal, de prix plus élevé, car on y reprenait les formes et les motifs présents dans l'art du bronze.

La période des Six Dynasties (Liu-Chao), du 3e au 6e siècle ap. J.-C., passe pour un stade important dans la venue à maturité de la céramique chinoise. Dans la province de Zhejiang, dans la région du vieux royaume de Yue, on produisait une céramique qui a pris son nom, la proto-Yue, laquelle, tant par la forme que par le motif, suivait encore parfois les exemples donnés par l'art du bronze et portait un émail au feldspath fin et transparent réalisé grâce à des capsules de cuisson où l'on posait les récipients, ce qui permettait de mieux contrôler le processus. Les fours de Deqing furent en activité dès l'époque Han ; par la suite, ceux de Jiuyan atteignirent une qualité meilleure, de même que ceux de Shanglin-Hu, dont les produits s'exportaient jusqu'en Perse et en Egypte. La littérature a fait connaître « la couleur secrète ou interdite » (*Bise*) des émaux Yue au début du 10e siècle. On peut y voir le prototype direct d'un émail vert, le céladon (*Qingci*) qui passe, avec ses différents sous-types, pour la colonne vertébrale de la céramique chinoise. La vie et l'influence de la classe traditionnelle des lettrés, qui atteint justement une apogée sous les dynasties du Sud, ne pouvait se concevoir sans des récipients Yue de plus petites dimensions, tels les compte-gouttes pour délayer l'encre de Chine et les lampes pour table à écrire. Tous ces produits devenaient déjà objets de collection.

Dans le nord de la Chine également, le règne des « dynasties barbares » a vu produire des gresseries émaillées d'un vert olive rappelant Yue, parmi lesquelles de grands pots aux motifs pris à l'Asie occidentale et parvenus en Chine par la Route de la Soie. De nombreuses formes d'une somptuosité baroque suivent l'exemple d'objets en métal.

La phase classique du produit Yue méridional se situe à l'époque Tang (618-906), au cours de laquelle une masse d'objets furent exportés loin dans le sud et l'ouest de l'Asie. De ce substrat sortirent pendant l'époque Song deux genres de céladon qui comptent parmi les sommets de la céramique chinoise. L'un, que l'on appelle « le céladon septentrional », se centrait sur Yaozhou près de Xi'an, dans la province de Shaanxi, et présente d'ordinaire un émail vert olive, souvent gravé de brun. En règle générale, un motif gravé ou coulé au moule y apparaît sous l'émail. Certaines découvertes archéologiques attestent les progrès accomplis dans la cuisson : les grands fours en fer à cheval se composent d'une juxtaposition d'installations

Ci-dessous : *les* Sancai, *récipients en terre cuits à basse température et coloriés avec des émaux de plomb, étaient utilisés dans le culte funéraire de la dynastie Tang. Outre des sculptures d'êtres humains, d'animaux et de bâtiments, il en existe qui trahissent des influences de l'Asie occidentale et même du bassin méditerranéen, tant dans la forme que dans le décor. C'est le cas de ce pot à couvercle trouvé près de Lyoyang et datant du 8e ou du 9e siècle.* [Pékin, Musée de l'Histoire chinoise]

Ci-dessus : *cette gourde de pèlerin en forme de sac de cuir, émaillée de vert, témoigne du passé nomadique de la dynastie Liao.* [San Francisco, Asian Art Museum]
Ci-dessous : *ce crachoir en grès blanc évoquant la porcelaine, couvert d'un émail transparent, provient probablement des fours de Xingzhou à Hebei, qui furent en activité pendant la période Tang.*

Page de droite : *les meilleures céramiques avec émail céladon de la période Song du Nord furent produites à Yaozhou, au Shaanxi. Elles se caractérisent par une forme adaptée au matériau et un émail dur à base de fer, vert olive. Généralement, un motif était incisé dans la masse avant la cuisson.* [Osaka, Musée des Céramiques orientales]

de chauffe et de chambres de combustion, de même que de cheminées d'aération. Après la conquête de la Chine du Nord par les Tartares Jin, de nombreux céramistes se réfugièrent dans le sud et y contribuèrent à l'essor du céladon.

Ce céladon du sud se produisait surtout dans le Zhejiang, le vieux centre des Yue. La production se concentrait à Longquan car l'endroit, pour ce qui était des transports, se situait très favorablement sur le cours du Xi. En outre, les environs offraient toutes les matières premières voulues pour une production industrielle d'envergure. Autre avantage, l'innovation technique représentée par le « four du dragon » où se disposaient en ligne, sur une pente, jusqu'à douze chambres de combustion et où des feux de bois soigneusement réglés permettaient de traiter jusqu'à vingt mille pièces. Le plus souvent, les produits les plus caractéristiques de Longquan ne comprennent aucun motif et valent par le noble équilibre de leurs formes. Ils firent aussi l'objet d'une exportation massive vers le Japon, l'Asie du Sud-Est et le Proche-Orient. Toutefois, à dater de l'époque Yuan, cet effet quantitatif s'est exercé aux dépens de la qualité artistique.

Mais l'époque Tang (618-906), dont nous parlions plus haut, peut au point de vue de la céramique se targuer d'autres exploits. L'évolution ultérieure de cet artisanat d'art va devoir compter beaucoup avec une porcelaine d'un blanc pur appelée « produit de Xing », d'après la localité de Xingzhou dans le Hebei, et apparue à la fin du 8ᵉ ou au début du 9ᵉ siècle. Le style septentrional du Shaanxi, du Hebei et du Henan s'exporte très tôt au Proche-Orient, comme le prouvent les trouvailles de Samarra. A l'époque des Song du Nord, il trouve sa continuation dans ce que l'on appelle le « produit Ding ». La porcelaine blanche du sud à l'époque Tang se fabrique dans les provinces de Jiangxi, Hunan et Zhejiang et, à l'époque Song, elle vire au blanc-bleu, ce que l'on appelle le style Qinqbai.

En outre, l'époque Tang connaît des émaux sur grès, colorés de brun-noir et parsemés de taches bleues, qui semblent l'effet du hasard alors qu'elles viennent en fait d'un crachis ; tel est le cas pour le produit de Huangdao, dans le Henan, un prototype de la céramique Jun de la dynastie Song.

Une autre caractéristique de l'époque Tang est la réapparition d'émaux de plomb sur argile douce, d'ailleurs employés exclusivement pour le mobilier funéraire mais qui présentent désormais une gamme de coloris plus riche qu'à l'époque Han dans laquelle domine, depuis le 8ᵉ siècle, un bleu cobalt éclatant. A côté des statuettes funéraires formées au moule et produites à l'échelle industrielle, on trouve tout un éventail de récipients qui, dans la forme et le motif, montrent parfois l'influence de la Perse, de l'Inde et peut-être même aussi de la Syrie. La densité des échanges commerciaux tout au long de la Route de la Soie donne à ce phénomène une explication plausible. En ce qui concerne ce style, des chercheurs ont pensé à des stimulations venues du verre syrien, et même des émaux byzantins, mais rien ne permet de confirmer ces hypothèses.

La dynastie Liao (907-1124), dans le nord-ouest de la Chine, poursuit la tradition de la céramique Tang mais crée aussi, au départ de son propre milieu culturel, des types dérivés qui n'ont

plus aucun rapport avec la céramique. C'est ainsi, par exemple, qu'est perceptible l'influence des gourdes en cuir des nomades. Les céramiques de la tradition Tang sont le plus souvent d'une facture vigoureuse et d'une structure élégante. Elles sont faciles à manier dans la vie quotidienne. En revanche, au cours de l'époque postérieure, sous le règne des Song, on préfère les formes élégantes d'un équilibre raffiné, qui prennent leurs modèles dans le monde concret. La plupart des produits se distinguent uniquement par la noblesse de leurs formes, et le motif complémentaire est presque toujours négligé. Les aspirations esthétiques de la classe dirigeante formée à la littérature portent leur empreinte, et la céramique, de plus en plus convoitée et onéreuse, devient un objet de collection, comme les produits traditionnels de l'art chinois.

Outre le céladon déjà nommé, et jusqu'à la fin de la dynastie des Song du Nord (1127), la Chine septentrionale employa en premier lieu comme produits de cour d'abord le *Ru-Yao*, rare et d'un extrême raffinement formel, à l'émail bleu lavande. Ensuite, le *Yun-Yao*, également émaillé de lavande ou de bleu à l'oxyde de fer (ce dernier produit recevra plus tard, à la cuisson, des taches rouges d'oxyde de cuivre). Ses formes s'inspirent d'objets en bronze et l'émail comprenait jusqu'à trois couches et exigeait deux cuissons.

De même, au 10ᵉ siècle, la porcelaine blanche Ding, du Hebei, fournissait la Cour en ustensiles divers mais, lorsque Hangzhou devint capitale, de nombreux céramistes se réfugièrent à Jingdezhen et y poursuivirent la production. Le motif gracieux et compact se coulait au moule ou se gravait dans la vaisselle de terre avant l'émaillage.

La céramique de cour des Song du Sud (1127-1279) se répartit en *Guan-Yao*, le « produit officiel » manufacturé dans les fours de Xiunei-Si et Jiaotan de Hangzhou : les formes y sont équi-

librées autant que sobres, l'émail craquelé y est d'un vert-bleu sombre. L'autre catégorie, le *Ge-Yao*, se distingue à peine du *Guan-Yao*.

Des caractères plus populaires apparaissent dans les émaux bruns de l'époque Song, tant le produit brun du Henan issu de prototypes Tang que les divers types de la céramique Jizhou et du Jian-Yao de Fujian qui, par transmutation (*Yaobian*), peuvent présenter une surface riche en «peau de lièvre». Ces céramiques s'employaient surtout dans les monastères Chan, débarquèrent au Japon parmi les bonzes Zen et exercèrent sur la production locale une influence que l'on ne surestimera jamais.

Les spécialistes chinois aiment donner la désignation de «céramique populaire» au type *Cizhou*, qui vient surtout du Hebei. Et il se distingue effectivement des autres genres Song par ses motifs qui couvrent parfois toute la surface du récipient. Le motif peut être employé en sgraffito sur les couches d'émail diversement colorées — gravé, imprimé ou même peint. A partir du 12e siècle, la fusion des couleurs par une seconde cuisson donne un émail de plomb, et cette innovation technique revêtira beaucoup d'importance pour la suite de l'évolution.

En haut à gauche : *l'Age d'Or des céladons couverts d'un émail verdâtre à base de fer a débuté au 10e siècle. L'un des centres de production se trouvait à Lishui, dans la province du Zhejiang. Les récipients provenant de cette région séduisent par leurs formes pures, adaptées au matériau, et leur décor sobre. Ce vase à couvercle décoré de motifs de feuilles et de vrilles fleuries incisées dans la masse est une variante des récipients destinés aux trousseaux funéraires.* [Cologne, Museum für Ostasiatische Kunst]

Ci-dessus : *au 12e et au 13e siècle, les principaux centres de production des céladons à émail vert se trouvaient dans la région de* Longquan *(province du Zhejiang). Ce vase en forme de maillet, avec des poissons pour anses, provient sans doute des fours de Dayao. La noblesse des formes et l'absence de décor caractérisent le goût extrêmement raffiné de la cour et de la classe aisée sous la période Song du Sud.* [New York, Metropolitan Museum]

Page de droite : *les céramiques du nord de la Chine, regroupées sous le terme de* Cizhouyao *et considérées comme «produits populaires» par les scientifiques chinois, contrastent vivement avec les élégants produits «officiels» du 12e et du 13e siècle. Ce reposoir en grès, avec des émaux colorés sur engobe blanc, relève de ce type de céramique. Des enfants en train de jouer constituent l'un des motifs favoris pour les reposoirs.* [Cologne, Museum für Ostasiatische Kunst]

De même, le « produit Qingbai », originaire de la région de Jingdezhen, dans la province de Jiangsu, dont le nom chinois signifie « blanc pur » et dont on possède effectivement des pièces de porcelaine d'un blanc couleur sucre à l'émail vitrifié transparent très légèrement teinté de bleu, compte beaucoup dans l'histoire de la céramique. En effet, ce produit obtenu par une cuisson à haute température — caractéristique de l'époque des Song du Sud et de l'époque Yuan — annonce directement la porcelaine proprement dite, produit qui représente l'une des grandes découvertes technologiques de la Chine. Cette vraie porcelaine vient de la cuisson à haute température d'un mélange d'argile blanche ou kaolin et de pétunsé (ou feldspath) qui, jusqu'à un certain point, se vitrifie et devient transparent. En outre, les objets sont du blanc le plus pur, car ils ne contiennent pour ainsi dire plus d'additifs ferreux. Le blanc monochrome sans motif est toujours particulièrement apprécié mais, depuis ses débuts, l'histoire de la porcelaine est étroitement liée à l'emploi du bleu de cobalt pour la peinture sous émail transparent.

A l'époque Tang déjà, on a fait des essais avec des motifs coloriés sous émail dans les fours de Tongguan, Changsha, dans la province de Hunan. Quant au cobalt, il est possible qu'on ait commencé à l'employer dès l'époque Song, si l'on peut en juger par des débris décorés d'un genre primitif de peinture bleue sous émail qui furent découverts par des archéologues chinois dans la base de la pagode de Jinsha, près de Longquan (époque des Song du Nord), et dans la pagode de Cuihan, près de Shaoxing (époque des Song du Sud). Le motif au cobalt sous émail est bien documenté depuis le 14e siècle. L'influence du Moyen-Orient a peut-être contribué à l'élaboration de cette technique mais, en tout état de cause, le plus clair de la production était initialement destiné au marché d'Asie occidentale ; de même, la matière première, le célèbre « bleu mahométan » (*Huiquing*) a été importé de l'Ouest jusqu'à ce que l'on fût en mesure d'exploiter des gisements indigènes, situés surtout dans le Yunnan.

Depuis le 14e siècle, les Chinois ont produit la plus grande partie de leur porcelaine — à l'échelle pratiquement industrielle et autant pour l'exportation que pour l'intérieur — dans les fours de Jingdezhen, dans la province de Jiangxi. On trouvait dans les environs de grandes quantités de l'indispensable kaolin et le combustible requis ; le transport du produit fini s'effectuait vers la côte ou vers la capitale sans heurts grâce aux rivières et aux canaux. L'existence de soixante-dix-huit fours est attestée pour la première phase. Au 18e siècle, il devait y en avoir quelque trois mille. A partir de 1402, les empereurs installent leurs propres manufactures qui pourvoient aux besoins de la Cour et de la maison impériale. Ces installations sont gérées par des intendants nommés pour l'occasion — des eunuques dans de nombreux cas. Un jésuite français, le père d'Entrecolles, nous a dans deux lettres, datées respectivement de 1712 et 1722, donné une description très détaillée de l'industrie de la porcelaine à Jingdezhen, à cette époque en plein essor. Son organisation annonce, de loin mais très nettement, le capitalisme : ouvriers et cadres vivent dans une stricte hiérarchie, la division du travail est prévue jusqu'au moindre détail. Alors que les premiers produits de l'époque Yuan se distinguent par la vigueur des formes et des motifs, les empereurs Ming font encore progresser la qualité technique, qui atteint sous les Mandchous du 18e siècle un sommet absolu.

Dès le 14e siècle, on emploie à côté du bleu cobalt la difficile technique du rouge cuivre comme motif sous glaçage. A partir du siècle suivant, le motif en couleurs émaillées sur le glaçage s'affirme de plus en plus. Le perfectionnement continu de cette technique (qui exige une deuxième cuisson et permet de splendides effets de couleurs) représente la dernière

grande conquête de la céramique chinoise. Tout comme les porcelaines bleu-blanc du Moyen Orient, les produits aux motifs émaillés (*Wucai*) trouvèrent très vite des débouchés en Europe et furent ensuite exécutés directement sur commande. Sur ce point également, la virtuosité technique caractérise la production des 17e et 18e siècles. On augmente le répertoire des motifs multicolores et l'on en arrive ainsi à un glissement dans le goût, désormais inspiré et déterminé non plus par la classe des lettrés qui apprécie la sobriété de la décoration, mais par les empereurs mandchous, étrangers et grands amateurs de faste. Les porcelaines de format plus réduit, appréciées uniquement pour leur forme et la cohérence de leur émail monochrome, cadraient mieux avec le goût traditionnel des notables chinois. En tout état de cause, lorsque l'art de la porcelaine chinoise atteignit le stade ultime de son évolution, la technique l'emporta sur l'esthétique classique.

Le travail de la laque

Les divers travaux de la laque comptent parmi les secteurs de l'artisanat d'art caractéristiques de l'Asie orientale et nés en Chine : un objet, le plus souvent une boîte ou un récipient en bois, en papier mâché ou même en toile, est colmaté de laque et décoré d'un motif. Le suc extrait de l'arbre à laque (*Rhus vernificera*), durci à l'air chaud et humide, fut dès le néolithique employé à la fabrication de la laque et ensuite peint, comme le prouvent les trouvailles de Hemudu. Dès les débuts, le centre de la production s'est, semble-t-il, situé en Chine centrale et méridionale, où les archéologues attestent l'efflorescence de cet artisanat à l'époque Zhou. Des fouilles effectuées aux environs de Changsha, dans la province de Hunan, ont mis au jour des boîtes, des coffrets à cosmétiques et des coupes à boire qui annoncent déjà l'évolution ultérieure d'une

Page de gauche : *à partir du 14e siècle, les porcelaines à décor bleu, à base de cobalt appliqué sous l'émail, ont supplanté les céladons dans les exportations vers le Proche-Orient. De là venaient la matière première et très probablement aussi les idées à la base de cette technique. Les porcelaines blanc-bleu réalisées pour le marché du Proche-Orient sont souvent décorées de motifs rappelant les modèles islamiques. Cette grande assiette de la période Yongle (1403-1424), décorée d'un oiseau sur une branche, est par contre de style typiquement chinois.* [Osaka, Musée des Céramiques orientales]

Ci-dessus : *ce vase en porcelaine blanche, haut de 23,8 cm et couvert d'une glaçure transparente, a été décoré avec des émaux de couleur soumis à une deuxième cuisson à basse température. On ajoutait également une peinture au cobalt bleu foncé sous la glaçure. Cette technique inventée en Chine est appelée « motif à cinq couleurs »* (Wucai). *Le style joyeux des motifs peints est celui de l'ère Jiajin (1522-1566), ce qu'atteste un cachet. Les bordures, en forme de nuages à la base et en forme de fleurs de lotus sur le col, encadrent la panse peinte de poissons et de plantes aquatiques.* [Hambourg, Museum für Kunst und Gewerbe]

combinaison de couleurs caractéristique, le noir et le vermillon.

C'est à Mawangdui, également sur le territoire de l'ancien royaume de Chu, que l'on a enterré la marquise Dai, une dignitaire de l'époque des Han. Sa tombe, datant de 140 av. J.-C., nous a livré un trésor de 180 objets en laque — parfois dans un remarquable état de conservation — qui nous démontrent toute l'importance de leur rôle dans les intérieurs luxueux de la noblesse Han. En outre, la marquise était ensevelie dans plusieurs cercueils encastrés les uns dans les autres et richement décorés de laques peintes.

Mais, à côté de la peinture, s'est formé tout un éventail de techniques de décoration. Dès l'époque des Zhou de l'Ouest, on trouve sur le fond laqué des incrustations de nacre, plus tard de métal. Parfois, on grave sur les couches de laque superposées des motifs en sgrafitto de couleurs différentes ; parfois, on juxtapose surfaces rayées et surfaces diversement colorées.

A gauche : *à la fin du 17e et pendant le 18e siècle, les émaux de couleur étaient parfois appliqués directement sur la porcelaine cuite, sans glaçure intermédiaire. Cette technique est appelée émail sur biscuit. Ce vase décoratif en forme de balustre à quatre arêtes, haut de 67 cm, appartient à la « famille verte ».*
[Lisbonne, Musée Calouste Gulbenkian]

Page de droite : *cette assiette en porcelaine d'un diamètre de 17,2 cm appartient à la « famille verte », en raison de l'emploi dominant d'un vert à base d'oxyde de cuivre. Vers la fin du 17e siècle, les peintres des ateliers impériaux de Jingdezhen affectionnaient les décorations figuratives élégantes, qui étaient manifestement au goût de la cour impériale des Mandchous.*
[Londres, Fondation Percival David]

« Les Arabes appelaient « chinois » tous les récipients bizarres et ce qui s'y apparentait, parce que la Chine se distingue par de telles préciosités. Et ce nom désigne encore aujourd'hui ces fameuses céramiques chinoises. Et les gens de Chine, excellant toujours par leur habileté et leur sens artistique dans la production des « bizarreries » et des « préciosités », disent : « Les gens de ce monde extérieur à nous sont aveugles, à l'exception des gens de Babel et ceux-là sont borgnes. »
Ils ont les récipients en porcelaine transparente dans lesquels on peut cuire les aliments et qui sont donc casserole, poêlon et plat à la fois. Et la meilleure porcelaine est celle couleur d'abricot, celle qui est fine, claire et qui tinte ; ensuite ils ont celle couleur crème de la même espèce. »

Abdelmelik at-Ta'âlibî de Nishapur (961-1038).

« Il existe des porcelaines qui sont vendues pour plusieurs milliers de dirhams d'argent, même en Chine. Il est interdit de faire venir ces pièces en Turquie. Certaines sont même payées avec l'équivalent de leur poids en or. La porcelaine possède trois caractéristiques que l'on ne retrouve dans aucune pierre précieuse, hormis le jade : d'abord elle laisse se déposer le fond de tout liquide que l'on y verse et elle le purifie ; puis elle ne vieillit jamais ; enfin, rien ne peut la rayer, hormis le diamant et à cela on reconnaît le diamant. Manger ou boire dans la porcelaine accroît les forces vitales. Et même si elle paraît brute, elle permet de voir la peinture extérieure en transparence lorsqu'on la regarde à contre-jour du feu, d'une lampe ou du soleil. »

Extrait du Livre de Chine d'Ali Akbar, dédié au sultan en 1516.

Il est possible que, dès l'époque Tang, on ait employé une laque de sculpture rouge (*Tihong*) dont le véritable essor se situe cependant aux époques Yuan et Ming. Cette technique imposait souvent d'employer plus de cent couches de laque vermillon, chacune d'une finesse arachnéenne, pour arriver à une couche d'un centimètre d'épaisseur dans laquelle on pouvait graver un motif en relief. Toutefois, il existait aussi des laques modelées en relief. En fait, la « technique de la laque sèche » permettait d'obtenir des sculptures et des récipients complets au départ de tissus imbibés de laque. Dès l'époque Yuan, les objets en laque ont tenu avec les céramiques et les porcelaines une place importante dans le style de vie élégant de la noblesse. Mais les plus belles réalisations dans le travail de la laque reviennent aux Japonais, qui ont repris ces techniques chinoises dès les premiers temps de leur histoire.

La soie

Rome et Byzance considéraient déjà la soie comme l'un des produits les plus purs de la Chine : ils avaient d'ailleurs donné aux Chinois un nom dérivé de celui qu'ils donnaient à cette étoffe. Et de fait, le fil pris au cocon du ver à soie y était déjà travaillé au néolithique, ainsi que le prouvent les trouvailles du Zhejiang. Les moulages représentant ce textile sur la patine des bronzes mis au jour prouvent que la noblesse Shang employait des étoffes de soie.

Dès l'époque Zhou, on connaissait le métier à tisser à pédale et, au 4e siècle av. J.-C., l'Etat de Chu, dont nous avons déjà fait la connaissance en tant que centre de production de la laque, était également célèbre pour ses brocarts de soie. La même conclusion vaut pour l'époque Han, car elle est égale-

ment confirmée de façon sensationnelle par la sépulture de Mawangdui, où l'on a découvert plus de cent échantillons de textiles bien conservés, parmi lesquels 46 rouleaux de soie. Les techniques fondamentales de tissage et de décoration étaient déjà parvenues à leur pleine maturité, ainsi par exemple la gaze, le damas, le brocart en boucle, les teintures par matrice ou cliché, ainsi que la broderie.

A partir du 2e siècle, les soies chinoises traversent l'Asie centrale par la fameuse Route de la Soie, parviennent au Proche-Orient, en Inde et même jusqu'à Rome. Le métier à tisser à pédale se perfectionne de façon continue et, sous la dynastie des Tang, l'art de la soie atteint une splendeur inouïe, comme le prouvent les exemples du 8e siècle retrouvés à Shôsô-In, près de Nara. Une technique antérieure faisait passer en une chaîne ininterrompue chaque surface colorée par une trame distincte pour la damasser ; ce procédé de la « soie coupée » atteignit son plus haut niveau sous la dynastie Song et permit même d'imiter des peintures très complexes. Le règne de l'empereur Qianlong, au 18e siècle, vit fleurir encore ce rameau dans le jardin de la soie ; la cour y trouvait de quoi combler son besoin de faste, imitée en cela par l'aristocratie et la « gentry » chinoises, dont le somptueux style de vie s'accommodait à merveille de ce matériau riche et susceptible d'une éclatante décoration. A l'époque Ming, les tailleurs de la cour coupaient de splendides vêtements de cérémonie dans un satin à motifs.

L'industrie de la soie se concentrait dans les territoires situés au sud du fleuve Yangzi, surtout dans les villes de Nankin et Suzhou, dans la province du Kiangsu, de même qu'à Hangzhou, dans la province du Zhejiang. C'est précisément à la production et au commerce de la soie que toutes ces localités, où s'épanouissait la culture artistique de la Chine traditionnelle, devaient leur richesse.

Page de gauche : *ce grand plateau d'un diamètre de 60 cm est un chef-d'œuvre de la laque taillée du début de la période Ming. Des multiples couches de laque vermillon, on a fait apparaître un relief délicatement différencié représentant un étang avec des lotus et deux oiseaux en plein vol.* [Osaka, Musée des Céramiques orientales]

Ci-dessus : *la laque noire de ce plateau octogonal est incrustée d'un réseau complexe de fragments de nacre irisée représentant un dragon au milieu de vagues et de nuages. La forme vigoureuse, presque démoniaque, de l'animal impérial cabré correspond au style de la dynastie Yuan du 14ᵉ siècle.* [Tokyo, Musée national]

« Et voici qu'apparaissent les jeunes filles et les dames, vêtues de soies délicates et vaporeuses ; sur le sol glissent les ourlets et les châles. Broderies colorées et soies légères assemblées en drapés flottants, tels des voiles de brume, se gonflent, sont rassemblées, s'enroulent et s'envolent. La profusion de soies chatoyantes prises en lés profonds tombe en longs drapés, se déplie puis revient épouser les formes. »

Description de la chasse royale dans l'Etat Chu, de Sima Xiangru (vers 179-117 av. J.-C.)

Ci-dessus : *cette assiette du 15e siècle, décorée d'une branche de jasmin peinte en or au centre et de vrilles fleuries en nacre incrustée sur le bord, est d'un effet décoratif somptueux.*
[Tokyo, Musée national]

Ci-dessous : *le revêtement de laque de ce coffret à fards du 15e siècle a été gravé d'incisions représentant des rameaux fleuris et des oiseaux puis frotté d'or.*
[Tokyo, Musée national]

Page de droite : *ce coffret à haut couvercle servait à ranger les sceaux utilisés en Chine pour cacheter et authentifier les documents et les manuscrits. La laque noire est incrustée d'un décor complexe représentant des rameaux de fleurs et des palais avec des personnages. Les petites pièces incrustées étaient découpées dans des plaques de nacre, ce qui impliquait tout un travail de sciage et de taille. Cet objet luxueux date du 15e siècle.*
[Kyoto, Daitoku-Ji]

Le jade

En chinois, le mot *Yu* (« jade ») désigne la néphrite et la jadéite, les pierres précieuses dures et d'un poli éclatant que l'usage linguistique occidental reprend sous le terme de jade. Le mot vaut également pour d'autres matériaux de consistance similaire. En tout état de cause, le jade est le bijou par excellence de la culture chinoise. On le travaillait pour la parure et les objets de luxe, on le chérissait pour ses qualités esthétiques, mais il jouait aussi un rôle dans la religion, surtout dans le culte des morts, car l'on y voyait une substance magique, capable de conserver l'élan vital.

Les gisements autochtones de jade étaient largement dispersés sur le territoire de l'empire chinois et exploités depuis le néolithique ; par la suite, on recourut souvent à un matériau importé d'Asie centrale — surtout du Khotan — et aux Temps Modernes on apprécia en premier lieu le jade vert brillant de Birmanie.

La pierre dure et sèche était sciée (par disques rotatifs et sable quartzeux), puis taillée et perforée selon un processus technique qui n'a pas varié essentiellement depuis des millénaires. A Hemudu, dans la province du Zhejiang, en 5000 av. J.-C., les hommes de l'âge de la pierre portaient déjà des parures en jade. Les représentants de la culture de Liangzhu tiraient de ce matériau des anneaux et des cylindres, peut-être des symboles cosmologiques. Enfin, la culture de Longshan, qui précède immédiatement la civilisation chinoise proprement dite, a produit des figurines-amulettes et des objets rituels en jade. Le matériau s'emploie de plus en plus sous les dynasties Shang et Zhou : la célèbre tombe de Fu Hao, près d'Anyang, nous a offert non moins de 600 pièces de jade travaillé. Durant l'époque Zhou, on taillait dans le jade des pendentifs et des anneaux décorés de dragons miniatures.

Depuis le 5e siècle av. J.-C., on prisait le jade surtout pour les besoins de la parure et les artisans Han en produisaient des articles de luxe, tels des gobelets, des lampes et des bijoux. Mais la valeur religieuse était toujours présente. Au 2e siècle av. J.-C., le prince Liu Sheng et sa femme Dou Wan furent ensevelis habillés de « vêtements de jade », lesquels comprenaient plus de deux mille petites plaques attachées par du fil d'or. D'autre part, des figurines représentant des cigales étaient placées sur la langue des défunts, et l'on obstruait également tous les orifices du corps au moyen de tampons de jade. Ces deux pratiques avaient pour but d'empêcher que ne s'échappât le souffle vital.

L'époque Tang employa d'abord le jade pour la parure, l'habit cérémoniel des nobles et des hauts fonctionnaires, et les Song aimaient les formes et motifs archaïsants. La technique de la taille se raffina de plus en plus, des changements naturels de nuance étaient inclus dans la composition. Au 18e siècle, on tailla dans un seul et unique morceau de jade tout un récipient avec son couvercle et la chaîne aux multiples chaînons qui sert à l'accrocher. On prenait plaisir à percer dans la pierre des jours qui semblent impossibles à réaliser. L'une des gloires du musée du Palais, à Pékin, est un bloc de jade vert

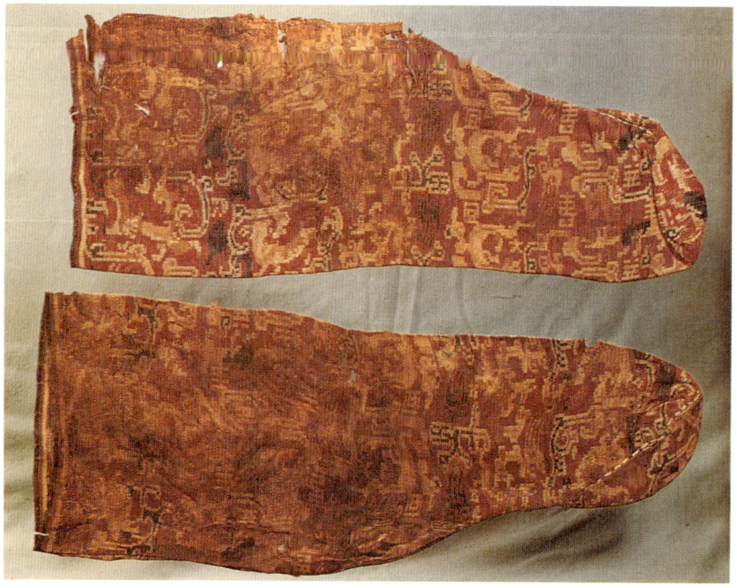

A gauche : *le tissage à motifs de la soie* (Kesi) *— pour lequel la technique du « fil à lumière » consiste à travailler une chaîne continue, la trame se limitant à la couleur utilisée — a été introduit en Chine par les Ouïgours. Depuis la dynastie Song du Sud, au 12e siècle, il existe une production de* Kesi *dont les motifs semblent être des peintures transposées. Le spécimen représenté ici, intitulé « champignon des immortels dans la grotte de jade », était un cadeau d'anniversaire et comporte des symboles de félicitations. On y a imprimé les sceaux des collections impériales de la période Qing.* [Taibei, Musée du Palais national]

Page de droite : *les brocarts* Jin *comptent parmi les réalisations les plus importantes du travail de la soie. Leur production a connu un remarquable essor depuis l'époque Tang et, sous les Song, le principal centre de production se trouvait dans la région de la ville de Chengdu. Ce brocart de soie est décoré de formes abstraites inspirées de dragons et de nuages. Il remonte au 15e ou au 16e siècle.* [Tokyo, Fondation Maeda Ikutoku-Kai]

Ci-dessous : *les textiles bien conservés découverts dans les tombeaux de la période Han (de 206 av. J.-C. à 220 ap. J.-C.), situés dans les régions désertiques de la province occidentale du Xinjiang, constituent des témoignages importants de l'histoire des textiles chinois anciens. Ces chaussons de brocart ont été trouvés à Minfeng, au milieu du secteur méridional de la Route de la Soie. Le fond rouge est décoré de nuages et d'oiseaux stylisés, ainsi que de signes porte-bonheur.*

« Les étoffes *Kesi* tissées à la période Song avaient un fond blanc ou bleu-vert ; les thèmes décoratifs étaient tirés de poèmes ou de contes et elles représentaient des paysages, des figures humaines, des fleurs, des arbres, des oiseaux ou des animaux. Les couleurs étaient utilisées avec justesse. On les appelait aussi « travaux colorés » (*Yansezuo*) et il est très difficile d'en acquérir de nos jours. J'ai vu un tapis de danse de plus de dix pieds de large, dont la texture était régulière, dense et très épaisse. (Les anciens rideaux de brocart) sont des objets luxueux et séduisants, mais ils se prêtent uniquement à la décoration de salles ou de murs. L'érudit n'y trouvera pas vraiment son bonheur. »

Cao Zhao, Commentaire des critères fondamentaux pour les Antiquités (Gegu Yaolun), 1388.

« Le jade provient de l'Etat Yutian (Khotan), dans les régions occidentales. Il existe en cinq couleurs. Même un couteau aiguisé ne peut y laisser de trace. Il est chaud et doux et, si des doigts le parcourent, un courant immatériel s'étend dans la main. En examinant le jade, il faut tout particulièrement apprécier celui qui est blanc, quoique les jaunes et les bleus soient également précieux. Les pièces délicatement taillées sont très estimées. Ceux qui présentent des touches ou des veines de roche différente, des colorations fausses ou un manque de chaleur et de douceur n'ont guère de valeur. »

Cao Zhao, Commentaire des critères fondamentaux pour les Antiquités (Gegu Yaolun), 1388.

mesurant plus de deux mètres et importé du Khotan. L'empereur Qianlong y fit représenter tout un paysage de montagne, avec bâtiments et personnages.

L'or, l'argent et l'émail

Comme la plupart des autres cultures, la civilisation chinoise a toujours reconnu la valeur des métaux précieux comme l'or et l'argent, les a travaillés pour en faire des parures et des ustensiles de prix. Toutefois, l'or n'y est jamais devenu le symbole du pouvoir dans la même mesure qu'à l'Ouest. Les matières premières se trouvaient en quantité suffisante sur le territoire chinois : l'or surtout dans le Sichuan et le Yunnan, l'argent également dans le Yunnan.

L'utilisation remonte à l'époque Shang. A la période Zhanguo de la dynastie Zhou (481-256 av. J.-C.), il arrive que l'on donne à l'armement d'apparat des gardes d'épée et des ferrures de fourreau en or, ainsi que des boucles de ceinturon en argent. L'époque Han maîtrisait déjà la difficile technique de la véritable granulation qui est peut-être arrivée en Chine au départ du bassin méditerranéen, en passant par l'Inde du Nord ou l'Afghanistan (Taxila). De toute façon, le travail des métaux précieux fleurit en Chine sous la dynastie Tang, car la noblesse du temps préférait l'or et l'argent pour la confection de parures, de récipients et de coffrets à cosmétiques.

Une influence de l'Asie occidentale, notamment des Perses sassanides, se reconnaît dans les motifs et dans les formes, ce qui n'a rien d'étonnant si l'on songe au cosmopolitisme de nombreux empereurs Tang. On exploitait alors toutes les possibilités techniques : la fonte, le martelage, la perforation, l'emboutissage, la ciselure et la granulation, de même que la dorure au feu. La richesse de la noblesse Tang apparaît dans

le trésor découvert à Hejia-Cun, près de Xi'an, donc en plein milieu de la métropole Tang, qui comporte 270 objets en métaux précieux. Plus fabuleuses encore sont les trouvailles de Dantu, faites dans la province du Jiangsu, en 1982 seulement : 970 objets dont un assortiment de récipients servant à boire, qui furent conçus pour l'agrément des seigneurs Tang.

Sous les Song, les nobles aimaient aussi la vaisselle d'or et d'argent, et de l'époque Yuan nous est venu le nom du maître Zhu Bishan, qui a dessiné de ravissantes coupes à personnages. Les Ming sertissaient leurs objets d'or, de pierres précieuses et de perles. Les empereurs mandchous de la dynastie Qing festoyaient dans des ustensiles d'or et d'argent, comme l'attestent aujourd'hui encore les collections du musée du Palais à Pékin.

La technique qui consiste à décorer les objets en métal de pâte de verre obtenue par fusion remonte, dans la sphère culturelle

Ci-dessus : *d'après l'interprétation d'un texte Han, les disques de jade du néolithique représentaient déjà des symboles célestes. Ce spécimen, subdivisé en zones concentriques et décoré de dragons et d'oiseaux ainsi que d'un réseau de méandres, témoigne d'une maîtrise technique parfaite de la taille et du sciage, nécessaire pour travailler cette pierre dure et cassante. Cette pièce, d'un diamètre de 11,4 cm, remonte à la fin de la période Zhou de l'Est, vers le 4e siècle av. J.-C.* [Cambridge (Mass.), Fogg Art Museum]

Page de droite : *dès avant le début de notre ère, les hommes de la classe aisée avaient coutume de s'adonner à un jeu sur damier appelé* « *Les six érudits* » (Liubo), *qui se fondait sur des conceptions divinatoires et astronomiques. Ce damier en pierre richement décoré de reliefs provient d'une tombe secondaire de la nécropole du roi Cuo de Zhongshan, dans le nord de la Chine. Dès le 4e siècle av. J.-C., les princes d'une dynastie étrangère pratiquèrent ce jeu. On voit ici un groupe de figures en argile représentant deux hommes jouant au* Liubo.

occidentale, aux temps préhistoriques. A quelques exceptions près, ce procédé semble ne s'être implanté en Chine qu'aux débuts de la dynastie Ming et avoir, dès lors, beaucoup servi à la réalisation d'objets employés dans l'entourage impérial. Le motif émaillé, soit en cloisonné, soit en champlevé, peut fort bien avoir paru trop coloré pour le goût traditionnel des Chinois et trop limité dans ses possibilités d'utilisation pour rencontrer un succès unanime. C'est pourquoi l'émail servit surtout à l'ornementation de pièces d'autel ou à la décoration du palais impérial. Son évolution stylistique s'est donc cantonnée dans des limites relativement étroites.

L'architecture

En Chine et dans l'ensemble de l'Extrême-Orient soumis à son influence, l'architecture n'a jamais joué ce rôle de « mère » des arts plastiques qui la distingue en Occident. Les œuvres sculptées et les peintures murales n'y ont jamais été intégrées dans la structure de la construction de façon aussi organique que dans les cathédrales romanes ou gothiques européennes. Quoiqu'en Chine aussi le bâtiment serve de reliquaire ou de contenant pour des œuvres sculptées ou peintes, celles-ci paraissent toujours rajoutées et conservent leur caractère intrinsèque. De plus, l'architecte d'Extrême-Orient n'a jamais joui d'un aussi grand prestige artistique que ce fut le cas en Europe. Et si la littérature chinoise comporte toute une série de biographies d'architectes importants, ceux-ci y sont davantage appréciés comme constructeurs et bâtisseurs que comme de véritables artistes.

Cela peut s'expliquer par une conception de l'art fondamentalement différente mais aussi par le fait qu'en Chine le matériau privilégié et déterminant pour les structures architecturales a toujours été le bois. Ce matériau comporte des limitations sur le plan des dimensions, notamment pour la hauteur, et il ne se prête qu'à certains procédés techniques, à l'exclusion des autres.

L'auteur qui veut rédiger une histoire de l'architecture chinoise se voit aussitôt confronté à de grosses difficultés, car l'histoire mouvementée de l'Empire du Milieu a fait disparaître presque tous les édifices les plus anciens. Toutefois, les résultats spectaculaires des fouilles archéologiques des dernières décennies en Chine ont réparé en partie ces pertes, puisqu'ils ont permis de reconstituer fidèlement maints bâtiments anciens. De telles reconstitutions sont possibles pour l'unique raison que l'architecture chinoise s'est toujours caractérisée par une grande standardisation des composantes structurelles, de leurs combinaisons et de leurs dimensions, de sorte qu'il suffit souvent de dégager les fondations d'un bâtiment avec les bases en pierre des colonnes et de déterrer les briques et les dalles pour pouvoir reconstituer l'aspect originel du bâtiment.

Cette standardisation est attestée par l'existence de manuels détaillés traitant de la conception et de la réalisation d'édifices les plus divers. Le plus ancien ouvrage qui nous soit parvenu dans une version relativement authentique est le *Yingzao Fashi* (« Des règles de l'architecture »), que Li Jie, lettré de grande culture et artiste aux multiples talents, présenta en 1100 ap. J.-C. à la maison impériale Song, qui en autorisa la publication.

L'architecture chinoise se distingue de celle de l'Occident par son rapport au sol immédiatement visible. C'est essentiellement l'horizontalité qui détermine l'aspect de la majorité des constructions chinoises. Il existe bien des bâtiments construits en hauteur, comme la tour, mais sans cette orientation verticale continue, propre à la tour d'une cathédrale gothique. Les tours chinoises se caractérisent en effet par une superposition additive d'éléments de construction ou d'étages, dont chacun séparément prend une forme apparentée à celle d'une maison.

D'une manière globale, c'est la salle (*Tang, Dian*), conçue à partir du schéma de la maison d'habitation, qui constitue le modèle de base de l'architecture chinoise. Cette caractéristique subsiste même dans les dimensions monumentales d'une salle de palais ou de temple. Trois éléments structurels déterminent l'aspect de ce type de construction : le toit, de poids important, la construction support, dont la charpente est en bois ; la base sur laquelle repose tout l'édifice.

Des fouilles dans le village de Fengchu (province du Shaanxi) ont révélé que déjà vers la fin du 2e millénaire avant notre ère, durant la phase prédynastique de la période Zhou, le toit formé d'une couche d'argile stabilisée par des fagots de paille, dans lequel les tuiles en terre cuite servaient seulement à renforcer la zone faîtière, était lourd et massif. Mais, même avant la dynastie Han, il existait des toits entièrement couverts de tuiles en terre cuite, dont l'horizontalité a certainement marqué l'apparence des bâtiments.

Au cours des phases historiques de la période Han, certaines formes de toits ont été privilégiées : il s'agit du toit en bâtière ou à pignon (*Xuanshan*, « montagne tombante »), du toit en croupe (*Wudian*, « véranda couverte ») déjà connu à la période Shang, vers la moitié et la fin du 2e millénaire avant notre ère (comme l'attestent les fouilles de Panlong-Cheng, province du Hubei) et enfin du toit en bâtière en croupe (*Xieshan*, « montagne découpée », ou *Jiuji*, « neuf arêtes »), qui est devenu par la suite le modèle de toit classique des salles isolées.

Sous le toit principal, des toits-appentis étaient souvent ajoutés sur les côtés, de sorte que, vu de l'extérieur, le bâtiment semblait avoir deux étages, alors qu'à l'intérieur il n'en comportait qu'un. Le redoublement des toits servait uniquement à accentuer l'effet monumental de l'édifice.

Depuis la dynastie Tang au moins, les toits chinois présentent une particularité tout à fait typique : il s'agit d'un procédé, mis au point dans le sud et ultérieurement poussé à l'extrême, qui consiste à relever les gouttières et les coins, ce qui atténue l'impression de pesanteur du toit de tuiles et lui confère un aspect pour ainsi dire « aérien ». Cette silhouette élancée s'obtenait par un stratagème technique : le simple ajout de lattes sur les chevrons.

L'évolution stylistique de l'architecture chinoise se dessine clairement dans les modifications qui rendent plus complexe la construction en bois qui supporte le toit pesant (*Dougong* ou *Uazi*). Ce principe raffiné, mais structurellement simple, de l'assemblage à tenons est destiné à faire porter le poids du toit sur les colonnes et le colombage en bois qui souvent dépasse très largement les murs extérieurs. Simple à l'origine, comme en témoignent des reliefs de briques en terre cuite et des maquettes architecturales en argile trouvés dans les tombeaux, le système de l'assemblage parallèle ou à angle droit de consoles ou de sommiers (*Dou*) et de chapeaux saillants (*Gong*) est devenu de plus en plus complexe, tout comme pour la chaise sous-tendant le toit. Une partie des chapeaux était placée parallèlement à la cloison et une autre en saillie à angle droit à un ou plusieurs « degrés » (*Tiao*). Les consoles étaient placées sur les colonnes et aussi sur la traverse supérieure du bâti entre les colonnes. A partir du 3e siècle ap. J.-C., ce système de structures simples fut complété par l'invention géniale des bras de leviers et des fléaux de balance (*Ang*), qui traversaient les consoles parallèlement aux chevrons obliques et servaient à répartir la charge du toit sur les colonnes et le colombage.

Le colombage des murs et les colonnes (*Zhu*) dressées sur des bases en pierre (*Zhuchu*) étaient également en bois. Les parois elles-mêmes, intégrées dans ce colombage, n'avaient généralement pas de véritable fonction statique et servaient uniquement à isoler l'espace intérieur de l'extérieur. Elles étaient réalisées en briques, en bois ou parfois en clayonnage crépi.

Les signes et les inscriptions de cette imposante potiche à couvercle indiquent qu'elle était produite à la période Xuande (1426-1437) pour le palais impérial de la dynastie Ming. Ce récipient somptueux, décoré de dragons et de nuages, est exécuté en émail cloisonné, une technique importée d'Occident. Bien que la vitrification fût déjà connue en Chine avant le début de notre ère, cette technique étrangère que l'on taxait au 14e siècle de « production des pays du démon » s'imposa seulement à la période Ming. Elle servit alors à réaliser des objets d'apparat pour les temples et les palais.
[Zurich, Collection Pierre Uldry]

大明宣德年製

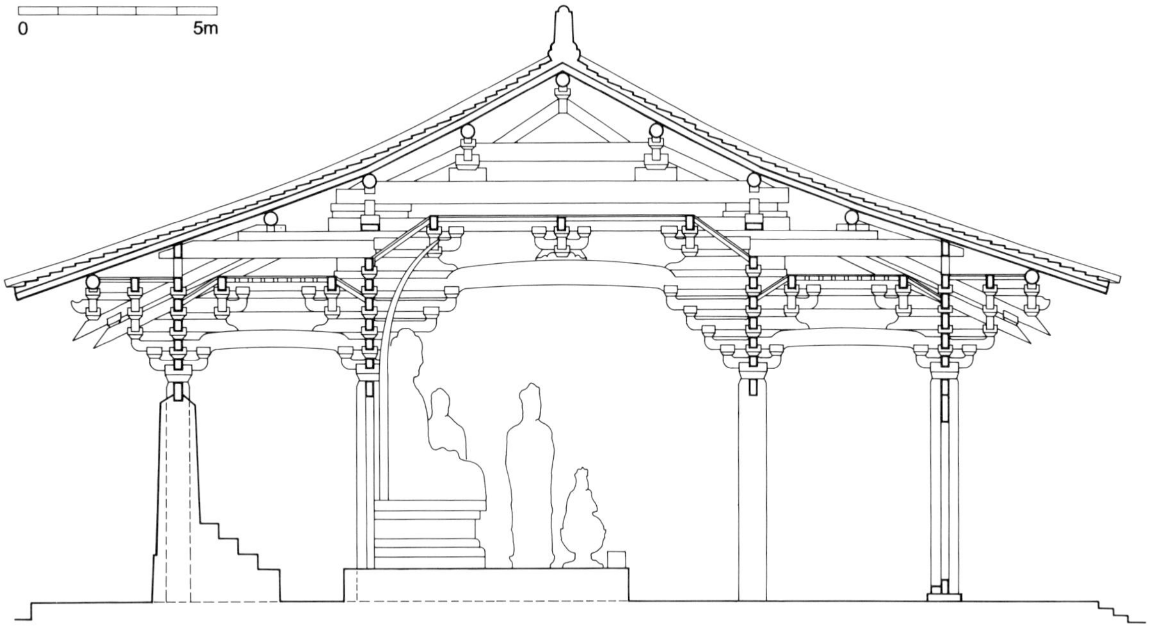

La « Salle du Grand Héros » (Daxiong Dan) *du temple Foguang Si, sur le mont sacré Wutaishan, est consacrée au Bouddha Çakyamuni. Cette salle construite en 857 av. J.-C. est la deuxième plus ancienne construction chinoise en bois. Les coupes montrent la subdivision de l'espace en une zone périphérique extérieure, destinée au culte, et en une « nef » centrale. Celle-ci, telle un reliquaire, abrite l'autel avec la triade de bouddhas et les figures secondaires. On voit clairement la structure de la construction-support en bois et la manière dont ce système de construction fait porter sur les colonnes le poids considérable du toit de tuiles. Des bras de leviers obliques ajustés sous le toit en répartissent la charge.*

La base rehaussée, ou le socle sur lequel était édifiée la salle, consistait en un remblai d'argile tassée (*Hangtu*) ou de graviers, dont les surfaces extérieures étaient souvent couvertes de dalles de pierre. Un ou plusieurs escaliers menaient à l'édifice ainsi surélevé.

De même que les parois des murs de la salle, l'espace intérieur s'agençait en fonction des espaces entre les piliers (*Jian*). Comme en règle générale l'entrée devait se trouver au milieu du côté de la largeur, le nombre d'espaces *Jian* était souvent impair. Les portes et les fenêtres occupaient aussi la largeur d'un tel espace, mais étaient simplement posées, sans exercer de fonction statique.

La construction chinoise en salles présente donc une structure claire et fonctionnelle, qui est directement perceptible. La fonction des différents éléments de construction n'est jamais cachée. Cette fonctionnalité est encore soulignée par les couleurs décorant l'édifice : les éléments structurels, à savoir le colombage et les piliers, sont peints ou laqués en rouge, les extrémités coupées des poutres sont rehaussées de jaune, tandis que la zone de l'architrave, avec l'aspect fragmentaire de ses formes composées de petites pièces, est accentuée par du vert et d'autres nuances. Les surfaces des parois elles-mêmes sont souvent d'un blanc éclatant. Les tuiles de la phase historique, généralement couvertes d'une glaçure colorée fréquemment jaune ou bleue, ont une valeur symbolique supplémentaire.

L'espace intérieur

La structure de l'espace intérieur est également déterminée par les espaces entre les colonnes (*Jian*). Les piliers portant la partie centrale du toit entourent le vaste rectangle du noyau de la salle. Ce rectangle est le « corps de la salle » (*Dianshen*), la « salle-mère » (*Mudian*) ou « l'auge intérieure » (*Neicao*) et il fait fonction d'espace de représentation, où l'on trouve l'autel avec les objets du culte ou le trône du souverain. Il est souvent mis en valeur par un relèvement du plafond rehaussé de caissons, ce qui produit l'illusion d'un baldaquin. Des subdivisions dans le sens de la longueur et de la largeur sont également possibles. Ce noyau central est entouré d'un espace périphérique, qui peut être une galerie continue ou séparée pour chaque côté du bâtiment. Désigné par le terme de « auge extérieure » (*Waicao*), il est couvert par les gouttières saillantes ou des appentis rajoutés. Parfois, cet espace périphérique tient lieu d'antichambre et occupe seulement l'avant de l'espace central.

La salle chinoise présente donc une structure fondamentalement simple, que l'on peut rattacher à celle de la maison d'habitation. Même dans ses plus grandes dimensions, elle se réfère presque toujours à la dimension humaine. Il n'existe guère de différence entre l'édifice profane destiné à des fins temporelles, tel le palais, et la salle du culte dans un temple. Dans le cadre du culte de l'Etat, pour le premier cas, l'espace intérieur fait fonction de scène de représentation pour le souverain. Dans le second cas, la salle est un reliquaire pour les objets du culte, lesquels y sont souvent d'une telle profusion que la communauté des fidèles doit assister aux cérémonies de l'extérieur, depuis la cour précédant la salle. Il est vrai que les cours immenses des palais avaient une fonction similaire, puisque les fonctionnaires, disposés selon leur rang, s'y présentaient en formations quasi militaires à l'audience du Fils du Ciel trônant dans sa salle.

Des exemples de salles

En dépit du fait que seul un nombre limité de salles originelles antérieures à la dynastie Ming a été conservé, les recherches archéologiques de ces dernières décennies permettent de faire remonter l'historique de ce type de construction jusqu'au 2ᵉ millénaire avant notre ère. Ainsi, la « salle de palais » d'Erlitou, dans la province du Henan, qui date du début de la période Shang et qui mesurait 36 m de large, présentait déjà les formes rudimentaires de la salle chinoise historique : base surélevée,

toit en croupe probablement posé sur un appentis au-dessus de la véranda-galerie (côté longitudinal constituant la partie frontale). Des caractéristiques similaires se retrouvent dans la reconstitution de l'ensemble architectural Shang situé à Panlong-Cheng (province du Hubei) et à Anyang, datant d'une époque à peine plus récente. Le grand ensemble architectural de Fengchu, dans la province du Shaanxi, qui date de la phase prédynastique de la période Zhou et qui a été exploré depuis 1976, comportait des salles reliées entre elles par des couloirs couverts cernant les cours intérieures.

La vocation impériale de cette architecture en salles se reflète dans les dimensions gigantesques qu'elle a atteint sous la puissante dynastie Tang. L'exploration systématique de l'aire de Changan, la métropole Tang, dans l'actuelle ville de Xi'an, a permis de délimiter avec exactitude les fondations de plusieurs édifices du palais Daming, situé à la limite nord-est de la ville. La « Salle du Principe Originel » (*Hanyuan-Dian*) construite en 662 ap. J.-C. pour les réceptions et les banquets de l'empereur, s'élevait sur un soubassement badigeonné de rouge, large de 201 m, épais de 80 m et haut de 10 m. Une rampe d'accès à marches menait au centre; la base dallée de la grande salle (1 966 m²) mesurait 76 m sur 42 m. Des couloirs ascendants en biais la reliaient aux pavillons latéraux. Deux années plus tard, l'empereur fit construire la « Salle de la Vertu de l'Unicorne » (*Linde-Dian*) dans un complexe de bâtiments situés en retrait. Cette salle, composée de plusieurs parties et présentant une structure globale complexe, devait également servir à des fins de représentation. Ces deux édifices, qui devaient produire une impression incroyablement somptueuse, ont été réduits en cendres avec le reste du palais par un général rebelle en 883.

L'aspect des salles moins complexes des sanctuaires bouddhiques de la période Tang est documenté par les temples de la période Asuka et Nara (552-794). L'exemple le plus ancien conservé en Chine même est la salle principale du Foguang-Si, dans le Wutaishan, remontant au 9e siècle et qui est d'une structure vigoureuse. Les salles des temples bouddhiques de Fengguo-Si, à Yi Xian et de Huayan-Si, au Shanxi (12e siècle), également conservées en bon état, ont un aspect très impressionnant.

Double page suivante : *la salle principale du Huayan Si supérieur à Datong, province du Shanxi, mesure presque 54 mètres de large. A cause d'un incendie survenu sous la dynastie Jin, elle dut être reconstruite en 1140. Les murs extérieurs sont en maçonnerie et les « nefs » de l'espace intérieur sont séparées par des rangées de colonnes en bois. Les figures en stuc d'argile constituent un véritable panthéon du bouddhisme ésotérique. Les cinq bouddhas principaux datent du 15e siècle, mais 29 autres sculptures remontent à la dynastie Liao. Les parois latérales sont peintes d'images du paradis.*

L'aspect grandiose et bouleversant des édifices du palais impérial de Pékin, construits entre le 15e et le 19e siècle, témoigne souverainement de la splendeur des palais chinois.

Les bâtiments à plusieurs étages

L'architecture chinoise connaît deux types fondamentaux de bâtiments construits en hauteur comme des tours : il s'agit du pavillon (*Lou* ou *Ge*) et de la pagode bouddhique (*Ta*), le premier étant un genre autochtone, le second une importation de l'Inde et de l'Asie centrale, combinée aux traditions locales.

Pour la dynastie Han, on a trouvé dans les tombeaux des représentations gravées sur pierre de salles à deux étages et des maquettes en argile de bâtiments militaires à plusieurs étages (soit des portes fortifiées, soit des tours de garde). Déjà dans les temps les plus reculés, les bâtiments en forme de tour étaient associés à des considérations cosmologiques : littéralement placés au-dessus de la sphère du quotidien, les membres de la classe dirigeante y observaient le cours des astres ou s'adonnaient à des expériences d'alchimie. Plus tard, les pavillons à plusieurs étages sont devenus le lieu privilégié des réunions mondaines, comme les banquets donnés à l'occasion de concours poétiques ou de soirées dédiées à la contemplation de la lune.

A gauche et page de droite: *le «Palais de la Clarté Divine»* (Qianqing Gong) *est la première des trois grandes salles situées sur l'axe central des «cours arrière» de l'immense complexe du palais impérial de Pékin, construit sous l'empereur Ming Yongle entre 1406 et 1420. C'est ici que se trouvaient les appartements privés de l'empereur et de son épouse. Le Qianqing Gong servit encore de demeure aux deux premiers empereurs Qing. L'empereur y exerçait ses fonctions gouvernementales quotidiennes, y accordait des audiences au Conseil d'Etat et y accueillit plus tard les missions étrangères. En 1711, l'empereur Kangxi y organisa un banquet pour célébrer le cinquantenaire de son règne, banquet auquel des milliers de vieux dignitaires de l'empire furent invités. Cette fête* (Qiansouyan) *fut célébrée à nouveau par l'empereur Qianlong en 1785, avec trois mille invités. Le toit double recouvert de tuiles jaune impérial et abritant la salle large de neuf* Jian *(espaces entre les colonnes) est supporté par le système de consoles à petites pièces colorées, typique des palais plus récents. Des clochetons destinés à écarter le malheur en décorent le faîte; l'entrée est surmontée d'une plaque citant le nom de la salle en caractères chinois et mandchous.*

«Les laques aux incrustations de nacre sont produites à Ji'an Fu, circonscription de Luling, dans la province du Jiangxi. Les pièces produites dans le passé pour la cour impériale de la dynastie Song étaient faites de laque solide. Certaines étaient incrustées de fils de cuivre. Elles sont excellentes. Sous la dynastie Yuan, les familles riches commandaient ces pièces, mais laissaient les producteurs décider du temps nécessaire à la réalisation. Ces produits étaient faits en laque très solide et les décorations avec des figures humaines réjouissaient l'œil du spectateur. Les matériaux utilisés actuellement pour les pièces de Luling sont généralement de la chaux, du sang de porc ou des mélanges de vernis *Tong*. Elles sont très fragiles. Certains producteurs emploient même d'autres apprêts qui rendent les ustensiles encore plus mauvais. Dans les maisons anciennes de la ville de Ji'an Fu, on trouve encore aujourd'hui des lits, des chaises et des paravents avec un décor d'incrustations de nacre représentant des figures humaines. Ces objets sont d'une belle facture et un plaisir pour les yeux. Les boîtes de fruits, les tableaux et les chaises tartares fabriqués récemment sur commande pour des grandes familles sont presque d'aussi bonne qualité que les produits anciens, du fait qu'ils ont été réalisés sous le contrôle personnel de l'acheteur. Au début de la période Hongwu (1368-1399), la propriété de Shen Wansan, à Suzhou, a été perquisitionnée et ses biens confisqués. Parmi ses possessions transférées aux bureaux des Six Départements du Palais, il y avait des bancs, des fauteuils et des tables en laque incrustée de nacre et en laque ciselée rouge. Il s'agissait de spécimens magnifiques qui s'y trouvent encore.»

Cao Zhao, Commentaire des critères fondamentaux pour les Antiquités (Gegu Yaolun), 1388.

«En ce qui concerne le faîte du palais Jinfu dressé dans le ciel et les pans du toit qui montent vers l'arc-en-ciel, le premier est d'une belle couleur noire et semble se mouvoir avec les nuages, tandis que les pans du toit rappellent les ailes d'un oiseau s'envolant ou les flancs d'une haute montagne; on croit les voir animés d'un mouvement puis figés dans une calme immobilité. Le toit est d'une hauteur bouleversante; on ne sait vraiment pas où il va s'arrêter. Même l'œil excellent de Li Lou serait ébloui par la splendeur et la hauteur de ce toit, au point de ne plus rien distinguer.»

He Yan (190-249), Description poétique du palais Jingfu à Xuchang.

Les bâtiments à plusieurs étages de l'architecture chinoise traditionnelle ne présentent cependant jamais ce mouvement vertical continu des éléments structurels qui caractérise les tours européennes. Une tour chinoise consiste normalement en une superposition d'étages dont la structure est manifestement la même que celle des salles, ces étages étant chacun soulignés par leur toit respectif. La tour ou le pavillon est donc un corps composé par addition. Davantage encore que pour les salles, on déplore l'absence d'exemples anciens pour ce type de construction.

La pagode, un monument reliquaire originaire de l'Inde qui relève de l'idée du tumulus, a été introduite en Chine en même temps que la religion bouddhique, par la voie de l'Asie centrale. Il y a donc eu une intégration d'éléments de la structure du temple indien. Ceci est clairement illustré par le plus ancien spécimen de pagode connu à l'heure actuelle, à savoir la pagode en briques de Songyue-Si, dans la circonscription de Dengfeng (province du Henan). Elle fut construite en 523 ap. J.-C. et ressemble beaucoup aux prototypes indiens, avec ses niveaux de toits superposés, rétrécis vers le haut en forme de cône.

Les significations cosmologiques du carré universel, orienté en fonction des points cardinaux, et de la montagne universelle qui s'y dresse, constituent dans doute le fondement de la « Pagode à quatre portes » (*Simen-Ta*) du 8e siècle. Les seuls témoignages qui subsistent du 1er millénaire de notre ère sont des pagodes construites en briques ou en pierres. Les étages sont soit de forme cubique, comme par exemple pour la célèbre « Pagode de l'oie sauvage » (*Dayan-Ta*) de Xi'an, qui date des années 700, soit de forme polygonale. L'influence déterminante du bois sur les conceptions architecturales chinoises se traduit par le fait que, même pour les pagodes aux murs lisses en pierres ou en briques, les parties peu saillantes des gouttières du toit sont dotées d'une structure en trompe l'œil, imitant les consoles en bois formées de sommiers et de chapeaux. Néanmoins, pour certaines pagodes en briques de la période Liao dans le nord de la Chine, les toits des étages sont réellement portés par une construction en bois. Il est regrettable que les pagodes anciennes, exclusivement réalisées en bois, aient disparu en Chine, mais cette lacune dans nos connaissances peut également être comblée grâce aux édifices japonais qui remontent au 6e siècle.

Les tours de bois polygonales de la période Liao — comme par exemple la pagode Çakyamuni (Shijia-Ta) de Fogong-Si, à Ying Xian dans le nord de la province du Shanxi, datée de 1056 — présentent une structure extrêmement complexe. Tandis que la pagode classique affirme sa vocation de reliquaire par le fait que ses étages supérieurs sont dénués de fonction et contribuent uniquement à accentuer la majesté du bâtiment, les étages de la pagode de Ying Xian ont été aménagés en chapelles et garnis de constellations symboliques d'objets cultuels. Par ailleurs, on édifiait souvent des pagodes à l'extérieur des ensembles de temples ; celles-ci se dressaient alors comme autant d'accents sur les points élevés des collines ou des montagnes, exerçant ainsi une fonction protectrice quasi magique.

A l'époque mongole, la variante lamaïste du bouddhisme tibétain a introduit son propre style de pagode, avec une coupole massive ovale surmontée d'une perche décorée de parasols d'honneur, qui rappelle encore davantage le stupa indien. La pagode du Miaoying-Si de 1271 en est un exemple caractéristique.

Comparées à ces types de constructions très étrangères à l'architecture chinoise, les pagodes classiques faites en bois, aujourd'hui disparues, devaient paraître comme un amalgame d'éléments importés et de formes architecturales authentiquement chinoises.

Les édifices officiels

Comme en Occident, les édifices officiels chinois sont chargés de significations comologiques. Leur tracé de base, rond ou carré, permettait une identification avec le ciel, imaginé sous une forme ronde, et avec la terre, représentée par un carré. Le toit conique ou en pyramide favorisait de telles identifications. Des textes chinois antiques comportent des spéculations exhaustives sur la salle des ancêtres dynastiques de la maison impériale de l'époque. Cette salle était désignée par le terme de *Mingtang*, « salle de la lumière » ou « salle rayonnante », et était chargée de significations cosmologiques jusque dans les détails de sa structure. Des édifices d'une telle portée « politique » étaient évidemment très exposés lors des changements de dynastie souvent violents en Chine, de sorte qu'il ne subsiste plus de vestiges anciens.

Les fondations d'une construction imposante découverte par des archéologues chinois en 1956-1957 à un kilomètre au sud de l'ancienne limite de la capitale Han, Chang'an, ont rapidement pu être identifiées ; il s'agit des ruines d'un *Mingtang* ou *Biyong*, une « construction avec des fossés circulaires », probablement édifiée à titre de salle des cérémonies sur ordre de l'usurpateur Wang Mang pendant les premières années de notre ère. Il est possible qu'il se soit inspiré des traditions architecturales de la dynastie Zhou, disparue environ trois siècles auparavant. Construite sur des fondations concentriques rondes et carrées, une salle complexe s'élevait, avec un grand espace central flanqué d'annexes (*Baoxia*) sur les quatre côtés et de pavillons sur les coins. Ce fut peut-être l'emplacement du centre éducatif (*Daxue*) pour la noblesse de l'éphémère gouvernement de Wang Mang. Des scientifiques chinois se sont fondés sur les résultats de ces fouilles pour élaborer des modèles de reconstitution qui fournissent un témoignage impressionnant de la splendeur de l'architecture chinoise de l'époque.

L'incidence structurelle de ces édifices officiels rattachés au culte dynastique se retrouve dans la « salle des joyaux » bouddhique (*Moni-Dian*) construite vers la moitié du 10e siècle

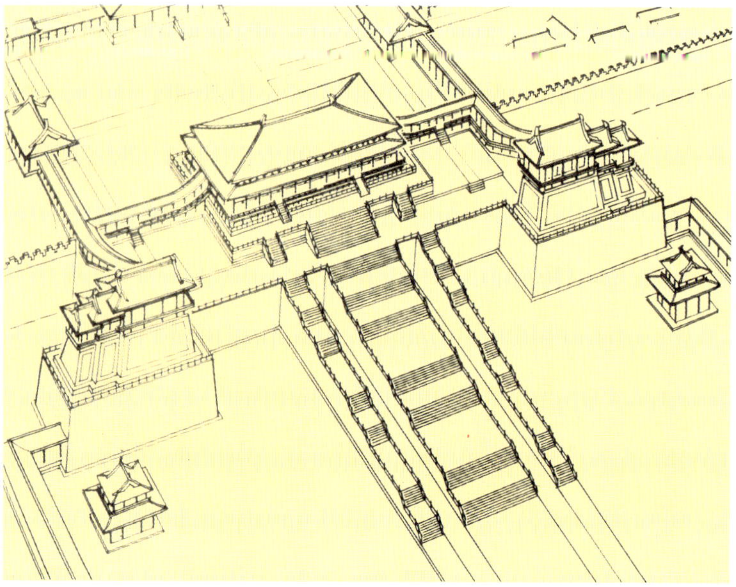

A gauche : *des fouilles exécutées entre 1958 et 1960 dans le secteur nord-est de la métropole Tang, Chang'an, l'actuelle Xi'an, ont permis de dégager l'aire de l'ancien palais impérial* Daming Gong. *La standardisation de l'architecture chinoise, partiellement fixée par écrit, a permis de reconstituer fidèlement la salle d'audience et de banquets* Hanyuan Dian, *large de 67 m et édifiée sur un soubassement de 10 m de haut et 200 m de large. Un escalier d'accès menait à la salle, reliée par des galeries aux pavillons latéraux. Le bâtiment, édifié en 662-663, fut détruit en 883 lors de la rébellion de Huang Chao.*

Page de droite : *l'ancienne architecture en bois de la Chine ayant complètement disparu, ce sont surtout les maquettes en argile déposées dans les tombes des nobles chinois qui nous renseignent à son propos. La maquette reproduit une tour à plusieurs étages avec une cour d'entrée et des piliers d'honneur* Que. *Elle mesure 128 cm de haut et remonte au 1er ou au 2e siècle. Ces tours avaient une fonction militaire et servaient également à des observations astronomiques et à des expériences d'alchimie. Les toits et les balcons sont portés par la typique construction-support en bois.*
[Kansas City, Musée Nelson-Atkins]

dans le Longxing-Si de Zhengding Xian, province du Hebei, toutefois dans un contexte intellectuel très différent.

Un exemple plus récent, tout à fait remarquable, est fourni par la « salle des prières pour les saisons » (*Jinian-Dian*) située dans le Temple du Ciel de Pékin. Sa structure est totalement déterminée par des spéculations numériques authentiquement chinoises, où le chiffre 3, chiffre du ciel, joue un rôle prépondérant. Cette salle est édifiée sur une terrasse à trois niveaux de marches et elle est coiffée de trois toits avec des tuiles de couleur bleu ciel profond. Le mur périphérique extérieur court entre douze colonnes correspondant aux mois de l'année. Le miroir du plafond, à l'intérieur de la salle, montre un somptueux dragon symbolisant le principe divin, lui-même incarné par l'empereur au pouvoir. Cette salle fut originellement construite en 1540, puis reconstruite en 1890 d'après les plans anciens.

Les grands ensembles architecturaux et les villes

La demeure d'une grande famille chinoise se compose normalement d'une série de cours en enfilade, entourées de bâtiments et de couloirs. La disposition des bâtiments indique le rang social de ses habitants. Des murs élevés protègent la vie familiale des regards étrangers.

D'une façon plus élaborée et systématisée, la disposition à l'échelle monumentale du palais répond encore à ces principes, puisque les cours fermées y constituent également les composantes de l'ensemble. Dans ce cas, on constate toutefois l'influence prépondérante des considérations cosmologiques. Les principales portes d'accès, souvent édifiées en enfilade, se trouvent au sud de l'ensemble rectangulaire et les principales salles sont alignées sur un axe central Sud-Nord, de manière à souligner, dans le cadre du rituel d'Etat, leur importance croissante en allant du Sud au Nord. Le chemin parcouru par le vassal ou le fonctionnaire pour s'approcher de son empereur trônant dans la salle la plus septentrionale, le visage tourné vers le sud, signifie une ascension symbolique du monde quotidien profane vers l'univers sacro-saint du Fils du Ciel. Les bâtiments annexes se trouvent sur les côtés des cours ou des secteurs spéciaux, éloignés de l'axe central. Les zones d'habitation privées sont aussi généralement situées loin du centre, à la périphérie du palais. Ce système hiérarchique apparaît de façon très raffinée dans les gigantesques palais des dynasties Sui et Tang de la métropole Chang'an, et ce même dans l'ancien palais, *Gongcheng*, au nord de la ville, qui mesure 1,5 km du Sud au Nord et 2,8 km d'Est en Ouest. Des murailles hautes de 10 m le séparaient du quartier gouvernemental de la cité impériale (*Huangcheng*) et de la ville elle-même située vers le sud.

De même, le palais résidentiel plus récent, édifié à partir de 634 à l'extérieur de l'enceinte de la ville au nord-est, le « Palais de la grande Lumière » (*Daming-Gong*) se composait d'une suite de vastes salles construites le long d'un axe central avec trois immenses cours pavées. Des jardins d'agrément et des parcs réservés à la chasse se trouvaient encore en partie à l'intérieur de l'enceinte du palais. Ces règles et structures architecturales, adaptées aux exigences d'un rituel d'Etat très élaboré, s'esquissent déjà dans les constructions antiques plus simples de la période Shang, à la fin du 2e millénaire avant notre ère. Elles ont connu une sophistication extrême dans l'Afang, le palais légendaire de l'empereur Qin Shihuangdi, au début du 3e siècle av. J.-C., et restent manifestement en vigueur dans l'immense ensemble architectural de la Cité interdite de Pékin, dont la construction couvre une période allant du 15e au 19e siècle.

Les conceptions spatiales concrétisées dans le palais régissent également la cité chinoise, pour autant qu'elle ait été conçue par la volonté du souverain. Cela concerne donc surtout les capitales impériales. D'ailleurs, lors de la fondation d'une nouvelle dynastie, le rituel exigeait généralement que le souverain fasse édifier une nouvelle capitale comme siège de son gouvernement, ou qu'il modifie le tracé d'une ville déjà existante.

L'exemple le plus marquant en est Chang'an, certainement la plus grande métropole de son temps, d'abord sous la dynastie Han, puis du 6e siècle au début du 10e siècle, sous les dynasties Sui et Tang. A son apogée, cette cité était six fois plus grande que la ville de Xi'an actuelle, située au même emplacement.

A l'époque Tang, Chang'an était un rectangle cerné de murailles mesurant 9,7 km sur 8,6. Un périmètre de 35,5 km pour une superficie d'environ 81 km^2. Les enceintes extérieures avaient six mètres de hauteur et cinq mètres d'épaisseur et comportaient trois grandes portes sur chaque côté, la porte principale étant située sur l'axe central, au Sud. Au Nord s'étendaient la cité des palais, évoquée plus haut, et la Cité impériale, vers laquelle menait l'avenue centrale longue de 7 km et large de 150 m, après avoir traversé à partir du sud la « ville extérieure » (*Waiguo*) et ses quartiers résidentiels. L'ensemble du secteur urbain s'agençait en fonction d'un réseau de rues en forme de jeu d'échecs qui délimitait les différents districts résidentiels (*Li* ou *Fang*), constitués en 108 unités administratives distinctes. Il y avait deux grands marchés, des quartiers de plaisir et des districts pour les étrangers, principalement les marchands d'Asie centrale. Un recensement effectué en 742 compta 362921 familles, de sorte que la cité devait contenir environ deux millions d'habitants.

Il est facile d'imaginer qu'au-dessus de la masse confuse des maisons basses les toits de tuiles colorées imposants des palais et des temples se dressaient comme des montagnes, et les pagodes à plusieurs étages comme autant d'accents décoratifs supplémentaires. Les villes provinciales avaient un aspect bien plus modeste, et il existait sans doute aussi des différences géographiques à l'intérieur de ce vaste empire.

Les temples bouddhiques situés dans les villes et les campagnes, ainsi que les sanctuaires du taoïsme et du confucianisme, présentaient un schéma similaire à celui des palais. Les portes et les salles du culte s'agençaient le long d'un axe central, tandis que la disposition des pagodes, des communs et des habitations était moins rigide. Pour les temples construits dans les régions montagneuses éloignées, la disposition des bâtiments se conformait à l'environnement naturel du lieu. Mais le principe de l'échelonnement hiérarchique y était également en vigueur.

Les parcs et les jardins

Les parcs et les jardins font partie intégrante de toute l'architecture chinoise élaborée. Contrairement aux jardins traditionnels classiques d'Europe, conçus en fonction de principes ornementaux ou géométriques, le jardin chinois se présente comme un paysage dessiné par l'homme, c'est-à-dire avec un tracé irrégulier, des étangs, des cascades, des ruisseaux, des collines et des rochers. Des effets visuels raffinés le font souvent paraître plus grand que nature, et il ne dévoile ses secrets que progressivement, en cours de promenade ou depuis la perspective panoramique bien calculée d'un pavillon.

Même ce jardin-paysage n'a pas seulement une fonction décorative ou imitative ; il est lui aussi chargé de significations cosmologiques. Comme dans la peinture, le rocher le plus élevé représente la montagne principale, à laquelle les autres aires rocheuses sont subordonnées. Cela reflète les idées taoïstes du paradis, mais aussi certaines conceptions du bouddhisme, selon lesquelles le Pays de la Pureté (*Jingtu*) du Bouddha Amitabha a la forme d'un somptueux jardin de palais. Les jardins miniatures posés sur une assiette ou dans une coupe répondent aux mêmes principes. D'après les conceptions taoïstes, de tels « jardins de paradis » se retrouvent même dans des grottes ou des calebasses, où l'adepte peut se transporter par la méditation.

Les constructions à base de remblais de terre ou de pierre

Pour ériger leurs forteresses, depuis les temps les plus reculés les Chinois n'employaient évidemment pas les techniques de construction en bois. Ils élevaient les remparts des fortifications autour des villes au moyen de remblais d'argile tassée (*Hangtu*). Le caractère *Cheng* signifie à la fois « ville » et « rempart ». La célèbre « grande muraille, longue de 10 000 lieues » (*Wanli Changcheng*), que l'empereur Qin Shihuangdi a achevée au 3ᵉ siècle av. J.-C. en reliant les remparts des différents Etats vassaux soumis (de manière à constituer une seule muraille continue), ouvrage pour lequel furent recrutés des régiments entiers de travailleurs corvéables, ne fut d'abord qu'un remblai de terre portant des tours de garde fortifiées à certains intervalles. Ce remblai couvrait néanmoins la distance fabuleuse d'environ 2 400 kilomètres. Toutefois, même sous la dynastie Ming, quand ce remblai fut transformé en un véritable rempart de 7 à 9 m de haut, renforcé par un revêtement de briques et de pierres, la construction la plus imposante du monde est surtout restée un symbole du pouvoir impérial et de la suprématie de la civilisation chinoise. En effet cette muraille, vieille de plus de 2 000 années, n'a jamais permis de protéger efficacement l'empire chinois contre les incursions des cavaliers nomades venus des steppes d'Asie centrale. Elle n'a donc jamais rempli la fonction pour laquelle elle avait été érigée. Il est vrai que

Ci-dessus : *la Petite Pagode de l'Oie Sauvage* (Xiaoyan Ta) *à Xi'an fut érigée au 8ᵉ siècle à la mémoire de l'empereur Tang, Gao Zong. Ses formes réalisent un équilibre harmonieux entre la verticalité spirituelle et les subdivisions rythmiques horizontales.*

Ci-dessous : *même les pagodes bouddhiques à étages, édifiées en briques ou en pierre, présentent au niveau des gouttières des éléments stylisés de la construction-support en bois. La Grande Pagode de l'Oie Sauvage* (Dayan Ta), *haute de 55 m, fut construite en 652 à Xi'an, puis agrandie entre 701 et 705.*

les murailles — qu'elles entourent des domaines familiaux ou des cités entières — constituaient tout autant un symbole de communauté qu'un moyen de défense contre les étrangers. Les superstructures de ces remparts étaient d'ailleurs souvent réalisées par les traditionnelles techniques du bois.

La nécessité de doter ce gigantesque empire d'un réseau de routes pour faciliter une administration efficace a fait que les Chinois sont vite devenus de remarquables constructeurs de ponts et de canaux. Outre les constructions simples à base de poutres, ils ont rapidement mis au point de véritables voûtes de pierres pour jeter des ponts sur les cours d'eau. Le pont d'Anji, à Zhao Xian (province du Hebei), construit vers 605 par Li Chun et mesurant 38 m, est le plus ancien pont à arche segmentée du monde. Le pont à plusieurs arches dit «pont Marco-Polo» (*Lugou-Qiao*), sur la rivière Yongding, près de Pékin, présente un grand intérêt esthétique. Construit de 1189 à 1192, il mesure 265 m de long et fut très admiré par le célèbre Vénitien, qui le visita un siècle plus tard.

Les grottes-sanctuaires bouddhiques

La coutume de creuser dans le roc au flanc des montagnes escarpées les lieux du culte bouddhique, les chapelles de méditation et les cellules des moines — introduite en Chine avec la religion bouddhique — était venue d'Inde par la voie de l'Asie centrale, où il existait plusieurs complexes de grottes-sanctuaires le long de la Route de la Soie. Mais déjà dans le taoïsme, les grottes naturelles (*Dong*) fournissaient des retraites privilégiées à l'adepte qui voulait se retirer pour ses exercices de méditation. Le lieu mystique où séjournaient les immortels de caractère divin (*Xian*), était appelé «ciel de la grotte» (*Dongtian*) dans la terminologie taoïste.

Etant donné que le creusement de vastes ensembles de grottes exigeait des moyens financiers considérables, la majorité des temples anciens, comme ceux de Yungang et Longmen, ont été réalisés grâce aux pieuses donations des souverains et des familles de la noblesse et de la classe aisée. Mais les inscriptions relatives aux donations citent également des communautés de culte bouddhique comparables aux paroisses chrétiennes. Ainsi se distinguaient non seulement les dynasties chinoises autochtones, comme celle des Tang, mais encore davantage les souverains «barbares» des peuples conquérants, comme les Toba de langue turque, qui ont gouverné de grandes régions dans le nord de la Chine sous le nom dynastique de Wei du Nord (386-534).

Les salles du culte, de dimensions variées et généralement rectangulaires, comportaient souvent un pilastre central en forme de pagode, avec des niches pour les autels. Les façades

Ci-dessous et page de droite : *la construction chinoise en bois la plus haute encore visible de nos jours est la pagode Çakyamuni du Fogong Si, à Ying Xian (province du Shanxi). Elle mesure 67,3 m de haut et comporte cinq étages avec un toit ajouté sur l'étage inférieur, au-dessus d'une base octogonale. Bien qu'édifiée en 1056, elle s'inscrit dans la tradition architecturale Tang. Des systèmes de soutien très différenciés supportent les toits saillants. On retrouve l'équilibre entre verticalité et horizontalité caractéristique de la Chine. Les groupes de figures à chaque étage témoignent de la fonction religieuse symbolique de l'édifice. A l'étage inférieur trône un Bouddha Çakyamuni, haut de 11 m ; aux étages supérieurs se trouvent des configurations comportant les quatre Bouddhas mystiques* (Rulai) *du bouddhisme ésotérique.*

«Lorsque je regarde le plan de cette ville Chang'an avec ses banlieues, j'y vois sur chaque côté trois portes desquelles partent trois rues droites et nivelées. Leur largeur est telle que douze chariots peuvent s'y côtoyer. Les rues se croisent. L'alignement des façades est droit, les pignons et les toits saillants ont la même hauteur. Au nord du palais impérial se trouvent les maisons des fonctionnaires de haut rang ; elles se dressent directement au bord de la route et s'ouvrent sur l'avant. Elles ont été soigneusement construites par des artisans habiles, de sorte qu'un délabrement rapide ne devrait pas être à craindre. A l'intérieur, le bois est entièrement revêtu de soie et de brocart ; les parties faites en terre sont peintes en rouge ou en violet. Les armes, généralement conservées dans l'arsenal impérial, sont exposées ici sur des présentoirs. Qui pourrait habiter de si somptueux palais, sinon un Shi Xian ou un Dong Xian ?»

Zhang Heng (78-139),
Description poétique de la capitale occidentale Chang'an.

et les parois intérieures étaient souvent sculptées d'une architecture en trompe-l'œil taillée dans le roc, imitant les constructions en bois. Les salles intérieures étaient richement décorées de peintures (Dunhuang, Maijishan) ou de sculptures et de reliefs, soit taillés dans le rocher existant (Yungang, Longmen, Gong Xian, etc.), soit modelés en stuc d'argile sur une charpente en bois (Dunhuang, Maijishan). Les peintures et les sculptures étaient souvent agencées sur un mur de manière à donner une vue d'ensemble proche de l'illusion (Dunhuang). Ces décorations intérieures sont traitées dans les chapitres correspondants.

L'apogée de ces grottes-sanctuaires chinoises se situe entre le 5e et le 10e siècle, mais il en existe également des exemples imposants plus récents, comme celui de Dazu, dans le sud-est de la province du Sichuan. Là, les inscriptions relatives aux donations remontent à l'époque comprise entre 890 et 1172. Il semble que les façades des parois rocheuses, avec l'entrée des grottes, étaient souvent revêtues d'architectures en bois ; les grottes situées à un niveau supérieur étaient reliées par des galeries en bois (Maijishan).

Les tombeaux

Les tombeaux (*Mu* ou *Ling* pour les tombeaux impériaux) pourraient constituer à eux seuls un vaste chapitre couvrant toutes les périodes de l'architecture chinoise. L'importance attachée à l'aménagement des tombeaux dans un pays où le culte des ancêtres et le sens de la famille étaient très développés, n'a pas de quoi surprendre. Les ancêtres défunts restaient vraiment membres de la famille pendant plusieurs générations après leur mort, de sorte que les descendants étaient tenus de leur fournir une demeure digne de leur rang. La tombe pouvait être un simple tumulus sur le terrain de la propriété familiale, mais elle pouvait aussi prendre la forme et la taille d'une montagne creusée de nombreuses chambres souterraines et de galeries.

Au cours des dernières décennies, les travaux des archéologues chinois ont permis de compléter et d'enrichir notre connaissance de l'architecture funéraire chinoise. Les tombeaux des empereurs Shang (moitié et fin du 2e millénaire avant notre ère) étaient des fosses rectangulaires avec des murs montants, souvent à degrés. Deux ou quatre rampes d'accès descendaient vers le caveau renfermant le cercueil. Depuis 1928, l'Academia Sinica a exploré systématiquement l'impressionnante nécropole royale Shang de Xiaotun, près d'Anyang (province du Henan), où se trouvait la dernière capitale dynastique. Les tombeaux des anciens souverains Zhou obéissaient au même système, encore utilisé sous une forme simplifiée ou quelque peu modifiée pendant la période Han, comme en témoignent les tombeaux de Yangjiawan, dans la province du Shaanxi.

Des considérations cosmologiques sous-tendent la structure de ces fosses avec rampes d'accès, mais cela vaut encore davantage pour les tumulus de dimensions parfois gigantesques. Ceux-ci étaient quelquefois artificiellement érigés par remblayage. C'est le cas de la montagne de l'empereur Qin Shihuangdi, pour laquelle les travaux furent entrepris dès son accession au trône en 246 av. J.-C., avec une main-d'œuvre corvéable de quelque 700 000 travailleurs. Les vestiges de cette montagne de 166 m de hauteur à l'origine, pour un périmètre de 2,5 km, impressionnent encore à l'heure actuelle.

L'historien Sima Qian rapporte qu'à l'intérieur de la montagne un immense caveau abritait des maquettes coloriées représentant l'ensemble de l'empire avec ses palais, ses fleuves et ses mers en mercure, ainsi que du mobilier précieux. Les archéologues chinois hésitent encore à s'attaquer à ce symbole national. Des murailles cernaient un rectangle long de plus de deux kilomètres : à l'extérieur se trouvaient les caveaux souterrains où l'on a découvert en 1974 les soldats d'argile grandeur nature de l'armée impériale, puis les maquettes de chariots en bronze, qui représentent l'une des plus spectaculaires découvertes archéologiques des dernières décennies. Ces tombeaux constituaient donc un monde souterrain où le défunt pouvait continuer d'exister. Cela s'applique sans doute aussi aux impressionnants tombeaux des empereurs Tang, Tai Zong (au pouvoir de 626 à 694) et Gao Zong (649-683). Là, des montagnes naturelles constituaient le noyau d'un grand ensemble avec une route d'accès flanquée de statues, de portes et de reliquaires aujourd'hui disparus. Même les tombeaux princiers annexes (*Peizangmu*), érigés à l'ombre des constructions impériales, comme ceux des princes Yide et Zhanghuai à Qian Xian qui datent approximativement de l'an 700, présentent le même type de symbolique. La thématique des peintures murales, conservées en bon état dans les rampes d'accès et les caveaux sous les tombes, représente une pyramide tronquée, ce qui signifie que tout cet ensemble devait être un palais souterrain destiné au prince défunt. Une variante de cette idée se retrouve dans

Ci-dessus et page de gauche : *la « Salle des Saisons ou de la Prière pour la Récolte »* (Qinian Dian) *appartient au grand ensemble architectural du Temple du Ciel ou Autel du Ciel* (Tiantan), *au sud-est de Pékin. C'est là que l'empereur de Chine allait prier pour une bonne récolte, devant trois trônes portant des arbres généalogiques impériaux. Ce bâtiment haut de 36,5 m présente une structure pleine de symboles cosmologiques. Le chiffre céleste « trois » apparaît au niveau des terrasses et des toits aux tuiles couvertes d'une glaçure bleu ciel. Les douze piliers correspondent aux mois de l'année et les quatre grandes colonnes à l'intérieur représentent les saisons. Sur le miroir de la coupole richement décorée figure le dragon, symbole du Ciel et de son fils, l'empereur. Cette salle, construite en 1420, fut rénovée à plusieurs reprises.*

les tombeaux impériaux Ming au nord-ouest de Pékin, notamment le Dingling où le caveau renferme les trônes de marbre de Wanli.

Depuis la dynastie Han, il existait aussi d'autres types de tombeaux, par exemple les caveaux souterrains de Mancheng, taillés dans un versant rocheux de la province du Hebei, où furent inhumés en 113 av. J.-C. le prince Liu Sheng et son épouse Dou Wan, dans leurs vêtements de jade devenus célèbres. Il y avait également des caveaux souterrains avec des voûtes en brique ou en pierre. Le nombre des caveaux et leur disposition est variable. L'aménagement et les accessoires funéraires, ainsi que les peintures murales découvertes dans de nombreux mausolées, illustrent l'idée maîtresse de cette architecture : pour accompagner le défunt dans sa vie outre-tombe, et en contrepartie des sacrifices humains et animaux d'origine, il fallait l'entourer de sa suite — représentée sous forme de statues — et de l'environnement qui lui avait été familier pendant sa vie sur terre.

La plastique et la sculpture

Bien que la culture chinoise ait engendré des œuvres sculpturales de haut niveau artistique dans les matériaux et les formats les plus variés tout au long de son histoire, on ne lui connaît point d'équivalents à Michel-Ange. La majorité des œuvres viennent d'artistes anonymes. Les noms cités dans les nombreuses inscriptions relatives aux donations ne sont pas ceux des créateurs, mais ceux des donateurs ayant fourni les moyens d'exécuter l'ouvrage.

Jamais en Chine la sculpture n'a compté parmi les arts majeurs, comme la calligraphie, la peinture et la musique. Cela relève sans doute du fait que l'exécution d'une sculpture allait de pair avec un travail manuel salissant, indigne des membres de la classe privilégiée. Par ailleurs, les productions de cette forme d'art s'inscrivaient le plus souvent dans le contexte des cultes religieux du bouddhisme, du taoïsme ou du confucianisme et n'entraient donc pas dans la vie quotidienne d'une famille chinoise aisée. Les sculptures n'ont jamais été collectionnées à titre d'œuvres d'art et elles ne sont mentionnées dans aucun catalogue ancien de collection. Il faut attendre l'ouverture du pays à l'extérieur pour que l'intérêt des marchands d'art et des amateurs occidentaux fasse comprendre aux Chinois la valeur artistique de cette forme d'art.

Sculptures de pierre et figures de bronze de la protohistoire

Pour le néolithique chinois, nous connaissons des figurines de forme anthropomorphe en argile qui ressemblent à des idoles et ont probablement revêtu une signification religieuse, sans prétendre à une valeur artistique. C'est seulement depuis les

fouilles effectuées par l'Academia Sinica entre 1928 et 1937 sur le site de la dernière capitale Shang à Yinxu, au nord de la province du Henan, que l'on a pu se faire une idée des sculptures de marbre de cette époque, puis des statues de bronze datant de la dernière phase de la dynastie Shang, du 13e au 11e siècle av. J.-C.

Les sculptures de marbre présentent les formes massives et fermées propres au matériau. Les détails sont limités aux simples contours de la forme et les particularités sont généralement rendues par un léger relief ou un trait gravé, demeurant subordonnés à l'effet sculptural d'ensemble. Les surfaces plus vastes sont décorées de méandres ornementaux de type abstrait, tels ceux que l'on retrouve dans la décoration des récipients de bronze de la même époque.

Malgré leurs dimensions relativement modestes — de 15 à 50 cm — ces sculptures impressionnent par leur caractère monumental. Malheureusement, on en est réduit aux hypothèses quant à leur destination, puisqu'elles ont été arrachées à leur contexte originel pour aller décorer la tombe d'un roi Shang. Certaines présentent des rainures profondes dans le dos et elles faisaient peut-être partie de meubles ou d'une construction architecturale. Elles représentent des animaux (par exemple un hibou, un tigre accroupi ou un buffle), mais on rencontre aussi la silhouette d'un homme corpulent accroupi et penché en arrière. Tant la signification de ces figures que la teneur symbolique des récipients en bronze de l'époque, aux thèmes décoratifs similaires, ont suscité mainte question, sans pour autant

Ci-dessus : *les fouilles des tombeaux royaux de la période Shang à Xibeigang, près d'Anyang, ont permis d'exhumer quelques sculptures en marbre blanc qui se distinguent par la puissance et l'homogénéité de leur forme. Elles sont décorées de traits gravés, dont la facture et les motifs rappellent les bronzes contemporains. Ce hibou porte des dragons sur les ailes et un masque* Taotie *sur la poitrine.*
[Taibei, Academia Sinica]

Ci-contre : *cette sculpture de marbre représentant un être anthropomorphe avec une tête de tigre porte une rainure verticale sur le dos et pourrait donc avoir été extraite d'un contexte architectural. Le décor zoomorphe gravé dans la pierre ressemble à un tatouage. L'absence de textes sur la religion Shang nous empêche d'affirmer que cette figure était de type totémique et chamaniste.*
[Taibei, Academia Sinica]

Page de droite : *alors que les figurines humaines en bronze de la dernière période Zhou servaient souvent de support à des lampes, cette figure d'un jeune homme du 4e ou du 3e siècle av. J.-C., haute de 30 cm, n'avait manifestement pas de fonction utilitaire. Son visage large est de type mongol. Il a de longues tresses et porte une blouse jusqu'aux genoux et des petites bottes. Sur deux bâtons qu'il tient dans les mains sont perchés des petits oiseaux de jade qu'il regarde avec fascination. Cette statue plutôt réaliste et presque caricaturale aurait été trouvée à Jincun, près de Luoyang.*
[Boston, Museum of Fine Arts]

aboutir à des explications valables. Et, faute de documents écrits concluants datant de cette époque, ces spéculations doivent se baser sur des interprétations chinoises plus tardives et souvent fantaisistes, ou encore sur une comparaison avec d'autres cultures bien plus récentes.

L'inventaire des objets en bronze du 12e au 3e siècle av. J.-C. est heureusement beaucoup plus vaste que celui des sculptures de pierre. Cependant, il s'agit davantage d'objets utilitaires, prenant la forme de figures animales ou humaines, et plus particulièrement de récipients pour les sacrifices aux ancêtres pratiqués dans l'ancienne religion chinoise. C'est pourquoi le sujet est traité dans la partie consacrée à l'artisanat d'art.

Sculptures et objets funéraires

Deux types de considérations semblent avoir inspiré les œuvres sculptées créées dans le contexte du culte funéraire : d'abord, la nécessité de mettre le site des tombeaux à l'abri des influences malvenues ou néfastes, ensuite le désir d'entourer le défunt dans l'au-delà de tout ce qui l'entourait dans sa vie terrestre.

Cette dernière idée était à l'origine étroitement liée aux sacrifices humains, dont la pratique a été prouvée pour la dernière phase de l'âge de pierre. La Chine a connu deux types de sacrifices du temps de sa préhistoire et de sa première phase historique. Pour le premier, des êtres humains étaient sacrifiés lors de cérémonies religieuses à titre d'offrande rituelle dédiée au dieu du ciel, au dieu de la terre ou, plus fréquemment, aux ancêtres. Des fouilles ont attesté ces *Rensheng* pour les cultures néolithiques de Hongshan, dans l'actuelle province du Liaoning du Nord, et de Longshan, dans le Henan. Ces sacrifices étaient monnaie courante sous la dynastie Shang. Les fouilles d'Anyang, site de la dernière capitale Shang, ont à elles seules établi que 2 327 personnes avaient été immolées, et parmi elles 871 comme offrandes pour des constructions, entre le 13e et le 11e siècle av. J.-C. Les victimes, généralement des prisonniers masculins du peuple Jiang (vers la fin de la période Shang aussi des femmes) étaient décapités ou brûlés. Sous la dynastie Zhou (du 11e siècle à 256 av. J.-C.), cette coutume atroce perdit de son importance ; pourtant, on a encore trouvé huit êtres humains mêlés aux animaux d'un sacrifice dédié à une grande

Page de gauche : *la majorité des objets funéraires de la période Han et des phases ultérieures sont en terre cuite. Ce cheval, exceptionnellement grand (76 cm de long), fut coulé dans le bronze et ensuite doré. Il a été découvert à proximité du tombeau du célèbre empereur Han Wudi (qui régna de 140 à 86 av. J.-C.), près de Xingping (province du Shaanxi). Cet empereur encouragea l'élevage des chevaux et constitua une cavalerie puissante pour protéger efficacement la Chine des attaques répétées des cavaliers Xiongnu.* [Shaanxi, Musée de Maoling]

Ci-dessus : *les objets funéraires en argile représentant des êtres humains, des animaux et des ustensiles remplacèrent les victimes de sacrifices des temps anciens, dont l'existence a été vérifiée par des fouilles archéologiques. Les animaux sont souvent ceux de la maisonnée. Ce buffle (long de 20 cm) en argile grise couverte d'une peinture à froid est manifestement domestiqué, puisqu'il porte un harnais. Cette sculpture sobre, typique du 5e et du 6e siècles, exprime parfaitement la force concentrée de cet animal.* [Tokyo, Musée Matsuoka]

construction sur le site de la capitale Yongcheng de l'Etat vassal Qi (l'actuelle Fengxiang). Plus tard, il y eut encore quelques sacrifices humains sous les dynasties Sui et Tang, et dans les provinces du Guangdong et du Fujian, au sud de la Chine, et même sous le règne des Ming (1368-1644).

Le second type dérive du sacrifice des veuves, déjà pratiqué du temps de la culture néolithique Qijia, au 2e millénaire avant notre ère, dans la province du Gansu. Cet enterrement collectif des proches du défunt, inhumés avec lui, connut son « apogée » sous la dynastie Shang. Dans les nécropoles des souverains de Yinxu, on enterrait souvent plus de 100 personnes : concubines, fonctionnaires et membres de la suite royale. Ici aussi, les Zhou furent beaucoup plus humains, puisqu'ils n'enterraient qu'une personne avec le défunt. A partir du 6e siècle av. J.-C., les sacrifiés furent remplacés par des statues en bois ou en argile plus petites, probablement sous l'influence bénéfique de la morale confucéenne. Selon un rapport officiel relatif à l'histoire des Han, l'empereur Qi Shihuang aurait toutefois emmené plus de 10 000 fonctionnaires et travailleurs dans sa tombe monumentale, afin qu'ils servent d'offrandes et qu'ils

recréent son entourage. Quoi qu'il en soit, les milliers de figures humaines et animales exhumées des tombeaux chinois remplaçaient sans aucun doute possible les humains effectivement sacrifiés à l'origine dans les enterrements collectifs. Elles devaient assurer au défunt une vie dans l'au-delà qui soit comparable à sa vie terrestre.

Ces substitutions ont pris cours à la fin de la période Zhou, par exemple sous forme de figurines en bois comme celles trouvées dans l'Etat Chu, au sud de la Chine. Mais c'est en 1974 qu'une découverte sensationnelle a fait avancer les connaissances en matière de sculpture funéraire. Alors que des forages étaient effectués à quelque 1200 m à l'ouest du gigantesque tumulus du premier empereur chinois Qin Shihuangdi, près de la préfecture de Lintong, dans le Shaanxi, c'est par hasard que des galeries souterraines effondrées, renfermant toute une armée de statues d'argile grandeur humaine, furent découvertes. Manifestement, le souverain, torturé par la peur de la mort, avait dès son plus jeune âge ordonné la construction d'un immense mausolée, en prenant soin de le protéger de toute influence néfaste. A cet effet, il avait fait placer dans onze galeries souterraines une armée de fantassins, avec ses officiers et des chariots de combat attelés de quatre chevaux, pour défendre sa tombe contre les attaques ennemies. Outre ces galeries longues de 200 mètres, il y avait encore d'autres fosses abritant une formation composée de chariots, d'archers et de boxeurs ainsi qu'une centrale de commandement. La totalité de cette armée, dont une partie seulement a été déterrée à l'heure actuelle, est estimée à 7000 soldats.

«Les courtisans de la capitale et les familles féodales de la province négligent les personnes âgées tant qu'elles vivent, mais ils leur consacrent de somptueuses funérailles quand elles décèdent. Beaucoup d'objets précieux comme des figurines d'êtres humains, de chevaux et de chariots les accompagnent dans la tombe.»

Extrait des Complaintes d'un ermite (Qianfulun), de Wang Fu (vers 90-165).

Il est probable que ces statues grandeur nature, travaillées de façon naturaliste jusque dans le moindre détail, avec des visages très réalistes, ont été produites à un rythme quasi industriel entre 240 et 210 av. J.-C. La fabrique, sans doute située à proximité, n'a pas encore été localisée. Les statues étaient coloriées et portaient de véritables armes. Cette découverte a bouleversé toutes les théories jusque-là en vigueur sur l'évolution de la sculpture chinoise. A ses débuts, elle se caractérise par un réalisme stupéfiant, lequel au cours des siècles suivants cédera progressivement le pas à une abstraction plus poussée.

Le tombeau du premier empereur Qin semble nous réserver d'autres surprises; en témoignent les deux chariots de voyage en bronze, chacun avec quatre chevaux et un cocher, qui ont été découverts en 1980 à 20 m à l'ouest de la base du tumulus. Ici aussi, il s'agit de modèles fidèles et réalistes des «chariots de repos» (*Anche*) utilisés par l'empereur lors de ses longs voyages d'inspection.

Page de gauche : *les plaques en pierre ou en argile qui constituaient le revêtement des caveaux de la dynastie Han et des dynasties suivantes sont souvent décorées de figures liées au culte funéraire ou qui décrivent la vie terrestre du défunt. Cette plaque en argile du 5e ou du 6e siècle, trouvée à Deng Xian (Henan), est ornée de quatre musiciens participant sans doute à la procession funéraire. Les deux premiers jouent sur des cors dont le pavillon est muni d'un étendard; les autres jouent du tambour de la main droite et secouent un bâton à trois grelots de la main gauche.* [Pékin, Musée de l'Histoire chinoise]

A droite : *la figure d'une dame de la cour (63 cm), en argile grise peinte à froid, rappelle les donateurs sur les frises des grottes-sanctuaires bouddhiques du 6e siècle. La forme élancée et la sobriété des volumes plastiques correspondent au style de la dynastie Wei du Nord.* [Tokyo, Musée Matsuoka]

L'évolution stylistique des statues funéraires vers une schématisation s'amorce dès le début de la dynastie Han. Le général et ministre d'Etat Zhou Po, décédé en 169 av. J.-C., fit également placer une armée en argile de 1500 statues dans des fosses entourant sa tombe. En 1984, cette découverte faite à Yangjiawan a trouvé son homologue dans le tombeau contemporain de Shizishan, près de Xuzhou, dans la province du Jiangsu. Les statues trouvées sont hautes de 50 cm et d'une figuration très simplifiée par rapport à celle de l'empereur Qin. D'autres statues funéraires trouvées dans le sud de la Chine, par exemple sur le site du Mawangdui, vont encore plus loin dans le sens d'une abstraction des formes humaines.

Des matériaux divers servaient à confectionner les *Mingqi*, «objets pour les rayonnants» (c'est-à-dire les ancêtres) qui étaient déposés dans la tombe même ou dans des fosses annexes. Outre la terre cuite, sans glaçure à l'origine, on employait le bois, comme par exemple à Wuwei, province du Gansu, et le bronze, également à Wuwei où furent découverts le célèbre *Cheval volant* et des cavaliers exécutés dans ce matériau. Mais il est exceptionnel que les sculptures en bronze atteignent des dimensions aussi importantes que le cheval doré de Xingping (province du Shaanxi), qui mesure 76 cm de long.

La thématique de ces statuettes funéraires reflète les multiples facettes de la vie chinoise pendant la période Han. A côté des soldats et des cavaliers, on y trouve des musiciens, des chamans, des acrobates et aussi des animaux domestiques comme le porc, l'oie et le chien. Les nombreuses maquettes architecturales en argile sont, quant à elles, d'un grand intérêt pour l'histoire de l'architecture.

Depuis la période Han, il existe également des sculptures en pierre de grand format sur l'extérieur des tombeaux. Leur interprétation s'avère parfois difficile. C'est le cas des figures quelque peu bizarres et dont la forme s'éloigne à peine de la forme naturelle des blocs de pierre, qui flanquaient, dans le Shaanxi, le tumulus du fameux général Huo Qubing, mort de maladie

en 117 av. J.-C. La statue, haute de 3 m, du Li Bing de Dujianyan, dans la province du Sichuan, semble également constituer une exception. Les animaux fabuleux ressemblant à des lions ailés, qui se dressaient en gardiens des tombeaux et suggèrent une influence de l'Asie centrale, avaient sans doute une fonction protectrice.

C'est à partir de ces formes préliminaires que se sont développées les sculptures de pierre, souvent monumentales, qui ont par la suite bordé par allées entières les « chemins des esprits » (*Shendao*) devant les tombeaux princiers. Il en existe un exemple au tumulus de l'empereur Tang Gao Zong (décédé en 683) et de son épouse Wu Hou, au renom maléfique, ainsi qu'un autre dans le territoire des septs tombeaux des empereurs Song du Nord, près de Gong Xian. On y voit des éléphants, des animaux fabuleux, des phénix et aussi les statues de princes d'Asie centrale et occidentale, qui constituaient des figures exotiques aux yeux des Chinois. Parmi les spécimens plus récents, les allées de sculptures devant les tombeaux Ming, non loin de Pékin, en sont des exemples célèbres. Toutes ces sculptures se caractérisent par une homogénéité plastique et un aspect massif, car le matériau, la pierre, y est entamé au minimum.

Dans le cas des *Mingqi*, ces figures déposées dans la tombe pour accompagner le défunt, il est beaucoup plus aisé de distinguer une évolution stylistique. Le modelage de l'argile offrait bien plus de liberté au sculpteur. Cette évolution commence avec la rigueur élancée des statues en argile des Six Dynasties (du 3e à la fin du 6e siècle), passe par les sculptures tout aussi élancées et d'une austérité élégante de la brève dynastie Sui (581-618) et aboutit à l'opulence plastique qui caractérise le milieu de la période Tang (8e siècle). Le défunt est accompagné de figures en argile représentant des dames de la Cour, des fonctionnaires, des soldats et aussi des barbares d'Asie centrale, tels des chameliers, ou même des moines bouddhiques (tombeau du Zhang Sheng à Anyang), puis des chevaux, des mulets et des nains bouffons.

Ces statuettes, souvent moulées en série, sont un peu comparables à celles de Tanagra de notre Antiquité. Des fabriques entières se consacraient sans doute à cette production et l'on pouvait passer des commandes adaptées aux besoins du trousseau funéraire concerné. Les figures étaient généralement placées dans les caveaux, mais les tombeaux princiers comportaient des niches spéciales sur les côtés des couloirs d'accès. Si les statuettes funéraires plus tardives présentent aussi un intérêt artistique, mais de qualité moindre, elles permettent surtout de mieux comprendre la vie quotidienne de l'époque. Ainsi les statuettes de pierre de la tombe d'un certain Zhang Wenjin et de son épouse à Taizhou, creusée en 1533 et rouverte en 1981, représentent tout un cortège avec des chaises à porteur, des cavaliers, des gardes et un orchestre au maintien quelque peu rigide. Il existait aussi des modèles en pierre de toutes sortes de meubles. Cette tradition des trousseaux funéraires s'est maintenue jusqu'à nos jours : à Taïwan, il est d'usage de brûler des modèles en papier de voitures, de motos et même de téléviseurs en guise d'offrande, pour que le défunt ne manque de rien dans l'au-delà.

Les sculptures bouddhiques

Apparemment, la religion chinoise autochtone de la protohistoire ne recourait pas à l'image cultuelle en tant qu'objet d'adoration. Les icônes, placées sur l'autel comme centre du rituel, ont probablement été introduites en Chine avec les doctrines de la religion bouddhique. L'image sacrée bouddhique, principalement celle du Bouddha Çakyamuni, père fondateur de la religion, n'est apparue en Inde qu'un demi-millénaire après la fondation du bouddhisme, à l'époque de la naissance du Christ, et a été propagée dans les pays asiatiques par la voie des missionnaires.

Dans le bouddhisme du «Grand Véhicule» (Mahayana), l'icône, au lieu d'être considérée comme un objet sacré, voire comme une incarnation du Bouddha ou de la divinité représentée, a longtemps servi à l'adepte comme un moyen auxiliaire pour atteindre l'Absolu dans la méditation. Toutefois, depuis la moitié du 1er millénaire de notre ère, le bouddhisme tantrique en a fait un instrument pour la fusion de l'adepte avec la divinité incarnée dans l'image.

Que ce soit en Inde ou plus tard dans les pays convertis d'Asie centrale, du sud et du nord, les images cultuelles n'y étaient pas considérées comme des œuvres d'art, mais comme des objets sacrés. Ceux-ci ne dépendaient donc pas du libre arbitre d'un artiste, mais d'un code inconographique rigoureux, avec un système de mesures et des règles précises qui définissent la forme du corps et son maintien, ainsi que tous les détails et symboles. De ce fait, les sculpteurs restaient généralement anonymes. L'icône était investie d'un pouvoir religieux lors d'une cérémonie initiatique célébrée par un bonze ; celle-ci était désignée par le terme imagé d'«ouverture des yeux» (*Kaiyan*).

La doctrine bouddhique parvint en Chine au 1er siècle ap. J.-C., après avoir traversé l'Asie centrale par la Route de la Soie. Les premières représentations encore assez primitives d'une figure ressemblant au Bouddha y sont apparues aux 2e et 3e siècles. On en voit sur des reliefs décorant les linteaux des portes tombales à Mahao et à Shiziwan, dans la province du Sichuan, sur des miroirs de bronze du royaume Wu, situé sur le cours moyen et inférieur du Yangzi, et enfin sur des vases avec décor architectural provenant de Shaoxing, dans la pro-

Page de gauche : *sous la dynastie Tang (fin du 7e et 8e siècle), un type de femme mieux en chair que sous les Wei du Nord fut mis à la mode parmi les dames de la cour et les concubines de la capitale Chang'an. Ce petit chef-d'œuvre de la plastique funéraire (50 cm) en est un exemple frappant. Quelques traces de couleur indiquent que cette figure était à l'origine coloriée.*
[Osaka, Musée des Céramiques orientales]

Ci-contre : *le commerce sur les routes de la soie traversant l'Asie centrale était généralement le fait de commerçants étrangers, principalement des Ouïgours, lesquels disposaient de leur propre quartier d'affaires dans la capitale Chang'an. La figure barbue du chamelier trouvé dans une tombe du début du 8e siècle, près de Chongpu, dans les environs de Xi'an, incarne le type d'un de ces commerçants étrangers. Cette statuette émaillée en trois couleurs est très réaliste.*

vince du Zhejiang. Dans tous ces cas, comme d'ailleurs dans celui des figures de bouddhas encore mal assimilés, qui sont sculptés dans une paroi rocheuse de huit mètres de haut du Kongwangshan (province du Jiangsu), le saint bouddhique était intégré dans un contexte formel aux thèmes purement chinois correspondant davantage aux conceptions taoïstes, et il constituait plutôt un motif exotique exerçant une fonction magique. Il ne s'agit pas encore de sculptures authentiquement bouddhiques.

Les plus anciennes images sacrées réellement bouddhiques connues en Chine remontent au 4e siècle. Elles sont coulées dans le bronze, ensuite dorées au feu, et elles s'apparentent manifestement au style de Gandhara, localisé dans l'Afghanistan actuel. C'est au Gandhara et à Mathura, dans le nord de l'Inde, que se trouve le berceau de l'image du Bouddha. Et même le style gréco-romain marquant le style de Gandhara est encore perceptible dans les exemples chinois. La plus ancienne pièce datée connue à l'heure actuelle est le Çakyamuni du musée d'Art asiatique de San Francisco.

A l'époque de la scission de l'espace culturel chinois en dynasties du Sud et du Nord (Nanbei-Chao, du 3e au 6e siècle), la fusion de la religion bouddhique avec les croyances chinoises autochtones, notamment le taoïsme, s'est opérée dans le Sud, où s'était réfugiée une grande partie de la classe privilégiée fuyant l'assaut des barbares étrangers. Le Nord par contre, sous la domination des dynasties étrangères, a procédé depuis le 5e siècle à la sinisation de la sculpture bouddhique. La dynastie Wei du Nord (385-557), qui régna sur le peuple des Toba de souche turque, en fournit le prototype, puisque c'est sous son influence que l'art bouddhique a connu un essor spectaculaire, officiellement encouragé par les souverains.

Les grottes-sanctuaires de Yungang, près de Datong, la capitale Wei, avec leurs bouddhas monumentaux dont quelques-uns atteignent une hauteur de 17 m, ont été réalisées dans le cadre d'un projet impérial sous la direction spirituelle du grand moine Tanyao. Les bouddhas géants, placés dans les grottes aménagées depuis 460, devaient signifier l'apothéose des anciens souverains Wei. Outre ces statues sacrées centrales, les parois des grottes étaient décorées de niches, de frises en relief illustrant des scènes de la vie du Bouddha, de triades, de représentations du Bouddha de l'avenir, Maitreya, et même de dieux indiens, exprimant ainsi une sorte d'« horror vacui ». En Inde, des grottes-sanctuaires de ce type avaient été creusées dans la roche vive depuis le 1er siècle av. J.-C. jusqu'au 8e siècle de notre ère. Cette tradition fut introduite en même temps que la religion bouddhique dans les villes-oasis situées autour du bassin du Tarim en Asie centrale.

Le style caractéristique de la culture Wei du Nord, de type archaïque par rapport au reste de la sculpture bouddhique chinoise, se nourrit de la tradition vigoureuse importée d'Asie centrale par des artistes qui avaient été transférés vers la capitale, Datong, suite à la conquête de Liangzhou, dans l'ouest de la province du Gansu. Mais il reflète également des influences directes de l'Inde de l'époque Gupta, transmises par des moines de Ceylan qui auraient apporté en Chine des sculptures

« Pour l'écriture sigillaire (*Zhuanshu*), veillez à la grâce et à la cohérence ; pour l'écriture de chancellerie (*Lishu*), recherchez la clarté et la densité ; pour l'écriture cursive (*Caoshu*), appréciez la fluidité et la vivacité. Si, au-delà de ces qualités, une écriture est d'expression sévère, cela relève de son contenu spirituel ; si elle est douce, c'est qu'il y a l'unité dans son élégance ; si elle est agitée, c'est dû à la force brusque ; si elle est calme, c'est un effet de distinction naturelle. Ainsi, grâce à la calligraphie, l'écrivain peut exprimer son caractère et donner forme à son état d'âme.
Lorsque les traits d'une écriture sont fins et délicats, ils ressemblent à la nouvelle lune qui monte à l'horizon ; lorsqu'ils sont clairement équilibrés, ils s'apparentent au maître des astres alignés le long de la Voie lactée. Et alors l'écriture s'harmonise avec l'essence merveilleuse de la nature, un état que même un grand effort prolongé ne permet pas d'atteindre. On peut alors à bon escient dire que la connaissance et le savoir technique sont de même qualité et que le cœur et la main sont transparents. Alors, les mouvements du pinceau ne sont plus fortuits ; chaque fois qu'il touche le papier, c'est pour une raison bien précise. Certes, les rythmes de vie sont multiples et les tempéraments naturels très divers. Le dur et le tendre peuvent aussi soudain s'unir en un style cohérent ; de même la peine et la légèreté se distinguent dans leur opposition : la plupart du temps le calme et la sérénité se marquent dans l'action des nerfs et dans la charpente de l'écriture ; même l'abattement d'un moment suivi d'un sursaut sont extérieurement perceptibles dans la pointe du pinceau. »

Extrait du Traité sur la calligraphie (Shupu), de Sun Guoting (687 ap. J.-C.).

A la cour cosmopolite de la dynastie Tang, la musique exotique, principalement en provenance d'Asie centrale, était très en vogue. Ce chameau décoré d'émaux à base de plomb de trois couleurs (58,4 cm) fut trouvé dans la tombe du général Xianyu Tinghui, décédé en 723 à Nanhecun près de Xi'an. Il porte un orchestre de quatre musiciens et un chanteur debout ; trois d'entre eux sont manifestement originaires d'Asie centrale, car ils sont représentés avec une barbe et un long nez. Ces groupes impressionnants participaient aux parades dans la métropole Chang'an.
[Pékin, Musée de l'Histoire chinoise]

indiennes authentiques. L'ancien style Wei de Yungang se distingue par sa vigueur et sa monumentalité. Les statues ont des têtes relativement grandes, alors que l'anatomie corporelle est beaucoup moins fidèle qu'en Inde. L'accent y porte surtout sur les éléments vestimentaires, avec un drapé très graphique, travaillé de différentes manières : soit en reliefs étagés, soit gravés, soit en reliefs renflés ou en aplats. Ces procédés donnent l'impression d'avoir été empruntés aux techniques du stuc pour être reportés sur la pierre. On y décèle des parentés avec l'art de Mathura et du Gandhara, et même de celui du Gujerat, tout en distinguant l'évolution stylistique qui s'est naturellement opérée en l'espace d'un siècle, tant en Inde et en Asie centrale qu'en Chine. La sinisation des formes originelles se traduit par une stylisation et une simplification croissante du drapé. Cela relève sans doute de la prédilection des Chinois pour le graphisme linéaire.

Après le transfert de la capitale Wei de Datong à Luoyang en 493, des travaux furent entrepris sur les falaises de Longmen, à 12 km au sud de la ville, pour y creuser de nouvelles grottes-sanctuaires. C'est le début d'une modification du style sculptural. Les statues s'amincissent, les visages s'affinent et l'on privilégie les formes aux drapés anguleux, travaillés avec un mouvement latéral. La production des grottes-sanctuaires décorées de sculptures s'est poursuivie jusqu'à la dynastie Tang et est à l'origine de statues parfois monumentales, comme par exemple le groupe de sculptures entourant le Bouddha mystique Vairocana, haut de 13 m, à Fengxian-Si, qui fut exécuté sur ordre de l'impératrice Wu Hou entre 672 et 675. Il faut mentionner également les dimensions gigantesques du Bouddha Maitreya de Leshan, sculpté dans le flanc ouest du mont Lingyunshan, dans la province du Sichuan, entre 713 et 803, et qui mesure 71 m. Il est vrai que ce format hypertrophié a été obtenu aux dépens de la qualité artistique.

D'autres complexes de grottes-sanctuaires importants, avec

Page de gauche : *suite à un voyage d'études en Chine en 806, le prêtre Kukai aurait ramené au Japon cet autel de bois de santal en forme de triptyque. Il lui servait d'« icône-oreiller»* (Makura-Honzon). *Dans la niche centrale trône un Bouddha Çakyamuni en méditation et dans les deux volets latéraux un boddhisattva entouré de figures secondaires. Le vêtement du Bouddha reflète l'influence de la sculpture indienne.*
[Wakayama, Kongobu-Ji]

Ci-contre : *cette sculpture en calcaire du Boddhisattva Guanyin (haute de 12,5 m), une œuvre maîtresse du style de l'ancienne dynastie Sui (vers 580), est d'une grande sobriété plastique et pourtant extrêmement dynamique. La courbe du corps, accentuée par le mouvement du châle tombant sur un côté, en constitue un aspect typique. Cette figure richement décorée et dressée sur un socle en fleur de lotus flanqué de deux lions a été découverte à Chang'an.*
[Boston, Museum of Fine Arts]

«Les principes les plus profonds sont vides et vastes ; leur domaine est loin des frontières de ce monde souillé. Le modèle spirituel est un vide sublime ; ses principes sont inaccessibles dans cette région de souillure. Mais si l'on n'en représentait point les caractéristiques visibles dans les œuvres d'art pour manifester la ressemblance rayonnante avec le Bouddha, ou si l'on ne s'appuyait pas sur les traditions orales pour propager les lois merveilleuses de la foi, comment pourrait-on honorer les symboles parfaits ou imiter les qualités divines ?»

Inscription bouddhique pour une donation, dans la grotte Guyang de Longmen, datée de 517.

«A l'époque Tang, une statue dorée a été découverte à Yongzhou, à l'est de Hui Xian, près de Lizhaoju, sur la rive occidentale du Li. Elle mesurait trois pieds et demi de haut, quatre pieds si l'on inclut la mandorle, et elle se mettait souvent à rayonner. La figure avait l'épaule droite dénudée et elle était d'apparence très majestueuse. J'en entendis parler et allai l'examiner. Le socle portait l'inscription suivante : «Dynastie Qin, 20e année de l'ère Jianyuan (384 ap. J.-C.), 4e mois et 8e jour. Réalisée dans le temple central de Chang'an. La concubine impériale Huizhao, rendant grâces au Bouddha Çakyamuni, déclare : «Heureux celui qui s'approche d'une icône du passé. C'est pourquoi j'ai mis en œuvre tous les moyens à ma disposition pour faire modeler et couler cette image sacrée. Les prières de celui qui est sincèrement reconnaissant doivent être entendues et porter bonheur à celui qui les dit ainsi qu'à l'univers entier.» Ceci était le texte. Demandant comment cette figure avait été découverte, j'appris qu'elle avait été cachée dans le rapide Luoren du Li, à l'époque où le bouddhisme et le taoïsme étaient interdits. Un homme longeant la rive à cet endroit entendit une voix sortir du rapide et y vit briller une lumière. Un ancien du village lui expliqua l'histoire. Il s'en retourna vite au fleuve et fouilla le sable pur, là où la lumière rayonnait dans l'eau. En creusant, il découvrit la statue. Cet événement s'est produit sous la dynastie Zhou et les paysans gardèrent le secret, continuant à faire les sacrifices usuels. Isolée dans une pièce obscure, la statue répandait sa lumière et rayonnait par elle-même. J'ai entendu aujourd'hui que cette apparition est toujours visible dans le village.»

Daoxuan (596-667), Guanghong Mingji.

des sculptures taillées dans la roche vive, peuvent être trouvés à Gong Xian, dans la province du Henan, à Tianlongshan, dans la province du Shanxi, et à Xiangtangshan, à la frontière des provinces du Hebei et du Henan.

La technique de la sculpture en stuc d'argile, généralement exécutée sur une simple ossature en bois et elle aussi importée d'Asie centrale, est représentée dans deux grottes-sanctuaires importantes. A Dunhuang, à la limite ouest de l'empire chinois, cette technique artistique apparaît déjà en 336 ap. J.-C. pour atteindre son apogée entre la période Wei et celle des Tang. Ici, tout comme dans le sanctuaire de Maijishan, dans le sud-ouest du royaume Wei, commencé en 480, on retrouve bien les mêmes formes stylistiques que pour les sculptures en pierre, mais avec un caractère beaucoup plus souple, résultant du matériau nettement plus malléable qu'est le stuc d'argile. De plus, l'association étroite de la sculpture et de la peinture y est encore nettement perceptible. Dans le sanctuaire de Dunhuang, ces deux formes d'art se combinent à merveille et atteignent un effet d'ensemble d'une splendide intensité, qui transporte le fidèle dans les sphères recherchées du paradis.

Tout au long de son histoire et parallèlement aux productions des grottes-sanctuaires, la sculpture bouddhique s'est servie d'autres matériaux et de formats plus petits. A côté des ensembles plastiques muraux installés dans les grottes, il existait également des statues sacrées isolées, en pierre ou en bronze, souvent décorées d'une mandorle en feuille d'or offerte par des communautés religieuses (*She* ou *Yi*), ainsi que de petites idoles pour l'autel familial. Leur évolution stylistique est parallèle à celle des grottes-sanctuaires.

Au cours des siècles suivants, sous les dynasties Qi du Nord et Sui (550-618), le style «archaïque» de l'époque Wei a pris un caractère plus sévère, probablement dû à une nouvelle influence du style Gupta indien. Les sculptures deviennent plus arrondies et homogènes; le drapé est collé au corps cylindrique comme un habit mouillé, les plis étant simplement esquissés par des lignes gravées dans la surface. Ces statues sont empreintes d'une certaine raideur. Pour les stèles, on utilise de préférence le marbre lisse et blanc de Ding Hian (province du Hebei).

La statue en stuc d'argile grandeur nature du prêtre Hongbian se trouve devant la paroi nord de la grotte n° 17 de Dunhuang, rendue célèbre par les nombreux manuscrits que l'on y a découverts. Après 848, ce moine influent fut nommé «évêque de Hexi» et «grand prêtre de tous les autels à l'intérieur et à l'extérieur de la capitale». Cette statue réaliste représente le prêtre en méditation, enveloppé de son habit monacal rapiécé (Kashaya). *Hongbian est accompagné d'une servante et d'une religieuse, peintes sur le mur arrière de même que les deux arbres où sont accrochés ses sacs et une gourde. Ici, de même que dans les autres grottes de Dunhuang aménagées au 9e siècle, la peinture et la sculpture sont associées pour produire une vision d'ensemble homogène.*

Sous la dynastie Tang (618-906), la sculpture sacrée bouddhique abandonne cette raideur hiératique. Dès le 8e siècle, les figures acquièrent une opulence des formes et un caractère beaucoup plus naturaliste : le vêtement monacal du Bouddha épouse les formes du socle en fleur de lotus, de manière à en redessiner les pétales. Au 8e siècle, ces sculptures se dépouillent de leur réserve hiératique pour se rapprocher de l'émotion du fidèle ; cette évolution découle peut-être de la doctrine du bouddhisme ésotérique et de l'école méditative Chan, selon lesquels il serait possible d'accéder à l'état de Bouddha au cours de la vie terrestre. La grotte n° 328 de Dunhuang ne comporte plus de niches réservées aux statues sacrées ; celles-ci occupent le même espace que le fidèle et sont orientées dans sa direction, l'intégrant physiquement dans leur monde. Les transitions entre sculptures et peintures murales se fondent dans la composition grâce à l'emploi des mêmes couleurs.

L'école secrète (*Mizong*) de «la parole vraie» (*Zhenyan*), qui entretenait un rapport étroit avec la maison impériale et la grande noblesse de la dynastie Tang, a beaucoup souffert sous les persécutions qui ont frappé les bouddhistes vers la moitié du 9e siècle, de sorte que ses productions artistiques, comprenant des sculptures sacrées de caractère rituel, ont presque toutes disparu. La découverte d'un groupe de sculptures en marbre datant de 750 et provenant du grand temple d'Anguo-Si, près du palais impérial de Chang'an, permet de rêver aux trésors perdus de ce mouvement artistique.

La sculpture bouddhique chinoise ne s'est jamais remise des persécutions évoquées plus haut. Certes, la dynastie Song a encore connu des statues de boddhisattvas bénéfiques aux formes parfois gracieuses, ou opulentes et très humaines, telles celles de Guanyin (Avalokiteçvara) ; la dynastie étrangère Liao (907-1125), au nord de la Chine, a tenté de développer et de réactiver les traditions des Tang et d'autres dynasties plus anciennes. Néanmoins, la sculpture bouddhique semble depuis lors avoir perdu sa créativité et sa vitalité. Même un nouvel élan en provenance du Tibet et du Népal, sous la dynastie mongole Yuan, n'a pu empêcher la dégradation de la valeur artistique et, depuis l'époque Ming, cette sculpture s'est figée à un niveau médiocre de type plutôt artisanal.

La plastique et la sculpture taoïstes

C'est seulement à partir du 5e siècle ap. J.-C. que la sculpture taoïste a affirmé son caractère autonome. En effet, c'est à cette époque qu'inspirée par le bouddhisme tout en le contestant cette religion authentiquement chinoise s'est organisée en plusieurs écoles et a entrepris la construction de sanctuaires (*Guan*) comparables aux temples bouddhiques. Ce mouvement est allé de pair avec l'apparition de sculptures sacrées représentant le panthéon taoïste, dont la structure et la systématisation théologique dérivaient également du bouddhisme. Ce rapprochement fut facilité par le développement de la théorie *Huahu* à propos de la conversion des barbares par Lao Tseu, qui considère comme identiques les personnalités de ce même Lao Tseu et du Bouddha historique.

Depuis le milieu du 6e siècle, on connaît des images cultuelles taoïstes datées. Il s'agit souvent de stèles en pierre de format moyen, représentant un Lao Tseu divinisé ou une autre divinité non identifiée, sous une forme inspirée des stèles bouddhiques. Même la position assise et les gestes des mains souvent codifiés semblent provenir de l'iconographie bouddhique. Le relief décorant le socle représente parfois un encensoir flanqué de deux lions, comme sur les stèles bouddhiques de la même époque. La figure centrale, souvent encadrée de personnages secondaires, peut être qualifiée de taoïste car elle porte un habit chinois, une barbe et tient un éventail à la main. Parfois, elle s'appuie sur un accoudoir. L'éventail est une véritable constante de l'iconographie taoïste et semble avoir influencé celle du bouddhisme. La figure du disciple Vimalakirti en conversation avec le boddhisattva Manjusri rappelle les thèmes taoïstes. Les stèles taoïstes étaient souvent peintes de couleurs vives, leur style étant généralement beaucoup plus primitif que celui des sculptures bouddhiques contemporaines, tout en présentant les mêmes traits fondamentaux. On peut remarquer une tendance manifeste à la simplification des drapés et à l'abstraction progressive.

Alors qu'à ses débuts la sculpture taoïste avait subi l'influence prépondérante du bouddhisme, elle s'en est largement libérée sous la dynastie Song qui a régné dans le sud de la Chine entre 1127 et 1279. Par ailleurs, dans le nord de la Chine, la sculpture taoïste a connu un essor remarquable sous l'influence de la secte de la « vérité d'or » (*Jinzhen*). Malheureusement, les exemples conservés jusqu'à nos jours sont très rares. Il existe cependant un groupe de statues tout à fait typique dans le « temple de l'empereur de jade » (*Yuhuang-Miao*), près de Jingcheng, dans la province du Shanxi, qui fut construit pendant la période Sui. Mais ces sculptures remontent seulement aux périodes Song et Yuan, et une partie d'entre elles a été retravaillée ultérieurement. Une inscription relative à une donation cite l'an 1295. Tant les dieux protecteurs taoïstes, d'aspect sauvage et parfois démoniaque, que les divinités stellaires, notamment celles de la constellation du Zodiaque, se distinguent par un naturalisme surprenant mais toujours contenu, qui n'apparaît pas dans l'art bouddhique de la même époque. Des sculp-

Ci-contre : *dans la « Salle du Trésor Bhagavat »* (Bojia Jiaozang Dian) *du monastère de Huayan, à Datong, se dresse tout un panthéon de figures en stuc d'argile peint, remontant presque toutes à la dynastie Liao (10e-11e siècles). Ce boddhisattva au maintien gracieux reflète l'influence de la tradition de la fin de l'époque Tang, quoique dans une variante un peu mièvre.*

Page de droite : *c'est pendant la première moitié du 10e siècle, à l'époque où fut coulée cette figure en bronze dorée au feu, que le visage du Boddhisattva Guanyin s'est féminisé en Chine. Cette figure est assise sur un rocher, dans une pose de « nonchalance souveraine ». Toute la grâce féminine s'incarne dans cette divinité élégante, entourée d'une auréole de flammes.*
[Pékin, Musée de l'Histoire chinoise]

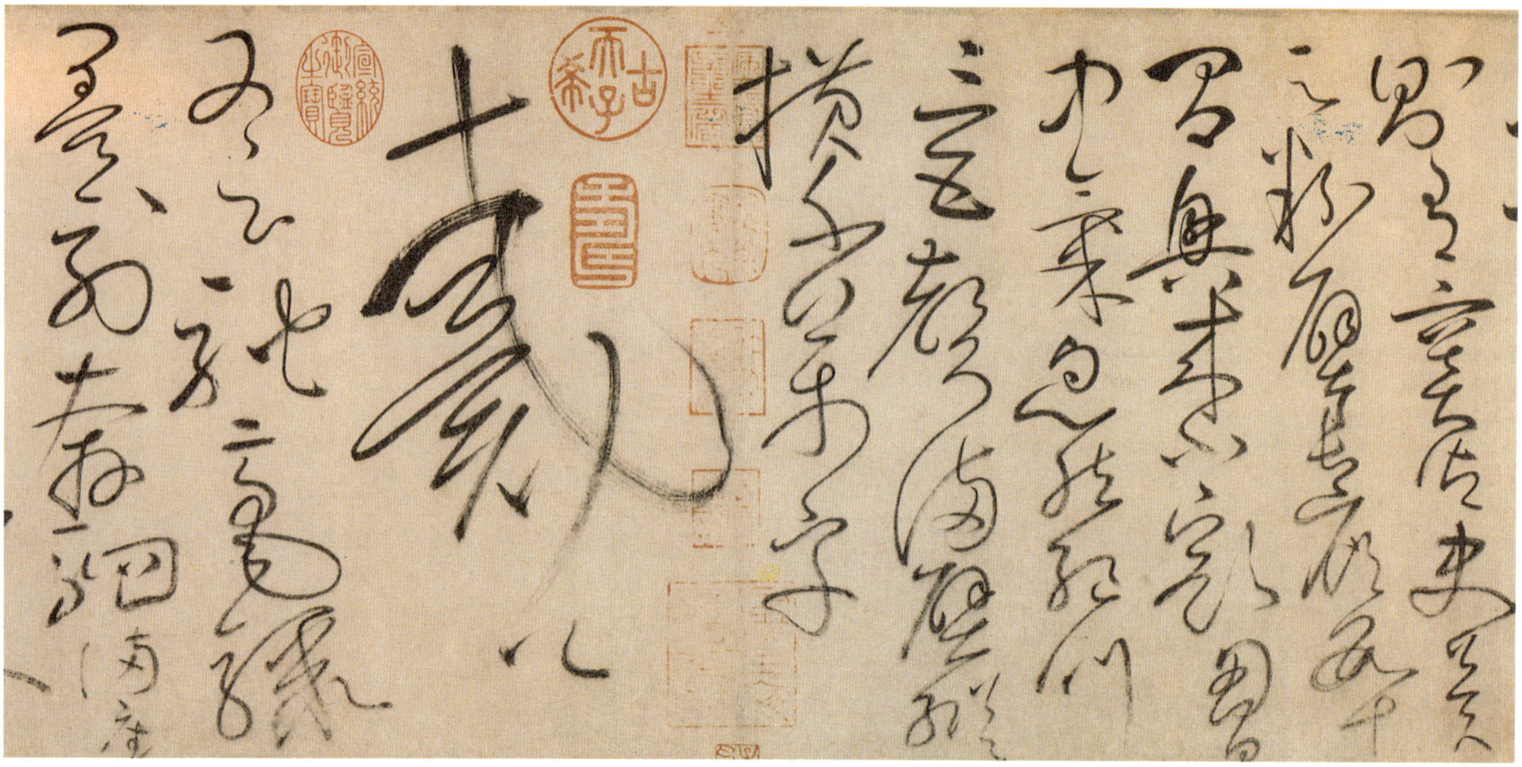

tures comparables se trouvent dans le Jin-Si de Taiyuan et présentent des similarités stylistiques avec les peintures murales du célèbre sanctuaire taoïste de Yungle-Gong. Par la suite, l'art taoïste semble avoir suivi le même chemin que celui du bouddhisme, la majorité des sculptures ne dépassant plus un bon niveau artisanal.

Dans un tout autre domaine, la Chine a produit un large éventail de sculptures décoratives destinées à agrémenter des bâtiments, des ponts et des meubles, ainsi que des objets d'art mineurs exécutés dans les matériaux les plus divers. Comme ils relèvent davantage de l'artisanat, ils ne seront pas évoqués ici.

La calligraphie

L'écriture traditionnelle exécutée au pinceau et à l'encre de Chine compte parmi les phénomènes les plus fascinants de la civilisation chinoise. Déjà la compilation *Zhou Li*, rédigée peu avant la naissance du Christ sur le thème des rites de la période Zhou, cite l'écriture comme l'un des six arts (*Liuyi*) nobles des temps anciens, à côté du tir à l'arc, de la conduite du char, des rites, de la musique et du calcul.

Lorsque, dès avant la dynastie Tang, le lettré informé des multiples formes de la littérature est devenu le principal représentant de la culture, l'idéal était qu'il enrichisse sa personnalité par la pratique des beaux-arts, tels la calligraphie, la poésie, la musique sur la cithare cintrée (*Qin* ou *Zheng*), ainsi que le jeu sur damier aux connotations cosmologiques et parfois aussi la peinture.

Les théories artistiques des Chinois ont très tôt atteint un remarquable degré d'évolution et, dès le 5e siècle ap. J.-C., elles se fondent sur celles relatives à l'écriture. A partir de la période Tang, on note un rapprochement de plus en plus étroit entre l'écriture et la peinture, déjà apparentées sur le plan technique par l'emploi des mêmes instruments et de critères esthétiques similaires. De plus, le rôle capital qui revenait en Chine à la tradition écrite, très prolifique, a certainement contribué à faire de l'écriture au pinceau une forme d'art majeure.

Les caractéristiques formelles de l'écriture chinoise sont indissociables de la syntaxe de la langue chinoise. Celle-ci est essentiellement monosyllabique, c'est-à-dire que chaque syllabe séparément représente un mot, en tant que signifiant autonome. Par conséquent, il existe un nombre incroyable d'homophones, dont une partie seulement se distinguent par des différences de ton à la prononciation. Ainsi la syllabe brève *Li* possède 70 significations distinctes, parmi lesquelles celles de «prune», «fonctionnaire», «lieue», «principe», «utilité» et «coutume», pour ce qui est des mots d'usage courant. Elles sont toutefois représentées par des caractères différents.

Par ailleurs, le chinois est une langue isolante, avec une grammaire principalement syntaxique. Il n'existe pas de suffixes ni de flexions, la fonction grammaticale d'un mot étant déterminée par sa place dans la phrase. Il en résulte que le rapport entre mot écrit et mot parlé est beaucoup plus étroit que dans notre civilisation. A l'écoute d'un poème ou d'un texte ancien, le Chinois le voit en même temps sous sa forme écrite.

Au sein de cet immense espace géographique et culturel et au cours d'une histoire s'étendant sur des millénaires, les Chinois ont conservé des dialectes qui sont parfois aussi différenciés que les langues indo-germaniques (par exemple l'allemand et le néerlandais), de sorte qu'un Chinois du Nord ne peut comprendre un Cantonais. L'écriture constitue le lien unificateur de la civilisation, puisque les caractères utilisés sont les mêmes et que seule la prononciation diffère. Ces caractères peuvent même servir à une langue étrangère présentant une syntaxe dif-

phiques offertes par la souplesse du pinceau ainsi que la codification des traits ont permis d'élaborer des lois rythmiques et calligraphiques bien définies. Elles s'expriment principalement dans les pleins et les déliés obtenus par une certaine manière d'appuyer ou de relever le pinceau.

Cinq types fondamentaux d'écriture ont été formés et sont toujours en vigueur dans l'Extrême-Orient actuel. En premier lieu, il faut citer l'écriture sigillaire *Zhuanshu* qui, à partir des anciennes écritures sur bronze et sur pierre, a acquis sa forme classique au 3e siècle av. J.-C. Plus tard, elle a souvent servi à décorer et à faire ressortir des titres de livres ou des inscriptions sur pierre. A la période Han, elle a engendré l'écriture de chancellerie (*Lishu*), dont le tracé au pinceau se caractérise par des pleins en forme de plume, mais qui a perdu l'aspect imagé de l'écriture sigillaire. Dans l'usage quotidien, ces deux types peuvent s'écrire sans trop d'intervalles entre les caractères, ce qui a abouti à l'écriture cursive (*Xingshu*). Celle-ci, encore plus abrégée, a produit l'écriture conceptuelle (*Caoshu*), qui rappelle la sténographie occidentale. Le dernier type est apparu dès avant la moitié du 1er millénaire de notre ère et s'est maintenu jusqu'à nos jours. Il s'agit de l'écriture ordinaire (*Kaishu*), utilisée pour tous les textes imprimés.

L'écriture comme forme artistique

Au cours des quatre premiers siècles de notre ère, l'écriture au pinceau a connu une véritable émancipation : de simple outil pour la transmission des données les plus diverses, elle est devenue l'une des formes d'art les plus respectées de la Chine traditionnelle. Cette évolution s'est opérée principalement dans les cercles de lettrés, sous les dynasties méridionales, notamment celle des Jin de l'Est (317-419 ap. J.-C.). Le principal initiateur en fut Wang Xizhi (303?-361?), vénéré par la suite comme patriarche de la calligraphie. Malheureusement, seules des copies de ses œuvres sont parvenues jusqu'à nous.

Depuis la période Tang, l'esthétique orthodoxe a érigé Wang Xizhi en modèle de la perfection et il est devenu l'exemple suivi par tous, sans que personne atteigne jamais ses qualités artistiques. Depuis lors, l'écriture chinoise peut se classer en plusieurs niveaux. L'écriture de représentation, souvent de type archaïsant, utilise des caractères historiquement désuets pour les planches de titres et les sceaux officiels. L'écriture décorative sur les amulettes, les objets artisanaux ou les titres de livres, reprend d'autres types dans un but d'ornementation et leur donne des formes souvent fantaisistes. L'imprimerie emploie une écriture *Kaishu* claire et bien lisible, tandis que l'écriture cursive des lettres et des notes personnelles possède un tracé nettement plus individuel. C'est cette dernière qui constitue la base de la calligraphie, dont les œuvres sont présentées comme des peintures sur un rouleau vertical, pouvant décorer le cabinet de travail d'un érudit.

Le rythme des traits de pinceau et l'équilibre de la composition spatiale déterminent la valeur esthétique d'une calligraphie chinoise. Le trait possède une structure (*Gu* ou « os »), une consistance (*Rou* ou «chair») et un contexte (*Jin* ou «ligaments»). La maîtrise de la calligraphie, un art extrêmement difficile pour lequel il faut dans le cas idéal soulager le poignet, le rendre libre et aérien (*Xuanwan*), exige des années d'un apprentissage quotidien consistant pour la plus grande part à recopier des œuvres anciennes. Seule une maîtrise totale, presque inconsciente, de la technique et des règles permet d'accéder à la maîtrise artistique. Celle-ci se traduit alors par l'expression de la personnalité au travers de la forme calligraphique. L'écriture représente la « trace » (*Ji*) du stade de développement atteint par la personnalité humaine. Dans ce sens, la Chine connaît depuis des siècles une sorte de graphologie, qui a joué un rôle important dans les examens écrits des fonctionnaires d'Etat. Ce n'était pas seulement le contenu du texte écrit par le candidat, mais aussi la façon d'écrire, qui étaient examinés. Le résultat recherché était une spontanéité totale (*Ziran*), capable de maîtriser les règles, mais surtout de les transcender. Cela s'applique d'ailleurs à la majorité des beaux-arts de la Chine ancienne.

L'histoire de la calligraphie

L'histoire de la calligraphie chinoise, laquelle devrait en fait être désignée par le terme d'« art de l'écriture », puisque son objectif n'est pas la beauté mais l'expressivité, peut depuis le 5e siècle ap. J.-C. être considérée comme une poursuite et un épanouissement de la tradition orthodoxe incarnée par Wang Xizhi, qui s'est affirmée sous les dynasties méridionales et s'accompagne de tentatives occasionnelles de transcender ou de rompre sa règle d'élégance. Ainsi, on a vu parfois, notamment à l'époque des Tang au 8e siècle, certaines ruptures radicales expressionnistes. Quelques artistes abandonnent le pinceau et utilisent leurs longs cheveux ou un papier froissé trempés dans l'encre pour créer une « écriture conceptuelle sauvage » (*Kuangcao*), faite comme en état d'ivresse ou de transe. Une telle violence n'est cependant possible qu'une fois les règles et la technique maîtrisées. Dans la plupart des domaines, la période Tang (618-906) est néanmoins considérée comme une phase classique de la calligraphie.

Pendant la dynastie Song (916-1279) et probablement sous l'influence du bouddhisme Chan, les lettrés affirment encore leur individualisme, qui va s'exacerber sous les Ming au 16e siècle. Depuis le début du 19e siècle, l'étude scientifique des découvertes portant sur des types et des styles d'écriture anciens, étrangers à la tradition orthodoxe, a amené les disciples de l'« étude des stèles » (*Beixue*) à s'intéresser aux formes

Page de gauche : *les thèmes des peintures murales du tombeau du prince héritier Yide, près de Qian Xian, sont de caractère officiel, tandis que celles du mausolée voisin, celui du prince Zhanghuai, également décoré entre 706 et 711, sont plutôt privées et intimistes. Le côté droit de la rampe d'accès oblique présente des groupes de figures partant pour la chasse ; le mur opposé nous fait participer à un match de polo, un jeu très apprécié par la noblesse Tang et qui fut importé d'Asie centrale. Le cavalier au galop représenté ici est en train de se retourner pour frapper la balle. Les contours du cavalier et du cheval sont exécutés avec des traits de pinceau énergiques, tandis que le dégradé sur le cheval suggère les volumes.*

Ci-dessous : *la peinture murale de la rampe d'accès du tombeau construit en 706 pour le prince Yide, exécuté pour avoir contesté sa grand-mère l'impératrice, nous montre la garde princière sur le point de quitter le palais. La forme et la couleur des uniformes, différents selon le rang, correspondent exactement aux descriptions de la littérature de l'époque. Le peintre, qui était sans doute attaché à la cour des Tang, a fait preuve d'une grande maîtrise dans la composition de ce groupe de figures. Ces peintures murales des tombeaux princiers de Qian Xian, découvertes dans les années 1970, ont enfin permis d'admirer et de comprendre la peinture de représentation de l'époque Tang.*

archaïsantes. De nos jours, il existe une grande variété stylistique, enrichie par un historicisme qui reprend de manière ludique les types d'écriture antiques figurant sur les bronzes et les osselets divinatoires découverts dans les fouilles archéologiques.

La peinture

Davantage encore que pour les autres arts, la peinture peut s'analyser sur différents plans : le contexte sociologique, la dimension artistique, la référence intellectuelle et enfin la technique. L'accentuation alternée de ces divers aspects au cours de l'histoire a provoqué des déplacements et des fluctuations, jusqu'à ce qu'à la période Song s'opère une stabilisation qui s'est maintenue depuis lors. Finalement, c'est quand même la peinture, ainsi que la calligraphie, qui est devenue le champ de la création artistique par excellence au sein de la civilisation chinoise. Elle va de pair avec une théorie approfondie de l'esthétique et de la technique.

Comme dans la plupart des civilisations archaïques, la pein-

ture sacrée ou rituelle semble avoir été à l'origine des développements ultérieurs, mais le nombre limité d'exemples anciens nous empêche de l'affirmer catégoriquement. Les anciennes religions autochtones ont sans doute déjà connu des peintures cultuelles et sacrées ainsi que des images didactiques ; en tout cas, elles deviendront des composantes typiques du bouddhisme importé de l'Ouest et, sous son influence, du taoïsme.

Une deuxième catégorie recouvre la peinture de représentation au sens le plus large. Le passage de l'art sacré à cet art profane est assez imprécis, puisque l'art de représentation de la Cour peut également revêtir un aspect cultuel. Malheureusement, la majorité des ces œuvres, principalement des peintures murales, a disparu avec les bâtiments qui les hébergeaient. Depuis quelques décennies, cette perte est fort bien compensée par les peintures murales découvertes dans les tombeaux par des archéologues chinois. En effet, leur thématique et surtout leur réalisation technique correspondent dans une large mesure à celles des peintures qui avaient orné les palais. Il est probable qu'elles ont été réalisées par les mêmes artistes, souvent anonymes.

Dans ce cas aussi le passage à la peinture populaire est peu précis. Les débuts de cette peinture sont hélas pratiquement inconnus, car elle était considérée indigne des collections. Selon les conceptions chinoises, le rang privilégié revient à la « peinture artistique » ; depuis le 13e siècle, celle-ci est toutefois beaucoup moins le fait de peintres professionnels que de « dilettantes » appartenant à l'élite sociale, d'où le nom de « peinture de lettrés » (*Wenren-Hua*), qui sert souvent à la qualifier.

La peinture sacrée

La peinture sacrée intervenant dans le rituel peut être soit murale, donc définitivement intégrée au lieu du culte, soit une icône isolée, déplaçable selon les besoins du rite. Pour l'ancienne religion chinoise autochtone, peu d'exemples de ces dernières peintures nous sont parvenus. On connaît deux peintures sur soie brute datant du 4e siècle av. J.-C., trouvées à Changsha sur le territoire de l'ancien royaume Chu. L'une d'entre elles représente une femme vue de profil et accompagnée du phénix et du dragon mythiques ; l'autre montre un homme dressé sur un dragon et un poisson, dans l'attitude de quelqu'un qui va s'envoler. Il est possible que ces simples dessins représentent les précurseurs des immortels *Xian*, typiques du taoïsme.

Le suaire trouvé en 1968 dans la tombe de la marquise Dai à Mawangdui, province du Hunan, est devenu célèbre sous le nom d'« habit pour l'envol » (*Feiyi*). Il recouvrait un cercueil peint de la façon la plus méticuleuse, constituant sans doute une sorte de bannière, et il représentait un portrait de la défunte entourée de symboles d'outre-tombe qui illustrent le chemin de l'âme vers l'au-delà. La peinture aux couleurs vives est simple et même de type ornemental dans la figuration des animaux mythiques. En ce qui concerne les peintures murales des tombeaux depuis la période Han, elles sont évoquées dans le cadre des peintures de représentation pour les raisons évoquées plus haut. Il est certain qu'elles ont dû jouer un rôle important lors des rites funéraires, mais ensuite elles cessaient d'être visibles, puisque les tombeaux étaient refermés.

L'évolution de la peinture bouddhique chinoise est relativement bien documentée. Bien que les exemples les plus anciens aient disparu avec la destruction des vieux temples renfermant des cycles de peintures murales, nous disposons de descriptions et d'index thématiques, tels les « Rapports sur les grands peintres de toutes les dynasties » (*Lidai-Minghua-Ji*), rédigés en 847 ap. J.-C., ainsi que d'autres sources. Par ailleurs, l'ancienne peinture murale bouddhique est amplement représentée dans les grottes-sanctuaires de Dunhuang, à la frontière occidentale de l'empire chinois, et dans celles de Maijishan.

A Dunhuang, les peintures les plus anciennes remontent à la dynastie Liang du Nord (421-439), tandis que les chefs-d'œuvre furent réalisés entre le 6e et le 8e siècles et que d'autres peintures sont datées de la période Yuan.

Les cycles de peintures murales d'une salle correspondent généralement à un programme iconographique bien défini. A côté des grandes peintures sacrées constituant le centre du rituel et disposées selon un ordre hiérarchique, se trouvent des frises de peintures narratives qui, comme pour les stations du chemin de la croix chrétien, racontent aux fidèles des événements religieux du passé ou des légendes de saints et constituent une véritable *Biblia pauperum*. En effet, la majorité des fidèles de la Chine ancienne étaient analphabètes.

Les artistes, anonymes et travaillant sans doute dans des ateliers organisés comme des corporations, employaient des couleurs vives, mais ils jouissaient d'une liberté fort étroite, car les images sacrées étaient soumises à des règles iconographiques sévères que l'artiste ne pouvait pas modifier. Cela s'applique non seulement à la valeur symbolique des couleurs, mais aussi à la forme du corps, au costume et aux détails des figures : même les proportions anatomiques étaient régies par un code de mesu-

Page de gauche : *sur cette peinture réalisée en 770, la déesse bouddhique de la fortune, Jixiangtian, est représentée comme une dame de la cour des Tang, c'est-à-dire un peu rubénienne, avec des vêtements flottants richement décorés, des châles de gaze transparente et des joyaux dorés. Elle tient un bijou dans la main gauche. Les nuances colorées dans le drapé du vêtement pourraient être influencées par l'Asie centrale. Bien que cette peinture provienne du Japon, elle imite fidèlement le style chinois contemporain.*
[Nara, Yakushi-Ji]

Double page suivante : *le rouleau des portraits d'empereurs attribué au peintre Yan Liben (7e siècle) a coûté 500 000 pièces de bronze à l'achat et 40 000 pour sa restauration, à un collectionneur chinois du 12e siècle. L'authenticité de ce rouleau avec le portrait de l'empereur Xuandi, représenté ici, semble confirmée par le fait que les peintures murales de la grotte n° 220 de Dunhuang (datant de 640) montrent une version analogue d'un souverain à la démarche digne et majestueuse.*
[Boston, Museum of Fine Arts]

在位
佛法
經

柳陰高士寫為
高叔浪形骸意
自豪誰問伊人
何姓氏於唐為
李晉為陶
丁亥春月洪題

通守齊州
說齊之
知名見
峻峭特
為作此圖
之曰鵲
元年十
孟頫製

Double page précédente : *Zhao Mengfu, au service de la cour de l'empereur mongol Kubilaï et souvent contesté pour cette attitude, peignit en 1295 le rouleau* Couleurs d'automne sur les monts Qiao et Hua, *transposant les montagnes réelles du Shandong en un paysage rude et austère, d'où l'atmosphère romantique des paysages Song a complètement disparu. L'effet graphique est passé au premier plan. L'artiste commente son œuvre par quelques inscriptions.* [Taibei, Musée du Palais national]

« La parole est la voix de l'esprit et l'écriture en est l'expression graphique. Les caractéristiques exprimées par la voix et par les idéogrammes permettent de reconnaître d'une part l'esprit noble et de l'autre l'homme du commun. »

Yang Xiong (53 av. J.-C.-18 ap. J.-C.), Maximes exemplaires (Fayan), chapitre 5.

peintres célèbres qui les ont réalisés. Mais, dès le 2e siècle ap. J.-C., Wang Yanshou rédigeait une description aujourd'hui célèbre des peintures murales de la salle Lingguang de Lu, donnant non seulement les portraits des bons et des mauvais souverains du passé, mais peignant aussi le cosmos avec tous ses habitants. Les empereurs de la dynastie Tang ont fait réaliser des portraits idéalisés de fonctionnaires d'Etat et de généraux émérites sur les murs du pavillon Qilin, de la « terrasse des nuages » (*Yuntai*) et du pavillon Lingyan. Ils voulaient ainsi stimuler leurs sujets dans l'accomplissement du devoir.

A titre de compensation pour ces trésors perdus, il nous reste les peintures murales funéraires que les archéologues chinois ont exhumées et rendues accessibles au public depuis quelques années. Etant donné que la tombe représentait le palais souterrain du défunt, où l'âme allait continuer d'exister, son aménagement reflétait le goût de représentation de la haute société, seule capable de s'offrir des demeures d'outre-tombe aussi coûteuses. Ainsi, les cycles de peintures, souvent réalisés sur les murs

« Si tu veux peindre des bambous, tu dois d'abord être capable de te les représenter parfaitement en esprit. Alors prends le pinceau, concentre ton attention pour voir clairement ce que tu veux peindre. Commence sans hésiter et laisse courir le pinceau. Ne prends que ce que tu vois spontanément, comme le rapace fond sur le lièvre pointant son nez. Si tu hésites un seul instant, tout est perdu. »

Su Dongpo (1036-1101).

Page de gauche : *au début du 13e siècle, le peintre Xia Gui portait sur le paysage un regard plutôt romantique. Sur un rouleau horizontal peint à l'encre de Chine, il a réuni douze peintures d'atmosphère. Le titre de cette séquence fragmentaire, exécutée au lavis et d'un effet très pictural,* Retour du bac et village dans le brouillard, *pourrait être dû à l'impératrice Yang Meizi, intéressée par les arts tout autant que par la politique. A la cour de la dynastie Song du Sud, le peintre Xia Gui était son protégé.*
[Kansas City, Musée Nelson-Atkins]

Ci-dessus : *ce rouleau horizontal mesurant 33 cm de haut et 636 cm de long, intitulé* Habiter dans les montagnes Fuchun, *est une véritable référence de la peinture paysagiste chinoise. Le peintre taoïste Huang Gongwang, qui s'était retiré après une carrière de fonctionnaire sans éclat, explique qu'ayant ébauché cette peinture d'un seul trait, il lui fallut trois années avant de terminer l'œuvre en 1350. Les différentes parties du panorama se déroulent de droite à gauche. Alors que les peintres de la période Song recherchaient une représentation exacte et détaillée de la nature et de l'atmosphère d'ensemble, les peintures de Huang sont réduites aux formes fondamentales : cette démarche fut déterminante pour le développement ultérieur de la peinture paysagiste. Huang Gongwang (1259-1354) est le plus vieux et le plus célèbre des Quatre Grands Maîtres de la dynastie Yuan.*
[Taibei, Musée du Palais national]

des mausolées par des artistes des ateliers impériaux, nous donnent de la vie quotidienne des anciens dirigeants chinois une vision beaucoup plus immédiate et colorée que les descriptions littéraires.

Dans la tombe n° 61 de Luoyang (province du Henan), une peinture de la période Han, représentant une scène de banquet, est audacieusement esquissée sur l'architrave. Des portraits de fonctionnaires de la même période, sans doute très semblables à ceux des palais aujourd'hui disparus, figurent dans la tombe n° 1 de Wangdu (province du Hebei). Datés de 180 ap. J.-C., ils se caractérisent par un dessin linéaire assuré et des coups de pinceau épais suggérant les ombres. Les peintures murales de Helinger, en Mongolie intérieure, également du 2e siècle de notre ère, s'avèrent tout à fait surprenantes car, outre des esquisses très vivantes de la vie quotidienne sous les Han, elles montrent aussi des plans entiers de villes et de fortifications.

Tout aussi passionnantes sont les esquisses audacieuses qui figurent sur les briques des tombes à coupole et à voûte de Jiayuguan, dans le désert de Gobi (province du Gansu). On a trouvé plus de 600 briques remontant au 3e et au 4e siècle. Exécutées à l'encre en traits hardis et vigoureux et en aplats de couleur, elles dépeignent de façon étonnamment libre et spontanée des scènes domestiques : l'abattage du cochon, la vaisselle, la chasse, les travaux des champs, l'industrie de la soie, et aussi un campement militaire. Elles semblent parfois avoir jailli de la main d'un caricaturiste moderne.

Dans les tombeaux princiers des dynasties Sui et Tang, ce

furent sans doute des peintres reconnus qui réalisèrent les peintures murales dont la découverte a passionné les archéologues de ces deux dernières décennies, en permettant de combler les lacunes de l'histoire de la peinture chinoise. La complexité des compositions, l'élégance de la facture et la maîtrise des moyens picturaux semblent indiquer qu'elles étaient l'œuvre d'artistes souvent anonymes des ateliers impériaux, probablement chargés d'exécuter les peintures des tombes princières parallèlement à leur travail de décoration dans les palais. Ici aussi, nous nous trouvons transportés dans la vie quotidienne d'une maison de noble ou de prince, le thème principal étant celui de la sortie cérémonielle du palais funéraire.

Dans le mausolée du prince vassal Lou Rui, édifié en 570 ap. J.-C. sous la dynastie Sui, à Taiyuan (province du Shanxi), les murs de la rampe d'accès oblique, longue de plus de 21 m, sont ornés d'une cavalcade bondissant hors de la tombe, d'une fanfare et d'une escorte de chameaux malheureusement assez endommagée. Le caveau même est décoré de peintures représentant le chariot de voyage princier tiré par des bœufs ainsi que son escorte. Symboliquement, le défunt est donc toujours sur le point de quitter sa demeure souterraine pour retourner parmi les vivants.

Dans ses grandes lignes, cette thématique se retrouve dans les deux grands tombeaux princiers de l'époque Tang ; il s'agit des tombes secondaires (*Peizangmu*) au pied de l'imposant tumulus de l'empereur Gao Zong (qui régna de 649 à 683) et de sa redoutable épouse Wu Hou (qui régna de 684 à 705), dans la plaine de Qian Xian (province du Shaanxi).

Les peintures murales de la rampe d'accès, des galeries souterraines et des deux caveaux du prince héritier Yide, exécuté en 701 à l'instigation de sa propre grand-mère, l'impératrice Wu Hou, recréent l'atmosphère qui environnait un prince Tang dans l'exercice de ses fonctions. Dans l'enceinte du palais, juste derrière le portail surélevé de degrés, la garde princière est disposée en formation et s'apprête à sortir. Des uniformes colo-

Page de gauche : *le portrait du prêtre Wuzhun Shifan, que celui-ci offrit en 1238 au moine japonais Enni, représente l'un des grands chefs-d'œuvre de ce type de peinture bouddhique. Il s'agit d'un véritable portrait exécuté par un ou même deux peintres professionnels, l'un pour peindre le vêtement aux lignes plus rudes et le fauteuil, l'autre pour rendre les traits du visage par une technique délicate. Ce type de peinture appelé «portrait au fauteuil»* (Yixiang) *fut souvent utilisé pour peindre les prêtres de haut rang.* [Kyoto, Tofuku-Ji]

A droite : *vers l'an 1300, le peintre professionnel Yan Hui travaillait dans un temple taoïste. Sur ce rouleau de soie vertical, haut de 161,5 cm, il a peint l'immortel taoïste «Li à la canne de fer», dont le corps fut inhumé par erreur alors que son âme était en voyage et qui dut se réincarner dans le cadavre d'un mendiant. Des touches de peinture blanche sur l'œil, les doigts de pied et les ongles soulignent l'aspect démoniaque de cette figure assise dans un paysage fragmentaire. Chaque élément de la composition est exécuté dans une technique différente, ce qui était une méthode courante dans la peinture chinoise.* [Kyoto, Chion-Ji]

rés permettent de distinguer le grade des cavaliers, tandis que les drapeaux et les chars posent divers accents picturaux. A l'intérieur de la tombe figurent les sentinelles et des chasseurs d'Asie centrale, avec leurs chiens et leurs léopards de chasse. Dans les caveaux renfermant le trousseau funéraire et le cercueil, on se croirait dans les appartements du prince. Les serviteurs et les dames de la Cour sont peints sur les murs, prêts à le servir.

Après le décès de sa mère, l'impératrice Wu, le prince Zhanghuai, exilé à la suite d'une intrigue puis poussé au suicide, fut enfin gratifié d'une tombe digne de son rang dans la nécropole de Qian Xian. Comme il n'était pas prince héritier, son mausolée est plus petit que celui de Yide. Les peintures murales exécutées entre 706 et 711 sont très bien conservées et présentent des thèmes de caractère plus privé. Sur un côté de la rampe d'accès, on voit une escorte princière accompagnée de chameaux partir pour la chasse, sur l'autre un match de polo : ce sport importé d'Asie centrale était l'un des passe-temps favoris de la noblesse Tang. En descendant dans les caveaux, on se retrouve également à l'intérieur du palais de Zhanghuai. Après avoir dépassé la garde, un groupe de fonctionnaires chinois et de nobles otages étrangers attendent d'être reçus en audience, puis viennent des eunuques et des servantes. Enfin, on arrive au milieu du jardin du palais, où des nains et des concubines replètes s'appliquent à rendre la vie agréable au prince.

Bien qu'il n'y ait pas de représentation de paysages ou d'intérieurs, quelques éléments de décor bien placés suggèrent le champ d'action des personnages. Cavaliers et chameaux se découpent sur des rochers ou des rangées d'arbres, de manière à créer l'impression que l'image fixe un moment précis. Les contours des figures, fermes et élégants, sont dessinés au pinceau puis remplis d'aplats de couleur, mais il y a aussi une ébauche d'ombres portées et de modelé des volumes corporels, par exemple dans le cas des chevaux. La composition des groupes de cavaliers est libre mais magistralement rythmée. D'une part, ces peintures funéraires nous offrent le spectacle de la vie à la cour des Tang ; de l'autre, elles fournissent des exemples concrets de la peinture murale de représentation tant vantée dans la littérature, mais que l'on estimait perdue à jamais pour cette époque si brillante de l'histoire chinoise.

L'évolution ultérieure de la peinture funéraire est relativement bien documentée par des découvertes récentes. La continuation de la tradition Tang, tant sur le plan thématique que technique, est illustrée par quelques tombes de la dynastie étrangère des Liao du Nord, par exemple celle du territoire mandchou de Kulun, dans la province du Jilin. La tombe de Zhang Shiqing à Xuanhua, dans la province du Hebei, qui date de 1116, nous montre la vie privée d'un noble du peuple Khitan, lequel avait depuis longtemps assimilé les coutumes chinoises. Le défunt se voit servir des mets et du vin de riz chaud aux sons d'un orchestre, tandis qu'un danseur esquisse des pas ressemblant aux danses cosaques.

D'une manière générale, les peintures des tombeaux de grands dignitaires sont plutôt de type intime. Le petit caveau en briques, mesurant seulement 2,5 m^2, découvert à Yuanbaoshan, en Mongolie intérieure, présente les portraits du couple de nobles mongols qui y a été inhumé. Ils sont assis sur une espèce d'estrade à rideau, entourés de mobilier et de vaisselle, et ils écoutent des musiciens. Ce caveau remonte à la dynastie Yuan (1279-1368), comme la tombe n° 1 de Lingyuan (province du Liaoning), découverte en 1983. Ici, une peinture montre le défunt dans la fleur de l'âge avec des musiciens et des chevaux, tandis qu'une autre le représente malade, alité et enfoncé sous une couverture, entouré des soins de son épouse et de servantes.

Il est probable que bientôt, grâce aux recherches des archéologues chinois, d'autres peintures murales funéraires pourront revoir la lumière du jour et nous permettront de jeter un autre coup d'œil, plus complet encore, sur les coulisses de l'histoire culturelle chinoise.

Page de gauche : *l'érudit oisif, étendu sur sa couche* (Kang) *pour savourer une journée d'été, s'est entouré des accessoires de son cadre de vie. Ce thème est repris dans une variante sur le paravent à l'arrière-plan, qui représente lui-même un paravent décoré d'un paysage. Ces jeux visuels de « l'image dans l'image de l'image »* (Zhongbingtu) *sont parfois exploités par des artistes cultivés. L'éventail rond tenu par l'une des servantes est également peint d'un paysage. Le bananier indique qu'il s'agit d'une scène d'extérieur. Cette peinture date de la seconde moitié du 13e siècle et est l'œuvre de Liu Guandao, attaché à la cour de l'empereur mongol où il fut très honoré.*
[Kansas City, Musée Nelson-Atkins]

Ci-dessus : *l'influence de l'historicisme est manifeste sur ce rouleau horizontal du peintre Qian Xuan (seconde moitié du 13e siècle). Le thème historique reprend l'histoire de Yang Guifei, la redoutable concubine de l'empereur Tang du 8e siècle, Xuan Zong, qui est représentée ici en train de monter à cheval. La technique picturale est elle-même archaïsante. Il est possible qu'une peinture Tang ait servi de modèle. Les figures sont alignées dans un espace indéterminé. Les relations entre elles s'expriment par les gestes et l'orientation du regard. Qian comptait parmi les peintres qui refusèrent de servir la dynastie mongole Yuan et se retirèrent de la vie publique, alors que son élève Zhao Mengfu se rendit à la cour.*
[Washington, Freer Gallery of Art]

Pages suivantes (1) : *le peintre, poète et calligraphe Ni Zan, issu d'une famille de riches commerçants et qui n'a jamais tenté une carrière de fonctionnaire, jouissait d'une réputation de solitaire et d'esthète extrêmement raffiné. Vers la fin du règne mongol, il se retira sur un bateau et se défit de toutes ses possessions, y compris une vaste collection d'art. En 1372, à l'âge de 71 ans, il peignit ce tableau serein et retenu pour l'offrir à un médecin. Le sujet est un pavillon abandonné au bord d'une rivière, qu'il appela «* atelier-Rongxi *». Il s'agit d'un exemple typique des idées des peintres lettrés, selon lesquelles le caractère d'un être humain doit s'exprimer dans ses œuvres.*
[Taibei, Musée du Palais national]

Pages suivantes (2) : *Wang Meng, un neveu de Zhao Mengfu et le plus jeune des Quatre Grands Maîtres de la dynastie Yuan, développa lui aussi une écriture personnelle pour ses peintures de paysages. La peinture* Grotte dans le bosquet de Juqu *reprend un paysage réel au bord du lac Taihu, très apprécié par les ermites et les anachorètes, mais, par des traits de pinceau ondulés et denses, le peintre en a fait une image fantastique, où les chemins se perdent dans les rochers bizarres qui suggèrent une accumulation de la force végétative Qi, omniprésente dans la nature. Cinq années plus tard, Wang fut jeté en prison, accusé d'entretenir des relations avec un ministre félon. Il mourut après cinq ans de prison.*
[Taibei, Musée du Palais national]

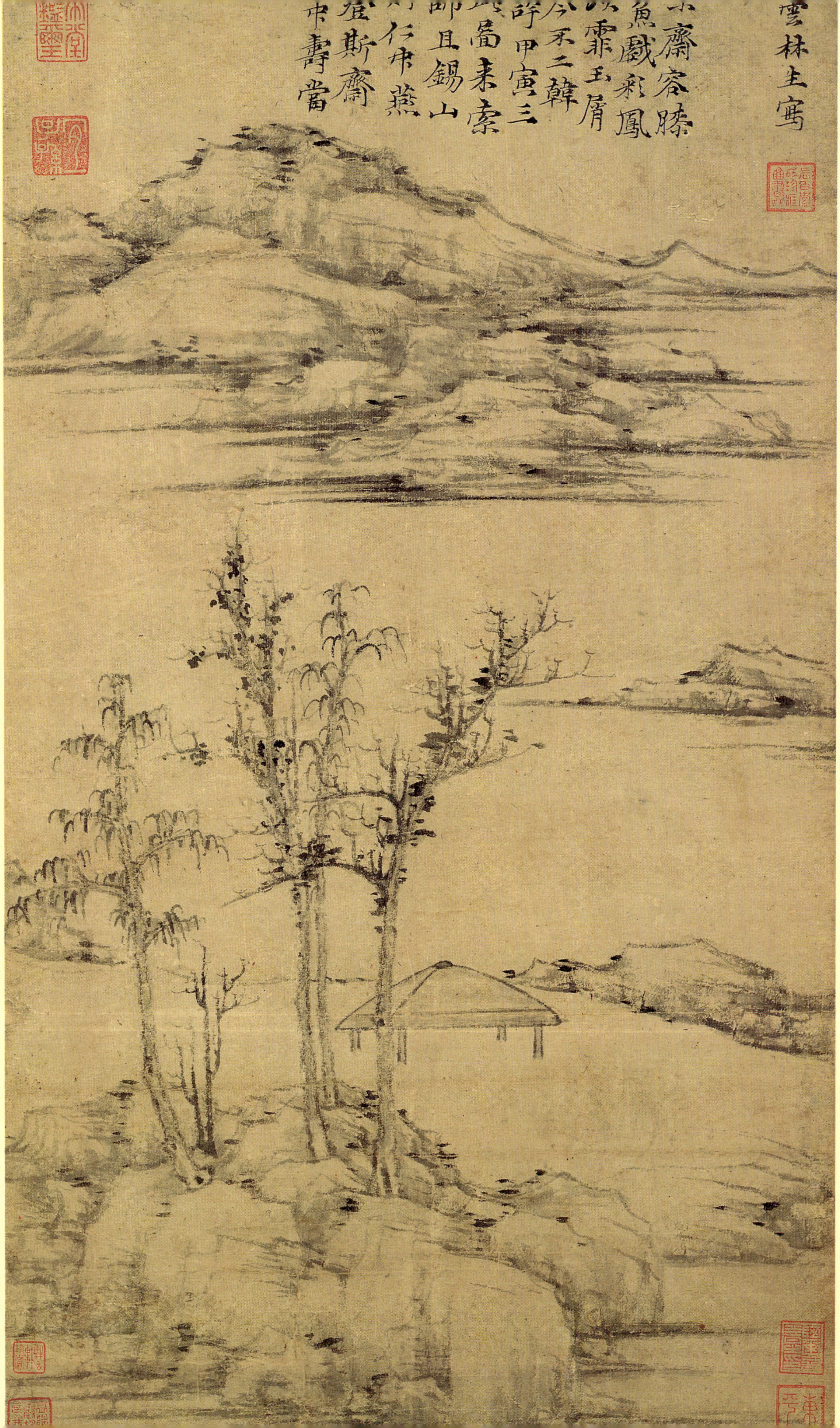
雲林生寫
齋容膝
魚戲彩鳳
霏玉屑
不二韓
許甲寅三
圖來索
卽且錫山
仁中燕
登斯齋
中壽當

區林屋
林明為
日章畫

Page de gauche : *Meng Yujian, qui réalisa au début du 14e siècle cette peinture haute de 165,2 cm représentant des pies et des bambous, avait repris le style naturaliste de la peinture de plantes et d'animaux de l'époque Song, pour en faire un ensemble plutôt décoratif, caractérisé par le contraste entre les bambous aux contours fermes et les rochers traités dans le style du lavis du maître Song du Nord, Guo Xi.*
[Taibei, Musée du Palais national]

Ci-dessus : *le peintre Wu Zhen vécut longtemps dans la pauvreté et dut parfois gagner sa vie comme diseur de bonne aventure. Par la suite, il fut reconnu comme un maître du « jeu à l'encre » de la peinture de bambous. Le feuillet ci-dessus, tiré d'un album d'études sur le bambou daté de 1350, est caractéristique de cette forme artistique qui associe l'écriture au pinceau et la peinture à l'encre de Chine. En raison de sa résistance élastique à la pression, le bambou représentait une allégorie de l'homme engagé dans la vie publique, ainsi que le symbole de la résistance sous les souverains étrangers. Il est possible que cet album fut réalisé à posteriori, sous l'influence du Wu Zhen.*
[Taibei, Musée du Palais national]

La grande peinture

L'évolution de la peinture chinoise, partant d'une activité à caractère artisanal pour devenir une forme d'art autonome et créatrice, est difficile à retracer sur base des peintures mêmes, dont seul un nombre infime est parvenu jusqu'à nous. Il faut plutôt s'en référer aux textes rédigés depuis le 5e siècle ap. J.-C.

Dans un petit traité, le peintre Zong Bing (375-443), dont l'œuvre picturale nous est totalement inconnue, raconte avoir peint des paysages sur les murs de sa retraite afin de « pouvoir s'y promener à partir de son lit » (*Woyou*) lorsqu'il serait vieux. Par ailleurs, l'un de ses contemporains a fait la réflexion suivante : « Ce que l'on définit comme la peinture d'un tableau n'est en fait qu'une recherche de la forme et de l'expression », expliquant ensuite que les formes picturales étaient animées et transformées par le cœur (*Xin*).

La conception de la peinture en tant que forme d'art a été formulée vers l'an 500 par Xie He, en six phrases lapidaires qui sont toujours valables aujourd'hui. Elles ont fait l'objet de multiples commentaires, sans jamais être réellement remises en question. La première de ces phrases, «Le son de l'esprit fait vivre le mouvement», peut s'interpréter dans le sens que la vitalité végétative, qui imprègne les éléments de la nature tout autant que l'artiste, doit être captée dans la peinture de manière à en rejaillir pour être perçue et ressentie par le spectateur. La deuxième phrase de Xie He précise que la technique du pinceau doit se subordonner aux règles de structure, comme cela est postulé pour la calligraphie. A la vue des œuvres des maîtres anciens que nous connaissons sous forme de copies, telles celles de Gu Kaizhi, actif pendant la seconde moitié du 4e siècle, il s'avère toutefois difficile de faire coïncider la forme concrète avec des réflexions aussi profondes. L'écart entre théorie et pratique est encore immense.

L'absence d'exemples anciens ne facilite pas l'étude des différentes phases de l'émancipation de la peinture par rapport au culte religieux et aux fonctions décoratives. En tout cas, la représentation de figures humaines semble avoir joué un rôle décisif dans ce processus, car elle est longtemps citée en premier lieu dans les appréciations des thèmes artistiques que nous connaissons par les textes écrits. A l'époque Tang, une deuxième catégorie thématique — les représentations d'animaux, d'oiseaux et de plantes — semble être issue de l'utilisation ornementale et décorative de ces mêmes motifs. L'un des deux rouleaux du 10e siècle trouvés dans la tombe n° 7 de Yemaotai (époque Liao) présente encore des caractéristiques Tang, tout en étant déjà une véritable «nature morte», avec des fleurs et deux lièvres traités de façon réaliste. L'âge d'or des représentations de plantes et d'animaux se situe à l'époque Song, où ce genre fut particulièrement prisé à l'Académie impériale.

L'empereur Hui Zong, au pouvoir de 1101 à 1126, lui-même artiste et calligraphe de grande valeur fixa la règle suivante pour les artistes de la Cour: «Les peintres ne doivent pas imiter leurs précurseurs, mais peindre les choses telles qu'elles sont, c'est-à-dire proches de la réalité tant par la forme que par la couleur. Leurs objectifs sont simplicité et noblesse des lignes.» Outre l'aspect décoratif, le choix de certains motifs du monde animal et végétal était également régi par des significations symboliques.

Parallèlement au réalisme méticuleux imposé à la cour des Song, une formulation radicalement différente de ces thèmes fut élaborée par des artistes qui se contentaient d'utiliser l'encre de Chine noire pour obtenir des effets éminemment graphiques. Ces peintures monochromes étaient privilégiées dans les cercles d'artistes de culture littéraire et constituaient une sorte de passe-temps créatif, dont les produits devaient refléter les qualités personnelles de leurs créateurs. Les «quatre joyaux» — la fleur de prunier, l'orchis, le chrysanthème et tout particulièrement le bambou — fournissaient les motifs favoris de ces «jeux à l'encre» (*Moxi*), dans lesquels se glissaient même parfois des considérations politiques latentes. Ainsi, à l'époque des souverains étrangers, le bambou était le signe d'une résistance passive car, s'il doit subir une charge, il ploie mais ne rompt pas. L'orchis, qui fleurit à couvert mais se trahit par son parfum, était le symbole d'un homme secrètement actif

«1. Le son de l'esprit fait vivre le mouvement.
2. Selon la manière de l'os, on emploie le pinceau.
3. La conformité avec l'objet donne la ressemblance.
4. Selon les espèces on applique les couleurs.
5. Plan et projet déterminent la composition.
6. En copiant les maîtres on transmet leurs modèles.»

Les Six principes de Xie He

«La peinture chinoise ne s'est jamais souciée de réalisme; elle s'est efforcée de suggérer plus que de décrire; laissant la «vérité» à la science elle s'est consacrée tout entière à la beauté; une branche sortant on ne sait d'où et portant quelques feuilles ou quelques fleurs, le tout se détachant sous un ciel clair a été jugé, par les plus grands maîtres, un sujet suffisant; leur façon de traiter le vide de l'arrière-plan et les proportions à lui donner, c'étaient là des pierres de touche de son habileté. L'énoncé du sujet de tableau proposé aux candidats à l'Académie de peinture de Hui Tsung suffit à montrer à quel point les Chinois attachaient plus d'importance à la suggestion qu'à la représentation formelle: les concurrents étaient invités à illustrer, par la peinture, un simple vers extrait d'un poème: «Le sabot de son coursier revient lourdement chargé de l'odeur des fleurs qu'il a piétinées.» Le lauréat chinois avait peint un cheval dont les pieds étaient entourés d'un essaim de papillons.
Puisque la forme était tout, le sujet pouvait être quelconque. Les figures humaines constituaient rarement le centre ou l'essentiel du tableau; quand on les y fait entrer c'est en général sous l'aspect de vieillards et se ressemblant tous. L'artiste chinois, bien qu'il ne manifeste pas extérieurement son pessimisme, regarde rarement le monde avec les yeux de la jeunesse. Il peint des portraits avec soin mais sans paraître s'intéresser à son modèle; il demeure indifférent à l'individualité de celui-ci. Il aime, semble-t-il, les fleurs et les animaux plus que les hommes et il les peint inlassablement; Hui Tsung, qui régnait sur un empire, passait la moitié de son temps à peindre des oiseaux et des fleurs. Parfois les fleurs ou les animaux ne sont que des symboles; c'est le cas notamment du lotus et du dragon, mais en général ils sont représentés pour eux-mêmes, parce que le charme et le mystère de la vie s'en dégagent tout aussi bien que du visage humain. Il affectionne particulièrement le cheval et des artistes tels que Han Kan n'ont guère fait, pendant toute leur vie, que peindre, dans toutes ses attitudes et sous tous ses aspects, cette source inépuisable de formes artistiques.»

Will Durant,
Notre héritage oriental, III, 25

L'artiste anonyme qui a peint ce rouleau de soie haut de 275 cm, représentant deux hommes dans un paysage romantique de rivière, appartenait à un groupe de peintres professionnels, appelé Ecole Zhe, qui travaillait sous les Ming dans la province du Zhejiang et continuait la tradition de l'école Maxia de l'époque Song du Sud. L'apogée de cette école se situe aux 15e et 16e siècles. Elle se caractérise par une technique du pinceau vigoureuse, tant pour les contours que pour le dessin de la structure rocheuse, et est désignée à juste titre par le terme «comme à coups de hache».
[Cologne, Museum für Ostasiatische Kunst]

que l'on reconnaissait aux résultats qu'il obtenait. A des stades ultérieurs, la peinture chinoise a également produit des images d'animaux et de plantes très expressives, notamment dans l'œuvre de Li Shan (1670-1754).

La facture « calligraphique » de la peinture chinoise, dont les traits de pinceau dynamiques, caractérisés par des pleins et déliés rythmés, présentent une analogie frappante avec le tracé des idéogrammes, doit sans doute beaucoup à la représentation de la figure humaine. En effet, sous la contrainte morale du confucianisme, les vêtements sont indispensables. Le corps humain dénudé, dans la beauté de ses formes et de ses proportions, n'a jamais constitué un défi thématique pour les artistes d'Extrême-Orient. Le mouvement linéaire dans les plis des habits longs et amples munis de larges manches, de rubans et de ceintures flottantes, invitait tout naturellement à transposer dans la peinture les moyens d'expression rythmiques développés pour la calligraphie. Cela s'applique déjà aux anciennes peintures murales funéraires découvertes récemment. Quant aux œuvres hélas disparues d'un maître Tang, Wu Daozi (8e siècle), elles devaient constituer des modèles de perfection, s'il faut en croire les descriptions élogieuses de la littérature.

Le répertoire des thèmes humains de la peinture chinoise est assez limité. Ils illustrent généralement la vie de la classe aisée, puisque c'est à elle que s'adressaient les peintures. Les signes d'une critique sociale sont rares et la vie du peuple sert souvent de décor romantique pour accentuer le rayonnement de l'élite cultivée.

Bien qu'il y eût des portraits, principalement images posthumes des aïeux, mais aussi représentations d'empereurs, de nobles, de grands fonctionnaires et de bonzes bouddhistes, cette discipline est demeurée un phénomène secondaire dans la peinture chinoise et n'a jamais joué le rôle majeur qui a été le sien en Europe. Ces portraits étaient fréquemment l'œuvre d'artistes professionnels, qui n'avaient pas le prestige des peintres lettrés « dilettantes ».

Le thème principal de la grande peinture chinoise est le paysage. Le fait qu'il ait pu s'imposer comme motif autonome, sans dépendre de la figure humaine ou de scènes animées, dérive sans doute de la singularité de la conception chinoise de la nature. Déjà le très classique *Livre des odes* (*Shi Jing*), rédigé entre le 9e et le 5e siècle av. J.-C., comporte des poèmes qui se distinguent par une approche très émotive de la nature. Les

Page de gauche : *au 15ᵉ siècle, le protagoniste central du cercle d'artistes de Suzhou, connu sous le nom d'école Wu, était l'érudit Shen Zhou, qui vivait libre de toute contrainte grâce à sa fortune familiale. Ce feuillet extrait d'un album des paysages de la région, représente le* Puits des démons de la sécheresse, *une composition fragmentaire réalisée dans une technique oscillant entre le réalisme et l'expressionnisme et caractérisée par des traits vigoureux et des touches sombres. Il date d'environ 1490. Le style individualiste de Shen Zhou s'inspire de Huang Gongwang et de Wu Zhen.* [Cleveland, Museum of Art]

Ci-dessus : *en 1532, Wen Zhengming, élève de Shen Zhou, membre de l'académie Hanlin et prototype idéal du lettré, a peint ce rouleau horizontal de 362 cm de long avec les* Sept genévriers de Qinchuan. *Cette composition en frise, qui se limite aux cimes des arbres bizarres et noueuses, permet à l'artiste de peindre une mise en scène dramatique de formes naturelles tourmentées, qu'il a comparée lui-même à des dragons et des tigres en train de lutter. Ici, la représentation de la nature s'équilibre avec l'intention artistique.* [Honolulu, Academy of Art]

« La peinture porte le développement des enseignements spirituels à leur achèvement, elle favorise les relations d'échanges entre êtres humains, elle pénètre au plus profond des mutations divines de la nature et elle atteint à l'origine du mystérieux et du subtil. Elle obéit au même rythme que les quatre saisons. Elle s'épanouit à partir de la nature elle-même et ne provient donc pas d'un processus de création humaine. »

Zhang Yanyuan,
Commentaires sur les peintres célèbres des anciennes dynasties (Lidai Minghuaji), 847 ap. J.-C.

poésies de Tao Yuanming (367-427) représentent quant à elles un véritable chef-d'œuvre de cette poétique de la nature. Or ce poète vécut seulement quelques décennies avant l'apparition de la théorie picturale chinoise.

Les sciences proprement chinoises de la géomantie (ou géognomique) (*Fengshui*, « vent et eau ») ont également marqué la peinture paysagiste. En effet, elles enseignent que la nature entière, ou une partie isolée du paysage, est un organisme structuré hiérarchiquement, traversé et animé par la force vitale *Qi*, laquelle joue aussi un rôle important dans la théorie de l'art. Elle se concentre et s'accumule dans les montagnes et les rochers, considérés comme ossature de cet organisme ; ensuite elle s'écoule comme le sang par les ruisseaux et les fleuves pour aller féconder la nature. Les plantes et les arbres représentent la chevelure de cet organisme. L'être humain, également animé par le *Qi*, est un microcosme qui doit s'intégrer au macrocosme de la nature. La géomantie, qui examine les formes d'un paysage pour y déceler les influences positives et négatives, désigne l'endroit où il faut construire sa maison, sa tombe ou même une ville.

Les conceptions du taoïsme interviennent également dans ces idées ; en effet, l'adepte du Tao est appelé à se pénétrer de la nature, à s'y intégrer intensément et à mener une vie méditative dans un simple ermitage ou une grotte cachée au sein du paysage. D'ailleurs, le jardin paysager chinois, aménagé par l'homme pour imiter la nature à échelle réduite, dérive lui aussi de ces considérations.

Cependant, comme dans la peinture occidentale, le paysage a d'abord servi de décor à des personnages ou à des événements. Que ce soit sur les peintures, les pierres gravées ou les reliefs funéraires de l'époque Han, les fonds de montagnes, d'arbres et de plantes disposés comme les éléments d'un décor théâtral

Double page précédente : *le thème de la* Villa de maître Donglin, *dont il existe trois versions, fut élaboré pendant la première moitié du 16ᵉ siècle par Qiu Ying, sans doute d'après une commande du censeur impérial Jia Ding. Dans une peinture fidèle et détaillée, Qiu représente le maître de maison avec un hôte, sous le portail de sa propriété, tandis que des serviteurs font chauffer le vin. Cette scène peinte sur un rouleau vertical s'évanouit sur la gauche dans un paysage de berges embrumées. Bien que peintre professionnel, Qiu Ying était très respecté dans le cercle des artistes cultivés de Suzhou.*
[Taibei, Musée du Palais national]

«Les peintres des temps anciens parvenaient parfois à rendre une ressemblance formelle, mais ils attachaient tout autant d'importance à l'expressivité structurelle. C'est donc au-delà de la ressemblance formelle qu'ils recherchaient l'essence picturale. Mais il est difficile d'en parler avec les gens normaux. Si les peintres actuels réussissent occasionnellement une ressemblance formelle, ils sont encore loin d'avoir trouvé l'écho de la force vitale. Mais si c'est dans cet écho que l'on recherche l'essence picturale, la ressemblance formelle viendra tout naturellement.»

Zhang Yanyuan,
Commentaires sur les peintres célèbres des anciennes dynasties
(Lidai Minghuaji), 847 ap. J.-C.

Ci-dessus : *c'est sans doute vers la fin de sa vie que le peintre, calligraphe, critique d'art et président du Ministère des Rites, Dong Qichang (1555-1636), a peint ce rouleau horizontal intitulé* Fleuves et montagnes par un jour d'éclaircie automnale. *Il s'est inspiré d'une œuvre du peintre Yuan, Huang Gongwang, qui porte le même titre. Dans une inscription, l'auteur regrette d'ailleurs que son modèle ne puisse voir cette peinture. Il s'agit d'un exemple typique du style radicalement intellectuel de Dong : les formes naturelles sont simplifiées à dessein et exécutées dans une technique sèche très personnelle.*
[Cleveland, Museum of Art]

Page de droite : *pendant la seconde moitié du 17ᵉ siècle, le personnage excentrique de Gong Xian était la figure centrale du cercle d'artistes de Nankin. Avec ce panorama grandiose d'un paysage d'aspect inquiétant et presque démoniaque,* Mille sommets et dix mille vallées, *où il n'y a guère de place pour l'être humain, si ce n'est sur un chemin caché et dans une étrange hutte de forme conique, il a créé l'une des œuvres les plus étranges et impressionnantes de la peinture chinoise. La technique épaisse et crayeuse permet de forts contrastes entre le clair et l'obscur, évoquant une lumière artificielle.*
[Zurich, Musée Rietberg, Collection C.A. Drenowatz]

«Les hommes éloignés n'ont pas d'yeux, les arbres éloignés n'ont pas de branches, les montagnes éloignées n'ont pas de roches ; elles se confondent et sont comme les sourcils dont on ne distingue pas les poils ; l'eau éloignée n'a pas de vagues, elle est comme les nuages très élevés. C'est là une des révélations... On aperçoit la pierre sous trois faces (on doit faire sentir son volume ?), la route du commencement jusqu'à la fin, les arbres par leur cime, l'eau par les traces du vent ; ce sont là les principes. Le paysage du matin, c'est quand mille montagnes veulent s'éclairer ; la brume est fine, à peine perceptible ; la lune qui est encore dans le ciel est estompée. Dans le paysage du soir la montagne avale le soleil rouge ; la voile du bateau mouillé en eau peu profonde est carguée ; les gens qui marchent sur la route se hâtent et la porte de la maison du pauvre est déjà à demi-close. Lorsque tu dessines des paysages, tu dois au moins prendre en considération les quatre saisons. »

La peinture de paysage selon le pseudo-Wang Wei.

doivent suggérer un paysage dans lequel va se dérouler l'action humaine. La plupart du temps, on remarque que le rapport entre les figures et les éléments du paysage est disproportionné. Ce n'est qu'à partir de la dynastie Tang que le paysage parviendra à se libérer de l'assujettissement au personnage. Les peintures des tombeaux de Qian Xian (environ 700 ap. J.-C.) et les peintures murales des grottes-sanctuaires bouddhiques de Dunhuang continuent à utiliser les montagnes, les arbres et les rivières comme coulisses pour les événements représentés. Cependant, la peinture artistique semble déjà avoir créé des paysages autonomes : Wang Wei (699-759), réputé comme poète et comme peintre, fut l'un des principaux protagonistes de cette évolution. Le second rouleau de la tombe n° 7 de Yemaotai, une œuvre de l'époque Liao qui reflète encore l'esprit de l'époque Tang, nous permet de voir à quoi ressemblait une peinture paysagiste au 8e siècle, avec ses montagnes bizarres et les habitations humaines donnant l'impression de se blottir au sein de la nature.

L'âge d'or de la peinture paysagiste commence au 10e siècle, pour atteindre très vite son point culminant à l'époque des Song du Nord (960-1126). Différents types de composition coexistent. Le rouleau vertical favorise une composition monumentale où les éléments du paysage s'organisent autour du massif montagneux central. L'homme et ses constructions sont représentés à très petite échelle et intégrés dans la nature. Les éléments du paysage sont rendus par une technique au pinceau délicate mais vigoureuse et des lavis dégradés. Tout à l'opposé,

Ci-dessus : *parce qu'il était peintre professionnel, Wu Bin, actif au seuil du 17e siècle, n'a jamais joui d'une grande estime de la part des critiques chinois. Ce n'est que ces dernières décennies que ses paysages bizarres lui ont valu un certain succès en Occident. Cet éventail peint en 1604 montre une facette intime de cet artiste qui a réalisé des peintures paysagistes monumentales vers la fin de sa vie. Le fait de peindre ou d'écrire sur des éventails pour les offrir en cadeau atteste l'esprit de convivialité des artistes lettrés chinois. Ces éventails d'origine japonaise ou coréenne étaient très en vogue depuis l'époque Ming.*
[San Francisco, Asian Art Museum]

Page de droite : *pendant la seconde moitié du 17e siècle, Hongren, qui s'était fait moine après la chute de la dynastie et la prise du pouvoir par les Mandchous, a continué la tradition paysagiste calme et contenue du maître Yuan, Ni Zan. Ses peintures sont vides de toute présence humaine, comme chez Gong Xian, mais sa technique dépouillée du pinceau est poussée à l'extrême et l'abstraction des formes naturelles va plus loin encore que celle de son modèle Ni Zan.*
[Honolulu, Academy of Art]

les rouleaux horizontaux présentent une séquence rythmique de collines, montagnes, vallées et cours d'eau qui s'offrent progressivement au regard. Il est vrai que les peintures paysagistes chinoises exigent que le spectateur quitte son point de vue pour entrer dans la structure de l'image et appréhender la composition de l'intérieur, alors qu'en Europe le paysage est vu de l'extérieur, comme par une fenêtre, d'où la nécessité d'une perspective centrale correspondant au point de vue du spectateur.

Aux 12e et 13e siècles, de nombreux peintres privilégient une approche fragmentaire du paysage avec une composition asymétrique, souvent de caractère romantique. C'est notamment le cas de l'école de Ma Xia.

Une modification décisive des conceptions artistiques commence sous la dynastie Yuan (1260-1368), pour s'accentuer encore dans les phases ultérieures. Dans le traitement du sujet, c'est l'expression de la personnalité de l'artiste qui va primer sur la formulation exacte de l'objet représenté. Cela s'applique également au paysage. Les montagnes adoptent des structures cristallines à partir desquelles s'élaborent des compositions complexes et les arbres deviennent des signes graphiques pouvant être librement agencés en séries ou en groupes. La nature est privée de son atmosphère et ses composantes sont juxtaposées dans le dépouillement.

Sous la dynastie Ming (1368-1644) se développe une multiplicité de styles, où des tendances archaïques et historisantes côtoient des mouvements de type individualiste, comme par exemple l'école Wu de Suzhou au 16e siècle. Même sous le règne mandchou de la dynastie Qing (1644-1911), on trouve des tendances traditionnalistes qui reprennent et composent des variations sur les styles de maîtres anciens, combinant parfois différentes écritures. D'autres artistes cultivent un individualisme marqué et retravaillant les formes naturelles par un maniement du pinceau extrêmement expressif. Au 17e siècle, cette tendance est incarnée par le prêtre excentrique Badashanren.

En généralisant quelque peu, il est permis d'affirmer que la peinture chinoise a exploité et, dans une certaine mesure, épuisé pratiquement toutes les formes d'expression inhérentes à sa technique, dont les moyens artistiques essentiels sont le pinceau et l'encre de Chine, tout en répondant à ses principes théoriques et esthétiques. L'avenir démontrera si elle sera à même de porter de nouveaux fruits.

序易氣蕭槭板屋居然安山
風時出硐泠韵聽柯竿
漸江弘仁

La Chine et l'Occident

LE MONDE occidental doit à la Chine beaucoup de découvertes qui semblent aujourd'hui très banales : le papier, l'imprimerie, la poudre à canon, la soie, des fleurs de jardin et des fruits, comme l'orange (dont le nom dans certaines langues germaniques garde le souvenir de son origine : en allemand *Apfelsine*, c'est-à-dire « pomme » (*Apfel*) « de Chine »).

Le thé nous vient de Chine, mais son nom lui-même est d'origine (sud-)chinoise (*Cha* dans le dialecte pékinois), et même *ketchup* est un mot chinois... La Chine doit aussi certains acquis à l'Occident, au premier rang desquels il faut citer la science et la technique modernes.

Le Sèr et le Grand Qin

Les rapports entre l'Europe et la Chine remontent loin dans le temps. Déjà les anciens Grecs et les Romains (vers 200 av. J.-C.) connaissaient un peuple des « Sères », qui fabriquait la soie, un produit commercial que l'Antiquité ne fut pas seule à hautement apprécier. Le nom de ce peuple dérivait d'ailleurs de celui de la soie, en grec *Sèr*, en chinois *Si*. Le trafic commercial entre la Chine et l'Europe suivait la « Route de la Soie » (*Via Serica*) qui traversait l'Asie centrale et passait par toute une série d'intermédiaires, de sorte que les maigres renseignements des sources grecques concernant les Sères ne se rapportaient probablement pas directement aux Chinois mais à un peuple d'Asie centrale.

La *Géographie* et la carte du monde de Claude Ptolémée (2e siècle ap. J.-C.) ont influencé les représentations européennes de la terre jusqu'à l'aube des Temps Modernes. Du côté chinois, la connaissance de la terre s'arrêtait à l'actuel Xinjiang, que découvrit Zhang Qian (2e siècle av. J.-C.) lors d'un voyage vers l'Ouest et par lequel la civilisation chinoise avait accès à des produits d'Asie centrale, comme le raisin et les chevaux de Ferghana. L'ancienne Chine connaissait aussi un pays du lointain Occident appelé *Da Qin*, le « Grand Qin », qu'on identifie soit avec les marches orientales de l'Empire romain, soit avec l'Arabie, soit encore avec Ctésiphon. Par la suite, l'initiative de la découverte du monde vint plus des Européens que des Chinois. La représentation chinoise d'un monde dont le centre et la région la plus civilisée eût été la Chine perdit de son impact du simple fait qu'on était curieux de rencontrer des Barbares incultes qui, au demeurant, adoptaient des éléments de la culture chinoise et envoyaient à l'empereur des légats chargés de tributs pour se placer sous sa souveraineté. Ce n'est que durant un court laps de temps, à l'époque Ming, que les Chinois, sous la conduite de l'eunuque Zheng Ho (1371-1433), entreprirent d'importants voyages en mer qui les conduisirent jusqu'en Arabie.

L'époque baroque affectionna les motifs récréatifs et exotiques « à la chinoise », qui reflètent une idée de la Chine nourrie de l'utopie d'un pays fabuleux et paradisiaque, au bonheur serein et aux délices insoucieux. Cotonnade imprimée en France ou en Angleterre, vers 1765.
[Krefeld, Musée du Textile]

Les contacts à l'époque mongole

En Europe aussi, les informations concernant la Chine demeurèrent longtemps très chiches. Cosmas Indicopleustes (c'est-à-dire « navigateur de l'Inde »), un marchand égyptien du 6e siècle, n'en connaissait que peu de choses. Ce n'est que lorsque les Mongols eurent conquis la Chine, que la grandeur de leur empire, qui s'étendait de l'Extrême-Asie jusqu'en Pologne et en Syrie, permit l'échange direct d'informations et le commerce immédiat. Le Vénitien Marco Polo (1245-1324) voyagea en tant que marchand à la cour du Grand Khan et en ramena une merveilleuse description de la Chine.

De nombreux manuscrits de celle-ci circulèrent (l'imprimerie n'avait pas encore été découverte en Europe, alors qu'elle était connue et utilisée en Chine depuis le 8e siècle), mais Polo passa maintes fois pour n'être qu'un hâbleur et un conteur de fables (« messire *Milione* »), bien que d'autres Européens, marchands, artisans et missionnaires se fussent aussi rendus à

Qanbaliq (Pékin) et en eussent envoyé des relations similaires. Jean de Montecorvino (1246/47-1328/29) fut même nommé archevêque de Pékin.

Les échanges culturels des 17e et 18e siècles

Avec le déclin de l'empire mongol, ces contacts prometteurs cessèrent. Il fallut attendre la période des Grandes Découvertes pour rétablir des liens directs entre la Chine et l'Europe. Les Portugais considérèrent la Chine comme leur domaine, fondèrent à Macao un petit comptoir commercial et s'évertuèrent à tenir tous leurs concurrents à l'écart de l'avantageux commerce avec la Chine. Le pays lui-même demeura largement fermé aux Européens, à l'exception de légats occasionnels envoyés à la Cour impériale et regardés par les Chinois comme des porteurs de tributs. Les puissances occidentales imposèrent de force un changement de cette situation, une ouverture du pays, à l'occasion de la Guerre de l'Opium. Les «traités inégaux», par lesquels certains Etats européens s'assurèrent des privilèges, inaugurèrent en Chine la voie de la modernisation au sens occidental du terme, mais entraînèrent aussi une dépendance politico-économique croissante, qui ne prit fin qu'avec la fondation de la République populaire de Chine (1949).

L'époque de l'isolement de la Chine par rapport à l'Occident — soit du 16e au milieu du 19e siècle — est d'une importance fondamentale pour l'évolution des relations entre la Chine et l'Occident : pour la première fois, chacune des deux civilisations reçut d'amples informations sur l'autre, sur ses réalités géographiques et politiques, son commerce, son art, ses techniques et — ce n'est pas le plus négligeable — sa religion. Les agents de ce processus de découverte mutuelle furent d'abord les missionnaires catholiques, en premier lieu les jésuites, plus modestement aussi les franciscains et les dominicains puis, après la suppression de l'ordre des jésuites en Europe, d'autres congrégations prirent le relais.

Les missionnaires jésuites envoyés en Chine étaient tous extrêmement cultivés et quelques-uns même étaient d'un niveau scientifique remarquable. Grâce à leurs aptitudes, ils parvinrent à acquérir un grand renom à la Cour impériale chinoise, où ils passaient pour être d'estimables spécialistes du calendrier, de la mathématique, des arts et des sciences d'Occident en général. Ce n'était que par ce biais qu'il fut possible aux mission-

Page de gauche : *l'édition d'Ulm (1482) de la carte du monde de la* Géographie *de Ptolémée illustre l'élargissement de la connaissance de la planète à l'époque des Grandes Découvertes. Mais, bien sûr, la Chine y apparaît encore comme « l'extrémité du monde », en dessous de la légende mentionnant les « Indes au-delà du Gange ».*

*Ci-dessus : l'atlas de Chine du jésuite tridentin Martin Martini (*Novus Atlas sinensis*, Amsterdam, 1655) était une œuvre maîtresse de sinologie. Basé sur des cartes chinoises, il alliait la précision du tracé au décor de la cartographie baroque.*

naires de s'établir dans le pays et de s'employer aussi à leurs tâches spirituelles. Il fallait pour cela bien maîtriser la langue, l'écriture et la littérature chinoises, seuls moyens pour les jésuites de traiter d'égal à égal avec les fonctionnaires et les érudits autochtones.

Le philosophe Li Zhi disait de Matteo Ricci (1552-1610), le fondateur de la Mission de Chine : « Il maîtrise notre langue dans ses mots et son écriture ; il règle sa conduite sur notre étiquette. Une extrême simplicité et une grande précision intellectuelle caractérisent cette imposante personnalité. » Johann Adam Schall (1592-1666), en quelque sorte le successeur de Ricci, parvint à devenir Président du Bureau des Astronomes et Conseiller de l'Empereur, qui l'appelait familièrement *Tafu* (« grand-père »).

Les descriptions du pays et de ses particularités naturelles

Que connaissaient les Européens de la Chine ? Dans son édition de 1588, la *Cosmographie* (« Description du monde ») de Sébastien Münster (1488-1552) traite de la Chine, appelée « Cathay ». En voici un extrait concernant le Mangi (Chine méridionale) : « La province de Mangi possède beaucoup de cités magnifiques où l'on s'emploie à maintes activités et industries, en particulier la ville de Conigangui où il y a grandes quantités de sel. A Panich, il y a un grand atelier de soieries, tandis qu'à Sianfu l'or est presque tenu pour rien. A Singui il y a un atelier communal et à Caingu croissent tant de riz et de céréales qu'on en exporte par monceaux jusqu'à la Cour du Grand Cham. A Singui, il y a 6 000 ponts de pierre, qui sont si élevés que les navires passent dessous toutes voiles déployées. De même, la ville de Quinsay est si grande qu'on pense qu'il n'y en a pas de plus vaste sur la terre : en effet, son enceinte mesure 100 milles gallois, valant chacun 25 milles allemands. Elle a 12 000 ponts de pierre, car le sol de cette ville est tout marécageux, comme celui de Venise, si bien qu'on doit passer sur des ponts pour aller de ruelle en ruelle. D'innombrables artisans et marchands y résident. Il y a aussi dans l'enceinte même de cette cité un grand lac, qui fait bien huit milles allemands de pourtour, et où l'on voit beaucoup de délicieuses maisons d'agrément, deux îles et, sur chacune d'entre elles, un beau palais où l'on conserve la vaisselle et tous les ustensiles dont on use lors des mariages et des grandes solennités. Tout ce que la ville compte de notabilités organise ses banquets dans ces îles. Dans les rues de cette ville, il y a de nombreuses portes publiques par lesquelles on sauve le mobilier lorsque les maisons sont en feu. Ses habitants adorent des idoles et mangent de la viande de cheval et de chien comme les autres Tartares. »

Cette description de la Chine méridionale, plus particulièrement de Quinsay (Hangzhou), procède de Marco Polo, tandis que maintes autres informations concernant le Cathay et le Khan des Mongols sont aussi connues par les récits d'Odoric de Pordenone (1286-1333) et de Giovanni de Marignolli (1290-1359). Peu de temps après parurent des livres déjà exclusivement consacrés à la Chine. L'un d'entre eux, le *Novus Atlas sinensis* du jésuite Martin Martini (1614-1661), donne pour la première fois, par des cartes coloriées de grand format, une image de la Chine précise et concrète reposant sur des sources chinoises. En plus, un texte très abondant décrit l'empire. Martini rectifie deux erreurs des autres cartes : « La première est que l'on place la colossale Grande Muraille et la Résidence Royale de Péking en dessous du 50ᵉ degré, alors que la Muraille n'est pas à deux jours de voyage de Péking (*sic*) qui n'est pas plus haut que le 40ᵉ degré. Nous nous rappelons avoir estimé maintes fois, avec notre compagnie, leur situation à 39,59 degrés seulement. L'autre erreur n'est pas moindre, qui consiste à placer au-delà de la Chine un autre royaume très illustre appelé le Catayo, avec les villes de Quinsai, Cambalu, etc. Or, au-delà de la Grande Muraille, on ne trouve rien d'autre que les Tartares, leurs chevaux et leurs chariots — sans aucune ville. » Martini clarifie donc ici la situation géographique de Pékin et de la Grande Muraille et, par ailleurs, il indique que la Chine et le Catay de Marco Polo sont un seul et même pays.

Que connaissaient les Chinois de l'Europe ? Leur connaissance était largement tributaire de ce que leur communiquaient les jésuites. Dans le *Zhifang Waiji*, une description du monde publiée en 1623 et due à Giulio Aleni (1582-1649), un jésuite italien, il est dit de l'Allemagne : « Au nord-est de la France, il y a un pays du nom de *Roermaniya* (Germanie), dont la royauté n'est point héréditaire mais dont le roi est élu par le collège des princes des sept grands Etats confédérés. La royauté est accessible aux dignitaires du pays même mais aussi à des princes de pays étrangers ; mais on doit obtenir le consentement du pape pour introniser. Il y a 19 universités dans ce pays. En hiver, il y fait très froid. On s'y entend bien pour chauffer les chambres : on n'a à les chauffer qu'avec un peu de feu pour qu'elles soient chaudes. Les habitants vivent disséminés dans tous les pays en tant que soldats. Ils sont très loyaux et fidèles, se battent jusqu'à la mort et ne servent pas deux maîtres. Dans tous les pays, on choisit des hommes de cette nation (la Germanie) pour constituer les gardes palatines ou les armées de campagne, et on les emploie à cet effet. Ce sont des artisans très habiles et ils fabriquent des machines auxquelles aucun individu ordinaire ne penserait. Ils savent construire une pendule à sonnerie dans une bague ! (Le sol) est souvent constitué d'eau et de marécages. Lorsque la glace est ferme, on utilise une sorte de sabot qui supporte les deux pieds. Avec l'un des pieds, on se tient sur la glace, avec l'autre, on se propulse en poussant vers l'arrière ; profitant de la nature glissante de la glace, on parcourt, grâce à un solide bâton, plusieurs toises. On atteint une très grande vitesse et les mains ne sont jamais au repos mais constamment occupées. Ensuite, il y a le pays de *Falango* (France). Ses habitants sont vertueux, droits et naïfs. Si des voyageurs passent par chez eux, ils s'en moquent. Si l'étranger ne leur répond point, ils en sont très heureux et le submergent de bon vin et de nourriture. Ils se disent que cet homme a fait ses preuves et qu'on peut avoir confiance en lui. Il y a beaucoup de vignes et on s'y entend bien pour faire du vin. On le vend aux voyageurs des autres contrées. Les autochtones eux-mêmes ne se privent pas d'en boire. Si du vin étranger se présente, ils ne permettent pas qu'on l'importe dans leur pays. »

Déjà Ricci avait, selon le désir de ses amis et connaissances chinois, dessiné des cartes du monde qui avaient été partiellement imprimées. Ses successeurs, les pères Aleni, Sambiasi, Boym et Verbiest, firent de même. Ferdinand Verbiest (1623-1688), un jésuite belge, publia en 1674 une immense carte de la terre intitulée *Kunyu Qantu* (« Description du monde illustrée »), qui était essentiellement une traduction et une adaptation de la grande carte de Blaeu (vers 1645). Les noms de lieux y sont phonétiquement transcrits en caractères chinois mais parfois littéralement traduits lorsque c'était possible. Seule la configuration de la Chine, qui n'était pas encore si bien connue en Europe que celle d'autres pays, fut retravaillée par Verbiest sur base de cartes chinoises (entre autres le *Guangyutu*). Et le méridien de référence passe, en manière de galanterie, par la capitale chinoise. Conformément aux habitudes européennes, Verbiest a peuplé les régions vides de sa carte, surtout celles du continent méridional (que, grâce à Magellan, on devinait plus qu'on ne connaissait), de toutes sortes d'animaux inconnus des Chinois.

Par là, Verbiest fut le premier à introduire en Chine les connaissances zoologiques européennes. Aussi bizarres que ces descriptions puissent paraître pour le lecteur d'aujourd'hui, elles étaient fondées sur l'une des sources les plus autorisées de l'époque, à savoir les travaux du naturaliste et polygraphe Conrad Gesner (1516-1565), dont le *Tierbuch*, le *Vogelbuch* et le *Fischbuch*, dans leurs diverses éditions et traductions, étaient alors des classiques en Europe. Il y est ainsi dit, à propos du rhinocéros, qui n'était d'ailleurs pas tout à fait inconnu en Chine :

« Dans la région de Gangbaya (Cambaya), en Inde, vit un animal qu'on appelle rhinocéros. Son corps est allongé comme celui d'un éléphant ; ses pattes sont assez courtes. Partout sur le corps, il a des taches rouges et jaunes. Il a une cuirasse d'écailles que les flèches ne peuvent traverser. Sur le nez, il possède une corne, dure comme de l'acier. S'il veut combattre l'éléphant, il aiguise sa corne contre des rochers, la plante dans le ventre de l'éléphant et le met atrocement à mort de la sorte. »

L'illustration montre le rhinocéros que le roi Manuel Ier de Portugal reçut à Lisbonne en 1515 comme cadeau du roi Muzaffar du Gujerat. Dürer l'avait dessiné d'après une esquisse d'un artiste portugais et Gesner reprit la gravure de Dürer dans son *Tierbuch* (« Histoire des animaux »). Comme les autres dessins d'animaux de la carte de Verbiest, la représentation du rhinocéros par Dürer fut reproduite dans la gigantesque encyclopédie impériale *Gujin Tushu Jicheng* (vers 1726). A propos de la girafe, on y lit : « En Abyssinie, vit un animal appelé *Onaxiyo* (*Orasius*). Il a la tête comme un cheval ; ses pattes antérieures sont longues, très semblables à celles d'un cheval ; les pattes arrière sont courtes. Il a un long cou ; des sabots antérieurs jusqu'à la tête, il mesure plus de deux toises cinq pieds. Son pelage et son crin sont multicolores. On le nourrit de foin. A l'étable, si des hommes le regardent, il se tourne comme s'il voulait présenter son plus bel aspect aux spectateurs. » Ce texte est accompagné de la reproduction, par Melchior Lorch de Flensburg, d'une girafe offerte au sultan turc de Constantinople. Cette gravure de girafe avait paru en 1559 à Nuremberg et avait été reprise par Gesner dans son *Tierbuch*.

Les animaux de Verbiest échouèrent aussi dans les dictionnaires : ainsi on trouve notre girafe dans le dictionnaire mandchou *Qingwen Buhui* (1786) à l'entrée *Onasu*. L'Europe aussi était curieuse des mémoires des naturalistes de l'autre extrémité du monde. Cette soif fut satisfaite au mieux par la *Flora sinensis* (Vienne, 1656) que fit publier le père Michel Boym (1612-1659) lors de son séjour en Europe comme envoyé de l'empereur de Chine auprès du pape. Les superbes in-folios et leurs planches coloriées contiennent les représentations et descriptions de 21 plantes et de 8 animaux, dont tous d'ailleurs ne sont pas chinois. Ainsi, on y voit quelques fruits indiens ou sud-est asiatiques, et même américains — ces derniers étaient manifestement si répandus en Chine méridionale au milieu du 17e siècle qu'on pouvait les considérer comme typiques du pays, sinon indigènes. Sont représentés donc, la noix de coco, la noix d'arec, la banane, la papaye, le cachou, le litchi et le longan, la jambose, la mangue, le fruit du jacquier, la nèfle du Japon, la cannelle, la rhubarbe, et aussi des animaux : le phénix, le faisan, le porte-musc, l'hippopotame, etc.

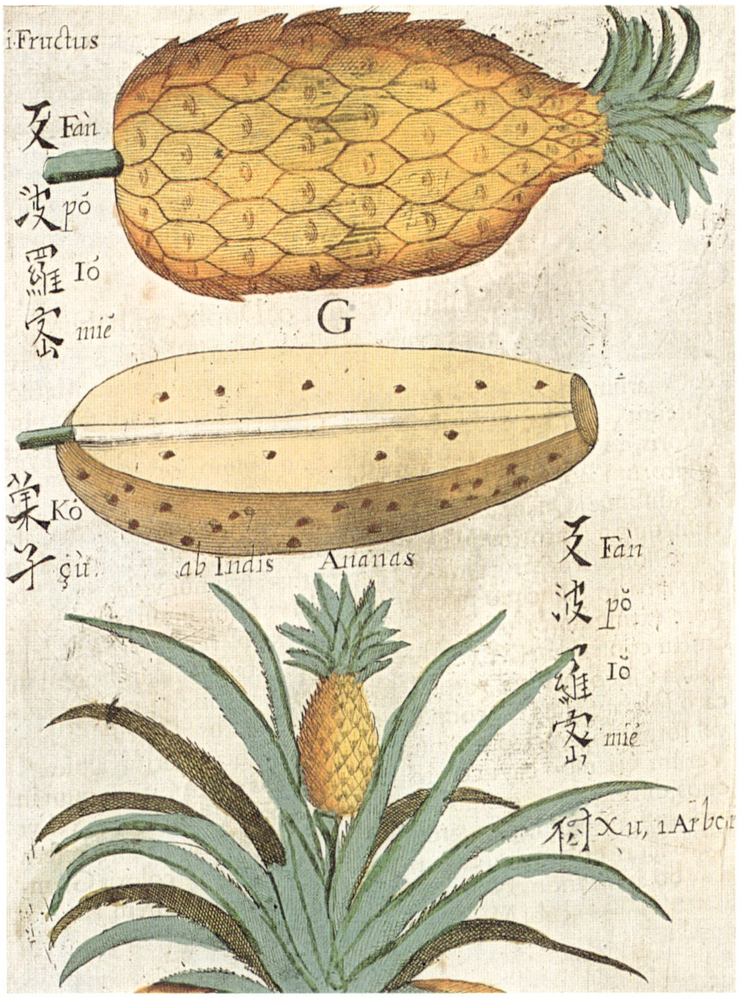

La Flora sinensis *du jésuite Michael Boym (Vienne, 1656) proposait, par ses gravures sur bois coloriées, une information authentique sur la faune et la flore chinoises. Certes, les graveurs viennois ont maltraité les noms chinois, mais ceux-ci sont toutefois encore lisibles. Si l'ananas* (au-dessus) *est d'origine américaine, le fruit du litchi* (en bas) *est bien tout à fait chinois.*

A titre d'exemple, reprenons la description d'un fruit américain, l'ananas : « Fruit du jacquier exotique ou ananas. Ce fruit est appelé par les Chinois *Fan Bolomie* (fruit du jacquier exotique), par les Indiens *Ananas*, et abonde dans les provinces méridionales de Guangdong, de Guangxi, de Yunnan, de Fujian et sur l'île de Hainan. Il doit avoir été importé du Brésil dans les Indes orientales. Il a les feuilles et la racine du chardon, l'intérieur d'un artichaut. Lorsque le fruit commence à croître, il rayonne de mille couleurs, mais aussitôt qu'il parvient à maturité il ne garde que les couleurs jaune et rouge. Ses graines, rares et disséminées dans le fruit, sont de couleur noire et tout à fait comme celles d'une pomme ; enterrées, elles donnent naissance à de nouveaux fruits. La pousse qui produit le fruit, ou un surgeon issu de lui, ou même les feuilles qui croissent à l'extrémité du fruit suffisent, si on les coupe et les plante en terre, à obtenir un ananas en une année. Il a la grandeur d'un empan et demi et possède une chair spongieuse, jaune et pleine de jus. Mûr, il est d'un arôme des plus agréable ; son jus est doux mais un peu aigrelet. On dit que ce fruit a une nature chaude parce que son jus corrode le fer, ce que ne fait point le jus froid du citron. Je pense en fait que sa nature est plutôt froide, et j'ai expérimenté qu'il combat la fièvre. Chez les Indiens et les Cafres, il mûrit en février et mars, chez les Chinois en juillet et août. De ce fruit exquis, on fait une conserve qui, malheureusement, ne garde pas toujours le goût d'origine. Je ne sais vraiment pas s'il surpasse, par la forme et la saveur, tous les autres fruits de l'Inde. J'en présente ici un dessin montrant comment il croît et comment on le prépare pour le manger après en avoir ôté l'écorce. »

Dans cette description, les concepts de « chaud » et de « froid » ressortissent au système analogique de la médecine scientifico-naturelle du temps qui, comme c'était aussi le cas en Chine, parlait de maladies « chaudes » ou « froides ». Les descriptions de l'ananas n'apparurent dans les sources chinoises que plus tard. Aujourd'hui, l'ananas est vraiment devenu un fruit chinois, si l'on pense à l'agriculture de Taiwan. Les illustrations et descriptions de fruits et d'animaux de Chine proposées par Boym furent reprises aussitôt dans d'autres ouvrages sur la Chine et ont influencé l'image de ce pays durant les cent cinquante ans qui suivirent.

L'astronomie et le calendrier

La tâche principale des jésuites à la Cour impériale chinoise était d'améliorer le calendrier chinois et de prévoir les éclipses. En effet, l'empereur, Fils du Ciel, investi par celui-ci d'un mandat, faisait grand cas des signes célestes qui, tels des auspices fastes ou néfastes, manifestaient les volontés du firmament. En outre, l'exactitude du calendrier était décisive pour l'agriculture mais aussi pour les cérémonies et les fêtes. Ainsi, les jésuites publièrent une foule d'ouvrages en chinois sur le calcul du calendrier et les observations astronomiques. Cela ne leur était guère difficile car certains d'entre eux étaient des élèves de Christophe Clavius, de Bamberg, qui avait présidé à la réforme

Page de droite : *les gravures sur bois du* Nianzhu Guicheng *(vers 1620), un ouvrage sur le Rosaire du jésuite Joao da Rocha (1565-1623), sont imitées de celles créées par les frères Wierix pour un livre de méditation de Jérôme Nadal paru à Anvers en 1594. Mais ce ne sont pas les mêmes que celles reprises aussi à ce livre par Giulio Aleni dans sa* Vie de Jésus *(*Tianzhu Jiangsheng Chuxiang Jingjie, *1637). Ces illustrations (à gauche :* L'Annonciation*; à droite :* La Visitation*) transposent l'iconographie chrétienne dans un contexte chinois.*

Ci-dessous : *prévision de l'éclipse du soleil du 30 avril 1669 rédigée par le père Ferdinand Verbiest. Le grand diagramme se rapporte à la capitale Pékin, les autres aux chefs-lieux des provinces. Les textes chinois et mandchou sont chaque fois juxtaposés.*

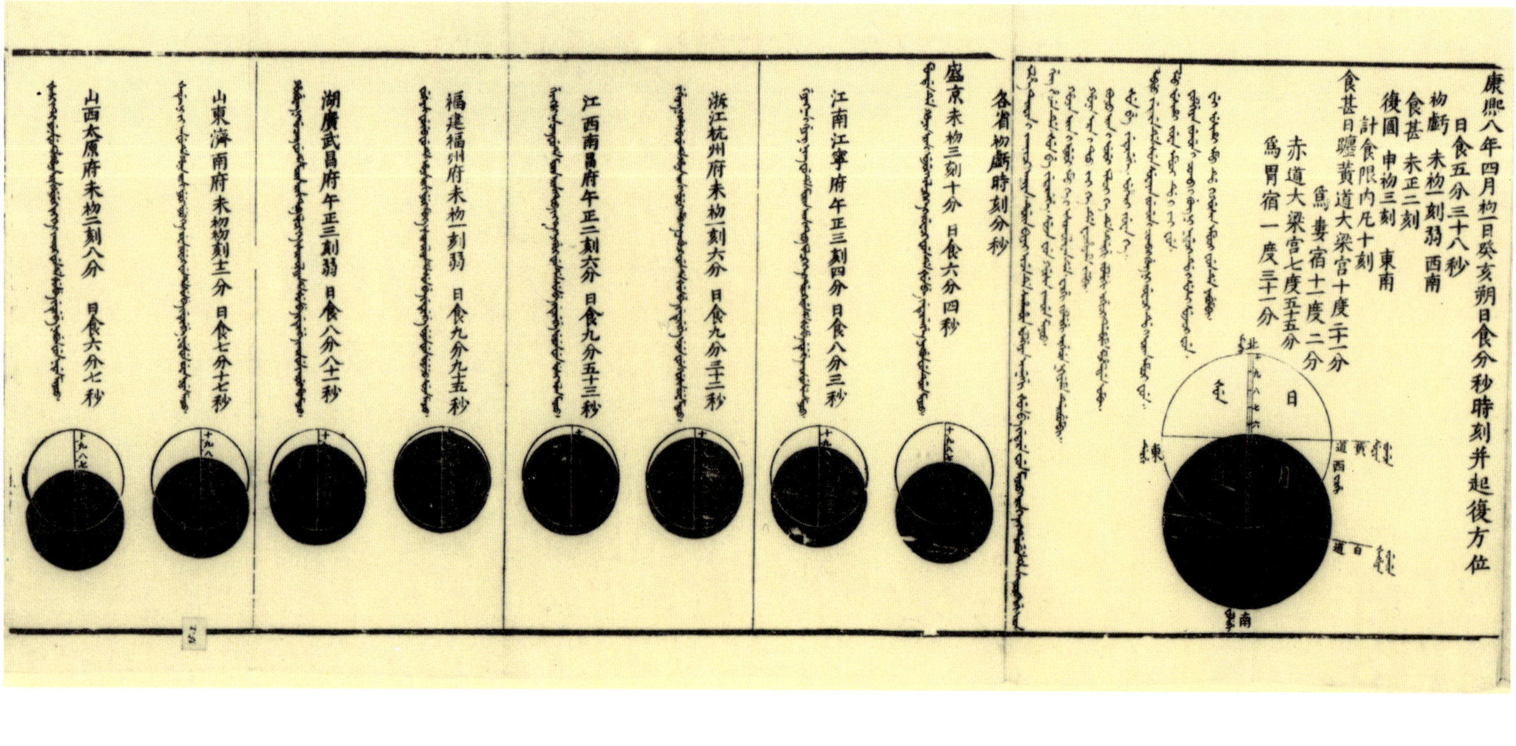

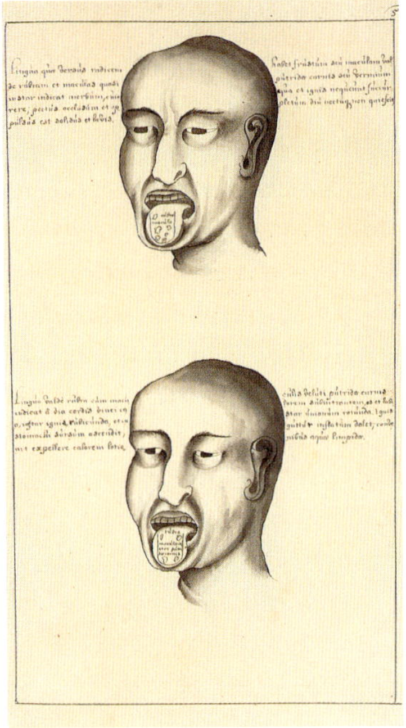

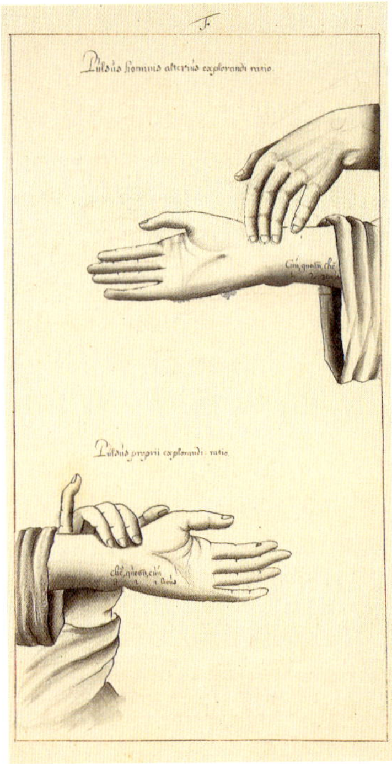

Le Specimen medicinae sinicae *(Francfort, 1682) du médecin et pharmacien de Cassel, Andreas Cleyer, comprend toute une série de contributions et de traductions concernant la médecine chinoise et provenant de diverses sources. La plupart sont dues à des missionnaires jésuites. Les illustrations ne sont pas reprises de l'édition imprimée mais du manuscrit calligraphié. Le frontispice* (à droite) *montre comment un médecin tâte le pouls de son patient. Les théories chinoises sur le pouls suscitèrent un grand intérêt en Europe où, jusqu'alors, on s'en remettait plutôt à l'aspect des urines pour le diagnostic. La relation du pouls avec des organes et des régions du corps bien précis n'était cependant qu'à peine comprise. Aujourd'hui banal, le diagnostic par l'examen de la langue était aussi une nouveauté. Ce n'est qu'en 1813 qu'Abel Rémusat, qui allait devenir le premier professeur de sinologie en Europe, rédigea sa thèse sur la «glossosémiotique» chinoise.*
[Berlin, Preussischer Kulturbesitz]

dire qu'il n'est pas nécessaire que vous sachiez lire cette langue pour comprendre ces huit volumes. Il suffit que je vous indique que cet ouvrage est en fait votre propre travail, Messieurs, que je vous renvoie habillé à la façon tartare. L'empereur de Chine, si illustre en Europe même et si déterminé à faire son profit des connaissances de l'extérieur, n'a pas cru être obligé d'apprendre notre langue pour en tirer parti. Il a considéré que le moyen le plus rapide et le plus expédient pour lui était de me charger de lui traduire entièrement dans sa langue maternelle tout ce dont je n'ai pu que succinctement l'entretenir dans nos conversations.»

Parrenin introduit son exposé anatomique comme suit: «Du corps en général. Le corps, qui a une forme visible, et l'âme, dépourvue de forme visible, intimement liés ensemble pendant la vie, ne font que comme un seul corps. Le ciel visible est relié au Seigneur invisible qui l'a créé. Ainsi, ce qui est en relation avec le ciel visible, c'est le corps vivant, fondé sur une substance céleste. Ce qui est en relation avec le Seigneur invisible qui a créé le ciel, c'est l'âme illuminée, qui s'appuie sur la Cause Première des Sagesse et Illumination divines merveilleuses, à savoir le Grand Seigneur. La nature de l'âme invisible procède de la raison et, partant, est en comparaison du corps infiniment plus subtile et secrète. C'est pourquoi, après qu'on a reconnu le corps visible et l'âme chacun dans sa spécificité, on peut synthétiser en une loi la connaissance du corps humain. Il est aisé d'examiner le corps visible mais difficile de connaître l'âme invisible. Aussi traite-t-on d'abord du corps visible et aborde-t-on par après l'âme invisible. Afin d'apprendre à connaître exhaustivement toutes les parties du corps visible et de l'âme invisible, il faut étudier minutieusement la merveil-

leuse et insondable Vertu du Seigneur, qui a créé toutes choses, faire preuve d'intelligence, d'amour et de respect, et admettre sans restriction l'immortalité de l'âme. Si l'on veut rendre le corps plus durable, on doit connaître la méthode pour obtenir la Longue Vie. C'est pourquoi, lorsqu'elles se concentreront sur ce livre, les personnes qui enseignent les principes comprendront ce qui, en ce qui concerne la vie et la mort de l'homme, est essentiel pour notre temps. Lorsque les médecins étudieront cet ouvrage, ils apprendront avec précision les processus d'apparition et de développement des maladies. »

L'art

Dans le domaine des arts plastiques, les stimulations réciproques furent particulièrement fructueuses. A l'époque baroque, il y eut en Europe un engouement pour la mode chinoise ; on importa des quantités énormes de porcelaines d'Asie orientale ; on tenta d'imiter l'« or blanc » ; les arts décoratifs accueillirent avec enthousiasme les chinoiseries et même les conceptions des nouveaux architectes paysagistes étaient influencées par les jardins d'agrément chinois. En même temps, la Chine adoptait la peinture à l'huile, la perspective et la gravure sur cuivre européennes. Le père Giuseppe Castiglione (1688-1760), un jésuite milanais, fut peintre à la Cour impériale et créa des œuvres dans un style hybride original.

A propos des premières gravures sur cuivre, on a la relation de Matteo Ripa (1682-1745) : « Je l'ai dit, je connaissais quelque chose de l'optique et aussi de la théorie, mais rien de la pratique de la gravure sur cuivre à l'eau-forte. Sa Majesté fut grandement aise d'apprendre que j'étais prêt à m'y essayer, bien que je n'eusse point encore pratiqué l'art de la gravure. Elle ordonna aussitôt que je commençasse à graver. Dans le laps de temps le plus court possible, je dessinai à l'aide d'une pointe sur une plaque recouverte de noir de fumée et ainsi préparée à recevoir l'eau-forte (acide nitrique). A peine eus-je fait cela, que l'Empereur souhaita le voir. Les motifs ainsi réalisés sur la plaque avaient un aspect exquis, aussi l'Empereur en fut-il content et ordonna à ses peintres chinois de dessiner un paysage que je graverais ensuite. Après que cela fut fait, (la gravure) fut montrée en même temps que l'original à Sa Majesté qui manifesta une grande joie et un vif étonnement en constatant que la copie était en tous points semblable à l'original sans que celui-ci ait été altéré. Ce fut la première fois qu'Elle vit une gravure sur cuivre, car jusqu'alors les Chinois réalisaient leurs gravures en gravant au burin le dessin original placé sur une planche de bois. »

L'empereur chargea alors Ripa de graver sur cuivre les trente-six plus belles vues de son palais d'été de Jehol (Ruho). Ces gravures doivent avoir été jugées très réussies. Par après, l'art de la gravure sur cuivre semble toutefois être tombé dans l'oubli ; ainsi, lorsque l'empereur Qianlong voulut faire graver les dessins des batailles de sa campagne dans le Turkestan oriental, il dut faire la commande de ce travail à Paris. Des plaques et des épreuves furent alors envoyées à l'empereur à Pékin et celui-ci les paya royalement. Cette commande est un exemple éclatant de la réciprocité des attirances entre la Chine et l'Europe.

Dans le domaine religieux, les missionnaires étaient bien sûr spécialement actifs. Parmi les livres illustrés chrétiens connus, on distingue une vie de Jésus par le père Giulio Aleni, intitulée *Tianzhu Jiangsheng Chuxiang Jingjie* (« Vie du Seigneur en images, expliquée d'après l'Ecriture ») et parue en 1637. Elle comprend 56 planches avec des explications en chinois et un plan de Jérusalem, qui proviennent d'un livre de méditation de Jérôme Nadal (1507-1580), paru à Anvers en 1594 et illustré de 150 gravures sur cuivre dues pour la plupart aux frères Wierix. Il est particulièrement instructif de voir comment les graveurs chinois ont retravaillé les scènes européennes en fonction de la gravure sur bois.

La religion

En Europe, on nourrissait un grand intérêt pour la religion chinoise. Les travaux des jésuites concernant la religion naturelle et primitive des Chinois ainsi que l'interprétation du culte des ancêtres et de Confucius passaient pour être, de la part du christianisme, l'expression d'une tolérance respectueuse ; ils furent désavoués par les autres ordres et finalement aussi par le pape. Cette décision, qui allait à l'encontre de l'intelligente politique d'adaptation des jésuites, scandalisa l'empereur de Chine et contribua à déclencher de sévères persécutions antichrétiennes.

Les débuts de la sinologie

Les publications chrétiennes de la Mission de Chine étaient fort recherchées en Europe — où il n'y avait que peu de livres en chinois — pour aider à l'étude de la langue. Gottfried Wilhelm Leibniz (1646-1716), l'illustre mathématicien et philosophe, invita les jésuites à rassembler le plus possible de traductions du *Notre Père* dans les différentes langues et dialectes, afin qu'on dispose d'un texte de référence unique pour la philologie comparative. Du reste, le rôle de Leibniz dans la transmission du savoir chinois est très important. Par son ouvrage *Novissima sinica* (« Les nouveautés de Chine »), paru en 1697, il a non seulement diffusé des informations concernant la Chine reprises pour la plupart aux jésuites, mais il a aussi attiré l'attention, dans une introduction-programme, sur l'importance des études chinoises.

Tandis que les Chinois étaient des observateurs hors pair, la force des Européens résidait dans leurs théories. Ainsi les deux cultures pouvaient apprendre l'une de l'autre, et c'est sur cette

L'intensification du commerce avec l'Extrême-Orient grâce à la Compagnie des Indes orientales amena de grandes quantités de porcelaines en Europe.

L'exubérance baroque faisait étalage des trésors exotiques dans des « cabinets de porcelaines », comme celui du château de Charlottenbourg, à Berlin.

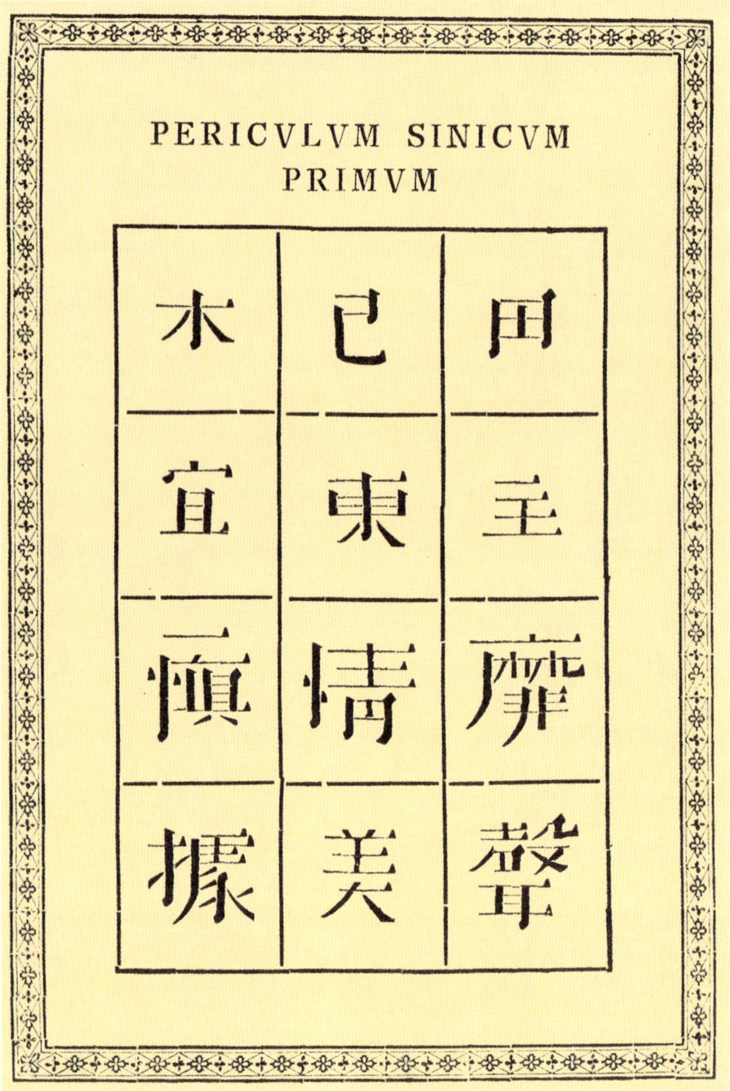

A gauche : *l'imprimeur et éditeur Breitkopf, de Leipzig, inventa en 1789 un procédé pour composer et imprimer les caractères chinois à partir de leurs éléments constitutifs les plus simples. Les caractères de son* Exemplum typographiae sinicae *ne peuvent certes pas être qualifiés de très élégants, mais cette invention facilita la composition de textes chinois en Europe. La composition informatisée moderne utilise encore elle-même en partie le principe de Breitkopf.*

A droite : *dans son recueil de gravures intitulé* Esquisse d'une architecture historique *(1721), qui constituait la première histoire de l'architecture mondiale, Johann Bernhard Fischer von Erlach, architecte de la Cour impériale de Vienne, reprit également des monuments chinois, comme la* Pagode de Porcelaine *de Baolin Si, près de Nankin.*

« Mais qui eût jamais cru qu'il y avait sur le globe un peuple qui nous surpassait par sa culture généralement plus raffinée encore que la nôtre, nous qui pensions pourtant nous être élevés au sommet absolu de l'urbanité ? Et pourtant, c'est ce que nous constatons maintenant à propos des Chinois, depuis que ce peuple nous est devenu familier. Si l'habileté de nos artisans égale celle des leurs et si nous les dépassons dans les sciences théoriques, nous leur sommes toutefois certainement inférieurs — j'ai presque honte à le confesser — dans le domaine de la philosophie pratique. J'entends par là l'enseignement de l'éthique et de la politique qui régentent la vie et la quotidienneté des hommes. Il n'y a pas de mots pour décrire la sagesse avec laquelle les Chinois — surpassant les lois des autres peuples — font tout reposer sur la paix publique et sur l'harmonie de la vie sociale des hommes, grâce à quoi ils se causent à eux-mêmes aussi peu de contrariétés que possible. »

Leibniz, Novissima sinica (1697),
extrait de l'avant-propos.

base que Leibniz plaidait pour un échange culturel et scientifique avec la Chine. Comme il manquait à cette époque une institution adaptée à cet objectif, on dut à l'influence de Leibniz la fondation de l'Académie royale des Sciences de Berlin. Leibniz avait développé une méthode mathématique qui exprimait les nombres avec seulement deux symboles, comme 0 et 1, ou + et −. L'utilité immédiate de cette « récréation » mathématique n'était pas alors perceptible, mais Leibniz envoya un exposé de cette « théorie binaire » à son correspondant à Pékin, le père Joachim Bouvet, se disant que, peut-être, l'empereur de Chine, un ami des sciences, s'intéresserait à cette curiosité. Lorsque Leibniz eut pris connaissance des symboles du *Livre des Mutations* (*Yijing*), ces hexagrammes composés de lignes tantôt continues tantôt rompues, il lui sembla que sa théorie devait avoir été connue depuis longtemps par les anciens Chinois : l'empereur mythique Fuxi, qui passait pour l'inventeur de ces hexagrammes, devait à son avis avoir déjà connaissance du système binaire. Autrement, on ne pouvait donner aucune explication satisfaisante à ces signes... Sans la théorie de Leibniz, les ordinateurs eussent donc été inconcevables, car ils reposent sur ce système binaire !

La connaissance de l'écriture chinoise parvint en Europe dès le 16e siècle. Juan Gonzalez de Mendosa (1545-1614) reproduisit trois caractères d'écriture très difficilement lisibles dans sa *Description de la Chine* (Rome, 1585). L'historien italien Paul Jove (1483-1552) semble avoir été le premier à reconnaître que l'art de l'imprimerie était venu de Chine en Europe.

Sous le règne de Philippe II (1527-1598), des livres chinois parvinrent à l'Escurial et aussi à Rome (notamment avant 1540). Mais ces textes chinois n'étaient regardés que comme des curiosités que personne ne pouvait lire. Des grammaires et des dictionnaires bilingues à l'intention des Européens circulèrent — manuscritement — parmi les missionnaires, mais rarement hors de Chine. Une grande impulsion fut donnée en Europe à l'étude de la langue chinoise par la publication de l'inscription de la stèle nestorienne de 781 trouvée à Xianfu : ce texte, rédigé en chinois et en syriaque, décrit la situation des chrétiens nestoriens en Chine. Les jésuites, de même que les érudits de l'époque, furent stupéfaits — voire enthousiasmés — par ce témoin d'un très ancien christianisme chinois. En 1667, l'encyclopédiste jésuite Athanase Kircher (1602-1680) publia le texte chinois de cette inscription, accompagné d'une transcription et d'une traduction libre en latin fournie par le père Michael Boym dans son livre *China illustrata* (Amsterdam,

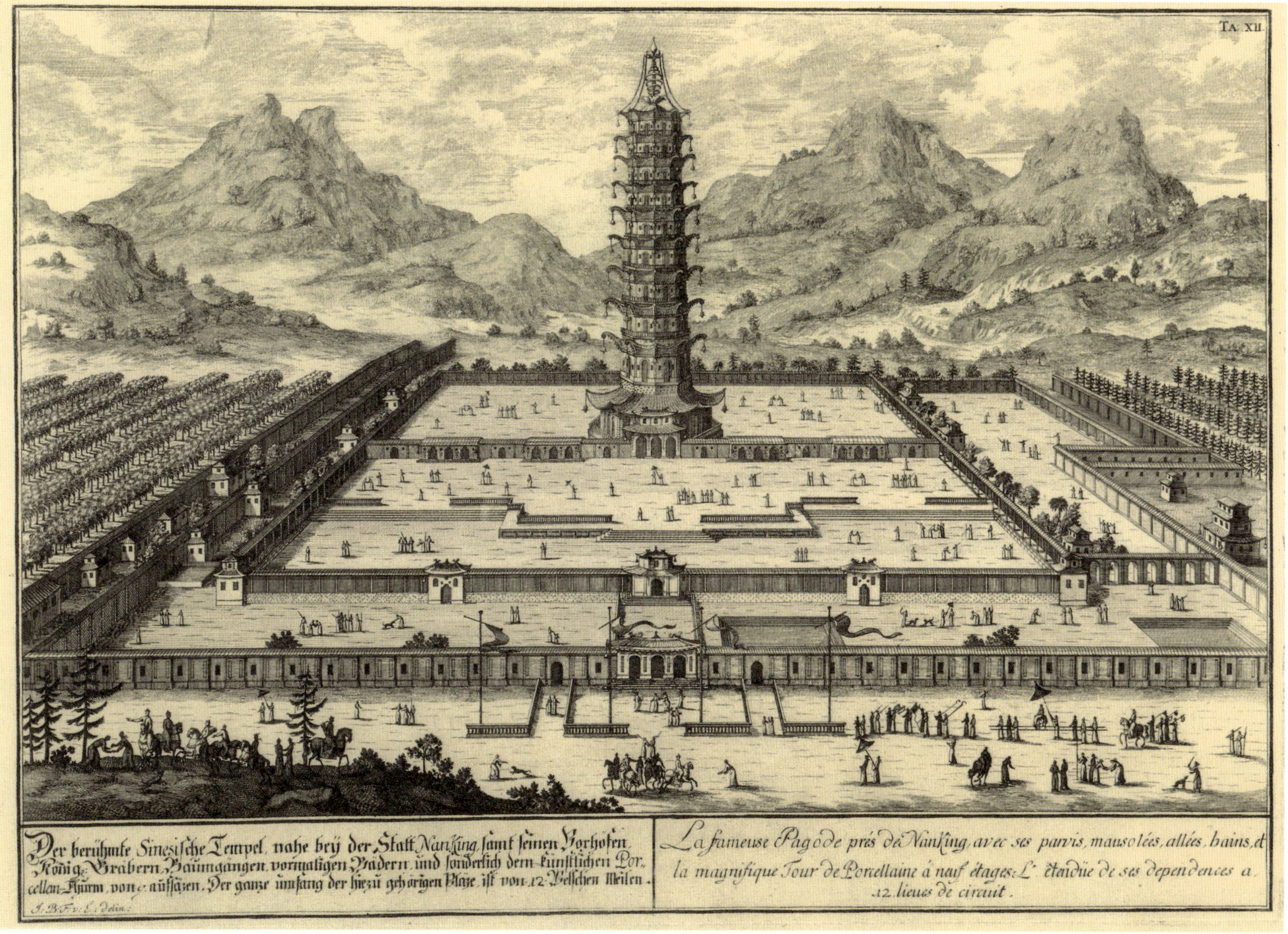

1667). Chaque caractère chinois y était mis en rapport, grâce à une numérotation continue, avec un terme de la transcription et de la traduction, de sorte que cette publication pouvait être utilisée à l'instar d'un dictionnaire. Dans l'édition française du travail de Kircher publiée à Amsterdam en 1670, les vocables sont ordonnés de façon à constituer un glossaire chinois-français.

Ce fut le premier dictionnaire de chinois publié à l'usage des Européens. De nombreux érudits s'en servirent pour commencer leur apprentissage de la langue chinoise. L'impression des signes chinois en Europe fut rendue possible au 18e siècle par Etienne Fourmont (1683-1745), qui avait fait graver un jeu très étendu de caractères en bois. A Leipzig, l'éditeur Johann Gottlob Immanuel Breitkopf (1719-1794) commença une tentative très prometteuse de composer les caractères chinois pour l'impression, à partir de leurs éléments les plus simples. Cette méthode fut affinée au 19e siècle par Marcellin Legrand et très utilisée ensuite.

En revanche, en Chine, où l'on connaissait les caractères mobiles depuis l'époque Song, l'impression à partir de planches de bois se révélait bien moins coûteuse. Même les jésuites firent finalement imprimer leurs ouvrages en langues européennes par ce procédé. Le premier de leurs livres ainsi publié parut en 1662 à Jianchang (province de Jiangxi) et s'intitulait *Sapientia Sinica*. Il contenait la première traduction imprimée de passages des Quatre Livres (*Sishu*) confucianistes, à savoir le *Daxue* («La Grande Etude») et la première partie des *Entretiens de Confucius* (*Lunyu*). L'impression à partir de planches de bois offrait cet avantage qu'elle permettait la juxtaposition du texte latin et de l'original, tandis que, pour des raisons techniques, les publications européennes devaient renoncer au texte chinois.

La publication d'un petit livre du jésuite tridentin Martin Martini, intitulé *Sinicae historiae decas prima* (Munich, 1658), fit grand bruit en Europe. C'était la première partie d'un projet d'une histoire de Chine. Elle couvrait l'antiquité chinoise depuis les origines jusqu'à la naissance du Christ. Cette énumération en soi très sèche des empereurs et de leurs hauts faits apparut pourtant révolutionnaire et elle alimenta un débat d'idées pendant cent cinquante ans. L'histoire de Chine scrupuleusement documentée indiquait en effet que des empereurs avaient régné dans ce pays dès avant le déluge ! Ce n'était pas seulement la chronologie biblique qui était mise en doute, mais toute une image du monde qui s'en trouvait ébranlée.

Les grandes dates de l'histoire chinoise

Dynastie Xia (légendaire ?)			vers 2000-vers 1520 av. J.-C.
Dynastie Shang (Yin)			vers 1520-vers 1030 av. J.-C.
Dynastie Zhou	Dynastie Zhou occidentale		vers 1030-771 av. J.-C.
	Dynastie Zhou orientale		770-256 av. J.-C.
	Epoque Chunqin		770-476 av. J.-C.
	Epoque des Royaumes Combattants (Zhanguo)		475-221 av. J.-C.
Dynastie Qin			221-207 av. J.-C.
Dynastie Han	Dynastie Han antérieurs (Haute Epoque)		206 av. J.-C.-24 ap. J.-C.
	Dynastie Han postérieurs (Basse Epoque)		25-220
Période des Trois Royaumes (Sanguo)	Dynastie Wei		220-265
	Dynastie Shu (Han)		221-263
	Dynastie Wu		222-280
Dynastie Jin occidentale			265-316
Dynastie Jin orientale			317-420
Dynastie du Nord et du Sud (Nanbei Chao)	Dynasties du Sud	Dynastie Song	420-479
		Dynastie Qi	479-502
		Dynastie Liang	502-557
		Dynastie Chen	557-589
	Dynasties du Nord	Dynastie Wei du Nord	386-534
		Dynastie Wei orientale	534-550
		Dynastie Qi du Nord	550-577
		Dynastie Wei occidentale	535-556
		Dynastie Zhou du Nord	557-581
Dynastie Sui			581-618
Dynastie Tang			618-907
Période des Cinq Dynasties (Wu Dai)	2e dynastie Liang		907-923
	2e dynastie Tang		923-936
	2e dynastie Jin		936-946
	2e dynastie Han		947-950
	2e dynastie Zhou		951-960
Dynastie Song	Dynastie Song du Nord		960-1127
	Dynastie Song du Sud		1127-1279
Dynastie Liao (Tartare Qidan)			916-1119
Dynastie Jin (Tartare Ruzhen)			1115-1234
Dynastie Yuan (Mongole)			1279-1368
Dynastie Ming			1368-1644
Dynastie Qing (Mandchoue)			1644-1911
République (Minguo)			1912-1949
République populaire de Chine			depuis 1949

Broderie de soie sur satin (32,9 × 29,8 cm) représentant un alcyon et une fleur de lotus. Dynastie mandchoue des Qing.

Les sites archéologiques

Aksu (Xinjiang) Oasis et nœud routier sur le côté nord de la Route de la Soie, qui longe le nord-ouest du bassin du Tarim, au pied du Tianshan. Grottes bouddhiques près de l'oasis.

Anshan (Liaoning) Centre le plus important, avec Wuhan dans la province de Hubei, de l'industrie de l'acier chinois, qui produit actuellement un quart de la production du pays. La tradition des mines de fer remonte à la période des Han occidentaux. A 20 km à l'est s'élève la montagne des «Mille Fleurs de Lotus», qui fait partie du massif de granit du Qianshan. Il s'y trouve de nombreux temples bouddhiques et taoïstes de la période Ming, dont la majorité a été rénovée sous la dynastie des Qing. Depuis la période Song, la région fut le refuge préféré des ermites.

Anyang (Henan) L'historien Sima Qian, qui vivait à l'époque de la dynastie des Han, a situé une des dernières capitales de l'empire Shang dans la région de Xiaotun, village au nord-ouest d'Anyang. C'était effectivement la dernière, construite vraisemblablement par le roi Pan Geng au début du 13e siècle av. J.-C. et qui fut conquise et détruite par les Zhou au 11e siècle av. J.-C. Plus tard, la «Grande Ville des Shang», telle qu'elle fut appelée dans les inscriptions oraculaires sur os, fut désignée du nom de Yinxu, le «détritus de Yin». Yin était le nom utilisé par les Zhou et les historiens de la période Han pour désigner les Shang. Après que l'attention a été attirée dès 1899 sur le site de Xiaotun, qui recèle de nombreux os et carapaces de tortues portant des inscriptions, l'Academia Sinica a commencé des fouilles systématiques en 1928. Celles-ci, continuées jusqu'en 1937, ont mis au jour des bâtiments à fondations de terre battue et des nécropoles, construits en croix, accessibles par des rampes. Là étaient inhumés les souverains, au nord-ouest, à Xibeigang près de Houjiazhuang. Bien que ces tombes aient été fouillées par des pillards, de nombreuses sculptures de marbre, des bronzes et objets en céramique et en jade y ont été trouvés. Les fouilles reprises après la guerre ont fait découvrir près de Wuguancun, dans le secteur est du cimetière de Xibei, cinq nouvelles fosses contenant des objets funéraires et des centaines de tombes «annexes». Un tombeau intact a été découvert en 1976 un peu à l'écart de la véritable nécropole des souverains de Xiaotun, sur l'autre rive du Huanghe. Les inscriptions ont permis de déterminer qu'il s'agissait du tombeau de la reine Fu Hao, une des épouses de Wu Ding qui a régné sur les Shang vers le milieu du 13e siècle av. J.-C. Encore que de dimensions relativement modestes, il contenait une remarquable collection d'objets funéraires: plus de 200 vases de bronze, autant d'armes et d'outils de bronze, dont 4 miroirs, 23 cloches, environ 600 sculptures et objets de jade et autres pierreries, plusieurs coupes d'ivoire incrustées de turquoises, près de 500 épingles à cheveux en os, près de 7000 coquilles de cauris, 20 opales et d'autres objets. La reine avait été inhumée dans un cercueil entièrement laqué. Son tombeau était surmonté d'une construction dont on n'a retrouvé que les parties en pierre. D'autres découvertes, datant de la période Shang, ont été faites dans la région de Xiaotun: Dasikongcun, Hougang, Sipanmo et Xiaomintun.

Baling (Shaanxi) Mausolée de l'empereur Wendi de la dynastie des Han occidentaux (régna de 179 à 175 av. J.-C.).

Banpo (Shaanxi) A l'occasion de travaux préparatoires à la construction d'une usine, on a découvert en 1953, dans ce village situé à 7 km à l'est de Xi'an, les restes d'une agglomération néolithique de la culture Yangshao. Les fouilles ont permis de mettre au jours 45 habitations entourées de tombeaux et d'une palissade. Les «fosses» de réserve contenaient des restes de grain (du millet). Les fours et les tombes se trouvaient en dehors du centre d'habitation. Les découvertes sont conservées au musée local.

Baoji (Shaanxi) Cavernes bouddhiques de la période Wei. Depuis 1925, on y a trouvé des bronzes datant de la période Zhou. Des tombeaux de cette époque ont été découverts à Rujiazhuang en 1974. Des restes de la culture néolithique Yangshao y avaient été découverts en 1959.

Baotou (Mongolie intérieure) Temple Kundulun Si, datant de la période Qing. Le couvent lama de Wudang Zhao se trouve à 70 km à l'est de la ville. L'ensemble fut construit au milieu du 18e siècle en style tibétain et comprend 2500 pièces.

Beijing / Pékin La capitale chinoise, qui compte aujourd'hui plus de 10 millions d'habitants, n'a pris une certaine importance que relativement tard dans l'histoire de l'Empire du Milieu. Vers la fin du 2e millénaire av. J.-C., une communauté s'est fixée à l'endroit où se trouve le pont Marco Polo, sur la rivière Yongding. Les habitants vivaient de la culture des terres alluvionnaires fertiles ainsi que du commerce avec les tribus mandchoues et coréennes. Cette agglomération nommée *Ji* («Roseau») fut conquise en 221 av. J.-C. par l'unificateur Qin Shihuangdi qui en fit un point d'appui contre les peuplades nomades du nord. L'influence de la ville est due à leur poussée vers le sud. Après la conquête du nord de la Chine par les Kitan, au 10e siècle, elle devint la deuxième métropole en importance de la dynastie des Liao — à côté de Kaifeng. Les Jürchen, dont les chefs régnaient sous le nom dynastique de Jin, lui donnèrent le nom de Zhongdu («Capitale du Milieu») en 1125. Zhongdu fut conquise par les Mongols en 1215 et détruite. Kubilaï Khan, qui a régné de 1260 à 1294, a fait construire plus au nord la ville de Khanbaliq («Ville du Grand Khan»), connue également sous le nom de Dadu, et en fit la capitale de la dynastie Yuan. Après avoir chassé les Mongols, les empereurs Ming résidèrent primitivement à Nankin («Capitale du Sud»). L'empereur Yongle transféra la Cour vers Pékin en 1407. «Capitale du Nord», elle resta la métropole impériale sous les empereurs mandchous Qing. La curiosité principale de la ville est le palais impérial, qui couvre une superficie de 72 ha: c'est la «Ville Interdite» (voir plan p. 98). Au sud de cet emplacement, l'empereur Yongle a fait construire en 1421 l'Autel des Dieux de la Terre et de la Fécondité (*Sheji Tan*), ainsi que le Temple impérial des Ancêtres. Autres lieux du culte de l'Etat: le Temple du Ciel (*Tian Tan*), dans le secteur de Chongwen (voir plan p. 138), ainsi que l'Autel du Dieu de l'Agriculture (*Xiannong Tan*), dans le district de Xuanwu. Le parc Beihai, au nord-ouest du palais impérial, comprend le Mur des Neuf Dragons (1417) et la Pagode Blanche qui, avec ses 36 m de haut, fut érigée en 1651 en style tibétain lors de la visite du cinquième dalai-lama. Comme temples bouddhiques citons: Fayuan Si, dont la construction remonte à la période Tang; Guangji Si, aujourd'hui siège de la Confédération bouddhique chinoise; Dazhong Si, avec sa collection de cloches anciennes; Zhenjue Si, avec un vajra-stupa à cinq tours (comme au couvent lamaïste de Yonghe Gong). L'ancien observatoire a été le centre de l'astronomie chinoise durant des siècles et contient des instruments datant des 17e et 18e siècles. Les empereurs de la dynastie des Qing ont fait construire leur immense palais d'été dans le paysage vallonné au bord du lac Kunming. Les tombeaux de 13 des 16 empereurs Ming se trouvent sur un versant de la montagne Tianshou, à 50 km au nord de la ville, en direction de la Grande Muraille

Bezeklik (Xinjiang) Les cavernes bouddhiques qui se trouvent dans un ravin de la vallée Murtuq, située à 40 km à l'est de Turfan, sont devenues célèbres pour leurs peintures datant du 6e au 13e siècle. De nombreuses peintures ont été ramenées à Berlin par l'expédition prussienne de Turfan.

Chengde (Hebei) Les empereurs de la dynastie Qing se protégeaient des chaleurs de Pékin, en s'installant dans leur Palais d'Eté de la ville appelée auparavant Jehol. Un mur de 10 km entoure les jardins avec leurs salles et leurs pavillons. Onze temples en style lamaïque furent construits à l'extérieur des murs de clôture.

Chengdu (Capitale de la province de Sichuan) La «Ville du Brocart» n'a aujourd'hui qu'à peine quatre millions d'habitants. Déjà du temps de la période des Han orientaux, le tissage du brocart était à l'origine de la prospérité économique. Une régulation des cours d'eau permit l'irrigation du terrain et le rendit fertile. La ville fut un centre de commerce et d'artisanat durant la période Tang. En dehors de l'ancien centre de la ville, les autres curiosités sont : le temple érigé en l'honneur du gouverneur Zhuge Liang (181-234), le tombeau de Wang Jian (847-918), qui fonda l'Etat Shu après la chute de la dynastie Tang, de même que le temple taoïste Qingyang Gong et le temple bouddhique Wenshu Yuan, dont les édifices actuels datent de la période Qing.

Chongqing (Sichuan) Cette ville de 13 millions d'habitants, au confluent du Yangzi et du Jialingjiang, a un passé de 3 000 ans. Elle fut la capitale de l'Etat Ba à l'époque Zhou.

Dahecun (Henan) Lieu de découverte, en 1972, de la culture néolithique Yangshao.

Dali (Yunnan) Siège administratif de la région autonome de la nation Bai. Fut, dès 783, la capitale des Royaumes de Nanzhao (649-903) et de Dali (937-1253). L'ancienne ville, entourée d'un mur flanqué de deux tours, a réussi à maintenir son caractère original. Le Temple des Trois Pagodes — Santa Si — datant des 9e et 10e siècles, est le symbole de la ville : il est visible de très loin.

Datong (Shanxi) Les Tuobas, peuplade des steppes, qui avaient conquis le nord de la Chine au cours du 4e siècle, firent de Datong la capitale de la région Wei du Nord et construisirent des temples-cavernes près de Yungang. Datong fut la deuxième capitale sous les dynasties étrangères Liao et Jin. C'est de cette époque que datent la grande salle du couvent Huayan supérieur ainsi que la bibliothèque du couvent Huayan inférieur, de même que la salle principale du couvent Shanhua. La célèbre Muraille des Neuf Dragons fut érigée en 1392 devant l'entrée du palais d'un prince Ming, le prince Zhugui. Ce palais n'existe plus.

Dawenkou (Shandong) Site découvert en 1959 et qui a donné son nom à une culture néolithique.

Dazu (Sichuan) Au milieu du 9e siècle, les moines et laïcs bouddhistes s'enfuirent pour échapper aux persécutions. Ils recommencèrent la construction de temples-cavernes. Environ 10 000 figures ont été taillées dans le roc de la Montagne du Nord (Beishan) depuis la période Song et environ autant à la Montagne du Trésor (Baodingshan), où se trouvent également des scènes de la vie courante.

Dengfeng (Henan) La montagne Songshan, près du chef-lieu départemental, est une des montagnes mythiques chinoises. A l'extrémité de son versant occidental se trouve le couvent Shaolin, construit en 495 sous la dynastie des Wei du Nord. Le moine indien Bodhidharma arriva à Shaolin vers 527. On le considère comme le fondateur du bouddhisme Chan (Zen) et de l'art martial de Shaolin, connu chez nous sous le nom *Kung Fu* (Gongfu). Les prieurs étaient inhumés dans la Forêt des Pagodes, près du temple. La pagode à douze pans du temple de Songyue, construction de briques datant de 520, est considérée comme la plus ancienne pagode (en état) de Chine.

Ding Xian (Hebei) Restes d'une ville fortifiée et de tombes de la période des Han occidentaux. Le tombeau n° 40, mis au jour en 1973, contenait entre autres un vêtement cousu de jade et des manuscrits. Un trésor datant de la période Song avait déjà été découvert en 1969. Il contenait des objets en or, argent, jade et céramique.

Dunhuang (Gansu) Fut une place commerciale importante, séparant deux voies de la Route de la Soie. Les temples-cavernes bouddhiques de Mogao, considérés comme les plus importants de Chine, sont creusés dans les murailles de grès qui s'élèvent de la vallée du Dachuan, à 25 km au sud-est du chef-lieu départemental, à l'est du Mingshashan. Près de 500 grottes destinées au culte furent ainsi creusées — dès 366 et durant un millénaire. Plus de vingt grottes datent de la période des Wei du Nord qui avaient également pris l'initiative de la construction des grottes de Yungang et Luoyang. La plupart (plus de 200) furent creusées durant la période Tang. Les peintures murales et les créations plastiques des grottes de Mogao représentent un compendium unique de l'art bouddhique. En 1900, le taoïste Guolu découvrit par hasard, dans l'une des grottes, la célèbre « Bibliothèque emmurée ». D'anciens manuscrits et objets du culte y avaient été mis en sécurité lorsque les Xixia occupèrent, en 1036, la région de Dunhuang. Sir Aurel Stein, qui s'y rendit en 1907, a pu acquérir presque 7 000 documents et de nombreux objets d'art pour le British Museum. L'année suivante, Paul Pelliot rapporta une collection identique à Paris. D'autres manuscrits allèrent à Leningrad, au Japon et aux Etats-Unis. Depuis 1943, un institut chinois se charge de la garde et de l'étude de l'héritage culturel de Dunhuang.

Emeishan (Sichuan) Une des quatre Montagnes Sacrées du bouddhisme chinois, connue non seulement pour les nombreux ermitages et temples accrochés à ses flancs mais également pour son ravissant paysage, qui fournit l'inspiration à de nombreux poètes. Au sommet — à 3 077 m — se trouve le Temple de la Cime Dorée (*Jinding Si*) dont la salle principale est en bronze. Le Temple des Dix Mille Ans (*Wannian Si*), dont les bâtiments remontent au 18e siècle, fut fondé dès le 6e siècle. La figure de bronze du Boddhisattva Samanthabadra, assis sur un éléphant, date de l'an 980.

Erlitou (Henan) Site découvert en 1954 qui a donné son nom à une culture qui s'est épanouie du 19e au 16e siècle av. J.-C. Des fondations de palais furent trouvées en 1960 et en 1975 quatre récipients à vin du type *Jue* appartenant aux bronzes rituels les plus anciens. On y a également découvert d'extraordinaires objets en jade.

Foshan (Guangdong) La tradition veut que cette ville du delta de la rivière des Perles aurait reçu le nom de « Montagne de Bouddha » lorsque ses habitants ont retrouvé, durant la période Tang, une des trois figures de Bouddha disparues depuis longtemps. Elle devint un lieu de pèlerinage dont la renommée s'étendit jusqu'en Inde. La curiosité principale est le temple taoïste des Ancêtres *Zumiao* avec des constructions datant des époques Ming et Qing.

Fufeng Xian (Shaanxi) En 1976, dans une cave de Zhuangbo, on a découvert un trésor de 103 bronzes qui datent pratiquement toutes les phases de la période Zhou occidentale. 74 vases rituels portent des inscriptions. Dans les environs de Fufeng — à Famen et à Qijiacun notamment — on a trouvé des bronzes très intéressants datant des périodes Shang et Zhou.

Fuzhou (Capitale de la province de Fujian) Deux pagodes sont les symboles de cette ville située à l'embouchure du Minjiang ; la Pagode Blanche construite en 904 et la Pagode d'Ebène de 941. Des tissus très bien conservés et datant de la période Song ont été retrouvés en 1975. Dans les environs, plusieurs temples datent de la période Ming.

Gaochang / Khocho (Xinjiang) Ancienne capitale des Ouïgours au sud-est de l'oasis de Turfan, tombée sous la suprématie chinoise lors de la période Han et à nouveau pendant la période Tang, et qui était un point important le long de la Route de la Soie. Les ruines du mur de 5 km entourant la ville, des temples et des maisons d'argile battue et de briques d'argile sont encore visibles. La nécropole Astana se trouve au nord-ouest et on y découvrit plusieurs centaines de tombes souterraines. Elles datent généralement des 3e et 8e siècles et certaines ont des peintures murales. Le climat extrêmement sec a non seulement contribué à momifier de façon naturelle les personnes enterrées, mais a également conservé des textiles et des textes écrits sur du papier et des pellicules de bambou.

Gong Xian (Henan) La nécropole des empereurs Song du Nord avec ses huit tertres et ses voies sacrées se trouve dans le district Gong. Du temps des Wei du Nord, un temple rupestre bouddhique fut construit au pied du Dalishan, au nord-est de la ville. Ce temple fut agrandi sous les Tang et les Song du Nord.

Guangzhou / Canton (Guangdong) La ville, qui compte aujourd'hui 5 millions d'habitants et se trouve dans le bassin fertile de la rivière des Perles, a toujours été « La Porte du Sud » de la Chine. Il est probable que l'unificateur de l'empire, Qin Shihuangdi, y a installé une garnison du nom de Panyu, qui s'est développée pour devenir un port. De 1974 à 1976, on a mis au jour les restes d'un chantier naval des périodes Qin et Han. En 1958, un modèle de navire avec timon à l'arrière a été trouvé dans un tombeau de la période Han. La ville appartenait à l'Etat Wu à l'époque des Trois Royaumes. A ce moment apparut le nom de Guangzhou (Terre étendue). Les marchands arabes de la période Tang l'appelaient Khanfu. Elle est devenue la capitale de la dynastie Han du Sud au cours du 10e siècle, sous le nom *Xiangwang*. Sous les Song, la ville avait trois arrondissements ayant chacun son propre mur. Elle s'est développée sous la dynastie Ming jusqu'à devenir un centre de construction navale, de l'industrie textile, de la porcelaine et des métaux et, au début du 19e siècle, comme ville-transit pour l'opium venant du Bengale. Comme temples, nous connaissons le *Guanxiao Si*, avec les reliques du 6e patriarche du bouddhisme Chan, Huineng (638-713), qui y fut ordonné moine, ainsi que le temple des Six Banyans (*Liurong Si*), qui contient une statue de bronze de Huineng datant de la période Song.

Guilin (Guangxi) Le nom de « Forêt de Canneliers » fut donné à cette ville située le long de la rivière Li à cause des formes bizarres des cônes de pierre qui l'entourent. Le premier empereur Qin Shihuangdi a fait creuser, en 214 av. J.-C., le canal de Ling (34 km de long) qui relie le Lijiang au Xiangjiang. Les sculptures et inscriptions du Rocher des Mille Bouddhas (*Qianfoyan*) datent des périodes Tang et Song. La période Ming a laissé des ruines de palais et de tombeaux. Les fouilles des cavernes de Zengpiyan ont révélé des squelettes d'hommes datant de 10 000 ans, ainsi que des os d'ours et d'éléphants.

Hangzhou (Capitale de la province du Zhejiang) La « Ville des Savants et des Artistes », à l'extrémité du Canal Impérial, compte parmi les plus belles villes de Chine à cause des environs pittoresques du lac de l'Ouest (*Xihu*). Après la chute de Kaifeng, elle est devenue la capitale de la dynastie Song du Sud. Son symbole est la Pagode Baochu (45 m de hauteur) datant du 10e siècle. Une voie d'accès sacrée, bordée de statues de gardiens et d'animaux mène au tombeau du général Yue Fei (1103-1142), dans un ensemble de temples construit après sa réhabilitation posthume. Le couvent du Refuge des Ames (*Lingyin Si*), apparemment construit en 326 sur le Faileifeng, a été reconstruit quasi totalement après sa destruction lors de la révolte des Taïping. Les sculptures sur le rocher datent du 10e au 13e siècle.

Hemudu (Zhejiang) Site découvert en 1973-1974 et 1977-1978 d'une culture néolithique qui porte son nom. Les occupants des habitations lacustres des rivages marécageux cultivaient le riz.

Hengshan (Hunan) Une des cinq montagnes sacrées de la Chine, au même titre que la montagne du même nom dans la province de Shanxi. Son sommet le plus élevé atteint 1 290 m. La plupart des temples bouddhiques et taoïstes construits au 6e siècle furent rénovés au cours de la période Qing.

Hengshan (Shanxi) Le « Temple Suspendu », fixé à une paroi verticale, est le seul souvenir des 28 temples érigés sur la Montagne Sacrée depuis la dynastie Wei du Nord.

Hezhongyuan (Jiangsu) Ruines d'une agglomération relativement importante de la période des Han orientaux.

Holingol / Helinger (Mongolie intérieure) Tombeaux avec peintures de la période des Han orientaux.

Jiaohe / Yarchoto (Xinjiang) L'agglomération toute en ruines, à 10 km à l'ouest de Turfan, était la ville frontière du royaume des Han et des Tang.

Jiayuguan (Gansu) Une forteresse fut érigée en 1372 au col de Jiayu, terminus de la Grande Muraille. Des tombeaux contenant des peintures de la période des Han orientaux et de la période des Six Dynasties ont été découverts en 1972, à 20 km plus au nord. Des scènes de chasse sculptées dans le roc ont été trouvées dans une vallée au nord-ouest du col.

Jinan (Capitale de la province de Shandong) La ville, située entre le Huanghe et le massif du Taishan, compte actuellement plus de 3 millions d'habitants. De la céramique noire provenant de la culture néolithique Longshan a été trouvée au nord de la ville, de même d'ailleurs que des bronzes de la période Shang et, en 1969, plusieurs tombeaux de la période des Han occidentaux. Les sculptures sur les rochers de la Montagne des Mille Bouddhas (*Qianfoshan*) datent des époques Sui et Tang.

Jinancheng (Hubei) Ancienne capitale de l'Etat Chu, le plus grand Etat de la période des Royaumes Combattants. Les fouilles des années soixante ont mis au jour les fondations d'un palais et de murs protecteurs, de même que de nombreux tombeaux contenant du mobilier funéraire en bronze, jade et laque. Le tombeau de Wangshan contenait près de 700 objets, parmi lesquels des pellicules de bambou avec des formules de sacrifices et de prédictions, de la bijouterie en or et en argent, des urnes laquées et un sabre de bronze.

Jingdezhen (Jiangxi) Déjà du temps de la dynastie Han de l'Est, alors que la ville s'appelait encore Xinping, on fabriquait de la céramique dans cette ville célèbre aujourd'hui pour sa porcelaine. La production se développa sous les Tang. L'empereur Song, Zhen Zong (997-1022), éleva les ateliers au grade de Manufacture Impériale. Sa devise *Jing-De* devint la marque des produits. La quasi-totalité des besoins de porcelaine de Chine, depuis le 14e siècle, ainsi que pour l'exportation, fut cuite dans les fours de Jingdezhen. Le kaolin provenait d'un village proche nommé Gaoling. Le musée de la Porcelaine de la ville donne toutes informations au sujet de l'histoire de la porcelaine. On peut également visiter d'anciens fours.

Jiuhuashan (Anhui) Une des quatre montagnes sacrées du bouddhisme en Chine, sur laquelle de nombreux couvents s'installèrent depuis le 4e siècle.

Ji Xian (Tianjin) La salle Guanyin construite en 984 dans le temple *Dule Si*, avec sa statue en terre glaise de 16 m de haut, compte parmi les plus anciennes constructions en bois de Chine.

Kaifeng (Henan) Cette ville qui a trois millénaires d'histoire fut capitale à diverses reprises ; sous les Wei, durant la période des Cinq Dynasties et sous les Song du Nord. C'est à cette époque qu'elle connut son plus grand épanouissement. Les ruelles de l'ancienne ville ont encore gardé leur caractère traditionnel. La Pagode de Fer, haute de 56 m, est le symbole de la ville ; elle tire son appellation de ses briques vernies, couleur rouille.

Kashgar / Kashi (Xinjiang) Ancien nœud routier du commerce international, à l'ouest du bassin du Tarim. La rivière Kashgar mène l'eau des sources du Pamir vers l'oasis. La ville est une fusion de la ville chinoise appelée Shule dans les sources de la période Han et Tang et de Shufu, connue également sous le nom de Huicheng (« Ville des Mahométans »). Les mosquées dominent la ville, car les Ouïgours sont en majeure partie des adeptes de l'Islam. Au nord de la ville, on trouve trois temples rupestres bouddhiques de la période Tang.

Kongwangshan (Jiangsu) Montagne de la chaîne des Yantai, portant des reliefs bouddhiques de plus de cent figures taillées dans le roc et datant de la période des Han orientaux.

Kumbum (Qinghai) Un des plus grands couvents de la période Ming, construit à partir de 1560 et qui fut, dit-on, le lieu de naissance de Tsongkapa (1357-1419), fondateur de la Secte des Turbans Jaunes. Du temps de sa splendeur, le couvent abrita jusqu'à 4 000 moines et a joué un rôle important dans la conversion des Mongols au lamaïsme.

Kumtura (Xinjiang) Temple rupestre bouddhique. Peintures murales du 4e au 8e siècle. Ville située sur la voie nord de la Route de la Soie.

Kuqa / Kucha (Xinjiang) Ancienne agglomération commerciale sur la voie nord de la Route de la Soie, avec de nombreuses reliques bouddhiques. Selon le moine Xuanzang, qui visita Kuqa lors de son pèlerinage vers l'Inde au début du 7e siècle, on y trouvait plus de 100 temples bouddhiques avec quelque 5 000 moines.

Kyzil (Xinjiang) Une des premières villes bouddhiques le long de la Route de la Soie, qui connut son épanouissement entre le 3e et le 7e siècle. La plupart des 236 temples rupestres sont détruits, mais dans certains on peut encore admirer de splendides peintures murales.

Labrang / Labuleng Si (Gansu) Le couvent lamaïque fondé en 1708 dans les environs de Xiahe est un des plus grands hors du Tibet. Son donateur serait un prince mongol ayant fait le pèlerinage vers Lhassa. La construction des temples, bibliothèques, cellules et dépendances, sur 65 ha, aurait duré jusqu'à la fin de la période Qing. A certaines époques, environ 3 000 moines vivaient au couvent.

Lantian (Shaanxi) Site où l'on trouva en 1963, les restes d'un Hominidé, plus ancien que le *Sinanthropus pekinensis* et qui vécut il y a 600 000 ou 700 000 ans.

Lanzhou (Capitale de la province de Gansu) La ville, située à l'entrée du Corridor de Hexi, joua un rôle important dès le 2e siècle av. J.-C. La Route de la Soie passait par ce corridor. Des fouilles dans les environs ont fait découvrir des céramiques néolithiques et des bronzes plus anciens. Le musée provincial garde les objets trouvés dans le tombeau de Wuwei de la période Han. Le temple de Chongqing, construit en 1374, abrite une cloche de fer de 3 m de haut datant de 1202, ainsi qu'une statue de Bouddha haute de 5 m, coulée en bronze en 1370.

Leshan (Sichuan) La grande statue de Bouddha Çakyamuni (71 m), taillée dans le grès rouge du Lingyushan, entre 713 et 722, devait protéger les bateliers lors du passage dangereux des rapides au confluent du Minjiang et du Daduhe. La plupart des pèlerins en route pour Emeishan passaient par Leshan, « la Montagne de la Joie ». C'est au cours du 8e siècle que fut fondé le couvent Wulong, sur la Montagne du Dragon Noir. A l'extérieur de la ville, on trouve des tombeaux creusés dans les rochers entre les 1er et 6e siècles.

Lhassa (Capitale de la région autonome du Tibet) « L'endroit des Dieux » est la signification du nom du centre du lamaïsme, situé à 3 658 m au-dessus du nivau de la mer. Le couvent Jokhang, fondé au 7e siècle, est la construction la plus ancienne. Dans ce couvent : une statue vénérée du Bouddha Çakyamuni, en bronze doré. Elle aurait été offerte par une princesse Tang, la princesse Wen, épouse du roi Songtsen Gampo, qui l'aurait fait transporter depuis sa résidence de Chang'an. La légende veut qu'une autre statue de Bouddha serait également venue à Lhassa par les soins de la seconde femme du roi, native du Tibet. Cette statue est gardée précieusement au couvent de Ramoche, également du 7e siècle. Ce n'est que mille ans plus tard que fut posée la première pierre du Potala, le Château des Dieux, fondé par le dalaï-lama après avoir conquis également le pouvoir politique au Tibet à l'aide du souverain mongol Gushri Khan (1582-1655). Le couvent Drepung, situé devant les portes de Lhassa, était antérieurement le siège des supérieurs de la secte des Gelugspa. Parmi d'autres grands couvents des environs se trouvent Sela et Ganden, fondés également au début du 15e siècle et qui se développèrent jusqu'à devenir des villes-couvents.

Lijiashan (Yunnan) Tombes de la période des Han occidentaux, dont le mobilier funéraire démontre l'art du royaume des Dian.

Lin'an (Zhejiang) Les fouilles de 1958 à 1965 ont mis au jour des tombes du temps des Cinq Dynasties, dans lesquelles des cartes du ciel furent trouvées. Le tombeau de Qian Kuan, découvert en 1978, contenait également une carte du ciel ainsi que de la céramique de la fin de l'époque Tang.

Lingbao (Henan) Découverte, en 1972, de tombes de la période des Han orientaux, avec des modèles de maisons en terre glaise.

Lintong (Shaanxi) Tumulus du premier empereur Qin Shihuangdi ; découverte en 1974 de la fameuse Armée d'Argile.

Liujiang (Guangxi) Ici furent trouvés, en 1958, les os d'un *Homo sapiens* qui vécut il y a 40 000 ans et qui montre des traits mongoloïdes.

Longmen (Henan) Le nom qui signifie « Porte du Dragon » et trouve son origine dans le passage que s'est frayé le cours du Yi à travers les montagnes. Durant la grande période d'épanouissement du bouddhisme, environ 1 300 temples rupestres avec 100 000 figures et 3 600 inscriptions furent construits sur les parois verticales du côté nord. Les premiers sont apparus sous le règne des Wei du Nord qui avaient transféré leur capitale de Datong vers une ville proche, Luoyang. Le temple de Fengxian, la construction la plus importante, a été édifié de 672 à 675 sur ordre de l'impératrice Wu Zetian. Sa figure centrale de 17 m de haut représente le Bouddha Vairocana, qui trône entre des Boddhisattvas et des Gardiens du Ciel. Sur les murs de la « Grotte des Prescriptions », datant de 575, se trouvent des indications pour la guérison de fièvres, vomissements, maladies du cœur et diabète.

Longquan (Zhejiang) Centre de céramique déjà florissant sous la période Song.

Longshan (Shandong) La culture néolithique qui dominait au 3e siècle av. J.-C. lui a emprunté son nom. Des objets trouvés en 1928 dans un lieu tout proche, à Chengziya/Zhanqiu, sont à l'origine de fouilles systématiques depuis 1930.

Loulan (Xinjiang) Cette ville en ruines a été découverte en l'an 1900 par Sven Hedin, en plein désert du Taklamakan. A l'époque de la dynastie Han, elle fut le centre d'une principauté florissante grâce au passage des caravanes. La ville, habitée d'Indiens, avait une garnison de militaires chinois. Elle fut abandonnée dès 350 ap. J.-C. Les fouilles ont permis de sauver d'importants manuscrits ; malgré des recherches intensives, le palais royal n'a pu être retrouvé.

Luoyang (Henan) Une des villes historiques les plus importantes de Chine. Elle a été la capitale des Zhou occidentaux, puis des Han orientaux et des Wei du Nord, qui ont commencé la construction du temple rupestre de Longmen, tout proche. Mais la ville connut également un épanouissement sous la dynastie des Sui et des Tang et sa beauté fut chantée par les poètes Li Bo (701-762) et Du Fu (712-770). En 1954, découverte d'un tombeau de la période des Han occidentaux, avec des peintures murales comptant parmi les plus anciennes de Chine et, en 1956, un autre tombeau de la période des Han orientaux, avec plusieurs chambres maçonnées de briques. Le Temple du Cheval Blanc (*Baima Si*), à l'est de la ville, aurait été fondé en 66 ap. J.-C., soit un an après l'introduction du bouddhisme en Chine, et serait le premier temple du pays. La pagode Qiyun toute proche, avec ses 13 étages carrés de briques d'argile, représente le style de la période Tang.

Maijishan (Gansu) Un des centres bouddhiques situés le long de la Route de la Soie, avec plus de 190 cavernes, complétées depuis la période Wei du Nord par des figures de pierre et d'argile, de même que des peintures murales.

Majiabang (Zhejiang) Site découvert en 1959, ayant donné son nom à une culture néolithique qui s'est développée, à partir de la culture Hemudu, vers le cours inférieur du Yangzi.

Majiayao (Gansu) Site néolithique découvert en 1959 et ayant été habité vers 3000 av. J.-C. Les décors de la céramique prouvent une immense richesse de motifs.

Mancheng (Hebei) Deux tombeaux de la période des Han occidentaux, dans lesquels on a trouvé en 1968 les fameux vêtements couverts de jade du prince Liu Sheng (154-113 av. J.-C.) et de son épouse Dou Wan, ainsi qu'environ 4 000 objets funéraires.

Maputou (Shanxi) Site de la culture Erlitou, sur lequel des fondations en terre battue et des ustensiles de bronze ont été découverts.

Mawangdui (Hunan) Les trois tombeaux découverts en 1972, datant de la première moitié du 2e siècle av. J.-C., étaient ceux du marquis de Dai, Li Cang, de son épouse et de son fils. Les corps se trouvaient dans une série de 4 cercueils en bois, ornés à l'intérieur d'un décor fantasmagorique à la laque. Parmi les objets funéraires : des pièces de laque d'une incomparable beauté ainsi que des instruments de musique, des meubles, des tissus de soie, dont une bannière décorée de motifs mythologiques, des manuscrits sur soie et trois cartes géographiques. La plupart de ces objets sont exposés au musée de Changsha.

Meishan (Henan) Site découvert en 1958. Culture néolithique Longshan. Lors des fouilles commencées en 1970, il a été possible de déterminer le début de l'âge de Bronze dans le territoire appelé la « Grande Plaine ».

Mizhi (Shaanxi) Les quatre tombeaux de la période des Han orientaux, découverts en 1971, avaient été vidés de leur contenu par des pillards. Néanmoins, les murs supportaient des tablettes de pierre en relief représentant des scènes mythologiques, des banquets et des scènes de la vie courante. Les reliefs sont conservés pour les plupart au musée de Xi'an.

Nanchang (Capitale de la province de Jiangxi) La ville, fondée au 2e siècle av. J.-C., compte aujourd'hui 2,5 millions d'habitants. Un atelier de céramique datant de la période Han fut découvert en 1973. Le temple taoïste de Qingyungpu était, au cours de la seconde moitié du 17e siècle, le refuge du peintre rebelle Zhu Da, connu sous son nom d'emprunt *Badashanren* (« Homme des Huit Grandes Montagnes »). La pagode Shengjin, construite durant la période Tang, a été refaite en 1788.

Nanhecun (Shaanxi) Le tombeau du général Xianyu Tinghui (décédé en 723), qui fut découvert en 1957, contenait au total 124 figures en argile, dont 21 avec l'émail tricolore (*Sancai*) typique de la période Tang : dames nobles, servantes, fonctionnaires, serveurs, chevaux, de même qu'un chameau portant un orchestre sur le dos.

Nankin / Nanjing (Capitale de la province du Jiangsu) La ville, située sur le cours inférieur du Yangzi, compte aujourd'hui 2,5 millions d'habitants. Elle fut la capitale de la Chine sous les deux premiers empereurs Ming. Le fondateur de la dynastie, l'empereur Hongwu (qui régna de 1368 à 1398), fut enterré au pied de la Montagne Pourpre. Une voie sacrée de 800 m mène à son tombeau. La salle Wuliang du temple Linggu tout proche, bâtiment construit en pierres et briques et ayant une voûte en forme de tonneau, date de la même époque. L'Observatoire, situé au sommet de la Montagne Pourpre, possède d'anciens instruments astronomiques, dont une sphère armillaire construite vers 1279 par Guo Shoujing. Lors de la révolte des Taïping en 1853, son chef Hong Xiuquan fit de Nankin la capitale de son « Royaume Céleste ». La ville a été fortement endommagée lorsque la révolte fut matée en 1864.

Ningbo (Zhejiang) Lors de fouilles, on trouva des céramiques destinées à l'exportation. Cela prouve que la ville, située sur le Yongjiang et distante de 25 km de la mer, fut déjà un centre de commerce avec l'étranger à l'époque des Tang. Les Portugais y ont fondé une colonie au 16e siècle, la deuxième après Macao. La bibliothèque de Tianyi Ge, fondée en 1561 par un fonctionnaire du ministère de la Guerre, passe pour être la plus ancienne bibliothèque privée de Chine.

Panlongcheng (Hubei) Ville de la période Shang, découverte en 1974 près du lac Panlong, dans le Huangpi Xian. Elle était entourée d'un mur de terre battue et d'un fossé. Au nord-est de la construction carrée, qui peut être comparée à celle de Zhengzou encore qu'elle soit de dimensions plus modestes, on rencontra une terrasse avec des fondations d'une salle royale. Dans tous les environs, on a trouvé des tombes contenant des objets de bronze rituels, des armes et des objets de jade et de céramique.

Peiligang (Henan) Site découvert en 1977 d'une culture néolithique qui porte son nom.

Pingshan (Hebei) Ruines de la capitale d'un Etat minuscule, Zhongshan, de la période des Royaumes Combattants. Cinq tombeaux royaux contenant près de 20 000 objets furent découverts en 1974-1975.

Qian Xian (Shaanxi) A 80 km au nord-ouest de Xi'an — l'ancienne métropole des Tang, Chang'an — on trouve près de la ville de Qian le tombeau du 3e empereur Tang, Gao Zong, qui régna de 649 à 683, et de son épouse, la terrible impératrice Wu Zetian, qui régna de 690 à 705. Par une voie sacrée bordée de tours d'honneur (*Que*) et de statues plus grandes que nature, on accède à un monticule qui forme le tombeau naturel. 17 tombes (*Peizangmu*) sont disposées tout autour du tombeau impérial dont les mausolées des princes Yide et Zhanghuai et de la princesse Yongtai, célèbres à cause de leurs objets funéraires et peintures murales.

Qishan (Shaanxi) Centre politique des Zhou qui, après avoir abandonné leur vie nomade, s'y sont installés. Des fondations en terre battue d'un complexe de palais, orientées vers le sud, ont été découvertes dans le village de Fenchu. Ce complexe couvrait une superficie de 1 500 m^2 et avait plus de 30 pièces. Une des pièces de l'aile ouest a révélé en 1977 un trésor de plus de 17 000 os oraculaires, dont environ 190 portaient des inscriptions. Des bronzes rituels ont été découverts dans quelques tombes situées au sud du palais. La ville de Qishan est tombée en oubli lorsque les Zhou ont conquis le territoire des Shang (vers 1027 av. J.-C. selon les derniers calculs) et transféré le siège du gouvernement à Feng, près de Xi'an.

Quanzhou (Fujian) Marco Polo a comparé à Alexandrie cette ville portuaire à l'embouchure du Jinjiang, si florissante durant la période Song et Yuan. En 1973-1974, on a dégagé un vaisseau de haute mer datant de la période Song. La cale de ce vaisseau de 24,2 m de long de 9,15 m de large contenait encore sa cargaison : des bâtonnets d'encens et de résines, des herbes pharmaceutiques, du poivre et des carapaces de tortues. Trois ponts datent également de la période Song, dont le pont de Luoyang (834 m de long), reposant sur 47 piliers. C'est en 1009 que fut érigée la mosquée de la colonie commerçante islamique. Deux pagodes du temple Kaiyuan, construit en 686, sont le symbole de la ville.

Qufu (Shandong) La ville natale de Confucius était, durant sa vie — la période Chunqiu — la capitale de l'Etat Lu. Le domicile de sa famille devint peu de temps après sa mort un lieu de vénération et ses héritiers reçurent le titre de ducs. Les bâtiments actuels du temple de Confucius (qui est très étendu) sont, en majorité, du 18e siècle. A l'est de celui-ci, la famille Kong a construit sa grande résidence sous la période Ming. Leurs tombes se trouvent au nord de la ville, dans ce qui est appelé la Forêt de Confucius.

Shanbaoyingzi (Jilin) Les fouilles de 1973-1974 ont mis au jour une mesure pour grains de la période des Royaumes Combattants et un édit du premier empereur Qin Shihuangdi, relatif à l'uniformisation des poids et mesures.

Shancunling (Henan) La nécropole des familles régnantes sur l'Etat Guo jusqu'en 655 av. J.-C. a été découverte dans ce village, près de Sanmenxi, en 1956-1957. Il contenait 4 harnais de chevaux et 181 objets de bronze. Dans d'autres tombes, des objets en bronze de première qualité, datant de 3 ou 4 siècles av. J.-C., ont été trouvés en 1975.

Shanghaï Les débuts de cette ville aux 12 millions d'habitants, à l'embouchure du Yangzi, restent inconnus. Elle est pourtant devenue la métropole commerciale de la Chine et sa « Porte vers l'Occident ». On la trouve à la période Song comme port de transit, sous le nom de Hudu, et depuis le 13e siècle elle s'appelle Shanghaï (« Au-dessus de la mer »). Le tissage de soie et de coton connaissait un grand essor sous la période Ming, puis s'y sont ajoutés la fabrication de porcelaine et le travail du fer. Après l'ouverture consentie aux étrangers par le traité de Nankin de 1842, débuta, sur la « Ceinture », la construction de palais de style occidental.

Shenyang (Capitale de la province de Liaoning) Le palais impérial de la dynastie Qing de Mandchourie, qui fit de l'ancienne Moukden sa capitale en 1621, se trouve au centre de la ville aux 4 millions d'habitants. Nurhaci, l'unificateur des peuples mandchous (1559-1626), a été inhumé dans la nécropole orientale ; son fils et successeur Abahai (qui régnait de 1626 à 1643), dans la nécropole nord.

Shining (Guangdong) Site sur lequel on découvrit en 1976 six bateaux datant de la dynastie des Han orientaux.

Shixia (Guangdong) Site de découverte d'une culture post-néolithique.

Shizhaishan (Yunnan) La nécropole découverte en 1955 près de la montagne Shizhai est un des sites les plus fertiles de la culture Dian.

Shou Xian (Anhui) Le tombeau du marquis Zhao de Cai (518-481 av. J.-C.), découvert en 1955, contenait plus de 500 objets, dont des bronzes rituels et un carillon.

Songshan (Henan) Une des cinq « Montagnes Sacrées des Cinq Directions du Ciel », avec le Taishan à l'est, le Huashan à l'ouest, ainsi que le Hengshan du Nord et le Hengshan du Sud. Le Songshan, près de Dengfeng, est — avec ses 1440 m — la « Montagne du Milieu ». Nombreux couvents.

Su Xian (Hubei) Le tombeau du comte Yi de Zeng, du temps des Royaumes Combattants, découvert en 1977-1978, contenait plus de 7 000 objets funéraires, dont le plus grand carillon connu avec ses 65 cloches. Le tombeau contenait en outre de nombreux instruments de musique ainsi qu'une collection de bronzes rituels que le comte avait reçus du roi de Chu.

Suzhou (Jiangsu) Encore que cette ville de plus de 2 500 ans ait divers monuments anciens à montrer, comme le temple taoïste Xuanmiao, la Pagode du Temple du Nord et le pont de la Ceinture Précieuse, construit en 806, sa renommée vient surtout de ses jardins. La construction du Canal Impérial a favorisé son développement commercial. Des commerçants aisés, des fonctionnaires impériaux et des savants faisaient construire des paysages réduits dans leur jardin. Il en reste plus de 150 à ce jour.

Taishan (Shandong) La montagne la plus sacrée de Chine depuis des temps immémoriaux. Elle est la montagne orientale de la cosmologie classique et le soleil en partait pour son voyage au-dessus du Ciel. Depuis toujours, les souverains ont fait construire des temples sur ses parois. Une voie bordée de nombreuses inscriptions part du temple Dai Miao vers le sommet, à 1524 m.

Taiyuan (Capitale de la province de Shanxi) Jinyang est l'ancien nom de cette ville construite du temps des Zhou occidentaux. Son monument le plus important est le temple Jin, fondé au temps des Wei du Nord et qui, au cours des siècles, s'est étendu pour devenir un complexe de près de cent bâtiments. Le plus ancien en est la Salle de la Sainte Mère (*Shengmu Dian*), datant du 11e siècle.

Tientsin / Tianjin L'origine de la ville ne peut être retracée que jusqu'à la période Song. Mais sa situation au confluent de trois rivières et à l'embouchure du Canal Impérial lui a permis de se développer pour devenir le plus grand port intérieur et maritime du nord de la Chine. Elle est également la troisième ville du pays avec environ 8 millions d'habitants. Les murs de la ville ont été construits en 1425 pour la protéger contre les attaques des pirates. L'européanisation débuta lorsque le traité de Tientsin (1858) y accorda des concessions aux étrangers.

Tianxingguan (Hubei) Environ 2500 objets funéraires ont été découverts dans une des tombes mises au jour en 1978 et datant de l'époque des Royaumes Combattants. On y trouva notamment des pièces en laque prouvant le haut niveau de l'artisanat de l'Etat Chu.

Turfan / Dulufan (Xinjiang) Ville-oasis au nord du bassin du Tarim. Centre commercial florissant entre le 1er siècle av. J.-C. et le 14e siècle.

Wuhan (Capitale de la province du Hubei) Ville de 4 millions d'habitants, située sur les deux rives du Yangzi et résultant de la fusion de trois villes. La plus ancienne, Wuchang, date de la période Han, alors que Hanyang date de l'ère Sui et que Hankou ne s'est développée que depuis que le traité de Tientsin (1858) en a fait un port pour le commerce avec l'étranger.

Wutaishan (Shanxi) L'une des quatre Montagnes Sacrées du bouddhisme chinois. D'après la légende, Boddhisattva Manjushri vivait et enseignait l'incarnation de la sagesse sur la « Montagne des Cinq Terrasses », montagne de 2900 m de haut. Le Foguang Si, le « Temple de la Lumière de Bouddha », est le plus important de ses couvents. Fondé au 5e siècle, il fut détruit durant la persécution des bouddhistes et reconstruit en 857. La salle principale passe pour être la deuxième plus ancienne construction en bois.

Wuwei (Gansu) Près de l'ancien caravansérail, on a découvert en 1969 le tombeau d'un général de la période des Han orientaux. Il contenait 117 objets en bronze, dont 14 modèles de chars différents, 39 statuettes de chevaux, 17 de soldats et 28 de servants. Le « Cheval Volant » a acquis une grande célébrité.

Wuxi (Jiangsu) Durant la période des Han occidentaux, de l'étain fut découvert près de cette ancienne capitale de l'Etat Gouwu du temps de la dynastie des Zhou. Ces mines furent vite épuisées de sorte que Wuxi (« sans étain ») fut ainsi baptisée sous les Han orientaux. Le développement commercial débuta avec le creusement du Canal Impérial.

Xi'an (Capitale de la province de Shaanxi) Il n'y a pas de ville qui soit autant liée à l'histoire de la Chine que Xi'an (« Paix Occidentale »). Ici et dans les environs immédiats se trouvaient les capitales de onze dynasties (Plan p. 181). Les villes Zhou, Feng et Hao étaient situées au sud-ouest de l'actuelle Xi'an, sur les rives de la rivière Fen. Des fouilles depuis les années 1930 ont fait découvrir de nombreuses reliques datant du début de la période Zhou, mais jusqu'à présent on n'est pas parvenu à localiser les ruines de la ville-royale double. Lorsque les Zhou eurent transplanté leur centre de décision en 771 av. J.-C. à Chengzou (près de Luoyang), Xianyang, située sur la Wei à l'ouest de Xi'an, devint capitale des souverains Qin de 350 à 206 av. J.-C. Les Han, qui étaient sortis vainqueurs de l'effondrement de la dynastie Qin, construisirent leur nouvelle capitale à 10 km à l'est et la baptisèrent du nom de Chang'an (« Paix Eternelle »). Cette métropole, qui était située à une extrémité de la Route de la Soie, couvrait une surface de 7 × 6,5 km. Daxin, la capitale occidentale de la dynastie Sui, était située tout comme la métropole des Tang, Chang'an, à portée de l'actuelle Xi'an. On découvrit en 1957, devant une des portes occidentales, le tombeau (datant de la période Sui) de Li Jingxun, une petite fille décédée à l'âge de huit ans, dont la tombe était pleine d'objets funéraires d'une valeur inestimable. Les deux pagodes, celle de la Petite Oie Sauvage et celle de la Grande Oie Sauvage, nous viennent encore de l'époque splendide des Tang. Les fouilles systématiques exécutées depuis 1959 dans l'ancienne Chang'an ont permis la reconstruction du plan de la ville (voir p. 180) et de bâtiments importants du Palais Impérial. A cette occasion, des trésors ont été découverts. Ceux-ci permettent de se faire une opinion sur le style de vie luxueux de la société Tang. Rien que le Trésor de Heijiacun comprenait 1023 objets précieux. La Xi'an de la période Ming, dont les murs sont encore debout, ne représentait plus qu'un sixième de l'ancienne surface de la ville.

Xianggang (Guangdong) Des urnes de jade et de bronze furent trouvées dans le tombeau (de la période Han) d'un prince Yue du Sud, découvert en 1982.

Xianyang (Shaanxi) Fut la capitale des souverains Qin de 350 à 206 av. J.-C. Lors de fouilles en 1974-1975, de nombreuses fondations en terre battue ont été découvertes.

Xinping (Shaanxi) Tombeau de l'empereur Han Wudi (régna de 140 à 86 av. J.-C.). Découverte d'une statue de bronze doré représentant un cheval (longueur 76 cm).

Xuzhou (Jiangsu) Divers tombeaux de la période Han. Découverte d'un nouveau tombeau, en 1984, contenant une armée d'argile de plus de 3000 figures.

Yangjiawan (Shaanxi) Dans une nécropole de la période Han se trouvaient les tombeaux de l'empereur Gaozu (régna de 206 à 194 av. J.-C.), de son épouse Lu, de l'empereur Jingdi (qui régna de 156 à 140 av. J.-C.), ainsi que des généraux Zhou Po (décédé en 169 av. J.-C.) et Zhou Yafu (décédé en 143 av. J.-C.). Dans la fosse parallèle (*Suizangkeng*) du tombeau de Zhou Po, ouverte en 1965 : découverte de 583 cavaliers et de 1965 soldats d'infanterie, dont la disposition permet une étude intéressante des tactiques de guerre de l'époque.

Yangshao (Henan) Site découvert en 1921. Culture néolithique qui a pris le nom de la ville. Culture très étendue vers les cours supérieur et moyen du fleuve Jaune.

Yangzhou (Jiangsu) La ville tant vantée par Marco Polo, ancienne de 2600 ans. Elle fut la capitale sud des Sui et faisait du commerce avec l'étranger durant la période Tang. De nombreux objets de la période Tang y furent découverts.

Ying Xian (Shanxi) La pagode du temple Fogong, construite en 1056 est, avec ses 67,3 m de haut, la plus ancienne pagode de bois de la Chine.

Yi Xian (Hebei) Découverte, en 1958, des ruines de Yandu, capitale de l'Etat Yan du temps des Royaumes Combattants. A 15 km de là, les tombeaux occidentaux des empereurs de la dynastie Qing.

Yongle (Shaanxi) Lieu prétendu de la naissance de Lü Dongbin (un des Huits Immortels). Le célèbre temple taoïste de la Joie Eternelle serait érigé à l'emplacement de sa maison. Les trois salles principales du 13e siècle contiennent de nombreuses peintures murales sur une surface de 873 m^2. La construction d'une réserve d'eau, au début des années soixante, nécessita le transfert de toutes ces constructions.

Yungang (Shanxi) Temple rupestre bouddhique avec des milliers de statues et reliefs de la période des Wei du Nord, près de leur capitale Datong.

Yunmeng (Hubei) Découverte en 1975, dans une tombe de la période Qin, de milliers de pellicules de bambou contenant des prescriptions relatives à la vie économique.

Zhangwan (Henan) Découverte, en 1972, de divers tombeaux de la période des Han orientaux contenant de nombreuses maquettes d'architecture en argile.

Zhangye (Gansu) Ville de garnison établie le long de la Route de la Soie — et pour sa protection — durant la période des Han occidentaux. Construction de temples rupestres sous les Wei du Nord, les Sui et les Tang.

Zhao Xian (Hebei) Le pont Anji, construit entre 605 et 617, d'une longueur de 38 m, est le plus ancien des ponts à arches.

Zhengding (Hebei) Les caractéristiques générales du temple bouddhique sont restées quasi inchangées dans le *Longxing Si* datant de la période Song. Dans le grande salle, une statue de bronze de Guanyin (22 m de haut) date de 971.

Zhengzhou (Capitale de la province de Henan) Des fouilles entreprises depuis 1952 ont libéré les ruines d'une ville Shang encore plus ancienne qu'Anyang. Le mur entourant la ville s'élève à divers endroits à plus de 9 m de haut et a une base de 36 m. Les fouilles débutèrent près de la colline d'Erligang qui a d'abord donné son nom à cette première phase de la civilisation Shang. Depuis, on parle également de la période Zhengzhou. Deux bronzes rituels monumentaux du type *Fangding* ont été découverts en 1974.

Zhoukoudian (Hebei) Les restes du *Sinanthropus pekinensis* y furent découverts, en 1929, dans des cavernes de calcaire.

Zhouyang (Jiangsu) Tombeaux des dynasties Qi et Liang. Statues de pierre.

Zhouyuan (Shaanxi) Découverte, en 1977, d'un trésor de plus de 10000 os oraculaires de la période Shang.

Zunhua Xian (Hebei) Tombeaux orientaux de la dynastie des Qing.

Les collections d'art chinois

Allemagne (République démocratique d')
BERLIN Ostasiatische Sammlung des Pergamon-Museums
DRESDE Staatliche Kunstsammlungen
GOTHA Kunstsammlung des Schlossmuseums
LEIPZIG Museum für Völkerkunde

Allemagne (République fédérale d')
BAD WILDUNGEN Asien-Museum
BERLIN Museum für Ostasiatische Kunst, Museum für Völkerkunde
BREME Übersee-Museum
COLOGNE Museum für Ostasiatische Kunst, Herbig-Haarhaus Lackmuseum
HAMBOURG Museum für Kunst und Gewerbe
HEIDELBERG Völkerkundemuseum
HILDESHEIM Roemer-Museum
KIEL Museum für Völkerkunde
MUNICH Staatliches Museum für Völkerkunde
NUREMBERG Gewerbe-Museum
STUTTGART Linden-Museum

Australie
CANBERRA Australian National Gallery

Autriche
INNSBRUCK Kunsthistorisches Museum
VIENNE Museum für Völkerkunde, Österr. Museum für angewandte Kunst

Belgique
BRUXELLES Musées Royaux d'Art et d'Histoire
MARIEMONT Musée d'Etat de Mariemont

Canada
MONTREAL Musée des Arts décoratifs
TORONTO Royal Ontario Museum

Chine (République populaire de)
CHANGSHA (HUNAN) Musée provincial du Hunan
HEFEI (ANHUI) Musée provincial d'Anhui
JINAN (SHANDONG) Musée provincial du Shandong
LANZHOU (GANSU) Musée provincial du Gansu
LUOYANG (HENAN) Musée de Luoyang
NANCHANG (JIANGXI) Musée provincial du Jiangxi
NANKIN (LIAONING) Musée de Nankin
PEKIN Musée de l'Histoire de la Chine, Musée du Palais
SHANGHAI Musée de Sanghaï
SHENYANG (LIAONING) Musée provincial du Liaoning
TAIYUAN (SHANXI) Musée provincial du Shanxi
TIANJIN Musée des Beaux-Arts
WUHAN (HUBEI) Musée provincial du Hubei
XI'AN (SHAANXI) Musée provincial du Shaanxi
YANGZHOU (JIANGSU) Musée de Yangzhou
ZHENGZHOU (HENAN) Musée provincial du Henan
ZHENJIANG (JIANGSU) Musée de Zhenjiang

Espagne
BARCELONE Museo Etnologico
MADRID Museo Etnologico

Etats-Unis
BOSTON (MASSACHUSETTS) Museum of Fine Arts
BUFFALO (NEW YORK) Albright-Knox Art Gallery
CAMBRIDGE (MASSACHUSETTS) Fogg Art Museum
CHICAGO (ILLINOIS) Art Institute of Chicago, Field Museum of National History
CINCINNATI (OHIO) Cincinnati Art Museum
CLEVELAND (OHIO) Cleveland Museum of Art
COLUMBIA (MISSISSIPPI) Museum of Art and Archaeology
DALLAS (TEXAS) Dallas Museum of Fine Arts
DAYTON (OHIO) Dayton Art Institute
DENVER (COLORADO) Denver Art Museum
DETROIT (MICHIGAN) Detroit Institute of Arts
HONOLULU (HAWAII) Honolulu Academy of Arts
INDIANAPOLIS (INDIANA) Indianapolis Museum of Art
ITHACA (NEW YORK) Herbert F. Johnson Museum of Art
KANSAS CITY (MISSISSIPPI) William Rockhill Nelson Gallery of Art, Atkins Museum of Art
LOS ANGELES (CALIFORNIE) Los Angeles County Museum of Art
MINNEAPOLIS (MINNESOTA) Minneapolis Institute of Arts
NEWARK (NEW JERSEY) Newark Museum
NEW HAVEN (CONNECTICUT) Yale University Art Gallery
NEW YORK (NEW YORK) Brooklyn Museum, Metropolitan Museum of Art
PHILADELPHIE (PENNSYLVANIE) Philadelphia Museum of Art
PORTLAND (OREGON) Portland Museum of Art
RICHMOND (VIRGINIE) Virginia Museum of Fine Arts
SAINT LOUIS (MISSISSIPPI) City Art Museum
SAINT PAUL (MINNESOTA) Minnesota Museum of Art
SAN FRANCISCO (CALIFORNIE) Asian Art Museum of San Francisco, M. H. de Young Memorial Museum
SEATTLE (WASHINGTON) Seattle Art Museum
WASHINGTON (DC) Freer Gallery of Art

France
AGEN Musée des Beaux-Arts
PARIS Musée des Arts Décoratifs, Musée Cernuschi, Musée Guimet, Musée du Louvre

Grande-Bretagne
BRISTOL City Art Gallery
CAMBRIDGE Fitzwilliam Museum
EDIMBOURG Royal Scottish Museum
LONDRES British Museum, Percival David Foundation of Chinese Art, Victoria and Albert Museum
OXFORD Ashmolean Museum

Grèce
CORFOU Musée d'Art chinois et japonais

Hong Kong
HONG KONG Museum of Art, Chinese University of Hong Kong

Iran
TEHERAN Musée archéologique

Japon
ATAMI Musée des Beaux-Arts d'Atami
HAKONE Musée des Beaux-Arts de Hakone
KOBE Musée des Beaux-Arts Hakutsuru
KYOTO Musée national, Collection Sumitomo
NARA Musée national de Nara
OSAKA Musée des céramiques orientales
TOKYO Galerie Idemitsu, Institut des Arts Décoratifs Nezu, Musée National de Tokyo

Pays-Bas
AMSTERDAM Rijksmuseum
LEEUWAARDEN Het Princessehof
LEYDE Rijksmuseum voor Volkenkunde

Portugal
LISBONNE Musée Calouste Gulbenkian, Museu Nacional de Arte Antiga

Suède
STOCKHOLM Östasiatiska Museet, Gustaf III's Antikmuseum

Suisse
FRIBOURG Ethnographische Sammlung
GENEVE Collections Baur, Musée de l'Ariana
ZÜRICH Musée Rietberg, Völkerkunde-Museum der Üniversität

Taiwan
TAIBEI Musée national d'Histoire, Musée du Palais national

Turquie
ISTANBOUL Musée Topkapi

U.R.S.S.
LENINGRAD Musée de l'Ermitage

Glossaire

Académie Hanlin Fondée en 754 par l'empereur Tang Minghuang, et depuis lors l'institution la plus élevée de l'érudition chinoise.
Album Un des formats préférés pour la peinture et la calligraphie, en plus des rouleaux.
Apsaras Figures du panthéon bouddhique ayant un rôle comparable aux anges des chrétiens. Elles sont souvent représentées comme des êtres volants de sexe féminin parfois porteurs d'instruments de musique.
Arhat (chinois: *Luohan*) Saint qui doit sa délivrance à l'instruction qui lui a été donnée par d'autres et qui représente le but suprême du bouddhisme Hinayana. La plupart ayant été des contemporains du Bouddha historique, ils sont désignés comme disciples de Bouddha. On en dénombre 16, 18 ou 500 suivant les sources.
Automne (fête d') Une des fêtes les plus importantes des Chinois, célébrée le 9ᵉ jour du 8ᵉ mois du calendrier lunaire et qui coïncide avec la durée équivalente du jour et de la nuit (équinoxe). On célèbre alors l'ambiance élégiaque de la pleine lune d'automne.
Bambou (*Zhu*) Matériau d'un emploi généralisé en Chine. Symbole de persévérance et de stabilité et donc également des savants confucéens.
Blanc de Chine Expression française caractérisant une porcelaine dont les tessons et la glaçure sont très blancs (période Ming, originaire de Dehua, province de Fujian), employée particulièrement pour la fabrication de statuettes.
Boddhisattva (chinois: *Pusa*) Saint du bouddhisme Mahayana ayant déjà parcouru un grand chemin vers l'illumination. Il a renoncé provisoirement à son titre de Bouddha pour consacrer son activité sur la rédemption des autres. Les Boddhisattvas qui ont atteint le summum de la perfection des vertus sont appelés Boddhisattvas transcendants. Ils ne sont plus soumis aux lois contraignantes de la nature et sont considérés comme des divinités. Ils sont représentés en princes indiens et sont souvent placés à côté d'une statue de Bouddha pour former une triade.
Bouddha (chinois: *Fo*) «L'Illuminé» identifie celui qui a obtenu sa rédemption par la connaissance de toutes choses. Si, au début, c'était la désignation du Bouddha historique Çakayamuni, on distingua bientôt le Bouddha du Passé, le Bouddha du Futur Maïtreya, le Bouddha Pratyeka et le Bouddha Samyaksam. Dans le bouddhisme Mahayana, on connaît les bouddhas transcendants qui y jouent un rôle prépondérant.
Budal Ressemble à un Bouddha ventru et représente une divinité populaire du Bonheur et de la Satisfaction.
Calebasse Symbole de longue vie servant aux magiciens taoïstes comme récipient pour leurs potions.
Céladon Type d'émail vert à haute température, coloré par l'oxyde de fer et nécessitant une cuisson de réduction.
Chauve-souris (*Fu*) A rapprocher du mot «Bonheur», elle sert de symbole de chance dans les rébus.
Chrysanthème (*Ju*) Fleur de l'automne, symbole de période de longue durée.
Cigale (*Chan*) Son chant est l'augure du bonheur, elle symbolise la fécondité et est l'animal typique de la fin de l'été. Elle incarne également la survie après la mort. On mettait une cigale de jade dans la bouche du défunt.
Cloisonné Technique d'émaillage consistant à appliquer l'émail entre des cloisons soudées sur le support.
Ding Chaudron en bronze, rond et à trois pieds ou carré et alors à quatre pieds (*Fangding*) employé à des fins rituelles, généralement pour la préparation d'offrandes.
Doucai (coloris opposés) Décor polychrome de porcelaine ressuscité vers la fin du 18ᵉ siècle; l'émail était appliqué au-dessus du vernis qui protège les lignes bleues des contours.
Dougong Système de blocs superposés et enchevêtrés qui fait supporter le poids du toit par des piliers.
Dragon (*Long*) L'animal de bon augure le plus important de la mythologie chinoise. Représente entre autres le principe *Yang* et l'Orient et est associé à tous les états de l'eau et symbolise le Ciel et l'Empereur.
Dragon (fête aquatique du) Est célébrée le 15ᵉ jour du 5ᵉ mois du calendrier de la lune et a son origine apparemment dans le suicide du poète et homme d'Etat Qu Yuan (378-340 av. J.-C.); marque également le début de la période d'été.
Enfer (*Diyan*) La Chine, qu'elle soit taoïste ou bouddhique, connaît dix enfers. Chaque enfer est régi par un roi ou juge, assisté d'un certain nombre de fonctionnaires, car l'imagination chinoise voit les mondes de l'esprit organisés comme le monde réel. La montagne Taishan joue un rôle central dans le monde de la perdition. L'enfer a pouvoir sur la vie et la mort, même si, dans la variante bouddhique, le Boddhisattva Ksitigarbha préside l'ensemble des rois des Enfers.
Erhu Forme la plus courante du violon à deux cordes et à tuyaux, les fils de l'archet se trouvant entre les cordes.
Famille rose Groupe de porcelaines émaillées à décors de couleurs, parmi lesquelles le rose est prépondérant. Technique venant d'Europe et développée en Chine vers la fin de la période Kangxi.
Famille verte Groupe de porcelaines émaillées à décors de couleurs, à prédominance verte et très utilisées depuis la période Kangxi.
Fu Urne de bronze d'une symétrie quasi absolue, pour la conservation des aliments d'offrandes.
Grue (*He*) Le «Patriarche des Oiseaux». Après le phénix, il est l'oiseau le plus important de la mythologie. Il est considéré comme monture et messager des Immortels.
Guandi Nom d'une divinité populaire taoïste du temps du général Guan Yu, durant la période des Trois Royaumes, vénérée plus tard comme dieu de la Guerre.
Guerrier noir (*Xuanwu*) Tortue entourée d'un serpent et symbolisant le Nord et le Froid.
Hinayana («petit véhicule») Surnom péjoratif donné par les adeptes du bouddhisme Mahayana à la doctrine ancienne et sévère du bouddhisme qui ne reconnaît pas le panthéon élargi et qui prétend atteindre la rédemption par la voie de l'esprit.
Hu Bronze rituel très répandu durant la période des Zhou de l'Est.
Huit immortels (*Baxian*) Saints du culte populaire taoïste qui — souvent dans les légendes — se montrent aux hommes.
Huit trigrammes (*Bagua*) Combinaisons de trois lignes, brisées ou non, servant aux oracles et qui sont la base du *Yijing* (Livre des Mutations).
Jia Récipient rituel à trois pieds, comparable au *Jue*, mais plus large et de plus grandes dimensions et sans le remarquable bec verseur ni l'allongement du bord opposé.
Jue Trépied avec anse latérale, large bec verseur et allongement effilé du bord opposé.
Kaolin Grès devenant blanc à la cuisson (sous-produit du feldspath), utilisé de 1300 à 1400 °C pour la fabrication de porcelaine.
Licorne (*Qilin*) Un des animaux les plus importants avec le dragon, le phénix et la tortue. Elle possède d'une à trois cornes et a l'aspect d'un lion, mais son corps ressemble à celui du cerf et est couvert d'écailles.
Li Nom d'un récipient en bronze dont la forme de chaudron repose sur trois pieds creux, pointant vers le sol et servant à chauffer les mets d'offrandes.
Lion (*Shi*) Accompagne de nombreux saints. Est venu en Chine avec le bouddhisme pour lequel il est un animal-symbole. En dehors du panthéon bouddhique, on le trouve surtout le long des Voies Sacrées.
Lokapala (chinois: *Tianwang*) Dieux protecteurs bouddhiques des quatre régions du monde.
Lotus (*Lian*) Un des huit emblèmes bouddhiques, symbole de la Pureté. Une des fleurs des quatre saisons, elle incarne l'été.
Mahayana («Grand véhicule») Tendance populaire du bouddhisme dès le 1ᵉʳ siècle ap. J.-C. qui attri-

bue une signification essentielle aux spéculations sur la nature de Bouddha et le rôle des Boddhisattvas.

Mandala («Cercle») Diagramme magique souvent rencontré dans le bouddhisme ésotérique et représentant le monde ou les sphères de certains Bouddhas et divinités.

Marque Signe apposé généralement sur le fond des porcelaines, pour indiquer la période de fabrication.

Mudra («Sceau») Dans le bouddhisme : gestes de la main ayant une signification symbolique fixée canoniquement. C'est ainsi que la plupart des figures du panthéon bouddhique sont reconnaissables à leur attitude typique *Mudra*.

Mur des Esprits (*Yingbi*) Mur isolé devant ou derrière la porte d'entrée d'un ensemble (entouré de murs). Etant donné que, dans l'opinion chinoise, les esprits ne peuvent se mouvoir qu'en droite ligne, ce mur protège les habitants des mauvais esprits.

Nianhao («Nom d'année») Devise d'un gouvernement. Notion supérieure à certaines époques déterminées de l'histoire chinoise, ce nom désigne la notion principale qui inspire une période du règne d'un empereur, mais depuis la période Ming, ils ne se rapportent plus qu'au règne entier d'un seul empereur.

Nouvel An (dessins) Gravures sur bois représentant des divinités populaires et fixées à l'entrée de la maison lors du Nouvel An.

Nouvel An (fête) (chinois: *Chunjie*) La Fête du Printemps. La fête la plus importante en Chine, elle caractérise le début d'une nouvelle année d'après le calendrier lunaire. C'est une fête qui dure 4 à 5 jours, célébrée avec beaucoup de bruit et de vœux, à l'occasion de laquelle les divers membres de la famille se retrouvent.

Pagode Edifice sacré du bouddhisme, formé d'étages empilés, dont la structure s'est développée à partir du stupa indien.

Pailou Porte d'honneur à l'entrée des Voies Sacrées ou des temples, à plusieurs entrées avec toits construits en échelons ascendants vers l'entrée centrale.

Pan Récipient de bronze en forme de bassin plat, soit sur un anneau soit sur trois pieds courts, utilisé pour les purifications rituelles.

Pêche (*Tao*) Symbole de la vie et de l'immortalité. La légende veut que des pêches magiques poussent dans les jardins de Xiwangmu (montagnes du Kunlun) et que leur consommation procure l'immortalité.

Peinture sur rouleau On distingue le rouleau horizontal, qui passe pour être le plus ancien format de peinture et est regardé de droite à gauche, et d'autre part le rouleau à suspendre, qui est beaucoup plus récent. La bannière trouve sans doute son origine dans le culte bouddhique.

Phénix (*Fenghuang*) Un des quatre animaux principaux de la mythologie, il incarne le Sud par son appellation «Oiseau Rouge du Sud» et n'apparaît, selon la légende, qu'en temps de prospérité. Comme le dragon pour l'empereur, le phénix femelle (*Huang*) est le symbole de l'impératrice.

Pie (*Qiao*) Son cri est bon augure et annonce des événements joyeux. Elle sert de motif pour les peintres qui la représentent comme symbole de la chance.

Pin (*Song*) Symbole de longue vie.

Pipa Luth à quatre cordes, à caisse de résonnance en forme de poire, mais ayant le ventre plat.

Pivoine (*Mudan*) Symbole de la beauté féminine et de la richesse. Une des fleurs des quatre saisons, elle représente le Printemps.

Porcelaine Sorte de céramique cuite à haute température et dont le tesson est dur et blanc.

Qin Principal instrument de musique en Chine, cette cithare pentatonique avait à l'origine 5 cordes et plus tard 7.

Prune (*Mei*) Ses fleurs représentent l'Hiver. Employées comme motif régulier, elles symbolisent les cinq divinités de la Chance.

Ruyi («comme désiré») Signe d'honneur semblable à un sceptre, mais courbe, des fonctionnaires chinois et qui, comme symbole, exprime les bons vœux.

Sancai («Trois coloris») Décor tricolore. Soit un émail au plomb de la période Tang en vert, jaune et ocre, soit un décor vert, jaune et pourpre sur de la porcelaine.

Sceau Complétait ou remplaçait la signature écrite et représentait aussi bien une partie de la signature que le titre de propriété de l'œuvre.

Sheng Harmonica chinois à plusieurs tuyaux de bambou ayant chacun une languette de vibration et assemblés dans un réservoir à air. L'obturation, à l'aide des doigts, des orifices pratiqués dans les tuyaux détermine la languette qui vibrera.

Shimen («Porte de Pierres») Obture l'entrée de la vraie tombe à l'intérieur d'un tombeau.

Shoulao Divinité populaire de la longévité représentée par un veillard à front élevé. Souvent erronément pris pour Laozi (Lao Tseu).

Stèle (*Bei*) Plateaux de pierre avec reliefs ou inscriptions gravées en l'honneur d'ancêtres, de divinités ou en souvenir d'événements historiques. Les inscriptions dont la calligraphie est particulièrement belle ou nette ont été reproduites à partir des stèles sur du papier très fin à l'aide d'encre de Chine, et elles servent ainsi à l'étude de la calligraphie.

Taotie Motif décoratif symétrique ressemblant à un masque — sur de nombreux bronzes des périodes Shang et Zhou — dont la signification a donné naissance à de nombreuses hypothèses. La tradition chinoise ne le désigne comme *Taotie* que depuis la période Song. Signifie «goinfre» ou également «avare».

Tigre (*Hu*) Symbole de l'Occident, il est l'opposé du dragon et incarne simultanément la dignité, le courage et la force. Accompagne souvent des saints du taoïsme et du bouddhisme Chan (Zen).

Tombeau La tombe ayant un rôle central dans le culte des ancêtres, car elle est considérée comme leur demeure, elle est ornée en conséquence. Des critères de géomancie sont à la base du choix du lieu et la tombe est protégée — à cause des objets funéraires parfois exagérément riches qui y sont déposés — par des gardiens de pierre.

Tortue (*Gui*) Un des animaux symboliques — le plus énigmatique. Ses formes extérieures réfléchiraient la représentation du ciel et de la terre (cercle et carré). Elle est également le symbole de la longévité et de la solidité immuable. Unie au serpent, elle représente le Nord.

Trois amis d'hiver Ce sont le «pin», la «floraison des pruniers» et le «bambou», qui verdissent et fleurissent en hiver et ne se rompent pas sous le poids de la neige. Par conséquent symboles d'une longue vie et de persévérance.

Vajra (chinois: *Jingang*) La «Clavette du Tonnerre» est à l'origine l'arme du dieu indien Indra. Attribut de nombreux saints bouddhistes comme symbole de la connaissance et de la force du bouddhisme, qui maîtrise les mauvaises passions, mais qui est lui-même imperturbable.

Voie Sacrée (*Shendao* ou «Voie des Esprits») Voie conduisant vers une colline où se trouve un tombeau, souvent bordée de deux rangées de personnages en pierre, de stèles ou de piliers.

Wucai («Cinq Coloris») Décor polychrome de porcelaine. Des émaux sont peints sur un fond bleu uni.

Wutong Appartient à l'espèce des *Paulownia* et serait l'arbre sur lequel se pose le phénix.

Xiesheng («esquisser la vie») Technique de peinture orientée vers les formes naturelles exactes des choses (appelée également *Gongbi*).

Xieyi («esquisser le sens») Une technique de peinture d'esquisse qui essaye de représenter l'essence des choses ou leur état d'âme.

Xiwangmu («Reine-Mère de l'Occident») Figure mythique habitant un palais fabuleux dans le massif du Kunlun et y veillant sur les Pêches de l'Immortalité.

Yan Récipient en bronze à trois pieds, destiné à étuver les aliments, appelé également *Xian*. La partie inférieure ressemble au récipient *Li*, la partie supérieure à une marmite dont le fond est en forme de grille.

Yin/Yang Dualisme du principe féminin (*Yin*) qui gère l'existence du cosmos et représente l'obscurité et la terre et du principe masculin (*Yang*) représentant la lumière et le ciel.

Zheng Cithare cintrée ayant jusqu'à 14 cordes et dont la forme allongée trouve vraisemblablement son origine dans la tige de bambou coupée dans le sens de la longueur.

Zun Type de récipient en bronze en forme de vase avec une panse au centre et des bords évasés.

Bibliographie

Abel, A., *La Chine et l'Extrême Orient*, Bruxelles, 1970
Alleton, V., *L'Ecriture chinoise*, Que sais-je?, Paris, 1984
Ashton, L. et Gray, B., *Aspects de la Chine: langue, histoire, religions, philosophie, littérature, arts*, 2 vol., PUF, Paris, 1959
Auboyer, J., *Les arts de l'Asie orientale et de l'Extrême-Orient*, Que sais-je?, Paris, 1976
Baldrian-Hussein, F., *Procédés secrets du Joyau magique. Traité d'Alchimie taoïste du XIe siècle*, Paris, 1984
Bechert, H. et Gombrich, R., *Le monde du bouddhisme*, Bordas, Paris, 1984
Beurdeley, C. et M., *La céramique chinoise. Le guide du connaisseur*, Office du livre, Fribourg, 1974
Binyon, L., *Introduction à la peinture de la Chine et du Japon*, Paris, 1968
Biot, J.-B., *Etudes sur l'astronomie indienne et sur l'astronomie chinoise*, Paris, 1970
Buchanan, K., *The Transformation of the Chinese Earth*, Londres, 1970
Cahill, J., *La peinture chinoise*, Skira, Paris, 1964
Chang, K. C., *The Archeology of Ancient China*, New Haven et Londres, 1977
Chang, T. T., *Metaphysik, Erkenntnis und praktische Philosophie im Chuang-tzu*, Francfort, 1982
Chavannes, E., *Les Mémoires historiques de Sse-ma Ts'ien*, Paris, 1967
Commeaux, C., *La vie quotidienne en Chine sous les Mandchous*, Paris, 1970
Demiéville, P., *Anthologie de la poésie classique chinoise*, Gallimard, Paris, 1962
Dextel, T., *Les bronzes chinois*, Paris, 1958
Doré, H., *Recherches sur les superstitions en Chine*, Shanghai, 1914-1929
Elisseeff, D. et V., *La civilisation de la Chine classique*, Arthaud, Paris, 1979
Elisseeff, V., *Trésors d'art chinois*, Presses Artistiques, Paris, 1973
Etiemble, R., *Confucius*, Gallimard, Paris, 1966
Etiemble, R., *Connaissons-nous la Chine?*, Gallimard, Paris, 1964
Etiemble, R., *Les jésuites en Chine*, Paris, 1966
Feddersen, M., *La porcelaine chinoise*, PUF, Paris, 1956
Fontein, J. et Hempel, R., *China, Korea, Japan* (Propyläen Kunstgeschichte, vol. 20), Berlin, 1985
Fossati, G., *Chine*, Nathan, Paris, 1984
Fourcade, F., *Le musée de Pékin*, Paris, 1964
Garner, H., *Chinese Lacquer*, Londres, 1979
Gernet, J., *La Chine ancienne*, Que sais-je?, Paris, 1981
Gernet, J., *Le Monde Chinois*, Armand Colin, Paris, 1972
Gernet, J., *La vie quotidienne en Chine à la veille de l'invasion mongole, 1250-1276*, Paris, 1959
Godard, C. et Fukui, F.-B., *La Chine et le Japon*, Bloud & Gay, Paris, 1966
Goepper, R., *Kunst und Kunsthandwerk Ostasiens*, Munich, 1978
Granet, M., *La civilisation chinoise, la vie publique et la vie privée*, Albin Michel, Paris, 1979
Granet, M., *La pensée chinoise*, Albin Michel, Paris, 1980
Granet, M., *La religion des Chinois*, 2 vol., Paris, 1952
Grenier, J., *L'Esprit du tao*, Paris, 1957
Gripekoven, J., *Confucius et son temps*, Neuchâtel, 1955
Grousset, R., *Histoire de la Chine classique*, Marabout, Verviers, 1980
Grousset, R., *Sur les traces du Bouddha*, Plon, Paris, 1957
Guillermaz, P., *La poésie chinoise, des origines à la révolution*, Seghers, Paris, 1957
Hervouet, Y., *Un poète de cour sous les Han - Seu-ma Siang-jou*, Paris, 1964
Houang, F., *Le Bouddhisme, de l'Inde à la Chine*, Fayard, Paris, 1963
Huard, P., et Ming Wong, *La médecine chinoise*, Que sais-je?, Paris, 1969
Hsia, C.T., *The Classic Chinese Novel, a Critical Introduction*, New York et Londres, 1968
La Chine, Des Pays et des Hommes, Larousse, Paris, 1983
Lévy, R., *Trente siècles d'histoire de Chine*, PUF, Paris, 1967
Li Chi, *The Beginnings of Chinese Civilization*, University of Washington Press, Washington, 1957
L'Inde du Bouddha vue par les pèlerins chinois sous la dynastie Tang (VIIe siècle), Calmann-Lévy, Paris, 1968
Lion Goldschmidt, D., *Les poteries et porcelaines chinoises*, PUF, Paris, 1957
Lombard, D., *La Chine impériale*, Que sais-je?, Paris, 1980
Lu Hsün, *A Brief History of the Chinese Fiction*, Pékin, 1959
March, B., *Some Technical Terms of Chinese Painting*, Baltimore, 1935
Margouliès, G., *Anthologie raisonnée de la littérature chinoise*, Payot, Paris, 1948
Maspero, H., *Le Taoïsme et les religions chinoises*, Paris, 1971
Maspero, H. et Balasz, E., *Histoire et institutions de la Chine ancienne, des origines au XIIe siècle ap. J.-C.*, PUF, Paris, 1967
Monti, F., *De la Chine archaïque à l'Inde Mongole*, Hachette, Paris, 1963
Munsterberg, H., *Dictionary of Chinese and Japanese Art*, New York, 1981
Naudou, J., *Le Bouddha*, Somogy, Paris, 1973
Needham, J., *Science and Civilization in China*, 15 vol., Cambridge University Press, Cambridge, 1954-1987
Needham, J., *La tradition scientifique chinoise*, Hermann, Paris, 1974
Percheron, M., *Le Bouddha et le bouddhisme*, Seuil, Paris, 1956
Marco Polo, *La description du Monde*, Paris, 1955
Marco Polo, *Le devisement du monde: Le livre des merveilles*, La Découverte, Paris, 1980
Prip-Moller, J., *Chinese Buddhist Monasteries*, Hong Kong University Press, Hong Kong, 1967
Rawson, J. et Ayers, J., *Chinese Jade throughout the Ages*, Victoria and Albert Museum, Londres, 1975
Seckel, D., *L'Art du bouddhisme*, Albin Michel, Paris, 1967
Segalen, V., *Chine, la grande statuaire*, Flammarion, Paris, 1972
Segalen, V., *Le Fils du ciel: chronique des jours souverains*, Flammarion, Paris, 1985
Sickman, L., et Soper, A., *The Art and Architecture of China*, Harmondsworth, 1971
Silburn, L., *Le bouddhisme*, Fayard, Paris, 1977
Speiser, W. et Erdberg-Consten, E., *L'Art du Japon*, Payot, Paris, 1966
Speiser, W., *Chine. Esprit et Société*, Paris, 1960
Spuler, B., *Les Mongols dans l'histoire*, Payot, Paris, 1981
Strickmann, M., *Le Taoïsme du Mao Chan. Chronique d'une révélation*, Paris, 1981
Sun Tzu, *L'art de la guerre*, Flammarion, Paris, 1972
Swann, N.L., *Food & Money in Ancient China*, Princeton, 1950
Temple, R.K.G., *Quand la Chine nous précédait, 3 000 ans de découvertes et d'inventions chinoises*, Bordas, Paris, 1987
Toynbee, A., *L'autre moitié du monde*, Elsevier Séquoia, Bruxelles, 1976
Vandier-Nicolas, N., *Art et sagesse en Chine: Mi Fou (1051-1107)*, PUF, Paris, 1963
Vandier-Nicolas, N., *Le Taoïsme*, Paris, 1965
Van Goidsenhoven, J., *Héros et divinités de la Chine*, De Tijdstroom, Lochem, 1971
Van Gulik, R., *La Vie sexuelle dans la Chine ancienne*, Gallimard, Paris, 1977
Watson, W., *L'Art de l'Ancienne Chine*, Mazenod, Paris, 1979
Watson, C., *China before the Han Dynasty*, Thames and Hudson, Londres, 1961
Watson, W., *Cultural Frontiers in Ancient East Asia*, Edinburgh University Press, Edimbourg, 1971
White, W.C., *Bronze Culture of Ancient China*, The University of Toronto Press, Toronto, 1956
Williams, C.A.S., *Outlines of Chinese Symbolism*, Kelly and Walsh, Shanghai, 1941
Wu-Chi, L., *La philosophie de Confucius*, Payot, Paris, 1963
Yu-Hsun, Y., *La Calligraphie chinoise depuis les Han*, Paris, 1937

Index

Sources des illustrations

Photographies

Asian Art Museum of San Francisco 211 346 428
Bayerische Staatsbibliothek, Munich 304-305h
Dieter Brede, Munich 7m
Helmut Brinker, Langnau 27gh, gb 33g 37g 39 70 71g, d 90h, m, b 91h, b 128g 161 217g, d 218 344d 387
The British Library, Londres 271b
Chinese Daoist Association 205
Chion-Ji, Kyoto 413
The Cleveland Museum of Art 208 343d 422 426
Cultural Relics Publishing House, Pékin 7b 43 45 51 56-57 66-67 182-183 214 236 249d 252 253 258 272 277 279h 294-295 296-298 332h 334 335 338 340-341 358b 366-367 370 380 382 392 393 396
Deutsches Textilmuseum, Krefeld 9m 430
Klaus Flessel, Erlangen 94g, d 95g, d 153 154g, d 155g, d 156 170g, d
Werner Forman Archive, Londres 76 157 176
Roger Franz, Munich 7h 112 115d
Freer Gallery of Art, Smithsonian Institution, Washington, DC 282-283 300-301 343g 415
Fujii Seiseikai Yurinkan Museum, Kyoto 216 395h
Georg Gerster, Zumikon/Zürich 10 14-15
Giraudon, Paris 169
Roger Goepper, Cologne 273
Robert Harding Picture Library, Londres 6m 8b 13 19 22-23 24 44 52 53 59 62 63h 65 68 72-73 74 75 83 85 86 87b 88-89 91m 107 136 137 150 151 158-159 186 219 221 225 227 234 235 238-239 265 314 346b 385
Harvard University Art Museums 339 360
Günter Heil, Berlin 8h 110 192 193 246 248g 257
Herzog-August-Bibliothek, Wolfenbuttel 433 442 443
Peter Hessel, Düsseldorf 6h 21
Leo Hilber, Fribourg 6b 46 55g, d
Honolulu Academy of Arts 288 423 429
Alfred Hürmer, Munich 31 376
Peter Keilhauer, Salzbourg 104 105 109 139 144 146b 377
Kongobu-Ji, Wakayama 388
Dieter Kuhn, Heidelberg 250g, m, d 259h, b 261g, d 262d 263 264 266 267 268 269 270g, d 271h 274h, b 275 276g, d 278 279b
Kyoto National Museum 357 412
Laenderpress (Erich Lessing), Düsseldorf 168 252b
Lothar Ledderose, Heidelberg 213
Fondation Maeda Ikutoku-Kai, Tokyo 381 383
Metropolitan Museum of Art, New York 50 336 348d
MIT Press, Cambridge, MA 375g
Musée Cernuschi (Luc Joubert), Paris 9h 330
Musée Calouste Gulbenkian, Lisbonne 352
Musée d'Histoire de la Chine, Pékin 29h, m, b 33d 37d 38 41h, b 49h, b 160 262g 345 361 397 398 399
Museum of Fine Arts, Boston 201 379 389 402-403 407
Museum für Kunst und Gewerbe, Hambourg 351
Musée Rietberg, Zürich 172 306 307 308-309 363 427
Musée national de Nara 400
Nelson-Atkins Museum of Art, Kansas City 166 202 203 209 284 344g 371 410 414
Musée du Palais national, Taibei 8m 9b 80 81 92 97 116 117 129 142-143 280 286-287 289 291 292 303 304b 358h 394 395m 404 405 406 408-409 411 416 417 418 419 424-425 444
Ninna-Ji, Kyoto 242
Musée du Palais, Pékin 100-101
Eberhard Pansegrau, Berlin 16 69 99 184g, d 185g, d 196-197 222-223 226 232 254-255
Hans Patzelt, Munich 145
Percival David Foundation of Chinese Art, Londres 353
Foto Popp, Mayence 163gh, gb, dh, db 164g, d 165g, d
Rheinisches Landesmuseum, Bonn 148 171
Rijksmuseum, Amsterdam 115g
Anita Rolf, Stuttgart 58 378h, b
Peter Schicht, Berlin 17b 108 111 134 147 179 237
Kristofer M. Schipper, Paris 206g, dh, db
Staatliches Museum für Völkerkunde, Munich 333
Staatsbibliothek Preussischer Kulturbesitz, Berlin 439
Peter Thiele, Stuttgart Frontispice 17h, m 18 27d 82 96 102 103 106 135 140 141 175 191 195 220 224 228 229 230 231 293h, m, b 125 126h, m, b 323 368h, b 369 373h, b 374g, d 375d 390
Eberhard Thiem, Lotos Film, Munich 34 35 77 118h, b 119 120-121 122 123h, m, b 125 126h, m, b 127h, m, b 128d 167 173 189 190 199 207 240g, d 241g, d 244 245 305b 316 317h, b 318h, b 319 320g, d 321g, d 322h, b 324 325 326-327 328 329
Tokyo National Museum Gardes 310 355 356h, b
Universitätsbibliothek Würzburg 432
University of California, Berkeley 311
Verwaltung der Staatlichen Schlösser und Gärten, Berlin 441
Hartmut Walravens, Berlin 435h, b 436 437g, d
Hans Werner, Ottobrunn 60-61 63m, b 64h, b 87h 146h 181

Abréviations :
h = haut ; b = bas ; m = milieu ; d = droite ; g = gauche.